45720

USAGES

ET

RÉGLEMENTS LOCAUX

EN VIGUEUR

Dans le Département du Finistère.

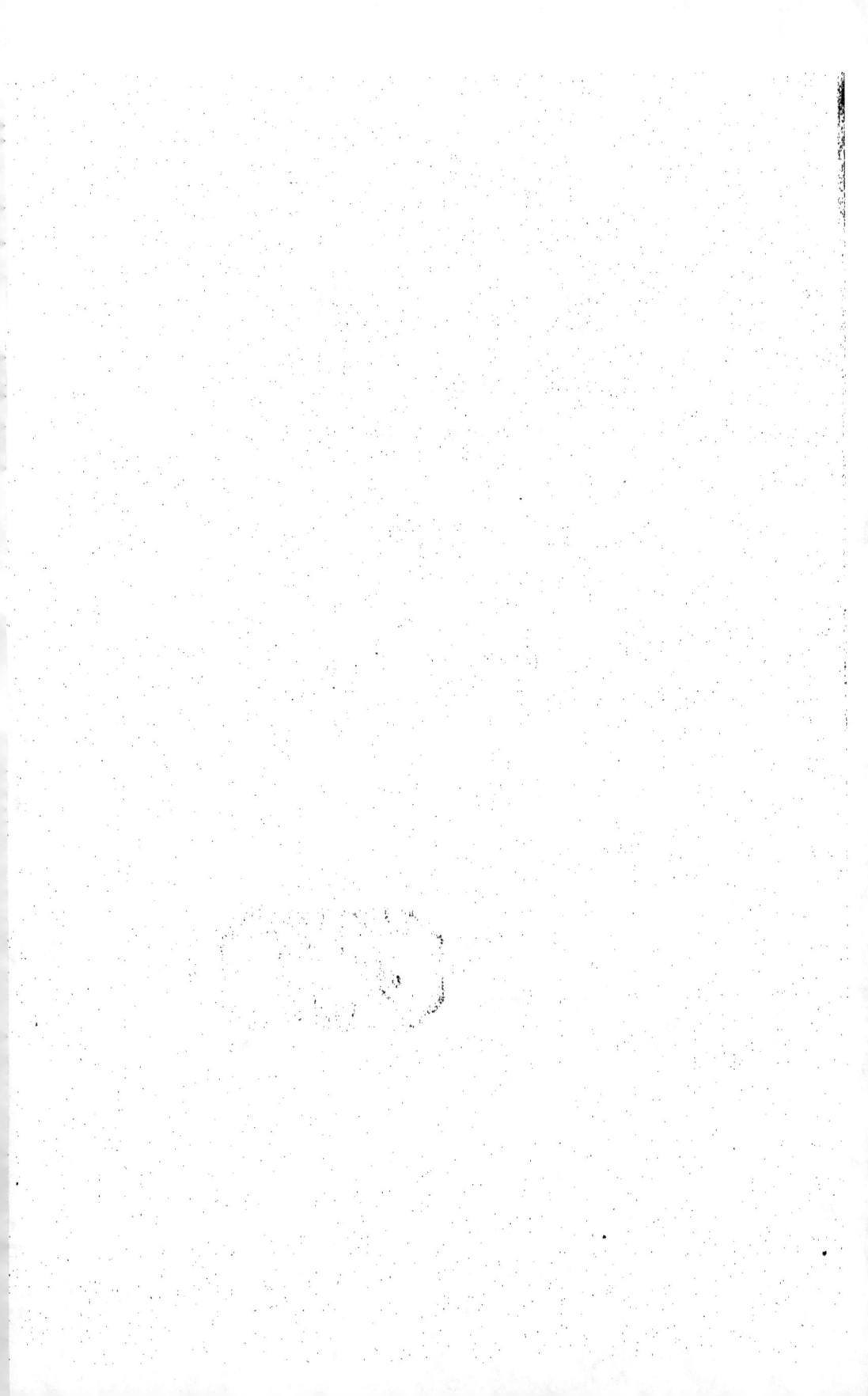

USAGES

ET

RÉGLEMENTS LOCAUX

EN VIGUEUR

Dans le département du Finistère,

RECUEILLIS ET MIS EN ORDRE

Par J.-M. P. A. **LIMON**,

Juge au Tribunal civil de Quimperlé.

— ⋙•⊗•⋘ —

(Ouvrage couronné en 1850 par la Société d'Emulation de Brest.)

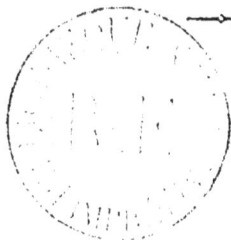

— ⋙•⊗•⋘ —

Quid interest, suffragio populus volun-
tatem suam declaret, an rebus ipsis et
factis? (Au Digeste, loi 32e.

QUIMPER,

LION, IMPRIMEUR DE LA PRÉFECTURE.

1852.

ÉPITRE DÉDICATOIRE.

A MONSIEUR

RICHARD,

Préfet du département du Finistère.

MONSIEUR LE PRÉFET,

Le recueil des *Usages et Réglements en vigueur dans le Finistère* doit, sous peine de tomber au rang des curiosités inutiles, présenter un tableau raisonné de notre droit local.

En présence des difficultés sans nombre d'une pareille tâche, j'aurais renoncé à l'entreprendre, si je n'avais consulté que mes forces.

Soutenu d'abord par deux de vos honorables prédécesseurs, MM. le baron Boullé, et Bruno Devès, appuyé ensuite par les conseils des praticiens les plus distingués, je n'ai pas pu hésiter. Je ne le pouvais plus, sans faillir à l'obligation morale qui m'était imposée par le généreux concours des hommes de savoir et d'expérience auxquels j'avais soumis mon Programme.

J'ai dû aussi répondre à l'appel d'une Société, dont le zèle philanthropique et les tendances progressives ont déjà produit tant de bien dans ce département. En mettant au concours la question des Usages et Réglements, la Société d'Émulation de Brest a compris qu'il y a en Bretagne des hommes dévoués, prêts à tendre la main à quiconque se livre à des investigations utiles. Si elle m'a jugé digne du prix,—je ne me le dissimule point—, la médaille par elle décernée est moins la récompense de mes efforts qu'un juste hommage rendu aux nombreux collaborateurs qui s'étaient empressés de mettre à ma disposition de précieux renseignements.

Mais ce premier succès, je le dois avant tout à l'Administration Départementale, qui, non contente de me communiquer les documents dont elle dispose, a bien voulu accorder à mon recueil encore inachevé les témoignages les plus flatteurs.

Lorsque, sur les deux propositions de M. Bruno Devès, le Conseil général a décidé que le Département contribuerait aux frais de publication de mon livre, cette double manifestation a prouvé, d'une manière éclatante, que dans notre pays on rencontre toujours de la sympathie pour les œuvres sérieuses.

Puisse celle-ci, malgré ses imperfections, contribuer à augmenter dans le Finistère l'esprit d'ordre, de paix et de conciliation, dont vous êtes parmi nous le plus ferme soutien!

Je suis, avec respect, M. le Préfet,

Votre très humble Serviteur,

J.-M. P. A. LIMON, juge.

Quimperlé, 15 mai 1852.

TABLE DES CHAPITRES.

Préface. 1

Chapitre Premier.

Coup-d'œil sur le Finistère.

§ 1er. Topographie légale.. . . 11
§ 2. Documents statistiques :
    Art. 1er. Contenances. . . 22
    Art. 2. Géologie. 26
    Art. 3: Commerce et in-
        dustrie. 32

Chapitre II.

De l'Usufruit.

Observations préliminaires. . . 37
§ 1er. Ordre et quotité des cou-
    pes dans les taillis. . . 38
§ 2. Défensabilité. 42
§ 3. Baliveaux. 43
§ 4. Pépinières. 45
§ 5. Emondes, bois courants,
    etc. 46
§ 6. De l'Ecorçage.. 47
§ 7. Epoques et modes des cou-
    pes. 50
§ 8. Des droits et devoirs de
    l'usufruitier. 51

Chapitre III.

Des Cours d'eau.

§ 1er. Chemins de halage, pêche
    et réglements. 56
§ 2. Arrosements.—Droits des
    meuniers et des riverains. 62

§ 3. Du curage des cours d'eau. 73
§ 4. Du rouissage. 78

Chapitre IV.

*Du parcours de la vaine Pâture
et du Glanage.*

Observations préliminaires. . . 82
§ 1er. Du parcours de la vaine
    Pâture :
    Art. 1er. Landes et vagues. 83
    Art. 2. Prairies et bois. 89
    Art. 3. Terres cultivées. 91
§ 2. Du glanage, du grapillage
    et râtelage. 94

Chapitre V.

Des Clôtures forcées.

§ 1er. Lieux où cette servitude
    s'exerce. 97
§ 2. Mode et hauteur des clô-
    tures. 101

Chapitre VI.

*Des clôtures volontaires (murs,
fossés, douves, turons et haies).*

§ 1er. Dimensions des clôtures. 104
§ 2. Francs-bords. 111
§ 3. Mitoyenneté des murs. . 113
§ 4. Mitoyenneté des autres
    clôtures. 114
§ 5. Du Bornage. 116

CHAPITRE VII.

Charges et assujétissements résultant du voisinage.

Observation :
§ 1er. Passages. 117
§ 2. Tour de l'échelle. . . . 121
§ 2. Investison. 123
§ 4. Egoût. 126
§ 5. Ouvrages à faire et précautions à prendre pour éviter de nuire au voisin. 127

CHAPITRE VIII.

Distance des Arbres.

§ 1er. Arbres à haute tige dans les champs, auprès des cours d'eau, des bois et des chemins. 139
§ 2. Arbres à haute tige dans les villes. 153
§ 5. Arbres à basse tige.. . . 157
§ 4. Branches et feuilles, fruits et racines des arbres. . 158

CHAPITRE IX.

Du contrat de Louage.

Section 1re.—Des Baux à loyer :
Observations générales. . . . 166
§ 1er. Forme et durée des Baux à loyer. 167
§ 2. Congés. — Délais. — Distinctions. 170
§ 3. Délais de grâce. — Maisons. — Jardins. . . . 175
§ 4. Tacite-rélocation. — Expulsion. 178
§ 5. Paiement. — Visites. . . 181
§ 6. Sous-locations 183
§ 7. Réparations locatives . . 184
§ 8. Baux des moulins. —Souches. — Renable. — Réparations. 188
§ 9. Droit de mouture. . . 191

CHAPITRE IX.—SECTION IIe.

Du Louage des domestiques, gens de journée et ouvriers.

§ 1er. Principes généraux. . . . 196

§ 2. Forme et durée des engagements entre maîtres et domestiques, entre maîtres et ouvriers. . . 197
§ 3. Métrage. 208
§ 4. Congés entre maîtres, dom. et ouv.—Tac. rélocation. 211
§ 5. Droits et devoirs, etc. . . 214
§ 6. Des maîtres-ouvriers, manœuvres et apprentis. . 233
§ 7. Des nourrices.. 235
§ 8. Des pêcheurs de sardines. 236
§ 9. Des bateliers. 244

CHAPITRE IX.—SECTION IIIe.

§ 1er. Durée des Baux.. 248
§ 2. Modes de culture. 249
§ 3. 1. Forme des Baux.-2. Tacite-récond.-3. Sa durée. 256
§ 4. Commissions. 260
§ 5. Congés. 261
§ 6. Droits et devoirs des fermiers :
Observations préliminaires 263
Art. 1er. Edifices.-Entretien et réparat. 264
Art. 2. Clôtures.—Entr. et réparations.. 270
Art. 3. Terres chaudes.-Dessolement.—Engrais.—Passages. 275
Art. 4. Terres froides. - Prairies.— Engrais. - Landes. — Ecobuage... 280
Art. 5. Taillis.- Coupes. —Baliveaux.— Ecorces. 286
Art. 6. Emondes.--Quotité.--Coupe.— Broussailles, etc 288
Art. 7. Chaumes. . . . 295
Art. 8. Paiement des fermages. — Lieu du paiement.—Visites. . . . 397
Art. 9. Entrées et sorties des fermiers. — Distinctions. — Délais de grâce. 299
Art. 10. Autres facilités entre fermiers. 302

Art. 11. Emblavements de
  sortie. 311
Art. 12. Choses que le fermier peut ven-
  dre 313
§ 7. Etats de ferme.—Trempes
 et stus. -Procès-verbaux. 316
§ 8. Immeubles par destination. - Fours.-Pressoirs.
 - Culture des pommiers. 330

Chapitre IX. — Section IVe.

Du Bail à colonage partiaire. . 333

Chapitre IX. — Section Ve.

Du Bail à cheptel. 335

Chapitre IX. — Section VIe.

Du Domaine congéable. 339

Chapitre X.

De la récolte et de la pêche du
  goëmon.

§ 1er. Coupe du goëmon :
 Art. 1er. Législation. . . 351
 Art. 2. Réglements. . . 355
 Art. 3. Usages des lieux 560
§ 2. Pêche du goëmon épave :
 Art. 1er. Législation. . . 366
 Art. 2. Réglements. . . 367
 Art. 3. Usages des lieux. 368
§ 3. Incinérations. 374
§ 4. Résumé et conclusions. . 378

Chapitre XI.

Usages commerciaux.

§ 1er. Des Marchands 382
§ 2. Commissionnaires.-Com-
 mission.-Emmagasinage 386
§ 3. Assurances. 389
§ 4. Capitaines et patrons. —
 Jours de planches.—Bu-
 reaux de douane.. . . . 390
§ 5. Tonnage. — Trait. — Tares. — Réfaction.. . . . 394
§ 6. Commerce de la sardine. 399
§ 7. Commerce des bois. . . . 402
§ 8. Ventes dans les foires et
 marchés. 410

Chapitre XII.

Objets divers.

§ 1er. Vente des liquides. . . . 419
§ 2. Des Mercuriales. 422
§ 3. Lamp-Goal, fourrière, etc. 424
§ 4. Contraventions de Police. 426
§ 5. Quêtes du Clergé. 430

PIÈCES ANNEXÉES.

Rapport du Préfet.. 442
 Id. de la Commission. . . 445
Observations. 448
Notes supplémentaires. 450

FIN DE LA TABLE DES CHAPITRES.

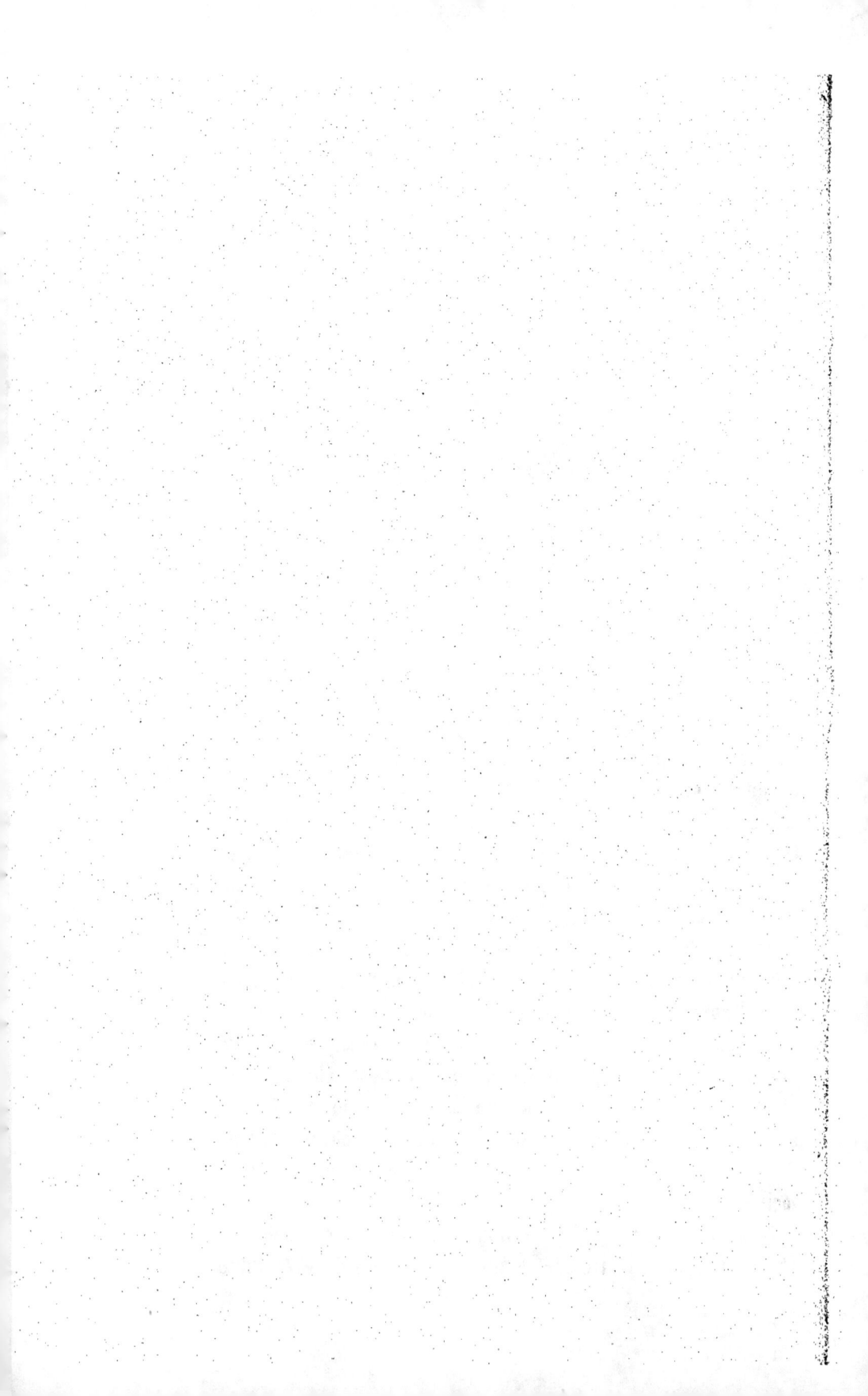

PRÉFACE.

La Circulaire Ministérielle du 27 juillet 1844 a déjà inspiré, sur plusieurs points de la France, des magistrats et des jurisconsultes ; les ouvrages de MM. Clausade, Fons, Bouvet-Mézières, Neveu de Rotrie, Aulanier et Habasque, Guimart, Quernest (sans parler de ceux qui, antérieurement, avaient jeté une vive lumière sur cette partie du droit si peu connue, — les usages et règlements —), sont venus révéler l'importance du sujet, en éclairant d'un nouveau jour des questions dont la solution intéresse les hommes d'affaires, les propriétaires, les agriculteurs, les commerçants, les riches et les pauvres.

S'il est vrai que le principe : *nul n'est censé ignorer la loi*, doit être rangé parmi les fictions légales, chacun convient du moins qu'il est bon que la loi soit connue. Or, la loi, c'est non-seulement le texte écrit, mais encore l'usage des lieux, quand le législateur s'y réfère expressément ou tacitement.

Nous avions donc peine à nous expliquer la circulaire de 1844, qui paraît restreindre à un petit nombre de cas l'utilité

1

des recueils d'usages; nous nous étonnions encore que l'initiative d'une pareille mesure émanât du ministère de l'intérieur; il nous eût semblé plus naturel que le ministère de la justice prît en main la haute direction d'un projet qui se rattache bien moins à l'administration du pays qu'à la saine application de la loi. Nous croyons même que les recueils d'usages seraient déjà terminés dans les 86 départements, si le Gouvernement s'était directement adressé aux magistrats cantonaux dont les réponses, contrôlées par les tribunaux d'arrondissement, auraient été soumises à l'examen de commissions spéciales, établies dans les chefs-lieux des départements. Ces 86 recueils eussent à coup sûr formé une statistique judiciaire des plus intéressantes, l'élément où les assemblées législatives et le Gouvernemet auraient puisé le plan de ce Code rural ordonné par le décret du 29 mai 1808, et toujours attendu.

Quoiqu'il en soit, à l'exemple d'un magistrat dont le livre a obtenu un légitime succès (1), nous nous sommes mis à l'œuvre, d'abord dans l'arrondissement de Quimperlé, où il nous était plus facile de réunir des commissions cantonales, puis dans les autres arrondissements. Nous avons rencontré partout, il faut le dire, empressement à nous seconder, désir unanime de voir enfin fixés les nombreux usages du Finistère, collaboration active et éclairée. Plusieurs magistrats, les juges de paix des divers cantons, les principaux propriétaires ou cultivateurs, des avocats, experts, architectes, nous ont puissamment aidé dans ces longues et arides investigations; ils ont bien voulu se livrer pour nous et avec nous à des recherches pénibles. Comme nous, sans doute, ils se trouveront bien récompensés, si ce recueil devient utile à nos concitoyens. Dans cette commune pensée, nous avons soigneusement signalé une foule d'abus que nous aurons peut-être le bonheur de voir disparaître successivement.

Grâce à ce concours d'hommes instruits et versés dans les

(1) M. Victor Fons, juge à Muret, auteur des *Usages de la Haute-Garonne*, ouvrage qui nous a été d'un très grand secours

pratiques locales (1), il nous a été permis d'achever cette laborieuse enquête, dans laquelle nous avons accepté le rôle de rapporteur officieux. Si donc il arrive qu'on remarque dans ce recueil des usages controversés, que l'on se garde de nous accuser personnellement de les avoir accueillis trop légèrement; car nous n'en avons admis aucun de nous-même; chaque constatation est, pour ainsi dire, le résultat d'un dépouillement particulier, l'expression des opinions émises par la majorité des commissions générales ou locales. Quant aux appréciations, aux interprétations juridiques concernant quelques coutumes, nous les avons puisées dans les auteurs les plus accrédités; dans l'étude de la jurisprudence générale (dont la connaissance intime peut seule aider à distinguer l'usage de l'abus) et de la jurisprudence de la cour de Rennes, dont les décisions reflètent exactement, au point de vue légal, les coutumes bretonnes; dans les arrêts de l'ancien parlement et dans les vieux auteurs et commentateurs de nos coutumes et usances; enfin dans le *Recueil des Actes administratifs* du Finistère : car, si l'usage a

(1) Nous avons eu plus de 50 correspondants, parmi lesquels nous citerons particulièrement MM. Droniou, ancien notaire à Landerneau; Le Bastard de Mesmeur, substitut du Procureur de la République à Redon, et Pidoux juge de paix du 1er canton de Brest; — ces deux magistrats nous ont fait, pour les cantons de Crozon et de Plabennec, des rapports dignes de l'impression, et dans lesquels brille la science du légiste unie à une connaissance parfaite des localités; — Brousmiche, expert à Brest; Flagelle, expert à Landerneau; Mer, architecte à Brest; Nouët, juge de paix à Quimper; Faugeyroux, docteur en droit, substitut à Monfort; De Goësbriant, propriétaire à Saint-Urbain; Caroff, juge de paix à Ploudalmézeau; Mével, ancien notaire à Saint-Renan, l'homme des traditions locales, le judicieux observateur; Picaud, notaire et maire, à Plougastel-Daoulas; Le Quéinec, juge de paix à Taulé; Le Bourven, notaire, expert, et agriculteur fort distingué; Delaunay, notaire à Pleyben; Monjarret de Kerjégu, frères, propriétaires à Trévarez; Tissier, fabricant au Conquet; Homon, Daniélou et Vallée, négociants à Morlaix; Halléguen, avoué à Châteaulin; Séré, juge de paix à Châteauneuf-du-Faou; Lucas, juge de paix à Arzanno; Bellégnic, juge de paix à Douarnenez; Veller Kersalaün, juge de paix à Carhaix; Karuel de Mérey, maire de Plouguerneau; Moreau et Pelletier, juges de paix à Pont-Croix et à Fouesnant; Guillou et Deschamps, juges de paix à Lanmeur et à Saint-Pol-de-Léon; Lacoste, juge à Châteaulin; Caurant, avoué et juge suppléant à Quimperlé; Logilardais, ancien notaire à Quimperlé, et bien d'autres dont la liste serait trop longue, et que nous prions de vouloir bien recevoir ici l'expression publique de nos remerciments et de notre gratitude.

par lui-même force de loi dans des cas déterminés, les rè-glements administratifs, les circulaires même, ont l'avantage de définir le sens et la portée des usages, en leur donnant une forme plus saisissable, en leur assignant de justes bornes à raison des lieux, et des besoins qui se révèlent successi-vement, et auxquels une sage administration doit donner sa-tisfaction, en se conformant à la loi. On le voit, le cadre de nos recherches était immense; et pourtant, nous avons cru nécessaire de rapprocher tous ces éléments disséminés dans plus de 200 volumes; et de les combiner de manière à donner, autant que possible, les motifs des nombreux usages répandus dans nos 43 cantons.

Plusieurs personnes nous avaient conseillé de formuler les usages locaux comme un code; notre mémoire couronné par la société d'Emulation était ainsi rédigé. Mais nous avons dû renoncer à cette forme abstraite, à la portée d'un très-petit nombre de lecteurs, parce qu'un traité où chaque matière est l'objet d'un examen spécial, où sont indiqués les faits, leur origine, les exceptions qu'ils comportent, le point précis où ils cessent d'être protégés par la loi, était, suivant nous, le meilleur moyen de faire connaître notre pensée toute entière sur les habitudes reçues. Ainsi, notre recueil peut et doit être considéré comme une série d'observations familières sur les usages, plutôt que comme un projet de loi (nous n'avons jamais eu la prétention de nous ériger en législateur); c'est, si l'on veut, une attestation dans laquelle sont reproduits les renseignements que nous ont transmis les personnes les mieux fixées par leur position et leurs connaissances spéciales sur les coutumes de notre contrée; une analyse raisonnée des solu-tions convenues dans les conférences organisées sur tous les points du département.

On nous a blâmé d'avoir compris dans ce recueil les usages du commerce : *bornez-vous*, nous disait-on, *à ce qui rentre dans le droit commun.* Quoique la circulaire de 1844 ne dise rien des usages entre commerçants; quoique, suivant

M. le conseiller Cavan (*Usages de l'arrondissement de Lannion,* — 1851), il soit assez difficile d'ajouter à la nomenclature de cette circulaire, nous restons convaincu que la théorie des usages locaux embrasse une foule de matières, et notamment les transactions commerciales. Pour tous ceux qui ont sérieusement étudié la législation, il est évident que les lois commerciales appellent fréquemment l'application de la coutume, qui est comme le commentaire vivant du texte obscur ou incomplet. Tel est aussi le sentiment de MM. Delamarre et Le Poitevin; ils enseignent avec raison que c'est surtout dans les constestations commerciales que l'usage jouit d'une grande autorité. Au surplus, les indications de la circulaire sont simplement démonstratives; et ce qui le prouve, c'est le renvoi aux usages si fréquemment exprimé dans les lois spéciales, anciennes et modernes. D'ailleurs, en arrêtant le programme imprimé adressé à tous nos correspondants dès 1846, nous nous préoccupâmes de tous les usages non écrits, nous réservant de classer ensuite les faits dans un ordre méthodique; et il ne nous était plus permis d'élaguer arbitrairement ceux qui se trouvaient étrangers aux termes un peu vagues de la circulaire de 1844.

Nous lisons dans le discours de rentrée de M. le procureur-général Dupin (4 novembre 1845) : *Les lois qui régissent les sociétés humaines sont ou écrites, ou traditionnelles et fondées sur le simple usage, qu'on appelle aussi la coutume.* Beccaria disait que c'est par de simples coutumes que les peuples commencent ordinairement à être gouvernés; et la loi romaine : *Inveterata consuetudo pro lege non immeritó custoditur : et hoc jus est, quod dicitur moribus constitutum.* Un peuple qui n'aurait aucune connaissance des lettres ne serait pas pour cela dépourvu de lois, car sans lois il ne pourrait exister. Celles qu'il aurait adoptées ou observées de fait, quoique non écrites, vivraient dans les cœurs, se conserveraient dans les souvenirs, se retrouveraient dans la pratique journalière des affaires; elles n'en seraient peut-être ni moins respectables, ni moins puissantes. Ne voyons-nous pas, en effet, que chez les peuples les mieux fournis de lois et de codes rédigés par écrit et multipliés par l'imprimerie, comme le législateur n'a pu ni tout prévoir, ni tout régler, il est une foule de points qui demeurent abandonnés à l'empire de l'usage et à l'arbitrage des magistrats? L'usage devient ainsi le complément de toutes les législations; il est parfois si puissant sur l'esprit des populations, qu'il résiste aux changements quand il ne les a pas préparés; souvent même il prévaut sur certaines règles écrites, dont l'abrogation par désuétude a pu être contestée en principe, mais a dû souvent être admise en fait.

On voit, dans le préambule des *assises* et *bons usages* de Jérusalem, que Godefroy prit les conseils des plus sages hommes qu'il pouvait avoir, sages hommes à enquérir et savoir des gens de diverses terres. Des commissaires recueillirent ces usages par écrit, pour que tous fussent ainsi menés et gouvernés à droit et à raison audit royaume (Guillaume de Tyr, L. 16e, c. 2.). *Coutume*, dit le Grand-Coutumier, l. 2, c. 2., *est un raisonnable établissement, non écrit, nécessaire et profitable pour aucun humain besoin, et pour le commun profit mis au pays, et par le peuple gardé et approuvé notoirement par le cours de 40 ans; et qui propose coutume, il la peut proposer privée ou notoire; la notoire est en la discrétion du juge, et la privée se veut prouver en Turbe par dix hommes dignes de foy, qui l'aient autre fois en cas pareil, et entre personnes pareilles, veu juger; et qui ne le prouve, il n'en emporte aucun profit.*

Dans le moyen-âge, ce fut par des usages que se réglèrent les rapports du seigneur, du vassal, du manant, du serf, depuis la foi et hommage, le service militaire et la cour féodale, jusqu'aux moindres services et aux prestations les plus onéreuses et quelquefois les plus viles. Chaque province, chaque seigneurie, avait ses usages d'origine multiple, diversement pratiqués, malaisés à définir et à constater, et qui n'avaient pour support que quelques chartes, quelques transactions, la jurisprudence bigarrée et partiale des cours seigneuriales, les souvenirs annotés de quelques praticiens ou tabellions, ou la ressource extrême et toujours périlleuse des enquêtes par *Turbes*. Mais, de 1150 à 1250, la formation des communes détermina la rédaction par écrit des usages particuliers, et ces compilations servirent de base à la confection solennelle des coutumes vers le milieu du XVᵉ siècle (*Essai sur l'Histoire du Droit*, par M. Giraud). On compta 60 coutumes principales, et 240 coutumes locales, dans lesquelles — sauf en pays de droit écrit — chaque plaideur trouvait des armes pour le besoin de sa cause.

La révolution a brisé la clé de voûte du système coutumier, en abolissant la féodalité ; elle a préparé la codification, dès longtemps entrevue comme un bienfait par Philippe de Commines et par Loysel : *Louis XI*, dit le premier de ces auteurs, *désirait fort qu'en ce royaume on usât d'une coutume, d'un poids, d'une mesure, et que toutes les coutumes fussent mises en un beau livre*. Le Code civil a réalisé, en grande partie, le vœu d'une législation uniforme. Mais déraciner brusquement des habitudes invétérées, faire disparaître les derniers vestiges des temps passés, proscrire des coutumes inhérentes au sol et commandées par les intérêts locaux, c'est ce que le législateur de 1803 n'a point tenté de faire ; il a sagement réservé certains droits consacrés par l'usage, et dont le maintien était une nécessité.

En 1844, les conseils généraux furent appelés par le Gouvernement à donner leur avis sur la convenance et l'opportunité de la confection des recueils d'usages locaux. La question ayant été traitée presque exclusivement au point de vue financier, et le temps manquant pour l'étudier, la plupart des conseils généraux émirent le vœu de ne donner aucune suite à cette proposition. Constatons néanmoins que dans plusieurs départements, au nombre desquels nous nous plaisons à citer le Finistère, les conseils généraux avaient, dès 1843, exprimé le désir de voir constatés, par des jurisconsultes ou par des magistrats, les us et coutumes de chaque canton.

C'est là le but que nous nous sommes proposé. Quelle que soit la tendance générale des esprits à l'uniformité de la législation, nous pensons qu'il serait éminemment dangereux de tout soumettre à un même niveau, et qu'au lieu de proscrire systématiquement les usages, il faut les préciser, les rappeler au souvenir de tous, parce qu'ils sont encore la base et la règle d'un grand nombre de transactions. Leur connaissance peut aider les magistrats à résoudre les petites contestations, surtout entre les cultivateurs, et doit montrer en outre combien il est avantageux d'éviter les querelles et les discussions, toutes les fois qu'il y a doute sur le caractère d'une coutume. A ce double titre, le public nous tiendra compte de nos efforts, car nous n'avons rien négligé pour découvrir la vérité, si souvent obscurcie par l'esprit de chicane ou par des intérêts mesquins.

Malgré les soins les plus persévérants et les démarches les plus actives, il nous est arrivé de ne pouvoir recueillir tous les usages de tous les cantons; néanmoins, un seul n'a fourni aucune réponse à notre questionnaire. Mais les usages n'ayant été presque nulle part établis isolément, chaque canton, vers ses frontières, tenant un peu de ceux qui l'avoisinent (nous en avons visité plus de vingt; celui dont il s'agit n'est pas de ce nombre), les renseignements de toute nature que nous devons à la bienveillance de nos collaborateurs nous permettent de dire que les lacunes, si l'on en aperçoit, ne sont pas d'une grande importance.

Nous avons sans doute oublié bien des choses, sans doute bien souvent erré : pouvait-il en être autrement ? Il ne s'agit pas de savoir si nous avons tout dit en fait d'usages, mais si nous avons bien saisi la physionomie générale de nos mœurs, en les rattachant aux lois écrites; si nous avons su discerner les vrais besoins de notre pays, et tracer d'une main sûre la ligne de démarcation qui empêche de confondre la tolérance et le droit, l'usage et les prescriptions de nos lois. Que l'on veuille bien y réfléchir : étudier, rapprocher, coordonner et analyser les pièces de trente dossiers et plus, n'est pas chose facile : dans ce travail de concordance et d'assimilation, il faut un coup d'œil sûr, une grande sagacité et la science du jurisconsulte : à défaut de ces qualités, nous avons de bonne foi, sans parti pris, exposé nos doctrines ; et, dans la mesure de nos forces, dressé un tableau fidèle des usages et règlements en vigueur dans le Finistère. — Au reste, que le public soit notre juge; qu'il redresse et corrige les solutions erronées ; qu'il accepte cette collection comme autorité dans les points où elle n'a pas fait fausse route, et qu'il demeure convaincu de la droiture de nos intentions. A ces conditions, nous nous soumettons pleinement à ses décisions, et nous accueillerons avec plaisir les critiques loyales et consciencieuses.

USAGES

ET RÈGLEMENTS LOCAUX,

EN VIGUEUR

DANS LE DÉPARTEMENT DU FINISTÈRE.

—◦◦◦◦—

CHAPITRE PREMIER.
COUP-D'ŒIL SUR LE FINISTÈRE.

—

§ 1er. — TOPOGRAPHIE LÉGALE.

Le territoire qui forme actuellement le département du Finistère était loin de présenter jadis les divisions administratives qui le régissent depuis 1791. C'était un pays de corporations, d'abbayes, de hautes, moyennes et basses seigneuries. Les coutumes les plus diverses y étaient juxtà-posées et rigoureusement observées sans confusion : car, d'abord, la coutume de Bretagne était la loi dominante ; venaient ensuite les usances particulières, qui définissaient les droits et les devoirs spéciaux des habitants de telle ou telle fraction du territoire ; ces usances, ou recueils d'usages, étaient l'œuvre d'éminents jurisconsultes, qui avaient adopté les classifications ecclésiastiques du pays comme la base véritable de chaque coutume locale, à raison de la grande autorité du droit canonique à cette époque.

Ainsi, les 62 communes dont se compose l'arrondissement de Quimper, l'arrondissement de Quimperlé (moins le canton d'Arzanno et la rive gauche de Quimperlé), le canton même de

Daoulas, et les communes de Dirinon et Landerneau (rive gauche), ressortissaient, pour le spirituel, à l'évêché de Cornouaille, et obéissaient, pour le temporel, à l'usement de Cornouaille. Le canton de Daoulas avait seul une juridiction particulière.

L'évêque de Saint-Pol-de-Léon étendait sa juridiction sur les paroisses formant aujourd'hui l'arrondissement de Brest (moins le canton de Daoulas, les paroisses de Dirinon et Landerneau rive gauche), et l'arrondissement de Morlaix (moins Morlaix rive droite, Locquénolé, Ploujean, Plourin, les cantons de Plouigneau et de Lanmeur). Là on suivait les usances de la principauté de Léon, qui, par exception, s'appliquaient aux paroisses du canton de Daoulas, quoique dépendantes de l'évêque de Cornouaille.

Le diocèse de Tréguier, dans lequel étaient enclavés Morlaix rive droite, le canton de Plouigneau et celui de Lanmeur (moins Lanmeur et Loquirec), était régi par l'usement de Tréguier.

L'évêché de Vannes, et, par suite, les usances de ce diocèse, comprenaient les communes de Guilligomarc'h, Arzanno, Rédéné et Quimperlé, jusqu'au pont du Bourg-Neuf.

Enfin, l'évêque de Dol comptait, dans son diocèse, les paroisses de Lanmeur, Locquirec et Locquénolé; pour ces dernières, il paraît qu'elles ne relevaient de leur évêque qu'au for intérieur. Nous croyons qu'elles ont toujours été régies par les usages de Tréguier, sauf Locquénolé où dominent les coutumes du Léon. En tout cas, ces trois paroisses n'ont jamais reconnu les statuts normands; du moins il n'en reste plus aucun vestige.

Dans les quatre autres diocèses, au contraire, on retrouve les traces bien manifestes des anciennes divisions ecclésiastiques. Le Trécorrois, le Léonard, le Cornouaillais, le Vannetais, se distinguent par la différence dans les habillements, dans l'aspect physique, dans les mœurs, dans les habitudes journalières, par leur persistance à suivre leurs traditions locales, à repousser celles des paroisses limitrophes..... Nous aurons occasion d'en citer plus d'un exemple.

Dans le silence des coutumes et usances spéciales, on s'en ré-
férait, pour la solution des contestations, d'abord aux statuts de
Rennes, puis à ceux de Nantes, au besoin à la coutume de
Paris et au droit romain. Telle était la jurisprudence du parlement de Bretagne.

Ces préliminaires étant posés, jetons un coup d'œil rapide
sur le département dont nous allons énumérer les usages.

Borné au nord par l'Océan et par la Manche, à l'est par les
Côtes-du-Nord et par le Morbihan, au sud et à l'ouest par
l'Océan, le Finistère est le département le plus occidental de la
France, et se trouve à la fois sur la Manche et sur l'Océan-
Atlantique.

Les lois y sont exécutoires 8 jours après leur promulgation, le
chef-lieu du département étant distant de Paris de 62 myriamètres 3 kilomètres, ou 124 lieues 3/5ᵉ, aux termes de l'arrêté
du 25 thermidor an XI, et des articles 1, 2, 3 de l'ordonnance
du 30 novembre 1816, rendue en conformité de l'article 1ᵉʳ
du Code civil. Dans les cas où il le juge convenable, le pouvoir exécutif peut hâter l'exécution des lois et abréger les délais
(article 4, ordonnance du 30 novembre 1816, et ordonnance
du 18 janvier 1817). On sait que la promulgation résulte de
l'insertion au *Bulletin des Lois.*

Le Finistère est divisé en 283 communes, 43 cantons ou
justices de paix, 5 arrondissements communaux; par suite, la
justice y est rendue dans les 43 justices de paix et dans les 5
tribunaux de première instance siégeant à Quimper, à Brest,
à Morlaix, à Châteaulin et à Quimperlé, et qui connaissent des
appels des jugements prononcés par les juges de paix. Suivant
les articles 200 et 201 du Code d'instruction criminelle, le
tribunal de Quimper est le tribunal d'appel pour les jugements
correctionnels rendus par les 4 autres tribunaux. Les appels
des jugements correctionnels émanés du tribunal de Quimper
sont portés à Vannes, chef-lieu du département le plus voisin.

En matière civile, les appels des jugements rendus par les
5 tribunaux du Finistère sont déférés à la cour de Rennes,

seule aussi compétente pour réformer les jugements des tribunaux consulaires siégeant aux chefs-lieux des cinq arrondissements.

On compte dans le Finistère 17 principaux marchés et 386 foires; nous n'en donnons point la nomenclature, qui se trouve dans les Annuaires. Mais nous ne pouvons nous dispenser de rappeler les lois et règlements qui consacrent des espèces d'usages en fait de marchés.

Aux termes des articles 617 et 633 du Code de procédure civile, les ventes par suite de saisies-exécutions doivent être faites *au plus prochain marché public*. Dans les saisies-brandons, les ventes peuvent être faites sur le marché *le plus voisin*, quand il n'y a pas de marché dans la commune où sont les récoltes saisies (1).

Suivant l'article 129 du Code de procédure, ce sont les

_____

(1) L'article 626 du Code de procédure pourrait aussi être considéré comme renvoyant aux usages, car la *maturité* varie d'un lieu à l'autre, suivant la situation. L'époque *ordinaire* de la maturité des objets susceptibles d'être saisis-brandonnés devrait être indiquée positivement pour chaque commune; mais afin d'éviter ce détail minutieux, nous nous contenterons de faire connaître les époques auxquelles peuvent être régulièrement pratiquées les saisies-brandons, pour les productions suivantes :

Foins des prairies hautes, à partir du. . . .	20 mai.
Foins des prairies basses.	15 juin.
Orges.	21 *id.*
Froments.	25 *id.*
Seigles.	17 *id.*
Avoines.	22 *id.*
Blés-noirs.	7 août.
Pommes de terre.	23 *id.*
Pommes.	29 *id.*
Chanvres mâles.	27 juin.
Chanvres femelles.	25 juillet.
Lin.	16 juin.
Mil.	14 juillet.
Panais, choux, carottes.	4 octobre.
Ajoncs et genêts (âgés de 3 à 5 ans).	15 février.
Chaumes.	21 juin.
Pépinières (plants de 8 ans).	4 octobre.
Taillis (âgés de 9 ans au moins).	4 *id.*

En observant que ces époques peuvent être devancées de 15 jours pour les terres situées sur le littoral, nous donnons ces dates comme le résumé des renseignements que nous avons recueillis : suivant les coutumes de nos cultivateurs, les récoltes sus-énoncées sont réputées mûres 6 semaines après les dates que nous adoptons. Jadis les récoltes en blé ne pouvaient être saisies avant la Saint-Barnabé, 14 juin.

mercuriales du marché *le plus voisin* qui servent de base pour le paiement de la restitution des fruits, quand elle n'a pas lieu en nature.

Dans les procédures de saisie-immobilière, le poursuivant doit faire afficher un extrait en forme de placard au lieu où se tient le marché *principal* des communes indiquées par la loi, et s'il n'y en a pas, aux lieux du *principal* marché de chacune des deux communes *les plus voisines* dans l'arrondissement. C'est là une prescription formellement exigée par l'art. 699, à peine de nullité (art. 715). La jurisprudence et les auteurs nous enseignent que les usages locaux doivent être consultés et suivis comme la règle la plus sûre quand il s'agit de décider ce qu'on doit entendre par *le marché principal*. Divers arrêts (*Recueil des Lois* par Favier Coulomb, t. 11, page 200) ont jugé qu'il n'était point nécessaire d'apposer un jour de marché les affiches des ventes judiciaires de biens immeubles ; qu'alors même que les marchés ne seraient réellement pas suivis, les affiches devaient être apposées aux lieux requis, tant que les marchés y ont une existence légale ; que néanmoins il n'y a pas nullité quand les affiches sont apposées dans des lieux moins rapprochés de la commune, si les marchés de ces lieux sont les plus fréquentés.

Comme le législateur n'a eu d'autre but que la plus grande publicité, afin d'empêcher les fraudes et les collusions, on comprend que la loi n'admette pas les interprétations judaïques : l'importance de ses prescriptions ne commence donc que là où se montrent la malice ou la fraude. Ainsi, du moment que la procédure atteste la bonne foi du poursuivant, les tribunaux accueillent peu favorablement les demandes en nullité fondées sur des irrégularités légères et sans importance.

Toutefois, en cette matière, on ne saurait être trop circonspect dans l'accomplissement des formalités les plus minutieuses.

Aussi, pour rendre plus faciles aux officiers ministériels les devoirs que la loi leur prescrit dans ces divers cas, nous avions dressé un tableau contenant, pour chaque commune du Finistère, l'indication des deux communes où se tiennent les 2 marchés *les plus voisins*, le lieu où se tient le *principal marché*, — là où il y en a plusieurs, — la date des décrets ou ordonnances d'institution des marchés, les lieux où il se tient des marchés en vertu de l'*usage* seulement, les jours et heures des marchés, les principaux règlements y relatifs, la désignation des lieux où se placardent habituellement les actes de l'autorité publique et les affiches judiciaires. Mais, malgré tous nos soins, ce tableau n'était pas d'une exactitude parfaite; l'administration n'a pu nous fournir encore tous les éléments nécessaires pour la confection de cet utile document. Nous avons donc dû renoncer, pour le moment, à publier le résultat de nos recherches sur ce point, parce qu'il vaut mieux s'abstenir que de livrer au public un travail défectueux.

Il y a, dans le département, 17 marchés principaux, savoir : ceux de Quimper les mercredi et samedi; de Brest les lundi et samedi; de Crozon les lundi et vendredi; de Carhaix les samedi; de Châteaulin les jeudi; de Landerneau les samedi; de Pont-Croix les jeudi; de Landivisiau les mercredi; de Lesnéven les lundi; de Morlaix, les samedi; de Pont-l'Abbé les jeudi; de Quimperlé les vendredi; et de Saint-Renan les samedi. Sauf ceux de création tout-à-fait récente, aucun n'a d'existence légale, et l'usage est leur titre; nous en avons en vain cherché d'autres dans les archives de la préfecture. Ces divers marchés commencent et finissent aux heures déterminées par les arrêtés municipaux; généralement, ils sont ouverts à 10 heures du matin, et terminés à 4 heures du soir. Il y en a plusieurs autres ; mais ils sont peu fréquentés et sans importance; aussi, en matière d'affiches judiciaires, il serait imprudent de ne pas les apposer exclusivement dans les lieux où existent des marchés régulièrement et notoirement suivis. Là où l'on voit plusieurs sortes de marchés dans la même localité, on doit placarder les affiches à l'endroit où se porte la plus grande affluence; dans notre pays, c'est ordinairement la place ou le placitre de la commune. Il est vraiment regrettable que l'autorité ne prescrive pas sur ce point des mesures uniformes, à l'effet d'assurer aux actes officiels toute la publicité désirable. Suivant une consultation insérée dans le *Journal des conseils de fabriques* (29e cons.), les conseils de fabriques peuvent ordonner la lacération ou l'enlèvement des affiches apposées aux murs et portes des églises, parce que, en principe, il faut la permission des propriétaires pour pouvoir mettre des affiches aux murs des édifices, et que l'apposition occasionne toujours une dégradation plus ou moins considérable (loi du 10 décembre 1830). Cependant, il y aurait des inconvénients à priver les particuliers de ce moyen facile et rapide de propagation pour les divers avis concernant le commerce, l'industrie, l'agriculture. C'est à l'autorité administrative qu'il appartient de désigner les lieux où devront être placardés soit les actes officiels, soit les annonces d'intérêt privé. Nous regrettons que l'on ne se soit pas encore conformé dans le Finistère aux instructions ministérielles, en prescrivant à chaque maire de poser, à la porte de la maison commune ou en tout autre lieu apparent, un cadre ou tableau fixé à un poteau exclusivement destiné à cet usage (1).

La topographie légale a une importance réelle dans certains cas : *locus regit actum* ; tel acte est plus ou moins valable, innocent ou répréhensible, selon qu'il a eu lieu sous l'empire d'un usage ou d'un règlement en vigueur dans telle ou telle

---

(1) La circulaire ministérielle du 11 juillet 1850 insiste avec raison sur la nécessité de conserver intactes toutes les parties des édifices religieux et de maintenir le respect qui leur est dû à tant de titres. Les affiches occasionnent journellement des attroupements, des conversations bruyantes, des discussions, des désordres, des entraves à la circulation, et principalement la dégradation des églises.... Néanmoins, il n'est pas inutile d'observer que cette coutume ne peut cesser qu'en vertu d'un arrêté dûment approuvé, et pour les cas où la loi ne dispose pas autrement (art. 6, 15, 21, loi du 3 mai 1841; art. 6, décret du 7 août 1818) Jusque-là, les actes officiels, les annonces légales et autres seront valablement affichés aux *lieux accoutumés*, art. 459 du Code civil; et dans le Finistère, c'est presque toujours le porche ou le vestibule de l'église paroissiale, et la porte de la mairie, quand il y a une mairie. L'usage, en cette matière, est le plus sûr interprète de la loi. De là vient que, ni le Conseil général, ni l'autorité supérieure, n'ont donné aucune suite aux demandes ayant pour objet de limiter le nombre des marchés. Ces changements pourraient jeter la perturbation dans le pays. On s'en tient *à ce qui est*.

localité. Cette maxime est particulièrement vraie pour les actes se rattachant à l'intérêt général d'un pays, à ses lois d'ordre, de police et de sûreté.

Ce qui intéresse également au plus haut point un grand nombre de citoyens, c'est de savoir exactement les distances qui séparent entre elles toutes les parties d'un département. L'application du décret du 18 juin 1811 est si usuelle, qu'il convient d'en exposer le but et la portée (1). S'il n'a pas produit, dans la pratique, tous les bons résultats qu'on en devait attendre, cela tient à deux causes : publicité incomplète, et insuffisance dans les indications.

En prescrivant le dépôt aux greffes du tableau des distances, le législateur n'a point réfléchi que, si les greffes sont des dépôts conservateurs, ils sont inaccessibles, ou du moins à peu près, pour la plupart des citoyens. Nul ne songe à aller y vérifier, soit les distances du tableau officiel, soit le chiffre d'indemnité qui lui appartient. De là résulte que les erreurs dont fourmillent la plupart de ces tableaux se perpétuent ou ne se relèvent que très-difficilement. Nous sommes convaincu que l'autorité administrative, interprétant largement le décret de 1811, ferait une chose avantageuse à tous et parfaitement régulière, en donnant une plus grande publicité au tableau des distances ; en adressant, par exemple, le tableau à tous les maires, avec une instruction qui en expliquerait clairement le but et la portée. On mettrait ainsi les citoyens en demeure de signaler et de faire disparaître, peu à peu, les inexactitudes les plus choquantes.

Enfin, tel qu'il est dressé, le tableau nous semble insuffisant,

---

(1) Que l'on ne s'étonne point de nous voir discuter ici le décret de 1811 ; les distances légales sont fixées par les préfets, chargés d'arrêter le tableau officiel ; les frais d'estimation doivent être alloués suivant les tarifs locaux (il n'y en a point ;— les magistrats apprécient) ; les frais d'affiches également, etc. Les notaires, les huissiers, les médecins, les jurés, les experts, les témoins, les juges, tous les plaideurs et praticiens, et surtout le trésor public (les frais de justice criminelle, dans le Finistère, s'élèvent à plus de 100 000 fr. par an) sont vivement intéressés dans cette question. V. art. 20, 90 à 93, 112, etc., du décret de 1811 ; 2 du décret du 7 avril 1813 ; 3, 16, 24, 116, 167, 170 du tarif civil.

en ce qu'il ne contient que les distances de chaque commune à ses chefs-lieux de canton, d'arrondissement et de département. Or, on le comprend, quand une partie prenante réclame l'indemnité de transport d'une commune à une autre dans le même canton, ce qui a lieu notamment quand le juge de paix ne réside pas au chef-lieu, le magistrat taxateur ne peut qu'hésiter entre la crainte d'allouer ce qui ne serait pas dû, et celle de priver le requérant d'une juste indemnité. S'il est vrai que le plus souvent le magistrat connaisse les lieux d'une manière suffisante, on reconnaîtra, du moins, qu'il est contraint d'évaluer la distance sur des données hypothétiques. Une fixation officielle satisferait les intérêts des parties plus sûrement que l'arbitrage du juge. Qu'est-ce donc, lorsque les parties sont appelées d'une commune non chef-lieu dans une autre commune d'un autre canton, d'un autre arrondissement, d'un autre département peut-être? Dans ces divers cas, moins rares qu'on ne le croit communément, tout est livré à l'arbitraire, et la taxe n'a aucune base fixe. Les droits de transport, tant en matière civile, qu'en matière criminelle, s'élèvent, chaque année, à des sommes très-considérables; et nous ne craignons point d'être taxés d'exagération, en disant que c'est un devoir de premier ordre, pour l'administration, d'exercer un contrôle sévère sur cette partie du service.

Ce contrôle sera facile, du moment que, dans un tableau synoptique, seront indiquées les distances de toutes les *communes entre elles*. Tel est le travail que nous avions le projet de présenter à nos lecteurs; nous n'avons pu y réussir entièrement, et nous nous voyons avec regret dans la nécessité d'ajourner cette publication. Mais, dès à présent, nous pouvons le dire, l'administration a senti tous les avantages d'un tableau dressé suivant nos vues; et sans doute très-prochainement il sera fait, et répandu dans les 283 communes. Non-seulement les anciennes distances (aujourd'hui légales encore, sauf pour l'arrondissement de Morlaix, qui du moins a vu rectifier, par l'arrêté préfectoral du 24 août 1850, les erreurs de l'arrêté du

1ᵉʳ août 1824), ont été l'objet d'une révision scrupuleuse ; mais, — ce qui vaut bien mieux — M. le Préfet a fait faire, par un habile dessinateur, un atlas, ou carte départementale, où l'on distingue, sur une grande échelle, toutes les voies de communication qui forment le réseau du Finistère, et relient ainsi entre elles les moindres bourgades. Désormais la partie la plus difficile du problème se trouve donc résolue : il ne s'agit plus que de relever, avec soin, le développement de tous les chemins *de clocher à clocher* ; et nous comptions, pour la réalisation de ce projet, sur la communication de la carte dont il s'agit. Malheureusement, elle n'est point dans le domaine de la publicité, et la connaissance superficielle que nous en avons prise n'a pu nous mettre en mesure de remplir notre but. D'un autre côté, notre tableau ne pourrait valoir qu'après la promulgation d'un arrêté du préfet, dûment approuvé par le Ministre de la justice. On conçoit, dès-lors, que nous avons dû nous abstenir, quant à présent, et hâter l'impression de notre recueil, nous réservant de le compléter ultérieurement, dès que les circonstances nous permettront de le faire.

On sait que, depuis plus de vingt ans, le Conseil général n'a cessé d'émettre des vœux pour la confection d'un tableau comprenant les distances des communes entre elles. Mais on a aussi élevé contre ce projet deux objections, qui, à nos yeux, ne sont nullement fondées. La loi, a-t-on dit, n'ordonne point aux préfets de fixer les distances des communes entre elles ; et, d'un autre côté, ce serait une opération longue et coûteuse, hérissée de difficultés.

L'administration ne doit jamais s'arrêter à des considérations financières, quand l'intérêt du pays réclame une réforme. Or, celle-ci a un but éminemment moral, et même économique ; elle soulagera le trésor public de toutes les allocations exagérées qui sont autorisées et perçues sous le couvert des erreurs officielles du tableau de 1824 ; elle permettra aux magistrats taxateurs, en allégeant leur responsabilité, d'accorder aux parties des indemnités équitables, parfois refusées dans l'état actuel.

En un mot, elle consacrera les principes de l'équité, et assurément ce résultat vaut bien la dépense qu'il peut occasionner.
Au surplus, on s'exagère cette dépense; et, alors même qu'il
n'existerait pas d'atlas départemental, nous sommes convaincu
qu'avec les employés dont l'administration dispose, il serait
facile de constater les distances (bien qu'elles s'élèvent au chiffre
de 39,318), au moyen d'une indemnité de 1,000 à 1,200 fr.
Mais du moment que l'atlas du Finistère donne exactement
l'indication des chemins de toute nature qui le sillonnent, aucune
difficulté d'exécution, aucune dépense ne peut plus entraver
l'achèvement d'une rectification si désirable.

Le décret du 18 juin 1811 ne parle, il est vrai, que des distances de chaque commune à ses chefs-lieux de canton, d'arrondissement et de département. Mais le silence du législateur,
quant à la distance des communes entre elles, ne peut être interprété en ce sens, que les tableaux obligatoires devraient comprendre seulement quelques distances restreintes. Telle n'a pu être l'intention du législateur : il a voulu que le juge trouvât sans peine,
dans un tableau spécial, la distance réelle qui détermine le taux
de la somme à taxer. Or, les trois distances du tableau actuel ne
suffisent point dans plusieurs circonstances : il y a donc là une
lacune à combler ; et nous ne comprendrions pas qu'on voulût
contester à l'administration le droit de prendre les mesures nécessaires pour faciliter l'application de la loi, pour suppléer à
son silence, et fournir une solution dans les cas non prévus.
Autant vaudrait dire qu'il ne lui est pas permis de déterminer
les limites, l'étendue et le parcours des voies de communication.
Il est de toute évidence que les préfets sont parfaitement compétents; que leurs décisions, en pareille matière, sont à l'abri
de tout recours, et qu'ils feraient une chose éminemment avantageuse à la bonne administration de la justice, en complétant les
indications prescrites par le décret du 18 juin 1811.

§ 2. — Documents statistiques.

Art. 1er. Contenances.

En abordant cette partie de notre travail, nous ne nous sommes dissimulé ni notre insuffisance, ni les nombreuses difficultés d'une semblable tâche ; et pourtant, nous avons dû céder à des conseils amis, en reconnaissant qu'ici le silence absolu nuirait essentiellement à la clarté de nos déductions. L'exposition des principaux faits de la statistique est propre à répandre la lumière sur quelques coutumes inexpliquées, notamment sur celles relatives à l'agriculture et au commerce de notre pays.

En compulsant le *Livre-Terrier*, ce grand inventaire des diverses parcelles du sol Finistérien, nous n'y avons point trouvé les contenances des communes de Plourin, Brélès, Lanildut, Landunvez, Lanrivoaré, Coatméal et l'Ile-de-Sein. Nous avons essayé de combler cette lacune à l'aide d'indications puisées çà et là (1).

Les chiffres du tableau ci-joint ne sont sans doute qu'approximatifs ; mais nous pensons qu'ils approchent aussi près que possible de la vérité mathématique ; et, en ce qui touche spécialement la contenance totale du Finistère, si nos résultats diffèrent de ceux fournis, soit par M. de Prony dans l'*Annuaire du bureau des longitudes*, soit par l'auteur de la carte géologique du département, nous avons lieu de croire que nous avons consulté des renseignements plus complets, plus récents, et dès-lors préférables à tous égards.

Le cadastre suit, comme on le sait, des divisions fort compliquées, et qu'il serait dangereux d'adopter absolument (2) :

(1) Pendant que nous écrivions ce chapitre, les employés du cadastre procédaient au relevé des contenances de ces communes et à leur classification. Nous n'avons pas cru devoir refaire notre tableau ; car, si nous ne nous trompons, les différences constatées par les opérations du cadastre ne modifient pas sensiblement les chiffres généraux sur lesquels reposent ces appréciations. Notons ici que l'Ile-de-Seins n'a pas été et ne sera point cadastrée, parce que ses habitants ont été exemptés de la contribution foncière. Il en est de même de l'Ile-Molène.

(2) Dans une circulaire du 2 novembre 1819, le préfet du Finistère, après avoir signalé, au nombre des avantages résultant du cadastre, celui de prévenir

ainsi, quoique les instructions ministérielles prescrivent de classer dans les terres labourables tous les terrains susceptibles de culture, nous sommes bien convaincu que le *Livre-Terrier* ne présente pas fidèlement le rapport exact des terres stériles aux bonnes terres, et que très-souvent on a rangé dans la masse des landes des parcelles cultivées, ou qui auraient pu l'être avantageusement. D'un autre côté, il est certain que les opérations cadastrales n'ont pas toujours été pratiquées avec ensemble et unité de vues : tel terrain classé comme terre labourable n'est en réalité qu'un terrain planté, et réciproquement.

Cependant, les indications du *Livre-Terrier* sont encore les plus utiles, disons mieux les seules à consulter; nous les avons donc suivies et étudiées afin de nous rendre compte de l'état du sol.

On pourrait réduire à deux classes les terres du département : la première comprendrait les landes ou terrains stériles, qui donneraient non-seulement 258,978 hectares, suivant le tableau, mais encore une portion de la contenance des canaux, étangs et marais ; car, si, d'une part, il est juste de considérer les canaux et étangs comme des terrains produisant un revenu réel, on ne conçoit pas pourquoi la plupart des marais ne sont pas assimilés aux landes. Dans la seconde classe on rangerait les terres arables, les prairies, les vergers, courtils, pépinières, bois taillis et de haute futaie, les propriétés bâties, les routes, chemins, rues, édifices publics, et les rivières, canaux et étangs. En d'autres termes, on ne distinguerait sur la superficie du département que les parcelles productives ou d'une utilité actuelle (environ 417^h,214,48), et les terres présentement improductives, qui offrent une contenance d'environ 200,000 hectares.

Mais, au point de vue spécial qui nous occupe, nous nous

---

une foule de contestations, va jusqu'à dire qu'il peut et doit même nécessairement servir par la suite de titre en justice pour prouver la propriété; ce qui n'est point exact. Le cadastre n'est jamais qu'un élément variable et conjectural.

sommes arrêté à une classification que le plan de notre recueil explique suffisamment. Nous regrettons de n'avoir pu préciser le chiffre des contenances des bois taillis, forcément englobé dans celui des forêts, futaies et terrains plantés. Si nous en croyons des renseignements dignes de confiance, il y aurait lieu de croire qu'on pourrait, sans exagération, évaluer la masse des taillis aux deux tiers au moins du chiffre de la 3ᵉ colonne. Il nous est du reste démontré que les énonciations du cadastre sont inexactes pour les bois de plusieurs cantons, soit en moins, soit en plus, à raison des mutations survenues depuis les premières opérations, dont quelques-unes remontent à 1810.

Quoiqu'il en soit, nous sommes persuadé que le tableau ci-joint, tout sommaire qu'il soit, sera bon à consulter. La réunion, dans un même cadre, de faits disséminés dans divers recueils, offre une grande facilité pour les recherches et les observations. Sous ce rapport du moins, nous n'aurons pas à nous repentir du soin que nous avons pris pour découvrir la vérité.

Un autre point que nous aurions voulu constater, comme intéressant à un haut degré les hommes d'affaires, c'est la proportion entre le revenu fictif établi par le cadastre et le revenu réel. Nous y avons renoncé après quelques essais, parce que nous avons bientôt reconnu qu'en cette matière tout est conjectural : l'instabilité de la propriété, les modifications qu'elle reçoit chaque jour, ne permettent point de déterminer précisément les faits variables qui président à l'établissement du revenu fictif. Tel immeuble produisant 100 fr. de revenu réel figure au cadastre pour un revenu de 50 fr., tandis que, dans une commune voisine, un autre immeuble de même valeur sera classé comme d'un revenu de 30 fr. ou de 66 fr. Ces variations tiennent à plusieurs causes, notamment aux appréciations souvent bisarres et capricieuses de MM. les classificateurs qui, au moyen de distinctions subtiles et arbitraires, parfois de subterfuges, sont persuadés qu'on peut obtenir une diminution dans le chiffre de l'impôt foncier. — En 1821, on tenta d'égaliser les impôts dans

TABLEAU

DES DIVERSES CONTENANCES DES CANTONS DU DÉPARTEMENT DU FINISTÈRE, DU NOMBRE DES MOULINS ET DE LA POPULATION.

NOMS DES CANTONS.	TERRES LABOURABLES.		PRAIRIES.		TERRAINS plantés, Bois et Forêts.		LANDES.		TERRAINS sous CONSTRUCTIONS		CANAUX, étangs et marais.		ROUTES, chemins, rues et autres objets.		SUPERFICIE totale DU CANTON.		NOMBRE des moulins par Canton.	POPULATION par canton.
	hect.	ares.	hect.	ares.	hect.	ares.	hect.	ares.	hect.	ares.	hect.	ares.	hect.	ares.	hect.	ares.		
Brest............	5,446	00	579	00	218	00	898	00	133	00	11	00	711	00	7,996	00	44	81,685
Ouessant..........	281	00	7	26	10	89	1,180	28	37	13	0	33	45	50	1,562	39	9	1,983
Ploudalmézeau.......	9,054	80	827	69	728	51	4,783	03	203	82	75	26	558	33	16,231	44	55	15,619
Saint-Renan........	8,169	63	969	60	810	28	9,252	10	141	22	69	96	765	40	20,178	10	109	12,929
Landerneau.........	6,756	00	925	00	1,734	00	5,830	00	131	06	25	00	785	00	16,186	00	76	16,599
Daoulas...........	8,875	00	933	00	2,275	00	9,120	00	120	00	41	00	991	00	22,328	00	77	17,484
Ploudiry..........	3,708	00	953	00	1,043	00	3,792	00	62	00	16	00	511	00	10,083	00	32	6,419
Lesneven..........	8,231	00	1,559	00	594	00	3,740	00	203	00	82	00	951	00	15,360	00	62	20,005
Plabennec.........	8,887	79	964	14	622	42	9,064	10	145	00	91	55	815	00	20,590	00	75	14,349
Lanilis...........	7,812	20	443	17	326	76	2,126	99	132	66	22	39	494	81	11,358	98	11	15,324
																	550	202,597
Morlaix...........	4,405	00	840	00	932	00	2,579	00	91	00	26	00	417	00	9,290	00	9	19,514
Lanmeur...........	8,448	00	882	00	679	00	4,176	00	119	00	16	00	820	00	15,140	00	74	16,406
Plouigneau.........	8,838	50	1,736	56	2,534	49	7,308	14	122	63	19	49	745	12	21,304	33	72	15,595
Plouzévédé.........	7,034	00	908	00	397	00	2,839	00	131	00	15	00	583	00	11,607	00	46	13,648
Saint-Pol-de-Léon...	6,810	00	1,038	00	573	00	1,996	00	124	00	17	00	1,136	00	11,304	00	42	20,250
Taulé............	4,853	00	535	00	349	00	2,858	00	76	00	9	00	519	00	9,199	00	42	9,796
Landivisiau........	7,300	00	1,092	00	757	00	3,616	00	129	00	14	00	625	00	13,473	00	56	14,700
Saint-Thégonnec.....	7,119	00	1,462	86	1,463	02	6,790	00	115	87	10	46	893	70	17,545	00	67	12,754
Sizun............	5,131	00	1,146	00	480	00	5,225	00	75	00	4	00	629	00	12,690	00	33	9,410
Plouescat..........	5,501	16	602	98	425	06	3,493	09	103	77	12	35	390	59	10,532	00	50	11,899
																	491	143,982
Châteaulin.........	9,935	00	1,479	00	1,044	00	14,221	00	143	00	115	00	1,561	00	29,098	00	75	18,520
Crozon...........	6,936	00	374	00	1,130	00	11,912	00	95	00	155	00	648	00	20,280	00	103	15,552
Le Faou..........	4,282	68	785	93	1,100	35	4,800	02	5	45	57	98	298	65	11,331	06	33	6,801
Pleyben...........	12,990	00	2,254	00	1,275	00	13,975	00	147	00	1,080	00	1,505	00	33,226	00	62	17,897
Carhaix...........	14,973	00	2,474	00	2,168	00	7,381	00	158	00	44	00	1,646	00	28,744	00	46	15,632
Le Huelgoat........	8,337	08	2,332	72	1,880	37	11,996	18	90	02	29	04	927	59	25,602	00	46	12,488
Châteauneuf........	14,793	42	2,483	41	2,131	29	13,967	33	169	04	149	00	1,175	42	34,869	00	58	17,163
																	423	104,053
Quimper...........	8,260	15	1,423	62	1,505	29	6,345	14	131	60	22	29	537	13	18,225	22	45	20,643
Briec............	6,554	00	1,013	00	445	00	3,712	00	68	00	6	00	585	00	12,183	00	32	6,232
Plogastel-Saint-Germain...	9,633	00	1,756	00	926	00	10,051	00	113	00	111	00	685	00	23,275	00	80	15,640
Pont-Croix........	8,023	54	893	96	520	19	8,035	03	108	62	44	51	518	34	18,144	22	87	19,644
Douarnenez........	7,121	00	1,728	00	945	00	6,666	00	99	00	19	00	526	00	17,104	00	58	15,744
Pont-l'Abbé........	7,353	00	2,742	00	491	00	4,883	00	108	00	419	00	494	00	16,490	00	38	16,526
Concarneau........	3,221	00	427	00	484	00	4,324	00	53	00	12	00	786	00	9,307	00	18	8,119
Rosporden.........	5,440	00	903	00	509	00	5,270	00	69	00	94	00	484	00	12,775	00	22	5,934
Fouesnant.........	4,290	30	722	30	1,233	46	6,351	35	75	67	20	45	363	44	13,062	97	38	7,027
																	418	115,518
Quimperlé.........	3,921	00	769	00	2,629	00	3,595	00	68	00	16	00	574	00	11,572	00	21	11,690
Arzanno...........	2,120	00	409	00	965	00	4,186	00	38	00	3	00	357	00	8,138	00	14	4,307
Bannalec..........	6,674	00	1,266	60	2,030	22	8,943	35	100	54	27	03	573	94	19,615	68	45	9,889
Pont-Aven.........	5,096	00	757	00	1,265	00	7,875	00	97	00	3	00	457	00	15,550	00	39	11,706
Scaër............	7,129	00	1,539	00	1,069	00	9,956	00	74	00	4	00	703	00	20,374	00	39	8,339
																	158	45,881
TOTAUX.....	288,245	34	46,896	80	43,203	60	258,978	13	4,415	44	3,015	21	28,361	76	673,214	48	2,040	612,000

les 86 départements ; on n'a pu atteindre le but qu'imparfaitement. Une nouvelle expérience aura lieu en 1852, et nous craignons bien qu'elle laisse encore beaucoup à désirer ; car le système de la péréquation ne pourra être réalisé que le jour où les commissions ou assemblées, chargées de procéder aux évaluations territoriales, cesseront de se laisser dominer par les influences locales et les suggestions de l'intérêt privé. Jusque-là ce sera un beau rêve, propre à séduire les âmes naïves, ou les esprits superficiels.

Le mouvement de la propriété foncière a été très-considérable dans le Finistère depuis 50 ans : M. Duchâtelier l'explique dans son ouvrage. Nous observerons seulement ici que le nombre des propriétaires augmente en proportion directe de la population (1) ; que les cultivateurs s'élèvent insensiblement à la possession de la propriété moyenne (500 fr. de revenu et au-dessus); et que dans les cantons du littoral le morcellement, poussé à ses dernières limites, est un malheur et une cause de ruine. Dans l'intérieur, au contraire, l'usage des démissions de biens en faveur des aînés maintient dans les familles le domaine patrimonial tout entier, et stimule les cadets à conquérir, par leur industrie, le rang que leur enlève la volonté du père de famille ; à moins que, par un oubli trop fréquent de ses obligations, l'aîné ne force les tribunaux à annuler ces actes comme contraires à l'égalité des partages. Dans les démissions de biens, l'intention de l'ascendant est de faire une donation entre-vifs, éventuellement destinée à valoir plus tard, s'il y a lieu, comme partage de la succession. Les descendants peuvent toujours attaquer, dans les dix ans, ces partages anticipés, pour cause d'inégalité quant à la nature des biens (V. *Revue de législation*, t. Ier de 1851, p. 434).

(1) Il y a aujourd'hui dans le Finistère au moins 95,000 propriétaires ; le nombre des parcelles est d'environ 1,500,000 : à Ouessant, 45,545 parcelles pour 856 propriétaires, sur une population de 1083 insulaires (la population totale étant de 612,000 âmes).

Art. 2. — *Géologie.*

La description des diverses couches dont se compose le sol Finistérien, ou la géologie, mérite que nous nous y arrêtions un instant, tout en évitant les détails purement scientifiques.

Le granite est la roche primitive; il domine dans le département, dont il constitue plus de la moitié du sol; de là vient l'étendue si considérable des terrains non-cultivables. Les carrières de granite sont donc très-nombreuses, et pourraient procurer des ressources importantes, si leurs produits trouvaient toujours un débouché. On tire surtout un grand parti des carrières de granite rose de Laber-Ildut (1), de Lampaul et de Plouarzel, et des granites simples répandus aux environs de Quimper et de Quimperlé, et sur le littoral de Pont-Aven. Le porphyre se rencontre dans l'Ile Longue près de Brest, à la pointe du Ros en Logonna, et à Daoulas; le kersanton dans la commune de l'Hôpital. Cette dernière pierre est vendue plus cher que le granite rose dont le mètre cube vaut 16 fr. 90 c. rendu à Brest, tandis que le kersanton vaut 22 fr. 20 c.; mais il se travaille bien plus aisément.

A Crozon, on exploite le grès avec assez d'avantage.

Les carrières d'ardoises, ou schistes tégulaires, sont au nombre de 58 dans le seul arrondissement de Châteaulin, savoir: 9 dans les communes de Châteaulin, Port-Launay, Lopérec et St.-Coulitz; 19 dans les communes de Pleyben, Lothey, Gouézec et Lennon; 5 dans les communes de Spézet et Motreff; 5 dans celles de Châteauneuf et St-Goazec. Sept de ces carrières sont souterraines; les 51 autres sont à ciel ouvert. Les produits des ardoisières s'élèvent par an à 149,760 fr., en prenant le chiffre de 10 fr. comme représentant en moyenne la valeur du millier d'ardoises; car il en est vendu 14,976,000 morceaux. Le prix des façons est de 5 fr. par millier pour la première qualité (connue dans le commerce sous le nom de *Parisienne,* parce que des ouvriers de Fumay, désignés sous le nom de Parisiens, vinrent en 1811 nous enseigner l'art de mieux tailler l'ardoise). 4 fr. 50 c. pour la 2ᵐᵉ; 5 fr. pour la 3ᵐᵉ; 2 fr. 60 c. pour la 4ᵐᵉ; 2 fr. pour

(1) C'est à Laber-Ildut qu'a été extrait l'énorme monolithe de feldspath rosâtre à larges cristaux, qui forme le socle de l'obélisque du Louqsor. Le superbe calvaire, qu'on remarque au cimetière de Brest, provient aussi de cette carrière. Il est dû à l'habile ciseau des frères *Poileu.*

la 5me ; 1 fr. 25 c. pour la 6me et 7me. Ainsi, le salaire moyen des tailleurs est de 2 fr. 82 c. par millier ; et il est rare que l'ouvrier débite plus de 4 à 500 ardoises en un jour, ce qui porte son salaire à 2 fr. 41 c. au maximum. Les manœuvres, ou carriers, gagnent 1 fr. seulement par jour sans nourriture ; les mineurs de 1 à 2 fr.

La plupart des ardoisières sont à bail : les souterraines sont très-abondantes ; mais les fermiers, malgré la surveillance de l'agent-voyer spécial, ne prennent point toutes les précautions nécessaires, et par cupidité exposent trop souvent les ouvriers à des accidents. Enfin, si les entrepreneurs s'associaient afin de vaincre les difficultés résultant des veines bâtardes et du mauvais vouloir des voisins, il est hors de doute que l'industrie ardoisière prendrait de grands développements, et occuperait au moins 800 ouvriers au lieu de 5 à 600 qui y travaillent actuellement (1). Car ce n'est pas en opérant à fleur de terre, mais en agissant sur une plus grande échelle, qu'on réussira à découvrir les richesses du sol. Quoique le schiste de nos contrées n'ait ni la ténacité, ni la force des produits des environs d'Angers et de Fumay, leur qualité n'est point mauvaise, puisqu'il s'en expédie du Port-Launay jusqu'en Normandie ; et l'accroissement des produits amènerait bientôt la substitution de l'ardoise au chaume pour les couvertures des habitations rurales.

Il existe encore quelques ardoisières à ciel ouvert dans les communes de Sizun, Commana, Plonéour, Le Cloître, Garlan, Plouézoc'h, Plouégat-Guérand et Le Faou ; mais elles sont d'une importance très-secondaire, et nous nous contentons de les mentionner.

Le calcaire, ou la pierre à chaux, se trouve et est exploité à Roscanvel, à Plougastel, à l'île Ronde ; il y en a aussi dans la

(1) Nous ne savons où M. Duchatellier a pris le chiffre de 11 à 1200 ouvriers employés, suivant lui, aux ardoisières. Nous tenons nos renseignements de M. l'Agent-Voyer souterrain. — Le rapport du préfet, à la session du Conseil général en 1851, constate que l'industrie ardoisière est dans une grande détresse, que le nombre des ouvriers est réduit à 400, dont la moitié gagne à peine 60 cent. par jour (nourriture déduite, sans doute). Mais nous sommes convaincu que c'est là une situation temporaire, et qui ne tardera pas à s'améliorer.

presqu'île de Rosan, dont on pourrait aisément tirer parti (1).

Au Conquet et à Loquirec, on extrait des schistes plats et épais, qui fournissent des dalles et pierres tumulaires.

L'argile à poterie existe à Ergué-Armel, à Landévennec, à Roscanvel, à Isella et dans la rivière de Daoulas.

Quant aux minerais, les plus importants sont ceux des environs du Huelgoat, contenant de l'argent et du plomb, que l'on extrait, par les préparations mécaniques, à Poullaouen et au Huelgoat; nous n'avons aucune donnée certaine sur la valeur des produits de cette grande industrie. Suivant M. Duchâtelier, les frais d'exploitation sont supérieurs ou au moins équivalents au chiffre des produits. M. le Préfet, dans son rapport, se borne à dire que Poullaouen soutient sa position.

Le plomb est laminé dans trois usines auprès de Morlaix et de Brest.

Enfin, il existe à Morlaix une fabrique de pipes.

Suivant M. de Fourcy, dont la statistique géologique nous a fourni la plupart des renseignements ci-dessus, les tourbières du Finistère sont de qualité médiocre et d'une très-faible importance. Néanmoins, il est hors de doute qu'on pourrait, par des travaux éclairés, utiliser les masses tourbeuses des marais de La Feuillée et de Berrien, de Pont-l'Abbé, de Brasparts, de Loqueffret et de Combrit, des cantons de Sizun et Plouigneau, etc., qui offrent en certains endroits une tourbe de plus d'un mètre d'épaisseur; elles fourniraient un bon combustible, serviraient à faire des compôts pour l'amendement des terres, et leur extraction donnerait de grandes facilités pour l'augmentation du nombre des prairies.

Les côtes du département contiennent de vastes dépôts de sables et de coquilles brisées, qui s'étendent jusqu'à une grande distance du rivage : c'est ce que l'on nomme le *treaz* et le *maërl* dans les arrondissements de Brest et de Morlaix. On y trouve aussi le goëmon rouge, et chaque année plus de 10,000 tonneaux

(1) 7 Fours à chaux sont en activité sur divers points de la rade de Brest. Si l'on en établissait d'autres, on obtiendrait deux résultats également avantageux pour le Finistère : l'accroissement des produits, qui sont d'environ 250,000 fr. par an, et l'abaissement dans les prix, ainsi rendus accessibles à l'agriculture, qui doit sa richesse sur le littoral aux amendements calcaires.

de vases, extraites du port de Brest, sont perdus pour l'agriculture. Néanmoins, il est juste d'observer que les intérêts agricoles ont été efficacement protégés. Ainsi, une loi toute récente (Voy. ci-dessous au chapitre X), modifiant celle du 7 ventôse an XII, le décret du 3 mai 1810, les ordonnances des 19 février et 24 décembre 1825, permet aux cultivateurs le transport des engrais dans des voitures à jantes étroites, même sur les grandes routes. Ainsi encore, un règlement pris par le préfet maritime de Brest le 10 juillet 1849, dûment approuvé, mettant fin à de longs dissentiments relatifs au dragage des maërls et goëmons rouges, que l'on prétendait funestes à la prospérité des huitrières, a permis enfin, dans de justes limites et suivant certaines précautions, le dragage des maërls, coquilles brisées et goëmons rouges (1).

Le maërl, suivant un dicton assez vrai, *pousse dans la rade de Brest comme le blé dans les champs;* il ne diffère du treaz qu'en ce que ce dernier se compose d'un sable plus fin, contenant peu de coquillages. L'un et l'autre divisent les terres compactes, et amendent le sol par les principes calcaires et salins

(1) Cet arrêté est fort bien motivé. On y fixe les époques du dragage, les lieux où il est permis, l'ordre des exploitations; des mesures de police y sont indiquées pour prévenir les abus. Six gardes-jurés, convenablement rétribués, sont chargés de la surveillance, sous les ordres d'un officier commandant les bâtiments gardes-pêche. Le dragage est réservé aux bateaux-pêcheurs des syndicats du littoral de la rade et de ses affluents, non pontés, ayant quille, mâts et gouvernail, et montés par des marins classés. Le dragage est interdit la nuit. Tout bateau chargé doit avoir au moins 10 cent. de plat-bord hors de l'eau. Chaque contravention donne lieu à la suspension temporaire, et, suivant les cas, au retrait de la faculté de draguer. La lame des dragues ne peut excéder 1 m. 66 cent. de longueur, etc. En un mot, tout y est combiné pour la légitime satisfaction des besoins des cultivateurs.

Quant aux huitrières, au nombre de 18, on a calculé qu'elles pouvaient contenir au moins 10 millions d'huitres, que la pêche en retire annuellement environ 10 millions, représentant une valeur de près de 100,000 fr., et l'on observe fort justement que le régime de la surveillance a augmenté sensiblement les produits. En effet, cette surveillance n'a rien de vexatoire : faire rejeter à la mer les huitres ayant moins de 61 millimètres de diamètre, et celles qui découvrent aux marées d'équinoxe, empêcher les triages frauduleux, interdire la création de parcs non autorisés, ne donner de commissions que pour 5 ans au plus, déterminer chaque année le chiffre des huitres à exporter, et, pour assurer à la consommation locale une quantité suffisante, empêcher les accaparements, et faire en sorte que les marchés d'huitres ne dépassent pas le dixième des produits annuels; ce sont là des mesures fort sages : le pays en saura gré aux membres de la commission chargée de cet important travail.

qui y dominent, et que réclament les terres argilo-siliceuses de l'intérieur; car il est d'observation que la puissance des engrais de mer est en raison directe de la distance du sol fumé de cette manière. En général, nos cultivateurs préfèrent le treaz, parce qu'il opère immédiatement,—ceux du Minou particulièrement;—et comme ils tiennent avant tout à la prompte rentrée du capital engagé, ils paient souvent plus cher que tout autre engrais le treaz, dont les effets pourtant ne se font sentir que pendant 4 ou 5 ans. Le maërl, au contraire, produit un effet plus lent, mais aussi plus durable (10 ans au moins); c'est le sable le plus recherché des bons cultivateurs; en effet, plus léger que le treaz, il est d'un plus facile transport; on peut l'employer seul, tandis que le treaz exige l'addition d'une demi-fumure; enfin, le maërl de la rade agit de suite comme le treaz.

Le goëmon rouge est une plante annuelle qui se reproduit au printemps, mûrit en automne, et dissémine ses semences en hiver. C'est alors qu'il se détache des fonds vaseux, en masses tellement considérables, qu'en 1841 on en recueillit plus de 10,000 charretées sur la grève du Moulin-Blanc. Le goëmon rouge a des propriétés hygrométriques qui en font un agent très-énergique de fertilisation; mais il faut l'employer en vert; car il se fond au soleil et perd ainsi son action; aussi ne le transporte-t-on pas au loin. Il convient surtout aux terres légères; son action est immédiate et dure une année seulement. Comme le treaz et le maërl, il purge le sol des mauvaises herbes; néanmoins les sables sont plus recherchés : c'est ce que prouvent les associations qui se forment parmi les cultivateurs pour les transports; ils franchissent dans ce but des distances de quatre myriamètres et plus, surtout pour se procurer le maërl, si avantageux pour ceux qui défrichent et qui veulent substituer la culture du froment à celle du seigle. Les produits du maërl sont magnifiques et se vendent couramment sur nos marchés 5 fr. (par hectolitre) de plus que les autres céréales. L'introduction de cet engrais, dans certains cantons, comme à La Feuillée, a déterminé la création de prairies artificielles, et a permis de récolter du froment, au point qu'il y a aujourd'hui excédant dans des lieux où ce blé était inconnu il y a 10 ou 12 ans.

Le maërl et le goëmon rouge se vendent 10 francs la batelée de 4 à 5 tonneaux, les sables du Minou ou treaz 15 francs.

Depuis 8 ou 9 ans, on a remarqué à Plougastel que la pêche du goëmon rouge a doublé, et qu'ailleurs celle du treaz a augmenté, tandis que celle du maërl a éprouvé une diminution. Du reste, il n'est guère possible d'évaluer la consommation, même approximativement. On peut dire seulement qu'en général il faut 15 tonneaux de maërl (à 2 fr. l'un), 30 de treaz au même prix environ, un peu plus parfois, et 12 ou 15 tonneaux de goëmon rouge, à raison de 2 fr. ou 2 fr. 25 c., pour fumer un 1/2 hectare de terre, quand on y ajoute une demi-fumure. En appliquant ce calcul à une portion de la zône du littoral de Brest, on trouve que la valeur des engrais nécessaires à la culture des terres chaudes ne s'élève pas à moins de 600,000 fr. par an, dont la moitié se compose d'engrais marins : on ne fait pas état des quantités transportées dans les autres cantons voisins, et qui va à 200,000 fr. au moins (1); en d'autres termes, 500,000 fr. d'engrais marins.

Outre les sables de la rade de Brest, nous pourrions mentionner ici ceux de l'arrondissement de Morlaix, et spécialement le maërl que les pêcheurs de Locquénolé vont pêcher au large à une lieue environ du château du Taureau ; on le drague en toute saison depuis un temps immémorial : on voit souvent jusqu'à 150 charrettes chargées de maërl acheté à l'embouchure de la rivière, à raison de 5 à 6 francs la batelée prise sur le rivage, 8 à 9 francs sur le quai de Morlaix. Une batelée équivaut à 7 charretées ordinaires.

Enfin, les sables des Glénans, de Névez et de Pont-Aven, jouissent chez nous d'une réputation méritée; et une analyse chimique a prouvé leurs excellentes propriétés. On les pêche librement en toute saison: il en est de même des sables calcaires de l'anse de Goulven, dont les cultivateurs enlèvent une

(1) Nous avons puisé la plupart de ces renseignements dans l'excellent rapport de MM. de Kerjégu, Delalun, Pompery, Quesnel et Fymin, qui a servi de base au règlement du 10 juillet 1849, assez semblable à celui en vigueur dans les baies de Granville et de Cancale, qui a institué pour la répression des contraventions une procédure sommaire et sans frais; il eût été désirable de la rencontrer dans notre règlement. Voy. le *Manuel complémentaire*, par PAILLIET, sur la déclaration du 23 avril 1726, t. 1er, p. 161.

quantité qu'on ne peut évaluer à moins de 75,000 charretées par an, valant au moins 150,000 francs. Les sables coquilliers de l'Aven contiennent 38 0/0 de chaux pure et 29 d'acide carbonique, ou 70 0/0 de carbonate de chaux et 30 seulement de silice (rapport fait au préfet le 16 juillet 1843).

ART. 3. *Commerce et industrie.*

Sans sortir du cercle modeste de nos recherches, nous devons mentionner sommairement les principaux objets sur lesquels se porte la spéculation des habitants. Et d'abord, la production du département en céréales, que l'on évalue par an à 4,982,260 hectolitres, savoir :

Grains nécessaires à la consommation.	*Excédant de la consommation.*
Froment. 582,876	Froment. 358,974
Seigle.. 504,750	Seigle. 135,250
Orge. 737,151	Orge.. 18,849
Avoine. 1187,152	Avoine.. 412,848
Sarrasin. 493,392	Sarrasin. 551,008

Total égal. . . . . 4,982,260 hectolitres.

Ce chiffre, loin d'être exagéré, serait plutôt au-dessous de la vérité ; car, dans le dernier rapport du préfet, la récolte est portée à 5,420,022 hectolitres, savoir : froment, 936,882 ; seigle, 658,980 ; orge, 809,460 ; avoine, 1,932,700 ; sarrasin, 1,102,000. Dans le seul arrondissement de Morlaix, suivant la statistique agricole de M. Eléouet (p. 248), la production serait de 1,127,970 hectolitres, et le mouvement commercial des grains dépasserait la somme de 1,300,000 fr. par an. Ces faits démontrent que le commerce des céréales est un objet de premier ordre dans le Finistère. Nous avons 63 ports qui facilitent les importations et exportations de cette marchandise ; ils sont fréquentés par de nombreux navires (en 1850, 5,546 en charge sont entrés ; 4,098 sont sortis en charge), jaugeant depuis 4 jusqu'à 1,200 tonneaux, non comprises les chaloupes de pêche.

Les deux bateaux à vapeur qui font le service de Morlaix au Havre ont singulièrement développé l'esprit industrieux des cullivateurs, en leur offrant des débouchés plus avantageux pour leurs denrées et une foule de choses qui, jadis, se consommaient sur les lieux, le poisson, le beurre, les légumes, etc. Tout récemment, l'exportation de ces articles, et surtout des céréales, vient de recevoir une heureuse impulsion par l'établissement des paquebots entre Morlaix et Southampton. Cette ligne, ouverte au mois de mai 1851, a déjà rendu de grands services au pays ; car le transport des bœufs gras assure des bénéfices importants aux habitants du Léon. Morlaix, sans contredit, est le centre du commerce Finistérien. L'extension qu'y ont prise les prairies artificielles, l'élève des chevaux, des bœufs, des porcs gras, et la culture du lin (grâce à la méthode Flamande); les tanneries nombreuses, les fabriques de toile, les blanchisseries, minoteries, papeteries, qu'on y rencontre ; enfin, la manufacture nationale des tabacs : telles sont les ressources industrielles de cet arrondissement, dont les opérations commerciales s'élèvent au moins à 25 millions par an.

Dans l'arrondissement de Brest, les industries les plus prospères sont celles qui se rattachent aux besoins de l'administration et du personnel de la marine. Brest verse annuellement une valeur de 15 millions, tant en matières premières qu'en objets confectionnés pour le service de la marine. Sur environ 300 affaires soumises chaque année aux juges consulaires de nos cinq arrondissements, le tribunal de Brest à lui seul est saisi de près de 150 ; le chiffre des patentes y atteint la somme de 190,765 fr.; aussi le Gouvernement vient-il d'y établir une chambre de commerce. On trouve dans cet arrondissement la belle manufacture de l'*Industrie-Linière*, de nombreuses fabriques, des minoteries, des chandelleries, des tanneries, des ateliers de construction et d'outillage, et enfin les produits chimiques, sels de soude de vareck, etc., fabriqués au Conquet par M. Tissier.

Moins heureusement situé, l'arrondissement de Châteaulin n'a guère d'autres industries que l'élève des chevaux, bêtes à cornes et moutons, le commerce du bois et du cidre, la pêche de la sardine, les mines de Poullaouen, et les carrières d'ardoises.

L'arrondissement de Quimper doit surtout son aisance aux produits qui se rattachent à l'agriculture. On y fait un commerce assez étendu de cidre, de bois de construction et de chauffage, etc.

La pêche du poisson frais y occupe aussi bon nombre de bras. Mais l'activité commerciale y est bien au-dessous de la situation de Brest et de Morlaix. On y compte néanmoins plusieurs féculeries, des tanneries, des fabriques de poteries, etc.

Enfin, l'arrondissement de Quimperlé, riche en grains et en bois, possède aussi quelques beaux établissements industriels, comme minoteries, papeteries, tanneries, etc.; on y fabrique en outre beaucoup de cidre.

La pêche de la sardine, qui a lieu principalement à Douarnénez, à Concarneau et à Crozon, est la base d'une industrie de premier ordre, moins à raison des bénéfices en résultant, que comme la seule ressource d'une partie de la population du Finistère.

En effet, dans ces trois cantons on compte jusqu'à 864 chaloupes employées à la pêche (530 à Douarnénez, 240 à Concarneau, 94 à Crozon), non compris les navires de cabotage (560) qui sont expédiés de ces ports ou de celui de Quimper avec des chargements de sardines, et ceux (167) qui apportent les mérains, le sel et la rogue, en tout 1591 navires montés par au moins 8232 marins du pays, ou un peu plus de 5 hommes par bateau.

Chaque année il sort des trois ports, en moyenne, 66,706 barils de sardines pressées, et 31,060,000 sardines vendues en vert.

864 femmes sont occupées à saler et ranger les sardines; autant à *ramender* les filets, en tout 1728. En hiver, ce sont elles qui font les filets, estimés 30 fr. l'un. Ce sont encore des femmes (160 environ) qui, pendant la pêche, vendent les sardines dans les environs.

Les pauvres des trois cantons confectionnent chaque année 30,000 paniers (pour transporter la sardine de la chaloupe au magasin) à 25 cent. l'un, soit 7,500 fr., ressource précieuse pour plus de 150 personnes.

Viennent ensuite les charpentiers, calfats, cordiers, cloutiers, tonneliers, charretiers, fabricants de mérains et feuillards, etc. — En un mot, on a calculé que plus de 15,000 personnes trouvaient dans cette industrie un emploi pour leurs bras et des moyens de subsistance pour leurs familles.

Quant à l'importance des capitaux mis en mouvement par la pêche, il nous suffira de dire que, dans les seuls ports de Douarnénez et de Concarneau la mise dehors est d'au moins 2 millions 417,380 fr.; et pour Crozon de 400 mille fr. année commune.

Les primes aux équipages pour parts de pêche ne représentent guère que le minime salaire de 1 fr. 60 c. par jour pour chaque marin (voyez ci-dessous, au chapitre des *Usages du Commerce.*)

Les frais sont plus considérables à Douarnénez que dans les deux autres ports; mais il y a compensation, car à Douarnénez le poisson est gros, son apparition est plus en rapport avec l'époque des demandes pour cette marchandise; enfin la sardine de Douarnénez produit de l'huile en quantité supérieure à celle des presses de Concarneau et Crozon.

Ces faits n'ont pas besoin de commentaire. Nous y reviendrons, quand nous exposerons les règles concernant le louage des pêcheurs, et l'on pourra juger alors combien une industrie si utile à l'État, et qui ne peut languir sans compromettre l'existence de tant de familles, mérite à tous égards qu'on lui accorde quelques primes. La pêche de la morue, bien qu'elle fournisse environ 15,000 hommes à la marine, ne doit pas avoir le monopole des subventions. On lui accorde 2,000,000 de primes à l'exportation; ne serait-il pas juste aussi de venir en aide aux pêcheurs de sardines, aux armateurs qui expédient au loin (1)?

En résumé, le sol Finistérien présente un configuration géologique du plus grand intérêt, au point de vue de la science et des expérimentations pratiques. La contenance des terres labourables s'accroît sensiblement, et les progrès agricoles pourraient placer

(1) D'après le rapport de M. le Préfet, les Anglais pêchent la sardine sans rogue; et quoique notre fabrication soit meilleure, nous sommes vaincus par la concurrence, la rogue représentant en tiers des frais ou du prix de revient de la pêche; nous ne lutterons efficacement qu'en obtenant une prime couvrant le prix de la rogue.... Pour se faire une juste idée de la détresse des armateurs il suffira de lire le rapport de M. le Préfet, où l'on voit que tout récemment, à Concarneau, on ne trouvait point 2 fr. du millier de sardines, à moins qu'elles ne fussent prises par les fabricants de conserves, industrie nouvelle qui existe sur plusieurs points du littoral (même à Douëlan) et en général, sauf à Douarnénez, partout où on pêche la sardine. — En 1846, on expédia de Brest 2,070 tonneaux de sardines en frais. — Mais c'est là un fait exceptionnel, et qui ne se renouvellera pas peut-être. L'apparition de la sardine en grandes masses est, au contraire, sans intermittence à Douarnénez, à Concarneau et Crozon.

le Finistère au rang des contrées les plus riches de la France. L'esprit de propriété y fait chaque jour de rapides conquêtes. Le génie industriel s'y développe avec plus de lenteur ; mais il ne manquera pas de regagner le temps perdu en utilisant des capitaux stériles; et alors nous cesserons d'être, pour une foule d'articles, tributaires des autres provinces.

Le commerce, à mesure que les moyens de transport se multiplieront, peut prendre une extension illimitée. Déjà nos grains, nos cidres, nos bestiaux (1), nos bois, sont recherchés au loin ; et le temps n'est pas éloigné où nous obtiendrons les mêmes succès pour nos objets manufacturés, pourvu que nous imitions d'autres contrées, en tirant un meilleur parti de nos propres ressources.

(1) Le département du Finistère est celui où l'on élève le plus de chevaux. — Au dernier concours de Poissy, MM. Soubigou et Guillou ont remporté des primes, et vendu leurs bœufs à des prix qui prouvent que nos éleveurs n'ont à redouter aucune concurrence.

CHAPITRE II.

DE L'USUFRUIT.

L'usufruit est un droit réel qui permet à l'usufruitier d'user et de jouir, comme le propriétaire lui-même, d'une chose appartenant à autrui, à la charge d'en conserver la substance. L'usufruitier doit donc, en ce qui concerne les bois, en user comme s'il était propriétaire, mais sans rien faire qui leur soit préjudiciable. Voilà le principe général : il s'agit maintenant d'en indiquer les applications.

La constatation de la coutume locale en cette matière n'aurait-elle donc aucun caractère d'utilité pratique, comme le pensent quelques personnes? Dans le département du Finistère, dit-on, il n'y a qu'un très-petit nombre de taillis en usufruit; les contrats de mariage y sont assez rares (et même à peu près inconnus dans l'arrondissement de Brest); le taillis-franc, le taillis-forêt est en effet remplacé ici par les bois courants, du moins en grande partie, et dès-lors l'usufruitier est assimilé à un simple fermier.

Nous n'admettons point ces déductions. L'usufruit des héritages est un fait assez ordinaire dans la pratique; et ce droit prend sa source dans plusieurs sortes d'actes, dans les contrats de mariage, et principalement dans les cas si fréquents de la jouissance des biens des enfants, accordée par la loi au survivant des père et mère (C. c., 384-385). Les documents statistiques du chapitre Ier nous dispensent de toute justification quant à la consistance des bois taillis dans ce département; certes il n'est point sans intérêt de constater l'aménagement usité. Au reste, nous ne confondrons point ce qu'on nomme improprement taillis, les bois sur fossés, ou les ensouchements épars, avec les taillis-francs, taillis-forêts, ou taillis sur plat; il y a là une distinction qui sera aisément appréciée à l'aide des divisions de notre travail.

§ 1er. — Ordre et quotité des coupes dans les taillis.

Aux termes de l'art. 69 de la loi du 3 frimaire an VII, sont réputés taillis tous les bois au-dessous de 30 ans. En réglant la dénomination des bois d'après l'âge seulement, la loi a exclu toute distinction fondée sur des faits de coupe ou de recépage antérieurs : toute plantation d'arbres forestiers, faite non en pépinière mais à demeure, a nécessairement la qualité de taillis dans les premières années de sa croissance, tant que le propriétaire n'a pas expressément manifesté sa volonté de lui donner une autre destination, de la ranger dans la classe des futaies (1).

De même que les foins sont les fruits naturels des prés, les coupes des taillis sont les fruits naturels des terrains plantés en vue de cet aménagement forestier. Les propriétaires, sauf quelques restrictions apportées par le Code forestier, art. 2, peuvent disposer de leurs taillis comme bon leur semble, sans s'astreindre à aucune règle : l'usufruitier, au contraire (C. c., 590), doit se conformer aux coutumes établies.

Un premier point hors de contestation, c'est le cas où l'usufruit comprend une cerclière; la coupe alors peut avoir lieu dès que le bois est propre à la confection des cercles, c'est-à-dire, dès la 5e ou la 6e feuille.

D'après les auteurs de la *Maison rustique du XIXe siècle*, t. 2, p. 79, on doit diviser les taillis en 3 classes, savoir les jeunes taillis ou repousses de 7 à 9 ans, les taillis moyens de 9 à 18, les hauts taillis de 18 à 40 ans. Ceux qui veulent utiliser un taillis aussitôt qu'une partie des brins dépérissent, doivent le couper à 10 ans. La moyenne de l'accroissement d'un taillis est, par année, de 30 fr. par 1/2 hectare après 10 ans; en d'autres termes, soit un taillis d'un 1/2 hectare âgé de 10 ans, si la coupe est alors évaluée à 100 fr., il donnera à 20 ans 400 fr., à 15 ans 250 fr., à 12 ans 160 fr., etc.

Mais, on le conçoit, tout dépend de la situation des lieux, de la qualité du sol, parfois aussi des circonstances locales. Dans les fonds frais, où les taillis poussent vigoureusement, il n'y a aucun inconvénient, dit l'auteur du *Manuel du régisseur des biens*

(1) Clausade, *Usages du Tarn*, p. 7; Cour de cas., 13 juin 1823; Fons, *Usages de la Haute-Garonne*, p. 58.

rurale, p. 206, à ne couper qu'à 18 ou 20 ans; dans les fonds médiocres, on doit couper à 14 ou 15 ans; dans les mauvais, à 10, 9 et même 6 ou 7 ans.

On ne s'étonnera donc pas de rencontrer une grande variété dans les usages que nous allons exposer, en observant qu'il ne s'agit ici que des taillis sur plat, d'une superficie d'au moins un demi-hectare.

Cantons de Brest : Les taillis de minime contenance, qu'on rencontre surtout dans les communes de Lambézellec, Bohars et Gouesnou, sont coupés habituellement à 9 ans par les propriétaires ou par les fermiers. Dans les communes de St-Marc, Guilers et St-Pierre-Quilbignon, on ne coupe les taillis qui sont plus étendus, qu'à l'âge de 12 ans au plus tôt.

Ouessant : Point de taillis.

Dans les huit autres cantons de l'arrondissement de Brest, les coupes faites par les fermiers sont permises à l'âge de 9 ans. Mais les propriétaires qui exploitent eux-mêmes ne coupent pas avant l'âge de 12 ans, et même attendent souvent 15 et 18 ans.

Les bois taillis dans cet arrondissement, ne sont ni très-nombreux, ni d'une végétation bien vigoureuse; cependant ils couvrent encore une superficie d'environ 6,000 hectares, dont plus de 2,000 dans les seuls cantons de Ploudiry, Landerneau et Daoulas.

Dans l'arrondissement de Morlaix, les taillis ne sont nombreux que dans les cantons de St-Thégonnec et Plouigneau, où leur contenance est à peu près de 3,000 hectares, presque autant que dans les huit autres cantons. Ces bois prospèrent seulement sur le flanc des montagnes, les vents de mer arrêtant leur développement sur le littoral, et à une assez grande distance du rivage.

Quant à l'âge de la coupe, les taillis exploités par les fermiers le sont à 9, à 8, et même à 7 ans; les autres sont récépés ordinairement à 15 ans par les propriétaires ou usufruitiers. On le voit, la 1re classe, c'est-à-dire, les petits taillis, donne une coupe tous les 7 ou 8 ans; la 2e tous les 15 ans seulement; c'est celle qui comprend les taillis les plus importants. Tel est l'usage du canton de Morlaix. Si maintenant nous comparons entre eux les dix cantons de l'arrondissement, nous voyons qu'à St-Pol on ne coupe point avant 15 ans; à Plouigneau c'est à 12 ans (vers

les montagnes, là où le bois est abrité : plus jeune, il ne four-
nirait pas des fagots et du charbon d'une bonne qualité); dans
la partie dite armoricaine, il y a au contraire nécessité, pour
ainsi dire, de hâter la coupe, à raison de l'air âpre et dessé-
chant de la mer qui fait périr les cimes des pousses à certaine
hauteur; alors on coupe au plus tard à 9 ans. Lanmeur suit
aussi cette dernière coutume; on y attend rarement l'âge de 10
ans. A Sizun, au contraire, la coupe se fait habituellement à 18
ans. Dans les autres cantons, c'est tantôt à 9 ans, tantôt à 12,
suivant que les taillis sont livrés à un fermier, ou possédés par
un propriétaire.

En résumé, le nombre restreint des taillis comporte difficilement une règle précise. Néanmoins, il est exact de dire que les
petits taillis suivent généralement la durée ordinaire des baux
(5 à 9 ans), et que les autres ne sont récépés qu'à l'âge de 12 à
18 ans.

Dans l'arrondissement de Quimper, on distingue les taillis
affermés de ceux qui ne le sont pas : les premiers sont coupés à
9 ans, les seconds à 12 ans seulement. Il semblerait donc que
l'usufruitier *tenant par mains*, ne pourrait s'approprier la coupe
âgée de moins de 12 ans; néanmoins cette solution serait trop
rigoureuse pour les cantons de Quimper, Pont-l'Abbé et Plogastel-St-Germain, où il est de notoriété que l'exploitation a lieu
tous les 9 ans; l'usufruitier, là du moins, pourrait abattre les
taillis de 9 ans, sans innover quant à l'aménagement usité dans
la contrée. Les trois cantons ci-dessus contiennent environ 1,000
hectares de taillis; les six autres n'en contiennent guère que
5,000; le canton de Fouesnant en possède environ 1,000 à lui
seul.

Dans l'arrondissement de Châteaulin, les taillis sont nombreux et leur contenance est d'au moins 7,000 hectares, dont
environ 3,000 dans les cantons de Châteauneuf et Carhaix.

Quant à l'aménagement, l'usage l'a fixé à 14 ans dans le canton de Carhaix; à 15 ans dans ceux de Châteauneuf et Pleyben;
à 9 ans dans ceux de Châteaulin, du Faou, du Huelgoat, et
dans les communes de Camaret, Roscanvel et Crozon; à 12 ans
dans les communes de Telgruc, Argol, Trégarvan et Landévennec. Ajoutons même, pour être plus exact, que, dans presque

tout l'arrondissement, les époques ci-dessus ne sont rigoureusement observées qu'en ce qui touche les taillis un peu étendus ; ceux qui sont d'une minime contenance sont exploités par les fermiers à 9, et souvent à 6, 7 ou 8 ans.

L'arrondissement de Quimperlé, tout restreint qu'il soit, est assez riche en bois taillis : leur contenance n'est guère moindre de 5,000 hectares, dont près de 3,000 dans les seuls cantons de Bannalec et de Quimperlé. L'âge des coupes est habituellement 12 ans, rarement 9 ou 10 ans, si l'on excepte le canton d'Arzanno, et les taillis du littoral du canton de Pont-Aven, où la cherté et la rareté du bois sont telles, qu'on se hâte de jouir, d'autant plus que le voisinage de la mer nuit au développement du bois.

La commune de Scaër observe, nous assure-t-on, un aménagement différent : là, en effet, les taillis ne sont récépés ordinairement qu'à l'âge de 15 ans.

Pour résumer les usages en cette matière, nous dirons qu'en général les petits taillis sont coupés au bout de 9 ans ; les autres ne le sont qu'exceptionnellement avant le terme de 12 ans. De là il suit que le nu-propriétaire serait en droit de mettre opposition aux coupes anticipées, ou d'exiger une indemnité pour celles faites avant les époques sus-mentionnées, proportionnellement au dommage causé. Néanmoins, l'usufruitier ne serait pas en faute s'il s'écartait de l'usage local pour observer la coutume du propriétaire auquel il succéderait ; la loi lui prescrit avant tout de faire comme faisait le propriétaire, si toutefois celui-ci administrait en bon père de famille ; car aucune considération ne saurait autoriser ce qui n'a été qu'un désordre funeste, ainsi que l'observe judicieusement M. Proud'hon. Il importe donc, dans ces cas, d'interroger la pratique de ceux auxquels le fonds appartenait plus anciennement, et subsidiairement la coutume générale de la contrée.

Comme les propriétaires ne sont point chez nous dans l'usage de faire des coupes jardinatoires, l'usufruitier ne peut *jardiner* ; il est obligé de couper à *tire et à aire*, c'est-à-dire, par superficie : sans cela, il abuserait trop facilement de sa jouissance, en s'attribuant des profits essentiellement attachés à la qualité de propriétaire.

§ 2. — Défensabilité.

S'il est nécessaire, dans certains cas, de connaître la coutume locale quant à l'aménagement, il n'est pas sans intérêt de savoir à quelle époque l'usufruitier peut introduire le bétail dans les taillis. Il semblerait que la défensabilité dût être un mot inconnu en matière de jouissance usufructuaire ; car mieux vaudrait sans aucun doute que les taillis restassent constamment inaccessibles au bétail.

Toutefois, comme il est démontré d'une part que les bois d'un certain âge ne sont pas notablement endommagés par les animaux, et que d'un autre côté il est juste que l'usufruitier fasse siens tous les fruits de l'héritage, nous pensons qu'il serait excessivement rigoureux de lui interdire absolument les menus profits du pâturage dans les taillis. Nous avons donc recherché ce qui se pratique à cet égard dans le département.

Dans l'arrondissement de Brest, nous trouvons cinq cantons (St-Renan, Lannilis, Daoulas, Lesneven et Ploudalmézeau) où l'on ne répute jamais les taillis défensables (1) ; six (Plabennec, Landerneau, Ploudiry et Brest) où la défensabilité est reconnue à 6, à 5 et à 7 ans ; un (Ouessant) où il n'y a aucun bois.

Dans l'arrondissement de Morlaix, on n'admet la défensabilité que dans les cantons de Morlaix (à 5 ans), de Plouigneau (à 7 ans) et de Sizun (à 8 ans seulement).

Dans l'arrondissement de Quimper, la défensabilité a lieu seulement pour les cantons de Concarneau (à 6 ans), de Plogastel, (idem) et de Fouesnant (à 5 ans). A Pont-l'Abbé, l'usage n'est pas précis ; à Briec, on fixe la défensabilité à 10 ans : autant vaut dire qu'elle n'existe pas.

La coutume n'est point favorable au système de la défensabilité dans l'arrondissement de Châteaulin, si ce n'est à Châteaulin, au Faou et à Pleyben, où elle est fixée à 6 ans.

(1) Il est vrai qu'à St-Renan on prétend qu'il y a défensabilité à 3 ans ; mais c'est là une solution si contraire à la conservation des bois, qu'elle équivaut à l'absence d'usage constant.

Dans l'arrondissement de Quimperlé, nous ne trouvons l'usage de la défensabilité qu'à Arzanno et à Pont-Aven.

Il est à remarquer que, sauf à Fouesnant, à Daoulas, à Plouigneau et à Châteaulin, l'usage local interdit précisément l'introduction des animaux dans les bois là où les taillis sont en plus grand nombre, et que la tolérance sur ce point est en raison directe de la rareté et du peu d'importance du sol sous taillis. Cette observation confirme l'opinion des hommes spéciaux en cette matière, qui n'hésitent pas à repousser la défensabilité comme une cause manifeste de dommage pour les bois. On sait que les bêtes à cornes sont très-avides des pousses nouvelles, et les atteignent même dans les taillis de 7 ou 8 ans. Nous croyons que l'usage local ne suffit point pour légitimer les pratiques nuisibles à la prospérité du bois, et que le nu-propriétaire est en droit de s'opposer au pâturage dans les taillis âgés de moins de 8 ans, surtout dans la dernière période de la jouissance usufructuaire. Quant aux bois de fossés, l'usage permet de les abandonner aux bestiaux alors même que ceux-ci peuvent atteindre les basses branches ; mais l'usufruitier est astreint, comme le fermier, à l'entretien et aux réparations des clôtures. V. § 8 ci-dessous.

§ 3. — BALIVEAUX.

Aux termes de l'ordonnance de 1669, le propriétaire d'un taillis était tenu de réserver 16 baliveaux par arpent. Cette obligation n'existe plus depuis la publication de la loi de 1791 (29 septembre), maintenue en cette partie par le code forestier de 1827. Aujourd'hui il n'y a réserve obligatoire de baliveaux que dans les bois de l'Etat, des communes et des établissements publics.

Mais, quoique les particuliers soient, sous la nouvelle législation, maîtres de disposer de leurs bois comme bon leur semble, sauf un petit nombre d'entraves ; quoique le maître de la chose puisse user et même abuser, cependant il veut conserver et jouir tout à la fois, et alors il cherche naturellement, autant que la position des lieux le lui permet, à se rapprocher des règlements forestiers pour l'exploitation de ses bois.

De là procèdent les coutumes locales relatives aux baliveaux ; et, suivant nous, l'usufruitier ne peut se soustraire à leur empire : car elles sont l'expression fidèle des devoirs du bon père de famille.

Dans l'arrondissement de Brest, il n'y a point d'usage constant quant à l'âge auquel les propriétaires coupent les baliveaux ; mais la coutume, à peu près unanimement suivie, est d'en réserver une certaine quantité à l'époque des coupes ; et si le nombre varie suivant les lieux, il est certain qu'il se rapproche beaucoup des termes des anciennes et nouvelles ordonnances, de 20 à 25 par hectare (art. 70, ord. du 4 août 1827).

Il en est de même dans l'arrondissement de Morlaix, si l'on excepte le canton de Lanmeur ; seulement, les baliveaux de réserve y sont quelquefois réduits au nombre de 15 par hectare.

Dans les arrondissements de Quimper et Châteaulin, on en laisse généralement, mais le nombre est indéterminé. On voit peu de baliveaux dans les taillis des cantons de Crozon et Carhaix.

Dans l'arrondissement de Quimperlé, le nombre des baliveaux est habituellement de 25 à 30 par hectare.

Ces faits étant constatés, les conséquences sont faciles à déduire. L'usufruitier qui jouit d'un taillis où se trouvent des baliveaux doit, à l'époque des coupes, respecter les baliveaux ; il faut que, l'usufruit cessant, le nu-propriétaire retrouve une valeur égale à celle constatée au commencement de la jouissance usufructuaire. Sans doute, il ne devra pas être tenu compte des baliveaux dépérissants ou qui meurent ; l'usufruitier peut se les approprier, à la charge de les remplacer par de jeunes sujets d'une bonne venue ; hors de là, il lui est interdit d'abattre à son profit les baliveaux du taillis, à moins d'une autorisation expresse du propriétaire.

Ainsi, que dans le voisinage de la mer, où les vents dessèchent les baliveaux dès l'âge de 15 à 18 ans ; que dans l'intérieur même, et partout où la trop grande croissance des baliveaux nuit manifestement à la prospérité du taillis, l'usufruitier coupe quelques pieds d'arbres, il n'y aura dans ces actes rien de blâmable , pourvu que les sujets absents soient remplacés en même nombre et qualité : car s'il est tenu de rendre, il doit surtout conserver la chose ; or, convertir en futaie un bois taillis en y laissant indéfiniment les baliveaux, ce serait tout à la fois enfreindre les usages du pays et manquer aux devoirs d'un bon administrateur.

Le nu-propriétaire ne peut donc s'opposer à l'abattage des baliveaux anciens ou modernes, fait en conformité de l'aménagement antérieur. Tel est aujourd'hui l'état de la jurisprudence, constaté par les arrêts de la cour de Douai du 24 août 1839 et de la cour d'Orléans du 14 juillet 1849. J. du Palais, 1839, 2, 659 ; 1849, 2, 81.

Ajoutons que les baliveaux manquants doivent, autant que possible, être remplacés par des plants venus de semis, et non excrus sur souches ; et afin que leur ombrage soit moins dommageable au taillis, il faut les espacer convenablement, en laissant, par exemple, 10 à 12 mètres de distance de l'un à l'autre. On a soin de choisir, à cet effet, les meilleures essences, le chêne, le châtaignier, etc.

§ 4. — Pépinières.

Les pépinières sont les terrains plantés de jeunes arbres destinés à être transplantés ailleurs.

Quoique les pépinières ne soient pas nombreuses dans le Finistère, il faut cependant se bien pénétrer de l'esprit de l'article 590 qui se réfère à l'usage des lieux, et voir si, même dans ce département, il ne serait pas nécessaire, pour son application, de connaître ce qui s'y passe en général, quant aux pépinières.

La plupart des propriétaires-cultivateurs ont à leur portée des semis d'arbres fruitiers dans les cantons où l'on fabrique le cidre, d'arbres forestiers dans les autres lieux. Les produits de ces semis, à l'âge de 7 à 8 ans (1), servent à entretenir les

(1) Nous indiquons ici l'âge approximativement, parce que rien n'est plus variable à raison du terrain et des essences. MM. Aulanier et Rabasque ont donné sur ce point quelques règles bonnes à consulter. (*Usages des Côtes-du-Nord*, p. 12 et 13.)

vergers, à prévenir le déboisement des propriétés. L'usufruitier qui, lors de son entrée en jouissance, reçoit un terrain planté, doit le rendre dans le même état, en soignant et entretenant les semis; les plants, en âge de transplantation, doivent être mis à demeure sur les parties du domaine non garnies d'arbres; et si les produits des pépinières excèdent les besoins du fonds usufructuaire, rien ne s'oppose à ce que l'usufruitier vende l'excédant à son profit. Enfin, il peut faire marchandise des arbres, comme continuateur du propriétaire, si les plantations ont été faites pour la vente des sujets.

Quant au remplacement, il est toujours obligatoire; c'est une charge inhérente à l'usufruit d'une pépinière; à défaut de coutumes, on doit s'en référer aux méthodes suivies par les propriétaires intelligents : le remplacement doit être fait sur un terrain convenable, et, s'il se peut, autre que celui d'où sortent les plants. Les hommes pratiques sont d'accord en ce point que la diversité des assolements est aussi avantageuse pour les arbres que pour les autres produits agricoles; et c'est l'expérience qu'on doit invoquer pour l'interprétation du droit et pour la saine application de la loi.

§ 5. — ÉMONDES, BOIS COURANTS, ETC.

L'usufruitier, ayant la jouissance du fonds, il peut acquérir tout ce qui se présente à percevoir pendant la durée de son droit, c'est-à-dire les fruits naturels, comme les fruits civils et industriels, conformément aux usages de l'ancien propriétaire.

Il semblerait donc rationnel de faire connaître de suite les coutumes concernant les oseraies, les cerclières, les bois-fossés, les bois courants, les broussailles et arbrisseaux, et la manière dont en jouissent les propriétaires. Mais le sol étant presque tout entier possédé par des fermiers, la question se réduit ici à savoir ce que font ou doivent faire les bons fermiers : aussi nous renvoyons, sur ce point, au § 6, article 6 de la Section 3 du Chapitre *du Louage*, où la matière est examinée en détail.

Disons néanmoins que, sous quelques rapports, la jouissance

de l'usufruitier est plus étendue que celle du fermier. Ainsi, l'usufruitier peut céder à titre de bail, et même vendre ses droits ; renoncer à sa jouissance, si elle lui semble onéreuse ; prendre, pour faire les réparations d'entretien, les arbres arrachés ou brisés par accident, et au besoin en faire abattre, en prévenant le nu-propriétaire ; enfin, couper les arbres de haute futaie, s'il en trouve d'aménagés ; en tout cas, s'approprier les baliveaux nuisibles au bois taillis ; — toutes choses formellement interdites au fermier. — Celui-ci ne peut jamais toucher, sous aucun prétexte, aux baliveaux qui sont, dans une certaine mesure, la propriété de l'usufruitier. Enfin, l'action en bornage et délimitation complète à l'usufruitier, non au fermier. (Voy. ci-dessous au § 5 du chap. II.)

§ 6. — DE L'ÉCORÇAGE.

Dans plusieurs cantons du Finistère, surtout dans ceux de Ploudiry, Saint-Renan, Landerneau, Saint-Thégonnec, Landivisiau, Morlaix, Plouescat, Plouzévédé, Sizun, Plouigneau, Châteaulin, Carhaix, Huelgoat, Pleyben, Le Faou, Châteauneuf, Scaër, Bannalec et Quimperlé, on tire parti de l'écorce du bois en la vendant aux tanneurs. Ces écorces sont enlevées, non-seulement dans les taillis, mais encore sur les bois garnissant les fossés ; on a calculé qu'un millier de bons fagots fournit environ trois charretées d'écorces : or, la charretée se vend en moyenne 25 fr. ; il y a donc là un bénéfice certain, que nos cultivateurs se gardent bien de négliger. Ainsi, dans le seul arrondissement de Quimperlé, quatre tanneries achètent, en moyenne, 1,450 charretées d'écorces chaque année, ce qui représente un capital de 36,250 fr. (1). L'usufruitier a-t-il le droit d'écorcer ? Suivant

(1) On peut voir le détail des prix dans la *Maison rustique*, p. 122, t. II. — Une charretée pèse environ 740 kilog. et se compose de 8 charges, chaque charge contenant 8 fagots ou faisceaux de dimensions variables. Le quintal métrique vaut environ 3 fr. 31 c. 1/2 ; dans le Tarn il va à 5 fr., à plus de 10 fr. en Angleterre. Quant à l'importance de l'industrie des cuirs, quoiqu'elle ait diminué, on peut la porter pour le Finistère à 16 ou 1700 mille francs par an, savoir : Morlaix 1 million ; Brest 300 000 fr. ; Quimper, Châteaulin et

nous, ll'affirmative ne saurait être douteuse. Sa jouissance, aussi étendue que celle du propriétaire, comprend tous les fruits, et le tan est au nombre des fruits industriels, sinon naturels. Pourquoi interdirait-on cette spéculation à l'usufruitier? parce que l'écorçage nuit à la souche et à la reproduction des accrues? Le nu-propriétaire a la faculté de surveiller les actes dommageables, et même de les empêcher ou de réclamer une indemnité. D'un autre côté, il faudrait, pour motiver une opposition, que le propriétaire justifiât de l'absence de l'usage constant des propriétaires; car, en cette matière, l'usage est d'un grand poids. Or, dans les lieux où il existe des tanneries, il est de notoriété qu'elles sont alimentées par les écorces achetées dans le voisinage; il est incontestable que l'industrie serait même gravement compromise, si les manufacturiers étaient réduits aux approvisionnements du dehors. La coutume ne peut donc être l'objet d'un doute, non pas seulement comme coutume générale, mais comme coutume adoptée spécialement par les propriétaires du pays. Il peut s'en rencontrer, — en bien petit nombre, — qui suivent une autre méthode; mais serait-ce là une raison péremptoire pour retirer à l'usufruitier cette espèce de produits? D'ailleurs, on écorce journellement, même sur pied, sans endommager la souche. *Pour cela*, nous écrivait l'honorable M. Pidoux, *il suffit de séparer de la souche le premier bourneau d'écorce, de manière que son enlèvement n'af-*

Quimperlé 350,000 fr. La vente des écorces s'élève en moyenne à 450,000 fr. dans les 45 tanneries du département. La tannerie emploie au moins 900 ouvriers, dont le salaire moyen est de 1 fr. 25 c. par jour.

L'exportation en 1834 a été de 151.000 k. de cuirs et de 307 quintaux d'écorces. — Dans l'arrondissement de Quimperlé, il est d'usage constant que le vendeur d'écorces sur pied doit les livrer dans la huitaine de l'écorçage; ce délai passé, l'acheteur peut les refuser comme non marchandes, parce que les paysans ne prenant aucun soin pour les sécher convenablement, elles subissent, par le retard dans la livraison, une dépréciation réelle. Au reste, le vendeur a intérêt à hâter la livraison. — Notons ici deux arrêts (2 juin 1842, 18 décembre 1843) par lesquels la Cour de cassation a jugé qu'il y a contravention dans le fait d'appendre, à l'extérieur des maisons et sur les rues, des peaux tannées dont l'odeur incommode les passants, et qui peuvent occasionner des accidents.

fecte point la partie d'écorce qui doit rester à la souche ; ou bien encore, ce qui vaut mieux, on abat le bois tout d'abord, et on écorce les brins immédiatement après. En tout cas, on doit vider de suite la coupe, l'écorçage étant forcément pratiqué au moment de l'ascension de la sève ; il faut se hâter, sous peine de détruire entièrement les jeunes pousses. Ces précautions prises, on ne pourrait considérer l'écorçage comme un droit exclusivement attaché à la qualité de propriétaire. Il est vrai qu'en écorçant en mai et juin, l'usufruitier retarde l'époque usuelle de la coupe ; mais, il ne faut pas oublier que l'écorçage, fait avec soin, ne compromet tout au plus qu'une sève ; s'il y a préjudice, c'est donc l'usufruitier lui-même qui en souffre, sauf dans l'année qui précède l'extinction de sa jouissance. Nous comprenons, jusqu'à un certain point, que le nu-propriétaire serait fondé à défendre l'écorçage à l'époque ou dans l'année de la consolidation de la propriété entre ses mains, ou bien à réclamer une indemnité pour le tort résultant de cette opération. Mais lorsque l'usufruit ne touche pas à sa fin, s'attribuer une portion des fruits ou entraver leur perception, ce serait, à nos yeux, un abus que le législateur n'a jamais entendu consacrer, lorsqu'il a mis l'usufruitier sur la même ligne que le propriétaire, quant aux produits accoutumés du fonds (1). Au reste, l'écorçage, dans le Finistère, serait une industrie très-lucrative, si, comme en Allemagne, on n'écorçait que des bois de 18 à 30 ans, — l'écorce atteindrait aisément la valeur du bois —; si l'on savait tirer parti des essences contenant la salicine, des bouleaux, mélèses, aulnes, saules ; et surtout si nos manufactures trouvaient, comme jadis, des débouchés avantageux, au lieu d'une concurrence ruineuse, et qui maintient le bas prix du tan.

(1) Dans les lieux où l'on pêche la sardine, on écorce pour tanner les filets, ce qui les conserve, et les rend plus propres à la pêche. On a calculé que chaque bateau, pour être bien monté, doit avoir 30 à 40 filets qui, les voiles comprises, exigent une consommation d'environ 100 kil. de tan, d'une valeur de 5 à 6 fr. au moins (2 barriques).

§ 7. — Époques et mode des coupes.

Après avoir exposé les raisons qui justifient la pratique de l'écorçage comme droit dérivant de l'usufruit, il nous reste à déterminer les époques ordinaires et le mode des coupes de bois de toute espèce.

La coutume locale doit être rigoureusement observée quant à l'époque de l'année à laquelle la coupe des bois taillis et des bois courants doit être faite. Les bons cultivateurs n'exploitent jamais avant le 1er novembre, ni après le 15 mars. L'usufruitier ne doit donc mettre hache en bois qu'entre ces deux termes; on sait que le bois abattu en saison morte fournit seul un bon chauffage; l'exploitation en temps de sève est une dégradation, en tout cas un acte de mauvaise administration, que le nu-propriétaire peut empêcher, à moins qu'il n'ait lui-même, par son exemple, autorisé l'abattage, en temps de sève, des bois destinés à produire des écorces, ou que l'écorçage ne fût notoirement pratiqué dans le canton. — Enfin, l'usufruitier pourrait encore, il devrait même retarder jusqu'en mars ou avril l'exploitation des ajoncs (V. ch. 9, sect. 3, § 6, ci-dessous). Hors ces deux exceptions, les coupes intempestives donneraient lieu à des dommages-intérêts au profit du nu-propriétaire.

Le mode d'exploitation est souvent funeste à la bonne venue des bois. Ici, l'usage à observer n'est autre que la méthode enseignée par les auteurs; en d'autres termes, il faut éviter de se servir d'instruments qui déchirent ou fassent éclater la souche, couper aussi bas que possible, tailler en pointes de diamant de manière à laisser en saillie les *étocs;* faire coupe nette, opérer la vidange avec précaution, et enlever les brins avant le 1er avril.

En outre, comme les feuilles sont les engrais naturels des taillis, il n'est jamais permis de les enlever, encore moins de les râtisser : le râteau arrache les jeunes accrues, entraîne les graines et baies qui sont l'avenir des bois taillis, et le dommage n'est point compensé par les minces produits qu'on en retire pour la culture des terres.

§ 8. — Des droits et devoirs de l'usufruitier.

Nous n'avons jamais songé à traiter *in extenso* les questions si nombreuses et si controversées que soulèvent les rapports entre usufruitiers et nu-propriétaires : aussi nous a-t-on sans peine, dans le rapport bienveillant fait à la Société d'Émulation de Brest le 4 juin 1850, signalé des lacunes que nous nous serions empressé de remplir, si nous n'avions considéré notre ouvrage comme un simple recueil d'usages locaux.

D'ailleurs il est plusieurs points, tels que l'entretien, la construction, le déplacement des fossés et des douves, qui trouveront naturellement leur place dans des paragraphes spéciaux. (V. ch. 6, § 1, 4, et ch. 9, 53, § 7, art. 2, ci-dessous) ; d'autres, comme les droits aux pailles, engrais, mines, carrières, etc., sont, à vrai dire, des matières prévues par la loi, et, conséquemment étrangères aux incertitudes et aux variations inhérentes à certaines coutumes locales.

Nous dirons néanmoins notre opinion sur quelques-unes des matières omises dans notre mémoire ; ce sera une preuve de juste déférence envers une société à laquelle nous devons tant de gratitude, et nous rappellerons ainsi des principes trop souvent mis en oubli.

En règle générale, l'usufruitier doit attendre la parfaite maturité pour recueillir les fruits du fonds. Néanmoins, il peut, en se conformant à l'usage, cueillir prématurément ceux qu'il est plus utile de ne pas laisser entièrement mûrir. Domat, dont la doctrine est adoptée par les auteurs modernes, cite pour exemple le foin et les taillis. Le droit romain contenait des dispositions analogues. Mais nous observerons ici que la jurisprudence, à l'égard des taillis, a décidé que les coupes intempestives et faites avant les termes d'usage, ou leur prix, appartiennent au propriétaire, si l'usufruit prend fin avant l'achèvement de la récolte. Quant aux foins, il est évident que l'usufruitier a tout intérêt à les couper en temps et saison convenables, c'est-à-dire, à suivre les coutumes des bons cultivateurs de la contrée.

En fait de culture, les obligations de l'usufruitier ne sont autres que celles d'un fermier (V. ci-dessous, au Chap. des *Baux à ferme*). Les améliorations ne lui sont pas interdites; mais tout changement dans l'état des lieux serait un abus de jouissance, que la loi et même l'usage lui défendent expressément. Les innovations, en un mot, lui sont permises, pourvu qu'elles n'empirent pas la condition du fonds; ainsi, aujourd'hui encore, comme sous la loi romaine, il ne peut transformer les assolements, *viridarium ad alium modum convertere*

L'écobuage est souvent une véritable dégradation. Toutefois, nous ne pensons pas qu'on pût en faire l'objet d'un reproche à l'usufruitier qui, cultivant bien les terres chaudes, se bornerait, suivant l'usage, à utiliser de cette manière des terres froides et sans rapport.

Nous avons vu s'élever la question de savoir si l'usufruitier est obligé de supporter les frais de garde et d'assurance contre l'incendie. Du moment qu'il trouve ces charges établies sur le fonds sujet à l'usufruit, il doit les supporter : il lui est loisible de remplacer le garde par un autre de son choix, de s'adresser à une autre compagnie à l'expiration de la police en cours; mais il ne lui appartient pas de supprimer les mesures de précaution et les garanties créées par le propriétaire.

Au nombre des charges imposées à l'usufruitier se trouve l'obligation de se conformer aux réglements locaux qui, dans l'intérêt d'une bonne police, restreignent la propriété et modifient la liberté des citoyens. Ainsi, en matière de grande et de petite voirie, les usufruitiers, tout comme les propriétaires, sont responsables des infractions constatées sur le fonds usufructuaire. Nous n'avons pas besoin d'insister à cet égard.

Les mines, les carrières, les tourbières, peuvent être l'objet de la jouissance usufructuaire, mais à la condition expresse que l'usufruitier en trouve l'exploitation commencée. Néanmoins il ne faudrait pas conclure de là que l'usufruitier ne puisse employer sur le fonds même les tourbes, les pierres qui lui seraient utiles. Le seul but du législateur, dans l'article 598, c'est d'empêcher les usufruitiers, toujours enclins à mésuser, d'épuiser, par des ventes excessives, des richesses qui doivent être ménagées pour le maître de l'héritage. Tant qu'il n'y a pas vente, l'usufruitier peut user des tourbes et des pierres ; la spéculation ne lui est permise que lorsque l'aménagement de l'ancien propriétaire l'a implicitement autorisée.

La chasse et la pêche sont évidemment une délibation du droit d'usufruit (Avis du conseil d'État du 19 octobre 1811) ; à cet égard encore, l'usufruitier jouit d'un privilége qui n'appartient pas *de plano* au fermier : il faut à celui-ci une autorisation formelle du bailleur. S'il y a sur le fonds un étang ou vivier, les produits en sont dévolus à l'usufruitier, à la charge de les repeupler, en remplaçant par du fretin les poissons qu'il en retire. Il n'existe aucun usage local sur ce point.

Nous n'avons rien dit des arbres de haute futaie, d'abord parce qu'il n'y a de futaies, en coupes réglées, que dans les forêts nationales de Clohars-Carnoët, de Coatloc'h, de Hanvec, de Rumengol, de Crozon, de Camaret, de Landévennec, de Poullaouen, de Plouguerneau, de Landéda, de Guissény, de Plounévez-Lochrist, de Pont-Croix et de Plogoff (1) ; ensuite parce que les particuliers, à l'exception de quelques bosquets et rabines éparses, ont très-peu de bois de haute futaie. C'est surtout dans le Finistère que l'on peut justement appliquer la loi romaine *sed si grandes arbores essent, non posse eas cædere.* En effet, il n'y a aucune commune, nous pourrions presque dire aucun héritage, où l'on trouve une futaie réellement aménagée par la destination du père de famille, de manière à donner un revenu périodique : aussi les usufruitiers doivent-ils respecter cette espèce de bois. Le propriétaire seul en peut disposer exclusivement, pourvu toutefois que l'abattage ne restreigne pas

(1) Voici l'état des contenances sous futaies domaniales (dans ces divers lieux) : 763 hect., 312 hect., 405 hect., 211 hect., 48 hect., 24 hect., 296 hect., 701 hect. ; 0h.,48 ares ; 3h.,15 ares ; 6h ,89 ares ; 36h.,85 ares ; 0h.,42 ares : en tout 2,807 hectares 79 ares : encore les cinq dernières parcelles ne sont-elles *p* comme on le voit, susceptibles d'aucun aménagement régulier.

la jouissance usufructuaire. Il est rare que des difficultés de ce genre se présentent chez nous ; le cas échéant, on ne pourrait éviter un procès qu'à l'aide de mutuelles concessions.

On nous a demandé si l'usufruitier d'un domaine ne pourrait pas couper chaque année, et s'attribuer, une quantité suffisante pour son chauffage de bois de fente ou gros bois. Nous savons que, dans l'Ancien droit breton, — Duparc-Poulain l'enseigne, t. V, p. 23 et 329, — le mari administrateur, la veuve douairière, pouvaient abattre les arbres émondables pour le chauffage auquel ils étaient destinés, sur l'indication de la femme ou de l'héritier, c'est-à-dire du propriétaire, et à la charge d'en user modérément, sans pouvoir en vendre. Mais la législation actuelle ne permet point ces distinctions, qui seraient une source d'abus, et le prétexte de nombreuses dégradations. Les chênes-têtards, soumis à l'émondage, tombent *in fructu* quant aux branches ; les vieux troncs sont utilisés pour le chauffage. Mais cette destination du père de famille ne fait point perdre à ces arbres leur qualité de futaie ; à ce seul titre ils sont immobilisés au sol, ils sont la chose du nu-propriétaire. Tant qu'il n'y a pas démembrement de la propriété, le propriétaire peut sans doute abattre ou seulement émonder les têtards ; il est le maître absolu : si, par l'effet de l'usufruit, les fruits sont détachés du fonds pour un temps déterminé, ce détachement, qui semble réduire à un titre nu le droit du propriétaire, lui réserve néanmoins pour l'avenir le capital tout entier, dont les intérêts ont été servis à l'usufruitier, ou par lui perçus temporairement. Or, le capital serait parfois considérablement entamé, si l'usufruitier était libre de prendre pour son chauffage les têtards et autres arbres qu'on a coutume d'élaguer. Qu'il dispose à cet effet des branches et émondes, l'usage et la loi les lui donnent dans une juste mesure ; mais les troncs appartiennent au propriétaire ; et hors les cas d'accidents ou de réparations urgentes, l'usufruitier est tenu d'en rendre compte à l'expiration de sa jouissance (art. 590 à 592, Code civil).

L'article 585 peut donner lieu à quelques difficultés, soit au commencement, soit à la fin de la jouissance usufructuaire. En effet, si le testateur qui a légué l'usufruit d'un taillis meurt avant d'avoir achevé l'exploitation commencée, on conçoit que les héritiers seraient jusqu'à un certain point fondés à s'opposer à ce que le légataire usufruitier s'attribuât la portion de taillis non encore exploitée, tant qu'il n'aurait pas demandé la délivrance (art. 1014 et 1015). Mais ce qui est certain, c'est que le légataire usufruitier, alors même qu'il eût demandé la délivrance, ne serait point en droit de réclamer les fruits pendants et saisis-brandonnés à l'époque du décès, à moins que la saisie-brandon n'eût été irrégulièrement formalisée, par exemple, avant les délais prescrits par l'art. 626 du Code de procédure civile, qui renvoie aux usages locaux (voyez page 12 ci-dessus).

L'usufruitier en vertu d'un legs, qui ne demanderait la délivrance qu'après la récolte terminée, et après que l'héritier aurait cultivé et ensemencé, pourrait-il se dispenser, en vertu de l'art. 585, de rembourser à l'héritier ses frais de labour et de semence? Nous ne le croyons pas, parce qu'on ne saurait considérer comme un accessoire de la libéralité du testateur ce qui a été implanté par l'héritier et ce qui est le résultat de ses dépenses et de sa culture. Du reste, ces questions trouvent leur solution dans l'appréciation des circonstances, et dans l'interprétation doctrinale; et nous ne connaissons aucune coutume locale qui supplée au silence ou à l'obscurité de la loi, lorsqu'il s'agit de régler les droits du propriétaire et de l'usufruitier au commencement ou lors de la cessation de l'usufruit.

CHAPITRE III.

DES COURS D'EAU.

---

§ 1. — CHEMINS DE HALAGE. — PÊCHE ET RÉGLEMENTS.

Les eaux appartiennent au domaine public, ou au domaine privé.

Elles sont considérées sous le point de vue de l'intérêt général, ou sous le point de vue de l'intérêt privé.

Les fleuves et rivières navigables et flottables, les fossés, marais, étangs, flaques et canaux des places de guerre, sont (comme la mer) des dépendances du domaine public, art. 538, 540 du Code civil, et lois des 10 juillet 1791 et 16 septembre 1807. Courantes ou non, ces eaux ne peuvent être utilisées par les riverains, sans une autorisation spéciale du gouvernement. Les usages, on le sent, n'ont donc ici qu'une bien minime valeur.

Ce qu'il importerait de bien connaître, ce serait les réglements administratifs concernant les fleuves ou rivières navigables, et les canaux de notre département, les marche-pieds ou chemins de halage et contre-halage, les francs-bords, leur largeur, les travaux permis ou prohibés, etc.; enfin les mesures de police en matière de navigabilité (1). En présence des art. 556 et 650

---

(1) Aux termes d'une circulaire du directeur général des ponts et chaussées du 24 novembre 1828, les herbes qui croissent sur les francs-bords des canaux de navigation doivent être adjugées chaque année... Le réglement du 10 juin 1812 sur la police de la navigation, provisoirement applicable dans le Finistère, suivant décision ministérielle du 21 janvier 1851 et arrêté du Préfet du 27 même mois, prescrit les mesures à prendre pour la conservation du canal et de ses dépendances. Nous en donnons l'analyse chap. 11. Il est remarquable que l'on n'y trouve ni les dimensions des francs-bords, ni celles des chemins de halage, ni les règles à suivre quand les riverains veulent planter aux abords du canal, ni enfin le mode de clôture pour empêcher les bestiaux des riverains d'endommager les rives du canal... Il en est de même pour les rivières navigables : là aussi, on peut signaler l'absence d'une police, et une tolérance excessive.... Les réglements étant muets sur la largeur précise des chemins de halage et de contre-halage, si l'on s'en tenait aux art. 7, t. 28 de l'ordonnance de 1669, et 1 du décret du 22 janvier 1808, la largeur serait de 8 m. pour les premiers, de 3m.,33 pour les seconds. Mais suivant un avis du conseil d'État

du Code civil, conçoit-on qu'il existe encore à cet égard une lacune dans le *Recueil des actes administratifs?* Il y aurait pourtant beaucoup à faire pour les intérêts du commerce et de
l'industrie locale; car ils se commet journellement une foule
d'abus que l'autorité laisse impunis.

La pêche fluviale, par exemple, avait offert des ressources considérables à plusieurs centaines de familles jusqu'en 1830 :
la concurrence était moins ardente, les transports plus difficiles qu'aujourd'hui; il y avait là un revenu assuré pour les
gens du métier. Mais tout cela est bien changé. Le canal de Nantes
à Brest (1) a privé des rivières de poisson; et même à Quimper-
perlé, à Châteaulin et à Quimper, les saumons sont devenus
presque aussi rares que des produits exotiques. Et pourtant le
remède à cette situation fâcheuse est des plus simples : un peu
de surveillance ramènerait sans peine la prospérité passée. Les
écluses arrêtent le passage du saumon, mais c'est là un inconvénient restreint à quelques localités, plutôt qu'une cause de
ruine pour les pêcheurs; ce qui est un obstacle évident au succès
de l'insdustrie de la pêche, ce sont les contraventions, les
fraudes, les barrages, la destruction systématique du poisson,
la cupidité imprévoyante qui ne considère qu'un gain momentané, sans songer au lendemain, et provoque entre gens qui de-

---

du 4 août 1805, la largeur des chemins de halage, partout où il n'y a pas de
tirage de chevaux d'établi, est fixée à 3 m. 33 c.; aux termes de la loi du 11 floréal an X, les fermiers   pêche ont l'usage du marche-pied. Voyez sur ce
point les arrêts du conseil d'État des 9 décembre 1843 et 18 janvier 1844, dans
la *Gazette des Tribunaux*, et le règlement de 1812.

(1) Sa longueur totale dans le Finistère n'est plus que de 80,912 m. 50 c. Le
Conseil général, à plusieurs reprises, a signalé l'énormité des sommes dépensées
en pure perte pour ce canal, et l'urgente nécessité des travaux dispendieux
qu'exige l'entretien. Le système de vannage est défectueux; les chemins de halage sont dégradés; les intérêts locaux réclament la construction d'abreuvoirs
et de débarcadères; les plantations présentent des lacunes.... Enfin, M. le
Préfet n'évaluait pas à moins de 160,000 fr. la dépense nécessaire pour l'ap-
profondissement du chenal seulement (V. le Rap. du préfet à la session de 1851) !
Le Conseil général, frappé de ces considérations, demande que l'achèvement du
canal soit confié à une compagnie, qui le prendrait à bail, et serait soumise à
un tarif conçu dans le sens d'une plus grande facilité pour les transports des
engrais.

vraient s'entendre l'esprit de jalousie, de vengeance et d'animosité. On croirait difficilement à quel point les meuniers dépeuplent chaque année nos rivières. Ce sont eux particulièrement qui détruisent les *glésis* ou saumoneaux; qui bravent les réglements, en interceptant tout passage aux gros poissons. Quelques exemples isolés de sévérités judiciaires peuvent intimider mais ne corrigent point : qu'est-ce qu'une peine quand elle est légère, et surtout quand elle disparaît devant l'insolvabilité? Si, au contraire, l'autorité administrative ordonnait l'abaissement des chaussées frauduleusement exhaussées, et faisait supprimer les innovations dont les voisins n'osent ou ne savent exiger la destruction; ou mieux encore, si elle organisait une surveillance active sur nos rivières, en commissionnant un garde-pêche dans les localités où l'on pratique plus particulièrement la pêche du saumon, sans nul doute l'industrie dont il s'agit reprendrait son ancien essor; car la multiplication du saumon est telle, qu'il suffit que la remonte du poisson ne soit pas entravée pour qu'une rivière soit repeuplée au bout d'un ou deux ans.

L'administration départementale a déjà fait de louables efforts pour atténuer les abus : les réglements des 11 avril 1839 et 21 juillet 1849 prouvent qu'elle est disposée à faire droit à toutes les réclamations raisonnables. Elle a fixé la largeur des pertuis dans les pêcheries, les modes de pêche interdits ou permis, et la saison de la pêche, de manière à concilier tous les droits. Mais on sait que ces sages prescriptions sont méconnues, et l'expérience journalière révèle la nécessité d'organiser les quartiers de pêche, et d'y placer des agents spéciaux, dont la vigilance pourra seule mettre un terme aux abus, protéger l'industrie honnête, et même rendre service à ces délinquants jusqu'à présent incorrigibles, qui rentreraient peu à peu dans la ligne du devoir. L'état arriéré de notre législation, même en ce qui touche les eaux du domaine public, a été signalé au dernier congrès central d'agriculture; et M. de Sèze, l'un de ses membres les plus éminents, a demandé une loi déterminant l'exercice du droit de délimitation (qui appartient à l'administration) pour les lits des rivières navigables ou flottables (*Gazette des Tribunaux* du 10 avril 1851). Rien n'est plus incertain, en effet, que les limites de leur lit, des berges, des chemins de halage, etc. (1).

Si, dans les fleuves et rivières navigables, la loi autorise la pêche à la ligne, il ne faut pas perdre de vue que la ligne de fond est rangée au nombre des engins prohibés; on ne peut pêcher qu'à la *ligne flottante*. Or, suivant les uns, la ligne flottante est celle dont l'hameçon reste constamment à la surface de l'eau, sans être entraînée vers le fond par un poids quelconque, de telle sorte que l'addition d'un ou deux grains de plomb suffirait pour constituer la contravention à l'art. 5 de la loi du 15 avril 1829, ainsi que l'a jugé le tribunal de la Seine, le 7 mars 1851. Les autres veulent que l'on répute flottante la ligne garnie de plombs, qui la maintiennent entre deux eaux sans l'entraîner au fond. Ils se fondent sur l'usage constamment suivi par les pêcheurs à la ligne, et sur l'impossibilité d'exercer cette paisible industrie, si l'on proscrivait l'annexe des grains de plomb qui ne font point obstacle à la flottaison. Qu'importe l'immersion, du moment que la ligne est tenue à la main, et que le flotteur suit le courant? C'est bien là la pêche à la ligne flottante, non à la ligne de fond. Le tribunal d'Arcis-sur-Aube (13 septembre 1841) avait adopté cette interprétation, qui de plus a été, le 21 mai 1851, consacrée par la Cour de Paris. Cet arrêt est rapporté par la *Gazette des Tribunaux* du 22 mai 1851 : on y voit que la Cour d'Appel définit la ligne flottante *celle que le mouvement seul de l'eau rend mobile et fugitive,*

(1) Une loi sur la pêche maritime, et la délimitation des cours d'eau soumis aux lois sur la pêche fluviale, sont réclamés par tous les bons esprits : en effet, l'administration de la marine et l'autorité administrative, chacune de son côté, donnent des avis, prennent des arrêtés qui se contrarient manifestement, parce que la ligne de séparation de ces deux autorités n'est pas nettement tracée. D'un autre côté, la surveillance actuelle est nulle quant à la pêche fluviale; c'est le Conseil général qui l'avoue (page 469 du procès-verbal; un garde-pêche dans chaque quartier, et ils ne sont pas nombreux, suffirait pour maintenir l'ordre dans cette partie du service public. — V. au reste le décret du 9 janvier 1852.

et que le pêcheur ramène sans cesse à lui. Les grains de plomb maintiennent l'hameçon perpendiculairement au flotteur à une profondeur déterminée, tandis que le pêcheur, tenant à la main la canne, laisse la ligne soumise à l'action du flot et du courant de l'eau, puisque l'appât ne repose pas au fond. Cet arrêt, qui s'appuie d'ailleurs sur un usage constant, nous paraît avoir donné au texte de la loi une extension forcée ; en tout cas, il nous semble impossible d'invoquer, dans le Finistère, un usage assez constant pour autoriser l'addition des grains de plomb aux lignes de pêche, et nous conseillerons à tous les pêcheurs d'éviter les chances de ces sortes de procès : la jurisprudence, en matière de contraventions, s'est toujours montrée fort rigoureuse.

Les eaux du domaine privé doivent surtout fixer notre attention. On distingue celles qui prennent naissance sur un fonds de celles qui le bordent ou le traversent. Les premières sont absolument à la disposition du propriétaire, sauf titres, prescription, ou intérêt public, restrictifs de la jouissance exclusive. Les autres peuvent être employées au profit des fonds bordés ou traversés, sous la réserve du respect des droits acquis, et de l'observation des usages et règlements.

Les eaux privées, dit M. Daviel, page 20, *sont entre les riverains une sorte de domaine commun.* Tous peuvent en user, supportant leur part dans les travaux de conservation et d'écoulement, de manière à ce qu'il n'en résulte aucun inconvénient pour le public. L'intervention de l'autorité publique est nécessaire, tant pour leur équitable répartition, que pour prévenir les inondations et les causes d'insalubrité. Voilà pourquoi les usines, et en général tous les barrages permanents, ne peuvent être construits sans l'autorisation du gouvernement (Cass., 13 décembre 1826). — Pour l'agriculture, le législateur a respecté l'usage, fondé sur la nécessité, en vertu duquel on peut faire les travaux destinés à améliorer le fonds au moyen des irrigations, pourvu qu'il n'en résulte aucun dommage pour les voisins. Quant à la pêche, elle est permise dans les eaux privées, ruisseaux, canaux, boires (où les batelets ne peuvent être mis à flot), avec toutes lignes, filets, paniers, etc.; mais il est défendu d'établir des barrages mobiles ou permanents, interceptant le passage du poisson, de jeter dans les eaux certains appâts; les mailles des filets doivent avoir des dimensions conformes aux réglements ; enfin l'on ne peut pêcher en toute saison, ni pendant la nuit (art. 23 et suiv., loi du 15 avril 1829 ; arrêtés du préfet des 11 avril 1839 et 21 juillet 1849). A ceux qui douteraient encore de l'utilité des gardes-pêche, nous rappellerons que, dans le seul arrondissement de Quimperlé, à une époque peu ancienne, on comptait 12 ou 15 pêcheurs à la ligne, prenant chacun pour plus de 1,000 fr. de saumons chaque année, soit 15,000 fr. par an ; à quoi ajoutant les produits de la pêche au filet, au moins 45,000 fr. par an, on voit que le saumon donnait alors 60,000 fr. chaque année, dans un pays où aujourd'hui cette spéculation, réduite des trois quarts, laisse sans moyens d'existence une foule d'indigents. L'administration ne devrait donc rien négliger pour ranimer une industrie aussi intéressante.

Les particuliers, quand ils se croient lésés par les réglements ou arrêtés concernant les eaux privées, n'ont que la voie administrative pour faire réformer toute décision qui blesse leurs droits.

C'est encore à l'administration qu'il appartient de fixer la hauteur superficielle des eaux privées (loi du 28 septembre 1791), et le fonds de leur lit (loi du 14 floréal an XI) qui, suivant la jurisprudence, est *res nullius*, et par suite sous la surveillance de la puissance publique.

Il est parfois fort difficile de discerner si un réglement est conforme aux règles sur la compétence, s'il n'empiète pas sur les pouvoirs de l'autorité judiciaire saisie d'une contestation. En général néanmoins, malgré la divergence des auteurs en cette matière, on peut tenir pour certain que tout réglement sur les cours d'eau est obligatoire, ne peut même être judiciairement discuté, lorsqu'il est basé sur l'intérêt public, sauf recours devant le Ministre de l'intérieur, et au besoin devant le Conseil d'État.

Ces préliminaires posés, nous allons examiner la valeur des usages et réglements dans le Finistère.

§ 2. — ARROSEMENTS. — DROITS DES MEUNIERS ET DES RIVERAINS.

Ce qui se pratique depuis un temps immémorial pour les prises et partages d'eau entre les ayant-droit est essentiellement primitif. On se contente de détourner l'eau en tout ou en partie, suivant les cas ; il en résulte que, se répandant avec trop d'abondance sur un terrain inégal, l'eau dégrade, au lieu de les fertiliser, les parcelles où elle séjourne, et ne rentre que rarement dans son lit, ou du moins n'y revient que considérablement amoindrie ; voilà pour les ruisseaux. Quand le cours d'eau est plus important, les riverains en aval des moulins prennent l'eau que l'usinier veut bien leur laisser, ou celle qui s'échappe des déversoirs. On fait très-peu de barrages d'une rive à l'autre ; seulement, on établit l'aqueduc ou prise d'eau à l'aide d'une coupure dans la berge, et de quelques pierres et mottes traversant une partie du courant ; c'est en février et mars qu'on fait cette opération : au mois de mai, on bouche l'aqueduc, et le cours d'eau est rétabli dans son état normal.

Lorsqu'il y a difficulté sur le point de savoir quelle quantité d'eau prendra chacun des ayant-droit, l'eau se partage amiablement entre eux : la quotité et la durée de la jouissance dépendent du nombre des parties, et aussi de l'importance des héritages à irriguer. Il est convenu ordinairement que Pierre prendra l'eau tel et tel jour de la semaine, Paul tel et tel autre jour (1) : il est rare que ces accords soient réglés par écrit ; on s'en réfère

---

(1) C'est ainsi que faisaient les anciens Péruviens. M. Fons, dans son recueil des coutumes de la Haute-Garonne, nous apprend, en effet, que, dans l'empire des Incas, le mode et les heures d'arrosement étaient minutieusement réglés. Chacun recevait, à son tour, la provision d'eau qui lui était nécessaire : un esprit d'égalité inexorable présidait à cette répartition. — De nos jours encore, on a constaté la même coutume dans les villages sahariens, non loin des frontières de l'Algérie.

à la bonne foi de son voisin ; et, le cas échéant, la notoriété du mode de jouissance des eaux serait facilement établie par les gens du village.

L'art des irrigations est peu avancé dans le Finistère, et les usages concernant la distribution des eaux entre les propriétaires riverains ne sont pas nombreux. Espérons que, grâce à la présence des irrigateurs des Vosges, que M. le Préfet vient de mettre à la disposition des cultivateurs, ceux-ci ne tarderont pas à comprendre qu'à l'aide d'une bien modique rétribution ils obtiendront un accroissement de revenu, à la seule condition de renoncer enfin à des pratiques routinières (1). Trouver un point fixe, déterminer un repère d'où partent les eaux pour se répandre également et à volonté sur toute la surface du pré ; entretenir et soigner les canaux secondaires ou rigoles ; niveler et fumer le sol de temps à autre ; tel est tout le secret des bons cultivateurs. Mais il ne faut pas s'étonner de la médiocrité des produits en fourrages dans des terrains favorisés par la nature, et rendus improductifs par l'insouciance des bailleurs, plus souvent encore par l'impéritie des fermiers, qui s'imaginent avoir beaucoup fait en creusant un seul canal dont les eaux traversent la prairie sans l'arroser, de manière que les herbes se dessèchent, ou sont soumises à une inondation permanente.

Quant aux lois des 29 avril 1845 et 11 juillet 1847, elles ne protègent pas suffisamment l'agriculture, et les inconvénients pratiques de cette législation se révèlent dans les pays comme le nôtre, où la propriété est très-morcelée ; car son application à de petites parcelles de terrain entraînerait des frais bien supérieurs au profit que l'on pourrait retirer des innovations autorisées par le législateur, qui a semblé avoir eu avant tout en vue les intérêts des grands propriétaires. Au lieu de donner les droits

(1) En faisant venir à ses frais un irrigateur des Vosges, M. L. Kerjégu a donné au pays un salutaire exemple. Du reste, la méthode vosgienne, expérimentée à Trévarez et dans d'autres lieux de l'arrondissement de Châteaulin, fait chaque jour de nouveaux progrès (Quimpérois du 12 avril 1851 ; procès-verbal de la 8ᵉ session de l'*Association bretonne*, p. 135).

de passage et d'appui sur le fonds voisin, pourquoi la loi n'a-t-elle pas prescrit à tous les ayant-droit à l'eau de souscrire à des réglements, dès que les intérêts communs ne sont pas inconciliables avec l'intérêt d'un seul? Pourquoi laisse-t-on dans l'oubli la loi du 16 septembre 1807, dont le congrès central d'agriculture réclamait naguère la stricte exécution? Dans le Finistère, il ne manque point de terrains marécageux, qu'il serait avantageux d'assainir et de rendre à l'agriculture....

Le mode de partage des eaux devrait toujours être régularisé par des conventions écrites. Dans plusieurs lieux, ces conventions sont purement verbales; dans d'autres, nous avons vu des baux où l'on mentionne les jours et heures pendant lesquels le fermier jouit de l'eau pour l'irrigation. Ce sont là des expédients qui laissent prise à la chicane, au lieu de conférer à la possession un caractère sérieux et inattaquable.

C'est ici le lieu d'examiner un point fort délicat; nous voulons parler des droits respectifs des meuniers et des autres riverains. Les faits admis par l'usage une fois connus, nous en déduirons les conséquences juridiques.

Dans l'arrondissement de Brest, les meuniers, — et ils sont nombreux —, se considèrent comme les maîtres des cours d'eau alimentant leurs usines, *depuis la St-Jean d'été jusqu'à la St-Jean d'hiver*, en d'autres termes, du 24 juin au 27 décembre.

Dans l'arrondissement de Morlaix, les meuniers réclament et exercent un droit analogue, quoique un peu moins explicite. Ainsi, à Morlaix, dès le premier juin, les meuniers s'occupent seuls de ramener et maintenir dans le bief ou canal artificiel les eaux détournées par les propriétaires des prairies d'amont; à Lanmeur, on considère les meuniers comme maîtres de l'eau pendant l'été et l'automne; en hiver et dans le printemps, c'est le tour des riverains; à Sizun, le privilége des meuniers est reconnu depuis le 15 mai jusqu'au 30 septembre seulement; à Plouigneau, du 24 juin au 1er octobre; à St-Pol-de-Léon, de juin à décembre; à St-Thégonnec et dans les quatre autres cantons, dès qu'il y aura pénurie d'eau.

Dans l'arrondissement de Quimper, si à Rosporden, à Concarneau, à Pont-Croix et à Douarnénez, les meuniers ne sont point dans l'usage d'exercer un monopole sur les cours d'eau, il est certain qu'à Quimper, à Brice, à Pont-l'Abbé, à Plougastel-St-Germain et à Fouesnant, les usiniers suivent les coutumes de l'arrondissement de Brest : c'est à partir de la Saint-Jean d'été que les riverains laissent l'eau aux meuniers, qui en usent à volonté jusqu'à la saison des pluies, en un mot, tant qu'elle est pour eux un objet de première nécessité. Toutefois, à Fouesnant, l'usage ne semble pas aussi formellement reconnu que dans les autres cantons.

Dans l'arrondissement de Châteaulin, nous trouvons ces pratiques établies à Pleyben et au Faou, où le privilége est attribué aux usiniers du 15 mars au 15 octobre ; au Huelgoat, où l'on admet que les riverains peuvent irriguer à la condition *de ne pas nuire au jeu des usines* ; à Châteauneuf-du-Faou, où les irrigations dommageables aux meuniers peuvent être interdites par ceux-ci, surtout dans les mois de juillet et août ; à Crozon, ou du moins dans les communes du canton autres que Crozon où, par exception, les riverains peuvent toujours irriguer sans consulter les intérêts des meuniers ; à Châteaulin même, où, malgré quelques résistances isolées, les meuniers détruisent les travaux susceptibles de produire le chômage ; à Carhaix encore, où il est reconnu que les meuniers ont le droit de s'opposer aux prises d'eau sur le principal courant, depuis la Saint-Jean d'été jusqu'à la Saint-André (du 24 juin au 30 novembre).

Enfin, dans l'arrondissement de Quimperlé, il est de tradition que, à partir de la Saint-Jean, l'eau nécessaire au jeu des usines est laissée aux usiniers, et ne peut être détournée par les riverains supérieurs.

Ainsi, sur 43 cantons, à peine en peut-on compter 5 où les meuniers ne réclament pas et n'exercent pas le privilége dont il s'agit. Encore est-il à remarquer que l'un de ces cantons (Ouessant) doit être écarté, car on n'y voit que deux ou trois moulins à eau, 7 hectares 26 ares de prairies. Quant aux quatre

5

cantons de l'arrondissement de Quimper, qui, avec la commune
de Crozon, font exception à la règle, on pourrait dire que, si les
meuniers n'y revendiquent pas le bénéfice d'usage, c'est sans
doute parce que les cours d'eau sont assez abondants pour les
besoins industriels et pour les besoins agricoles. Cette observation est particulièrement juste pour Crozon, où il y a huit ou dix
cours d'eau, dont l'un traverse cette vaste commune de l'est à
l'ouest. Il en est ainsi à Douarnénez : là, en effet, l'eau ne
manque en aucune saison, ni aux prairies (1728 h.), ni aux
moulins (58). A Pont-Croix, à Rosporden et à Concarneau,
la richesse en prairies est inférieure à celle des autres cantons
de l'arrondissement de Quimper ; cette infériorité n'explique-
rait-elle pas l'absence de l'usage ? On conçoit qu'il n'en existe
aucun là où l'intérêt privé n'a point de motifs sérieux pour élever des réclamations. Et pourtant, nous sommes persuadé
qu'en poussant plus loin nos investigations, nous arriverions
à la découverte de quelques vestiges de cette tradition locale,
qui a dû pénétrer en même temps dans toutes les parties
des diocèses où elle a pris naissance.

Notre tâche serait incomplète, si nous n'examinions pas cette
coutume au point de vue du droit et de la jurisprudence. La
faculté, ou plutôt le privilège que l'on accorde aux meuniers,
ou qu'ils s'attribuent, est-il conforme à la législation actuelle ? ne
constituerait-il pas un abus préjudiciable à l'agriculture dans
l'état actuel ? Tels sont les deux points à traiter.

L'article 645 du code prescrit aux tribunaux de rechercher
tous les moyens propres à satisfaire équitablement les intérêts
contraires engagés dans les contestations de ce genre. Lors donc
qu'il s'élève une discussion entre un meunier qui veut accaparer
l'eau, et un riverain qui prétend en user, il est du devoir des
juges de déterminer un mode de répartition qui garantisse, à
l'un et à l'autre, l'usage légitime de l'eau qui est pour eux une
ressource précieuse. Mais, avant tout, il faut appliquer *les
réglements particuliers et locaux*, s'il y en a ; or, ces réglements
peuvent résulter ou d'arrêtés administratifs, ou de conventions

écrites, ou d'un accord tacite entre les ayant-droit. Lorsque, dans une contrée, les usiniers et les riverains, pour éviter les recours en justice, s'entendent sur le mode de jouissance de l'eau ; quand le temps et une pratique constante et uniforme ont consacré des traités de ce genre, pourquoi les tribunaux les considéreraient-ils comme non avenus ? Il est de principe que les conventions légalement formées tiennent lieu de loi à ceux qui les ont faites, et les obligent à toutes les suites que l'équité, l'usage ou la loi donnent à l'obligation. La convention, quoique non écrite, n'en est pas moins obligatoire pour ceux qui y ont acquiescé, pour leurs héritiers ou ayant-cause ; et quand elle repose sur des faits notoires, sur une cause parfaitement licite, il n'est pas permis aux parties de l'éluder, aux tribunaux d'en méconnaître la puissance. — Le droit des meuniers s'appuie donc en premier lieu sur l'article 645 du Code civil. Aussi un arrêt du conseil d'Etat du 12 janvier 1844 a-t-il jugé que l'administration peut ordonner des travaux pour l'exécution d'anciens réglements entre usiniers et riverains.

On peut également puiser un argument dans les dispositions de l'article 644 sainement interprété (1). En effet, tout en garantissant l'usage de l'eau aux riverains, le législateur a voulu qu'elle fût toujours rendue à son cours ordinaire à la sortie du fonds irrigué, et que les droits acquis fussent respectés (Garnier, *Régime des eaux*, n° 208). Or, si un moulin est créé sur un fonds, et qu'ensuite, profitant de l'élévation du niveau de la rivière, les riverains veuillent convertir en prairie un terrain jusqu'alors

(1) Au dernier congrès central d'agriculture, la question a été soulevée. Suivant M. Guillaumin, l'art. 644 est favorable à l'élément moteur contre l'élément producteur, aux usiniers contre les agriculteurs... D'après M. Nicias-Gaillard, cet article a pour unique but de régler les rapports des agriculteurs entre eux. Enfin la commission conclut en proposant de modifier la loi, en ce sens que les riverains pourraient se servir des eaux surabondantes pour l'irrigation, sans être tenus de les rendre à la sortie de leurs propriétés, sauf à régler les seuils de leurs vannes de prise d'eau à la hauteur où l'eau se tient lorsqu'elle atteint le niveau du déversoir de l'usine inférieure. — Ce vœu est d'autant plus conforme à notre opinion, qu'il resta bien entendu, au sein du congrès, que les propriétaires en amont n'ont qu'un droit d'usage sur les eaux, et qu'ils ne peuvent les absorber au préjudice des propriétaires ou usiniers inférieurs. Voyez le *Moniteur*, et la *Gazette des Tribunaux* du 16 avril 1851.

improductif, ils peuvent faire ces améliorations, mais à la condition de ne porter aucune atteinte à la jouissance antérieure du meunier. Si, au contraire, l'établissement du moulin est postérieur à l'existence des prairies en amont, les propriétaires des prairies ont été mis en demeure, par les enquêtes de *commodo* et *incommodo* (circulaire du préfet du 22 février 1836), de s'opposer utilement à la retenue d'eau nécessaire au jeu de l'usine : en gardant le silence, ils ont implicitement consenti à subir les conséquences de l'établissement d'une industrie qui pouvait et devait leur préjudicier. Il suit de là que, à quelque point de vue qu'on veuille se placer, le propriétaire d'un moulin, régulièrement construit, est fondé à réclamer l'eau nécessaire au mouvement de son usine.

Nous savons que l'on oppose aux prétentions des meuniers deux arguments fort spécieux. On dit que *les priviléges sont abolis*, notamment *les priviléges féodaux*, *comme celui-ci* ; on ajoute qu'il serait exorbitant de laisser aux meuniers un monopole funeste à l'agriculture, que le législateur a jugée digne d'une protection toute spéciale.

Le système féodal est désormais impossible en France, et les propriétaires de moulins seraient mal venus à revendiquer les droits de *chasse*, de *monteaux*, de *verte-moute*, qui jadis grevaient les vassaux de la banlieue. Mais, Dieu merci, la tradition dont les meuniers réclament aujourd'hui le bénéfice n'a rien de commun avec ces tristes souvenirs ; il faudrait ignorer absolument l'origine des anciens moulins pour soutenir que notre usage est entaché de féodalité. Les seigneurs, pour utiliser les cours d'eau qui leur appartenaient exclusivement, pour augmenter leurs revenus, ou par un motif de vanité, et souvent — ce qui valait mieux — pour rendre service au pays, construisaient des moulins ès mètes de leurs seigneuries, ou bien ils cédaient le droit de construire un moulin ; ces concessions de cours d'eau étaient parfaitement licites, et les lois des 28 mars 1790, 28 août 1792 et 14 ventôse an VII, n'ont pu invalider ni restreindre les effets de ces aliénations (arrêts de cassation, 23 ventôse an X, 19 juillet 1850 ; Rennes, 19 janvier 1830). Si l'on réfléchit que les riverains en amont et en aval des moulins, quoique vassaux du seigneur, avaient, comme le concessionnaire, un intérêt de premier ordre à sauvegarder dans ces circonstances, peut-on supposer que l'on eût fait des retenues d'eau, des biefs, sans prendre en considération les besoins des propriétés voisines qu'on aurait laissées à la merci d'un petit meunier? Non, sans doute; alors, tout comme aujourd'hui, des formalités tutélaires présidaient à la création des moulins; et lorsque les droits des propriétaires de prairies pouvaient se concilier avec la prise d'eau nécessaire à l'usine, on ajoutait cette nouvelle industrie aux autres produits du domaine; il restait entendu que le meunier pourrait, dans les temps de sécheresse, détruire les prises d'eau occasionnant un chômage accidentel. S'il en eût été autrement, le pauvre cultivateur, déjà surchargé par les dîmes, corvées et autres redevances seigneuriales, poussé à bout par cette oppression d'un nouveau genre, se serait-il laissé dépouiller de sa dernière ressource? eût-il subi, sans mot dire, cette aggravation du vasselage? — Tout concourait, au contraire, pour amener sur le terrain de la transaction les divers intérêts compromis soit par l'établissement, soit par l'absence des moulins, soit par leur chômage. Le seigneur construisait l'usine là où la retenue d'eau était le moins dommageable aux prairies; les irrigations étaient autorisées comme devant, avec cette seule restriction que, dans les temps de sécheresse, la jouissance des eaux était laissée au meunier : c'était là une préférence légitime et nécessaire; car si la privation, même momentanée, des moyens d'arrosement est une chose fâcheuse pour l'agriculture, le chômage d'un moulin, ruineux pour le meunier, peut en outre devenir une calamité publique.

Que l'on ne s'étonne donc point de la faveur concédée aux meuniers par nos ancêtres; elle est justifiée par la nécessité : voilà pourquoi la législation moderne l'a tacitement maintenue. Pour compléter notre démonstration, il nous reste à définir exactement le droit ou le privilége des meuniers.

On s'imagine peut-être que les propriétaires de terrains irrigués ou irrigables seraient privés d'eau et, par suite, d'un revenu considérable, si les meuniers pouvaient ainsi, à jour fixe, s'emparer de l'eau : c'est là une erreur qu'il importe de rectifier. En général, ce n'est pas l'eau qui manque aux prairies du Finistère, c'est l'art de les diriger qui fait défaut. De plus, à

quelle époque de l'année doit-on la préférence aux meuniers ?
Dans la saison où l'eau n'est plus indispensable pour la fertilisation des prés ; et encore, ne l'oublions pas, lorsqu'il y a chômage
de l'usine. Or, les arrosements se font depuis le mois de décembre jusqu'au mois de juin, et notamment en mars, avril et
mai, alors que, grossis par les pluies, les cours d'eau suffisent
à tous les besoins. Si, dans quelques lieux, les propriétaires de
prairies veulent obtenir des regains, l'irrigation peut avoir lieu,
même de juin à septembre, quand l'eau est assez abondante, et
c'est le cas le plus ordinaire, pour les prairies et pour les moulins ; mais il serait éminemment injuste de condamner un meunier à laisser les riverains supérieurs retenir l'eau, lorsqu'elle
est rare, dès qu'il leur plairait de dire : *nous voulons avoir des
regains.* Les secondes herbes sont chez nous un produit exceptionnel (1) qui, le plus souvent, peut être obtenu sans entraver
l'industrie meunière : mais nous croyons que, en cas de conflit,
lorsqu'il y a accidentellement impossibilité d'irriguer sans qu'il
en résulte un chômage, l'usinier ne doit pas être la victime du
mauvais vouloir et des exigences de quelques riverains. La
coutume locale a réglé entre eux le mode de jouissance du cours
d'eau : à défaut d'autre convention, l'usage des lieux est la loi
commune.

D'ailleurs si, dans une certaine saison, la coutume des meuniers peut être envisagée comme un privilège, pendant 6 ou 9
mois de l'année (suivant les cantons) les riverains ont aussi
toute liberté d'user de l'eau pour leurs besoins agricoles, sans
l'agrément du meunier. Il y a donc compensation; et le monopole,
si monopole il y a, s'exerce surtout au détriment des meuniers.
Toutefois, nous ne voudrions pas, comme quelques personnes,
donner au droit des usiniers une extension qu'il ne comporte
pas : lorsque, dans les cas prévus par l'usage, le meunier
manque d'eau, il lui est bien permis de rechercher et de détruire
les travaux lésifs, de visiter à cet effet son canal artificiel, et
même les bords du principal ruisseau alimentant l'usine; mais
il abuserait, s'il troublait dans leur jouissance les propriétaires
dont les héritages sont bornés ou traversés par d'autres cours

(1) La plupart des prairies sont livrées à la pâture du 24 juin au 1er mars,
et souvent plus tard. V. ci-dessous, sect on des *Baux à ferme.*

d'eau aboutissant au ruisseau alimentaire. C'est ce que nous faisait fort judicieusement observer M. le Juge de paix du canton de Carhaix. En un mot, l'usage, d'accord avec la raison, tend à ce double but : protéger les meuniers contre les entreprises des riverains, et la propriété contre les empiétements des meuniers. Il n'y a là ni privilége, ni arbitraire, ni abus ; c'est tout simplement une servitude réelle, résultant de la situation des lieux, au profit des meuniers en temps de sécheresse, au profit des riverains en tout autre temps. Elle ne porte atteinte, en définitive, à aucun droit légitime, et elle a mainte fois prévenu des procès ruineux. A tous ces titres, elle est la meilleure solution du problème, et des difficultés entre meuniers et riverains qui vivent en paix, grâce à cette espèce de concession mutuelle, équivalente à un contrat.

La jurisprudence elle-même a implicitement consacré cette opinion. Deux arrêts de la Cour de Rennes, des 5 août 1840 et 7 mars 1841, ont jugé que l'usage immémorial doit servir à régler le mode de jouissance des eaux, et que les juges doivent prendre en grande considération les coutumes locales et les accords verbaux intervenus entre les parties sur la jouissance alternative des eaux. Si jusqu'à ce jour la Cour d'Appel n'a pas été saisie de la question spéciale du droit des meuniers, cela provient indubitablement de l'absence de contestations sérieuses suscitées aux usiniers par les propriétaires riverains. La Cour suprême n'a-t-elle pas jugé le 8 septembre 1814 que, dans le conflit entre deux réglements d'eau, le plus ancien doit prévaloir? Nous savons que, le 18 juillet 1826, la Cour de Bourges a débouté de sa demande un meunier qui se plaignait de la privation d'eau par le fait d'un voisin; mais cet arrêt ne contrarie point notre doctrine : car, dans l'espèce, il est à remarquer que le meunier n'invoquait point l'usage local, et même il fut appris que le riverain n'avait pas abusé, ce qui détermina la décision de la cour. Le 7 avril 1807, la Cour suprême a expressément jugé que l'usinier est fondé à exiger la destruction des ouvrages faits par le propriétaire supérieur au détriment de l'usine. Enfin, le 24 janvier 1831, elle a jugé que l'art. 645 donne à la vérité aux tribunaux le pouvoir de régler les contestations relatives aux cours d'eau, mais qu'il leur enjoint aussi de respecter la propriété, les droits acquis, et les usages locaux (1).

En résumé, dans tout le Finistère, sauf cinq cantons, l'usage ancien subsiste, avec quelques nuances légères, et se résume en ce point : que, dans les temps de sécheresse, la préférence est réputée due au meunier qui manque d'eau; qu'en tout autre temps, c'est aux riverains propriétaires que la jouissance de l'eau est due en cas de conflit avec l'usinier.

Nous croyons que les administrations municipales feraient une chose profitable à tous, en fixant précisément le mode de jouissance entre les ayant-droits, le temps pendant lequel les eaux seraient exclusivement consacrées soit aux irrigations, soit à faire marcher les usines : ces règlements, approuvés par

(1) Nous ne connaissons qu'un seul arrêt, rendu le 7 mai 1838 par la cour de cassation, qui soit contraire à notre système ; encore remarquerons-nous que la cour n'a refusé un droit de préférence à l'usinier que parce qu'il ne justifiait pas de titres suffisants et d'une possession non équivoque. La possession ancienne a toujours fait supposer un accord entre les parties (Cassation, 9 août 1843, 27 février 1841), et les tribunaux sont les appréciateurs souverains des conventions entre les usiniers et les riverains (Cass., 2 août 1831). Or, chez nous, rien n'est mieux établi que la possession sur laquelle se fondent les meuniers. M. David enseigne la même doctrine, lorsqu'au t. 3, n° 987, il dit que le mot *règlements*, dans l'art. 645 du Code civil, s'applique non-seulement aux ordonnances de l'administration, mais aussi aux conventions particulières, aux simples usages établis d'ancienneté par le consentement commun des intéressés, aux anciens statuts, etc. ; il cite à l'appui les arrêts du conseil d'État du 11 août 1821 ; Rouen, 23 février 1830 ; Dijon, 11 décembre 1839 ; cass., 21 janvier 1821. Voy. *Journ. du Palais*, 1844, 2, 136 ; cass., 17 juin 1851 ; *Gaz. des Tribun.* du 18.

En se reportant au tableau du chap. 1er, on voit qu'il y a plus de 2,000 moulins dans le Finistère. Ce grand nombre d'usines a préoccupé à diverses reprises les sociétés et congrès agricoles; mais, en général, on s'est élevé à tort, suivant nous, contre les meuniers, en représentant leur industrie comme une calamité. On a proposé le déplacement des moulins qui font obstacle aux opérations d'assainissement et d'irrigation, sans se rendre compte des frais qu'entraîneraient de pareilles expropriations. Ce n'est point tel ou tel moulin qui entrave l'amélioration des prairies dans tel ou tel vallon ; c'est l'apathie bretonne, ou plutôt l'absence des capitaux pour fertiliser les terrains où les eaux pourraient être mieux dirigées. — On peut consulter à cet égard le rapport sur les dessèchements et irrigations, fait le 10 juillet 1818 par la commission de Brest (chargée de répondre aux questions du ministre de l'agriculture), sous la présidence de M. Louis Kerjégu ; le rapport de la commission de Morlaix, du 16 juin 1849 ; les procès-verbaux des sessions de l'Association bretonne, tenues à Quimper et à Morlaix, pages 77, 95, 125 et suivantes. — Beaucoup de projets, mais peu de réformes actuellement réalisables....

le préfet, seraient obligatoires comme toutes les lois de police et de sûreté (*jurisprudence constante*). Ils auraient sur les usages l'avantage inappréciable de prévenir, infailliblement et sans frais, toutes contestations entre riverains et usiniers. L'usage local, au contraire, quoique constant et reconnu, peut toujours être judiciairement contesté, et sa constatation légale nécessite de longues et dispendieuses enquêtes (1).

Le nombre des moulins (2,040) est sans doute excessif dans le Finistère; nous convenons qu'ils pourraient sans grand danger être réduits de moitié, un moulin suffisant et au-delà à la subsistance de 600 personnes, et la situation des usines conservées s'améliorerait d'autant; mais les meuniers privés de leur industrie se verraient réduits à la misère ou à peu près, même dans l'hypothèse d'une indemnité pour expropriation. Il ne faut pas d'ailleurs l'oublier, presque tous les petits meuniers exploitent un peu de terre, un pré, un verger, dont les produits leur viennent en aide pour payer leurs loyers et nourrir leur famille. Plus on y réfléchit sérieusement, plus on reste convaincu que la voie réglementaire est le seul remède aux abus, si réellement les droits des meuniers nuisent à l'agriculture. Toute autre solution jetterait le trouble dans une foule d'existences; le progrès agricole serait-il donc nécessairement subordonné à la spoliation, ou du moins à des conflits inévitables?

§ 3. — DU CURAGE DES COURS D'EAU.

La loi du 14 floréal an XI, en ordonnant le curage des eaux du domaine privé, indépendamment des mesures de police qui peuvent être prises par l'autorité administrative, veut que cette opération soit exécutée conformément aux anciens règlements ou d'après les usages locaux. Suivant un avis du Conseil d'Etat du 24 ventôse an XII, le Gouvernement est seul compétent pour

(1) Nous n'en persistons pas moins à considérer l'usage comme ayant force de loi, soit à titre de convention ratifiée par une longue exécution, soit comme servitude acquise par la prescription. Seulement, nous aimerions mieux des règlements écrits; l'usage est trop susceptible d'être controversé; un règlement, c'est un texte que tout le monde saisit; ses dispositions sont impératives, et moins sujettes à interprétation. Aussi, dans une foule de départements, ce mode a-t-il pris faveur, et amené d'excellents résultats. Nous citerons entre autres le Morbihan (Arrêté du 21 août 1842), l'Eure, le Tarn, la Haute-Garonne, etc. Sur la valeur de ces règlements, voy. cass., 28 mai 1827, 16 janvier 1830, etc.

régler, sur les propositions des préfets, les difficultés que soulèvent l'application des réglements et l'exécution du mode consacré par l'usage. Nous avons donc à rechercher les réglements et usages sur ce point.

Nous ne connaissons aucun réglement ancien sur le curage des cours d'eau du Finistère (1).

Dans l'arrondissement de Brest, où il y a plus de 300 cours d'eau, dont 23 rivières (comme l'Elorn, la Penfeld, l'Abervrac'h, l'Aber-Ildut, etc.), il est d'usage que chaque riverain fasse le curage *endroit soi* comme il l'entend; en d'autres termes, qu'il s'en dispense le plus ordinairement. Citons néanmoins, comme une honorable exception, la commune de Gouesnou possédant 11 cours d'eau, dont le curage a été réglementé par un arrêté administratif du 22 décembre 1846. Un syndicat y a été établi, sous la surveillance duquel s'opèrent les travaux, aux frais de tous ceux qui y ont intérêt; et cette innovation, bien accueillie par les habitants, leur promet des avantages réels; chacun paie avec plaisir sa quote-part de la dépense commune. Espérons que ce bon exemple trouvera des imitateurs dans les autres communes. Déjà à Bohars, nous assure-t-on, les riverains s'occupent, chaque année, à retirer des ruisseaux les vases et autres

(1) Dans sa circulaire du 3 novembre 1845, le préfet invite les maires à créer des syndicats pour les cours d'eau, soit pour dessecher les terrains inondés, soit pour donner aux eaux une meilleure direction, et permettre d'en faire une distribution plus avantageuse à l'agriculture, afin que les usines soient moins exposées au chômage. — Cette sage recommandation n'a produit, pour ainsi dire, d'autre résultat que de révéler une indifférence vraiment déplorable. Une instruction ministérielle du 10 décembre 1837 signale ainsi cette insouciance : *Il arrive souvent que les prairies riveraines sont inondées parce que, à la suite d'accidents, tels qu'éboulement des rives, accumulation de vases et graviers, attérissements subits et insensibles, croissance et multiplication de végétaux aquatiques, le cours des petites rivières s'encombre, se détourne, et sillonne en tout sens les petites vallées qu'elles arrosaient et qu'elles finissent par couvrir pendant plusieurs mois de l'année.... Si les usages sont en harmonie avec les principes actuels de notre législation, s'ils pourvoient suffisamment aux difficultés de la matière, et aux besoins des localités, le devoir de l'administration se bornera à les transformer en réglements : il convient de les écrire, afin qu'ils aient désormais une fixité salutaire. S'ils sont insuffisants, si leur exécution éprouve des difficultés, si des changements survenus dans le cours et le régime des eaux exigent des dispositions nouvelles, l'usage local n'offrirait plus que des armes impuissantes entre les mains d'une administration protectrice, et elle devrait pourvoir aux mesures de curage et de redressement.*

encombrements : mieux vaudrait un syndicat régulièrement
organisé comme à Gouesnou. Cette amélioration ne serait point
restée à l'état de projet, si nos paysans ne craignaient pas toujours les charges nouvelles : à leurs yeux, toute innovation est
une aggravation d'impôts, et ils ne croient pas aisément aux
avantages à venir. De là vient que, lorsque l'administration
provoquait (en 1845), la nomination de syndicats pour le curage,
une foule de conseils municipaux répondirent comme celui de
Lambézellec : *nous faisons pour le mieux; un syndicat serait
inutile !*

En général, les riverains ne curent que lorsqu'il y a nécessité
de désobstruer les ruisseaux. Pour triompher de cette inertie, il
ne faut rien moins que l'initiative de l'administration : on ne peut
se le dissimuler, l'état présent de notre agriculture, de nos
chemins, de nos usines, réclame instamment l'action tutélaire
de l'autorité préfectorale. Sans parler des ruisseaux, les rivières
de Quillimadec, de l'Hôpital, du moulin du Roudouhir, de Daoulas, de Labervrac'h, de Toulloudie, du pont de l'Hôpital, du
moulin à Moal, du moulin Neuf, de Laber-Ildut, d'Aber-Hant,
de Plouarzel, de Pont-Meur, etc., sont dans un état qui laisse
beaucoup à désirer. Le lit est tantôt comblé, et les terrains inférieurs totalement inondés, tantôt considérablement rétréci par
les plantations qui l'envahissent, par les pierres et autres objets
qu'on y jette. Tout y révèle l'absence complète des soins les plus
vulgaires. Voilà ce qui ressort de l'enquête ouverte en 1845 :
ajoutons que le curage et le redressement furent alors demandés
par les cantons de Ploudiry, de Daoulas et de Ploudalmézeau.

Dans l'arrondissement de Morlaix, où l'on ne compte que 121
cours d'eau, les usages locaux sont également nuls quant au
mode d'entretien et de curage ; c'est une négligence déplorable :
à quoi pourrait servir le curage? nous disait-on dans un canton.... En
1845 pourtant, le conseil municipal de Landivisiau demanda
instamment à M. le Préfet un règlement sur les cours d'eau ;
mais la réponse fut *qu'il n'y avait pas lieu de donner suite à la
pétition !* C'était peu encourageant pour les honorables citoyens
de Landivisiau.... Peut-être aussi le préfet, voulant étudier à
fond cette grave question, et persuadé qu'en cette matière il vaut
mieux ajourner que de prendre des mesures isolées, et par suite

peu efficaces, n'entendit-il que remettre à un temps plus opportun la solution demandée : à ce point de vue, il aurait agi avec
une louable prudence; car les hommes compétents, notamment
MM. Querret et Le Helloco (mémoires déjà cités), pensent avec
raison que l'on ne peut assainir et dessécher les terrains
mouillés, dans un intérêt commun, qu'à l'aide de travaux d'ensemble étudiés, suivis, encouragés par l'autorité publique, afin
d'enlever les obstacles qui embarrassent les cours d'eau, et surtout d'entretenir et de conserver le fond du lit, en d'autres termes
d'assurer le régime constant des eaux sur un lit régulier.... Quoiqu'il en soit, les cours d'eau de l'arrondissement de Morlaix, loin
d'être exactement curés, sont livrés au hasard et à l'incurie des riverains, de sorte que la loi de floréal est une lettre morte, là où son
exécution pourrait augmenter la richesse et les produits du sol.

Dans l'arrondissement de Quimper, le curage est fait avec
la plus grande incurie; l'enquête de 1845 le prouve clairement,
mieux encore que les réponses de nos correspondants, peu
concordantes d'ailleurs sur ce point. Il est certain que les riverains ne curent qu'en cas d'urgente nécessité. Suivant une vieille
tradition, mal observée, on dit bien que chaque riverain est
obligé de curer le ruisseau en regard de sa propriété; mais il
n'y a pas un seul exemple à l'appui de cette vague assertion.
Nous ne savons ni le nombre, ni l'importance des cours d'eau
de cet arrondissement; nous sommes seulement autorisé à affirmer que là aussi l'agriculture gagnerait beaucoup par le redressement et le curage des cours d'eau.

Dans l'arrondissement de Châteaulin, où l'on compte pourtant plus de 12,000 hectares de terrains irrigués, nous signalons
aussi l'absence de travaux sur les cours d'eau (très-nombreux
— nous n'avons pu en constater le chiffre); nous ajouterons que
là surtout, chaque riverain agissant à sa guise, aucune règle ne
présidant aux opérations à faire dans l'intérêt commun, ce que
fait le riverain inférieur est annulé par la négligence ou par le
mauvais vouloir du riverain supérieur; et l'eau, cette ressource
précieuse, devient souvent un fléau pour les héritages inondés
ou dévastés.

Il en est de même dans l'arrondissement de Quimperlé, où
l'on voit quatre jolies rivières et près de cinquante petits cours

d'eau, fertilisant 4.800 hectares de terrain, c'est-à-dire près du treizième de la superficie.

En résumé, dans les cinq arrondissements, la situation présente des cours d'eau, loin d'être satisfaisante, appelle, d'une manière urgente, la sollicitude de l'autorité publique. Il faut, puisque les réglements et les usages manquent sur cet objet important, qu'elle prenne de suite et résolument l'initiative d'une réforme si désirable ; car bien des chemins, aujourd'hui impraticables, pourraient ainsi être rendus à la circulation ; une foule de prairies, débarrassées des joncs, donneraient alors d'excellents fourrages ; des marais seraient transformés en terrains de production ; bien des usines ne seraient plus exposées au chômage... Et lorque des mesures légales auraient été arrêtées après mûre réflexion, plus riche bientôt en pâturage et en bestiaux, le Finistère verrait s'agrandir la sphère de ses opérations commerciales, si surtout l'administration supérieure assurait, par une active surveillance, l'exécution des réglements, qui sont toujours mal observés quand on se repose sur les conseils municipaux, ou sur les syndicats locaux.

L'enquête de 1845 nous apprend encore un fait qui vient à l'appui de l'opinion par nous émise au précédent paragraphe, au sujet des droits des meuniers. Nous y lisons, en effet, que les seules opérations de curage, bien notoirement constatées, sont celles auxquelles se livrent les meuniers dans l'intérêt de leurs usines. Ainsi, chaque année, après la récolte des foins, les meuniers curent leur canal artificiel, et rejettent sur les berges les vases et autres résidus, soit que les deux rives leur appartiennent, soit qu'elles appartiennent à d'autres. Les riverains sont tenus de supporter le dépôt des vases sur les berges ; car il est d'usage constant et reconnu que le meunier a droit à un *franc-bord*, dont la largeur est de 1 mètre des deux côtés du canal artificiel de l'usine ; c'est là une servitude active dont il peut réclamer le bénéfice, soit pour visiter et fréquenter son canal, soit pour le curer et le réparer. — En outre, comme les moulins seraient infailliblement exposés au chômage si l'on se bornait à curer le canal ou bief, l'usage s'est insensiblement introduit de laisser les meuniers curer le cours d'eau en amont du bief, dans les temps de pénurie d'eau ; s'il arrive parfois que les propriétaires supérieurs fassent opposition à ces actes en les considérant comme une usurpation, c'est là une exception dont on doit tenir peu de compte. Dans presque tous les cantons, le curage est abandonné aux meuniers, suivant les besoins de leur industrie : cela ressort évidemment des documents officiels qui nous ont été communiqués.

L'usage autorise donc les meuniers à curer les cours d'eau alimentant les moulins ; c'est là une conséquence nécessaire de la coutume mentionnée au précédent paragraphe : car à quoi leur servirait-il de boucher les aqueducs établis par les propriétaires dans les temps de sécheresse, si les cours d'eau n'étaient aussi périodiquement désobstrués ? Et comme les curages n'auraient presque jamais lieu sans l'intervention des meuniers, pourquoi condamnerait-on ceux-ci à supporter les inconvénients du chômage occasionné par la négligence ou le mauvais vouloir des autres riverains ? Ne vaut-il pas mieux les laisser faire les travaux conservatoires, et n'est-ce pas là la seule application raisonnable, dans l'état actuel, de la loi du 14 floréal an XI (1) ?

Au reste, ceci prouve que les questions concernant les cours d'eau ne peuvent être résolues isolément ; et que l'administration, pour doter notre pays des règlements qu'il attend, devra prendre en sérieuse considération les divers intérêts, soit généraux, soit particuliers, confiés par la loi à sa vigilance.

§ 4. — Du Rouissage.

Le rouissage est une opération qui consiste à enlever, au moyen de l'humidité, l'épiderme gommeuse qui enveloppe les fibres des matières textiles. C'est le seul moyen connu d'extraire la filasse. Les cultivateurs du Finistère ne pratiquent guère que le rouissage à l'eau (V. la circ. du préfet du 6 juillet 1811), dont le grand inconvénient est de donner souvent de mauvaise filasse,

(1) Dans une circulaire du 26 décembre 1837, M. le Préfet dit que tout obstacle au libre cours des eaux doit être enlevé ; que les moulins ne doivent être respectés que s'il y a titre ou longue possession, ou *s'ils ne peuvent être nuisibles* ; qu'en tout cas, l'administration a le droit d'ordonner la construction de déversoirs, etc. Suivant nous, les meuniers qui ont titre suffisant ne peuvent être expropriés sans indemnité. Si l'usine est un obstacle au curage et au redressement du cours d'eau, il faut recourir à la voie de l'expropriation pour cause d'utilité publique, avec préalable indemnité.

une heure de trop dans le routoir pouvant faire pourrir le lin (1).
Il est fort difficile d'arrêter la fermentation au degré convenable.
En outre, pour obtenir de bons produits, le rouissage à l'eau
exige beaucoup de travail.

Aussi, dans un grand nombre de pays, notamment dans le
Nord, et même dans quelques cantons du Finistère, on a recours
à la méthode dite *flamande*, qui offre des avantages marqués : le
travail est moins pénible, la filasse supérieure, le blanchiment
plus prompt, la graine plus nette et plus marchande. On peut
voir la description détaillée des deux méthodes (le rouissage à
l'eau, et le rorage ou sereinage) dans la *Maison rustique*, t. 5.
p. 308 et suiv., et dans les brochures de M. Homon ; Morlaix,
Lédan, imprimeur, — 1849, et juin 1851. On comptait, il y a vingt
ans, 4,000 hectares sous lin dans le Finistère, où cette culture
se réduit aujourd'hui à environ 1,000 hectares ; décroissance
énorme et bien malheureuse. Les arrondissements de Brest et
de Morlaix, ce dernier principalement, font en ce moment de
louables efforts pour encourager cette culture. La belle filature
de la *Société linière* de Landerneau où travaillent 1,000 ouvriers
et ouvrières, et qui peut consommer jusqu'à 800,000 kilogrammes
de lin, est un stimulant bien puissant pour déterminer les propriétaires les plus craintifs, puisque la *Société linière* paie aujourd'hui 100 fr. les 100 kilogrammes de lin non teillé, et qu'il est
constant que le journal de terre (1/2 hectare) donne en moyenne
425 kilogrammes brin, et 3 barils de graines, ou 515 fr. en argent, en portant le kilogramme à 1 fr., et le baril de graines à
30 fr., tandis que les prix des lins sont inférieurs d'un cinquième
environ sur les autres marchés. Or, quelles sont les dépenses

(1) Le savant Chaptal, dans une circulaire du 9 juillet 1804, recommanda
aux préfets une méthode chimique de rouissage, à l'aide de laquelle on pouvait
rouir en deux heures, quelle que fût la saison, et sans aucune infection. Mais
ce merveilleux système fut bientôt jugé impraticable. Cependant, il paraît que
le rouissage chimique prend faveur dans quelques contrées. En attendant son
introduction en Bretagne, nos cultivateurs feront bien de s'attacher à la pratique flamande. — La filasse est ainsi bien plus égale ; et la graine, recevant
l'influence atmosphérique plus uniformément que dans l'ancienne méthode, est
plus mûre, plus propre, et donne 3 et 4 0/0 de plus que la graine détachée sur
la tige verte. Pour le rouissage, on conçoit que la grande difficulté d'un routoir étant le maintien d'une température égale, si le séjour dans le routoir est
abrégé, c'est déjà un progrès dont on est redevable à la méthode flamande.

de culture? un baril et 1/6 de semence, 55 fr.: 25 charretées de
bon fumier, 75 fr. ; labours, sarclages et récolte (rouissage compris), 50 fr.; en tout 160 fr. pour obtenir un produit net de 500
à 540 fr. Mais pour atteindre ce chiffre, il faut procéder au rouissage suivant la méthode flamande ; car les lins autrement traités
sont impropres à la filature mécanique. Les bons cultivateurs du
Léon ont déjà apprécié les avantages de ce système, et nous en
avons vu nous-même les heureux résultats chez un cultivateur
des environs de Morlaix.

En attendant que cette innovation se propage, nous devons
parler des usages locaux en matière de rouissage ; car, dans les
lieux où le lin n'est pas cultivé, la ménagère n'oublie pas du
moins de se réserver un courtil ou un coin de champ, pour y
mettre le chanvre nécessaire à la famille. Nous rappellerons ici
deux proverbes relatifs aux époques de la semence des lins et
chanvres :

> He miz maë,
> Kanab gaë.
> Da goël sant Joseph pe sant Bénéat,
> Gounie ar panez hag al lien mad.

Chanvre semé en mai, chanvre gai ; aux fêtes de saint Joseph
et de saint Benoît (19 et 21 mars) il faut semer les panais et le bon lin.

Il n'y a qu'une coutume bien constante et reconnue, celle
qui permet de déposer les lins et chanvres dans les eaux
courantes. Dans la plupart des villages, on voit des lavoirs, des
douets ou bassins, qui sont pratiqués dans ce but, et servent aux
villageois. Loin de se plaindre de cette coutume, les cultivateurs
qui reçoivent les eaux des routoirs s'estiment heureux de pouvoir les utiliser pour l'entretien d'une *fraiche* ou *flouren*. Le
fermier qui possède un cours d'eau, ou mieux une source, aux
abords de sa maison manale, a soin d'établir son routoir de
manière à ce que les eaux chargées des miasmes de la fermentation s'écoulent sur un terrain frais, qui lui donne ainsi un
excellent herbage.

Souvent aussi les cultivateurs qui n'ont pas de routoir mettent
les lins et chanvres à rouir dans le lit même de la rivière ou du
ruisseau, et nul ne s'est jamais plaint de cette pratique. C'est
assez dire que les réglements des 6 août 1735 et 31 janvier 1757,

par lesquels le parlement de Bretagne crut devoir interdire le rouissage dans les rivières et étangs, sont complètement abrogés par l'usage et par la législation actuelle. Ces arrêts sont basés sur cette considération que les lins et chanvres détruisent le poisson, en corrompant l'eau; or la loi du 15 avril 1829, article 25, ne range point les matières textiles au nombre des objets qu'il est interdit de jeter dans les rivières et qui sont funestes au poisson. Il y a plus : la prohibition du rouissage, qui formait un article spécial du projet de loi, fut écartée par la chambre des pairs, dans la séance du 2 mai 1832, sur les observations de M. de Marcellus et de l'illustre Chaptal. Suivant ce dernier, la prohibition devrait porter sur les rouissages dans les mares et eaux stagnantes, où la fibre textile s'altère, et d'où s'exhalent des émanation nuisibles; mais on ne peut qu'encourager le rouissage en eau courante, qui ne nuit ni aux hommes, ni aux poissons. L'usage de rouir dans les rivières et ruisseaux est donc parfaitement légal, et même nous ne pensons pas que nos routoirs doivent être rangés au nombre des ateliers dangereux qui ne peuvent s'établir qu'avec l'autorisation administrative après enquête. D'un autre côté, nous croyons pouvoir affirmer que, dans aucune commune, l'autorité municipale n'a cru devoir ordonner des précautions, ni prescrire l'observation d'une distance pour l'établissement des routoirs; ceci prouve que l'on a tort de considérer ces émanations comme pernicieuses, et que l'opinion publique n'y voit pas, comme M. le Préfet (circulaire du 20 juillet 1832), de bien graves inconvénients. Il est certain néanmoins que tout riverain, qui serait en possession d'une industrie exigeant des eaux constamment pures, serait en droit de s'opposer à ce que les riverains d'amont altérassent par le rouissage, la limpidité et la qualité des eaux; car l'usage local ne peut porter atteinte au principe écrit dans l'art. 1382 du Code civil.

CHAPITRE IV.

DU PARCOURS, DE LA VAINE PATURE ET DU GLANAGE.

––––––––

OBSERVATIONS PRÉLIMINAIRES.

Lorsqu'on lit attentivement les articles 2, 3 et 13, section 4 de la loi du 16 octobre 1791, 15 de la loi du 28 pluviôse an VIII, 651 et 652 du Code civil, et 17 de la loi du 18 juillet 1837, on voit que la connaissance des coutumes locales, en matière de parcours et de vaine pâture, n'est pas simplement un objet de curiosité historique ; c'est aussi un point spécial de législation qu'il n'est pas permis d'ignorer ; car, d'un côté, les usages immémoriaux ont conservé leur autorité, et les conseils municipaux, d'un autre côté, sont appelés à réglementer ces espèces de servitudes.

Disons tout d'abord que le parcours ne doit pas être confondu avec la vaine pâture ; s'il entraine toujours la vaine pâture, celle-ci ne donne pas nécessairement droit au parcours. La vaine pâture donne aux habitants d'une commune ou d'un village le droit de faire paître leurs bestiaux sur les terrains communaux ou sur les héritages privés. Le parcours est le même droit exercé sur plusieurs communes par les habitants de ces communes.

Peut-être vaudrait-il mieux que ces servitudes, fécondes en abus, puisqu'elles sont un obstacle permanent aux progrès de l'agriculture, fussent entièrement abolies. Mais enfin la loi de 1791 les a maintenues ; et l'on ne peut nier que, sur les terrains déclos, elles ont été pratiquées de tout temps en Bretagne sous le nom de *guerb*, quoique les seigneurs de fiefs, en cette province, eussent obtenu l'affranchissement de leurs terres, article 395 de la coutume. Les communautés d'habitants étaient quelquefois propriétaires de droits d'usage et de communaux (du Parc-Poulani, t. 2, p. 374); et le plus souvent les vassaux étaient inféodés vers leurs seigneurs du droit de communer. — Nous allons passer en revue les usages suivis dans le Finistère.

§ 1er. — Du parcours et de la vaine pature.

—

Art. 1er. — *Landes et vagues.*

La servitude de parcours est à peu près inconnue dans le département. On nous a cité les terrains situés sur les confins des communes de Trégune et de Névez : ce sont des espèces de dunes approfitées par les propriétaires limitrophes depuis un temps immémorial. Sans doute, il y a encore, çà et là, quelques parcelles dans le même cas ; mais nous ne nous y arrêtons point, parce qu'il n'existe sur ce point ni réglements, ni usages constants.

Il en est autrement de la vaine pâture, soit qu'elle ait lieu sur des terrains communaux, soit qu'elle porte sur des héritages privés.

En ce qui touche les terrains communaux de l'arrondissement de Brest (au moins 1,000 hectares), ils sont livrés toute l'année au pâturage au profit des habitants des communes possédant ces communs, composés la plupart de dunes et de marais peu susceptibles d'être cultivés ; c'est ce que l'on voit à Lampaul-Plouarzel, à Ploudalmézeau, à Porspoder, à Landunvez, à Rumengol, à Plabennec, à Plouvien, etc.; chacun y envoie son bétail quand et comme bon lui semble : c'est là encore qu'on dépose et que l'on met à sécher les plantes marines. Seulement, de temps à autre, les communes vendent tout ou partie des communs, qui disparaîtront insensiblement et accroîtront la masse des terres cultivées. Ce sont là des aliénations utiles à l'agriculture, et aux communes elles-mêmes, qui construisent ainsi des maisons d'école, ouvrent des chemins, etc. Il y a, nous écrit-on de Saint-Renan, telle commune qui a retiré de ses communs 10,000 fr. et plus (1).

(1) En thèse générale, il est bon de vendre ou d'affermer ces terrains ; cependant, comme l'observe le ministre de l'intérieur dans une circulaire du 6 novembre 1817, il convient d'apprécier exactement les portions qu'il est nécessaire de laisser en pâturage ; et il ne faut pas enlever à celui qui n'a pas de propriétés les moyens de nourrir ses bestiaux. L'ordonnance du 7 octobre 1818 n'autorisa que l'amodiation des biens communaux *non nécessaires à la dépaissance des troupeaux.*

Les communes possèdent en outre des terrains qui, par leur destination, ne sont point susceptibles d'être aliénés, ni même affermés ; ce sont les lisières des chemins, les placitres, issues et franchises d'une minime contenance. C'est là, à vrai dire, la part du pauvre, part bien modeste que nul n'a jamais songé à lui disputer, même sur les routes nationales et départementales. Les animaux que l'on mène ainsi au pâturage banal doivent être conduits ou attachés, ou du moins entravés, pour la sécurité des passants et des voyageurs (1).

Enfin, les landes, marais, et généralement tous terrains déclos et non cultivés, sont encore soumis à la servitude de vaine pâture ; mais comme ils sont la propriété de quelques particuliers, la vaine pâture n'y est facultative que pour ceux qui en sont propriétaires, c'est-à-dire pour les habitants des villages, dont ces terrains indivis sont les appartenances et dépendances. C'est donc là un mode de jouissance promiscue plutôt qu'une servitude proprement dite ; et si nous rangeons ces terrains parmi ceux assujétis à la vaine pâture, c'est parce que la cessation de l'indivision ne suffit point pour mettre fin à la vaine pâture ; il faut encore qu'il y ait clôture des terres : jusques-là, l'usage immémorial, ordinairement confirmé par des titres, conserve à chaque copropriétaire la liberté de mener ses bêtes au pâturage commun (2).

(1) La divagation des animaux sur les lieux de passage est une contravention, quelquefois un délit, toujours un abus que rien ne justifie, et une cause d'accidents. Voyez les arrêtés, et circulaires administratives, des 2 vendémiaire an XIV (basé sur l'arrêt du conseil d'État du 5 novembre 1751), 18 juillet 1817, 1er mai 1818, 30 août 1819, 9 octobre 1821, 20 août 1727, 6 mai 1828, 16 août 1831, 15 janvier 1833, 14 mai 1833, 3 juin 1337, 28 septembre 1839, 16 juillet 1841, 16 juillet 1849, etc., dans le *Recueil des actes administratifs.*

(2) A Ouessant, où l'on compte 1189 hect. de landes sur une superficie de 1562 hect., ces landes sont réputées communales, les insulaires ne formant qu'une grande famille dont chaque membre lâche ses animaux sur ces vastes terrains vacants ; le maigre pâturage qu'ils fournissent suffit à la race de chevaux très-petite, et pourtant fort estimée, qu'on élève dans cette sauvage contrée. — Dans l'ile de Batz, dont la terre est également aride et pierreuse, et la végétation pauvre, les moutons trouvent à grand'peine une pâture suffisante, quoiqu'on leur abandonne le sol pendant une grande partie de l'année.

Dans l'arrondissement de Morlaix, sauf Guiclan, Plouvorn, Plounévez-Lochrist, Plouigneau, Tréflaouénan et l'Ile-de-Batz, peu de communes possèdent des communs proprement dits. Les communes ci-dessus n'ont d'ailleurs que des terrains peu étendus; au Ponthou, il y a une carrière appartenant à la commune.

Les lisières des chemins de toute espèce, les issues, placîtres, etc., sont livrés à la vaine pâture, comme à Brest.

Les landes et terrains vagues sont aussi dans les mêmes conditions. Observons seulement que la classe pauvre, ayant dans plusieurs communes successivement envahi des portions de landes, a fini par en prendre possession, en y construisant des cabanes entourées de parcelles closes et défrichées; dénués de ressources, ces malheureux ne retirent d'une terre ingrate et mal cultivée qu'une récolte bien insuffisante à leurs besoins, et sont dans la nécessité de demander souvent à la charité le pain qui ne leur manquerait pas, s'ils légitimaient par le travail leurs usurpations.

Ainsi qu'à Brest, les landes indivises et non cultivées sont abandonnées à la vaine pâture, en tout temps, au profit des riverains, c'est-à-dire de tous ceux qui ont feu et lieu dans les villages dont ces vagues dépendent. A l'Ile-de-Batz, les terrains non cultivés (d'une contenance de 900 hectares au moins), sont, comme à Ouessant, soumis à la vaine pâture en toute saison, au profit de tous les insulaires.

Dans l'arrondissement de Châteaulin, les communs sont bien plus nombreux; on les évalue à une contenance d'au moins 4,200 hectares dans les seules communes de Crozon, Camaret (1), Telgruc, Dinéault, Locronan, Plomodiern, Laz, Saint-Nic, Bollazec, Scrignac, La Feuillée et Berrien. Le pacage y est aussi permis en tout temps avec quelques modifications dont nous

(1) Les communs de Camaret, quoique couverts de sable, fournissent un pâturage excellent pour les moutons. Dans le canton de Crozon, quoique tous les habitants aient droit au pâturage des communaux, on y voit rarement d'autres bestiaux que ceux des riverains.

parlerons bientôt. Les issues, placitres et lisières des chemins sont en outre ouverts au pâturage en toute saison.

Indépendamment des communaux qui sont à la disposition des habitants, il n'y a pas, dans cet arrondissement, de communes où l'on ne rencontre quelques terres vaines et vagues où les riverains mènent leurs bestiaux toute l'année ; ces propriétés particulières, indivises entre les villageois, sont parfois d'une contenance de plusieurs centaines d'hectares ; on cite à Scrignac quatre parcelles dont la contenance est de 1,200 hectares !

Dans l'arrondissement de Quimper, les communs sont d'une minime contenance, si ce n'est à Penmarc'h, où il y a 261 hectares, 16 ares de palus et marais. Les communes de Poullan, de Pont-l'Abbé, de Goulien, de Plozévet, de Pouldreuziz et de Treffiagat contiennent quelques parcelles dont elles pourraient tirer parti par la culture. Jusqu'à présent, elles sont livrées à la compascuité au profit de tous les habitants. On permet aussi le pâturage sur les issues, chemins et autres franchises communales.

Il est également d'usage que les habitants des villages mènent librement et en tout temps leurs bestiaux à la pâture sur les terrains vagues, landes et frostages indivis dépendant des villages.

Dans l'arrondissement de Quimperlé, les coutumes sont les mêmes que celles de Quimper. Nous croyons seulement que M. Duchâtellier, 3ᵐᵉ livraison, p. 79, a fait erreur en ce qui touche les vagues de Moëlan, en disant que chaque habitant a une portion déterminée des terrains vagues affectée pour le pacage de ses bestiaux. La police est très-bien faite à Moëlan ; mais elle n'intervient point dans les rapports entre co-propriétaires. Là comme ailleurs, les vagues appartiennent aux villageois riverains, non à d'autres. Chacun lâche ses bêtes sur le terrain dont la jouissance promiscue exclut toute idée d'un cantonnement, qui astreindrait à garder les bestiaux, et, en l'absence de clôtures, exposerait à des difficultés sans fin.

Les terrains communaux de l'arrondissement, sauf à Riec, où

la Lan-Meur, d'une contenance de plus de 200 hectares, est peut-être à tort considérée comme la propriété des riverains, les biens communaux se réduisent à des parcelles insignifiantes. En revanche, à Clohars, à Scaër et ailleurs, on voit des landes immenses dont les habitants riverains et propriétaires jouissent en commun.

Ce qu'il faut bien remarquer à l'égard des terrains vains et vagues appartenant aux riverains, c'est que leur jouissance promiscue se manifeste non-seulement par le pâturage facultatif des riverains, mais encore par trois faits très-caractéristiques, le mottoyage, l'enlèvement des landes ou ajoncs, et l'écobuage. Tout habitant du village duquel relève la lande a le droit de couper des mottes, soit pour son chauffage, soit pour augmenter ses fumiers ; il en est également des bruyères, fougères et ajoncs ; mais l'usage local, reflet des temps féodaux (qui avaient mis les terrains déclos en communauté de jouissance au profit des seuls vassaux inféodés), en permettant d'user de ces facultés, n'autorise point à écorcher le fonds d'une manière illimitée, et à couper arbitrairement les ajoncs et autres produits du sol : ainsi, le communiste contreviendrait à l'usage, et serait passible de dommages-intérêts, s'il vendait des mottes, des ajoncs, bruyères et fougères : il ne doit en prendre que pour ses besoins ; sous ce rapport, il est en quelque sorte usager dans la lande commune. Il est encore de tradition, religieusement conservée jusqu'à nos jours, que le communiste qui veut écobuer une portion de lande profite seul du fruit de ses travaux, c'est-à-dire d'une récolte de seigle ou d'avoine, et d'une coupe d'ajoncs, pourvu qu'il édifie à ses frais une clôture provisoire en terre, ordinairement un turon ; tant que dure cette possession exclusive, il cesse de mener ses bestiaux au pâturage ; il a momentanément aliéné son droit ordinaire, remplacé par une jouissance plus étendue, et que ses co-propriétaires respectent pendant deux ou trois ans (dans le canton de Carhaix un an seulement, parce qu'on ne sème pas d'ajoncs) ; après quoi, les clôtures provisoires sont détruites, et la parcelle écobuée rentre dans le domaine de la compascuité. Dans quelques cantons, les communistes s'entendent pour les travaux d'écobuage, et pour le partage des récoltes : ceci est plus conforme à l'esprit d'égalité qui régit ces espèces d'associations, comme dans les temps primitifs dont elles sont un vague souvenir.

Au reste, il ne faudrait pas confondre ces landes avec les terrains communaux : si les uns et les autres se régissent en commun, si le mottoyage et l'enlèvement des ajoncs et bruyères est quelquefois permis sur les terrains communaux, l'écobuage n'y est point pratiqué ; en outre, les landes des villages ne profitent qu'à ceux qui ont feu et lieu dans ces villages ; les terrains communaux, au contraire, sont livrés au pâturage des animaux de chacun des habitants. Il n'est donc pas à craindre, ainsi que le suppose M. Duchâtellier, que les communes deviennent jamais maîtresses des landes et issues des villages, dont la propriété est habituellement indiquée dans les titres des riverains par ces mots : *avec part et portion aux frostages, issues et franchises du village* (1).

Telles sont les seules règles qu'il nous a été donné de recueillir sur la vaine pâture des communaux, et des terres vaines et vagues. Elles pourront paraître un peu absolues dans quelques localités où, nous le savons, elles ne sont pas exactement observées. Néanmoins elles sont un résumé fidèle des réponses qui nous ont été transmises. Nous ajouterons qu'elles reposent sur une pratique uniforme, remontant à une époque si reculée, que la trace de leur origine est complètement perdue ; elles consti-

(1) M. Gaillard (dans un rapport à la société d'agriculture de Vannes, 8 mars 1839) disait en parlant des landes du Morbihan : *Ces plaines immenses, à cause du parcours qui s'y exerce, sont nommées communs. Quelques parties appartiennent aux communes, d'autres à des villages, ou à des exploitations distinctes ; le reste est aux riverains. Soumises depuis des siècles à la vaine pâture et à l'étrépage, ces landes sont tellement dénudées, que la culture n'en est possible qu'à l'aide d'un reboisement préalable.* C'est là absolument, on le voit, la situation des landes du Finistère. Si l'on y voit çà et là quelques cultures de *penty*, c'est dans le voisinage des anciennes fermes ; ou bien ces cultures sont très restreintes et abritées par des fossés fortement garnis de bouleaux, d'ajoncs, etc.

tuent donc bien des coutumes immémoriables, et la clôture seule peut affranchir les terrains assujettis, aux termes de la loi de 1791 ; d'où il suit que la vaine pâture ne s'exerce pas seulement à titre de tolérance ou de bon voisinage ; c'est un droit réel, qui compète à l'habitant de la commune ou du village, et auquel on ne saurait mettre obstacle, tant qu'il se renferme dans les bornes établies par l'usage constant.

Nous ne parlerons qu'en passant du mode de partage des landes indivises. Les partages, d'après la jurisprudence, sont établis en prenant pour base l'importance des terres chaudes possédées par chaque communiste, en d'autres termes *pro modo jugerum;* tandis que la jouissance a lieu par feux, en ce sens que l'habitant, qui n'a qu'une cabane sans terres, a droit aux bénéfices du communelage tout comme le plus riche propriétaire du village. Or, tout partage qui consacre une inégalité est contraire à la raison et à la loi. Pourquoi donc la coutume n'étendrait-elle pas sa protection sur le pauvre *penty*, comme sur le possesseur d'une grande exploitation ? Nous avons vu avec regret l'Assemblée nationale voter la loi des 15, 27 novembre et 6 décembre 1850 (dont nous ne voudrions pas néanmoins contester l'utilité), sans qu'une voix se soit élevée pour plaider la cause du communiste, arbitrairement exclu du partage, dès qu'il ne possède pas un terrain cultivé. On ne doit donc pas être surpris de voir nos cultivateurs répugner à ces partages, qui ne répondent point aux droits de chacun.

Art. 2. — *Prairies et bois.*

. Les prairies sont quelquefois soumises à la vaine pâture, et cette coutume rappelle encore la vie des premiers âges, alors que les tribus et les clans étaient sous l'empire des lois naturelles, et considéraient la terre comme un bien commun dont les fruits spontanés appartenaient à tous, et les produits cultivés à celui qui fécondait le sol par son travail. Quand, par suite de l'accroissement des populations, les besoins augmentèrent, les notions de la propriété exclusive s'introduisirent, et peu à peu les lois

civiles vinrent assigner à chacun les limites de sa possession.
Mais la transition ne put être tellement brusque, que chacun
restât confiné dans son lot ; beaucoup de terrains demeurèrent
indivis et d'autres sans clôture ; alors il fut arrêté, ou du moins
tacitement convenu, que toute terre accessible aux bestiaux continuerait de rester en communauté quant au pâturage, hors le
temps où les bestiaux nuisaient évidemment à l'agriculture.
C'est ce qu'attestent une foule de coutumes qu'il est inutile de
rappeler. Il suffisait chez nous, pour qu'un domaine noble fût réputé défensable, que les champs fussent à l'abri d'un cheval
enheudé (entravé), qu'il ne pût franchir ni sauter les fossés ou
haies. Notre très-ancienne coutume autorisait le droit de
guerb (1), en ces termes : *il est de raison que les choses qui ne
peuvent point porter de profit à ceul à qui les choses sont, et qui
pourraient porter et faire profit à autres, et le profit ne leur
nuirait en riens, nul ne le devrait détourber ceul profit à être
fait, ne justice les y soutenir. Car ce serait péchié.* Le *guerb*
était ouvert pour les prairies du 15 juillet au 2 février ; pour les
bois, hors le temps de sève, quand les pousses avaient 5 ans ;
toute l'année pour les autres terrains déclos, fors les gagneries.

Dans le Finistère, il y a bien quelques prairies, comme celles
qui bordent la Laïta, de Quimperlé à Clohars-Carnoët, où les
bestiaux sont menés à la pâture, depuis la fauchaison jusqu'au
mois de mars ; mais la vaine pâture sur les prés doit être considérée comme un fait exceptionnel. En général, les prés sont
clos et profités exclusivement par le propriétaire. Néanmoins,
nous croyons que là où il est d'usage immémorial que les propriétaires de prairies contiguës et non closes s'entendent pour
les faucher, afin de les livrer ensuite au pâturage commun, cet
usage doit être respecté jusqu'à clôture par l'un des copropri-
taires, qui cesse alors d'exercer la vaine pâture.

(1) Ce mot, suivant le glossaire de Laurière, vient de *guerpir*, qui signifie
délaisser son héritage pour aller dans un autre. Mais le guerb n'appartenait
point aux gens de basse condition qui renfermaient leurs terres, étant juste,
observe Ferrière, qu'ils ne prennent pas sur les autres un droit que les autres
n'ont pas sur eux.

En ce qui touche les bois, leur accès n'est jamais permis qu'aux bestiaux du propriétaire. Chacun a soin d'entourer son taillis d'une bonne clôture ; nous ne connaissons d'ailleurs aucun bois où il existe, au profit des riverains, des droits d'usage, d'affouage, de glandée, etc.

Dans les forêts nationales, il est néanmoins assez généralement admis, ou toléré, que les malheureux puissent ramasser la mousse, et les lierres dont les feuilles sont assez recherchées par les vaches, enfin cueillir les fruits du myrtile, qui se vendent dans les pardons sous le nom de *lucets*.

Dans les bois des particuliers, on laisse en outre les indigents prendre les bois morts, mais non les mort-bois ; on n'empêche point de ramasser les châtaignes et les graines tombées, glands, faines, etc. ; mais la tolérance, car ce n'est pas autre chose, ne va nulle part jusqu'à autoriser à secouer les branches ; et même le tribunal de Quimper a récemment condamné à la prison deux personnes convaincues d'avoir pris quelques châtaignes dans un bois. Il est évident que ni l'usage, ni la loi, ne permettent à personne de s'introduire dans les bois et autres terrains clos. Mais nous ne verrions aucun délit dans l'action de ramasser quelques graines ou fruits dans les chemins et autres lieux accessibles au public.

Art. 3. — *Terres cultivées*.

On peut dire que, dans tout le Finistère, les terres décloses sont livrées à la vaine pâture. Mais il faut se garder d'en conclure que le sol soit aveuglément abandonné aux bestiaux. Ainsi sur tout le littoral, il y a des champs parcellaires, non clos quoique divisés et bornés, qui produisent de magnifiques céréales. Là, dès que les gerbes sont enlevées, chacun des propriétaires de la plaine (*Méchou*, *Mézou* ou *Messidou*, comme on dit dans le Léon), envoie ses bêtes au pâturage jusqu'au 15 février, ou plutôt jusqu'aux ensemencements. Dans le canton de Crozon, les gagneries — la très-ancienne coutume appelait ainsi les champs de blé, et d'Argentré les définissait *sata omnia* — sont ouverts et libres au pacage, savoir : pour les moutons, du 29 septembre au 2 février ; pour les vaches et chevaux, jusqu'au 11 novembre seulement, sauf à Roscanvel où les vaches paissent jusqu'à l'Avent. Les chevaux sont toujours attachés, ou entravés. Dans quelques lieux du canton, les moutons sont attachés ; mais partout où ils ne peuvent causer dommage, on les laisse vaguer. Les chèvres et les cochons n'y sont jamais conduits à la pâture : nous croyons même que, sauf à Argol, à Ouessant et à l'Ile-de-Batz, les porcs et les chèvres ne sont nulle part admis dans les gagneries. Les terrains limitrophes de la mer sont les plus riches du département ; leur prix élevé ne permet pas d'enclore chaque parcelle comme dans l'intérieur ; l'avantage d'une clôture serait d'ailleurs loin de compenser la privation de quelques sillons de blé, puisque, comme on le sait, les bois réussissent très-difficilement dans le voisinage de la mer. Voilà pourquoi les propriétaires des Mézou préfèrent les inconvénients passagers de la vaine pâture entre héritages contigus aux pertes qui résulteraient pour eux de clôtures inutiles et dispendieuses. Les récoltes des céréales, favorisées par la proximité des engrais marins, sont leur unique richesse, et par suite le grand objet de leurs préoccupations.

En outre, le pacage en commun y est soumis à quelques restrictions. Ainsi, lorsque les Mézou, ou parcelles contigües, sont cultivées de manière à donner des produits différents, chaque propriétaire doit faire paître ses bêtes à la corde ou au piquet, afin que la récolte du voisin soit à l'abri de leurs atteintes. Les changements progressifs apportés dans l'agriculture par la science de l'observation, et plus encore par la nécessité de demander au sol des produits variés, ont modifié, d'une manière notable, la vaine pâture, qui tend désormais à disparaître partout où la terre ne se repose jamais, incessamment fécondée par des amendements énergiques.

Toutefois, dans l'état actuel, elle constitue encore un droit, qui ne cède qu'en présence d'une enceinte continue infranchissable pour les bestiaux.

Nous ne terminerons pas ce paragraphe, sans dire un mot des réglements en matière de vaine pâture, et de la situation particulière des Ile-de-Batz et d'Ouessant.

En fait de réglements, nous ne connaissons que les arrêtés pris par M. le Maire de Camaret, les 29 mars 1836 et 27 mai 1849, pour les terrains communaux ; entre autres dispositions, nous y voyons que le mottoyage est défendu; que la vaine pâture est frappée d'une contribution de 10 c. à 1 fr., suivant l'espèce d'animaux, et que les bêtes doivent être attachées du 1er mars au 15 octobre. Nous savons, du reste, que la contribution n'est point perçue ; la commune a cessé de l'exiger. Dans les autres cantons, nous ne pourrions citer, comme actuellement en vigueur, que les nombreux réglements de police interdisant la divagation des animaux dans les lieux publics, chemins, etc. Nous sommes convaincu que la vaine pâture s'exerce sans inconvénient dans le Finistère, et que l'administration peut considérer cette coutume comme parfaitement compatible avec l'ordre et la tranquillité du pays.

Ouessant est une contrée à part ; la vaine pâture y est pratiquée sur toute la surface de l'ile pendant 6 ou 7 mois de l'année. Dès le 15 juillet, le sol est livré à plus de 6,000 moutons — sans compter les chevaux et quelques vaches —, qui parcourent 1,562 hectares dans tous les sens jusqu'au 15 mars. Attachés deux par deux le reste du temps près des maisons, les moutons vivent de paille et de choux, en attendant le complet *défruitement* de l'ile. Cette dépaissance, qui n'a d'autres limites que l'absolue nécessité, est une véritable dévastation, consacrée malheureusement par un usage immémorial. Un réglement administratif, motivé par l'intérêt général des habitants et par l'ordre public, pourrait seul déterminer les Ouessantins à mettre un terme à ces ravages périodiques, en remplaçant, par de bonnes clôtures, de misérables muretins trop aisément franchis par les moutons. — A Batz, la vaine pâture présente aussi des inconvénients, que l'autorité municipale pourrait sans peine atténuer sans porter atteinte aux usages, en vertu desquels tout terrain non emblavé est le patrimoine de la communauté.

Enfin, nous ferons ici une observation utile dans la pratique, relativement aux accidents qui peuvent résulter de la réunion d'un grand nombre d'animaux non gardés sur les pâturages communs. Lorsque, se conformant aux usages locaux, des propriétaires envoient sur ces terrains leurs animaux qui y demeurent jour et nuit sans aucune garde, il intervient entre les usagers une convention tacite en vertu de laquelle ils doivent être considérés comme s'étant mutuellement dispensés de toute responsabilité à raison des dommages que ces animaux peuvent se causer les uns les autres, et l'article 1385 du Code civil est inapplicable à ce cas, à moins qu'il ne soit établi que l'accident provient d'un animal reconnu vicieux. Ainsi l'a jugé le tribunal de Fontenay-le-Comte, le 8 novembre 1846, et la Cour de Cassation n'a point admis le pourvoi formé contre ce jugement (*Gazette des tribunaux*, 3 juillet 1851). V. aussi les arrêts de la C. de cass. des 27 décembre 1851 et 24 janvier 1852.

§ 2. — Du glanage, du grapillage et du ratelage.

Dans tout le département, le glanage semble autorisé par une coutume immémoriale. Cependant, il n'a pas lieu à Ouessant, où les moissonneurs ne laissent aucun épi sur le champ ; à Crozon, où l'on regrette que cette antique franchise ait disparu ; ailleurs on considère le glanage comme le résultat d'une pure tolérance. Qu'arriverait-il donc, si le propriétaire dénonçait un fait de ce genre à la justice ?

Sans doute, en ce temps moins que jamais, il ne viendra à l'esprit d'aucun homme sensé de créer dans la vie sociale un intervalle périodique pour l'anarchie (suivant la belle expression de M. Hello), en proclamant comme légitime une doctrine anti-propriétaire. Mais il y a une distance énorme du glanage à l'invasion de la propriété, de l'exercice paisible d'un usage patriarcal à la spoliation. Le maître du champ a le droit de ne laisser aucun épi sur le sol ; s'il en oublie quelques-uns volontairement ou par mégarde, quelle peine le magistrat pourrait-il infliger au pauvre, à l'infirme, à l'enfant, surpris dans les champs où ils ramassent les épis abandonnés ? Evidemment, il y aura lieu à l'amende, si le glanage a été pratiqué la nuit, ou contrairement aux réglements : en l'absence de ces circonstances, le fait ne peut être l'objet d'aucune répression ; il est parfaitement innocent, surtout lorsqu'il est légitimé par les usages de la contrée. Or, d'une part, aucun doute n'est permis sur l'existence de l'usage dans la plupart des cantons de notre département (1). D'un autre côté, cette coutume ne peut être réputée abusive ; car les maires, investis à cet égard d'une grande autorité, n'auraient pas manqué de réglementer le glanage, s'il avait réellement occasionné des conflits ou des désordres quelconques. Nous ne voyons pas même un prétexte plausible pour proscrire le glanage ; et nous avons été heureux en apprenant, et en vérifiant nous-même, qu'il n'a jamais été pris d'arrêtés sur ce point : l'autorité a compris qu'il suffisait de laisser faire dans un pays comme celui-ci, où le pauvre ne frappe jamais en vain à la porte des cultivateurs, parce que tous ils observent les saintes lois de la fraternité et de charité.

Quant au grapillage et au râtelage, ils sont totalement inconnus dans le Finistère. Cette dernière pratique est encore sévèrement interdite dans les bois taillis, aux usufruitiers et aux fermiers, quoique bien des propriétaires soient dans l'habitude d'augmenter ainsi leurs *mannis* au dépens de leurs bois. (V. *infrà* ch. 2, § 7).

Au dernier congrès agricole à Paris, on a eu raison d'émettre le vœu que le ministre de la justice ordonnât au ministère

(1) Si dans quelques-uns, comme à St-Renan, les glaneurs demandent la permission au maître du champ, cela ne prouverait que la déférence du pauvre envers le riche. Habituellement, les moissonneurs laissent glaner dès que, le le bottelage achevé, les croiseaux sont rangés dans le champ. Ils donnent même fort souvent aux glaneurs, de la main à la main, plus d'épis qu'ils n'en pourraient trouver sur le sol.

Il serait peut-être bon, quoique nous n'en voyions pas la nécessité, que le glanage ne fût permis qu'à la main, de jour, et 2 jours seulement après la récolte (Circ. minist. du 4 sept. 1835).

public de ne laisser aucun délit rural impuni. Depuis longtemps on sent la nécessité de sévir particulièrement contre les maraudeurs qui pillent les propriétés voisines des villes et des bourgs. Mais il ne faut pas considérer les magistrats du parquet comme appelés à poursuivre d'office tous les faits de cette nature : l'action civile est ouverte à tout propriétaire aisé, et l'argent du trésor ne doit être employé qu'au service des indigents. D'un autre côté, les désordres qu'entraine le maraudage seraient bien moins fréquents, la propriété serait plus respectée, si les maires faisaient constater les dévastations, et poursuivaient tous les délinquants sans exception, en les dénonçant aux procureurs de la République, qui aviseraient. Du reste, le glanage ne pouvant par lui-même constituer un délit, il ne faut pas le confondre avec les faits qui portent le trouble dans les campagnes : aussi ni au congrès, ni dans les comités d'agriculture, n'avons-nous vu les propriétaires élever la voix contre cette coutume, pour la signaler comme une pratique condamnable : elle est consacrée par le silence, disons mieux, par l'approbation de ceux-là même qui pourraient sembler les plus intéressés à sa suppression. Voyez la circulaire du préfet du 10 décembre 1849 ; et la *Gazette des tribunaux* du 11 avril 1851.

CHAPITRE V.

DES CLOTURES FORCÉES.

§ 1. — Lieux où cette servitude s'exerce.

L'intérêt de la sûreté publique, et aussi les bonnes mœurs, exigent que, là où se rencontrent un grand nombre d'habitations agglomérées, les héritages soient séparés autrement que par une ligne idéale, ou même par une haie, un fossé, et tout autre intermédiaire insuffisant contre l'invasion ou les indiscrétions des voisins. L'art. 663 du code a établi au profit de certains propriétaires la clôture forcée, en ce sens que le voisin ne peut se soustraire au paiement des frais de construction de la clôture, à moins de faire abandon de la moitié du terrain sur lequel le mur sera assis, et de son droit de mitoyenneté (1).

Mais dès qu'il s'agit d'une servitude, on doit la restreindre dans des limites précises, et se garder d'en aggraver les charges. Le législateur n'a entendu l'imposer qu'aux villes et faubourgs; recherchons donc quels sont dans le Finistère les lieux qui doivent être considérés comme *villes*; nous examinerons ensuite la valeur du mot *faubourg*.

(1) L'art. 663 est d'ordre public, en ce sens que la volonté de se clore ne peut être entravée par un voisin au préjudice de l'autre voisin, mais non en ce sens que chaque citadin puisse obliger son voisin à contribuer à des frais qui pourraient lui être très-onéreux. L'art. 656 régit souverainement la matière : il faut contribuer, ou renoncer à la mitoyenneté et au terrain à prendre pour le mur, dès que l'un des voisins l'exige; telle est aujourd'hui la jurisprudence sur cette question controversée. Voy. l'arrêt si bien motivé de la cour d'Angers, du 12 mars 1817; Rép. du journal du palais, Verbo, *abandon de mitoyenneté*; arr. de la c. de Rouen du 24 f. 1811. — La signification des mots *villes* et *bourgs*, en matière de sépultures, avait donné lieu à quelques doutes : les uns pensaient que l'administration pouvait exiger que les cimetières fussent partout en dehors des villes et bourgs; les autres interprétaient le décret du 23 prairial an XII en ce sens, qu'il ne devait provisoirement être appliqué qu'aux communes qui sont ou peuvent être fermées par des portes ou par des barrières, et non aux petites communes rurales. Ce dernier avis prévalut, ainsi qu'on le voit dans la circulaire de Portalis l'ancien, du 14 août 1804. Voyez la circulaire du préfet du 30 avril 1832. — Chaptal tenta d'interdire les plantations dans les cimetières; mais on a néanmoins planté, et l'on s'en trouve bien.

On comprend qu'en l'absence de documents officiels, il appartient aux tribunaux d'apprécier si telle ou telle localité constitue une ville ou un simple bourg. Néanmoins, à l'aide des renseignements que nous avons recueillis, prenant pour base le chiffre des populations agglomérées, et l'opinion commune, nous sommes autorisé à classer comme villes :

Population agglomérée.		Population agglomérée.	
Brest........	35,163	Lesnéven......	2,734
Morlaix......	9,981	Pont-Labbé....	2,641
Quimper......	9,639	Lambézellec....	2,165
Landerneau....	4,099	Concarneau....	2,024
Quimperlé....	3,981	Carhaix......	1,827
Douarnenez....	3,952	Châteaulin....	1,523
St-Pol-de-Léon...	3,019		

Dans le mémoire que nous avions soumis à la Société d'Émulation, nous avions compris au nombre des villes Le Faou, Pont-Croix, Roscoff et Landivisiau. C'était une erreur, et nous nous empressons de la rectifier ; en ajoutant Lambézellec, nous déférons à des observations dont nous reconnaissons la justesse.

Ce classement peut être adopté comme le plus rationnel, aux termes d'un arrêt de la cour de Rennes du 9 mars 1820, duquel il résulte que, dans ces circonstances, on doit surtout prendre en considération la population agglomérée et l'existence d'établissements publics, réunis *pour l'harmonie de l'association générale et des besoins civils et commerciaux.* Or les treize localités ci-dessus remplissent incontestablement la double condition à laquelle la Cour attache la signification du mot *ville.* On pourrait même dire que Pont-Croix, par exemple (M. Quernest dans ses *Usages d'Ille-et-Vilaine,* p. 17, soumet à la clôture forcée des localités qui ont moins de 600 habitants formant la population agglomérée ; — cette appréciation est, suivant nous, trop rigoureuse ; et nous nous sommes arrêté au chiffre des 1523 habitants de Châteaulin, comme *minimum*), et quelques autres lieux, auraient, soit par leur importance, soit à raison de leur ancienneté, soit en vertu de l'opinion commune, des droits sérieux à la qualification de *villes*; mais en cette matière, il vaut mieux rester en deçà que d'aller au delà de la réalité ; nous ne voyons pas, en effet, en quoi l'amour-propre local serait intéressé à décorer un bourg d'une dénomination qui imposerait aux habitants une servitude nouvelle, et parfois très incommode.

Du reste, comme il n'est pas toujours aisé de reconnaître quand une communauté d'habitants est une ville ou un simple village (1), on sent qu'il ne peut exister sur ce point de règles absolues; et tant que l'autorité administrative n'aura pas jugé convenable de pourvoir à cette lacune, les tribunaux prononceront suivant leurs connaissances particulières (Cass., 10 mars 1829), sans être tenus d'ordonner la représentation d'un acte administratif attribuant la qualification de ville à la commune où a lieu le procès (ainsi que l'enseignent MM. Pardessus, n° 147, et Solon, n° 215). On sait avec quelle facilité la dénomination de *ville* se glisse dans les actes publics, administratifs ou judiciaires. Les tribunaux ne peuvent être liés, en pareille matière, que par des réglements spéciaux. Or, il n'en existe malheureusement aucun dans le Finistère.

La loi, en étendant aux faubourgs des villes la servitude de clôture forcée, ne dit pas ce que c'est qu'un *faubourg*. Suivant M. Fons (2), qui adopte avec raison la définition de la loi romaine, on appelle faubourg une agglomération de maisons en dehors et à très-peu de distance de l'enceinte de ce qu'on appelle la ville, et qui sont plus ou moins rangées : *continentia urbis ædificia*. La ville est ordinairement séparée des faubourgs par un chemin, par une allée, par un port, par une rivière, par un

_____

(1) En matière de testaments notariés, la distinction des *villes* et *campagnes* est de la plus haute importance. Sans examiner à fond ce point étranger à l'objet de nos recherches, nous dirons que les notaires ne doivent, en général, considérer comme *campagnes* que les petits bourgs, où il n'y a ni bureau de poste, ni justice de paix, ni brigade de gendarmerie, enfin aucune facilité pour trouver des témoins. Cass., 10 juin 1817, 10 mars 1829.

(2) *Usages de la Haute-Garonne*, p. 123. Voyez aussi Clausadé, *Usages du Tarn*, p. 63 ; et Pardessus, n° 148.

ruisseau ; et les maisons des faubourgs sont auprès de la ville,
et y tiennent par les bâtiments, cours ou jardins ; car s'il n'y a
plus contiguïté, il n'y a plus de faubourgs. Mais comment re-
connaîtra-t-on précisément le point où finissent les faubourgs
d'une ville comme Quimperlé, par exemple, qui a une partie
de son territoire occupée par des propriétés purement rurales,
ou des maisons isolées, destinées à la simple exploitation, sans
tenir aux habitations agglomérées ? Quelques personnes prétendent que les faubourgs s'étendent jusqu'aux limites des oc-
trois : c'est une erreur, car on sait qu'à tort ou à raison beaucoup de communes font peser leur octroi sur toute la commune ;
et d'ailleurs les points intermédiaires, c'est-à-dire tout ce qui
est en deçà des lignes fictives qui relient les poteaux, ne pourraient, sans une fausse interprétation, être assimilés aux faubourgs et astreints à la clôture. D'autres, rejetant ces distinctions un peu subtiles, soutiennent que les terrains attenant aux
maisons des faubourgs ne sont soumis à la clôture obligée que
lorsqu'ils sont en état de cour, ou de jardin. Nous pensons que,
dans ces sortes de discussions, les magistrats ne peuvent se dispenser de consulter les plans, cadastres, et autres documents
administratifs, et que ces renseignements suffiront le plus souvent pour trancher la difficulté. Mieux vaudrait néanmoins un
réglement du préfet, ou l'établissement de poteaux indicatifs
des limites des faubourgs ; les lignes intermédiaires seraient
ensuite figurées sur le plan terrier.

Quoiqu'il en soit, et malgré les mots : *maisons, cours et
jardins,* qui semblent affranchir de la servitude les autres terrains, même en ville, il ne faudrait pas croire qu'un citadin
séparé de son voisin par un passage, par une issue, ou autre
terrain ouvert, pût se soustraire à la clôture forcée. L'art. 663
embrasse tout ce qui est une dépendance intime de l'habitation ;
car il a voulu pourvoir à la sûreté commune, et garantir les citadins des inconvénients qu'entraînent un voisinage immédiat,
et la trop grande facilité des communications. Mais il en serait
autrement, s'il s'agissait d'un verger, d'une prairie, ou autre

terrain un peu étendu, non cultivé en jardin. Ainsi l'ont décidé les cours souveraines, et le savant Toullier (1).

§ 2. — MODE ET HAUTEUR DES CLÔTURES.

La loi ne prescrivant rien quant aux matériaux des clôtures, au mode de construction, à leur épaisseur et à la profondeur des fondations, a par là même entendu renvoyer aux coutumes locales et aux règles de l'art. L'art. 663 du moins indique le genre de construction dont le législateur a voulu parler : le mot mur exclut tout équivoque. Dans les villes, où les habitations sont si rapprochées, il était nécessaire que, pour vaincre le mauvais vouloir d'un voisin, tout propriétaire pût le forcer à contribuer à la dépense de la clôture commune, ou du moins à perdre une portion de son terrain ; sans cela, un voisin eût pu se ménager tous les profits d'une dépense qu'il aurait rendue nécessaire à force de tracasseries. Or, pour intercepter toute communication, pour que les épanchements de la famille et de l'amitié soient à l'abri des indiscrétions, il était juste que la loi donnât aux habitants des villes la faculté de faire en sorte *que leur vie privée fût murée.* Nous estimons donc qu'à moins d'un usage unanime et précis, autorisant un autre genre de clôture, la servitude prévue par l'art. 663 entraîne l'obligation de construire un mur (2).

(1) Cass., 27 novembre 1827, 11 mai 1828 ; Rennes, 7 décembre 1835 ; Limoges, 26 mai 1838 ; Toullier, t. 3, n° 165 ; Amiens, 15 août 1838 ; J. P., p. 577 du t. 1er de 1839.

(2) Les *pisés* et *paillebarts,* en usage dans quelques contrées, sont de véritables murs dans le sens légal. Quant aux *carrelis* qui sont *quelquefois* employés à Rennes, nous ne croyons pas qu'ils remplissent le vœu de la loi ; ce sont des planches fixées à des poteaux et traverses en bois. Il est vrai que M. Toullier est d'un avis contraire. Mais il est évident que le texte de la loi et son esprit répugnent à cette doctrine, même à Rennes où les carrelis ne sont pas en grand nombre, sinon dans les jardins des faubourgs. On nous a aussi opposé un arrêt que nous ne connaissons point, mais qui aurait précisément consacré notre opinion, en jugeant qu'il appartient aux tribunaux de décider si le mode de clôture porte atteinte au droit du voisin. Un *carrelis* ne renferme point chacun dans sa demeure. — Une question assez controversée est celle de savoir si le pavage des rues *non grandes routes* doit être mis à la charge des propriétaires des maisons qui les bordent. Si l'on consulte l'art. 4 de la loi du 11 frimaire an VII, l'avis du conseil d'État du 25 mars 1807, et l'ordonnance du 10 mars 1821, on voit que la solution dépend des usages des lieux. A Quimperlé, les ha-

Or, dans le Finistère, nous ne connaissons d'autres murs que ceux en pierre, construits avec du mortier d'argile, sauf le chaperon qui est fait à chaux et à sable, et ordinairement terminé par un double filet ou larmier, pour jeter l'eau hors du parement du mur, lequel est enfin rejointoyé avec chaux et sable.

L'épaisseur habituelle des murs séparatifs est de 50 à 60 centimètres, et suffit pour nos murs construits en moëllon.

Les fondations doivent être poussées assez bas pour que la terre ne soit plus meuble, et que la construction offre toute garantie de solidité, de l'avis des gens de l'art. Quant à la hauteur, comme il n'existe, sur ce point, aucun réglement dans les villes du département, l'article 663 est la règle à suivre, et les clôtures ne peuvent avoir moins de 26 décimètres, ou plutôt 8 pieds, équivalant à 2 mètres 667 millimètres. C'est, au reste, la hauteur le plus généralement adoptée dans tous les cantons, même à la campagne, sauf à Morlaix.

Dans cette ville, en effet, il existe un usage d'autant plus constant, qu'il trouve sa raison dans la situation même des lieux. On y remarque un grand nombre de jardins en amphithéâtre; sur le même coteau, il s'en trouve parfois trois et quatre superposés, ou plutôt occupant le coteau du haut jusqu'au bas.. Or, si le propriétaire de la terrasse la plus élevée était obligé de donner à son mur une hauteur de 26 décimètres, — alors même que le propriétaire inférieur contribuerait pour moitié aux frais de clôture, — le jardin ainsi clos perdrait une partie de sa valeur, et son principal agrément. De là vient la coutume de restreindre à 1 mètre la hauteur des murs qui séparent chacun des compartiments à surface plane dont se composent ces jardins. Cette clôture est moins un mur de séparation qu'une sorte de parapet, appartenant presque toujours au propriétaire du terrain élevé,

---

bitants sont astreints à l'entretien du pavage, *chacun en droit soi*, jusqu'au ruisseau : le pavage du milieu est à la charge de la commune ou de l'administration des ponts et chaussées, suivant les cas, Nous ne pouvons rien affirmer pour les autres villes du Finistère. L'art. 39 de la loi du 18 juillet 1837 étant muet à cet égard, l'usage est encore la seule règle à suivre aujourd'hui pour cette servitude urbaine qui offre de l'analogie avec celle de l'art. 663.

qui en jouit exclusivement, y établit des sièges, des tonnelles, etc. Ce n'est point là une clôture forcée, puisque le voisin inférieur ne contribue point aux frais, et ne se réserve aucun droit à la mitoyenneté. L'intérêt commun a modifié l'application de l'article 663 ; ou, pour parler plus juste, l'usage, auquel renvoie aussi cet article, autorise à Morlaix cette dérogation aux règles communes. Mais les articles 675 et suivants du Code civil n'en conservent pas moins tout leur empire ; l'usage ne règle ici que la hauteur de la clôture. Ainsi encore, dans le cas qui nous occupe, les clôtures à droite et à gauche de ces jardins en terrasses sont régies par le droit commun, et ne pourraient avoir moins de 26 décimètres de hauteur, sauf convention contraire.

La hauteur des clôtures, entre habitants des villes, doit être comptée à partir du niveau du sol le plus élevé, lorsque les deux héritages ne sont pas sur le même plan. On présume, en effet, que le mur retenant les terres de l'héritage supérieur appartient à celui auquel profite exclusivement ce mur ; le voisin ne peut être contraint de supporter la charge de tout ou partie de la construction ou de l'entretien du mur de soutènement. Aussi la Cour de Rennes a-t-elle jugé, le 26 juillet 1841, que le propriétaire du fonds inférieur peut s'opposer à l'établissement de *barbacanes* ou autres voies d'écoulement dans le mur de soutènement, même lorsqu'il s'agit d'un mur mitoyen ; à plus forte raison, ajouterons-nous, quand le mur est une dépendance intime du fonds supérieur, le voisin sera bien fondé à s'affranchir des servitudes qu'on voudrait lui imposer arbitrairement.

Avant l'émission du Code civil, on suivait dans toute la Bretagne l'article 16 de l'usance de Nantes, qui exigeait sept pieds et demi de hauteur hors de terre pour les murs séparatifs, en ville et dans les faubourgs. Mais aujourd'hui cette ancienne prescription est remplacée presque partout par l'observation de la disposition finale de l'article 663 du Code civil. On peut consulter, à cet égard, les recueils de MM. Quernest, Guimart, Aulanier et Habasque.

CHAPITRE VI.

DES CLOTURES VOLONTAIRES.

(*Murs*, *Fossés*, *Douves*, *Turons et Haies*).

---

§ 1er. — DIMENSIONS DES CLÔTURES.

Outre les clôtures forcées qui font l'objet du chapitre 5, il en est qui sont purement volontaires : en ville, on se clôt par des murs ou par des haies ; à la campagne, on ne connaît guère que les fossés et douves, les talus en pierre, et parfois les haies vives. Il importe de fixer le sens de ces diverses dénominations.

Le mot *mur* ne s'applique, dans le langage usuel, qu'aux clôtures en maçonnerie construites à chaux et sable, ou seulement avec de l'argile. Les *talus* sont des muretins en pierres sèches ; on donne le même nom aux contreforts en pierres destinés à consolider les fossés. A Ouessant, la seule clôture connue est un petit talus qui s'élève rarement à plus d'un mètre.

Par l'expression *fossés*, on entend chez nous les clôtures en terre, ou dont les parements seuls sont en pierre. Les *turons* sont une autre espèce de clôture qui ne diffère des fossés que par les dimensions, et qui est toujours en terre.

Le mot *douve* indique vulgairement le creux pratiqué au pied du *fossé* : dans le Léon, on donne aussi à ce creux le nom de *fosse*. C'est, en un mot, l'endroit d'où l'on extrait les terres pour l'édification du fossé, ou pour le réparer.

Les *haies* sont un genre de clôture consistant en deux ou trois rangs d'épines, saules ou autres arbustes, plantés symétriquement. Ce sont là les haies vives, par opposition aux haies sèches formées de branchages ou bois piquants entrelacés (V. ci-dessous, au chapitre 8).

On le voit déjà, notre usage attribue au mot *fossé* un sens diamétralement opposé au sens légal ; car nous donnons le nom de douves à cette partie de la clôture que le Code civil (art. 666 à 669) nomme fossé; et nous appelons fossé ce que le législateur nomme la *levée* ou *rejet* de la terre.

Dans un recueil d'usages locaux, on doit principalement s'attacher à parler un langage clair et à la portée de tous les lecteurs; nous emploierons donc les mots *douve* et *fossé* dans leur acceptation locale et ordinaire.

Quelles sont habituellement, dans le Finistère, les dimensions des clôtures?

En ce qui touche les murs en pierre, la hauteur varie, nous l'avons déjà dit; l'épaisseur est le plus souvent de 50 centimètres. Sauf dans les villes, il serait fort indifférent de constater ici l'usage de tel ou tel lieu.

Il n'en est pas ainsi pour les autres modes de clôture: en effet, qui ne sent combien il importe de déterminer les caractères précis de la ligne séparative des héritages? Combien de propriétés ne sont-elles pas dépourvues de bornes? et alors même qu'un bornage régulier aura délimité les parcelles, le déplacement des bornes, ou leur disparition, ne peut-il pas jeter de la confusion sur les limites exactes d'un champ? D'un autre côté, les contestations multipliées qui s'élèvent, soit entre voisins, soit entre bailleurs et fermiers, au sujet des réparations, de l'entretien, de la reconstruction des clôtures et de leur mitoyenneté, n'offriraient-elles pas au magistrat des difficultés inextricables, s'il ne lui était pas permis de consulter l'usage de la contrée, ou s'il l'ignorait absolument? Il suffit de lire les articles 653 et suivants du Code civil, et d'interroger les principes du bail à ferme, pour reconnaître que le législateur n'a point entendu enlever au juge le seul moyen qui lui reste, dans bien des cas, à défaut de titres, pour éclairer sa religion.

Dans l'arrondissement de Brest, tout fossé doit avoir un mètre 66 centimètres de hauteur, 2 mètres de largeur à la base, 1 mètre au sommet.

Dans l'arrondissement de Morlaix, la hauteur est moindre, et varie de 1 mètre à 1 mètre 50 centimètres; même largeur.

Dans les arrondissements de Quimper et Quimperlé, mêmes dimensions qu'à Brest (1).

Dans l'arrondissement de Châteaulin, les fossés ont aussi 2 mètres d'épaisseur à la base, 1 mètre au sommet, et un mètre 66 de hauteur, sauf à Châteaulin où la hauteur va jusqu'à 2 mètres, et à Crozon où elle dépasse rarement 1 mètre.

Les talus en pierres n'ont aucune dimension fixe ; quant aux revêtements en pierre servant de rempart aux fossés, ils ne modifient en rien la hauteur et l'épaisseur normales de la clôture en terre, dont ils sont un accessoire.

Un premier point sur lequel il y a, croyons-nous, unanimité dans les 43 cantons, c'est celui relatif à la profondeur des douves, qui doit être égale à leur ouverture. Les douves ou fossés, dans l'arrondissement de Brest, ont 50 centimètres de largeur à l'ouverture. Néanmoins, dans le canton de Saint-Renan, on assure que l'ancien usage donnait 83 centimètres d'ouverture aux fossés, et comme preuve de cette tradition, on cite les nombreuses plantations d'arbres séculaires, existant encore, à la distance de 66 à 83 centimètres des fossés appartenant exclusivement à celui qui a planté. Mais il serait plus logique de voir là un exemple, parmi tant d'autres, de l'excessive tolérance entre voisins. Du reste, la jurisprudence du tribunal de Brest s'est prononcée, nous assure-t-on, pour la largeur de 50 centimètres, en se fondant sur l'usage, et aussi sur cette considération que, la valeur territoriale ayant au moins triplé depuis 40 ans, sur le littoral particulièrement, il est juste de restreindre les anciennes dimensions des fossés, et de s'en tenir aux nouvelles pratiques, qui se sont insensiblement étendues du littoral à la zone du centre, à mesure que la culture s'est perfectionnée par suite du morcellement.

A Lesneven et à Lannilis, on révoque en doute l'existence

(1) Toutefois, dans les cantons de Scaër et Bannalec, les fossés atteignent quelquefois 2 m. de hauteur. — Aux termes de la circulaire du préfet du 5 octobre 1838, les clôtures à édifier le long des chemins vicinaux doivent avoir en moyenne 2 m. à la base, 1 au sommet, et 1 m. 50 de hauteur.

même des douves. C'est là une erreur d'autant plus pal-
pable, que (l'on en convient) le propriétaire d'un fossé a le droit
de prendre mottes et terres pour la réparation de sa clôture, sur
une largeur de 50 centimètres au-delà du fossé ; *qui a fossé a*
douve, disaient nos vieux Coutumiers. En Bretagne, plus encore
que dans les autres provinces, cette maxime a toujours été
reçue ; et, d'ailleurs, n'a-t-elle pas passé réellement dans nos
codes modernes (art. 668, C. civ.) à titre de présomption
légale (1) ? Tenons donc pour certain que la fosse est l'annexe
naturelle et presque nécessaire du fossé.

Nous savons aussi qu'il n'y a pas unanimité, dans l'arrondissement de Brest, quant à la largeur des douves ; que, par
exemple, à Ploudalmézeau, on n'attribue que 33 cent. d'ouverture aux douves des fossés avec revêtement en pierre ; qu'à
Daoulas, à Ploudiry et à Landerneau, cette dimension est,
suivant quelques personnes, la seule normale pour tous les
fossés. Mais nous ne saurions voir dans ces opinions isolées l'expression d'une coutume bien constante, et nous adoptons la

(1) Arrêts de la cour de Rennes des 20 avril 1814, 20 mai 1820 et 11 août
1821, desquels il résulte que cette présomption ne peut être combattue que par
un titre précis ou par une possession contraire bien caractérisée. Nous admettons avec M. Cavan (*Usages de l'arrondissement de Lannion*, p. 13 et 15) que
partout, hors des villes et faubourgs, la douve existe réellement, lors même
que le creux a disparu par le fait du voisin qui l'aurait comblé dans son intérêt. C'est à tort, suivant nous, que dans leur seconde édition, p. 67 et 272,
MM. Aulanier et Habasque adoptent un avis différent. Nous connaissions les deux
arrêts cités par ces auteurs, et nous y voyons seulement que, dans l'espèce, le sieur
Varin du Colombier soutint d'abord que non-seulement la douve, mais le
fossé lui-même, avaient été usurpés par le sieur Chaton des Morandais; dès-lors,
il n'y avait qu'à apprécier la possession de ce dernier ; et comme il ne fit pas
la preuve, par lui offerte, *qu'il avait le droit d'établir une douve*, ou au moins
qu'elle eût anciennement existé, la cour de cassation dut rejeter son pourvoi.
Mais elle n'eût pu ériger en principe la *nécessité*, *pour le propriétaire d'un fossé*,
de prouver son droit de douve, à moins que le voisin n'eût invoqué une possession contraire. En lisant avec attention l'arrêt du 16 mars 1831 (J. P., 1831,
1,548), on reconnaît que tout se réduisait à caractériser la possession, et il n'y
a réellement point là une condamnation de la maxime si expressément consacrée par nos usages : *qui a fossé, a douve*. Nous conviendrions seulement que la
présomption est bien moins forte, quand il s'agit d'un fossé dont le parement
extérieur est en pierres, parce que les réparations peuvent plus aisément se
faire alors sans prendre des terres et des gazons du côté du voisin.

largeur de 50 cent. comme la seule réellement reconnue par la majorité des cultivateurs de l'arrondissement de Brest.

Dans les 4 autres, il y a lieu de distinguer :

Dans celui de Morlaix, la largeur ordinaire de la douve est de 42 à 66 cent., suivant la hauteur du fossé. Ainsi, à Plouzévédé, à St-Pol-de-Léon et à Landivisiau, c'est 42 cent., tandis qu'à Plouigneau, on la porte à 66 cent. Mais il est juste d'observer qu'en général, dans les autres cantons et même dans quelques communes des cantons ci-dessus, on s'en tient à 50 cent.; c'est en effet la moyenne entre 42 et 66 cent. A Quimper, à Fouesnant, à Pont-Labbé, à Concarneau, à Douarnénez, à Briec, la largeur des douves est de 83 cent. Cependant, dans ce dernier canton, on prétend que c'est 1 mètre, dimension que nous considérons comme exagérée et non parfaitement justifiée.

A Rosporden, la largeur est positivement fixée à 1 mètre; il en est ainsi à Pont-Croix. Enfin à Plougastel-St-Germain, c'est 50 cent. dans les terres chaudes, 1 mètre dans les terres froides (prairies et landes). A Châteaulin, à Crozon (1), à Carhaix, à Châteauneuf, à Huelgoat, à Pont-Aven, à Bannalec, à Scaër, à Arzanno et à Quimperlé, la largeur des douves est fixée à 83 cent., sous les exceptions suivantes :

A Châteaulin, c'est 1 mètre dans les landes, 83 cent. dans les autres terres; au Huelgoat et à Châteauneuf, 33 cent. seulement dans les prairies; dans toute autre terre, 83 cent.

Dans le canton d'Arzanno, à Arzanno et à Guilligomarc'h, on donne aux douves des landes 83 cent.; dans les autres terres, 66 cent. seulement. A Rédéné, toute douve a 83 cent. de largeur.

A Scaër, on donne 1 mètre aux douves; mais cette dimension n'est admise que dans la commune chef-lieu du canton; à Querrien et à St-Thurien, on se borne à 83 cent.

(1) Il est vrai que dans la commune chef-lieu du canton, une opinion assez commune accorde 1 mètre de largeur pour les douves. Mais il y a lieu de penser que c'est là une erreur et que l'usage n'exige que 83 centimètres à Crozon comme dans les autres communes de ce canton.

Enfin, à Pleyben, les douves n'ont que 50 cent.; au Faou, 66 cent., en toute espèce de terres.

Telles sont dans le Finistère, les coutumes relatives à la largeur des douves : elles ont une grande importance; car si le code a réglé la propriété des clôtures (art. 666, 667), son silence à l'égard de la largeur et de la profondeur des douves prouve que le législateur a voulu maintenir en ce point l'autorité des usages locaux.

Le fossé est plutôt un signe de délimitation que la délimitation elle-même, qui, à défaut de bornage, consiste principalement dans la douve; car, lorsque celle-ci n'est plus reconnaissable (comme il arrive souvent dans les cantons où les clôtures sont négligées dans l'intérêt des récoltes en blé), comment pourrait-on déterminer la ligne séparative des héritages, si l'on ne connaissait préalablement les dimensions usuelles des douves? Si le fossé excède les dimensions normales, la douve sera nécessairement plus large et plus profonde; et la possession trentenaire sera, pour le propriétaire du fossé, un titre suffisant d'acquisition d'une douve proportionnée au fossé. En un mot, le droit au fossé emporte virtuellement le droit au terrain qui en a fourni les matériaux; car si l'espace creusé n'eût pas appartenu au constructeur du fossé, il n'en eût pu prendre et retenir la terre, ni un autre l'en charger (1). La ligne divisoire doit donc être prise au bord extérieur de la douve, et non ailleurs; et pour arriver à ce résultat, les règles ci-dessus seront consultées avec fruit : quelque peu uniformes qu'elles soient, quoique nous ayons à regretter que le législateur n'ait pas lui-même prescrit les dimensions des clôtures, il nous reste du moins l'usage pour guider nos pas dans cette difficile recherche des limites précises de la propriété.

Nous ne donnerions pas une idée complète de la construction des clôtures rurales, si nous omettions de parler des précautions

(1) Voy. à ce sujet *grande coutume*, notes sur l'art. 393; Duparc-Poulain, t. 8, p. 30; Desgodets, sur la coutume de Paris, etc. Voyez aussi la note à la page 107 ci-dessus.

à prendre pour empêcher l'éboulement des terres du voisin. On comprend qu'en creusant sa douve verticalement, le propriétaire du fossé se ménagerait un moyen facile d'usurper insensiblement le terrain d'autrui; au contraire, le voisin n'a aucun juste motif de se plaindre d'un travail qui n'attente pas à ses droits. De là découle l'obligation imposée à tout propriétaire d'une douve, de la creuser suivant les règles de l'art, c'est-à-dire, en laissant du côté du voisin un glacis suffisant pour prévenir les éboulements. Dans les terrains solides, la pente peut être réduite à 30 degrés sans inconvénient; dans un sol léger et friable, elle doit être de 45 degrés. Nos cultivateurs ne calculent pas de cette manière, mais ils savent fort bien arrêter, et au besoin indiquer au juge ou à l'expert les travaux dommageables et les anticipations (1).

Quant aux turons, habituellement en terre, et que les experts désignent souvent sous le nom de *demi-fossés*, c'est un genre de clôture moins communément employé, et dont la hauteur moyenne est de 1 mètre, la largeur de 80 à 90 centimètres. Les turons n'ont point de douve, du moins du côté du voisin; lorsqu'ils sont garnis d'arbustes piquants, et soigneusement entretenus, ils peuvent encore défendre utilement les terres contre les incursions des bestiaux. Mais la plupart des turons ne sont que d'anciens fossés dont on a négligé l'entretien et les réparations, et sur lesquels végètent misérablement quelques ajoncs rabougris. C'est ainsi que, dans plusieurs lieux, les cultivateurs perdent insensiblement le droit à la douve; car le non usage pendant 30 ans suffit pour faire perdre la propriété de la douve, et le voisin s'en rend propriétaire par le seul fait d'une possession trentenaire, exclusive et non équivoque. Le fossé, au con-

(1) Du reste, les auteurs et la jurisprudence sont d'accord pour décider que les anticipations imperceptibles que fait un voisin sur l'héritage de l'autre ne peuvent servir de base à la prescription; C. de Paris, 30 novembre 1813; 28 février 1821 : ce sont là des actes clandestins, et qui méritent d'autant moins de faveur, qu'ils sont la source principale des contestations relatives aux propriétés rurales (circ. du min. de l'agriculture, du 4 sept. 1835), et qu'ils sont très-difficiles à apercevoir, à moins d'usurpations un peu considérables. V. Vaudoré, t. 2, p. 189.

traire, tant qu'il conserve les caractères requis par l'usage, est un obstacle permanent à la prescription du droit de douve, un rempart infranchissable et la sauvegarde de la propriété.

Les haies vives n'ont pas ordinairement de douves ; mais nous aurons occasion de voir néanmoins que la propriété d'une haie entraîne la propriété d'un espace de terre du côté du voisin. Du reste, cette espèce de clôture est peu commune dans nos contrées. — Les haies sèches sont des clôtures provisoires et peu usitées, dont nous n'avons point à nous occuper.

Il va sans dire que les talus en pierres sèches sont toujours réputés construits sur les limites des héritages.

§ 2. — *Francs-bords.*

La plupart des auteurs qui ont traité les questions relatives aux clôtures entre voisins ont pensé que nul ne pouvait édifier un fossé et creuser une douve, sans laisser un espace libre au-delà de la douve près du voisin. C'est ainsi qu'en Normandie, on suit encore l'article 13 de l'arrêt de réglement du parlement de Rouen, du 17 août 1851, d'après lequel l'espace à laisser est de 50 centimètres ; c'est ce qu'on appelle *la répare.* Vaudoré, dans son *Droit rural,* t. 1, p. 69 et suivantes, cite plusieurs coutumes prescrivant, soit 50, soit 33 centimètres de distance, et conclut en adoptant ce dernier chiffre comme consacré par l'usage le plus général. M. Clausade, dans son recueil des *Usages du Tarn,* p. 154 ; M. Solon, dans son *Traité des servitudes* n° 267, pensent que la distance de 50 centimètres est obligatoire, par argument de l'article 671 du Code civil, et pourtant ils citent à l'appui de leur opinion un arrêt de la Cour de Dijon, du 22 juillet 1836, qui a limité la distance à 33 centimètres. — Dans la Loire-Inférieure, le franc-bord n'est usité que dans 3 cantons, où il est encore réduit à 17 centimètres, ainsi que nous l'apprend M. Neveu Derotrie, dans son *Commentaire,* page 568. C'est aussi à ce chiffre que s'arrête M. Quernest, dans son *Recueil des usages d'Ille-et-Vilaine,* p. 28, ajoutant que cette coutume n'est en vigueur que dans deux arrondissements. MM. Aulanier, Habasque et Guimart, dans leurs *Études sur les usages des Côtes-du-Nord*, admettent aussi le *franc-bord*, qui serait compris pour 17 centimètres dans les 83 centimètres de douve.

Suivant nous, l'article 671 du code ne peut être invoqué, même par analogie, dans le cas qui nous occupe ; mais les auteurs s'appuient principalement sur un motif d'équité parfaitement résumé dans l'arrêt sus-mentionné, à savoir que nul ne peut user de sa chose en causant du préjudice à autrui ; principe dont l'admission ne nous semble pas comporter en tous lieux les conséquences qu'on en déduit. En effet, si dans la Bourgogne et en Normandie, par exemple, les héritages sont séparés par des fosses larges et profondes, de manière que la fosse soit la clôture principale et la levée de terre une annexe insignifiante, on comprend qu'alors le propriétaire du creux ne puisse en user, le fréquenter, le réparer, sans nuire au voisin, à moins d'établir une berge, un franc-bord. Mais cet espace que l'usage prescrit dans quelques contrées, comme une sorte de nécessité indispensable, est-il réellement utile, et commandé par l'usage de notre pays ? N'est-il pas évident, au contraire, que chez nous la douve, simple accessoire du fossé, la douve avec ses proportions restreintes, ne peut être pour le voisin la cause d'aucun dommage, du moment qu'au lieu d'être creusée à pic elle a du côté du voisin un glacis suffisamment incliné ? Le franc-bord n'y serait donc d'aucune utilité, disons mieux, il serait une source de discussions perpétuelles entre voisins : voilà pourquoi les usages du Finistère n'imposent point l'obligation de ménager une berge sans objet ; le propriétaire de la douve peut la fréquenter sans attenter au droit du voisin, et celui-ci a le droit exclusif de labourer son fonds jusqu'à la ligne divisoire, qui n'est autre que la partie supérieure du glacis de la douve.

Telle est la pratique bien constante dans tout le département. Il est vrai que dans le canton, ou du moins dans la commune de Crozon, on prétend que les clôtures rurales se composent d'abord de fossés avec leurs douves, puis encore d'une berge de

16 centimètres ; mais c'est là une coutume isolée, et même, si nos informations sont exactes, il nous est permis de douter qu'elle soit bien constante et acceptée par les cultivateurs. Ainsi, nous considérons les douves comme les véritables confins des héritages, jusqu'à preuve du contraire. Nous savons que, dans beaucoup de cantons, on ménage au pied du fossé un socle, contrefort, *sichen* ou retranchement de 10 à 16 centimètres, afin de consolider l'édifice en terre ; cette assise ne peut être confondue avec les franc-bords ; ceux-ci, en effet, seraient en dehors de la douve, tandis que la *sichen* est en dedans ; elle peut réduire de quelques centimètres la largeur réelle de la douve, sans influer aucunement sur l'étendue du droit du propriétaire du fossé. Du reste, cette particularité ne se remarque guère que sur les fossés neufs ; car, à mesure que l'on répare, les gazons et terres ont bientôt détruit les *sichen*, en nivelant les parements des fossés.

§ 3. — MITOYENNETÉ DES MURS.

Les articles 653 et 654 du Code civil donnent, à la vérité, quelques indications sur la question de mitoyenneté ou de non mitoyenneté des murs séparatifs ; mais ils ne sont point limitatifs, et l'on se tromperait grandement, si l'on se bornait à appliquer la lettre de la loi aux difficultés de ce genre. D'ailleurs, ces mots : *s'il n'y a marque du contraire*, prouvent bien que le législateur n'a pas entendu poser une règle absolue. Ici donc encore, les usages suppléent au silence de la loi, et leur connaissance est souvent indispensable.

On suit encore dans le Finistère les articles 2 de l'usance de Rennes, 6 et 7 des usances de Nantes.

Dans l'usage, on considère un mur comme mitoyen :

1° Quand, à ses angles, il est lié aux murs du voisin par des pierres incorporées à ces murs ;

2° Quand il y a des *orbes* des deux côtés, alors même qu'aux angles il ne serait pas lié, mais seulement appuyé au mur du voisin ;

3° Quand il y a des deux côtés des filets et corbeaux de pierre (à l'un des bouts du mur, et non au milieu) ;

4° Quand d'un côté seulement il y a un orbe, et de l'autre côté liaison ou incorporation au mur voisin ;

5° Quand, d'un côté, il y a un corbeau, et de l'autre incorporation au mur voisin ;

6° Quand il y a chaperon des deux côtés, et, en outre, l'une des autres marques ci-dessus.

On considère un mur comme non mitoyen, lorsque les marques ci-dessus n'existent que d'un côté, et que l'autre n'en présente aucune. Le chaperon des deux côtés n'est point une preuve suffisante en matière de mitoyenneté, attendu que le plan incliné fait seulement tomber l'eau le long du mur, mais non au-delà. Peut-être en serait-il autrement s'il y avait un doublet au chaperon ; Loisel admet cette marque dans ses *Institutions coutumières*, l. 2, ch. 3, § 2, ainsi que les fenêtres que nous nommons *orbes;* ce sont des trous parementés, des niches quadrangulaires pratiquées dans les murs jusqu'à moitié épaisseur, ayant environ 30 centimètres sur chaque côté. Quant aux *os* ou crochets fichés dans les murs, ils ne suffiraient pas pour établir, soit la mitoyenneté, soit la non mitoyenneté ; ils prouveraient seulement le *droit d'attache*, car on n'a pu les incorporer au mur après coup et à l'insu du voisin ; en tolérant leur placement, celui-ci a consenti à supporter l'assujétissement et les inconvénients inhérents à l'exercice du droit d'attache.

A Ouessant, le principal signe indicatif de la mitoyenneté consiste dans le placement *rez-terre*, en bâtissant le mur, d'une pierre plate qui déborde de quelques centimètres de chaque côté à l'un des bouts ; il y a non mitoyenneté, quand cette pierre n'existe que d'un côté. Cette marque est aussi reconnue dans quelques autres cantons, quoiqu'elle y soit moins usitée : ainsi, à Crozon, on l'appelle *pierre de prétention ;* la pierre est parfois sous terre, et elle est censée devoir dépasser de 8 centimètres l'épaisseur de la muraille. Il suffit de lire l'arrêt de la Cour suprême, du 18 juillet 1837 (J. P. 1838, 2, 97), pour se convaincre de l'autorité de l'usage local en matière de mitoyenneté.

En résumé, les orbes, et surtout la liaison des murs à leurs points de jonction, telles sont dans l'usage, à défaut de titres, les meilleures preuves de mitoyenneté.

§ 4. — Mitoyenneté des autres clôtures.

En ce qui concerne les fossés, le plus ordinairement c'est la possession qui est le signe certain de la mitoyenneté ou de la non-mitoyenneté. Quand il y a douve des deux côtés, le fossé est réputé mitoyen : si la douve n'existe que d'un côté, le fossé et la douve sont considérés comme la propriété exclusive de celui auquel appartient l'héritage où il n'y a pas de douve, ou, suivant l'expression des anciens auteurs bretons, *la fosse est à celui vers lequel est le rejet.* S'il n'existe pas de douve, on suit le droit commun.

Les fossés des anciennes forêts sont réputés appartenir aux riverains ; car sous l'empire de l'ordonnance de 1669, dit Jousse, la douve doit être prise sur l'héritage du riverain, et les terres rejetées du côté du bois du Roi. Cette présomption pourrait également être invoquée quant aux forêts des particuliers ; mais elle serait sans force si la forêt était contiguë à un héritage déclos, le fossé étant alors établi exclusivement pour la défense du bois (cass., 20 mars 1828). — Aux termes d'une circulaire de l'administration forestière du 21 septembre 1838, qui prescrit d'établir les fossés *de chaque côté de la ligne de fond,* il semblerait que les clôtures nouvelles dussent être mitoyennes... V. le rép. du *Journal du Palais,* Vº fossé. — Chez nous, les fossés-douves séparant les prés et terres chaudes des anciennes forêts sont considérés comme la propriété des riverains, sans qu'ils puissent toutefois réclamer une douve en forêt ; car alors c'est le fossé qui forme la ligne divisoire. Notre usage, en un mot, est en tout point conforme au principe (Fournel, du *Voisinage,* t. 2, p. 116 et 117) en vertu duquel, dans le doute, le fossé est présumé appartenir à celle des deux propriétés qu'il importe de clore ; Limoges, 1er août 1839 ; J. L. 1841, 428. Enfin, nous lisons dans un arrêt de la Cour de Metz du 5 août 1851 (*G. des Trib.* du 23 septembre 1851), que les fossés exigés des riverains des forêts avaient un double objet d'utilité : rendre plus difficile l'entrée des bêtes pâturantes, et mettre un obstacle à la sortie des bois de délit.

Les fossés bordant les chemins, classés ou non, ne sont point, comme les autres, pourvus d'une douve qui leur [soit propre. Dans le doute, sauf les exceptions résultant de titres ou de possession, la douve est censée appartenir au chemin, dont elle est une dépendance (instr. du min. de l'intérieur du 7 prairial an XIII).

Quant aux talus en pierres sèches et aux fossés empierrés, leur mitoyenneté s'établit suivant les règles qui régissent les simples fossés en terre.

Les turons ne sont guère susceptibles de mitoyenneté ; ils sont censés appartenir à celui qui les crée, les plante, ou en utilise les produits d'une manière non clandestine.

Les haies vives sont trop peu nombreuses pour donner lieu à des usages bien précis.

§ 5. — Du Bornage.

Le bornage est un moyen simple et facile d'arrêter les usurpations et les contestations ayant pour objet la propriété du sol ou des clôtures entre voisins. L'action en bornage peut être intentée par celui qui a intérêt à faire exécuter cette opération. Elle a lieu conformément aux usages, qui consistent à placer à chacun des angles du terrain à délimiter une pierre longue dont une extrémité paraît au-dessus du sol, et à poser à l'autre extrémité, de chaque côté, deux morceaux d'une autre pierre brisée à cet effet, et qui prennent le nom de témoins.

Les angles des pierres bornales doivent se regarder.

Si l'une des parties ne veut pas se contenter du mode en usage, elle peut, à ses frais, faire exécuter le bornage qui lui convient le mieux.

On prend ordinairement, pour points de repère, un ruisseau, un bâtiment, un arbre, et autres objets difficiles à déplacer.

Mais il convient de signaler ici un abus assez répandu. Les experts chargés d'un bornage ne dressent par toujours procès-verbal de leur opération ; ou bien ils n'en remettent pas un double à chacune des parties, qui le plus souvent négligent d'en assurer la date par l'enregistrement. Enfin, quelques procès-verbaux ne donnent pas une description exacte des bornes, ou ne font pas connaître leurs dimensions (Toullier, t. 3, n° 171). Il serait à désirer que l'on procédât toujours avec un soin minutieux à un acte qui fixe irrévocablement les confins des héritages.

Lorsque le bornage est entravé par des prétentions contradictoires, notamment au sujet des dimensions des douves et fossés, le mode de mesurage peut, suivant les cas, occasionner ou éviter aux parties un procès dispendieux. Ainsi, pour déterminer l'étendue de terrain que comporte un fossé avec sa douve, il convient de prendre pour point de départ la ligne mitoyenne du sommet du fossé, et d'additionner la dimension usuelle de la douve et la moitié de la dimension usuelle du fossé. Tout autre mode nous paraît conjectural et sujet à erreur. V. MM. Aulanier et Habasque, p. 66.

CHAPITRE VII.

CHARGES ET ASSUJÉTISSEMENTS RÉSULTANT DU VOISINAGE.

OBSERVATION.

Outre les servitudes légales dont nous avons déjà parlé, il existe entre les voisins des relations si nombreuses, que la loi n'a pu les régler que par des formules générales, en sorte que le plus souvent c'est dans les usages locaux qu'il faut chercher la solution des contestations, et notamment de celles concernant les points dont nous allons nous occuper.

§ 1. — PASSAGES.

La servitude de passage peut être réclamée en vertu de l'art. 682 du Code civil par le propriétaire d'un héritage enclavé ; et même il lui suffit, pour obtenir passage sur le fonds d'autrui, de justifier qu'il n'a sur le sien aucune issue commode pour son exploitation, à moins de dépenses excessives. La jurisprudence se montre toujours favorable aux intérêts de l'agriculture : *Res non sunt amarè tractandœ.*

Les propriétaires d'héritages voisins d'un chemin public, classé ou non classé, sont encore grevés par l'art. 41, t. 2, de la loi du 6 octobre 1791, de la servitude de passage (à pied, ou à cheval, ou en voiture) due aux voisins et à tous ceux auxquels le chemin est nécessaire ou seulement utile. Mais il faut que le chemin soit réellement impraticable ; la charge accidentelle résultant de l'occupation des fonds riverains doit être restreinte dans les limites de la nécessité (683, 684 c. c.), quant au mode et à la durée. Le cultivateur, le fermier, sont en droit d'exiger que l'on use de la servitude de la manière la moins dommageable, et d'affranchir leurs terres, dès que la cause de la servitude a cessé.

Dans les deux cas ci-dessus, comme aussi lorsque la servitude résulte d'un titre ou de la destination du père de famille (art. 693 et 1615 du C. civ.), il peut s'élever des difficultés sur le point de savoir quelle doit être la largeur du terrain destiné au passage. Les anciens arrêts de réglement du parlement de Bretagne, le droit romain, et la jurisprudence locale, images fidèles des coutumes passées et présentes, nous apprennent qu'il faut distinguer les passages à toutes fins, ceux avec civières et bestiaux, et ceux à pied. Il est reconnu que, à défaut de convention, l'espace qui doit rester libre pour la servitude de passage est évalué :

1° à 2 m. 66 c. pour les passages à toute occurrence ;

2° à 1 m. 66 c. pour ceux avec civières et bestiaux ;

3° à 2 m. pour le desservice d'un champ avec bête de somme ;

4° à 1 m. 33 c. pour puisage, afin de permettre l'usage du cerceau ;

5° à 1 m. pour les passages à piétons (1).

Les chemins nécessaires pour les issues et communications intérieures, et pour arriver aux mares et abreuvoirs communs, ainsi qu'aux lavoirs, routoirs et pâturages communaux, en d'autres termes les chemins ruraux, doivent être entretenus aux frais des communes, à la différence des sentiers et simples chemins d'exploitation, dont les réparations sont à la charge exclusive des intéressés, comme nous le verrons plus bas. La largeur de 2 m. 66 c., suffisante pour la circulation des voitures, et les autres dimensions ci-dessus, doivent être adoptées, selon la destination du passage. En aucun cas, du reste, le propriétaire du fonds servant ne peut être privé de la faculté de poser, aux extrémités des voies charretières traversant son fonds, des barrières mobiles, ainsi que des *passerelles* ou *échaliers* pour le passage des gens à pied. Ceux qui sont fondés à user d'un passage à toutes fins ne peuvent l'exercer arbitrairement, à des heures indues, sur les héritages clos de fossés : sous peine de dommages-intérêts, ils sont tenus de fermer les claies et barrières, en un mot de ne pas aggraver les charges résultant de la servitude.

Il n'arrive que trop souvent de rencontrer dans les actes translatifs de propriété des énonciations ambiguës ou équivoques, en ce qui concerne les servitudes de passage, ou autres, grevant

(1) Arrêts des 23 août 1739, 13 septembre 1752, 8 février 1775 ; Vandoré, t. 1, p. 262, 297 et 286 ; décrets des 7 octobre et 5 novembre 1807 ; Macarel, t. 2, p. 303 ; Cavé, p. 73. *Heineccius*, dans ses *Elementa*, énumère aussi trois sortes de passages : *iter, actus, via*. Usages des Côtes-du-Nord, 2° édition, p. 105.

les immeubles. Les notaires insèrent fréquemment dans les contrats ces expressions : *La vente a été consentie, etc., avec les servitudes actives, à la charge des passives.... L'héritage est franc et quitte;* ou bien : *tel qu'il se comporte, circonstances et dépendances;* ou : *avec les passages accoutumés.* Ce sont là des locutions vagues, donnant lieu à mille discussions, qu'il est du devoir des notaires d'étouffer, encore mieux de prévenir par une rédaction nette et précise. Tout vendeur est garant des servitudes occultes grevant l'immeuble vendu, s'il n'a pris garde de s'en affranchir par le contrat. L'acquéreur, de son côté, a le plus grand intérêt à ce que tout soit spécifié dans l'acte. S'il reste quelques doutes, il appartient aux tribunaux d'apprécier le mode, l'étendue, la nécessité ou l'utilité des servitudes contestées.

Le droit à la vaine pâture sur un héritage donne évidemment la servitude de passage sur les terrains que le propriétaire du fonds dominant a besoin de traverser pour conduire ses bestiaux au pâturage. C'est en conséquence des mêmes principes, que, par un arrêt du 25 mai 1813, rapporté par Sirey, t. 14, la cour d'Amiens a considéré comme dû à titre d'enclave (art. 682 du C. civ.) le passage dont ne peut se passer le propriétaire d'un terrain qui veut exploiter par lui-même ou par un fermier une carrière qui n'est accessible qu'à travers l'héritage d'autrui.

A Rennes (suivant MM. Quernest et Cavé), quand, à raison de leur situation, plusieurs prés se desservent les uns par les autres, il est dû passage à chaque propriétaire pour la récolte de ses foins. Il en est ainsi dans le Finistère; mais, à la différence des usages d'Ile-et-Vilaine, qui fixent au 1er juillet le point de départ pour l'exercice de la servitude, nos coutumes locales, loin de limiter au temps de la fauchaison et de l'enlèvement des foins l'exercice du droit de passage, l'autorisent non-seulement pour la jouissance des secondes herbes, mais même pour tous les soins à donner aux prairies, ce qui nous semble conforme à la raison et aux intérêts agricoles. Il est juste, en effet, que chacun des propriétaires des prés enclavés puisse les fréquenter librement, à l'effet d'en réparer les clôtures, de faire les travaux de fumure, de nivellement, d'irrigation, et même d'y mener paître ses bestiaux, en évitant de nuire au voisin. Nous ne saurions partager, sur ce dernier point, l'opinion de

Vaudoré (p. 297). Tout en reconnaissant que l'on doit restreindre les servitudes, nous sommes convaincu que, dans le silence des titres, le passage d'enclave entraîne, au profit du propriétaire du fonds dominant, le droit absolu d'user, comme il l'entend, de sa propriété, de la cultiver et de l'améliorer. Dans la pratique, les propriétaires des prairies enclavées s'entendent pour faire en même temps les travaux de la récolte, ce qui atténue les inconvénients de la servitude, en laissant à tous les intéressés la libre jouissance de leurs héritages, et l'avantage de couper et d'enlever les foins en temps opportun.

Le propriétaire d'une haie de *pic*, comme nous le verrons au chapitre suivant, est tenu de couper les branches en saillie, à première réquisition du voisin. Mais comme les branches se projettent toujours un peu sur l'héritage contigu, à moins que la coupe périodique ne soit faite exactement, le voisin a intérêt à souffrir le passage réclamé sur son terrain pour l'opération de la taille, dès que la haie a envahi tout ou partie du terrain de la distance légale. Quand le propriétaire d'un arbre ne peut élaguer les branches sans passer sur le fonds du voisin; quand les fruits de l'arbre (planté en rase campagne) sont tombés au-delà de la ligne divisoire, le voisin aurait mauvaise grâce à refuser le passage, et sa résistance ne serait point accueillie avec faveur par la justice.

On sait que les agents des ponts et chaussées, munis d'un ordre de l'ingénieur, sont autorisés à faire toutes vérifications nécessaires pour les études des projets, et par suite à passer sur les terres, ensemencées ou non, sauf règlement à l'amiable ou par expertise contradictoire de l'indemnité, en cas de dommage. L'opposition des riverains, en pareil cas, ne serait qu'une tracasserie, qui retarderait des travaux de rectification commandés par l'intérêt général.

Tout riverain d'un cours d'eau doit livrer passage aux ouvriers préposés au curage en vertu des ordres de l'administration.

Il est aussi dû passage, pour les communications des postes d'artillerie, par les propriétaires des champs bordiers, sur les parties du littoral maritime où les officiers ont des inspections à faire, des travaux à surveiller. Pour faciliter leurs opérations, il est enjoint aux propriétaires de remplacer par des claies mobiles les fossés, murs et barrières.

Il est encore dû un passage aux entrepreneurs des routes nationales et autres, sur les terres non emblavées ni labourées, pour les recherches et extractions de matériaux, dans des carrières non exploitées par les propriétaires; comme aussi aux usiniers maîtres de forges, pour la recherche des minerais non exploités par les propriétaires.

Il est enfin dû passage aux employés des douanes sur la ligne extrême des terrains bordiers; dans certains cas, aux meuniers (V. ci-dessus, p. 70), et en général à tous les usiniers (p. 77), soit pour visiter leurs canaux artificiels, soit pour reconnaître les travaux et entreprises nuisibles à leur industrie. Voy. aussi p. 56 et 57 ci-dessus.

Dans tous les cas, il est de règle que la servitude doit être restreinte dans les limites exactes de la nécessité, et qu'elle doit s'exercer *salvo jure alieno;* d'où la conséquence qu'il est dû indemnité en cas de dommage constaté, à moins que l'indemnité elle-même ne soit prescrite par la possession trentenaire, ou bien que le dommage ne soit essentiellement inhérent à l'exercice même de la servitude acquise par titre ou par prescription.

On peut consulter sur ces divers points les arrêtés du préfet du Finistère des 15 mai 1818, 12 novembre 1832, 8 juillet 1837; les circulaires et instructions des 10 mai 1815, 21 avril 1836, 18 avril 1839, 26 décembre 1837, au *Bulletin administratif*, et les lois spéciales.

§ 2. — TOUR DE L'ÉCHELLE.

Sous l'ancien droit Breton, tout propriétaire qui ne pouvait commodément construire ou réparer ses bâtiments sans passer sur le fonds voisin, avait la faculté de passer ses attraits, poutres, gouttières et autres choses, à la charge de réparer et mettre à dû état; c'est ce que dit expressément l'article 17 de l'usement de Nantes.

L'art. 691 du Code civil, au contraire, range le tour d'échelle au nombre des servitudes qui ne s'établissent que par titres.

De ces deux textes combinés il résulte que si, pour les constructions postérieures à la promulgation du code, il faut un titre précis autorisant le tour d'échelle, les anciennes constructions, *et celles qui les ont remplacées*, jouissent encore du privilége accordé par l'usement de Nantes, qui était fidèlement observé dans toutes les parties de la Bretagne où les statuts municipaux étaient muets sur ce point. C'était donc, à vrai dire, une servitude légale, dont les bénéfices et les charges ont survécu à l'émission de la législation moderne pour la plupart des édifices de nos villes et bourgades : ainsi l'a jugé la cour de Rennes le 8 février 1828, par un arrêt où nous lisons que *la coutume des ouvriers de campagne, qui n'emploient jamais d'échelles volantes*, annonce l'existence de la servitude maintenue par le statut local et par l'art. 2 du Code civil. Les termes de cet arrêt sembleraient exclusifs de la faculté de l'échelage dans tous les lieux où les ouvriers seraient dans l'habitude de se servir d'échelles volantes. Mais cette observation est parfaitement indifférente ou plutôt sans valeur dans le Finistère, où les maçons et couvreurs sont notoirement dans l'usage de poser des échelles au pied des édifices à réparer, de passer sur le terrain contigu pour construire et relever les bâtiments. Le tour d'échelle peut donc aujourd'hui encore être réclamé et exigé dans presque tous les cas.

D'ailleurs, un arrêt de la cour suprême de Bruxelles (J. du P., t. 17, p. 1002) a jugé que le propriétaire d'un bâtiment élevé sur la limite d'un terrain non bâti peut exercer sur ce fonds le passage (des ouvriers avec échelles et matériaux) indispensable aux réparations des murs et des toits, moyennant une indemnité proportionnée au dommage que ces travaux peuvent occasionner. En rapportant cette décision, l'auteur des *Usages du Tarn* ajoute qu'elle est généralement suivie; le tour d'échelle est dès-lors assimilé au passage d'enclave autorisé par l'art. 682 du C. civ.; c'est une servitude dérivant de la situation des lieux, ou de la nécessité, et qui peut être exercée malgré le voisin, moyennant une juste indemnité. Toutefois, si celui-ci refusait obstinément de payer l'indemnité et s'opposait au passage des ouvriers, les tribunaux le condamneraient-ils à subir la servitude, en l'absence d'un titre, dans le cas d'une construction nouvelle? L'équité, qui ferait pencher la balance vers l'affirmative, se pourrait-elle concilier avec le principe formulé dans l'art. 691 du C. civil?

Quoi qu'il en soit, lorsque la servitude d'échelage n'est pas contestable, le propriétaire du fonds servant est toujours fondé à restreindre cette charge autant que faire se peut. L'étendue de terrain affectée à l'exercice du tour d'échelle sera en raison di-

recte de l'élévation du bâtiment à construire ou à réparer. Toute
règle absolue, même celles adoptées par les auteurs et par la
jurisprudence, nous semble arbitraire et conjecturale; il s'agit
de limiter rigoureusement le mode d'une servitude, mode aussi
variable que les travaux auxquels il s'applique : en un mot,
c'est aux gens du métier, bien plus qu'aux jurisconsultes, qu'il
convient de trancher des questions de ce genre. — Au point de
vue de l'usage local, nous dirons que, dans les campagnes, et
partout où les toitures sont en chaume, le tour d'échelle exige
un écartement bien plus considérable qu'en tout autre cas, les
couvreurs étant dans l'usage de poser leurs échelles à plat sur
les toits, de manière que l'extrémité inférieure repose à terre,
au point précis où aboutirait le prolongement de l'inclinaison des
toits. Mais cet écartement, plus ou moins développé suivant que
les travaux sont faits à la ville ou à la campagne, ne peut en
aucune manière autoriser l'occupation de la partie du fonds voisin, comprise entre le mur et l'échelle. L'espace indispensable
pour le passage des ouvriers est généralement évalué à 1 mètre :
à moins d'un titre formel, on doit éviter de fouler inutilement
le sol d'autrui, à peine de tous dommages-intérêts. Enfin, si la
servitude régulièrement exercée en vertu de l'usement ou d'un
titre valable, ne donne lieu à aucune indemnité au profit du
propriétaire du fonds servant, elle lui serait évidemment due
dans le cas d'un passage accordé à celui qui n'aurait en sa faveur ni titre ni usement.

§ 3. — Investison.

L'investison, que les auteurs nomment aussi *ambitus*, *cein-*
ture, *répare* et *pâture*, est l'espace qui entoure, investit une
maison, un mur, une haie. C'est une véritable propriété quant
au propriétaire de la construction, qui est réputé avoir laissé
cet espace afin de se ménager la facilité de circuler autour de
son bâtiment sans empiéter sur le fonds voisin. A la différence
des plantations, les constructions peuvent être édifiées sans
aucune distance au bord de l'héritage du voisin, à moins de
convention, et pourvu qu'on se conforme d'ailleurs aux art. 675
et suiv. du Code civil. Mais du temps de nos ancêtres, chaque
famille s'isolait; et le peu de prix qu'on attachait aux terres permettait de mettre de l'espace entre les divers héritages bâtis :

chaque maison, même dans les villes, était une espèce d'île qu'un intervalle séparait du rivage prochain.

Chez les Romains, l'investison était obligatoire, et il paraît même qu'ordinairement l'intervalle était de 5 pieds romains, ou environ 1m 67 cent., *ut eo spatio*, dit Godefroy, *ire, agere uterque dominus posset*. On observait généralement en France cette règle, surtout dans les pays de droit écrit, sans cependant s'astreindre à une dimension précise. Mais ce n'était point une obligation; et insensiblement, les besoins se multipliant, on a laissé s'éteindre cette antique tradition. L'investison n'est plus aujourd'hui qu'un fait exceptionnel; mais là où il se rencontre encore, il constitue à nos yeux un droit réel que le voisin doit respecter. Il est vrai que, si l'on s'en tient à la lettre l'art. 661 du Code, le propriétaire de l'investison ne peut être contraint de céder au voisin la mitoyenneté d'un mur contigu à un terrain non bâti et qui par là même, est isolé et essentiellement exclusif; car le fonds du voisin ne joint pas le mur, mais seulement l'intervalle non bâti. La jurisprudence a toutefois interprété la loi d'une manière plus large, en jugeant qu'un intervalle minime, 54 millimètres par exemple, ne pouvait priver du bénéfice de l'art. 661 le propriétaire d'un héritage aussi rapproché d'un mur (Bourges, 9 décembre 1837; J. P., 1838, 2, 170). D'un autre côté, le co-propriétaire d'un passage, ou investison, nécessaire à la desserte des deux héritages contigus, ne peut, se fondant sur l'art. 815 du Code civil, forcer son co-propriétaire à un partage qui anéantirait la présomption *juris et de jure* résultant de la longue jouissance en commun équivalente à un titre établissant à toujours l'indivision de la parcelle commune (C., 10 janv. 1842; J. P., 1842, 1, 630); c'est là une juste application de la loi 17, § 1er, *arbiter communi dividundo, invito utrolibet, dari non debet*. Si le propriétaire d'un mur a un droit de vue sur le fonds voisin, celui-ci ne peut acquérir la mitoyenneté sans laisser subsister la servitude. Il le pourrait, au contraire, si la vue consistait seulement en de simples jours de tolérance (C. 21 juillet 1836 et 3 mai 1838; J. P., 1838, 2, 270); en aucun cas, l'acquisition de la mitoyenneté ne peut avoir pour effet de supprimer les cheminées antérieures au fait de la mitoyenneté (Poitiers, 28 décembre 1841 ; J. P., 1842, 1, 56).

Si le mot *investison* n'est guère connu dans notre département, il est certain que, dans la plupart de nos villes et bourgades, on remarque des espaces — plus ou moins étendus — ménagés autour des constructions par chaque propriétaire, ou par des co-propriétaires, dans leur intérêt exclusif : c'est bien là une sorte d'investison. Combien de maisons n'ont-elles pas ainsi une issue qui les sépare d'un chemin, d'un champ, d'une haie, d'un fossé ? Et ces ruelles entre maisons ayant pignon sur rue, ou entre deux pignons, ne constituent-elles pas l'investison, et le dessein de se soustraire aux inconvénients de la mitoyenneté ? Chacun des voisins, à moins de titres ou marques du contraire, est alors privativement propriétaire de la moitié de la ruelle *endroit soi*, même en l'absence d'un partage : cela est tellement vrai, que l'un des voisins, en élevant son bâtiment adjacent à la ruelle, peut y ouvrir de nouveaux jours sans observer la distance prescrite par l'art. 678 du Code, à moins de convention contraire, ou qu'il n'en résulte une atteinte aux droits corrélatifs de son voisin (Cas., 31 mars 1851 ; *Gazette des Tribunaux* du 1er avril). Ces ruelles facilitent l'écoulement des eaux de vaisselle et servent de passage pour accéder aux cours et jardins ou aux caves, pour le tour d'échelle, etc. On donne le nom de *tour du chat*, ou *trou du chat*, à celles qui ont au plus 33 cent. de largeur. Si les deux murs n'ont pas été construits en même temps, la petite ruelle est censée appartenir au propriétaire de la construction la plus récente, parce que l'autre propriétaire est présumé avoir bâti à la limite de son héritage, à moins que le larmier n'indique le droit de gouttière.

On voit souvent dans les murs donnant sur des ruelles des ouvertures, des tuyaux saillants, par lesquels les immondices se déversent dans les ruelles ; parfois aussi de grosses pierres qui s'avancent au-delà du parement du mur, comme pour désiguer

le point où finit ce que nos ancêtres nommaient la *terre salique* : *Ils ont des bourgades, mais dont les bâtiments ne
sont pas, comme chez nous, contigus et liés les uns aux autres; là, chaque maison est entourée d'un espace de terre,
soit afin de parer aux accidents du feu, soit faute de savoir
bâtir; c'est ce qu'ils appellent la terre salique, du mot sala,*
maison (1). Ainsi s'exprimait Tacite dans ses *Mœurs des Ger-
mains*, et rien n'est plus vrai.

En faut-il davantage pour montrer que l'investison est encore
un fait curieux à étudier, et qu'il est bon de rechercher avec soin
ce qui se faisait dans un passé, dont la connaissance approfondie
aiderait merveilleusement à retrouver d'anciennes bornes, à
reconstituer la propriété par fois incertaine, à apprécier exactement les questions de contenance et de mitoyenneté? Si ce n'est
pas là un guide infaillible, à coup sûr c'est pour le juge un
moyen de s'éclairer et de découvrir la vérité, trop souvent obscurcie par la mauvaise foi des plaideurs.

§ 4. — Égout.

En général, de nos jours, chacun bâtit à la ligne extrême de
sa propriété, tant dans les villes que dans les villages ou hameaux. Néanmoins, cet usage est modifié par l'art. 681 du
Code, en vertu duquel les toits doivent être établis de manière
que les eaux pluviales ne soient pas versées sur le fonds du
voisin. De là vient le droit ou la servitude d'égout, que les Romains nommaient *stillicidium*. Le mode de construction des
toitures rend cette charge plus ou moins onéreuse pour l'héritage assujéti. Dans les cas ordinaires, l'égout fondé sur titre ou
possession comporte une étendue de terrain au moins égale à
la largeur du larmier (16 cent), ou de la saillie du toit; car le
voisin, au moment de la construction, ayant pu s'opposer à la
contiguïté immédiate, le constructeur est légalement présumé
propriétaire du terrain sur lequel la toiture déverse les eaux plu-

(1) M. Caroff, juge de paix à Ploudalmézeau, nous a fourni cette citation ;
et nous ne saurions assez le remercier des judicieuses observations qu'il a bien
voulu mettre aussi à notre disposition pour les autres chapitres.

viales (*Usages de la Haute-Garonne*, p. 147; Limoges, 26 décembre 1839; Bordeaux, 20 novembre, 14 décembre 1833 et 22 février 1844); il en est ainsi pour un mur isolé, quand le chaperon présente un versant du côté du voisin; on induit de ces signes extérieurs que le propriétaire s'est un peu reculé pour se conformer à la loi. Si la saillie est une marque usuelle de propriété au-delà du mur, les actes de jouissance, à défaut de titres, indiquent en outre si l'espace non bâti constitue, soit une servitude de tour d'échelle, soit seulement un droit d'égoût, ou bien l'investison, qui se confond souvent avec l'échelage. Nous pensons que le voisin du mur serait fondé à réclamer l'affranchissement de la servitude la plus dommageable, à moins de circonstances bien caractéristiques, par exemple, si le propriétaire du fonds dominant avait constamment circulé autour de la construction pour les réparations et pour se rendre au-delà : il est évident qu'il ne s'agirait plus alors d'un simple droit d'égoût, qui n'exige absolument qu'une largeur de 16 centimètres dans les constructions ordinaires.

§ 5. — OUVRAGES A FAIRE, ET PRÉCAUTIONS A PRENDRE POUR ÉVITER DOMMAGE AU VOISIN.

L'obligation de ne porter aucun préjudice à autrui entraîne certaines précautions que le législateur énonce d'une manière générale, sans en spécifier la nature, parce que, en pareille matière, une disposition précise et uniforme était impossible. Tout dépend de la forme et de la destination des constructions, du terrain où elles sont faites, et des matériaux que l'on trouve dans chaque pays. Les précautions sont de deux sortes : ou bien on met une certaine distance entre le fonds voisin et l'entreprise susceptible de nuire; ou bien on fait un travail intermédiaire, et de préservation pour le voisin.

Tous les auteurs et spécialement Lepage (t. 1, p. 123), Duranton (t. 5, n° 402), Toullier (t. 3, n° 330) et Pardessus (n° 200), enseignent qu'on doit tout d'abord se conformer aux anciennes coutumes écrites, et aux règlements administratifs; à leur défaut, c'est l'usage local qui doit être suivi. En aucun cas, vous ne sauriez décliner la responsabilité d'un dommage causé par votre fait quel qu'il soit : c'est là un principe tellement absolu, qu'il ne fléchit point alors même que l'auteur du fait nuisible a pris toutes les précautions indiquées par la coutume et par la prévoyance la plus intelligente; il ne suffit donc pas d'obéir à l'art. 674 du code, il faut encore réparer les torts, même involontaires, faits à autrui, en dehors du cas de force majeure. On ne doit pas perdre de vue que les tribunaux ont reçu de l'art. 674 le pouvoir d'interdire la construction des travaux nuisibles ou susceptibles de le devenir, et qu'ils peuvent ordonner la destruction de ceux qui sont achevés ou seulement commencés (Riom, 10 févr. 1830; J. P., t. 23, p. 156). Celui qui a satisfait à l'art. 674 du code peut dire : J'ai en ma faveur la présomption que le nouvel œuvre ne sera dommageable à personne. Si néanmoins le dommage arrive au voisin, l'art. 1382 devra être appliqué, comme la règle fondamentale de l'imputabilité des actions humaines. Enfin, quand le dommage est seulement à craindre ou imminent, le juge peut ordonner les travaux de préservation : c'est ainsi que M. le juge de paix du canton de Crozon a, le 4 décembre 1847, condamné un boulanger à exhausser la cheminée de son four, d'où s'échappaient des flammèches, quoique le four fût par ailleurs régulièrement construit. On est en faute, dès qu'on fait naître la possibilité d'un accident.

Comme l'art. 674 est plutôt démonstratif que limitatif, il faut d'abord examiner les cas prévus expressément par la loi, et rechercher ensuite les circonstances dans lesquelles on doit faire application des mêmes principes.

Les fouilles auxquelles donne lieu la construction d'un puits compromettraient le mur du voisin, si elles étaient pratiquées immédiatement auprès. C'est pourquoi, aux termes des art. 20 et 21 des usances de Nantes, on ne peut établir un puits auprès d'un mur mitoyen, ou privatif au voisin, sans laisser ledit mur *franc*; et l'on doit en outre faire un contre-mur de 50 cent. d'épaisseur à chaux et à sable dans toute la profondeur du creusement. Si le voisin a lui-même un puits à proximité, on doit laisser, entre celui-ci et le puits à édifier, une distance de trois mètres; sans cela, il pourrait arriver que le second puits tarît complètement le plus ancien. En outre, la distance auprès des chemins vicinaux est fixée à 10 mètres pour les puits et citernes, par l'arrêté du préfet du 18 mars 1837; cette prescription nous semble trop rigoureuse, et nous savons qu'elle n'est point exactement observée. (V. l'art. 146 du régl. du 22 novembre 1851.)

Les latrines ou fosses d'aisance sont une cause d'insalubrité et de dommage pour le voisin. Elles doivent donc être séparées de son mur, et même du mur mitoyen, par une muraille de 2 pieds (66 cent.) d'épaisseur, à chaux et sable, et la fosse d'aisance doit être murée à chaux et sable de trois côtés, pour empêcher les infiltrations. Enfin, elles doivent être distantes de 3 mètres du puits existant sur le fonds du voisin. C'est ce qui résulte du rapprochement des art. 10 de l'*Usement de Rennes* et 21 des *Usances de Nantes*, et aussi d'un arrêt de la Cour de Rennes du 1er août 1820 (1).

Les usements de Nantes et de Rennes ne disent point quelles précautions doivent être prises pour l'établissement d'une cheminée ou âtre auprès d'un mur mitoyen ou privatif au voisin. L'art. 189 de la *Coutume de Paris* prévoit ce cas, et enjoint la construction d'un contre-mur de 16 cent. 1/2 d'épaisseur; et les commentateurs, ainsi que le Code de Police de Rennes, art. 314, nous apprennent que ce contre-mur doit comprendre toute la largeur de la cheminée, jusqu'à la hauteur où doit s'élever la flamme, selon la destination de la cheminée. Dans l'usage, on pose au contre-cœur une plaque de fer fondu, dit le *tréfeu*; l'intervalle entre le tréfeu et le mur est rempli avec du mortier. Le tréfeu satisfait au vœu de l'art. 189 de la *Coutume de Paris*, puisqu'on y voit que le contre-mur est de *tuilots, et autres choses suffisantes*. A Brest, il est d'usage d'adosser au mur mitoyen

(1) A Brest néanmoins, il est d'usage de prendre le mur mitoyen en sous-œuvre et d'y appliquer un contre-mur de 50 cent. d'épaisseur. Si le mur appartient au voisin, la solution est la même. S'il appartient au constructeur, il suffit qu'il n'y ait pas infiltration.

un avant-corps de 30 cent. d'épaisseur, servant de point d'appui aux manteaux des cheminées ; en cas de reconstruction du mur mitoyen, chaque co-propriétaire doit laisser un vide de 10 cent. de largeur entre le parement du mur et le parement du contre-cœur des cheminées. Quand le mur est privatif à l'un des voisins, l'autre ne peut construire une cheminée qu'en laissant un espace libre de 50 cent. de largeur.

Suivant Dalloz, v° *Servitudes*, n° 304, l'art. 662 comprend aussi bien les cheminées que les autres enfoncements que tout co-propriétaire peut pratiquer dans le mur mitoyen. Cette observation est très juste, et ressort de la combinaison des art. 657 et 674. Le voisin peut seulement exiger que la construction de la cheminée ne porte aucune atteinte aux travaux antérieurs, et à la solidité du mur ; que le tuyau soit d'une dimension normale, et d'une hauteur suffisante (au-dessus du faîtage de l'édifice voisin) pour prévenir l'incommodité de la fumée (1).

Quand le mur appartient à celui qui construit, quoique la loi ne détermine ni la distance à laisser, ni les œuvres intermédiaires, il est évident que les règles ci-dessus conservent leur empire, bien que modifiées par la clôture ; ainsi, nul ne peut creuser un puits au pied de son mur de clôture, sans faire un contre-mur de 50 cent. au-dessous des fondations du mur, si

(1) M. Quernest, p. 45 et 46, cite sur ce point les arrêts du Parlement des 13 avril 1588, 22 août 1787, 17 mai 1737, 23 avril 1783, qui peuvent être consultés avec fruit dans les contestations de cette nature, ordinairement soumises à des experts. L'usage local n'est autre que la pratique habituelle des gens de l'art, c'est-à-dire, des maçons et entrepreneurs. — Le tribunal de Morlaix a jugé, le 23 janvier 1819, qu'il y avait abus du droit de mitoyenneté dans le fait d'avoir encastré dans le tuyau d'une cheminée le conduit de la cheminée d'un four, attendu qu'on changeait ainsi la destination ordinaire de la cheminée du mur mitoyen ; que le vide à laisser pouvait être de 16 cent. seulement, quand d'ailleurs le four est enveloppé d'une maçonnerie remplissant le même but que le contre-mur, pourvu que l'intervalle de 16 cent. demeurât ouvert et permît la circulation de l'air. Cette décision prouve qu'à Morlaix on ne suit pas l'art. 21 de l'*Usement de Nantes*, mais bien l'art. 100 de la *Coutume de Paris*, qui exige 16 cent. 1/2 et non 18, plus une épaisseur de 33 cent. pour le mur du four. Suivant nous, l'usement de Nantes est la seule règle à suivre ; car les usages de chaque localité sont trop vagues pour infirmer des statuts jadis en vigueur dans toute la Bretagne.

son épaisseur est aussi de 50 cent. ; dans le cas contraire, il faut compléter l'épaisseur de la muraille dans toute la profondeur du puits. Le propriétaire qui agirait autrement s'exposerait à voir ordonner la destruction de ses travaux ; car le voisin, toujours maître d'acquérir la mitoyenneté (art. 661 C. c.), ne peut être contraint de subir des constructions qui seraient pour le mur séparatif une cause incessante de dégradation.

La distance à observer entre un four et le mur mitoyen, ou privatif au voisin, est de 33 centimètres (*Usances de Nantes*, art. 24) : comme ce vide n'a d'autre but que d'établir un courant d'air, il ne doit être bouché, ni aux extrémités, ni par le haut ; sans cela, la chaleur concentrée, et n'ayant pas d'issue, serait une gêne et un danger continuel pour le voisin. Nous ne pensons pas que la dimension du four doive être prise ici en considération, ainsi que l'enseigne M. Quernest, p. 47 ; ni que l'épaisseur du contre-mur puisse être déterminée d'une manière uniforme ; si l'*Usance de Nantes* ne dit rien du mur du four, qui doit être de 33 cent. d'épaisseur, suivant la *Coutume de Paris*, il en faut conclure que l'épaisseur du mur du four devra être variable, en tout cas suffisante pour préserver le voisin de toute crainte d'incendie. On comprend, par exemple, que les fours à chaux exigeraient une distance et des précautions spéciales. Les réglements et usages étant muets à cet égard, on doit se borner à faire en sorte que le voisin n'éprouve aucun dommage (1382, C. c.). A Crozon, on permet ces constructions à 6 ou 8 mètres du fonds voisin.

Pour les forges ou fourneaux, le vide doit être de 16 centimètres 1/2, et le mur de la forge ou du fourneau doit avoir en outre 33 cent. d'épaisseur (art. 190 de la *Coutume de Paris*).

La construction d'une étable, et d'un magasin de sel, ou d'un dépôt de matières corrosives, auprès d'un mur mitoyen ou privatif au voisin, est régie par l'art. 188 de la *Coutume de Paris*, qui prescrit un contre-mur de 22 centimètres d'épaisseur jusqu'à la hauteur des mangeoires, et des matières corrosives.

Tels sont les seuls objets dont s'occupe l'art. 674 du code ;

mais il en est beaucoup d'autres, auxquels se réfère implicitement le législateur, en renvoyant aux réglements et aux usages.

Ainsi, les bergeries et les écuries sont assimilées aux étables, et il faut un contre-mur de 22 centimètres d'épaisseur.

L'art. 192 de la *Coutume de Paris* prescrit la construction d'un contre-mur de 16 centimètres 1/2 à tout propriétaire qui veut labourer et fumer un terrain joignant immédiatement le mur d'autrui, ou le mur mitoyen : cette observance est aujourd'hui complètement tombée en désuétude, et l'usage contraire a prévalu, au point que chacun est actuellement maître de travailler et de cultiver à sa guise, *salvo jure alieno*, en ménageant le mur voisin. Mais cet article enjoint, en outre, de faire un contre-mur de 33 centimètres d'épaisseur, *s'il y a terres jectisses*, *id est*, si l'on entasse des terres rapportées contre le mur mitoyen ou privatif au voisin ; et, bien loin d'être abrogée, cette prescription est adoptée par tous les auteurs modernes, et notamment par ceux qui ont étudié les usages locaux. Enfin, nos usages du Finistère n'offrant aucun précédent contraire, on devrait, le cas échéant, se conformer à la règle ci-dessus.

Les puits ou fosses de cuisine sont assimilés aux latrines (*Usances de Nantes*, art. 20).

Les égoûts ne peuvent être creusés qu'à 3 mètres du puits à eau du voisin (art. 21).

MM. Habasque et Aulanier, p. 89, considèrent comme obligatoire l'observation d'une distance de 2 mètres entre les fossés à eau, mares ou cloaques, et le mur mitoyen ou le terrain du voisin. Cependant nous ne trouvons cette prescription dans aucunes coutumes ni usances ; notre usage local ne fournissant aucune indication sur ce point, nous pensons que c'est aux architectes à fixer la distance nécessaire dans l'intérêt du voisin.

Les mêmes auteurs disent avec raison que l'art. 22 de l'usance de Nantes doit encore aujourd'hui recevoir son application ; ainsi, les co-propriétaires de fosses d'aisance, égoûts et puits, doivent contribuer à la vidange, chacun à son tour, de manière que celui qui livre le passage ne soit tenu de supporter qu'un tiers des frais

de vidange. — On a élevé la question de savoir si les retraites
à porcs, les poulaillers, les mares et abreuvoirs, les moulins à
vent, etc., pouvaient être construits ou placés auprès du fonds
du voisin, ou le long des chemins, sans œuvre intermédiaire.
Quant aux poulaillers et retraites à porcs, dans l'usage, on n'observe aucune distance, on ne fait pas de contre-mur près du
voisin : un dommage réel pourrait seul autoriser celui-ci à
restreindre les droits du propriétaire contigu. Il en serait de
même pour les mares et abreuvoirs qu'on place trop souvent, ainsi
que les moulins à vent, au bord des chemins et lieux fréquentés.
Lorsqu'on réfléchit aux accidents sans nombre résultant d'une
tolérance illimitée, on ne conçoit pas que les intéressés ne réclament pas contre ces dangers permanents, et que surtout l'autorité municipale ne prenne pas partout des mesures pour
protéger les habitants contre ces entreprises ; car elles com-
promettent la sécurité des voyageurs, la vie des animaux (1).

Dans le Pas-de-Calais, l'administration a pris un réglement
(29 floréal an V) rappelant un arrêt de réglement du 13 juillet
1774, concernant la construction des moulins à vent, et prescrivant une distance de 150 à 200 pieds, suivant la nature
des chemins à proximité desquels on veut établir ces usines.
Si ce réglement n'est pas obligatoire dans le Finistère, il est du
moins reconnu que les maires ont le droit de déterminer, soit
une distance, soit l'établissement d'un mur ou d'un fossé, afin
d'atténuer les inconvénients des moulins à vent. La loi du
24 août 1790 charge, en effet, les maires d'assurer la facilité
des communications et de prévenir toute atteinte à l'ordre
public. De ces attributions découle naturellement pour eux le droit
de s'opposer à la construction des usines sans permission préa-

(1) La construction d'un moulin à vent, sans opposition, empêche-t-elle les
voisins de planter aux abords? Voyez au ch. 8, ci-dessous. — Quoique l'ordonnance
du 1er août 1821, art. 7, donne un grand pouvoir au ministre de la guerre
quant aux usines à construire dans la zone des servitudes militaires, il est de
principe et de jurisprudence constante qu'aucune usine ne peut être autorisée
par l'administration qu'autant qu'elle ne nuise, ni à la viabilité, ni à la navigation, ni aux intérêts des propriétaires voisins (Circ. min. du 30 janvier 1822).
On ne pourrait construire sur les terrains compris dans la ligne des douanes.

lable ; en cas d'infraction, d'ordonner la démolition, et de poursuivre les délinquants en vertu de l'art. 471, § 15 du Code
pénal. Au reste, l'art. 146 du réglement du préfet, en date du
22 novembre 1851, oblige déjà tout individu, qui veut faire une
construction sur un terrain *joignant un chemin vicinal*, à se
pourvoir préalablement d'une autorisation ; la distance à observer,
les précautions à prendre y sont indiquées par l'autorité (qui a
également tout pouvoir d'ordonner la démolition des constructions non autorisées sur les routes nationales et départementales : c'est ce qui a eu lieu en 1823, pour un moulin à vent, sur
la route de Brest à Landerneau). — Les arrêtés municipaux com-
pléteraient notre législation locale, en ce qui concerne les
chemins ruraux, les placitres et autres lieux fréquentés, et,
enfin, les inconvénients de la proximité des moulins à vent
entre voisins : l'approbation du préfet les rendrait aussi obligatoires que la loi elle-même.

L'arrêté de 1851, art. 172, fixe à 15 mètres pour les carrières,
à 3 mètres pour les sablonnières, argilières et mares ; à 1 mètre
pour les caves et fosses d'aisance, la distance à observer par
ceux qui pratiquent ces excavations auprès des chemins vicinaux ; les maires ont, en outre, le droit d'ordonner de couvrir
ou d'enclore les lieux fouillés (1). Nous ajouterons qu'ils de-

(1) Une législation particulière règle ce qui est relatif à l'exploitation des
mines et des ardoisières souterraines ou à ciel ouvert. Suivant l'art. 21 de l'ordonnance réglementaire du 21 mai 1837, les carrières à ciel ouvert doivent être
garanties par un mur ou par un fossé. Art. 23 : Aucune exploitation ne peut
être poursuivie que jusqu'à la distance de 10 mètres des chemins et lieux bâtis.
C'est aux préfets et aux maires qu'il appartient de fixer la distance aux ap-
proches des sentiers et terrains libres. Voyez en outre les art. 47, 48, 50, 81,
82 de la loi du 21 avril 1810 ; 3, 4, 5, 7, 11, 13, 14 du décret du 3 janv. 1813 ;
40 du décret du 18 novembre 1810 ; 30, 31 du réglement du 22 mars 1813 ; la
loi du 29 floréal an X, et le décret du 16 décembre 1811. — A Crozon, ceux
qui exploitent des carrières sur la grève, n'en obtiennent la permission qu'à la
condition expresse de ne pousser leurs travaux que jusqu'à 3 mètres des champs
bordiers. A Roscanvel, où l'on extrait des pierres calcaires, il est d'usage de
maintenir les travaux à 1 mètre au moins de l'héritage contigu.—Voyez aussi les
arrêtés préfectoraux des 12 novembre 1832 et 10 octobre 1833 pour les précautions que les carriers et entrepreneurs doivent prendre. Les arrêtés et circulaires en date des 3, 8 et 27 octobre 1849 attestent également la sollicitude
de l'administration pour ce qui a rapport à la santé publique.

vraient prescrire les mêmes précautions dans tous les lieux où des excavations, mares, abreuvoirs, etc., s'établissent, soit auprès des passages publics ou privés, soit sur les limites d'héritages déclos ; leur sollicitude, en un mot, doit embrasser tout ce qui intéresse la vie, la sécurité, la santé publique, et les rapports de bon voisinage entre leurs administrés.

Le réglement administratif de 1851 interdit aussi les dépôts de terres et de pierres sur le sol des chemins vicinaux. Nous pensons que, non-seulement dans les villes et bourgs, mais même partout où l'on dépose des fumiers ou autres objets fétides, incommodes ou nuisibles aux habitants, l'autorité municipale a toute compétence pour ordonner l'éloignement des matières insalubres ou gênantes ; en tout cas, le principe posé dans l'art. 1382 du Code civil autoriserait suffisamment une action en dommages-intérêts (1).

Nous ne donnerons point ici la nomenclature des réglements municipaux déterminant les précautions à prendre pour éviter dommage au voisin. Ces réglements, fort nombreux, surtout dans les villes, fournissent rarement des indications en ce qui touche les matières dont s'occupe l'art. 674. Cependant, nous mentionnerons l'ordonnance générale de police pour la communauté de Brest du 16 janvier 1685, et le réglement du 25 juillet 1828, où l'on voit qu'à Brest nul ne peut, sans la permission du maire, construire latrines, fours, forges, assises de chaudières ; adosser des cheminées aux cloisons de refend en bois, même en les isolant, et en faisant un contre-mur, etc.

Aux termes de l'art. 552 du Code civil, chacun peut faire des

(1) MM. les maires de Crozon (arr. du 30 mars 1849) et de Camaret (1er av. 1840, et 20 nov. 1842) ont prescrit le prompt enlèvement des dépôts gênants pour les voisins ; il est fâcheux qu'ils n'aient point indiqué la distance à observer entre voisins. On peut aussi citer les arrêtés du maire de Quimperlé des 10 septembre 1821, 12 janvier 1822 et 18 juin 1835. — Ce serait peut-être ici le lieu d'examiner s'il est loisible aux particuliers de s'approprier les boues et curures des chemins. Aux termes de l'art. 94 de l'arrêté sur les chemins vicinaux, l'enlèvement de cet engrais est autorisé au profit de ceux qui se chargent de l'entretien des douves. Pour les autres routes, nous ne connaissons point de règles, et il est vrai de dire que c'est là un point abandonné à la décision des conducteurs et agents-voyers.

fouilles sur son terrain, en se conformant aux règles ci-dessus. De là il résulte que le voisin, qui serait privé de la possession des eaux provenant de veines souterraines, dérangées par ce fait, ne serait point fondé à réclamer contre la dépossession résultant d'un droit inhérent à la propriété (cass., 20 novembre 1830; J. P. 1831, 1, 56). L'usage local est en tout point conforme à cette jurisprudence.

Mais un abus qui doit être signalé, comme très-répandu dans nos campagnes et même dans quelques villes, est celui qui consiste à déposer à proximité des maisons les ajoncs, pailles et autres matières inflammables. Un arrêt de réglement du parlement de Bretagne, du 11 juillet 1768, enjoint de tenir à quarante pas au moins des habitations les choses de nature à occasionner des incendies (*du Parc Poullain*, t. 8, p. 125). Cet ancien réglement n'est point abrogé, du moins dans les communes où des arrêtés spéciaux ne prescrivent pas de précautions contre les dangers du feu; c'est une tradition toujours vivante, dont l'autorité est consacrée par l'art. 674 du Code civil. Le cas s'est présenté à Quimperlé, et l'autorité municipale a forcé un boulanger à retirer d'une cour entourée de bâtiments des fagots qui y étaient déposés au grand préjudice des voisins. (Voyez l'arrêté du 25 octobre 1825, et la circulaire du 5 janvier 1849 : le préfet y signale l'inobservation à peu près universelle des réglements prohibant les couvertures en chaume. On pourrait en dire autant des mesures sanitaires).

Dans le canton de Crozon, où l'on voit des magasins, des dépôts de sel et ateliers de salaison, on n'est point dans l'usage de faire des contre-murs, alors même que les murs des salorges sont mitoyens, ou privatifs au voisin. Cette tolérance témoigne du bon esprit qui anime les habitants, mais ne peut constituer un usage ayant force de loi, au point de forcer les voisins des salorges à supporter les inconvénients de ces dépôts (1). Il en est ainsi à Concarneau et à Douarnénez.

(1) Il existe, dans ce canton, une servitude dont nous ne trouvons ailleurs aucune trace. Les propriétaires de magasins pour la presse de la sardine pra-

Au nombre des prescriptions de l'art. 674, il en est qui n'intéressent que les particuliers, comme les contre-murs pour les étables, la distance pour les puits, etc. Les conventions privées peuvent modifier ces obligations, et même autoriser à les mettre en oubli, car il est loisible aux parties de maintenir leurs droits ou d'y renoncer. Mais dès qu'un règlement de police est promulgué, comme il s'agit alors d'un intérêt d'ordre public, tous doivent s'y soumettre, et ni la tolérance, ni les transactions privées, ne peuvent excuser les infractions. Cette distinction est très importante dans la pratique ; il ne faudrait pas croire, en effet, que l'art. 674 n'ait eu en vue que les règlements faits avant 1804. Lorsque le législateur a entendu parler des anciens règlements, il a eu soin de le dire positivement, art. 671 ; ici, au contraire, il s'agit à la fois et des règlements antérieurs au code, et de ceux que l'autorité compétente jugerait utile de publier. Tant qu'ils ne sont pas rapportés, nul ne pourrait donc se dispenser d'y obéir, parce que leur stricte exécution est la première garantie de la sûreté publique (art. 3 et 6 du Code civil). Nous rappelons ces principes, parce que nous savons que

tiquent à l'un des angles de chaque magasin, presque au niveau du sol, une ouverture destinée à donner passage aux mâts des chaloupes de pêche, dont on dépose en magasin tous les agrès, dès que le désarmement est opéré. Or, comme l'introduction d'un mât par cette ouverture exige un espace libre évalué à 10 mètres, il y a présomption que le propriétaire du magasin s'est reculé de cette distance en construisant ; en tout cas, s'il a usé de la servitude pendant plus de 30 ans, le voisin ne peut s'opposer à l'exercice du droit de *trou de mât*. — Suivant une circulaire du préfet du 13 novembre 1826, les dépôts de *rogues* seraient compris au nombre des ateliers de 2e classe (ordonnance du 14 janv. 1815) ; en tout cas, le 3 novembre 1826, le ministre du commerce a décidé que ces dépôts seraient, et ils ont été maintenus ; s'il y avait danger pour la salubrité, on pourrait les faire supprimer ; enfin les voisins lésés auraient une action en dommages-intérêts, art. 11 et 12 du décret du 15 octobre 1810. — Quand un cultivateur veut écobuer un terrain voisin d'une forêt nationale, il est tenu d'ouvrir un fossé large de 1 mètre et d'une profondeur de 66 centimètres le long du périmètre de la forêt, et de rejeter les terres du côté de la forêt ; ou bien il doit labourer une lisière de 6 mètres entre la forêt et le terrain à écobuer, afin d'extirper les herbes et plantes pouvant propager le feu ; et il faut que l'écobuage soit constamment surveillé par un gardien (décision du ministre des finances du 21 juil. 1834 ; art. 458 du Code pénal).

Mentionnons aussi le décret du 7 mars 1808, qui interdit la construction des maisons et puits à moins de 100 mètres des cimetières.

les réglements relatifs aux établissements insalubres ou incommodes sont peu observés dans le Finistère. M. le Préfet en
faisait la réflexion dans sa circulaire du 26 mars 1832 ; et l'on
peut dire qu'aujourd'hui encore il est rare que l'on n'élude pas
et que l'on ne feigne point d'ignorer ces salutaires prescriptions.

CHAPITRE VIII.

DISTANCE DES ARBRES.

---

§ 1er. — ARBRES A HAUTE TIGE DANS LES CHAMPS, AUPRÈS DES COURS D'EAU, DES BOIS ET DES CHEMINS.

Le déboisement est une chose funeste au double point de vue de l'hygiène publique et de la fertilité du sol. Pour réparer les terres épuisées, il n'est pas de moyen plus efficace que les semis ; car, sans l'aide de l'homme, les arbres donnent à la terre l'humidité, et les feuilles et débris de bois sont un engrais naturel qui, chaque année, améliore la couche végétale. Les plantations méritent donc les encouragements et les faveurs du Gouvernement. Quelle que soit, néanmoins, l'influence du reboisement sur la prospérité générale, il n'était pas possible d'accorder aux plantations une protection illimitée. Les droits de la propriété, l'intérêt des récoltes, ne devaient point être sacrifiés, ni même atteints, hors les cas d'utilité publique régulièrement constatés.

Telles sont les raisons qui ont dicté les lois anciennes et nouvelles, portant prohibition de planter sur la ligne divisoire des héritages, sans l'autorisation du voisin, à moins qu'il ne soit bien démontré que les arbres ne puissent causer aucun dommage.

Les arbres à haute tige sont ceux qui, par leur essence, peuvent s'élever à plus de 5 mètres et devenir propres à la menuiserie. Toute énumération serait sujette à erreur : en cas de doute, il appartient aux tribunaux de décider la question de savoir si un arbre est à haute ou à basse tige.

La loi romaine, en établissant cette servitude et en fixant à 5 pieds (1) la distance des plantations, ne fit que reproduire

---

(1) Égalant 40 vingt-septièmes du mètre ou 1 mètre 67 cent., — suivant les calculs du savant Dureau de la Malle — le pied romain représentant 8/27 du mètre.

la loi des Douze Tables, qui elle-même était un souvenir de
la législation que Solon donna aux Athéniens en 592.

Dans la plupart des pays de droit écrit, en France, et même
en Bretagne — la coutume n'ayant pas fixé la distance — on
suivait le droit romain, en d'autres termes, on ne plantait qu'à
5 pieds de la ligne de séparation. Suivant Duparc Poulain, t. 3,
p. 295, t. 8, p. 32, les servitudes en général, et celle-ci en
particulier, étaient régies par le droit romain, et le voisin
pouvait toujours s'opposer aux plantations immédiates.

Toutefois, il est hors de doute que ce droit d'opposition
s'exerçait bien rarement, et que la plupart des propriétaires
plantaient à fin d'héritages et sans s'astreindre à l'observation
de la loi *quinque pedum*. D'abord, cette loi ne pouvait recevoir
aucune application, quant au figuier et à l'olivier (pour lesquels
elle prescrit 12 pieds de distance); le figuier atteint à peine chez
nous les proportions des arbes à tige moyenne, et l'olivier ne se
pourrait acclimater sous notre ciel pluvieux. Ensuite, il y a une
différence énorme entre l'ancienne Armorique et la Bretagne
moderne : la propriété, aujourd'hui si éparpillée, était jadis
l'apanage de quelques seigneurs. Le vassal inféodé, le colon,
qui exploitaient le sol, ne possédaient que bien rarement pour
eux-mêmes : le sentiment de la propriété leur était à peu près
inconnu ; quand, par aventure, ils cultivaient un champ à eux,
ils souffraient en silence les plantations dont la proximité nuisait
aux cultures. Les seigneurs entre eux ne s'inquiétaient guère
des plantations du voisin ; les autres soins que réclamaient leurs
vastes domaines, pour le recouvrement des redevances, ne leur
permettaient point de s'arrêter à ces détails minutieux et
stériles, dans un pays où la culture manquait moins d'espace
que de bras intelligents.

De ces considérations nous pouvons conclure que la plus
grande tolérance est le fait dominant en Bretagne quant à
la distance des plantations entre voisins. Nous en avons la
preuve, non-seulement dans le silence des auteurs anciens et
des arrétistes, mais surtout dans le fait des plantations rap-

prochées existant dans une foule de cantons, et datant du siècle dernier.

Le Code civil renvoie aux réglements et aux usages ; il pose ensuite une règle à défaut de ces deux éléments.

Les réglements administratifs, dans le département du Finistère, sont muets sur la distance des plantations, sauf en ce qui concerne les chemins vicinaux, comme nous le verrons tout-à-l'heure.

Au premier coup d'œil, on serait donc tenté de croire que nos usages laissent toute liberté de planter jusqu'à la ligne divisoire. En traitant successivement les questions relatives à la distance des diverses plantations, nous espérons démontrer que ce serait là une erreur au double point de vue du droit et de l'usage des lieux.

M. Cavan, conseiller à la cour de Rennes, a publié, sur ce point, une dissertation qu'il convient d'analyser, parce qu'elle nous révèle des détails offrant une analogie frappante avec ce qui s'observe dans le Finistère.

A Lannion, suivant l'honorable magistrat, on est dans l'usage de planter, soit sur le sommet, soit au pied des fossés. C'est là une coutume écrite sur le sol, attestée par des plantations séculaires, par les anciens titres, et commandée par la nécessité dans cet arrondissement qui serait privé de chauffage, de bois pour les constructions et pour la marine, si l'on exigeait que les plantations fussent à 2 mètres du voisin. Les arrêts de la cour de Rennes des 24 mars 1820, 3 juillet 1813 et 19 juin 1838, reconnaissent l'autorité des usages anciens, même de ceux particuliers à un canton. Les arrêts de la cour d'Amiens, du 21 décembre 1821, Sirey, t. 22, 2me partie, p. 207 et 410, ne concernent que des localités régies par le droit romain ; mais on y voit en outre que les tribunaux doivent se montrer favorables à la conservation des plantations. — N'est-il pas d'ailleurs constant que, la loi n'ayant disposé que pour l'avenir, et à défaut d'usages, chaque localité est en droit de perpétuer le mode de plantations de tout temps suivi ? Si, dans son

Traité des servitudes, Pardessus enseigne que l'art. 671 du code exige une distance, c'est là une interprétation isolée et peu concluante ; ni les autres auteurs, ni les rédacteurs du code, n'ont rien dit à cet égard. Du reste, à Lannion (où les fossés ont 2 mètres 67 centimètres de largeur à la base, 1 mètre 33 centimètres au sommet, le *fruit* ou l'inclinaison étant de 67 centimètres) il existe réellement une distance déterminée par l'usage. Ainsi, rien ne prouve que l'art. 671 doive être entendu dans un sens aussi absolu ; et quand bien même l'avis de Pardessus devrait prévaloir, il n'en serait pas moins certain que notre mode de plantation remplit le vœu de la loi. Planté sur le sommet, l'arbre est toujours à 1 mètre 50 centimètres au moins du voisin, et à 83 cent. s'il est planté dans la douve, ou plutôt au pied du fossé. Pourquoi voudrait-on proscrire, et considérer comme le fruit de la tolérance, une coutume universellement admise dans tout l'arrondissement, et dans les cantons environnants? C'est là un fait patent, hors de doute : on peut donc et l'on doit s'y conformer, dès qu'il y a clôture en terre, même un simple turon. Mais en terrain plat, comme dans les champagnes ou *mézou*, les plantations sont régies par la disposition finale de l'art. 671.

Le système de M. Cavan a été combattu par MM. Aulanier et Habasque (deuxième édition, p. 71 et suiv., 205 et suiv.), et voici en résumé les considérations qu'ils font valoir. Nous ne concevons pas que vous veuilliez établir, pour l'arrondissement de Lannion, un usage, un droit particulier ; car là, comme dans toute la Bretagne, on plante sur les fossés, dans les douves, et jusques sur la ligne divisoire. Cette habitude n'est et ne peut être assimilée à l'usage ayant force de loi, parce qu'il n'y a là ni uniformité dans la pratique, ni accord dans les opinions. Les uns plantent dans la douve intérieure, d'autres sur la crête du fossé ; ceux-ci au pied du parement intérieur ; ceux-là dans la douve. Vous convenez que la distance de 2 mètres est obligatoire en terrain uni, c'est là une distinction qui laisse la porte ouverte à l'arbitraire, car pour supprimer tout ou partie de la distance exigible par le voisin, il suffira au planteur de creuser une douve, d'édifier un fossé. En un mot, c'est l'absence de toute règle que vous substituez aux prescriptions de la loi. Toullier, Pardessus, M. Quernest, s'accordent à dire que la distance de 2 mètres est seule conforme à la loi, dès qu'il y a incertitude sur les distances d'usage. Les propriétaires qui plantent aimeraient assez à n'être pas assujétis à la servitude des distances; mais les voisins n'ont-ils pas aussi un grand intérêt à se soustraire aux inconvénients des plantations rapprochées ? La loi a concilié, dans une juste mesure, les droits des uns et des autres : aller au-delà, ce serait jeter la confusion dans les rapports entre voisins, sans augmenter les facilités qu'ils sont dans l'habitude de s'accorder entre eux. La richesse du pays en bois d'œuvre et de chauffage peut se concilier avec l'observation de la distance légale, soit parce que les plantations rapprochées sont garanties par la prescription, ou par la nécessité de la bonne intelligence entre voisins, soit parce que les arbres ont été plantés à plus de 2 mètres de l'héritage du voisin.

Tels sont les arguments produits dans cette discussion : notre opinion, dès longtemps arrêtée, diffère des deux systèmes ; car nous pensons qu'en cette matière les habitudes locales ne sont point en contradiction absolue avec les termes de la loi.

L'aspect des campagnes du Finistère présente à l'œil de l'observateur les faits suivants. Dans les champs formant la zône du littoral, peu d'arbres à haute tige; çà et là seulement, sur les fossés et autour des habitations, quelques pieds d'ormeaux et de frênes. Dans l'intérieur, les fossés sont implantés ou plutôt garnis de chênes, de châtaigniers, de hêtres, de bouleaux, d'aunes, d'ormes et de frênes, sans compter les arbres à basse tige, au nombre desquels on pourrait ranger les chênes écouronnés ou têtards. Enfin dans les montagnes et landes, on voit peu d'arbres, à l'exception des têtards sur fossés. Quant aux bosquets ou futaies proprement dites, les propriétaires en les créant plantent généralement à plus de 2 mètres du voisin : il en est de même des poiriers et pommiers; on les trouve rarement ailleurs que dans les terres en culture. Il résulte de cet aperçu que la question de la distance des arbres offre surtout un intérêt sérieux lorsqu'il s'agit d'assigner une limite précise aux plantations faites sur les fossés extérieurs, ou de cernure, entre voisins. Nous n'insisterons point sur celles, en petit nombre, qui existent au pied du parement extérieur des clôtures en terre. Elles sont régies, suivant nous, par les mêmes règles que les plantations établies dans les douves extérieures.

Les arbres existant sur le sommet des fossés peuvent-ils être maintenus, quand le voisin en réclame l'extirpation ? Si, comme nous le pensons, les clôtures en terre ont habituellement une largeur de 2 m. 83 à 3 m. à la base, douves comprises, il est certain que le plus souvent les arbres plantés sur la crête se trouveront à 1 m. 83, ou au moins à 1 m. 50 c. de la ligne divisoire, souvent même à 2 mètres, le propriétaire du fossé étant intéressé à planter le plus près possible de son champ plutôt que vers le voisin, puisque celui-ci peut à toute occurrence réclamer l'exécution de l'art. 672 du code. Sous ce rapport, nous ne voyons pas d'objections plausibles contre ce mode de plantation. En vain dira-t-on que ce n'est pas là une distance fixe et que, pour s'affranchir d'une portion de la distance requise, celui qui plante en rase campagne n'aura qu'à édifier un fossé. De deux choses l'une : ou ce fossé sera une clôture normale, telle que nous l'avons décrite au chapitre précédent, et alors l'arbre placé au milieu du sommet sera à 1 m. 50 ou à 1 m. 83, suivant les cantons : c'est là une distance bien déterminée, celle qu'on peut constater sur le plus grand nombre de nos fossés ; ou bien le fossé présentera des dimensions anormales, et dans ce cas on rentre naturellement dans les termes de la disposition finale de l'art. 671. Il en serait encore ainsi dans le cas d'une plantation en terrain plat, pour laquelle le planteur créerait un fossé dans le but de se soustraire à l'observation complète de la distance légale : cet expédient inusité serait une fraude, une illégalité, une violation de l'usage des lieux. Enfin, si le fossé était implanté d'essences évidemment nuisibles à la culture, comme les rangées de hêtres, d'ormeaux et d'arbres verts, le voisin serait en droit de faire arracher les arbres placés à moins de 2 m. Nous estimons que l'usage est d'un grand poids dans ces diverses hypothèses, et qu'en le définissant d'une manière nette et précise il n'y a ni arbitraire, ni incertitude possible (1). On ne saurait le nier, il y a chez nous une habitude invétérée, une convention tacite, ainsi que le dit Favard de Langlade, v° *Servitudes*, section 2, § 5, et dès lors usage ayant force de loi. On ne pourrait donc, sans faire violence à nos mœurs, sans torturer le texte de la loi, interdire les plantations sur le sommet des fossés. Il pourrait arriver qu'abusant de cette faculté accordée par l'usage, un propriétaire plantât sur le sommet de son fossé une rabine, toute une rangée d'arbres à haute tige : dans ce cas, le planteur aurait mauvaise grâce à s'abriter derrière l'usage auquel il aurait contrevenu lui-même par son fait ; car il est contraire aux coutumes du pays de planter les fossés d'arbres de haute futaie ; les ajoncs et bois courants, quelques arbres disséminés, tels sont les bois dont nous garnissons ordinairement les fossés de cernure. Dans notre pensée, dès qu'il y a dérogation à la coutume, on doit faire une rigoureuse application des dispositions du droit commun. Car, en matière de plantations, si l'usage régit les faits anciens, la loi seule dispose pour l'avenir.

Pardessus a dit une chose très juste, en considérant comme abolis les usages consistant dans l'inobservation de toute dis-

(1) Il ne serait pas plus exact d'y voir un simple effet de la tolérance ; car, suivant l'expression de M. Cavan, *on a de la tolérance pour un parent, un ami, un bon voisin ; on n'en a pas pour tout le monde.* Ajoutons que l'ancienneté et la notoriété de l'usage dont il s'agit lui confèrent un caractère obligatoire, et que la jurisprudence a souvent reconnu l'empire de l'usage local, alors même qu'il n'est suivi que dans un canton. — Dans le canton de Crozon, par exemple, où l'on voit beaucoup de haies d'épine et de saule dans lesquelles s'élèvent des ormeaux venus d'eux-mêmes, il est reconnu que le voisin ne peut en exiger l'abattis qu'autant qu'ils se trouveraient à moins de 50 cent. de son héritage. C'est là un usage exceptionnel, et néanmoins en vigueur : le bois est rare à Crozon ; et, malgré ses dispositions à tracer, l'ormeau y est l'objet d'une protection spéciale, étant à peu près la seule essence qui réussisse dans le voisinage de la mer.

tance. Les rédacteurs du code, les commentateurs, n'ont pas
à la vérité professé la même doctrine en termes exprès; mais nous
ne saurions voir dans leur silence une condamnation de l'opinion
de Pardessus. Toullier ne l'approuve-t-il pas implicitement, lorsqu'il dit que les coutumes douteuses ne peuvent être invoquées,
depuis la promulgation du code, et de préférence à ses dispositions? Elles indiquent clairement la nécessité d'une distance;
elles ont dès-lors consacré notre usage, qui autorise à planter
sur le sommet des fossés, pourvu qu'on n'aggrave pas, par un
mode insolite, la servitude grevant l'héritage du voisin.

Cette interprétation, qui nous paraît la seule conforme aux
intérêts des cultivateurs et à l'esprit de la loi, comme aussi au
respect des traditions locales, facilite singulièrement la solution
des autres difficultés auxquelles donne lieu le voisinage des plantations. Ainsi, nous n'hésitons pas à rejeter l'usage de planter
au pied du parement extérieur du fossé : autant vaudrait presque, en effet, autoriser les plantations à fin d'héritage. Planté
selon le système de M. Cavan, l'arbre en se développant à la
longue envahirait un jour toute la largeur de la douve, et bien
au-delà peut-être suivant l'essence, en supposant même que le
planteur fixât toujours le pied de l'arbre dans la masse du fossé
en dehors de la douve, ce qui est au moins fort douteux. Il suffit
de parcourir nos campagnes pour voir le peu de soin que
prennent les cultivateurs à cet égard : confiants dans l'esprit
de condescendance de leurs voisins, ils ne se préoccupent guère
d'une distance rarement observée, exigée plus rarement encore;
en beaucoup de lieux nous avons constaté l'existence d'arbres
anciens dans les douves extérieures, et sur la ligne divisoire;
mais il est certain que ce n'est point là un fait universel. Ce qui
est, au contraire, admis par tout le monde, c'est une très grande
liberté pour les plantations, sur le sommet des fossés, d'arbres
émondables d'essences diverses : voilà la règle dans le Finistère.
Si l'on plante quelquefois au pied et dans les douves extérieures
des fossés, on peut dire que c'est là une exception, un fait accidentel, essentiellement précaire. Ce qui le prouve encore sur a-

bondamment, c'est l'usage immémorial (comme nous le dirons ci-dessous) qui permet au voisin de laisser ses bestiaux pâturer dans la douve et sur le parement du fossé appartenant à un autre : or, il est de toute évidence que les arbres ne résisteraient pas au frottement et à la dent des bestiaux auxquels on les abandonnerait ainsi.

Quant aux arbres plantés dans les douves et au pied des parements inférieurs des fossés, et ils sont très-nombreux, leur distance est plus que suffisante pour autoriser leur conservation.

En résumé, en terrain uni, nul usage constant; tout voisin peut s'opposer aux plantations à moins de 2 mètres de la ligne séparative. Dans les champs clos de fossés, l'usage permet de planter dans les douves intérieures, au pied du parement intérieur, et sur le sommet des fossés, en se conformant aux règles usuelles concernant les essences qu'on a coutume de planter sur les clôtures, et en ne changeant ni le mode habituel des plantations, ni les dimensions normales des clôtures en terre. Pousser plus loin l'interdiction des plantations, ce serait priver nos campagnes d'une notable partie de leur richesse : permettre davantage, ce serait laisser de côté les sages prescriptions de la loi. Dans l'un et l'autre système, il y a danger pour la propriété, crainte perpétuelle des procès. Comme solution du problème, nous proposons notre opinion, c'est-à-dire un moyen terme, une sorte de transaction, qui ne porte atteinte à aucun principe essentiel. A ce titre, du moins, elle mérite d'être prise en considération; et, si nouvelle qu'elle puisse paraître (1), elle ne sera pas rejetée, nous en sommes convaincu, par ceux

(1) L'empire de cet usage ne date pas d'aujourd'hui, comme on peut le voir en consultant les arrêts de réglement de notre Parlement des 23 août 1739, 13 sept. 1752 et 8 fév. 1775. Ces arrêts ne disposent, à la vérité, que pour les chemins. Mais, en faisant cesser les incertitudes que laissait la coutume (art. 49 et 393) sur la manière de garder et borner les voies et chemins, le Parlement n'a-t-il pas voulu régler cette matière, comme il était prescrit aux conseils des sages, *au mieux que faire se pourra*, *pour l'utilité publique*, eu égard aux besoins de l'agriculture? N'est-il pas vraisemblable qu'en permettant de planter sur la crête des fossés (le long des chemins), et non au delà, il proclamait l'existence et l'autorité d'un usage constant et reconnu?

qui ont attentivement étudié les besoins du pays. Là où il n'y a pas d'intérêt, il n'y a pas d'action : en d'autres termes, l'intention du législateur, en prescrivant l'observation d'une distance n'a pu être d'autoriser un voisin incommode à exiger toujours cette distance ; en fait de servitudes surtout, *favores ampliandi :* le droit du voisin ne commence que du jour où il constate une plantation susceptible de lui nuire, actuellement ou dans l'avenir. De là découlent les conséquences suivantes :

Le propriétaire d'un moulin à vent peut s'opposer à toute plantation faite à moins de 2 mètres de son usine. Mais, quelle que puisse être ultérieurement l'influence d'une plantation régulière sur les produits du moulin, les arbres du voisin devront être supportés. Les principes et l'équité défendent de rejetter sur celui qui use d'un droit légitime la responsabilité du préjudice que l'usinier eût pu éviter en ne construisant pas sans réflexion : s'il l'a fait, ç'a été à ses risques et périls ; il doit subir les résultats de son imprévoyance.

Mais si celui qui plante à 2 mètres dans les plaines, à 1 mètre 50 ou à 1 mètre 83 centimètres sur les clôtures en terre, est à l'abri de toute recherche, alors même qu'il y a dommage pour le voisin, il est en outre des cas où l'inobservation des distances ne donne lieu à aucune action, parce que l'usage local protège alors les plantations rapprochées à cause de l'absence d'un préjudice réel. Lorsqu'un cours d'eau sert de limite à deux héritages, quelle que soit sa largeur, chacun des riverains plante sur sa rive comme il l'entend. C'est là un usage général et reconnu chez nous. En effet, c'est par leurs branches, par leur ombre et par leurs racines que les arbres sont une cause de dommage pour le voisin. Or, les branches peuvent toujours être coupées, sur sa réquisition, jusqu'à l'aplomb de la ligne divisoire, art. 672 du code. La projection de l'ombre est plus ou moins onéreuse, suivant l'aspect du champ ; c'est là une servitude inhérente à la propriété, dérivant de la situation des lieux. *L'ombre* (dit M. Clausade, *Usages du Tarn*, p. 127) *ne nuit pas, tant s'en faut, aux terres qui bordent les ruisseaux* et qui, *en général, sont sablonneuses et profondes, et par suite permeables aux rayons solaires*. Quant aux racines, il est bien rare qu'elles franchissent un cours d'eau ; elles le suivent plutôt en se repliant vers la berge d'où est venue leur croissance. Le voisin n'aurait donc aucun motif raisonnable d'entraver des plantations, qui, le plus souvent, sont à 2 mètres de son héritage. En pareil cas, la résistance serait une tracasserie, et porterait une grave atteinte à des intérêts qu'il convient de ménager. Les arbres au bord des cours d'eau consolident le sol, préviennent souvent l'enlèvement d'un terrain précieux. Ne serait-il pas injuste d'interpréter judaïquement l'art. 671 du code, là surtout où les arbres qui existent d'ancienneté témoignent que les cours d'eau ont toujours été la seule distance exigée entre voisins ? Aux termes d'un arrêt de la cour de Bourges, confirmé par la cour suprême, le 31 mars 1835 (J. du Palais, 1836, 1,235), pour avoir droit de planter sur le bord d'un cours d'eau, il suffit de prouver que de tout temps les riverains ont usé de cette faculté ; à plus forte raison, les riverains devront-ils respecter les plantations de cette espèce, dans les contrées où les cours d'eau sont notoirement bordés de plantations, même ceux qui ont moins de 2 mètres de largeur : l'intérêt mutuel nécessite ici, en effet, une dérogation à l'observation d'une distance précise. Il va sans dire, et ceci résulte même de l'arrêt sus-mentionné, qu'en aucun cas les arbres ne doivent gêner le cours des eaux, comme il arrive trop souvent dans notre pays, et particulièrement dans l'arrondissement de Châteaulin (1) ; le voisin qui nuit, volontairement ou par insouciance, s'expose infailliblement à supporter les conséquences de sa faute.

Les propriétaires de forêts, de bosquets, de bois taillis, sont

_____

(1) Dans plusieurs communes, les saules, les aunes, les ormes se rejoignant d'une rive à l'autre, et s'affaissant dans le canal du ruisseau, les branches et feuilles mortes encombrant le lit, le cours de l'eau est entravé, et elle déborde sur les prairies qu'elle change en marais. Les usines en souffrent ; les irrigations sont ainsi rendues difficiles... Quand donc des réglements viendront-ils remédier à ces abus ?

astreints à l'observation de la distance de 2 mètres, s'ils ne sont
clos de fossés. Les forêts nationales sont elles-mêmes assujéties
à cette servitude négative (1). Mais la question change de
face quand il s'agit d'un bois contigu à un bois. Dans ce cas
effectivement, il nous semble que les motifs qui autorisent une
exception pour les arbres près des cours d'eau conservent toute
leur force en ce qui touche ceux qui seraient plantés à proximité
d'une forêt ou d'un taillis. Aussi l'usage est-il bien constant,
parce que le défaut d'intérêt exclut toute idée d'une distance
rigoureuse et obligatoire : dans ce s spécial, on peut donc
planter jusqu'à la limite de l'hérita   voisin : car s'il s'agit de
bois domaniaux, on conçoit que l   nfusion et l'abus qu'on
pourrait faire du rapprochement des deux propriétés réclament
impérieusement la nécessité d'une distance qui est déterminée
à 2 mètres par l'art. 671 du Code civil pour les arbres isolés,
et à 100 perches pour les arbres en massifs par l'art. 6, t. 27
de l'ordonnance de 1669, encore en vigueur, dit-on ; mais
les coutumes locales peuvent modifier, suivant nous, et dans
le fait elles ont abrogé la prescription de la distance de 100
perches ; ni M. Meaume, ni les agents de l'administration,
n'exigent des riverains d'autre distance que celle de 2 mètres
pour toute espèce de plantations aux abords des forêts domaniales. Nous pensons également que l'on n'applique plus rigoureusement les art. 1 et 3 du t. 28 de l'ordonnance de 1669,
ni l'avis du conseil d'Etat du 31 décembre 1849, suivant
lesquels les propriétaires de forêts, ou bois traversés par des
grandes routes, seraient tenus de laisser complétement libre
l'ouverture des routes sur une largeur de 20 mètres. La distance
à observer en plantant des arbres auprès des routes nationales ou départementales est fixée par l'art. 5 de la loi du
28 février 1805 : quand la largeur de la route ne permet
pas de planter sur le terrain de l'Etat, nul riverain ne peut

(1) V. à ce sujet cass. 20 mars 1828, J. du P. 1829, 1, 321 ; 13 mars 1850,
même journal, 1851, 1, 84 ; art. 176 de l'ordonnance d'exécution du code forestier ; art. 9 du régl. du 17 août 1751 ; Clausade, p. 131 ; Pailliet, *Manuel
complémentaire*, p. 778.

planter sur son héritage à moins de 6 mètres de la route, s'il n'y est autorisé par un alignement particulier concédé par le préfet, ou par un ancien réglement. Quoique la loi soit formelle, les réponses qui nous sont parvenues, et nos propres observations, nous autorisent à dire que la distance de 6 mètres n'est jamais exigée ; il n'y a, dans la réalité, d'autre règle que le bon plaisir de l'administration, à laquelle on s'adresse pour obtenir le droit de planter, et qui se montre habituellement très accommodante et très paternelle. C'est ce que prouve la circulaire ministérielle du 9 août 1850, qui, non-seulement autorise les plantations à la distance de 2 mètres des chemins, mais en outre invite les préfets à faire planter, sur le sol même des routes ayant 10 mètres au moins de largeur, des essences appropriées au sol et au climat, et notamment l'orme et le peuplier alternés, à 10 mètres de distance l'un de l'autre. On ne s'en est pas encore occupé dans notre département. Mais il peut s'élever des difficultés sur le point de savoir à qui appartiennent les arbres plantés avant 1825 sur les routes nationales ou départementales. La loi du 12 mai 1825 les attribue aux particuliers qui les ont plantés ou acquis à titre onéreux, en exécution des réglements locaux ou généraux, notamment de l'arrêt du conseil du 3 mai 1720. Une jurisprudence constante l'a ainsi jugé (1); les arbres, en dehors du terrain des routes, sont la propriété des riverains qui ont observé les prescriptions légales et administratives, ou qui peuvent invoquer la prescription.

Pour les chemins vicinaux, la loi du 21 mai 1836, art. 21, renvoie à l'exécution des réglements à faire en ce qui est relatif aux plantations, à l'élagage et autres détails de surveillance et de conservation. Nous pourrions donc nous borner à citer ici

(1) Cass., 7 juin 1827, 21 décembre 1835, 9 juillet 1838 ; J. P. 1828, 1, 191; 1838, 2, 173 et la note; Pailliet, *Manuel complémentaire*, p. 137; ord. de 1669, t. 28, art. 3 ; décret du 16 décembre 1811, art. 80 et 90. Les ordonnances des 20 mars 1751 et 5 avril 1772 prescrivaient de laisser entre les arbres une distance de 10 à 18 pieds, suivant les chemins, et suivant les essences plantées. On peut aussi consulter les circul·res du Préfet du Finistère des 3 janvier 1818 et 9 octobre 1821.

la date du réglement pris par M. le Préfet du Finistère, le 22 novembre 1851. Néanmoins, nous ferons remarquer que ce réglement défend de planter à moins de 2 mètres de distance du bord des chemins (art. 159), distance trop forte ou trop faible selon les cas, suivant les essences ; — en quoi le peuplier, par exemple, nuirait-il, même à 50 cent. de l'arête extérieure des douves ? et pour les chemins qui n'ont pas de douves, la distance de 2 mètres n'est-elle pas parfois insuffisante, en supposant même que les arrêtés sur les élagages fussent partout exécutés ? Ne sait-on pas combien certains arbres détériorent les chemins ? Il est vrai que la nécessité d'une autorisation préalable pallie un peu ces inconvénients. Toutefois, il eût été possible de poser des règles moins vagues, et de stimuler ainsi les propriétaires à orner nos routes tout en améliorant leurs terres (1).

Quant aux chemins ruraux (2), ou d'exploitation, quelle que soit la tolérence des communes, elle ne peut constituer un usage ayant force de loi, au point de légitimer les plantations préjudicielles à la viabilité. Ce sont là des voies de communication nécessaires aux habitants, indispensables pour les agriculteurs ; à ce titre, classés ou non, du moment qu'ils sont pratiqués depuis longtemps, les chemins ruraux font partie du domaine public municipal. Ils n'appartenaient jadis privativement à personne, dit Duparc Poulain ; chacun y avait un droit égal pour les besoins de son exploitation. — Trois arrêts de réglement du parlement de Bretagne (23 août 1730, 13 septembre 1752 et

(1) Dans sa circulaire du 5 octobre 1838, M. le Préfet se plaint avec raison du tort occasionné par les plantations faites sur les bords des chemins vicinaux et jusque sur leur sol ; et aujourd'hui encore, il existe bien des plantations qui entravent la viabilité, en augmentant les frais d'entretien.

(2) Dans les circulaires des 1er décembre 1835, et 16 janvier 1340, le Préfet s'élève avec raison contre les usurpations que se permettent les riverains des chemins ruraux non classés ; et il donne des instructions aux maires pour leur conservation et leur classement, qui dans le Finistère sont absolument négligés (instr. min. des 16 janv. 1840, 8 oct. 1824 et 16 nov. 1830). Dans une autre circulaire, le Ministre dit que l'on doit conserver les chemins donnant accès aux fontaines publiques, aux abreuvoirs et aux pâturages communaux, etc.; qu'ils sont publics comme servant ou pouvant servir à tous : qu'on doit y comprendre même les simples sentiers, et tenir compte des usages des lieux, etc.

8 février 1775), défendirent aux riverains de planter des arbres de haute tige au-delà de la crête ou sommet des fossés bordant ces chemins de traverse, ou de village à village, ordonnant d'en maintenir la largeur à 8 pieds (2 m. 607, francs de douves et fossés). C'est à l'autorité municipale qu'il appartient de veiller à leur entretien et à leur conservation (1) ; les art. 471, 479 du Code pénal, 41 ; t. 2 de la loi du 6 octobre 1791, et l'opinion de M. Proudhon, si compétent en ces matières, prouvent que les maires interpréteraient bien mal l'esprit de la loi du 21 mai 1836, s'ils se conformaient littéralement à la circulaire du ministre de l'intérieur, du 24 juin 1836, qui semble encourager l'abandon complet de cette branche intéressante de la petite voirie (2).

Quand des chemins de halage ont été établis par l'administration, les riverains ne peuvent planter qu'à 10 mètres du bord de la rivière du côté que les bateaux se tirent, et à 3 mètres 33 centimètres de l'autre côté (art. 7, t. 28, ord. de 1669). Voyez, en outre, le ch. 3 ci-dessus, p. 56. Cette dernière distance peut seule être exigée pour les rivières navigables du Finistère.

§ 2. — ARBRES A HAUTE TIGE DANS LES VILLES.

Quelle est la distance à observer dans les villes, pour les plantations d'arbres à haute tige dans les jardins ?

(1) Il a été décidé par le tribunal des conflits, le 27 mars 1851, que les arrêtés, même ceux pris par les Préfets pour approuver l'état des chemins ruraux d'une commune, n'attribuent point au domaine public communal la propriété de ces chemins (*Gaz. des Tribun.*, 23 avril 1851; lois des 21 mai 1836 et 25 mai 1838). La cour de cassation a aussi jugé, le 3 avril 1851, que les juges de paix sont compétents pour statuer sur la publicité des chemins ruraux non classés, servant aux habitants d'une commune. V. enfin les arr. de cass. des 7 mars 1822, 4 janvier 1828, 15 juil. 1836, 2 et 17 mars 1837, 25 septembre 1841, 12 juin 1845 (*Gaz. des Trib.*, 4 avril 1851).

(2) Il est certain à nos yeux que les règlements sus-mentionnés sont encore en vigueur, aucune loi ne les ayant abrogés. On les trouve dans le *Journal du Parlement*, t. 4, p. 450. Nous les avons inutilement cherchés dans les *Recueils de lois et règlements non abolis*, par Walker et Pailliet. V. aussi la loi du 23 mars 1842 et l'art. 267 C. pénal. Quant aux chemins privés, dits de servitude, nous en avons parlé dans le chapitre précédent.

L'art. 671 du code ne distingue point les héritages urbains des héritages ruraux ; ainsi l'ont décidé avec raison les auteurs et un arrêt de la cour de Nîmes (14 juin 1833, J. du P., 1833, 3,501). Mais, comme la loi a laissé la plus grande latitude aux usages, ils doivent être interrogés avant tout, la distance de 2 mètres n'étant exigée qu'à leur défaut et pour suppléer à leur silence. Nos anciennes coutumes étaient muettes sur ce point. Ce qui est toutefois hors de doute, c'est que de tout temps, on a considéré la distance de 6 pieds, ou plutôt de 5, comme obligatoire seulement pour les arbres en plein champ, jamais pour ceux qui sont dans un parc ou terrain clos en ville. L'usage ancien et moderne, attesté par des faits notoires, autorise à planter à 1 mètre du fonds voisin, dans les jardins des villes ; l'essence même de la plupart des arbres qu'on y voit, et l'intérêt général, semblent commander cette exception, sans laquelle les plantations, si favorables à la salubrité, seraient souvent impossibles dans les villes où les jardins sont petits ; l'intérêt privé, les rapports de bon voisinage, réclament également ici une modification à la règle ordinaire. Ne suffit-il pas au surplus qu'il n'y ait point dommage pour les voisins ?

Dira-t-on que cette distance de 1 mètre est vague et arbitraire ? Nous répondrons qu'elle était admise par Desgodets, et l'on sait que ce commentateur est encore le meilleur interprète des coutumes anciennes, puisque la coutume de Paris était suivie en Bretagne, dans tous les cas douteux ou non prévus. Un arrêt de la cour de Paris, du 2 décembre 1820, a sanctionné notre opinion pour les jardins de Paris et la banlieue. Que si, précisant plus nettement nos pratiques locales, nous voulons nous en tenir uniquement à ce qui se fait dans le Finistère, nous arrivons inévitablement à reconnaître ceci : les propriétaires de jardins plantent le plus souvent à 1 mètre du fonds voisin, et aucun ne s'astreint à la distance de 2 mètres. Or, du moment que ces faits sont notoires et habituels, il est permis d'en conclure que l'usage existe dans toute sa force, sans qu'on puisse trouver dans le privilège conféré aux plantations urbaines

rien qui ressemble à une anomalie, ou à la violation de l'art.
671 du code. En interrogeant, au reste, les monuments de la
jurisprudence, il nous serait facile de prouver que les tribunaux
ont, à cet égard, un pouvoir discrétionnaire ; ainsi, ils peuvent
admettre la preuve de tout usage allégué quant à la distance
des arbres, alors même qu'il consisterait à ne laisser que
l'intervalle nécessaire entre la ligne divisoire des fonds voisins
et le point central de l'arbre, entièrement planté et radiqué
sur le fonds de celui qui fait la plantation (1). Mais nous
n'allons pas jusque-là : nous estimons que l'usage peut modifier,
non supprimer la distance légale des plantations ; que celle de
1 mètre est la plus rationnelle ; qu'enfin nos mœurs et nos
habitudes faciles repousseraient des exigences gênantes et sans
motifs.

Sur la manière de compter les distances, il ne peut y avoir
de difficulté. Tout le monde sait qu'elle se mesure à partir
du centre de la tige ou du tronc des arbres (V. Duranton,
t. 5, p. 422).

Lorsque l'héritage planté est fermé par un mur mitoyen, il
est évident que le voisin qui aurait lui-même des arbres dis-
tants seulement de 1 mètre du milieu de l'épaisseur du mur,
ne serait point recevable à réclamer une plus grande distance
pour les arbres plantés sur le fonds contigu. Si le mur est
à celui qui plante, les arbres à 1 mètre du fonds voisin ne
peuvent nuire et sont soufferts ; il en est de même lorsque
le mur appartient à l'autre voisin exclusivement. Il est à observer
pourtant que l'on ne peut adosser des espaliers au mur du
voisin sans son consentement, et que dans tous les cas on doit

(1) Arrêts de la cour de Bourges des 29 août et 17 novembre 1826 ; cour de
Toulouse, 8 mars 1826, 7 janvier 1842 ; Poitiers, 7 janvier 1834. — J. du Palais,
1826, 3, 95 ; 1828, 1, 444 ; 1834, 3, 588 ; Clausade, p. 108 ; Aulanier, et Habasque, p. 81, et les autorités citées en note. Nous ne pensons point, comme
M. Cavan, que les arbres ordinaires des jardins soient assujétis à une distance
de 2 m. ; on ne pourrait l'exiger qu'autant que le planteur transformerait son
jardin en bois de haute futaie, ou causerait de toute autre manière un dommage évident au voisin.

éviter tout ce qui peut compromettre la solidité de son mur. Il est toujours permis d'adosser les espaliers, treilles et cordons de vigne contre un mur mitoyen, ou privatif à celui qui plante ces arbres fruitiers.

Les règles ci-dessus reçoivent leur application dans les bourgs et villages où se rencontrent des jardins contigus, aussi bien que dans les villes et faubourgs. Quand la clôture séparative consiste dans un fossé ou une haie vive, on se conforme aux distances d'usage, V. ci-dessus, au chap. des Clôtures volontaires.

Enfin, il ne faut pas croire que tout propriétaire ait le droit d'exiger l'abattage des arbres plantés contrairement aux usages ou à la loi. Car les lois et les statuts locaux qui déterminent la distance des plantations ne peuvent être assimilés à des réglements de police, contre lesquels la prescription ne peut être invoquée. L'art. 671 et les usages sont simplement constitutifs d'une servitude, dont on peut s'affranchir d'abord lorsqu'elle résulte de la destination du père de famille, art. 692 et 693 du Code civil, ensuite lorsque trente années se sont écoulées sans que le voisin se soit plaint de l'inobservation de la distance. En effet, l'existence d'arbres, excrus naturellement ou plantés de main d'homme, s'annonçant par des signes extérieurs, le voisin se trouve perpétuellement en demeure d'en demander la suppression (1). Le silence est un aquiescement à la libération de la servitude, au moins pour tous les arbres âgés de 30 ans (sauf le cas où leur existence n'aurait été révélée que postérieurement à la plantation, par exemple, quand ils ont été masqués par un mur); et même le planteur acquiert ainsi non-seulement le droit de conserver les arbres malgré le voisin auquel ils font préjudice, mais encore le droit d'invoquer contre celui-ci la présomption légale de la propriété du terrain représentant la distance requise par les usages ou par les lois. Ceci prouve combien il est important de ne point tolérer l'inobservation des distances; car, à moins de titres positifs, celui qui laisse planter jusqu'aux

_____

(1) Ce sont les termes de l'arrêt de la cour de Rouen du 6 mars 1841. Voyez cass., 25 mai 1842; J. P., 1842, 2, 342.

confins de son héritage s'expose à perdre une portion de sa propriété (1).

§ 3. — ARBRES A BASSE TIGE.

La classe des arbres à basse tige comprend tous les arbustes et arbrisseaux, et en outre les arbres fruitiers en quenouilles, les buissons, espaliers et haies. Les bois taillis doivent être assimilés aux arbres à haute tige, dans notre pays surtout où les propriétaires sont dans l'habitude de réserver un certain nombre de baliveaux dans leurs taillis. (Cass., 5 et 13 mars 1850; 1, 377, 385.)

La distance à observer pour les plantations d'arbres à basse tige n'est point précise dans notre département; en pareille matière, les voisins sont fort accommodants dans tous les cantons, et surtout dans les villes, où l'on plante parfois jusqu'au pied du mur ou de la haie du voisin. Mais s'il s'élevait une difficulté sur ce point, les tribunaux ordonneraient la suppression des arbres à basse tige plantés à moins de 50 centimètres du voisin auquel ils feraient préjudice.

Le mot haie a chez nous deux acceptations distinctes; il comprend d'abord les arbustes formant séparation sans douves ni fossés; ce sont là les haies auxquelles le Code civil attache la présomption de mitoyenneté. Mais cette présomption ne s'applique pas aux fossés plantés d'arbustes, et que l'on désigne aussi vulgairement sous le nom de haies.

Duparc-Poulain nommait *haies de pic* les clôtures d'arbustes piquants plantés au niveau du sol.

(1) Voyez Bourges, 8 décembre 1841; Colmar, 6 avril 1842. J. P., 1842, 2, 144 et 748. En principe, à la vérité, la prescription de 30 ans ne donne pas le droit de remplacer les arbres plantés à moins de 2 mètres; mais cette servitude active peut se transformer, suivant les cas, en un droit de propriété. L'arrêt de Colmar ne laisse aucun doute à cet égard. Du reste, il a été jugé récemment par la cour de cassation (13 mars 1859) que le propriétaire voisin d'un bois taillis a bien le droit de faire arracher les souches âgées de moins de 30 ans, plantées au delà de la distance voulue, mais non les baliveaux exerus sur vieilles souches, alors même qu'ils n'auraient pas une existence trentenaire, la prescription commençant dès le jour où les souches apparaissent aux yeux du voisin, et étant acquise dès qu'elles ont 30 ans. V. aussi Douai, 18 mars 1842; cass., 11 juin 1839. J. P., 1842, 2, 378; 1839, 1, 668.

Quant aux haies sèches et palissades, elles sont affranchies de toute distance; on peut les placer à fin d'héritage.

Les arbustes qui forment le plus souvent les haies de pic sont l'aubépine et le prunier sauvage. Pour les haies sur fossés, on emploie surtout l'ajonc, le genet, l'épine noire, le houx et le coudrier; et dans les terrains humides, le saule et la bourdaine. On y plante en outre des arbres à haute tige que l'on taille en têtards, comme les chênes, ou qu'on laisse s'élever pour fournir des émondes périodiques, comme les hêtres, les ormes, les frênes, les aunes, les bouleaux et les saules, rarement les autres essences. Mais le voisin est en droit de faire arracher ceux qui ne sont pas à la distance fixée par la loi ou par l'usage (Rennes, 3 juillet 1813, 19 juin 1838; Amiens, 21 décembre 1821).

§ 4. — BRANCHES ET FEUILLES, FRUITS ET RACINES DES ARBRES.

Cœpola, *de arboribus*, expliquant les motifs de la loi *quinque pedum*, dit qu'il est nécessaire que chacun recule ses plantations, *propter radices, et ramos et frondes*. Ce sont, en effet, les branches et les racines des arbres, dont les développements successifs sont surtout à craindre pour le voisin. De là vient que le législateur, non content de prescrire une distance pour les plantations, permet en outre au voisin de se soustraire aux inconvénients de l'extension des branches et des racines. Si le code ne dit rien des feuilles, c'est parce que l'élagage des branches qui dépassent la ligne divisoire suffit pour assurer tous les droits des voisins. Quant à l'ombre, parfois utile et quelquefois nuisible suivant l'orientation, c'est un assujétissement nécessaire, et d'ailleurs bien léger, si l'on considère l'intérêt public, et la juste faveur due aux plantations.

L'usage local fournit ici bien peu d'éléments, et la loi est le guide le plus sûr pour les magistrats. Néanmoins, il n'est pas hors de propos de réfuter une opinion assez répandue dans nos campagnes en ce qui touche l'extension des branches sur le fonds voisin. Il est manifeste que, dans la plupart des cantons, les arbres et renaissances des fossés s'avancent sur le terrain limitrophe jusqu'à 3 et 4 mètres, sans réclamation aucune, parce que c'est là, dit-on, une servitude réciproque entre héritages contigus, sans laquelle nos fermiers seraient privés d'une grande partie de leurs chauffages.

Nous pourrions nous contenter de répondre que l'art. 672 est trop précis pour laisser le plus léger doute. Mais nous ajouterons quelques considérations de nature à convaincre les partisans de l'abus dont il s'agit. L'art. 150 du Code forestier porte que les riverains des bois et forêts ne peuvent se prévaloir de l'art. 672 du Code civil à l'égard des arbres de lisière âgés de plus de 30 ans, sous peine d'être poursuivis correctionnellement. C'est ici le cas de rappeler que l'exception confirme la règle : *qui dicit de uno negat de altero.* S'il était permis à tout propriétaire de laisser indéfiniment, ou seulement pendant 15 ou 18 ans comme on le voit à Scaër et à Sizun, les branches de ses haies envahir l'héritage du voisin, celui-ci ne pourrait donc jouir en aucune manière de la partie de son terrain ainsi couverte de bois, y construire une maison, etc.? Une pareille conséquence est une preuve sans réplique contre l'influence de l'usage, ou plutôt de l'abus que nous signalons. Quant aux fermiers, si l'exécution de l'art. 672 réduit un peu leurs chauffages, ce ne sera que sur les fossés extérieurs des métairies ; ils conserveront toujours les émondes des bois des fossés intérieurs. En tout cas, n'est-il pas juste de laisser aux propriétaires la faculté de s'exonérer d'une servitude si peu compatible avec les progrès de l'agriculture ?

La jurisprudence et les auteurs (notamment Henrion de Pansey, ch. 25), considèrent donc les termes de l'art. 672 comme absolus et la projection des branches comme un acte précaire, insuffisant pour servir de base à la prescription, dont le point de départ ne pourrait être apprécié qu'arbitrairement et d'une manière équivoque, chaque propriétaire pouvant aménager à sa guise les coupes de ses bois de fossés. Outre l'arrêt déjà cité du 13 mars 1850, et qui rappelle l'art. 170 de l'ordonnance du 1er août 1827, on en trouve d'autres dans le même sens au *Journal du Palais*, 1824, 2,243 ; 1828, 1,107 ; 1835, 3,412 ; 1844, 2,146. (M. Neveu de Rotric est d'un avis contraire ; mais il ne produit à l'appui de son opinion que les motifs discutés ci-dessus).

Le code ne dit pas à quelle hauteur l'élagage des branches doit être fait, et dès-lors il y a lieu de consulter la coutume locale, à moins que des réglements administratifs n'aient expressément disposé pour ce cas. Dans le Finistère, il n'a été pris aucune mesure générale pour la hauteur des élagages à faire sur les chemins vicinaux. Un arrêté préfectoral du 9 octobre 1821 a prescrit d'émonder les arbres aux deux tiers de leur hauteur ; mais il a été remplacé par le réglement général du 22 novembre 1851, qui ne spécifie point le mode de cette opération. C'est donc l'usage qui résout la question ; or, tout le monde sait qu'en élaguant les cultivateurs ont toujours soin de conserver les branches de la tête des arbres ; et suivant nous, entre voisins comme lorsqu'il s'agit de l'exécution des réglements sur les chemins, les propriétaires sont en droit de s'opposer à la coupe des branches de la couronne, qui surplombent sur l'héritage d'autrui. C'est là une coutume tellement répandue, que les fermiers ne sont jamais autorisés à écouronner les arbres dont les émondes périodiques leur sont abandonnées ; — précaution nécessaire et sans laquelle les bois des fossés dépériraient infailliblement. Enfin , la Cour de cassation a prononcé, le 29 mai 1846, un arrêt qui consacre les mêmes principes.

Le Code civil ne contient aucune disposition relative à la hauteur et à la largeur des haies ; la coutume locale ne donne à cet égard que des indications vagues pour les haies de pic. Cependant, comme la loi et l'usage prescrivent une distance de 50 centimètres, à partir du milieu de la haie mitoyenne, et du rang extérieur de la haie privative, dans ce dernier cas il faut que la haie soit taillée une fois par an, ou au moins tous les deux ans, afin que l'espace de 50 cent. ne soit pas insensiblement envahi et bientôt dépassé par les branches, cet espace étant réputé ménagé par le propriétaire, tant pour son passage, quand la haie doit être taillée, que pour laisser la haie se développer d'une manière normale, et former une clôture; cette seconde raison est la plus décisive pour la distance des haies implantées des essences accoutumées. La hauteur des haies étant indéterminée, le voisin n'est pas en droit de la limiter, à moins qu'elles ne soient plantées d'essences nuisibles; seulement, il serait dû des dommages-intérêts par le propriétaire qui, en taillant sa haie, dégraderait ou détériorerait les récoltes du voisin. Pour les haies des fossés, aucune coutume n'en détermine la hauteur : leur épaisseur est en raison des époques de l'aménagement des coupes; et la possession précaire résultant de cette situation est presque universellement tolérée, comme tant d'autres abus. Quant à l'exploitation, elle est faite régulièrement par le propriétaire du fossé qui, sans passer sur le fonds voisin, peut aisément, de sa douve, atteindre et enlever ses bois et renaissances.

Dans l'intérêt de la viabilité, l'administration devait régler précisément la hauteur des haies bordant les chemins; c'est l'objet des art. 159 et 167 de l'arrêté du 22 novembre 1851. Mais, il faut le dire, les termes de ces articles sont ambigus et même contradictoires: on y voit, en effet, art. 159, que la hauteur des haies ne pourra dépasser 1 m. 33, et plus bas, art. 167, qu'elles pourront s'élever à 2 mètres, sans qu'il soit possible de découvrir les motifs de cette anomalie. En ce qui touche l'épaisseur ou du moins l'extension des haies sur les chemins, le même réglement pose une exception à l'usage général, en ordonnant de couper tous les deux ans, non-seulement les genêts et ajoncs conformément aux habitudes locales, mais aussi les bois courants, qui sont ordinairement aménagés par coupes de neuf ans (une circulaire du 26 novembre 1828 enjoignait l'élagage de toutes branches se projetant sur les chemins). Cette prescription est très sage, et peut être nécessaire : en était-il de même de la limitation à 1 *mètre de hauteur au-dessus du niveau de la route* pour les fossés et pour les talus en pierres? Nous ne le croyons pas (quoique, par une circulaire du 3 janvier 1818, le préfet eût déjà prescrit ce maximum pour toutes les routes);

11

car il est extrêmement important de ne pas priver les cultivateurs des moyens de se clore, surtout aux abords des chemins,
et l'application littérale du réglement entraînerait la dévastation
d'un grand nombre de propriétés, ouvertes à tout venant, dès
que le terrain serait plus élevé que le sol du chemin, ce qui se
rencontre fréquemment. Il est très vrai que les riverains des
routes ne se conformaient point à cette obligation, et que les
agents-voyers ne tenaient nulle part à l'exécution d'une mesure
aussi exorbitante : ne valait-il pas mieux néanmoins la modifier?
Tel a été l'avis du Conseil général dans sa dernière session ; et sur
sa demande le nouvel arrêté permet au moins une hauteur de
1 m. 60 c.

L'élagage, suivant l'art. 160, doit être opéré du 1er décembre au
1er février. C'est bien là l'époque convenable pour les arbres et
pour les haies en général ; quant aux ajones, il est d'expérience
qu'ils ne se reproduisent pas bien, quand on ne les coupe pas en
mars ou avril (V. ci-dessous, à l'art. *Emondes*). L'époque de la
coupe des ajones aurait donc dû être reculée au moins d'un mois (1).

Nous pourrions présenter ici plusieurs autres observations sur
ce réglement, par exemple sur l'art. 146, qui exige une autorisation pour remuer une pelletée de terre, pour la plus légère réparation des fossés donnant sur chemins, lors même que les
travaux se font en dehors des limites de la route ; et sur l'art. 119
où l'on parle des propriétés fermées de murs, *ou autres clôtures
équivalentes suivant l'usage*, locution vague, ambiguë, ou plutôt
sans signification, car il n'existe aucune clôture qui soit assimilée à un mur, en vertu de l'usage (2)... Mais nous nous arrêtons dans cet examen rapide d'une œuvre qui, malgré quelques
imperfections et quelques longueurs, peut à bon droit être considérée comme un travail sérieux, entrepris et achevé en vue de
l'intérêt général.

(1) Un autre arrêté préfectoral du 5 janv. 1838 prescrit l'élagage à la même
époque sur *tous les chemins classés*, et donne lieu aux mêmes observations.
M. le Préfet s'y plaint de l'inexécution des ordres de l'administration, tout en
rappelant le décr. du 16 déc. 1811, dont les art. 101 et 105 sont pourtant des
plus sévères, mais heureusement mitigés dans la pratique.

(2) A moins qu'on n'entende par là les talus en pierres, qui sont de véritables
murailles, et les haies vives ; mais dans cette dernière hypothèse, les extractions ne pourraient avoir lieu que sur les terrains vagues, et tel n'est pourtant
pas le but du réglement.

Au reste, il est bon d'observer ici encore que la présomption
légale peut être invoquée pour les arbres à basse tige comme
pour ceux à haute tige (voir ci-dessus, ch. 7), et qu'en conséquence, le propriétaire d'une haie est réputé, jusqu'à preuve
contraire, n'avoir pas effectué sa plantation sur la lisière extrême de son héritage, mais au contraire s'être retiré de la distance de 50 centimètres (Colmar, 18 novembre 1846).

Les feuilles des arbres sont un produit minime à la vérité,
mais qui peut être néanmoins la cause de discussions entre voisins. Suivant nous, il est hors de doute que les feuilles appartiennent au propriétaire du terrain où le vent les porte. Au point
de vue exclusif de l'usage, dans les villes, il est reconnu que
chacun a le droit de s'approprier les feuilles tombées sur son
terrain : à la campagne, on va plus loin encore ; quand la ligne
de séparation consiste dans un fossé, le propriétaire de ce fossé
ne touche point aux feuilles qui tombent sur le revers extérieur
et dans la douve ; c'est le voisin qui les ramasse. Il en est de
même des herbes et plantes adventices croissant dans la douve
et sur le parement du fossé; elles sont constamment profitées
par le voisin non-propriétaire, auquel il est seulement interdit
de mottoyer et de couper les bois courants et renaissances (1).
Ainsi, dans maint canton, disons mieux dans tous, la coutume
autorise la culture et l'ensemencement du sol même de la douve
appartenant au voisin, et c'est par ce motif que l'exploitation
des bois courants et les réparations des fossés ont toujours lieu
avant les semailles. Tout propriétaire contigu met ses bêtes à
pâturer dans la douve du voisin, et fait son profit des herbes,
ronces, fougères et autres produits spontanés du revers du
fossé. Dans notre département, voilà comment les choses se
passent ; de sorte qu'à vrai dire le droit du propriétaire d'un
fossé consiste uniquement dans la jouissance des bois dont il
est garni, et dans la faculté de prendre les mottes et la terre
de la douve, quand bon lui semble, pour le rafraîchissement et
la consolidation de la clôture. Le voisin, pour tout le reste, a
l'usage et même la jouissance de la douve et du revers du fossé.

(1) Sans doute, ainsi que l'enseigne Vaudoré, t. 2, p. 191, cette jouissance
du voisin est précaire, et ne peut donner naissance à la prescription. Mais
l'usage lui donne un caractère légitime, en ce sens que le propriétaire, pour
la faire cesser, est obligé de changer l'état des lieux, d'élever un mur, etc.

Cette coutume, qui est une conséquence forcée du voisinage plutôt qu'une modification du droit de propriété, commande le respect par son but pacifique, — la conciliation des intérêts chaque jour en contact, sinon en conflit; et, n'en doutons pas, l'inobservation de cette partie des usages entraînerait des conséquences fâcheuses. En effet, si le propriétaire du fossé de clôture pouvait seul disposer absolument de la douve, l'ensemencer, y mener paître ses bestiaux, le voisin serait contraint d'exercer une surveillance incommode, soit pour prévenir les usurpations sur son héritage, soit pour empêcher ses animaux de *manger l'herbe d'autrui*. Les anticipations, les dégradations et les voies de fait seraient inévitables : l'usage local est le remède le plus efficace contre ces désordres, et il serait imprudent d'y porter atteinte (1).

Si les feuilles, les herbes et *gouzils* sont laissés au propriétaire du terrain voisin, les fruits des arbres appartiennent-ils à celui sur le fonds duquel ils tombent ? Suivant les uns, il y a à cet égard, dans les villes, un usage bien constant, autorisant chacun à faire siens les fruits tombés sur son fonds; à la campagne, au contraire, le propriétaire d'un arbre aurait toujours le droit d'aller recueillir les fruits sur le fonds voisin. D'autres prétendent que cette dernière faculté existe dans tous les cas, en vertu de la tradition. M. Quernest soutient (p. 41) qu'il est dû passage en ce cas, sauf indemnité s'il y avait dommage. Nous pensons que c'est là une question à résoudre d'après les principes du droit commun, bien plus qu'en vertu des usages locaux, fort variables et incertains; et quoique M. Toullier semble considérer comme reçue en Bretagne la servitude de passage pour ramasser les fruits *in fundo alieno*, il nous semble difficile de l'admettre dans le Finistère. Dans les villes, et même dans tous les lieux clos de murs, les propriétaires d'arbres fruitiers sont rarement autorisés à aller prendre leurs fruits chez le voisin, qui, plutôt que de subir un pareil assujettissement, ne manque-

(1) Vaudoré dit que l'usage autorise assez généralement les riverains à couper ou à faire pâturer l'herbe qui croît sur le terrain laissé pour la distance des haies, et que le propriétaire du rejet ne peut ni semer ni planter du côté du voisin. *Droit rural*, t. 1, p. 60 et 61. A la page 95, il ajoute qu'en Bretagne, quand les branches s'avançaient sur le voisin, les feuilles lui appartenaient, et les fruits au propriétaire de l'arbre; ce qui est parfaitement d'accord avec nos observations personnelles.

rait point d'user du bénéfice de l'art. 672 du Code civil : tant qu'il supporte la projection des branches, il se croit donc bien fondé à prendre les fruits qui tombent chez lui, comme compensation du dommage résultant de l'ombre et de la privation d'air. Il n'y a qu'un bien petit nombre d'arbres fruitiers dans les champs, si l'on excepte les pommiers : il est néanmoins certain que, là où il s'en trouve sur les confins d'un héritage, le propriétaire des arbres peut aller, et va recueillir les fruits sur le terrain du voisin, lequel n'a aucun intérêt à s'opposer au passage, puisqu'il reste maître, dans tous les cas, de faire couper les branches dépassant la ligne divisoire. En résumé, les feuilles des arbres *solo cedunt ;* les fruits sont dévolus à celui chez lequel ils tombent, quand les voisins sont séparés par un mur ; dans les champs, le maître de l'arbre en ramasse tous les fruits.

Les racines des arbres peuvent être un voisinage très nuisible à la culture, alors même que la distance pour les plantations a été scrupuleusement observée ; aussi la loi permet-elle l'extirpation des racines s'avançant sur le fonds du voisin. Celui-ci peut les couper lui-même et se les approprier, à la différence des branches, qu'il a le droit de faire couper, ou de se faire autoriser à couper lui-même, mais dont il n'est point le maître de s'emparer au préjudice du propriétaire.

CHAPITRE IX.

DU CONTRAT DE LOUAGE.

Section 1re. — Des Baux à loyer.

OBSERVATIONS GÉNÉRALES.

Nous ne traiterons pas ici des diverses modifications du contrat de louage. Notre unique but étant de faire clairement ressortir les solutions concernant les matières pour lesquelles la loi se réfère aux usages des lieux, nous nous bornerons à passer en revue les coutumes observées en ce qui touche : 1° les baux à loyer; 2° le louage des domestiques, gens de journée et ouvriers ; 3° les baux à cheptel ; 4° les baux à ferme ; 5° les baux à colons-partiaires ; 6° les baux à domaine congéable. — Pour les baux à loyer, seul objet de cette Section, nous rechercherons les diverses obligations et les droits réciproques des propriétaires et des locataires.

Un premier point qui s'applique incontestablement à toutes les locations du département, c'est que les art. 1758 et 1759 du Code civil concernent non-seulement les maisons et appartements meublés, mais aussi tous les lieux susceptibles d'être loués, comme celliers, magasins, usines, boutiques, chambres, etc., non meublés ; et en un mot tout ce qui n'est pas un fonds rural (1)

---

(1) A cet égard, on hésite quelquefois sur le point de savoir si l'on doit appliquer les règles du bail à loyer, ou celles du bail à ferme ; par exemple, quand un propriétaire loue un moulin et un pré, une maison et un champ ou verger. Il est clair qu'alors, ou la maison est l'objet principal du bail, ou elle n'en est que l'accessoire. Dans le premier cas, il ne s'agit que d'un bail à loyer ; dans le deuxième, il faut distinguer : si l'immeuble annexé à la maison est un taillis ou un champ labourable, c'est aux règles des baux à ferme qu'il faut se reporter. Quant aux prairies, comme elles ne sont pas susceptibles d'assolement, elles ne changent pas la nature du bail à loyer ; il en serait ainsi d'un verger, d'un jardin. En un mot, pour que l'immeuble soit censé soumis aux règles spéciales aux baux à ferme, il faut que le fonds loué ne puisse produire des fruits qu'à des époques périodiques déterminées par la rotation des cultures.

proprement dit , tout ce qui sert à l'habitation des hommes ou
à la conservation des choses.

En matière de baux à loyer, la déclaration de l'usage des lieux
est exclusivement du domaine des juges territoriaux, et leurs décisions ne peuvent être censurées par la cour suprême ; cela est
reconnu en jurisprudence. Mais les règles générales du droit
n'en conservent pas moins tout leur empire. Ainsi, d'un côté
le bailleur doit livrer la chose, en garantir la jouissance paisible
au locataire, et payer les contributions foncières ; le locataire, de
son côté, doit garnir les lieux de meubles (une valeur suffisante
pour garantir au moins une année de loyer et les frais de vente),
user sagement de la chose, payer les loyers à échéance, et les
contributions des portes et fenêtres. Ces principes posés ,
recherchons les divers usages et la manière dont ils sont appli-
qués dans notre département.

§ 1er. — FORME ET DURÉE DES BAUX A LOYER.

Les locations des maisons peuvent être faites par écrit ou
verbalement.

Dans le Finistère, on ne passe guère de baux à loyer par écrit,
si ce n'est pour les locations importantes ; la plupart des appartements, grands et petits, sont loués verbalement. Mais on
n'est pas dans l'habitude, comme à Paris, de traiter avec le
portier ou un autre tiers, ni de donner *un denier à Dieu*, qui
forme un lien de droit plus ou moins sérieux. Chez nous , on
stipule directement avec le propriétaire, et la preuve de la convention est abandonnée à la loyauté des contractants. Or, en
les supposant même de bonne foi, il peut arriver que le locataire prétende que telle pièce fait partie de sa location, et que le
propriétaire élève d'autres prétentions. Le seul moyen d'empêcher que la bonne harmonie soit troublée, c'est de déterminer
exactement les limites du droit de chacun , en faisant un acte,
au moins sous seing privé. Cette précaution devient encore plus
nécessaire, lorsque l'une des parties est de mauvaise foi ; et l'on
sent alors plus vivement, et quelquefois trop tard, les inconvénients des conventions verbales. Nous ne saurions donc trop
recommander aux propriétaires et locataires de fixer, par un
écrit, les conventions de la location.

S'il surgit entre les parties un différend sur la durée du bail, le preuve testimoniale ni le serment du bailleur n'étant recevables en ce cas, les tribunaux doivent prendre pour règle les usages locaux s'il en existe (1). — Il en est de même quant à l'époque des emménagements, qui varie suivant les localités et la nature de la location (c'est cette époque qui sert à déterminer celle de la sortie des locataires), ainsi qu'il résulte du tableau suivant :

Paris : le 8 ou le 15 des mois de janvier, avril, juillet et octobre ;

Orléans : à la Saint-Jean (24 juin) ;

Blois : à Noël (25 décembre) ou à la Saint-Jean ;

Bordeaux : à toute époque de l'année ;

Chartres : à Noël ou à la Saint-Jean ;

Caen : à Noël, à Pâques, à la Saint-Jean ou à la Saint-Michel ;

Alby : à la Toussaint ;

Sens : à Noël, à Pâques, à la Saint-Jean et à la Saint-Rémy (1er octobre) ;

Melun : le 1er des mois de janvier, avril, juillet et octobre ;

Marseille : au 29 septembre (la Saint-Michel) ;

Toulouse : 1er novembre (la Toussaint) ;

Vannes : à la Saint-Michel et au 1er septembre ;

Rennes : à la Saint-Jean ou à Pâques ;

Saint-Brieuc : à la Saint-Michel ;

Dourdan et le Valois : le 1er des mois de janvier, avril, juillet et octobre ;

Perpignan : le 1er janvier et le 1er juillet ;

Strasbourg : le 1er mars ;

Lille : à Pâques ;

Auch : à la Toussaint ;

Dijon : au 15 janvier ;

Draguignan : le 1er octobre, etc., etc.

Dans notre département, les locataires entrent en jouissance, savoir : Dans les 12 cantons de Brest, fors Ouessant, au 29 septembre et au 1er avril ; à Ouessant, c'est au 29 septembre seulement ; dans l'arrondissement de Morlaix, c'est également au 29 septembre ; dans l'arrondissement de Châteaulin, c'est aussi au

---

(1) Ainsi jugé par arrêts de la cour de Grenoble les 14 mai 1825 et 4 août 1832 ; Dalloz, t. 26 et 33, 2e partie, p. 33 et 27. — Code manuel des propriétaires et des locataires, par Agnel, p. 28, édition de 1845.

29 septembre, sous les exceptions suivantes : 1° dans le canton
de Carhaix, c'est quelquefois au 1er mars, plus souvent au 29
septembre ; — 2° dans le canton de Crozon, au 1er avril et au 29
septembre ; — à Roscanvel, quelquefois au 1er de chaque mois ;
— dans les ports du canton, pas d'époques bien précises ; — pour
les presses à sardines, c'est au 10 août. Dans l'arrondissement
de Quimper, c'est au 29 septembre, sauf les cas suivants :
canton de Plogastel Saint-Germain, c'est quelquefois au 1er
avril ; canton de Douarnénez, c'est au 24 juin pour les presses à
sardines; cantons de Pont-l'Abbé, quelquefois au 1er août; de Concarneau, quelquefois au 1er avril pour les presses ; dans l'arrondissement de Quimperlé, c'est au 29 septembre, sauf à Arzanno
et à Guilligomarc'h, où il est d'usage de faire partir les baux à
loyer du 1er mars (1).

Le point de départ des baux étant connu, comme leur durée
est toujours exprimée dans les baux écrits, il reste à examiner
comment elle se déterminera d'après les usages, en cas d'un
bail purement verbal.

Dans tout le Finistère on admet ce proverbe ou dicton : *la clé
porte un an ;* en d'autres termes, tout ce qui n'est pas un fonds
rural est censé loué pour une année. En effet, quoique à la rigueur les termes de paiement convenus ne puissent être considérés comme des limites indiquant à la rigueur la durée des
baux, il est certain que, dans le doute, la clause usuelle *à tant
par an* démontre que le bailleur a entendu louer pour une année ; cela est d'autant plus évident que, contrairement aux usages
de Paris, alors même qu'il y a deux ou trois époques d'entrée
dans tel ou tel canton, l'usage néanmoins n'admet généralement
qu'un seul terme de paiement par an. C'est donc là le terme réel
de la location selon le texte et l'esprit de la loi.

(1) Dans les cantons de l'arrondissement de Brest, et dans ceux de Crozon
et Plogastel-St-Germain, où il y a 2 époques, le bail est réputé partir du
1er avril si le locataire est entré du 1er janvier au 1er juillet ; sinon, le bail est
présumé courir du 29 septembre. Il en est de même dans le canton de Carhaix
(malgré la différence des époques, c'est-à-dire que les locataires sont censés
avoir le bail dès le 29 septembre, bien qu'entrés le 1er novembre seulement),
et dans les communes d'Arzanno et Guilligomarc'h. Mais ce calcul ne peut servir qu'à fixer l'entrée en jouissance, ou plutôt l'époque de la sortie, nullement
à régler le paiement dû par le locataire une fois entré : *tantùm debitum quantùm
possessum.*

Si, comme nous l'avons dit, les choses se passent autrement à Roscanvel, il convient d'ajouter que c'est une exception, même à Roscanvel. Quant aux maisons louées aux préposés des douanes, à des officiers, à des employés des contributions indirectes, des ponts et chaussées, de la marine et de l'enregistrement, comme on en voit dans les nombreux ports du canton de Crozon, le locataire qui part étant habituellement remplacé par un fonctionnaire du même ordre, les locations sont présumées faites en même temps pour un an et à tant par an.

Une autre exception doit être signalée en ce qui touche les chambres garnies, occupées ordinairement par des fonctionnaires et par la population flottante, notamment à Brest, à Quimper, et qui sont habituellement louées au mois, parce qu'on ne néglige jamais la clause décisive à tant par mois. La quotité même du prix du loyer l'établirait du reste facilement.

Enfin, la présomption de la location annale cesse, dit-on, d'être applicable aux loyers d'appartements garnis occupés par des militaires en garnison, ces appartements étant censés loués au jour. Suivant nous, les usages du Finistère ne peuvent autoriser à admettre cette opinion (1). Ainsi, sauf les chambres garnies, toute location est considérée comme annale : car nous ne dirons rien des maisons garnies, à cause de la rareté de ce cas. Nous ne connaissons aucune maison qui soit louée toute meublée ; nous n'ignorons pas qu'à Brest, et ailleurs peut-être, il se rencontre des locations pareilles ; mais elles sont trop peu nombreuses pour infirmer la règle : le plus souvent les appartements loués en garni le sont au mois, et doivent être assimilés aux simples chambres garnies, quant à la durée de la location.

§ 2. — Congés. — Délais. — Distinctions.

Lorsque la durée du bail à loyer n'est déterminée ni par la convention des parties, ni, à son défaut, par la nature de la chose louée, les contractants ne peuvent la faire cesser qu'en se donnant congé par huissier dans les délais d'usage. Ainsi doivent

(1) C'est celle de MM. Quernest et Cavé, qui se fondent sur l'art. 1er de la loi du 1er complément, an VII. Cette interprétation de ladite loi nous paraît sujette à controverse. L'art. 1er donne aux militaires en activité, ou plutôt aux conscrits appelés sous les drapeaux, la faculté de résiliation, à condition de faire certaines notifications (art. 3), et sous peine de dommages-intérêts (art. 4).

être entendus les art. 1736 et 1737 du Code civil (1). Le congé peut être nécessaire, même quand il y a un bail écrit ; il peut cesser d'être obligatoire en cas de bail verbal : dans plusieurs cas, c'est le congé que la loi prescrit aux parties comme le plus sûr moyen de faire cesser le contrat de louage. On ne peut s'en dispenser, lorsque, comme cela se présente souvent dans notre département, le bail contient des termes auxquels il est loisible aux propriétaires ou aux locataires de le résoudre ; par exemple quand il est fait pour 3, 6 et 9 ans : faute d'une stipulation spéciale, c'est l'usage qui fixe les délais du congé.

L'acquéreur des lieux loués est également astreint à la formalité du congé dans le cas de l'art. 1748 du Code civil ; il en est de même du bailleur dans le cas de l'art. 1762 C. c. — En outre, lorsque le locataire, par son fait, donne lieu à la résiliation du bail, il n'est point tenu de payer les loyers pendant tout le temps que les lieux ne sont pas loués, mais seulement pendant le temps nécessaire à la relocation, c'est-à-dire pendant le temps fixé par les juges suivant l'usage local pour les congés (art. 1760 du Code civil ; cassation, 1er juillet 1851, *Gazette des Tribunaux.* Le même arrêt décide aussi que le bailleur ne peut, sans indemnité, conserver les constructions faites par le locataire même non autorisé à faire des innovations. (V. ci-dessous, section 3, art. 12.)

On le voit, la constatation des usages quant aux délais des congés a, dans la pratique des affaires, une importance réelle ; aussi n'avons-nous rien négligé pour les connaître exactement.

Dans l'arrondissement de Brest, les congés doivent être signifiés au plus tard le 1er février pour le 1er avril, ou au 21 juillet pour le 29 septembre (2).

— Cette procédure, aujourd'hui inconnue dans la pratique, serait insolite, frustratoire, et la source de mille contestations, faciles à éviter si l'on veut s'en tenir à la présomption reconnue par les usages actuels, en laissant de côté une loi qui n'est plus dans nos mœurs, et que nous considérons comme tombée en désuétude.

(1) V. Agnel, p. 351 ; Delvincourt, t. 3, p. 195 ; Duranton, no 116 ; Duvergier, t. 3, p. 483 ; Troplong, no 401.

(2) Aucun usage dans l'île d'Ouessant ; il n'y a là, en effet, qu'un très-petit nombre de locations ; chaque insulaire a son humble maisonnette, et si par aventure il se loue une habitation, une cabane, les parties ne songent jamais à se donner avis de la résiliation, encore moins à se notifier des congés réguliers.. il n'y a point d'huissier.

Dans l'arrondissement de Morlaix, c'est le 21 juillet pour le 29 septembre.

Dans l'arrondissement de Châteaulin, en général, c'est aussi le 21 juillet. — Dans le canton de Crozon, néanmoins, c'est le 1er février pour les baux du 1er avril, le 21 juillet pour ceux du 29 septembre, sous les deux exceptions suivantes : 1° pour les boutiques, ateliers, magasins, c'est le 28 mars pour le 29 septembre, le 30 septembre pour le 1er avril ; 2° pour les presses, celliers, magasins et autre annexes du commerce de la sardine, c'est le 9 mai pour le 10 août (1). — Dans le canton de Carhaix, c'est le 30 novembre pour le 1er mars, ou le 23 juin pour le 29 septembre (2).

Arrondissement de Quimper : c'est le 21 juillet pour le 29 septembre. Pour les cantons de Quimper, de Rosporden, de Fouesnant, de Pont-Croix, de Briec, de Concarneau et de Douarnénez, les congés sont valablement donnés jusqu'au 21 juillet, sous les distinctions suivantes :

1° A Quimper, pour maisons entières, et pour locations de commerce, le congé doit être donné au plus tard le 28 mars ;

2° A Concarneau, même délai, seulement pour les locations de commerce ;

3° A Douarnénez, on ne peut donner congé après le 28 mars pour loyers consentis à des patentés ;

4° Pour les magasins ou presses à sardines, on doit donner congé avant le 24 décembre pour le 24 juin ;

5° Dans le canton de Pont-Labbé (jugement du tribunal de Quimper du 26 juillet 1846), le délai du 21 juillet n'est observé qu'à la campagne, et dans le quartier Lambourg de la ville : dans la ville de Pont-Labbé, sauf dans ledit quartier, les congés

(1) C'est à tort qu'on voudrait prétendre qu'à Roscanvel les congés doivent toujours être donnés 6 mois avant sortie. Là aussi le congé est valable jusqu'au 21 juillet, sauf pour les maisons de commerce. N'y aurait-il pas, en effet, danger à laisser s'établir des usages contradictoires dans des localités si rapprochées ?

(2) Cette coutume du 23 juin, qui paraît ici singulière, a pourtant sa raison d'être... C'est précisément ce délai qui est observé dans des cantons voisins de Carhaix (Callac, Rostrenen, Maël-Carhaix, sauf la commune de Lohuec); l'instinct d'imitation, des intérêts identiques, ont dû propager les mêmes habitudes dans des lieux que de nouvelles circonscriptions administratives n'ont pu entièrement séparer.

sont valables jusqu'au 23 juin, pour tous loyers (ils prennent fin au 1er août);

6° A Plogastel-Saint-Germain, on suit les usages reçus à Concarneau ;

7° A Concarneau : avant le 30 septembre pour presses; en tout cas, 6 mois avant l'échéance.

Dans l'arrondissement de Quimperlé, canton de Quimperlé : en ville, on doit donner congé le 28 mars pour le 29 septembre, quand la location comprend une hôtellerie, ou un local pour le commerce, et selon quelques-uns, quand il s'agit d'une maison entière; mais telle n'est pas l'opinion générale. En tout autre cas, il est valablement donné au 23 juin. Ce dernier délai est le seul usité à Rédéné, et aussi dans les cantons de Scaër et Bannalec; à Melgven seulement (1), il est permis de donner congé jusqu'au 21 juillet; telle est aussi la coutume dans le canton de Pont-Aven (2). — Enfin, à Arzanno et à Guilligomarch, les congés doivent être donnés avant le 30 novembre pour le 1er mars.

On le voit, il y a une grande diversité dans les usages du Finistère en matière de congés. Néanmoins, le délai du 21 juillet, adopté dans 258 communes, doit être considéré comme la règle dominante dans tout le département. Le délai du 1er février s'est introduit dans 133 communes où les entrées des locataires ont lieu parfois au 1er avril, mais pour ce cas seulement. Les délais des 28 mars et 30 septembre ne s'appliquent qu'à des locations spéciales, dans 6 communes. Le délai du 23 juin est de tradition fort ancienne, mais n'a pu se conserver que dans 22 communes, ressortissant jadis aux évêchés de Cornouailles et Vannes.

Quant aux délais des 30 novembre (11 communes), 9 mai, 30 septembre et 23 décembre (4 communes), il est évident qu'ils ne régissent que des locations tout à fait exceptionnelles.

Nous ferons ici une observation pouvant aider à la solution d'une difficulté qui s'est plus d'une fois présentée dans les cantons où, comme à Crozon, à Quimper, à Concarneau, à Douarnenez, à Plogastel-Saint-Germain et à Quimperlé (dans cette der-

---

(1) Le voisinage du canton de Rosporden, dont les habitants ont des rapports journaliers avec ceux de Melgven, aura sans doute motivé ce relâchement de la règle reçue dans les autres communes du canton de Bannalec.

(2) Nous savons que cette coutume n'est pas unanimement adoptée ; mais tel est du moins l'usage général, et cela nous suffit.

nière ville, le délai du 28 mars n'est exigé que pour les hôtelleries, usines, ateliers, boutiques et magasins, non pour les petites maisons, échoppes, etc.), on étend à 6 mois le délai des congés pour les boutiques, ateliers, magasins, usines, hôtelleries, maisons entières avec jardin, etc. On conçoit qu'alors il peut y avoir des doutes sérieux sur la valeur réelle et le véritable sens de la coutume locale : assimilera-t-on le cabaret à une hôtellerie, ou à une boutique (parce qu'il faut pour vendre de la boisson une licence de l'administration)? L'échoppe d'un savetier doit-elle être réputée une location de commerce? Une maison sans étage, et d'une ou deux pièces seulement, est-elle une location de maison entière ?

Ces questions, assez délicates dans la pratique, sont en général jugées en faveur des locataires, parce qu'il dépend toujours du bailleur de prévenir les contestations sur la durée du bail ; s'il a négligé de prendre ses précautions, lui seul doit supporter les conséquences de son incurie.

Ainsi, à Paris, où le délai des congés se règle tant sur le taux des loyers que sur la nature des lieux loués, et sur la profession des locataires, il a été jugé :

1° Que le congé d'un appartement, dont le prix de location est important, doit être assimilé à celui d'un corps de logis entier ;

2° Que l'extension de délai accordée aux locations de boutiques doit être appliquée à toute boutique, quelque exiguë qu'elle soit (il s'agissait d'un étalage de pain d'épices et sucreries!) ;

3° Qu'on ne peut réputer boutique ou magasin que les lieux donnant sur la rue ou sur un passage, à moins qu'il n'ait été convenu entre les parties que les lieux serviraient à un commerce en détail ; — encore cette restriction est-elle rejetée par les auteurs (1).

Ces décisions, sans aucun doute, seraient suivies dans les tribunaux du Finistère ; car elles sont fondées sur de puissantes considérations de droit et d'équité. Si nos informations sont exactes, le tribunal de Quimper a même jugé récemment dans le

---

(1) Voyez sur ce point *le Droit*, 28 juillet 1838 ; arrêts de la cour de Paris, 12 octobre 1821, 20 juillet 1825, 22 juin 1812 ; *Gazette des Tribunaux*, 8 décembre 1835 ; Bourjon, t. 2, p. 65 ; Brillon, v° bail, n° 19 ; Pigeau, t. 2, p. 444 ; Duvergier, t. 4, n° 39 ; Troplong, n° 107. — Agnel, *Manuel des propriétaires et locataires*, p. 392 à 396.

sens de cette jurisprudence, en annulant un congé signifié à 5 mois seulement à un cordonnier de Concarneau. En tout cas, nous pensons que les bailleurs ont le plus grand intérêt à éviter ces sortes de discussions.

Enfin, il est extrêmement important de ne pas perdre de vue que le délai, en fait de congés, est fatal et d'une rigueur absolue; il doit être complet, et il ne pourrait pas produire son effet s'il était donné seulement un jour, ou quelques moments après le jour indiqué par l'usage, ou même ce jour-là après le coucher du soleil; et comme il peut arriver que le terme usuel coïncide avec un Dimanche ou un jour de Fête légale, il faut alors que le congé soit donné la veille (arr. de la cour de Nancy, 12 juillet 1833 — Troplong, n° 419). Ceci s'applique à tous les congés. Par analogie, les époques d'emménagement et de déménagement, qui échéent à un Dimanche ou autre jour férié, sont reculées de 24 heures (voyez le tableau ci-dessus, p. 168).

Néanmoins, les règles concernant les formes et délais des congés souffrent exception, lorsqu'il s'agit de chambres garnies; louées ordinairement au mois et à tant par mois, elles ne sont pas astreintes à la formalité des congés proprement dits. Mais si le bail cesse alors sans qu'il soit besoin du ministère de l'huissier, la coutume prescrit cependant un avertissement verbal dans le délai de 15 jours; ainsi le locataire en chambre garnie entré le 1ᵉʳ d'un mois doit, avant le 15 du mois, prévenir le propriétaire, et réciproquement; tel est l'usage bien constant dans tout le Finistère, et il va sans dire que ce congé exceptionnel peut être valablement donné un jour de Dimanche ou de Fête légale.

§ 3. Délais de grace — maisons — jardins.

A l'expiration du terme fixé par le bail écrit ou verbal, le bailleur peut introduire un nouveau locataire, et l'ancien peut se retirer. Mais dans beaucoup de localités, l'usage accorde aux locataires, pour vider les lieux loués et faire les réparations locatives, un délai dont la durée dépend des circonstances.

Dans l'arrondissement de Brest, on n'admet point généralement qu'il soit dû au locataire un délai pour déménager. Ainsi, pour le terme d'avril, il est bien reconnu que la remise des clés au propriétaire doit avoir lieu le 1ᵉʳ à midi; des considérations particulières, des motifs impérieux, comme un jour férié, une pluie abondante, ou les difficultés d'un déménagement considérable, modifient cette coutume sans la détruire; elle existe et régit en général toutes les locations du 1er avril.

Pour les locations du 29 septembre, la solution devrait être la même; et pourtant on admet dans la pratique une coutume moins absolue, en fixant au 30 septembre à midi la sortie du locataire. C'est là le seul délai de tolérance reconnu par l'usage local; tout ce qui se fait en dehors de ces limites ne peut être considéré et n'est en réalité qu'une concession, une pure bienveillance; et les locataires sortants n'ont aucun droit de réclamer le bénéfice d'un délai supplémentaire, à moins de cause majeure (1).

Dans l'arrondissement de Morlaix, l'usage le plus répandu oblige aussi les locataires à vider les lieux pour le 30 septembre à midi.

Dans l'arrondissement de Châteaulin, l'usage est le même; seulement dans la ville de Châteaulin, il est admis que les locataires sortants ont droit à un délai de grâce de 8 jours francs, à moins qu'il ne s'agisse de minimes loyers, pour lesquels le déménagement se fait aisément en un ou deux jours.

Dans l'arrondissement de Quimper, pas de délai de grâce bien constant.

Dans l'arrondissement de Quimperlé, pour les petits loyers, l'usage accorde un jour franc de répit aux locataires sortants. Seulement, à Quimperlé (en ville), et dans le bourg de Pont-Aven, on laisse la huitaine, ou 6 jours francs, pour les déménagements des maisons entières, boutiques, hôtelleries, cafés et magasins.

Si maintenant nous recherchons le véritable caractère de la coutume en cette matière, nous reconnaîtrons sans peine qu'elle

---

(1) *Je fais remarquer aux récalcitrants que les procédés rigoureux sont contraires aux habitudes bienveillantes des Brestois... Presque toujours mes recommandations produisent leur effet, et les parties défèrent à mes avis et tombent d'accord. Néanmoins, malgré les bons résultats de ma médiation, je regrette que l'usage n'ait pas réglé le moment précis de la sortie....* (Lettre de M. Laouënan, juge de paix de Brest, du 1er septembre 1846). Nous pensons que désormais l'usage local est bien constaté pour l'arrondissement de Brest comme pour les autres, et que les nombreux rapports par nous résumés doivent être considérés comme l'expression fidèle de l'opinion la plus accréditée.

ne confère point au locataire un droit tellement absolu , que son successeur ou le propriétaire soient obligés de laisser au sortant l'entière jouissance de la location pendant toute la durée du délai de tolérance ; au contraire , le sortant méconnaîtrait ses devoirs et contreviendrait manifestement à la coutume locale, s'il prétendait interdire à son successeur tout acte d'occupation, à partir du terme légal du bail : le délai supplémentaire est une faveur, une grâce qu'on fait au locataire embarrassé, et que celui-ci ne peut réclamer s'il trouve vide l'appartement dans lequel il doit entrer. Le sortant et l'entrant se doivent de mutuelles facilités : le premier en permettant à son successeur, dès le lendemain de l'échéance du bail, les actes qui ne sont pas de nature à gêner le sortant ; le second , en évitant, de son côté, les procédés irritants , en cherchant à s'entendre avec son prédécesseur. Tout doit se faire d'accord entre eux.

Mais il ne faudrait pourtant pas conclure de là que le délai de grâce n'oblige point les parties ; là où l'usage s'est nettement prononcé, ce n'est plus une simple faculté , c'est un délai de rigueur dont le locataire entrant ne pourrait enlever le bénéfice au sortant ; celui-ci a réellement le droit de ne vider définitivement les lieux qu'à l'expiration du délai de grâce (sans cela il serait exposé à se voir sans habitation), à moins , bien entendu , qu'il ne soit absent, ou qu'il ne s'agisse d'un déménagement facile à opérer du jour au lendemain. L'usage local doit être et a toujours été interprété dans ce sens , le seul conforme à l'équité et à la raison. Quand la faveur n'est pas nécessaire , quand il n'y a aucun intérêt pour le sortant à invoquer le délai, l'entrant peut le refuser et entrer immédiatement en possession (1).

Si le délai de grâce n'est pas toujours autorisé par la coutume pour les locations de maisons ou appartements , les locataires de jardins, courtils ou vergers, jouissent d'une faveur exceptionnelle , d'une sorte de droit aux arrière-récoltes. Le locataire sortant, qui n'a plus l'usage du jardin après les délais de sortie, conserve encore ainsi une jouissance que nous devons préciser au point de vue de la coutume. — Nous ne parlerons que des locations du 29 septembre ; les autres sont en petit nombre,

(1) Telle est l'opinion de Dénizart, v° congé, n° 16 — d'Agnel, p. 403 ; de Duvergier, t. 19, n 68 ; de Troplong, n° 420 ; et enfin la jurisprudence du tribunal de la Seine (*le Droit*, 3 février 1841).

et par suite, il ne serait guère possible de saisir exactement l'usage local en ce qui les concerne.

Dans tout le département, il est reconnu que le locataire d'un jardin peut venir, après sa sortie, cueillir les raisins, arracher les légumes, qui ne sont pas parvenus à maturité au 29 septembre. C'est là une faculté que le nouveau locataire ne peut raisonnablement refuser à son prédécesseur; elle est fondée sur le défaut d'intérêt de l'entrant, sur la nécessité de relations bienveillantes entre locataires, et avant tout sur ce principe d'équité que les produits de la terre appartiennent à celui qui a semé.

En cette matière il n'est guère possible d'établir des règles absolues, à raison des nuances infinies qui se présentent d'un lieu à l'autre. Un seul point est hors de doute, c'est que l'entrant et le sortant doivent se faire de mutuelles concessions, éviter tout procédé dicté par un esprit de chicane et de pure malveillance, que nos mœurs et nos usages repoussent énergiquement. Ainsi, le locataire qui aurait fait un semis ne pourrait être contraint d'enlever les plants avant le 1er décembre, parce qu'il y aurait inconvénient à faire plus tôt la transplantation, et que le nouveau locataire n'a pas intérêt à s'opposer à cette prolongation de jouissance. Mais le locataire ne peut emporter les arbres par lui plantés dans le jardin, à moins que le propriétaire ne refuse de lui en payer la valeur (arrêt du parlement de Rennes, du 17 octobre 1575; Brillon, V° arbres, n° 5).

Cependant il y a quelques localités du Finistère où la coutume a limité, d'une manière plus précise, le droit aux arrière-récoltes, en ce qui touche les produits autres que ceux des semis d'arbres. A Morlaix, le délai est de 40 jours; de 30 jours à Saint-Thégonnec; de 20 jours à Saint-Pol-de-Léon; de cinq semaines à Plouigneau; dans l'arrondissement de Châteaulin, on accorde 15 jours au moins, 5 semaines au plus....

Du reste, nous ne croyons pas que cette question se soit jamais présentée, même devant MM. les Juges de paix; et, si l'on excepte l'usage reçu à Morlaix, la solution doit être puisée dans une équitable appréciation des habitudes générales plutôt que dans des règles positives.

§ 4. — Tacite relocation. — Expulsion.

Les congés, comme nous l'avons vu au § 2, n'ont d'autre but que de rendre au bailleur la jouissance des lieux loués, au locataire sa liberté, en le dégageant des liens du bail. Dès que le congé a été régulièrement donné, il semble donc que le bail soit résolu immédiatement. Cependant, comme toutes les conventions peuvent être modifiées par la volonté expresse ou tacite des contractants, il peut arriver que le locataire prolonge sa jouissance au delà du terme stipulé, et que l'on reconnaisse l'intention de relouer et de renoncer au congé, si le bailleur tolère des faits manifestement exclusifs de la résiliation. Alors il s'opère un second bail pour lequel celle des parties qui voudra le faire cesser devra donner un nouveau congé. C'est ce que les juristes appellent tacite-réconduction ou tacite-rélocation (art. 1738-1759 du Code civil).

Quel est le temps nécessaire pour la faire prononcer? existe-t-il des coutumes locales déterminant le temps pendant lequel doit durer la jouissance du locataire pour opérer la tacite-réconduction? — Assurément, comme il s'agit ici surtout d'expliquer l'intention réciproque des parties, les usages locaux peuvent avoir une grande influence, sinon la puissance de la loi, sur la décision des magistrats (art. 1159 C. civil). Ainsi, à Chartres, on décide avec raison qu'il faut que la possession continue pendant un délai double de celui de grâce accordé pour le déménagement (1). Dans les lieux du Finistère où l'on admet des délais de grâce (V. suprà, § 2), il nous semble que les tribunaux, dans le doute, interpréteraient de cette manière la volonté des parties. En tout cas, la tacite-réconduction ne s'induirait que de faits postérieurs à l'échéance du délai de grâce; et comme les usages, dans notre département, ne sont pas suffisamment précis à cet égard, c'est aux juges qu'il appartient d'apprécier les faits, les circonstances et les présomptions invoquées.

On comprend les inconvénients qui peuvent résulter pour les propriétaires de la tacite-réconduction, et le préjudice qu'ils sont exposés à éprouver lorsque deux locataires réclament la jouissance des lieux. Pour éviter ces conflits, il importe donc que les parties se mettent en règle; d'abord, en se donnant des congés en bonne forme quand ils sont exigés par la loi; ensuite, en agissant avec célérité au moment de l'échéance du bail. Ainsi,

_____

(1) Voir, dans l'annuaire d'Eure-et-Loir, *Usages locaux de Chartres*, par M. Bouvet Mézières, juge de paix à Chartres.

le bailleur, ou le nouveau locataire, doit se présenter dès le jour
fixé pour la sortie du locataire, et prendre possession des
lieux (1) ι si le locataire s'y refuse, le bailleur se fait autoriser
par le juge de paix à assigner d'urgence dans le jour, de sorte
que le jugement peut être rendu le même jour et être exécuté
(sur minute avant l'enregistrement) par l'huissier, qui procède
à l'expulsion ; — à moins que le loyer n'excède 200 fr., auquel
cas on en réfère au président du tribunal, qui ordonne l'expulsion
par un huissier commis.

Le locataire, de son côté, lorsqu'il veut mettre fin au bail,
doit de suite vider les lieux, et remettre les clés au propriétaire.
S'il y a refus de la part de ce dernier, le locataire s'adresse au
juge de paix, ou au président, suivant l'importance du loyer (2).

L'expulsion par autorité de justice n'est guère pratiquée dans
notre département, surtout dans les campagnes. En ille, on a
quelquefois recours à l'intervention des gens de justice, quand
il y a dommage réel pour le propriétaire, — et quand la tolérance a des inconvénients sérieux ; et néanmoins, en général,
on s'arrange au bureau de conciliation, en acceptant la décision
paternelle du juge de paix. Pour les locations rurales, les voies
de rigueur sont presque sans exemple ; le prix minime des loyers
suffit pour déterminer à transiger. Quant au mode d'expulsion
que M. Troplong approuve comme économique et non défendu

(1) A St-Renan, on porte un trépied dans la maison ; — après avoir témoigné
par cet acte son intention d'occuper les lieux, le nouveau locataire donne ensuite au sortant toute facilité. A Ouessant, il n'y a jamais de congés signifiés....
On ne sait pas dans l'île ce que c'est qu'un exploit ! En fait de locations, le silence équivaut à congé ; le bail, ordinairement sans écrit, est prorogé au
moyen d'un avertissement verbal, que les parties se donnent un mois ou six
semaines avant la St-Michel.

(2) Art. 11, 12, 1. du 25 mai 1838 — art. S du C. de procédure. Suivant Pigeau, t. 2, p. 447, on peut expulser la veille du terme, quand le jour du terme
est un dimanche ou une fête. Cela est hors de doute. – M. Agnel, p. 337,
parle d'un congé donné spécialement pour empêcher la tacite-réconduction, et
qui, suivant lui, serait irréprochable. même signifié le lendemain de l'expiration du bail. C'est une erreur ; car, ou l'on a donné un congé régulier, et alors
le second congé est un acte frustratoire ; ou bien l'on a omis la formalité d'un
congé en temps utile, et cette omission ne peut être ensuite réparée par des
équivalents.

por la loi (t. 2, n° 435), nous le trouvons violent, peu digne, et contraire au principe qui dit qu'on ne doit point se rendre justice à soi-même : il est en outre dangereux, parce qu'il pourrait donner lieu à des collisions (1). On nous a pourtant assuré qu'il avait été une fois mis en usage, dans l'un des cantons de Brest, par un propriétaire indigné de voir retourner contre lui-même le bienfait de ses concessions envers son locataire.

§ 5. — Paiement. — Visites.

Le paiement des loyers doit être effectué aux époques déterminées par la convention ; à défaut de stipulation, aux époques fixées par l'usage des lieux. — Dans tout le Finistère à peu près, le paiement a lieu en un seul terme, et à l'échéance du terme. Nous savons que plusieurs propriétaires, presque tous même, ne sont payés que plusieurs mois après le terme ; mais ce sont là des concessions plus ou moins étendues, subordonnées à la seule volonté du bailleur, qui ne s'en considère pas moins comme ayant droit d'exiger le prix du loyer dès le lendemain du terme. Nous ne connaissons qu'un canton où l'usage semblerait autoriser le locataire à payer ses loyers à une époque autre que celle de l'échéance des termes ; c'est celui de Carhaix, où les loyers sont acquittés le 2 novembre pour toutes les locations qui commencent et finissent au 1er mars ; quant aux autres, on suit les règles générales. Est-ce à dire que la coutume spéciale de Carhaix soit assez constante pour faire loi, même dans ce canton ? Nous ne le pensons pas ; car cette dérogation expresse à l'usage admis dans le reste de la Bretagne ne se présume point facilement ; et pour lui donner la puissance de la loi, il faudrait une série de faits unanimement acceptés, que l'on chercherait vainement dans le canton de Carhaix (2).

(1) *On commence*, dit Walter Scott, *à enlever le toit des chaumières et à jeter par terre les portes et fenêtres, mode d'expulsion très efficace contre les récalcitrants* (Guy Mannering, chap. 8). L'intervention ou la présence de l'huissier ne pourrait même à nos yeux légitimer un pareil procédé, intolérable dans un pays civilisé. Aussi une foule d'auteurs l'ont-ils blâmé ; et l'on peut dire qu'en Bretagne c'est là une pratique contraire aux usages et réprouvée par les mœurs. Nous valons mieux que les Ecossais, du moins sous ce rapport.

(2) Cependant, l'opinion contraire a de nombreux partisans : dans la ville de

Les paiements anticipés ne sont point admis par les usages du département. Il n'y a qu'un cas où la coutume les rende obligatoires : à défaut de stipulation, le bailleur d'un appartement garni a le droit d'exiger le paiement par avance d'un terme au moins : ainsi, les locataires de chambres garnies au mois acquittent en entier un mois de loyer d'avance, à moins de conventions contraires (1).

Quant au lieu du paiement, aucun usage constant ne modifie le principe général posé dans l'art. 1247 du Code civil.

Mais il est une autre obligation imposée aux locataires par les convenances et par la coutume ; c'est de *laisser voir* les lieux loués par les personnes qui voudraient les acheter ou les louer. Ils auraient mauvaise grâce à refuser ; ils pourraient même s'exposer ainsi à des dommages-intérêts, s'il y avait refus constaté. Néanmoins, quoique tenus de *faire voir* les lieux, les locataires ne sont pas astreints à souffrir ces visites la nuit, ni à toute heure du jour, ni pendant toute la durée du bail. Il n'y a, à vrai dire, sauf le cas de vente, obligation *de montrer* qu'à partir de l'expiration des délais des congés ; à Rennes, il est de jurisprudence que l'obligation ne comporte que deux heures de visite par jour, et que l'indication de ces deux heures appartient au locataire. Cette solution nous paraît devoir être suivie dans le Finistère, sinon comme prescrite par un usage formel, au moins comme conforme aux intérêts réciproques des parties.

Carhaix, en effet, les loyers datent presque tous du 1er mars ; l'usage du paiement au 2 novembre, quatre mois avant le terme, remonte à une époque très reculée. Les foires de Carhaix, et spécialement celle de la St-Marcel et des Morts, étaient jadis très importantes. Les bailleurs stipulèrent que les loyers seraient acquittés le 2 novembre : c'était pour eux une garantie, et un terme plus à la portée des petits marchands locataires, qui au 1er mars auraient difficilement satisfait leurs propriétaires.

(1) A Brest, pour les loyers de quelque importance, on paie en deux termes (tous les six mois) et d'avance, ou en quatre termes, ou même en douze termes, aussi d'avance. On conçoit qu'il y a là des garanties spéciales à exiger des personnes dont se compose la population flottante, qui se renouvelle si fréquemment.

Du reste, dans toutes les classes de la société, on sait parfaitement respecter et pratiquer chez nous, à cet égard, le sentiment des convenances (1).

§ 6. — Sous-Locations.

Si les cessions de baux ne sont pas très fréquentes dans le département, il n'en est pas ainsi des sous-locations. — La loi a nettement défini les obligations du sous-locataire ; elle ne renvoie aux usages locaux que dans le cas spécial où le sous-locataire aurait fait au principal locataire un ou plusieurs paiements anticipés, ce qui n'a guère lieu chez nous, sauf à Carhaix, comme nous l'avons vu.

On sait que les meubles du sous-locataire sont le gage des loyers ; c'est là un privilège concédé à la propriété immobilière. Avant le code, toutes les coutumes, moins celle d'Orléans, lui accordaient cette faveur spéciale, qui pourtant n'est impartie au bailleur que dans une certaine mesure, c'est-à-dire, jusqu'à concurrence du prix de la sous-location. Le sous-locataire, qui exécute loyalement ses obligations, ne peut être recherché par le propriétaire. Celui-ci n'a de recours qu'autant qu'il existe des présomptions de fraude, par exemple, dans le Finistère, si le sous-locataire fait un ou deux paiements anticipés à l'insu du propriétaire. Mais la connivence entre deux locataires à l'encontre du bailleur principal n'est ici qu'une exception, et notamment dans les villes où la sous-location n'a lieu qu'avec l'assentiment du propriétaire, qui dès-lors prend ses sûretés. Pour les loyers ruraux, au contraire, on voit assez souvent surgir des contestations à l'occasion des sous-locations. Ainsi, un métayer ruiné, ou un malheureux journalier, sous-loue d'un locataire, parfois d'un fermier, une cabane, une grange, un *cardi*, un appenti, avec un courtil ou un coin de pré. Le bail principal expire : alors le sous-locataire, arguant du défaut de congé dûment notifié, prétend se maintenir dans la possession et jouissance des lieux ; et quelque exorbitante que puisse être une

(1) Voyez sur ce point M. Quernest, p. 115 ; Fons, p. 130 ; Agnel, p. 156.

pareille prétention, elle aboutit presque toujours à l'extorsion d'une indemnité que le sous-bailleur alloue à son hôte incommode, afin de s'en débarasser au plus vite. Ce sont là des abus que nous devions signaler au nombre de ceux qui affligent nos campagnes.

§ 7. — RÉPARATIONS LOCATIVES.

Pour juger quelles réparations sont locatives, dit Pothier (n° 219), on doit retenir cette règle : que ce sont les menues réparations qui ont coutume de provenir de la faute des locataires ou de leurs gens, et ne proviennent pas de la vétusté ou de la mauvaise qualité des parties dégradées.

Cette observation judicieuse pourrait être encore considérée comme résumant parfaitement la législation moderne quant aux réparations locatives. En mettant à la charge du locataire certaines réparations occasionnées souvent par le simple usage de l'objet loué, le code a tari la source d'une infinité de petites contestations fondées sur des faits impossibles à vérifier. Malheureusement, il a encore laissé la porte ouverte à un trop grand nombre de difficultés ; en renvoyant aux usages locaux, il a seulement diminué les doutes, et fixé l'opinion sur les cas les plus ordinaires (1).

Si nous recherchons les coutumes du Finistère sur ce point, nous devons tout d'abord constater que, même en ville, on ne fait presque jamais un état des lieux ; et pourtant, en cas d'incendie par la faute du locataire, comment le bailleur pourrait-il faire exactement rétablir ce qui aurait été détruit ou consumé ? Comment le locataire, qui aurait fait des changements par des embellissements ou par des augmentations, pourrait-il, à la fin du bail, distinguer ce qui lui appartiendrait de ce qui devrait rester au propriétaire ? Dans l'intérêt bien entendu des parties, l'état des lieux est évidemment le seul moyen d'empêcher toute erreur, de déjouer les calculs de la mauvaise foi, pourvu qu'il

(1) Lepage, *Lois des Bâtiments*, partie 2, p. 117 ; Merlin, *Répertoire*, v° Bail ; Vaudoré. *Droit rural ; Locré, Discussion au Conseil d'État*, t. 14, p. 311.

soit fait double, et soumis à la formalité de l'enregistrement.
(D'après M. Duvergier, les frais de confection de l'état des lieux
sont mis à la charge du propriétaire, parce que c'est un acte
conservatoire essentiellement dans son intérêt, et par une conséquence naturelle des art. 1608 et 1593 C. c.).

Du moment qu'il n'a pas été dressé un état au commencement
du bail, le locataire surtout encourt une grande responsabilité;
car il est présumé avoir reçu les lieux en bon état de réparations
de toute espèce; et dès lors le bailleur est fondé à exiger que
tout soit réparé à la fin du bail, à moins que le locataire ne dé-
truise la présomption légale par la preuve contraire, toujours
difficile et onéreuse.

Mais, hâtons-nous de le dire, dans notre pays, on ne se
préoccupe point de ces inconvénients, parce que la bonne foi des
parties, leur tolérance réciproque et leur esprit de conciliation
excluent les interprétations rigoureuses, et qu'elles se font de
nombreuses concessions. C'est surtout pour les locations rurales
que les choses se passent à l'amiable; nos paysans ne recourent
aux voies de rigueur, en fait de loyers, que lorsqu'il y a nécessité absolue. Les états de lieux y sont inconnus; et même la présomption légale peut être considérée à la campagne comme un
non-sens; car les locataires campagnards sont si misérablement
logés, qu'ils n'ont habituellement à faire, à la fin du bail, aucunes réparations locatives, si l'on en excepte celles concernant
les portes et fenêtres, targettes et serrures. L'usage, loin d'ajouter à la nomenclature de l'art. 1754 du code, la restreint en
réalité. Néanmoins, ils doivent faire ramoner les cheminées assez
fréquemment pour prévenir les accidents du feu. — Du reste,
jamais les locataires sortants ne blanchissent ni ne recrépissent à la
chaux les murs ou hauteurs d'appui. Pour qu'il y ait réclamation
de la part du bailleur, il faut que le locataire ait fait des dégradations manifestes; et même dans ce cas, on ne le recherche pas
toujours.

Dans les villes, les propriétaires se montrent quelquefois plus
exigeants; et cependant ils ne tiennent pas à la stricte exécution

des obligations imposées aux locataires : ainsi, dans une foule de baux, on insère la clause usuelle que le locataire rendra les lieux conformément à l'état qui en *sera immédiatement dressé*; et le bail commence et finit sans qu'on ait fait l'état ; d'où résulte que la question des réparations locatives présenterait des difficultés sérieuses, si les propriétaires n'étaient pas très accommodants. C'est une justice à leur rendre ; pourvu qu'on ne dégrade pas ; pourvu que les cheminées soient nettoyées — encore beaucoup de propriétaires font-ils eux-mêmes ramoner, lorsque les couvreurs visitent les toits (1) — ; ils ne demandent guère que les clés et le prix des loyers aux locataires sortants ; les enduits, peintures et tapisseries sont rendus le plus ordinairement tels quels. Quant aux maisons louées à plusieurs locataires, les réparations des allées, portes, passages, escaliers, cours, puits, pompes, et généralement de tout ce qui est à l'usage commun de tous les locataires, sont exclusivement à la charge des propriétaires ; car ces objets ne sont point confiés à la garde de tel ou tel locataire, et aucun des locataires n'a entendu se rendre garant des objets dont d'autres ont la jouissance aussi bien que lui. Telle est du reste l'opinion de MM. Merlin, Duvergier et Troplong (Agnel, page 229), ainsi que de l'auteur du traité des Lois des Bâtiments, page 469. Le balayage des rues est, d'après un usage constant, une charge de la location, supportable seulement par le locataire du rez-de-chaussée, quand même la maison est louée à plusieurs ; mais les propriétaires seuls sont poursuivis pour les contraventions de police, sauf leur recours contre les locataires (cas., 24 avril et 13 novembre 1834). Il en est de même

(1) A Brest, il y a un usage spécial en ce qui touche les cheminées dont les tuyaux circulaires (de 20 à 25 centimètres de diamètre) ne permettent pas l'introduction des ramoneurs : le ramonage est alors à la charge des propriétaires. On comprend que, s'il en était autrement, il y aurait de perpétuelles discussions entre les locataires et les propriétaires ; ceux-ci prétendraient que les couvreurs employés n'ont pas pris assez de précautions, et mettraient ainsi sur le compte des locataires des dommages purement fortuits. Les propriétaires, en faisant ramoner par leurs couvreurs, ont le double avantage de préserver leurs maisons des incendies, et d'affranchir leurs locataires de l'embarrassante surveillance d'ouvriers négligents ou mal intentionnés (Note de M. Mer, architecte, à Brest).

pour la fermeture des portes d'entrée des maisons à une heure déterminée (cas., 6 et 7 mars 1837). — Le lavage des vitres et le nettoyage de la maison sont aussi au nombre des réparations locatives, à moins que le locataire ne prouve qu'il n'a pas reçu les lieux en état de propreté. A défaut de cette justification résultant d'un *état des lieux* ou de la déclaration de témoins non reprochés, il y a contre lui présomption qu'il a reçu les lieux propres, et il doit, comme on dit, faire maison *nette*. Enfin la charge des logements militaires pèse sur les locataires, comme sur tous les autres habitants des lieux de passage où couchent les gens de guerre. Voyez les art. 11 et 12 du décret du 23 mai 1792, et les arrêts de la cour de cassation des 23 avril et 13 août 1842.

Lorsqu'il y a un jardin dépendant de la maison louée, les locataires sont tenus d'entretenir les allées sablées, les parterres, les plates-bandes, les bordures, les gazons, les arbres et arbrisseaux ; mais pour les arbres qui meurent, l'usage local ne les astreint pas à les remplacer ; ils doivent seulement avertir le propriétaire, et mettre à sa disposition le tronc et les branches. La solution contraire, adoptée par M. Agnel, nous semblerait constituer une charge tout à fait inusitée dans notre département. — Les treillages et palissades sont aussi à la charge des propriétaires ; les preneurs ne supportent que les frais d'entretien (encore n'est-ce pas l'avis de M. Duvergier) ; ils sont en règle, pourvu qu'à la fin du bail il n'y ait pas détérioration par leur fait ; ainsi, le locataire s'expose à des dommages-intérêts, quand il ne cultive pas le terrain en jardin potager comme son prédécesseur, quand il ne fait pas la taille aux époques et suivant le mode accoutumé, quand il casse les palissades, treillis et poteaux mis pour sécher le linge ; car c'est changer le mode de jouissance stipulé, au moins tacitement ; et toute innovation préjudiciable au bailleur donne naissance à une action en indemnité (Rennes, 17 mars 1834) (1).

(1) Il y a deux cas dans lesquels le bailleur peut exiger des réparations locatives toutes spéciales ; en premier lieu, lorsque le bail comprend un four : l'âtre en terre ou carrelé, et la chapelle, c'est-à-dire la voûte en briques qui

Comme les locataires ne peuvent vider les lieux avant d'avoir entièrement acquitté les charges inhérentes à la location, le propriétaire serait fondé à réclamer des dommages-intérêts, si le locataire n'avait pas fait et terminé les réparations locatives pour le jour de la sortie, à moins que cette omission n'entraînât aucun retard dans la jouissance de son successeur. Le locataire doit en outre, dans le cours du bail, faire de suite les réparations locatives dont le retard serait préjudiciable au bailleur.

Nous terminerons en rappelant ici une charge que la loi impose encore aux locataires, la contribution des portes et fenêtres (loi du 4 frimaire an VII, art. 12) ; à moins de stipulation contraire, le bailleur-propriétaire serait en droit de refuser la quittance du loyer au locataire en retard pour cet impôt. Le tribunal de la Seine a jugé, le 12 septembre 1836, que la production de la dernière quittance ne suffit pas ; et que, pour opérer sa libération complète, le locataire doit produire une série de quittances du paiement de l'impôt des portes et fenêtres (Agnel, p. 246).

§ 8. — BAUX DES MOULINS. — SOUCHE. — RENABLE. — RÉPARATIONS.

Les baux des moulins à eau ou à vent donnent souvent lieu à des discussions, soit par rapport aux droits des parties sur les objets compris dans le bail à loyer, soit pour les réparations locatives.

Les moulins à vent sont bien moins nombreux dans notre département que les moulins à eau. Pour les uns et les autres, on dresse toujours un acte constatant les droits réciproques du bailleur et du preneur ; mais souvent les notaires ou experts insèrent dans les baux ou procès-verbaux des locutions équivoques : ils parlent de *grand renable*, de *gros renable*, de *petits droits*, de *grands droits*, de *petit renable*, de *souche* et de *souche morte*, sans expliquer et définir suffisamment ces expressions. La *souche*

couvre le four, doivent être entretenus aux frais du locataire, qui laisse à la charge du bailleur les grosses réparations concernant les murs, la voûte extérieure et le tuyau ou la cheminée du four. Le second cas est relatif aux bancs et chaises que les fabriques louent à l'année aux paroissiens : ceux-ci, en leur qualité de locataires, doivent supporter les réparations de menu entretien et répondre des dégradations qu'ils auraient pu éviter.

n'est autre chose que les immeubles par destination dont le meunier prend charge vis-à-vis du bailleur ou du meunier sortant. La *souche morte*, c'est la partie de la souche qui appartient exclusivement au bailleur ; en d'autres termes, les objets estimés, mais non payés au bailleur ou au fermier sortant par le fermier entrant. Suivant nous, c'est improprement qu'on emploie les mots *petits droits*, *grands droits*, à moins qu'on ne les applique comme simplement corrélatifs des mots *petit renable*, *grand* ou *gros renable* : il y a *petit renable*, quand le meunier prend charge des ustensiles mobiles, comme meules tournantes, roues, cabestans, gros fer, croix, et de la charpente ou des quatre pièces de carcan qui entourent les meules..... ; *gros ou grand renable*, quand le bailleur met à la charge du locataire non-seulement les objets ci-dessus, mais encore les chaussées, vannes, déversoirs, talutages intérieurs et extérieurs, canaux en amont et en aval du moulin, creusages, maçonneries, ponts en pierres, digues de retenue, etc.

Le bailleur peut avoir ainsi trois sortes de comptes à régler avec le locataire sortant : 1° les réparations locatives ordinaires, comme nous l'avons expliqué au précédent paragraphe ; 2° le chiffre de la somme due au sortant, ou dont il est redevable pour les améliorations ou détériorations constatées par l'estimation de sortie ; 3° enfin l'indemnité due spécialement à raison des changements opérés pendant la jouissance dans la valeur de la souche morte. Le premier compte se règle toujours entre le propriétaire et le locataire, et il n'est pas compliqué. Le deuxième ne concerne que par exception le bailleur-propriétaire : habituellement, le locataire, ayant payé à son entrée le grand ou le petit renable, est à la fin du bail remboursé de ses avances par son successeur ; ni l'un ni l'autre n'ont intérêt à grossir ou à amoindrir la valeur du renable, ou des objets à rendre ; car en fin de compte c'est l'expert qui décide ce que le sortant aura à payer ou à recevoir. Le troisième compte concerne la souche morte : on comprend que bien des locataires entrants n'ont pas les moyens de rembourser à leurs prédécesseurs le montant de tous les objets dont se compose l'usine ; alors l'entrant traite avec le propriétaire pour la portion des droits que celui-ci a réservée à défaut de paiement (ou plutôt comprise dans le bail), et ensuite avec le sortant pour le petit renable ou la portion des droits payés à ce dernier, qui reçoit le surplus du propriétaire, s'il y a lieu.

La souche morte entraîne donc une élévation de prix quant au loyer, mais elle donne aux meuniers dépourvus de capitaux de grandes ressources, qui leur permettent de jouir de la souche louée ; en acquittant régulièrement leurs loyers, ils peuvent ainsi se procurer une certaine aisance, qui tourne au profit du propriétaire.

Il suit de là que, dans les baux de moulins à souche morte, le bailleur et le preneur règlent leurs droits à l'expiration du bail. Ce dernier, pendant sa jouissance, est tenu d'entretenir la souche, et il est responsable du défaut de réparations locatives aux ustensiles et objets mobiliers servant à l'exploitation de l'usine (1); car il y a présomption qu'on les lui a livrés en état de fonctionner. Dans tous les cas, que le moulin soit avec souche ou sans souche, à grand ou à petit renable, c'est au meunier qu'incombe l'obligation d'enlever les attérissements, et de faire en sorte que le moulin soit en bon état à la sortie.

Les renseignements que nous avons recueillis nous apprennent que les experts ne dressent pas toujours procès-verbal des estimations des renables de moulins : c'est là une négligence fâcheuse et une économie mal entendue ; car s'ils constataient par écrit leurs opérations, ils se montreraient plus scrupuleux peut-être ; à coup sûr on serait moins porté à les accuser de

_____

(1) Tel est aussi l'usage à Rennes ; voyez M. Quernest, p. 113. Le bief ou l'étang du moulin, doit être curé toutes les fois que cette opération est nécessaire, soit dans l'intérêt de l'usine, soit pour éviter de nuire aux riverains en amont ou en aval. — Ajoutons que nos usages sont d'accord avec la jurisprudence suivant laquelle le preneur d'un moulin, qui aurait fait au renable des changements très considérables, serait tenu à sa sortie de rétablir l'état primitif du mécanisme, ou d'abandonner au bailleur les innovations pour une somme égale à l'estimation faite à l'époque de l'ouverture du bail (Orléans, 20 avril 1819. — Gaz. des Tribun., 2 juillet 1851).

partialité, lorsqu'on les verrait prendre pour guide l'espèce de jurisprudence locale résultant d'une longue série de procès-verbaux écrits dans des cas identiques ou du moins analogues. On éviterait ainsi la légèreté et les erreurs trop communes dans les évaluations de cette nature. Nous ne citerons qu'un exemple : à Briec, les meubles s'estiment par pouces d'épaisseur ; c'est là une base trompeuse, la valeur des pierres meulières variant suivant la qualité et la ténacité du grain, de telle sorte que le prix d'une meule réduite par l'usure à 12 ou 15 pouces d'épaisseur pourra être le juste prix d'une autre meule réduite à 16 pouces seulement. Nous n'ignorons pas qu'ordinairement le bail en premier détachement d'un moulin contient l'estimation des objets à rendre ; mais il y aurait une utilité réelle à constituer peu à peu une sorte de tarif local, en constatant également ment par un acte les estimations ultérieures nécessitées par les changements de locataires.

Nous ne ferons, à l'égard des moulins à vent, que deux observations. Le locataire, à son entrée, fait établir, par acte authentique, la valeur des ustensiles, meubles et machines affectées à l'exploitation de l'usine, même de la meule dormante, du *dormant* — appareil en bois sur lequel tourne la toiture, — et des murs : à la fin du bail, on fait un récolement avec expertise contradictoire entre le bailleur et le preneur. Il arrive parfois que le moulin soit baillé à mi-profit : alors le bailleur prend à sa charge toutes les réparations ; seulement, le preneur fournit la toile des ailes, le cheval ; il paie aussi le garçon meunier et le garçon-porteur. Tous les mois, souvent toutes les semaines, le bailleur et le preneur se partagent les droits de mouture, s'il y a lieu. Tels sont les usages généralement suivis, notamment à Crozon ; et nous avons jugé utile de les mentionner, quoiqu'ils n'aient pas peut-être le caractère de précision et d'universalité qui seul pourrait leur donner force de loi.

§ 9. — DROIT DE MOUTURE.

Les réglements sur le droit de mouture méritent aussi que nous nous y arrêtions un instant, ne fût-ce que pour montrer aux meuniers qu'ils encourent souvent, et à leur insu, une grande responsabilité. Trois arrêts de réglement, rendus par le Parlement de Bretagne en 1631 (15 mars), 1671 et 1770, en conformité de l'art. 387 de la Coutume de Bretagne, enjoignent aux meuniers de ne jamais prendre plus du seizième du blé qu'on leur confie : ainsi furent fixés pour toute la Bretagne les droits de mouture. Il suffit de lire les art. 9 de la loi du 30 ventôse an XII, et 484 du Code pénal, pour se convaincre que cette matière n'ayant point été autrement réglementée, les arrêts du Parlement ont conservé toute leur autorité quant à la prohibition. En ce qui touche la pénalité, ce n'est plus aujourd'hui une peine corporelle que les tribunaux pourraient appliquer — les peines arbitraires sont supprimées ; — mais les contrevenants tombent sous l'application des art. 406, 408, ou au moins de l'art. 471, § 15 du Code pénal. Telle est, du reste, la doctrine générale de la Cour suprême en matière d'anciens réglements de police, celle du savant Merlin quant à la question spéciale du droit de mouture, et enfin celle de M. le Procureur général de Rennes Ce dernier magistrat, dans une remarquable circulaire du 18 novembre 1817, invoque aussi l'*usage général et constant* attesté par les arrêts du Parlement sus-référés, usage qui protège les particuliers contre les tromperies des meuniers. Ainsi, il y a contravention manifeste de la part de tout meunier qui prend à titre de droit de mouture au-delà du seizième, ou de 6 et 1/25 p. °/°, et qui n'a pas en lieu apparent des poids et balances. Or, rien n'est plus commun dans le Finistère que de voir les meuniers régler arbitrairement leurs salaires ou prélèvements.

Dans l'arrondissement de Brest, les meuniers, nous assure-t-on, prélèvent du seizième au huitième, ce qui fait une moyenne de 9 °/°; la diversité des salaires provient de l'espèce des grains et de la distance que le meunier a à parcourir. Les habitants ne se plaignent pas en général des meuniers, qui du reste, à raison de leur grand nombre, se montrent très accommodants, et font bien des concessions pour conserver leurs pratiques. La mouture est payée ordinairement en nature, parfois aussi en argent à 1 fr. l'hectolitre ; seulement l'avoine paie 1 fr. 25.

Dans les arrondissements de Châteaulin, de Quimper et de Quimperlé, on subit sans murmurer les exigences des meuniers, et il en est bien peu qui se bornent à percevoir le droit déterminé par les réglements (1). Cependant, dans ces trois arrondissements, on connaît parfaitement la tradition du droit de mouture au seizième ; mais en réalité les meuniers sont rusés, et il n'est pas facile d'échapper à leurs exactions : ils conviennent que le seizième seulement leur est dû, quand le consommateur apporte son grain au moulin, et ils affirment qu'ils ne prennent rien au-delà ; en les supposant tous honnêtes, restent les frais de transport des grains ; et, sur ce point, ils font la loi aux consommateurs en ajoutant au seizième la quantité qu'ils veulent. Ainsi, à Carhaix, tout meunier qui fait le transport prend le douzième, ou 8 1/2 $_o/^o$, mouture et transport compris ; dans l'arrondissement de Quimperlé, c'est 10 $_c/^o$ dans le même cas, sans égard à la distance.

Dans l'arrondissement de Morlaix, canton de Morlaix, c'est aussi 10 $_o/^o$, et pour l'avoine 50 $_o/^o$, à cause de la torréfaction qui diminue beaucoup le poids de cette céréale. Cette opération consiste à faire passer l'avoine au four pour l'émonder.

Cantons de Saint-Thégonnec et Taulé : 8 1/2 p.$^1_o/^o$ en cas de déplacement du meunier.

Canton de Saint-Pol-de-Léon : 8 $_o/^o$. Pour l'avoine 50 $_o/^o$, pour l'orge 10 $_o/^o$.

Canton de Sizun : environ 10 $_o/^o$, et les fraudes y sont communes.

Canton de Plouzévédé : 8 $_o/^o$; quelquefois 75 à 1 fr. par 50 kilogrammes. Pour l'avoine, le tarif est variable.

Canton de Plouigneau : 50 $_o/^o$ pour l'avoine ; 10 $_o/^o$ ou 9 $_o/^o$, transport compris, pour les autres grains ; — cela dépend de la distance à parcourir et de l'espèce de céréales.

(1) A Carhaix, les meuniers prétendent qu'ils ne prélèvent que le seizième quand le propriétaire apporte, le douzième dans les autres cas ; mais là comme ailleurs, ils profitent des facilités qu'ils ont de tromper leurs pratiques.

Canton de Landivisiau : 10 o/°. Dans le bourg du chef-lieu, on donne en outre 20 c. de pour-boire par garcée, ou 90 kilog.

Canton de Lanmeur : 8 1/2 environ p. o/° ; 30 à 40 o/° pour l'avoine, lorsque le meunier la passe au four, au ventilateur et deux fois sous la meule.

Canton de Plouescat : 10 ou 12 o/° environ.

On le voit : c'est là une matière qui mériterait d'autant plus de fixer l'attention de l'administration, qu'elle intéresse surtout les classes nécessiteuses. Tout meunier qui outrepasse sciemment ses droits se rend coupable d'un vol manifeste, car il enlève au consommateur une partie de son pain. Dans l'état actuel, pour les petits moulins, la mouture donne 35 o/° de son ; avec quelques soins, elle pourrait ne donner que 18 ou 20 o/°, suivant l'auteur de la *Galerie Bretonne*. — En 1816, ainsi qu'on le voit dans la circulaire du préfet du 12 février 1817, il fut constaté qu'en moulant 25 kilogrammes de froment, seigle ou orge avec 75 kilogrammes de son, on obtient 90 kilogrammes de pain et 35 de son. — Nous savons que quelques meuniers ne sont pas de mauvaise foi ; mais il en est aussi qui emploient des ruses déloyales pour sauver les apparences. Les uns aspergent le grain avant de le jeter dans la trémie, ou déposent les sacs sur un terrain humide ; les autres, et c'est le grand nombre, ne recevant qu'à la mesure, tandis qu'ils rendent au poids, prennent ou prélèvent leur rétribution, sans que le consommateur puisse en vérifier la régularité ou l'exagération. De là il résulte que le consommateur a tout-à-la-fois à lutter contre l'ignorance et contre les fraudes des meuniers. *Ils ne peuvent se passer* (dit la Galerie Bretonne, t. 2, p. 3), *d'un gain illégitime : lors même que les consommateurs assistent à la mouture, les meuniers trouvent le moyen d'humecter le grain, et de ménager d'invisibles soupapes... Si leur mauvaise foi n'est pas avérée, on peut dire que leur probité est douteuse...* (1).

(1) Nous lisons dans l'*Océan* du 22 mars 1851 que M. Duthoya a entretenu la Société d'Agriculture de Brest de l'opportunité d'une réforme ayant pour but de soustraire les cultivateurs à l'impôt énorme que prélèvent sur eux les meu-

Ce qui contribue beaucoup à propager l'abus des salaires exor-bitants, c'est la difficulté de régler positivement les frais du transport des grains au moulin et chez le consommateur. C'est en confondant ainsi deux choses si distinctes que les usiniers s'as-surent des bénéfices illicites, sans courir aucun risque. Si on les accuse de prélever au-delà du seizième, ils justifient leur percep-tion en disant que l'usage les autorise à agir ainsi lorsque le con-sommateur les charge du transport, et qu'au surplus c'est là une transaction librement consentie qui fait loi entre les parties contractantes.

Cette dernière objection ne pourrait être invoquée par les meuniers que dans le cas où le consommateur reconnaîtrait lui-même l'existence de la convention alléguée. Mais le consomma-teur qui réclame pour trop perçu peut évidemment dire au meu-nier : Vous ne deviez prélever que le seizième à titre de droit de mouture ; quant au transport, du moment qu'il y a contestation, c'est au juge qu'il appartient d'en fixer les frais par une exper-tise ou par une enquête.

Quant à l'usage local, tel que nous l'avons indiqué, a-t-il réellement force de foi ? Admettre l'affirmative, ce serait encou-rager des abus et perpétuer des exactions. Nous ne reconnais-sons, en cette matière, qu'une seule règle, c'est celle de l'art. 387 de la Coutume de Bretagne, qu'aucune loi n'a abrogée. La pénalité édictée par les arrêts de réglement sus-mentionnés étant arbitraire, est réduite aujourd'hui à une amende de simple po-lice ; mais, il faut l'avouer, une pareille peine est inefficace. Nous appelons donc de tous nos vœux le jour où l'on prendra

niers. Suivant l'honorable membre, le droit de mouture serait, dans l'arron-dissement de Brest, comme 1 est à 7, et en argent 1 fr. par hectolitre, et même 1 fr. 25 pour l'avoine destinée aux bestiaux ; il ajoute que, lorsque les eaux manquent aux petits meuniers, ceux-ci portent les blés aux grands mou-lins, et qu'alors le cultivateur est d'autant plus volé, deux mains au lieu d'une pénétrant dans le sac. — Ceci prouve que nos correspondants sont restés au-dessous de la vérité, et qu'en réalité ce n'est pas seulement 9 0/0, mais bien 14 à 15 0/0 que les meuniers prennent, au lieu d'environ 6 1/4 pour cent que leur accordent les anciens réglements et usages. C'est donc à 8 0/0 qu'ils portent le salaire du transport, par suite d'une tolérance que rien ne justifie !

enfin des mesures sérieuses et plus appropriées aux besoins d la situation actuelle. C'est à l'autorité administrative qu'il appa tient d'aviser, conformément aux décrets des 11 septembre 179 et 27 avril 1794, qui déclarent passibles d'une forte amende le meuniers convaincus d'avoir pris au-delà du *maximum fixé pa l'administration départementale, sur l'avis des districts et mu nicipalités.*

Quant aux fraudes constatées contre les meuniers, elles con stituent des délits correctionnels, et non plus de simples infrac tions aux lois de police. Le recueil des actes administratifs men tionne un jugement rendu le 21 septembre 1821 par le tribuna de Châteaulin, qui a condamné à 50 fr. d'amende un meunier d canton de Crozon, convaincu d'avoir été trouvé non pourvu d balances et poids ; et ce, par application des anciens réglements (Voyez les circulaires du Préfet des 27 août 1816, 2 décembr 1817 et 6 mars 1822, et ses arrêtés des 8 décembre 1820 e 11 janvier 1821.)

Section 2ᵉ. — Du Louage des Domestiques, Gens de journée et Ouvriers.

§ 1ᵉʳ. — PRINCIPES GÉNÉRAUX.

En gardant le silence sur les nombreuses questions que sou lève journellement le louage des domestiques et ouvriers, le législateur laisse subsister complètement sous ce rapport les usages adoptés dans chaque localité ; et c'est principalement pou cette espèce de contrat que nous pouvons justement dire avec la loi romaine : *In conventionibus tacitè veniunt quæ sunt mori et consuetudinis.*

Il était donc de notre devoir de rechercher ces coutumes si variées, et quelquefois si minutieuses, avec d'autant plus de soin qu'elles sont d'une pratique et d'une application fréquente pou toutes les classes de la société.

Un principe domine cette matière, c'est que *nemo cogi potest ad factum;* en d'autres termes, l'homme ne peut aliéner sa liberté que dans certaines limites; mais il peut s'engager pour un temps déterminé ; et, s'il manque à la loi du contrat, il est passible de dommages-intérêts. Nous aurons occasion d'indiquer plus d'une fois les déductions qui ressortent de cette première règle adoptée par tous les législateurs et consacrée par les art. 1139, 1142, 1780 et 1781 du Code civil.

C'est aussi en tâchant d'interpréter sainement ces articles que nous indiquerons les solutions des difficultés résultant des nombreuses relations entre les maîtres et les ouvriers, et la nécessité de maintenir l'affirmation du maître comme règle générale dans les contestations de ce genre.

Ici enfin, comme dans les autres matières qui appartiennent au contrat de louage, le Code civil a entendu maintenir les usages locaux, ainsi que l'enseigne le répertoire du *Journal du Palais,* t. 9, p. 236.

§ 2. — FORME ET DURÉE DES ENGAGEMENTS ENTRE MAITRES ET DOMESTIQUES, ENTRE MAITRES ET OUVRIERS.

Nous distinguons deux classes de domestiques : ceux qui sont loués par les cultivateurs pour travailler à la culture d'un héritage ; ceux qui sont exclusivement attachés à la personne du maître. Parlons d'abord des premiers (1).

Dans l'arrondissement de Brest, rien n'est plus simple que la manière dont se passent les choses. Le maître se rend à la foire ou au marché : il s'abouche avec celui qu'il désire prendre à son service ; on convient d'un prix et l'engagement est immédiatement scellé au cabaret par une libation plus ou moins copieuse.

(1) Suivant Henrion de Pansey, il faut, d'après l'usage le plus général, que le domestique ait reçu des arrhes, pour que la convention soit réputée parfaite. M. Troplong dit que ces arrhes, purement symboliques, sont un *denier à Dieu,* ou un don fait aux domestiques. Dans notre pays, les arrhes en argent, ou denier à Dieu, ne se donnent que dans un ou deux cantons ; mais il reste entendu que le domestique, qui ne se rend pas au jour convenu chez son maître, doit payer les frais du repas ou des libations qui ont lieu à l'occasion du contrat. Ceci est bien constant.

A Ploudalmézeau et à Lesnéven, c'est un repas ; à Lannilis, un goûter ; à Daoulas et à Landerneau, une légère dépense ; à Ouessant, on ne connaît pas ces symboles d'assentiment.

Dans les autres arrondissements, les mêmes usages existent, sauf des nuances très-légères : ainsi, dans l'arrondissement de Morlaix, le maître paie une bouteille de vin pour sceller l'engagement ; à Plouigneau, on ne va pas au cabaret ; le domestique se rend avec ses parents dans la maison où il veut être *mével* ; le nouveau maître donne à boire et à manger dès qu'on est tombé d'accord ; mais dans le canton de Saint-Pol-de-Léon, le maître donne un repas en règle au valet qu'il a loué ; c'est aussi ce qui se pratique dans la commune de Lampaul.

Dans les cantons de Crozon et du Faou, les nouveaux valets reçoivent un repas, ou du moins boivent la goutte avec leur maître, qui leur donne en outre 75 c. ou 1 fr. d'arrhes.

Dans le canton de Châteaulin, on boit toujours ensemble ; quelquefois le maître exige des arrhes, 10 à 15 fr. par exemple, s'il ne connaît pas son nouveau domestique.

Dans le canton de Châteauneuf-du-Faou, communes de Laz et de Coray, le maître ne se borne pas à donner la boisson ; il emmène son nouveau domestique qui ce jour-là soupe, et même déjeûne le lendemain chez le maître, comme pour essayer si la condition lui conviendra.

Dans les cantons de Quimper, Pont-Labbé, Fouesnant, Douarnénez, etc., la même coutume est habituellement observée.

Dans les cantons de Fouesnant, Concarneau, Plogastel-Saint-Germain, et surtout Pont-Croix, le maître fait toujours les frais d'un dîner, qui, par malheur, dégénère trop souvent en une orgie. On pourra s'en faire une idée quand on saura qu'on dépense parfois à cette occasion, à Plogastel-Saint-Germain par exemple, jusqu'à 10 ou 12 fr., ce qui représente à peu près la dépense ordinaire, pendant huit jours, d'un ménage de cultivateurs composé de cinq ou six personnes.

Dans l'arrondissement de Quimperlé, nous ne connaissons

que les communes de Moëlan et Clohars-Carnoët où les maîtres donnent un repas à leurs nouveaux domestiques.

En résumé, si la bouteille joue un rôle trop important dans ces sortes de conventions, on ne peut disconvenir que c'est bien là le symbole usuel de l'assentiment des parties ; pour nos cultivateurs toute affaire se conclut *inter scyphos et pocula*. Nous ne nous arrêterons pas à quelques autres indices matériels qu'on nous a signalés (1) ; en général, il y a accord, *duorum in idem placitum consensus*, du moment qu'on s'est donné la main et qu'on a bu ensemble. — Les arrhes en argent, en supposant qu'on les considère comme un gage de la convention, ne sont qu'une exception. Quant aux témoins, on n'en recherche point ; mais il ne manque pas, en revanche, d'officieux parasites prêts à prendre part à la débauche.

Quant aux serviteurs ou servantes attachés exclusivement à la personne du maître, le contrat de louage est passé sans aucune formalité ; les parties s'arrangent et arrêtent leurs conventions à domicile, bien rarement au cabaret ; cela se conçoit aisément : les cuisinières, bonnes, jardiniers, etc., ne se louent que chez les citadins ou dans les maisons bourgeoises des campagnes ; et nos cultivateurs, en prenant des domestiques, les considèrent, avant tout, comme des auxiliaires dans les travaux agricoles, et très subsidiairement comme pouvant rendre quelques services personnels.

Pour tous les domestiques, le contrat se résume dans une condition générale, la stipulation des gages calculés sur la durée de l'engagement. Nous devons donc constater cette durée pour les 43 cantons ; et ce premier point une fois déterminé nous servira à préciser le taux usuel des gages.

Les serviteurs ruraux sont réputés loués pour une année entière ; les gages sont stipulés à tant par an, jamais à tant par

(1) Ainsi, à la foire de Coray, un domestique mâle est censé loué, quand il a retroussé ses cheveux sous son chapeau ; une fille, quand elle a laissé retomber son tablier, ou les lacets de la ceinture, qu'elle roulait entre ses doigts, etc., etc. Nous laissons ces détails infinis aux auteurs d'*Impressions de Voyage*.

mois, encore moins à tant par jour. D'ailleurs, le propriétaire ou fermier, en louant un domestique, compte sur ses services pour les besoins de l'exploitation, pendant au moins quatre saisons; car il y a nécessité de faire les travaux de culture dans un temps et dans un ordre déterminés, comme l'observent Henrion de Pansey et Curasson. En cas de décès d'un chef de maison et de renvoi des domestiques par les héritiers délaissant l'exploitation, les gages de toute l'année courante doivent être et sont comptés aux domestiques; ce qui prouve que l'équité la plus parfaite régit ces contrats. L'année est donc bien la période déterminée par la nature de la convention et par nos usages locaux (sauf le cas spécifié à la page 203).

Cependant, cette présomption si juste semble repoussée par les coutumes du canton de Crozon, du moins dans les coutumes de Crozon, Telgruc, Trégarvan, Roscanvel, Argol et Landévennec, et même au Notic en Camaret. Mais là comme ailleurs les gages sont stipulés pour l'année, dans la prévision de la période usitée. L'engagement est donc bien réellement annuel; seulement on pourrait dire qu'il reste alors soumis à une condition résolutoire au gré des parties, sans indemnité.

L'entrée au service (comme la sortie) n'a pas lieu à la même époque dans tous les cantons : dans quelques-uns, il n'y a même aucun jour de l'année où, de par l'usage, les domestiques entrent chez les maîtres. Ainsi, dans l'arrondissement de Brest (sauf à Ouessant et à Ploudiry); dans celui de Morlaix (sauf à Lampaul et dans les communes du canton de Saint-Pol-de-Léon); dans les cantons de Huelgoat et Châteauneuf-du-Faou (sauf Laz et Coray); enfin dans le canton de Pont-Aven, on prend en toute saison des domestiques ruraux.

Mais dans les autres localités, les entrées et sorties ont lieu habituellement :

A Châteaulin, dans la première huitaine de janvier; à Carhaix, du 1er mars au mois de mai; au Faou, à Noël; à Crozon et à Laz, le 1er janvier;

A Pleyben, le 20 janvier en général; quelquefois le 29 octobre;

A Crozon, le 2 janvier ou le 30 juin ;

A Douarnénez, à Quimper, à Pont-l'Abbé, à Pont-Croix et à Plogastel-Saint-Germain, c'est le 25 décembre ; dans ce dernier canton néanmoins, c'est aussi parfois du 15 au 24 juin ;

A Rosporden, à Brice et à Fouesnant, le 1er janvier ; le 6 seulement à Concarneau (8 jours après la foire Saint-Thomas) ; à Ploudiry, c'est le 29 septembre (1) ; à Plabennec, habituellement au printemps ;

Dans la commune de Lampaul, c'est le 1er mai ;

Dans le canton de Saint-Pol-de-Léon, c'est ordinairement en juin ou en octobre ;

Dans le canton de Quimperlé, le 2 ou le 8 janvier ;

Dans celui de Bannalec, au 1er janvier, sauf à Melgven, où c'est le 8 janvier ;

A Arzanno et à Guilligomarc'h, à Querrien et à Saint-Thurien, c'est le 1er mars ; à Rédéné et à Scaër, le 2 janvier ;

Dans quelques cantons, l'entrée du domestique n'est réputée définitive qu'au bout de 5, 6 et même 8 jours ; nous négligeons ce détail qui exigerait des développements très compliqués. Il va sans dire que cette épreuve n'entraine, pour aucune des parties, l'obligation d'un procompte en argent. Le temps de l'essai n'est payé qu'au domestique resté au service. A Carhaix, l'essai dure 8 jours.

Les gages des domestiques ruraux sont, en moyenne, dans l'arrondissement de Brest, de 24 écus, ou 72 fr. pour les hommes ; de 14 écus ou 42 fr. pour les femmes ;

Dans l'arrondissement de Morlaix, on donne aux valets de ferme 30 écus, ou 90 fr. ; au servantes, 21 écus, ou 63 fr.

Dans l'arrondissement de Châteaulin, les valets ont 23 écus, ou 69 fr. ; les servantes, 10 à 11 écus, ou 30 à 33 fr. ;

(1) A Ouessant, c'est la même époque ; mais il n'y a là que des servantes ; — dans ce coin retiré du Finistère, chaque homme est propriétaire d'un sillon qu'il laisse à cultiver à sa femme, à sa fille, ou à sa sœur. L'insulaire se passe en général de domestique ; il sait se suffire à lui-même, et s'affranchir des besoins compliqués, et des assujétissements inhérents à la vie des habitants du continent.

Dans l'arrondissement de Quimper, on donne 30 écus aux hommes, 15 aux filles ou femmes.

Dans l'arrondissement de Quimperlé, le taux des gages est le même, sauf dans le canton de Scaër, où les valets n'ont que 26 écus, les servantes 12 ou 13.

Il ne faut pas perdre de vue que dans les chiffres ci-dessus sont comprises les fournitures d'objet d'habillement qui sont l'accessoire habituel des gages proprement dits, et qu'on évalue dans quelques cantons jusqu'à 30 fr , dans d'autres à 8 ou 10 seulement ; et par suite les domestiques ne reçoivent en réalité qu'environ 21 écus en argent, terme moyen pour les hommes, et 8 ou 9 écus en moyenne pour les femmes.

En ce qui touche les domestiques spécialement attachés à la personne du maître, la durée de l'engagement est soumise à des règles particulières. En effet, on sait que cette classe de serviteurs se loue à tant par an, en ce sens seulement que les gages de l'année de service sont pris comme base du chiffre dû en cas de départ ou de renvoi ; mais on ne considère point l'engagement comme fait pour une année, ni même pour une période déterminée.

Les gages des cuisinières, des bonnes, des garçons d'écurie, etc., sont relativement un peu plus élevés que ceux des serviteurs ruraux ; ceux-là reçoivent jusqu'à 150 fr. par an suivant les lieux ; on ne leur donne habituellement aucun objet d'habillement, en sus des gages convenus, à l'exception des tabliers et fausses manches, qu'ils rendent en partant.

Les jardiniers sont censés attachés à la personne, à moins qu'ils ne soient exclusivement chargés d'une exploitation agricole.

Il en est ainsi des cochers, palfreniers, postillons, garçons meuniers, chefs de cuisine, garçons de cafés ou restaurants, etc.

Néanmoins, dans l'usage, les postillons et les garçons meuniers sont présumés loués au mois, et sont payés tous les mois.

Enfin, il faut ajouter aux serviteurs ruraux les domestiques loués pour des travaux déterminés d'agriculture. Dans le Finistère, quoique les semailles, la fauchaison et la moisson se fassent dans quelques lieux à l'aide de tâcherons ou de journaliers, l'usage général est de louer des domestiques, principalement pour la moisson ; nous le trouvons établi dans 33 cantons (1). On nomme ces travailleurs *convenant-cost*, *métiviers*, ou domestiques à gages d'août. A Crozon, du moins dans les communes de Roscanvel et Camaret, on ne se borne pas à stipuler des gages en argent : on donne de plus quelques effets d'habillement aux gagés d'août, qui ailleurs n'ont droit qu'à une somme d'argent.

Quant à la durée de l'engagement et au mode de le contracter, la coutume locale ne peut fournir aucun élément précis ; seulement, il est bien entendu que le métivier doit rester chez le maître jusqu'à ce que la récolte soit entièrement achevée. Il n'y a aucune époque fixe pour l'entrée chez le maître. Les gages sont aussi très variables ; toutefois, leur taux est proportionnellement plus élevé, à raison des travaux du gagé d'août, bien plus fatigants que ceux des simples *mével*.

Il nous reste à parler des journaliers et ouvriers (2). Mais nous devons pourtant mentionner auparavant les gardeurs et gardeuses de troupeaux, enfants d'ordinaire au-dessous de 15 ans, qui la plupart n'ont pour gages que le *victum et vestitum*, rarement 3 ou 4 écus par an. Ce sont là des domestiques dans la véritable acception du mot ; ils se louent à l'année, et sont

(1) A Rosporden, à Concarneau, à Ouessant, à Plabennec, à Carhaix, à Pleyben, à Huelgoat, à Châteauneuf-du-Faou, à Lanmeur et à St-Pol-de-Léon, on ne loue que rarement des domestiques pour la moisson, jamais pour la fauchaison, ni pour les semailles. Au Faou, au contraire, il est très fréquent de voir des domestiques loués pour 15 jours ou 1 mois à l'époque des semailles. A Lesnéven, quand on loue un *gagé d'août*, il est d'usage de lui offrir un goûter ; c'est la preuve de la conclusion du louage, *convenant cost*.

(2) A Ouessant, quand on bâtit une maison en été, il suffit de hisser un pavillon pour voir accourir une foule de femmes de bonne volonté, qui viennent gratuitement prêter leurs services, de 6 à 9 heures du soir. On n'a donc à payer que le maçon et le charpentier qui président aux travaux. Le même système de mutualité se pratique lorsqu'il s'agit des travaux agricoles, lorsqu'on fait les *ylaouët*, etc. Seulement, les ouvrières (les hommes étant marins) sont nourries dans ces derniers cas.

astreints à faire les travaux que leur âge comporte. On ne les loue point au cabaret ; mais on les demande à leurs ascendants ou tuteurs, avec lesquels on traite. Nous pourrions aussi les considérer comme des apprentis, qui donnent au patron leur temps, sans salaire en argent, jusqu'à l'époque où ils seront capables de louer leurs services comme aides-cultivateurs. Dans la commune de Crozon, notamment aux sections de Rostudel, Talar et la Palue, des pâtres se chargent, moyennant 30 c. par tête, de garder les moutons du 15 mars au 29 septembre sur les montagnes arides et sur les palues non emblavées. 150 à 200 moutons sont sous la garde d'un pâtre, qui gagne ainsi 8 à 10 fr. par mois ; mais comme il se nourrit, vêtit et loge à ses frais, ce n'est pas là un domestique, c'est une espèce de journalier salarié pour un travail déterminé. — Il est remarquable que les propriétaires des moutons et les pâtres ont une mémoire tellement sûre, qu'ils ne font jamais erreur sur l'identité des moutons : chaque soir les moutons de Pierre rentrent à l'étable ; et le pâtre, tout comme le maître, reconnaîtrait de suite ceux de Paul qui y viendraient par mégarde. — Dans les autres sections, il y a des domestiques qui conduisent les moutons, mais ne les gardent point, attendu qu'ils sont attachés. A Saint-Renan, on fait garder les bestiaux par des mendiants ; dans d'autres cantons, par les enfants ou par les vieillards de la ferme. Dans les cantons de Saint-Pol-de-Léon et de Saint-Thégonnec, et dans quelques communes des arrondissements de Quimperlé et de Châteaulin, on donne aux pâtres une rétribution exceptionnelle, qui va jusqu'à 15 à 18 fr. par an en moyenne (1).

Les gens de journée se divisent en deux catégories : les journaliers et les ouvriers.

Les journaliers, ainsi que les ouvriers à la journée, sont censés loués au jour ; mais il existe entre eux quelques différences que nous devons signaler. Ainsi, tandis que le journalier (deve-

(1) Dans les environs du canton de Carhaix, outre le *rictum et restitum*, les gages consistent dans une tourte de pain de seigle — environ 45 livres — pour la vieille mère du pâtre ; coutume simple et touchante, qui remonte sans doute à des temps fort reculés.

sour), ne reçoit qu'un salaire de 40 c. par journée de travail, nourriture non comprise — on l'évalue à 50 centimes —, l'ouvrier ou l'artisan (1), même à la campagne, gagne souvent, en moyenne, 1 fr. 50 c. par jour, y compris la nourriture. Sauf quelques nuances très légères qu'il serait trop long d'énumérer, telle est la situation réelle des travailleurs dans notre département. Il est bon d'observer aussi que dans l'expression journaliers on comprend à la campagne les couvreurs en paille, les tailleurs, sarcleurs, faucheurs et moissonneurs, qui reçoivent un salaire plus ou moins élevé, toujours dans les limites ci-dessus, c'est-à-dire 80 à 90 centimes, rarement 1 fr., non compris la nourriture, et pourtant le journalier campagnard doit être à l'ouvrage dès qu'il fait jour, et ne cesser qu'à la nuit, surtout les faucheurs et moissonneurs ! Sans doute il y a des heures de relâche, le temps des repas, de fumer la pipe, quelquefois de prendre un court sommeil à midi. En résumé, le travail de ces derniers journaliers est d'environ 14 heures en été; pour les autres, de 11 heures seulement. Les femmes employées à la journée ont un salaire inférieur et autant d'heures de travail ; le salaire de leur journée ne dépasse guère 75 centimes et la nourriture en sus, en été. En hiver, le *devesour* n'a que 90 centimes à 1 franc, nourriture comprise ; les femmes, 80 centimes seulement, y compris aussi leur nourriture.

Il est vrai qu'en hiver le travail est moins long — 9 heures environ — et plus facile ; mais il est néanmoins bien autrement pénible que celui des tailleurs, maçons et autres ouvriers, qui, en hiver comme en été, gagnent aisément de 1 fr. à 2 fr. par jour, et, en moyenne, 1 fr. 50 c., y compris leur nourriture.

Dans presque tous les cantons, les ouvriers carriers et les mineurs ont un salaire de 1 fr. à 1 fr. 50 c. par jour : le maître ne les nourrit pas, mais il leur fournit la barre de mine, les marteaux, la poudre, les masses, tranches, pelles et épinglettes.

(1) Comme les couvreurs, tailleurs de pierre, maçons, menuisiers, cordonniers, charrons, charpentiers, scieurs de long, maréchaux-ferrants, forgerons, etc.

(Remarquons en passant que les maires agiraient fort sagement en poursuivant les carriers, mineurs, laboureurs, etc., qui laissent pendant la nuit dans les carrières, ateliers ou champs, les pinces, contres et outils dangereux. Voir le réglement du 22 mars 1777, l'ordonnance du 18 mars 1814, et l'art. 471 du Code pénal.)

Habituellement le maître nourrit ses journaliers et ouvriers, et quand par hasard ils se nourrissent eux-mêmes, ils reçoivent 50 centimes de plus que les travailleurs nourris par les patrons. Les journaliers font quatre repas en été, trois seulement en hiver (1).

L'usage accorde généralement deux heures pour les repas ; en outre, il y a toujours au moins deux intervalles de repos d'un quart d'heure chacun. En été, suivant les travaux, ces intervalles vont jusqu'à quatre ; à cet égard, il n'y a aucune règle absolue, tout dépend du genre de travail et des conventions.

En ville, les ouvriers et ouvrières à la journée sont mieux rétribués, et les heures de travail se réduisent à 10 dans les plus longs jours en certains cas ; en hiver, les lavandières commencent leur journée à 8 heures et la finissent avec le jour. Les tailleurs de pierres n'ont guère que 8 heures de travail en hiver,

(1) A Crozon, ils n'ont jamais pour boisson que de l'eau et un peu de lait ; dans une partie du canton, on méprise même souverainement les buveurs de cidre, qu'on nomme les *fraquen...*; dans les autres cantons, les journaliers n'ont du cidre ou un peu d'eau-de-vie que très exceptionnellement. A Ouessant, il n'y a que les charpentiers-menuisiers et maçons-couvreurs qui travaillent à la journée, on leur donne 60 à 75 cent. et la nourriture, ou de 1 fr. à 1 fr. 75 c. sans nourriture, avec un coup d'eau-de-vie le matin. — Dans les 43 cantons, on donne quelquefois 10 centimes de tabac aux ouvriers fumeurs ; mais ce n'est pas là un usage constant. Enfin, la collation n'a lieu que depuis le 2 février jusqu'après la moisson, c'est ce qu'indiquent les deux proverbes suivants :

Da goël ar chandelour (2 février)
. . . .
Plega ar c'hantoulériou
A dispaka ar gortozennou.
Da goël Mark (25 avril)
Méren bian dar park.

A la fête de la Chandeleur, on ramasse les chandeliers et on déploie la collation. A la fête de Saint-Marc, la collation se porte aux champs.

10 en été, etc..... Les salaires des ouvrières sont peu élevés, de 70 c. à 1 fr., sans nourriture. En revanche, les ouvriers ont un salaire qui va de 1 fr. à 2 fr. 50 c., sans nourriture. La moyenne est, on le voit, de 1 fr. 75 c., et ce en toute saison.

L'usage du travail à la lumière, ou des *veillées*, existe pour les personnes exerçant certains métiers, comme les menuisiers, et quelques ouvrières; mais il serait difficile de poser des règles fixes sur ce point, d'ailleurs sans importance. Au reste, il y a en ville et à la campagne bien peu d'ouvriers qui louent leurs services à la journée, si l'on excepte les bêcheurs, jardiniers, tailleurs d'habits, couturières, lingères et dresseuses. La plupart des artisans traitent à forfait, à la tâche, ou à la pièce.

Il y a dans presque tous les cantons (v. section du bail à loyer, au § *des sous-locations*) des journaliers qui s'établissent sur les dépendances ou dans le voisinage des grandes fermes : ce sont les *pentys* qui, usurpant un coin de lande, une issue de chemin, un frostage isolé, s'y construisent une loge avec des mottes, écobuent et enclosent peu à peu des parcelles, dont ils finissent par revendiquer la propriété exclusive : cette situation suscite aux vrais propriétaires des difficultés de plus d'un genre.

En général, le *penty* vit aux dépens des métairies, qu'il soit sous-locataire, ou établi dans sa cabane. Il a été d'abord fermier; paresseux et insolvable, il a été ruiné par l'ivrognerie, et maintenant qu'il est dans le dénûment, il s'est fait petit journalier; il est tombé au rang de *penty*; c'est le *lazzarone* de nos campagnes. L'indigence le pousse à la rapine; trop d'exemples l'incitent à mal faire dans cette société à part, à laquelle il est désormais affilié. — La classe des *pentys* tend évidemment à s'accroître de plus en plus et à devenir un danger permanent pour la sécurité des personnes et des propriétés (1).

(1) Il est vrai que l'autorité ne doit pas s'immiscer dans les questions de salaires; que leurs taux expriment exactement le rapport entre l'offre et la demande, et que le niveau est donné par les circonstances (circ. min. du 2 février 1819). Mais l'autorité ne peut se dispenser d'aviser aux moyens d'assurer au travail un prix rémunérateur, et de s'occuper constamment de l'amélioration du sort des travailleurs. (V. la page 208.)

Nous savons que le *penty* est parfois victime du malheur plus encore que d'une conduite blâmable. Il y en a qui rendent des services aux cultivateurs, et qui ont le secret de nourrir une nombreuse famille du produit minime d'un travail insuffisamment rémunéré (dans beaucoup de cantons, au lieu d'argent, le salaire consiste dans la fourniture de pommes de terre, foin, paille, etc.) ; alors le *penty* est réellement digne d'intérêt. *Res sacra miser.*

Mais, à quelque point de vue qu'on envisage cette situation d'une partie de notre population rurale, il y a lieu de se demander ce qu'il adviendra quelque jour de tant d'ouvriers agricoles, sans travail la plupart du temps, et s'il ne serait pas temps de fonder des associations charitables, des sociétés de secours au profit des *pentys*, de relever leur dignité morale, si abaissée par les dangereuses suggestions de la misère ? Ne serait-il pas possible d'élever un peu leurs salaires, de les initier aux salutaires notions de l'esprit de propriété, en leur concédant graduellement quelques parcelles des terrains immenses laissés sans culture ?

§ 3. — MÉTRAGE.

En passant en revue les usages concernant les salaires des ouvriers, nous ne pouvions garder le silence sur les règles relatives au mode adopté pour le mesurage et le paiement de certains travaux qui se font à la mesure, comme maçonneries, plafonds, enduits, couvertures et peintures ; la coutume locale, en effet, régit alors les parties contractantes, à défaut de convention.

Dans une maçonnerie ordinaire, on se borne à mesurer la surface ; l'épaisseur n'est prise en considération que pour la fixation du prix. Soit un mur de 10 mètres de hauteur sur 30 mètres de longueur ; la superficie égalant 60 mètres, l'ouvrier sera payé pour 60 mètres seulement, sauf réduction ou augmentation arrêtée pour le prix à raison de l'épaisseur.

La maçonnerie est mesurée pleine, c'est-à-dire sans avoir égard aux ouvertures, armoires, etc. Soit une construction de do 20 mètres de hauteur sur 30 mètres de longueur, ayant 10 ouvertures d'un mètre de largeur sur 2 mètres de hauteur, faisant ensemble un vide de 20 mètres en superficie; on comprendra ces 20 mètres dans le métrage. Néanmoins, à raison des difficultés du travail, on déduit les vides des portes cochères, souvent même des simples portes d'entrées, que l'on mesure et qui se paient à part.

Les pignons se mesurent d'après leur forme, sans avoir égard aux cheminées; le soubassement comme un mur; l'aiguille, en multipliant la base par la moitié de la hauteur. Si l'aiguille contient une carrée de cheminée, le métrage a lieu en décomposant la surface en trapèze et en rectangle, et en additionnant les deux chiffres. — Les côtières se mesurent en prenant deux côtés à l'intérieur et les pignons en dehors; cela est plus juste que le métrage usité à Rennes, et qui consiste à mesurer les pignons à l'intérieur et les côtières en dehors, opération qui n'est point exacte, lorsque les pignons sont plus épais que les côtières, ce qui a lieu parfois.

On ne tient aucun compte, dans le métrage, des ailerons ou *cantelages* de pierre qui bordent et recouvrent les rampants des pignons, à moins que ces ailerons n'exigent un travail plus soigné qu'à l'ordinaire, par exemple en pierres d'appareil.

Les tuyaux de cheminées se mesurent à part; on prend à cet effet deux côtés à l'extérieur et deux à l'intérieur, et l'on multiplie le total par la hauteur des tuyaux : soit un tuyau de 1 mètre 50 en dehors pour deux côtés, de 1 mètre 10 à l'intérieur pour deux côtés, la hauteur étant de 15 mètres, le tuyau devra être payé sur le pied de 30 mètres 90 cent. de maçonnerie.

Pour les murs formant jonction, comme dans une maison, on mesure un mur en dehors et un autre en dedans, sans quoi il y aurait double emploi.

Lorsqu'on s'est obligé à fournir des matériaux, l'acheteur

a le droit de les faire mesurer au cube, en déduisant les vides.

Pour les couvertures en ardoises, il n'est tenu compte au couvreur, dans le métrage, ni des *ruellées* (gros rejointoiement qui lie le toit au pignon), ni des nocs et arrêtiers, à moins d'un travail spécial et exceptionnel ; ainsi, les couvreurs obtiennent parfois une augmentation de 10 cent. carrés par mètre courant sur le métrage normal, suivant la longueur des ruellées, nocs et arrêtiers.

Les couvreurs doivent observer le 1/3 de *puron*, en plaçant les ardoises de manière que la première ardoise touche et même double un peu la quatrième, et ainsi jusqu'au faîte. Aucun usage quant aux clous. Néanmoins il est connu dans la pratique que les réparations sont plus faciles quand l'ardoise est fixée par un seul clou, si surtout on emploie des clous galvanisés. Le larmier, qui est habituellement d'une largeur de 12 à 16 centimètres, est compris dans le métrage, mais non le lignolet ou dernier rang supérieur d'ardoises, quand même il n'existe pas d'enfaiteaux.

Pour métrer les couvertures, on calcule la surface sans tenir compte des vides autres que les châssis et têtes de cheminées, et l'on ajoute la mesure exacte du travail des fenêtres de mansardes.

Les plafonds et enduits sont mesurés, plein comme vide ; les plafonds jusques sous les corniches, lesquelles se mesurent à part. Mais on déduit les vides dont les retours ne sont pas enduits.

Pour les peintures, on mesure exactement moulures, filets, etc. ; on ne déduit pas les vides des fenêtres, quand elles sont peintes des deux côtés ; quand il n'y a de peinture que d'un côté, on déduit la 1/2 de la surface vide.

Pour les persiennes et jalousies, on développe chaque lame. Pour les corniches et moulures, on tient compte au plâtrier des reliefs et contours. A Quimper, on mesure généralement les

corniches comme parement droit, et l'on accorde un seizième
en sus à l'ouvrier pour les développements.

§ 4. — CONGÉS ENTRE MAÎTRES, DOMESTIQUES ET OUVRIERS.
TACITE-RÉLOCATION.

Les domestiques ruraux étant gagés pour une année, quel
est le délai dans lequel les parties doivent se donner congé
pour se conformer à l'usage des lieux? A quelle époque doit-
on présumer qu'il s'opère une tacite-rélocation ?

Dans tout le département, lorsque les parties ne manifestent
pas une intention contraire, l'engagement est réputé résilié à la
fin de l'année ; cela suffirait assurément pour prouver que le
louage est contracté pour un an. Ainsi, le silence équivaut à
un congé ; telle est la coutume générale.

Dans l'arrondissement de Brest, quand approche le terme de
l'engagement, quinze jours ou un mois avant son échéance, le
maître fait connaître à son serviteur qu'il désire le conserver ;
s'il est dans l'intention de prendre un autre domestique, il laisse
courir le terme, et le domestique cherche une autre condition ;
il est sans exemple que celui-ci interroge son maître sur ce
point : ils savent parfaitement l'un et l'autre à quoi s'en tenir.

C'est donc à tort, suivant nous, qu'à Saint-Renan on voudrait
considérer le silence comme donnant lieu à la tacite-rélocation;
la coutume n'a point fixé le délai du congé. On rentre, dès-lors,
dans le droit commun observé dans la contrée : *dies interpellat
pro homine*. Les parties restent libres, à moins de stipulation
contraire. Nous ferons la même observation pour le canton
de Lannilis. En ce qui touche les Ouessantins, gens tout-à-fait
à part, il paraît que leurs mœurs simples permettent et veulent
que la maîtresse s'enquière auprès de sa servante s'il lui plaît de
rester, et qu'à défaut d'un refus manifeste celle-ci soit réputée
vouloir renouveler son engagement. Ceci ne saurait infirmer
la règle générale.

L'arrondissement de Morlaix suit les mêmes coutumes. Il est
vrai que les réponses des cantons de Plouigneau et de Saint-

Pol-de-Léon indiquent une solution contraire ; mais nous sommes convaincu que là, aussi bien qu'ailleurs, le maître ne saurait considérer comme manquant à son engagement le domestique qui partirait au terme ; car le silence du maître est un avertissement suffisant ; et une mise en demeure par huissier ne serait qu'une formalité dérisoire.

Dans les trois autres arrondissements, on admet que le silence des parties équivaut à un congé formel. Le serviteur, dit-on à Morlaix, *manquerait à l'étiquette et commettrait une irrévérence*, s'il parlait à son maître pour rester ou pour partir. Si le maître veut le garder, il ne manquera jamais d'en donner avis à son serviteur un ou deux mois avant le terme (1).

La tacite-rélocation peut néanmoins résulter du silence des parties, mais dans un seul cas ; c'est lorsque le premier engagement étant expiré, les parties restent dans la même situation ; il est clair que le maître qui aurait gardé son domestique après le terme, sans rien dire, serait censé avoir renouvelé l'engagement aux mêmes conditions quant au prix et à la durée. Dans l'usage, nous l'avons vu, le maître prévient son domestique environ un mois, avant la fin de l'année, lorsqu'il a l'intention de le conserver ; sans cette précaution, il arriverait souvent que le maître perdrait un bon serviteur; car celui-ci interprétera toujours le silence comme une preuve de la cessation du louage, comme le seul congé usité en pareil cas, et il se pourvoira ailleurs.

Il n'en est pas de même quant aux domestiques exclusivement attachés à la personne du maître, à la ville comme à la campagne. En effet, l'engagement n'étant contracté que pour un temps indéterminé, le silence des parties équivaut à la tacite-rélocation, ou plutôt chacune des parties conserve son entière liberté, et peut à son gré rompre le contrat ou en prolonger la durée. Mais le sentiment des convenances fait aux parties une espèce de nécessité de ne point se séparer brusquement sans de

_____

(1) On nous a pourtant assuré qu'à Roscanvel il est d'usage que les parties s'avertissent verbalement 3 semaines avant la fin de l'année de service ; mais y a-t-il là usage bien reconnu?

graves motifs : aussi il est très rare qu'on ne se donne pas mutuellement avis huit jours au moins avant la séparation , quoiqu'il
n'y ait pas obligation comme à Paris (1).

Les domestiques à gages d'août ne sont jamais congédiés à
moins de fautes réelles, incapacité ou maladie.

Les journaliers et ouvriers à la journée ne peuvent invoquer
le silence du maître comme une preuve de tacite-réïocation. Ils
peuvent être congédiés du jour au lendemain sans avertissement,
comme aussi ils sont libres de partir *ad nutum*. Il arrive quelquefois qu'un journalier soit loué à tant par mois pour le temps
de la moisson, sans être néanmoins le domestique du cultivateur; il reste donc *devesour* ou ouvrier agricole, loue ses services
pour une période ou pour une saison déterminée, quoique le
nombre des jours de travail ne soit pas fixé. Dans ce cas, il ne
peut y avoir de congé entre les parties ; l'achèvement de la récolte
ou de la saison est le terme forcé de l'engagement; et le maître, qui
garderait le journalier et l'emploierait pendant quelques jours
après le terme, ne pourrait avoir à craindre que celui-ci lui op-
posât une tacite-réïocation incompatible avec la qualité d'homme
de journée.

Quant aux ouvriers qui s'obligent à faire, à raison de tant par
jour, une construction, une couverture, une charpente, etc.,
l'usage local ne fournit d'autres règles que celles du droit commun. Néanmoins, comme alors la convention les assimile aux
entrepreneurs quant à la nature de l'engagement, et aux simples
journaliers quant au salaire, on doit leur appliquer ce que nous
nous avons dit plus haut pour les heures de travail et des repas

---

(1) Pour tous les domestiques sortants, il peut arriver que, le temps du service étant écoulé, le maître garde quelques jours son ancien serviteur, qui attend le jour convenu avec son nouveau maître pour entrer au service. Cet intervalle de temps est une facilité accordée au domestique, et non une lacune qui
lui ferait perdre sa qualité d'électeur. Arrêt de cassation du 19 nov. 1850 ;
Gazette des Trib. du 26 fév. 1851. Il suffit que le nouveau maître, comme
l'ancien, donne un certificat, art. 355, loi du 30 mai 1850.

pour les intervalles de repos, etc. (1). La résiliation n'a lieu qu'en cas de faute, ou du consentement des parties.

§ 5. — DROITS ET DEVOIRS DES MAÎTRES, DOMESTIQUES ET OUVRIERS.

On se tromperait assurément, si l'on considérait les domestiques ruraux comme des serfs, aveuglément soumis aux caprices de leurs maîtres. Nous verrons, au contraire, en parcourant le cercle de leurs obligations, que leur état d'infériorité n'exclut ni la dignité, ni une certaine indépendance. Ils sont moins les serviteurs que les auxiliaires des propriétaires et fermiers; aussi les nomme-t-on aides-cultivateurs, qualification si peu dérogeante que des fils de propriétaires aisés ne dédaignent point de l'accepter. Dans plusieurs cantons, surtout en Léon, les domestiques sont distingués sous les noms de 1er, 2e, 3e valet, etc.; mêmes classifications pour les servantes. Si le premier valet est un personnage important, les autres ont aussi leur part de considération; tous sont entourés d'égards et traités comme les enfants du cultivateur, quelquefois mieux; à Saint-Renan, par exemple, où ils sont servis les premiers et placés au haut-bout de la table. Nous remarquerons seulement que les servantes sont dans une position vraiment inférieure (2).

Lorsqu'un maître loue un domestique, il est sans exemple que les conditions de l'engagement soient exprimées complétement, encore moins qu'il prenne des témoins. Le serviteur, de son côté, se préoccupe fort peu des preuves de la convention. De là il résulte que chacune des parties ayant suivi la

(1) Nous en dirons autant des ouvriers travaillant dans les 38 carrières de l'arrondissement de Châteaulin, soit comme mineurs, soit comme simples manœuvres, à raison de 1 à 2 fr. par jour sans nourriture; à la pièce ou à la tâche, comme les tailleurs (qui gagnent de 1 fr. 25 à 5 fr. par milliers d'ardoises, — en moyenne 2 fr. 82).

(2) A la campagne surtout, les coutumes adoucissent fréquemment la position des domestiques...; des habitudes, antérieures aux maximes de la démocratie moderne, font asseoir souvent le garçon de labour et le moissonneur à la table du plus riche fermier (Rapport fait par M. Riché à l'Assemblée nationale, le 31 mars 1851).

foi de l'autre, s'il s'élève ensuite une contestation , la coutume locale est la seule règle de décision, sauf pour la quotité des gages et pour les avances.

Le maître s'oblige, de par l'usage, à loger, à nourrir son domestique, à lui fournir le blanchissage, à nourrir et à payer les tailleurs employés au raccommodage des hardes du domestique, à nourrir seulement ceux qui confectionnent du neuf (sauf ce qui sera dit plus bas). Le domestique, de son côté, s'oblige à donner son temps au maître pour tous les travaux commandés, et à payer les tailleurs qui confectionnent du neuf.

Les maîtres doivent payer exactement à leurs serviteurs les *gages gagnés;* d'où la conséquence que le maître ne les doit qu'à leur échéance, c'est-à-dire à la fin de l'année pour les domestiques ruraux. Si, d'un commun accord, l'engagement est résilié pendant l'année, le serviteur ne peut exiger que le prix de ses journées de services réels, jusques et y compris le jour du départ. Mais si le domestique, *sans justes motifs,* part brusquement de chez son maître avant la fin de l'année, ou si celui-ci congédie son domestique, *sans justes motifs,* avant le terme, comment se régleront les gages dans cette double hypothèse? On nous répondrait en vain que ce sont là des cas très rares ; nous savons positivement que MM. les Juges de paix ont malheureusement de fréquentes occasions d'interposer leur autorité dans ces tristes discussions. Nous croyons que les principes du droit et de l'équité autorisent le maître à retenir les gages gagnés jusqu'à due concurrence de l'indemnité qui est la seule sanction pénale contre le domestique infidèle à son engagement; autrement tout recours serait illusoire le plus ordinairement (1). Quand c'est le maître qui

(1) Nous adoptons pleinement l'opinion de notre collègue, M. Faugeyroux ; il pense qu'un motif honnête n'affranchit point de l'indemnité le domestique qui manque à son engagement. Ainsi, le domestique qui veut se marier, partir pour l'armée comme volontaire ou remplaçant, et aller assister ses parents âgés , etc., sera tenu de se délier tout d'abord des obligations du service domestique. Sans doute, il encourra une moindre responsabilité que celui qui abandonne le service par spéculation, ou pour vivre dans la paresse. Mais la loi du contrat ne doit pas être impunément éludée : *Grave est fidem fallere!*

viole lui-même la loi du contrat, le domestique a droit d'abord à ses gages gagnés, et en outre à une indemnité. Ces solutions nous semblent une déduction forcée des art. 1142 et 1382 du Code civil. Il nous reste à voir si les usages locaux sont en harmonie avec ces règles.

Dans l'arrondissement de Brest, la rupture du contrat donne rarement lieu à l'allocation d'un dédommagement au profit de la partie lésée. Doit-on conclure de là que tout se termine à l'amiable, et que la coutume n'offre rien de précis en cette matière? Si nos informations sont exactes, le magistrat conciliateur hésite à prononcer : l'affirmation du maître n'opère pas toujours la conviction du juge; d'un autre côté la preuve testimoniale est d'un bien faible secours quand il s'agit de savoir de quel côté sont les torts. Aussi, presque toujours, le domestique congédié se résigne-t-il à recevoir (quand le maître veut bien le lui donner) le prorata de ses gages (1).

Néanmoins, en principe, on admet qu'il est des circonstances où l'indemnité est due pour cause de rupture. Par exemple, quand le domestique part au moment de la récolte, quand le maître le congédie à l'entrée de l'hiver. A Landerneau, le domestique renvoyé dans la belle saison a droit aux gages de l'année entière; s'il part spontanément à cette époque, il n'a rien à réclamer; à Ploudalmézeau et à Plabennec, on suit des errements analogues; le domestique ne peut se retirer à volonté, autrement il perd ses gages; l'intérêt de l'agriculture le veut ainsi. *Le maître qui renvoie*, dit-on, *paie toujours le prorata du temps de service*; nous ajouterons qu'il devrait en outre donner une indemnité. Enfin, à Ouessant, pays patriarcal, il est sans exemple que les domestiques *ne fassent pas leur année.*

Dans l'arrondissement de Morlaix, on reconnaît, dans la pra-

(1) M. Névet estime que l'action en indemnité, en nécessitant la discussion des faits, exposerait à des chances diverses l'honneur du domestique, celui du maître et peut-être de la famille, et qu'il y a plus de dignité à renoncer à un peu d'argent qu'à dévoiler les faiblesses de la vie privée.... C'est très juste pour le maître; mais pour le serviteur, ce peu d'argent est quelquefois une ressource indispensable.

tique, le principe de l'indemnité en cas de résiliation sans motifs. Il est de tradition à Plouigneau que, du 22 décembre au 22 mars, le maître ne peut congédier le serviteur qu'en lui payant une indemnité ; et que celui-ci ne peut partir du 22 juin au 22 septembre, sans perdre une partie de ses gages. Nous l'avouerons, cette distinction nous paraît un peu subtile, à moins qu'elle ne serve seulement d'indication des époques où des dommages-intérêts plus élevés sont dus par celle des parties qui manque à son engagement.

Dans les trois autres arrondissements, il n'existe aucune coutume contraire aux règles générales. Nous ferons seulement quelques observations en ce qui touche six cantons.

A Carhaix, on divise l'année en deux saisons : la bonne, qui commence en mars et finit en octobre ; la mauvaise, qui comprend le reste de l'année. Le domestique renvoyé en bonne saison a droit à l'intégralité des gages stipulés ; il les perd entièrement, si, entré en morte saison, il veut partir au moment des grands travaux. Quoiqu'on ne le dise pas précisément, le maître qui congédierait le serviteur en morte-saison, devrait aussi la réparation d'un préjudice immérité, et réciproquement. *Le chiffre de l'indemnité* (nous écrivait M. Halléguen pour le canton du Faou), *est subordonné avant tout à la saison employée au service. Tout est là.*

A Châteaulin, en cas de renvoi du domestique, le maître lui compte ses gages proportionnellement aux services ; par la même raison, le domestique perd seulement les gages non gagnés, s'il veut partir avant le terme, et même le prorata n'est exigible qu'à l'expiration de l'année de louage. C'est là une interprétation inadmissible, ou plutôt empreinte d'un caractère odieux, et contraire à l'essence même du contrat. Quant à l'exigibilité du prorata des gages, elle est évidemment acquise au domestique par le fait de la rupture du contrat, s'il est renvoyé sans motifs ; par le même motif, le maître règle de suite le compte du domestique qui manque à son engagement (1).

(1) C'est donc à tort que quelques personnes prétendent que le domestique

Ainsi que nous l'avons dit plus haut, la coutume de Crozon se distingue entre les autres, en ce qu'il y est toujours sous-entendu que chacune des parties conserve la faculté de rompre le contrat tous les six mois. La seule conséquence à déduire de cette clause usuelle, c'est que celle des parties qui veut résilier sans motifs, avant l'échéance du semestre, doit supporter les suites de sa faute ; et il pourrait se présenter des cas où le domestique ne serait pas suffisamment indemnisé par le paiement de son semestre, d'autres où il serait juste que le maître fît une retenue au domestique, contrairement à ce qui se pratique dans ce canton.

A Concarneau, *on n'a aucun égard au valet renvoyé par son maître :* en d'autres termes, on veut qu'il ne lui soit rien dû. *Sans cela,* dit-on, *il n'y aurait pas moyen de se faire obéir, le valet pouvant toujours provoquer son expulsion.* On compte tous ses gages gagnés à la servante qui part sans motifs. Mais le valet ne peut rompre ses gages sans perdre un 1|3 des gages gagnés ; c'est ordinairement au temps de la moisson que les valets quittent brusquement le service, lorsqu'ils trouvent à s'employer ailleurs avec avantage ; la retenue de 1|3 ne suffit même pas toujours pour les empêcher d'enfreindre leurs obligations. — Sans doute, le départ d'une servante n'est pas aussi dommageable que celui d'un valet de ferme ; mais il y a toujours préjudice. Quant à la fixation du 1|3 pour la retenue, elle peut être juste ou injuste suivant les cas ; ce n'est point là une coutume ayant force de loi. Enfin les maîtres ne sont pas tous exempts de fautes : d'où vient donc qu'on semble les affranchir de toute responsabilité ?

A Fouesnant, il est d'usage que le domestique qui veut partir avant *la Saint-Jean* perde le 1|4 des gages gagnés. Nous le savons, du reste, ce n'est là qu'une tradition un peu oubliée ; elle prouve du moins que jadis on ne laissait pas impunies les fautes de ce genre, et que les domestiques surtout s'en ren-

(à Scaër et à Bannalec), qui rompt son engagement à la St-Jean, n'aurait droit à ses gages gagnés qu'à Noël ; il a action contre son maître dès le jour de son départ, sauf le recours de celui-ci en dommages-intérêts, s'il y a lieu.

daient coupables, puisque la coutume garde le silence à l'égard des maîtres.

A Pont-Croix, on admet que le domestique qui part sans motifs n'a aucun droit à ses gages ; et, par une inconséquence bizarre, on ne veut pas que le maître soit tenu à indemniser le domestique injustement expulsé.

Sans attacher une importance exagérée aux coutumes locales en cette matière, nous tenions à bien constater que, dans tout le département, les pratiques observées sont une application plus ou moins rigoureuse des vrais principes du droit. Partout, MM. les juges-de-paix, interprètes éclairés de la loi, apprécient sainement les difficultés entre maîtres et domestiques ; tous les justiciables invoquent leur médiation, et défèrent avec respect à leurs décisions. Si, dans quelques cantons, on semble repousser le principe de l'indemnité, cela provient uniquement de la rareté des contestations et des habitudes pacifiques des habitants. C'est ainsi qu'au Huelgoat, à Châteauneuf, etc., les domestiques ne sont jamais poursuivis ; et il faut qu'un domestique ait des griefs bien sérieux pour qu'il traduise son maître en bureau de paix : si, en effet, l'un n'a rien à craindre ordinairement, l'autre expose ainsi sa réputation, et compromet ses ressources dans le présent et pour l'avenir. En tous cas, il n'était pas sans intérêt de préciser ce qui se fait communément, et de signaler, comme abusifs, les rares usages qui sont en désaccord avec les art. 1142 et 1382 du Code civil.

Les gages ne sont dus rigoureusement qu'au terme, c'est-à-dire à la fin de l'année ; mais, dans la pratique, les maîtres donnent des à-comptes à leurs domestiques, au fur et à mesure de leurs besoins. Il est rare que les maîtres paient les frais de maladie pour leurs domestiques ; en tous cas, ce ne serait qu'à titre d'avances, remboursables lors du paiement des gages. Si la maladie ne dure que huit jours, aucune retenue ne se fait sur les gages ; il en est autrement quand elle se prolonge : alors le domestique doit, à la fin de son année, remplacer les jours de maladie par autant de journées de travail (1). Dès que la maladie dure plus

(1) A Ploudalmézeau, on se récrie avec beaucoup de raison contre cette rigueur. — Toute absence sans permission autorise aussi le maître à exiger un travail supplémentaire à la fin de l'année ; mais *summum jus, summa injuria* ; ces sortes de relations se règlent à l'amiable, et non le code à la main.

d'un mois, les gages sont rompus, et le domestique part après avoir reçu ses gages gagnés. Les gratifications ne se donnent jamais aux domestiques que comme un témoignage de satisfaction ; par exemple, 25 à 50 centimes quand ils vont aux pardons et à d'autres fêtes, à Crozon, à Cléder, etc. ; 75 centimes au 1er janvier et au 16 octobre, dans le canton de Plouigneau ; et deux petits cadeaux au 1er janvier et au 22 septembre, dans le canton de Landivisiau ; ou du moins ils sont traités alors aux frais du maître.

Il est juste de dire que, dans maint canton, les usages et les mœurs modifient singulièrement la sévérité apparente des règles ci-dessus ; et que l'on rencontre, dans les campagnes, des procédés empreints d'une louable tolérance pour toutes les relations entre maîtres et domestiques. Ainsi, à Ouessant, le maître ne fait point de retenue pour absence ou maladie de la servante ; de son côté, celle-ci se fait remplacer, autant que possible, par sa sœur ou par quelque parente. A Lesnéven et à Plabennec, il faudrait une maladie ou une absence prolongées pour donner lieu à retenue sur les gages ; à Plouigneau, à Crozon, au Faou, à Scaër, à Concarneau et à Fouesnant, on soigne et on nourrit le domestique malade, et ses gages courent comme s'il travaillait ; — au Faou, les maîtres sont d'une bonté touchante ; la retenue y serait réputée une cruauté en cas de maladie du serviteur ; à Châteaulin et à Fouesnant, on ne déduit rien pour une maladie de huit jours au plus ; à Rosporden, la déduction est une peine que l'on n'inflige qu'aux domestiques qui laissent leurs maîtres au dépourvu ; enfin, à Lanmeur et à Douarnenez, on se montre fort indulgent pour de légères absences. Nous connaissons en revanche des cantons où les maîtres frappent d'une retenue le domestique qui va à une noce, à des fêtes, etc. ; et, nous le reconnaissons, il est parfois nécessaire que le maître rappelle à son serviteur qu'il n'a pas droit à ses gages, lorsqu'il oublie ses devoirs pour se livrer au désordre. Quant aux avances faites par les maîtres, il est de toute justice qu'elles soient remboursées par ceux-là qui en ont profité.

Ces réflexions nous conduisent naturellement à rechercher si le maître peut empêcher son domestique d'aller, sans permission, aux foires et pardons. Du moment que le silence du maître (dans le mois qui précède l'expiration de l'engagement) équivaut à un congé, il semble juste que le domestique ait la faculté de se rendre aux lieux de réunion où se font ordinairement ces sortes de conventions. Et comme il n'y a point d'époques fixées pour l'entrée au service des domestiques de l'arrondissement de Brest, sauf à Ouessant et à Ploudiry, les domestiques sont dans l'habitude de fréquenter librement les foires et pardons voisins. Les maîtres sont très faciles sur ce chapitre, à moins que le domestique ne soit de garde quand il s'agit de pardons, ou qu'il ne soit nécessaire, à raison des travaux agricoles d'une grande urgence. Mais, pour les foires surtout, le domestique, en se louant, stipule ordinairement le nombre de celles dont il pourra disposer. Néanmoins, à défaut de convention, voici quelques foires auxquelles les domestiques vont toujours sans difficulté :

Cantons de Brest : 1er lundi d'avril, mai et juin, à Brest ;

Plabennec : la veille de l'Ascension, et le 25 octobre à Gouesnou ; le 2e mercredi de mai, à Lannilis ;

Ploudalmézeau : 1er mai au chef-lieu, 26 octobre à Brélès, 22 décembre à Landunvez ;

Daoulas : 1er mardi de mai au chef-lieu, la Sainte-Catherine, 25 novembre, à Landerneau ; 2e lundi de juillet, à La Martyre :

Landerneau : la veille de la Pentecôte, la Sainte-Catherine, 25 novembre, et le 3e samedi de septembre, à Landerneau ;

Lannilis ; 2e mercredi de novembre et de janvier, à Lannilis ;

Ploudiry : 2e lundi de juillet à La Martyre, la Saint-Mathieu, 21-22 septembre ; à Landivisiau : 3e samedi de septembre, à Landerneau ;

Saint-Renan et Lesnéven : les deux ou trois foires les plus importantes du voisinage, même hors du canton.

Pas de foires ni de marchés à Ouessant.

Quant aux pardons (ou fêtes patronales), on en compte 134 ; et il est pour ainsi dire universellement admis que tout domestique y peut aller, s'il n'est pas de première messe, c'est-à-dire, gardien de la maison. Ceci s'applique à tous les cantons du Finistère.

Dans l'arrondissement de Morlaix, voici les principales foires laissées aux domestiques :

Morlaix : 15-16 octobre (la foire Blanche, vulgairement appelée foire Haute), à Morlaix ; plus, les assemblées de la Saint-Eutrope, dernier dimanche d'avril, à Plougouven, et celle dite *Véguen*, 2ᵉ dimanche de septembre, à Saint-Thégonnec (1) ;

Taulé : à ceux de Guiclan, 15-16 octobre, à Morlaix, 15-21-22 septembre et 2ᵉ mercredi de janvier, à Landivisiau, et foire *Véguen* (si le battage est terminé), 2ᵉ dimanche de septembre, à Saint-Thégonnec ; à ceux des autres communes, 15-16 octobre, et 2ᵉ samedi de septembre, à Morlaix ; 1ᵉʳ lundi d'octobre, à Penzé (en Taulé) ;

Plouescat et Plouzévédé : la Saint-Luc, 18 octobre, à Plouescat ; la foire froide, 1ᵉʳ samedi de décembre, au même lieu ; 28 janvier, à Cléder ; dernier mardi de juin, à Saint-Pol-de-Léon, etc.;

Landivisiau : 15-21-22 septembre, la foire de Saint-Mathieu, et la foire des Rois, 2ᵉ mercredi de janvier, à Landivisiau ;

Sizun : — à ceux de Locmélard et de Saint-Sauveur, la foire de Saint-Mathieu, 15-21-22 septembre, à Landivisiau ; dernier mardi de septembre, à Landivisiau ; dernier mardi de septembre, à Commana ; la foire Blanche, à Morlaix, et les foires *Grasso* et de La Martyre, 3ᵉ jeudi de février, à Sizun ; et 2ᵉ lundi de juillet, à La Martyre ; — à ceux de Sizun et Locmélard, ces deux dernières, et en outre la foire Haute, à Morlaix ; — à ceux de Commana, celle de la Saint-Michel, dernier mardi de septembre, à Commana ; et celle du 3ᵉ jeudi de décembre, à Sizun ;

Saint-Thégonnec : la foire Haute, à Morlaix ; de Saint-Mathieu, à Landivisiau ; du 1ᵉʳ mardi de septembre ; et surtout l'assemblée *Véguen*, 2ᵉ dimanche de septembre, au chef-lieu ;

Saint-Pol-de-Léon : la foire Froide, 9 novembre, à Plouescat, de la Madeleine, 17 juillet, au même lieu ; et du dernier mardi de juin, au chef-lieu ;

Lanmeur : celle de la Saint-Eutrope, dernier dimanche d'avril, à Plougonven ; — c'est plutôt une assemblée ; — les foires du premier mardi de janvier et mai, au chef-lieu ;

Plouigneau : — à ceux de Bothsorhel, Lannéanou, Plougonven et Plouigneau, les foires Haute à Morlaix, du deuxième mercredi de mai à Plougonven, et l'assemblée de la Saint-Eutrope ; — à ceux du Guerlesquin, du Ponthou et de Plouégat-Moysan, l'assemblée de la Saint-Eutrope, et la foire *Alit*, premier lundi de janvier, au Guerlesquin.

(1) Ce mot *Véguen* est synonyme de *pointe* ; il vient de ce que l'assemblée dont il s'agit a lieu à la pointe, ou à la fin de la récolte.

Il y a 49 pardons dans l'arrondissement de Morlaix.

Dans l'arrondissement de Quimper, les domestiques fréquentent aussi les foires suivantes :

Quimper : la foire Saint-Corentin, troisième samedi de décembre, au chef-lieu ;

Pont-l'Abbé : la réunion *ad hoc* qui a lieu le 27 décembre à . . . .

Fouesnant : les principales foires de Rosporden et Concarneau, et celles de La Forêt, trève de Fouesnant, mardis de Pâques et de la Pentecôte ;

Rosporden : les foires des 25 juin et 6 décembre, au chef-lieu ;

Pont-Croix : celles du troisième jeudi de novembre et décembre, au chef-lieu ;

Concarneau : celles du canton, et notamment l'assemblée de la Saint-Thomas, 29 décembre, au chef-lieu ;

Plogastel-Saint-Germain : celles du 15 avril, à Quimper ; de Saint-Germain, 28 mai, à Plogastel-Saint-Germain ; et celle du 13 décembre, à Plonéour ;

Briec : celles du premier lundi de novembre, au chef-lieu, et du 26 décembre, à. . . . . .

Douarnénez : la foire Saint-Corentin, à Quimper, et celles du premier vendredi de février, à Pouldavid (en Pouldergat) ; et du premier vendredi de mars, au chef-lieu.

Il y a 129 pardons dans les 9 cantons.

Dans l'arrondissement de Châteaulin :

Châteaulin : les domestiques suivent particulièrement les foires du 18 octobre (Saint-Luc), et du premier jeudi de janvier, au chef-lieu ;

Pleyben : 29 octobre, 25 février, 1er août et troisième mardi de janvier, au chef-lieu, pour ceux de Lennon et de Pleyben ; — pour les autres, c'est surtout le 29 octobre ;

Le Faou : cela dépend des habitudes du maître ; les domestiques passent rarement un mois sans aller à quelque foire du voisinage ;

Huelgoat : on y regarde d'un peu plus près dans ce canton ;

Châteauneuf-du-Fou : ceux de Laz et Coray vont toujours à la réunion *ad hoc* qui se tient à Coray, jour Saint-Étienne, 26 décembre ; les autres, aux foires voisines ;

Carhaix : on va aux foires voisines (1) ;

Crozon : ceux d'Argol, de Landévennec et de Telgruc vont à Telgruc le 26 décembre ; à la foire du 30 juin à Crozon, etc., ceux de Trégarvan, aux foires voisines ; ceux de Crozon, Roscanvel et Camaret, aux principales foires.

Il y a 99 pardons dans cet arrondissement.

Dans l'arrondissement de Quimperlé :

Scaër : les foires du 2 janvier à Coray, du 11 juin et du 19 septembre, à Bannalec, pour ceux de Coray ; et pour les autres, les foires les plus fréquentées de Bannalec et de Quimperlé ;

Quimperlé : les maîtres laissent une grande latitude ;

Bannalec : la foire Saint-Nicolas, 6 décembre et des Rois, 7 janvier, à Rosporden ; et les foires voisines ;

Pont-Aven : mêmes usages ;

Arzanno : les foires des Veilles, lundi de la Passion et Jeudi-Saint, à Quimperlé ; du Saint-Sacrement, à Plouay ; et des Rois, à Pontscorff.

Il n'y a que 11 pardons dans l'arrondissement.

En résumé, grandes facilités laissées aux domestiques pour les foires (v. ci-dessus p. 14) et pardons ou assemblées (au nombre de 422), tel est le fait principal résultant des indications ci-dessus. Nous n'allons pas jusqu'à prétendre que les domestiques aient un droit absolu à ces sortes de délassements ; mais il est incontestable que les maîtres ne peuvent en priver entièrement leurs serviteurs, sans manquer aux bienséances et aux usages de la contrée. Le domestique ne doit point abuser ; il cesserait de mériter des concessions, s'il passait son temps à se divertir aux dépens de son maître. Cependant, tout en demandant la permission par déférence, il pourrait, suivant nous, en

(1) Dans ce canton, les domestiques peuvent encore aller aux *mareries*, travail agricole qui est terminé par des réjouissances, festins, distributions de prix, etc. ; cela a même lieu dans tout l'ancien pays de Cornouaille et de Vannes. Nous pourrions ajouter la fête des aires neuves, si universellement célébrée dans les 43 cantons, et à laquelle les domestiques courent, sans en demander l'autorisation, qui, d'ailleurs, ne leur serait pas refusée. C'est aux écobuages, ou *mareries*, et aux aires neuves, qu'il faut aller pour voir le *mérel* rivaliser de vigueur et d'adresse. — Une nourriture grossière, du cidre à discrétion, parfois un bout de ruban, tel est l'unique salaire de ce travailleur volontaire ! — En ce qui touche les aires neuves, nous conseillerons aux cultivateurs de répandre du lait de chaux sur le sol, quand il est bien nivelé et battu ; c'est le moyen de chasser les vers et d'avoir un blé plus net.

certains cas , jouir du privilège consacré par l'usage , au moins dans les lieux où les gages se font à jours fixes, comme à Morlaix , à Taulé , à Saint-Thégonnec, à Saint-Pol-de-Léon , à Plouigneau , à Sizun, à Lanmeur, à Landivisiau, dans la plupart des cantons de l'arrondissement de Quimper; à Châteauneuf, à Pleyben, à Crozon, à Châteaulin, et dans tout l'arrondissement de Quimperlé. Les foires de gages, ou assemblées de jeunesse, sont en maint endroit les seules occasions pour les domestiques de se placer avantageusement. La coutume n'est donc ici que le résultat d'une espèce de nécessité locale, et ne peut être assimilée à un abus. Quant aux pardons, comme ils n'ont guère lieu qu'aux jours fériés , il n'y a point d'inconvénient à les laisser aux domestiques , ils y tiennent tellement, qu'on voit de jeunes valets acheter ce plaisir , en faisant une gratification aux vieux, qui alors restent à la maison.

Nous avons encore à apprécier une particularité relative aux gages des domestiques ruraux. Dans tout le département, en effet, outre les écus, les maîtres donnent habituellement aux domestiques quelques objets d'habillement , tant de mètres de toile , des sabots, etc.

Dans l'arrondissement de Brest , ces objets ne sont dus qu'en vertu d'une stipulation expresse, à l'exception des sabots que le maître fournit de droit au domestique suivant ses besoins. Les chemises , culottes, tout ce qui est en toile (*liénaic'h*), sont livrées toutes confectionnées au domestique. S'il veut partir avant la fin de son année, il peut s'approprier les *liénaic'h* qu'on lui a remis, mais perd tout droit à ceux qu'il n'aurait pas encore reçus, quoique stipulés, et même à ceux gagnés qui sont retenus à titre d'indemnité due au maître (comme nous l'avons vu plus haut). Si on le renvoie sans motifs, on doit lui tenir compte des *liénaic'h* gagnés. Ces accessoires des gages sont évalués pour la fixation des gages , et ne s'en détachent réellement que par la livraison, le maître n'étant pas réputé les devoir et ne les donnant qu'à mesure qu'ils sont gagnés. On ajoute souvent aux *liénaic'h* un gilet d'étoffe et un bonnet de laine pour les hommes ; une jupe, deux mouchoirs et deux coiffes pour les femmes. Il n'y a rien de plus variable ; et par suite, si le maître affirme ne rien devoir, le serviteur n'a aucun recours, même pour les sabots, la preuve testimoniale ne pouvant être invoquée. Mais si le maître reconnaissait avoir promis les *liénaic'h*, tout en contestant la quantité, le juge ne pourrait guère se dispenser de le condamner à donner au domestique le *minimum* des *liénaic'h* usités dans le canton.

Dans l'arrondissement de Morlaix, on donne aussi des sabots, et ce qu'on nomme la toile de *crée*, qui n'est autre chose que 8 mètres 15 centimètres ou 6 aunes anciennes de Morlaix, dites *aunes d'étoupes*. Les 2/3 sont employés écrus ou *félisses*, c'est-à-dire sans lessivage ; le reste ne sert qu'après blanchissage, de sorte qu'il y a 4 aunes pour les chemises, et 2 pour coiffes, culottes, etc. A Crozon, on donne le nom de *deverou* à la partie des gages qui ne consiste pas en argent : pour les hommes, 2 pantalons et 2 chemises en toile, un gilet de dessus en drap ou en velours, une veste de toile ou de drap de la friperie, une cravatte, un chapeau ou un bonnet, une paire de bas et une paire de chaussons ; pour les femmes, une camisole ou justin à manches de laine, un jupon et un tablier en parfilage, 2 chemises, un châle de coton, 2 coiffes de calicot, 2 serre-têtes, une paire de bas et une paire de chaussons (1). Dans tout le canton, on fournit des sabots aux hommes et aux femmes. Les deverou sont évalués, dans l'usage, de 25 à 30 fr. pour les domestiques à l'année.

A Châteaulin, les *deverou* sont moins importants : 3 paires de sabots, 2 chemises et un habit de toile.

A Carhaix, au contraire, on les évalue à 15 fr. pour les hommes, à 18 fr. pour les filles ; et ils sont tellement passés dans les habitudes, que les domestiques sont réputés y avoir droit, alors même qu'on aurait omis d'en parler, en faisant les gages. On ajoute parfois aux *deverou* la nourriture gratuite d'une génisse ou d'un bovillon.

(1) Cependant dans les autres communes du canton, outre les sabots et les chemises, les hommes n'ont qu'un pantalon et pas de cravate ; les femmes qu'un corset sans manches au lieu de la camisole, mais elles ont une chemise et une coiffe de plus. A Trégarvan, on ne donne ni chapeau, ni bonnet : A Telgruc, un bonnet, pas de chapeau. A Roscanvel, le tablier est en laine bleue, et les chemises en laine pour les bons domestiques. Les domestiques pour la moisson n'ont pas généralement de *deverou* ; pourtant on donne alors, à Roscanvel, des sabots ou un pantalon aux hommes, un châle de coton ou une coiffe aux femmes ; à Camaret, deux chemises ou deux paires de sabots à tous les métiviers.

A Châteauneuf, on donne aux hommes des sabots, 2 chemises, 2 paires de guêtres, 2 *chupen* ou vestes en toile, 2 culottes ; aux femmes, des sabots, 2 chemises, 2 coiffes, 1 tablier, une jupe. Quand on n'a qu'un domestique d'une capacité médiocre, on ne lui accorde que la moitié des *deverou* accoutumés. — Dans ce canton, on se plaint de la mauvaise foi des maîtres, qui fournissent à leurs domestiques des vêtements de mauvaise qualité, et rognent ainsi une partie des gages convenus ; mais il est facile de déjouer ces honteuses lésineries, en prouvant que ceux qui se les permettent ne se sont pas conformés à l'usage, quant à la qualité des *deverou*, qui sont évalués à environ 25 fr.

Au Huelgoat, les *deverou* sont les sabots et les vêtements de toile ; on les estime de 15 à 18 fr. Quelques domestiques ont, en outre, la nourriture d'une génisse ou d'un bovillon.

A Pleyben et au Faou, les *deverou* sont les mêmes qu'à Châteauneuf, à cette nuance près que les hommes n'ont qu'un pantalon, une paire de guêtres et un *chupen;* et les filles 2 tabliers au lieu d'un, et point de jupe. On évalue ces objets à 24 fr. pour les hommes, 18 pour les femmes.

A Briec et à Douarnénez, les *deverou* consistent en des sabots, une culotte, 2 chemises, une paire de guêtres, pour les hommes ; une jupe, 1 tablier, 2 chemises et des sabots pour les femmes. Dans les autres cantons, les accessoires des gages sont à-peu-près les mêmes, sauf à Rosporden, où l'on nous assure que les domestiques reçoivent seulement des sabots. On donne à certains domestiques la nourriture d'une génisse ou d'un bovillon ; c'est ce qui a lieu aussi à Arzanno et à Pont-Aven.

Dans l'arrondissement de Quimperlé, les domestiques n'ont pas ordinairement autre chose que des sabots, et environ 3 ou 4 mètres de toile ; et le premier valet, la nourriture d'une génisse.

Lorsque le domestique a stipulé des vêtements, le maître est obligé de les livrer confectionnés à ses frais. Quand, au contraire, il n'a été convenu autre chose que de la toile, le domestique paie les tailleurs, qui sont nourris par le maître ; dans l'arrondissement de Brest, celui-ci paie toujours les tailleurs, à moins de stipulation contraire, ou qu'il ne s'agisse d'habillements neufs que le domestique veut avoir à ses frais. Nous entrons dans ces détails, qui pourront sembler plus minutieux qu'utiles, parce que les contestations entre maîtres et domestiques n'ont souvent d'autre objet que les *deverou*. Or, là où la coutume locale a spécifié leur consistance et leur valeur, il est certain que le domestique pourra justement réclamer, si le maître ne satisfait pas aux conditions du contrat, soit en livrant moins, soit en ne donnant qu'une qualité inférieure, etc. En un mot, nous espérons que nos conseils contribueront à tarir la source de ces fâcheuses discussions.

Les domestiques attachés à la personne ne stipulent point les *deverou*; ils ne reçoivent que leurs gages et quelques vêtements de travail, comme tabliers, fausses manches, etc., qu'ils rendent en partant. Le maître leur fournit le blanchissage, et d'ordinaire se charge des frais de raccommodage, jamais de la confection de leurs hardes. Ils ne vont aux foires et pardons que sous le bon plaisir de leurs maîtres. Ils peuvent partir quand bon leur semble, et les maîtres peuvent les congédier (voyez *suprà*) sans qu'il y ait lieu à indemnité, à moins d'un préjudice réel. Les domestiques ont toujours droit au paiement des gages, en proportion du temps passé au service; à moins de résiliation, les gages ne sont exigibles qu'au terme d'un an, sauf à Brest, où on les acquitte à la fin de chaque mois. Les retenues n'ont lieu que pour cause d'absences non autorisées, jamais pour cause de maladie; le maître fait lui-même les frais nécessités pour la maladie de son serviteur, sans en exiger le remboursement; enfin, les domestiques attachés à la personne du maître ne sont point astreints à remplacer par des journées de travail celles non employées au service, en cas d'indue absence; mais, en revanche, ils n'ont point pour les foires et pardons les privilèges dont jouissent les *mével*. Quant aux cadeaux, si très souvent les maîtres en font au 1er de l'an et aux grands pardons, c'est plutôt pour donner un témoignage de contentement au domestique, qu'en vertu d'un usage bien constant.

Autrefois, aux termes d'une ordonnance rendue par François Ier, en décembre 1540, nul ne pouvait prendre à son service des personnes inconnues et mal famées; les décrets des 3 octobre 1810 et 25 septembre 1813 contiennent des dispositions qui ont quelque analogie avec cette antique prohibition. Néanmoins, il est certain que ces textes ne sont plus en vigueur, du moins dans le Finistère.

Mais une obligation commune à tous les maîtres leur est imposée par les lois des 24 brumaire an VI et 28 nivôse an VII ; ils doivent se faire représenter par les domestiques mâles qu'ils prennent à leur service le certificat de libération du service militaire ; sans quoi ils pourraient s'exposer à être poursuivis comme complices de recel de déserteurs (1).

Quant aux livrets des domestiques, ils ne sont pas connus dans le Finistère. En 1838, le maire de Nantes prit un arrêté prescrivant aux domestiques de se pourvoir d'un livret ; mais cet arrêté fut invalidé par un arrêt de cassation du 5 février 1841, comme ne rentrant point dans les attributions conférées à l'autorité municipale par l'art. 3, t. 2, de la loi du 24 août 1790. Déjà, en 1840 (14 novembre), la cour suprême avait jugé dans le même sens. Cette jurisprudence est conforme à la législation actuelle.

Mais, nous le disons avec conviction, il est bien regrettable que l'on n'assujétisse à aucune obligation de police une classe de personnes nécessairement initiées aux secrets de la vie de famille. Le 16 mai 1845, un projet de loi sur les livrets fut présenté par M. Beugnot à la chambre des pairs, et nous y remarquons que les domestiques ne sont pas compris au nombre de ceux qui doivent se munir d'un livret. Il faudrait pourtant que la loi prescrivît quelques garanties en faveur des maîtres, que les domestiques fussent astreints à justifier au moins de leur moralité. Les certificats sont un moyen bien inefficace ; trop souvent arrachés par l'importunité, ils n'ont pas une grande valeur ; et en outre, à la campagne on n'en demande guère ; les domestiques attachés à la personne sont les seuls qui s'en munissent quelquefois. — Nous le répétons, il y a là une lacune à combler.

En ce qui touche les droits et les devoirs des journaliers et ouvriers, nous avons vu plus haut quels sont leurs salaires, les heures de travail et de relâche. Pour compléter ces indications, nous dirons quelques mots du paiement. Les journaliers sont

(1) Voyez Troplong sur l'art. 1781 ; cassation, 12 juillet 1806, 18 juillet 1806, 18 janvier 1806, 11 brumaire an IV, 26 juin et 18 décembre 1812. *Journal du Palais*, répertoire, v° domestique, p. 583, où l'on cite par erreur une loi du 17 ventôse an VII, qui n'existe pas, au lieu de celle du 28 nivôse an VII, relative aux déserteurs, ainsi que celle du 24 brum. an VI, art. 5. — Aux termes de l'art. 1384 du C. civ., les maîtres sont, en certains cas, responsables des fautes et délits de leurs serviteurs.

payés à la fin de chaque journée, à moins qu'ils ne soient employés à des travaux demandant une ou deux semaines, auquel
cas ils ne reçoivent leurs salaires qu'à la fin de chaque semaine.
Si le journalier est arrêté dans son travail par la maladie ou par
une grande pluie, le maître n'est obligé de le payer qu'à proportion du temps employé. A cet effet, la journée se fractionne par
quarts de journée; chaque quart commencé est dû à la ville
comme à la campagne. Néanmoins, nous connaissons beaucoup
de maîtres qui paient la demi-journée commencée, dès qu'elle
n'est interrompue que par un cas de force majeure; et il n'est
pas un seul maître qui fasse une retenue au journalier empêché,
par une indisposition de deux ou trois heures, de continuer son
travail; ceux, au contraire, qui laissent la besogne pour se livrer
à la paresse ou à la boisson, ne méritent pas cette indulgence,
et on ne leur paie que le temps réel du travail. On fait encore,
dans plusieurs endroits, une modification aux règles sur la
retenue en faveur des journaliers batteurs de blé : la *parbatte*, ou
dernière journée, est payée intégralement, alors même que le
travail serait achevé avant l'heure accoutumée; en outre, on ne
fait aucune retenue, quand les métiviers sont empêchés de travailler par une cause majeure et imprévue. La coutume de la
parbatte, que nous croyons générale, est principalement en vigueur dans les cantons de Carhaix et de St-Renan; c'est une fête
pour tous les travailleurs de la Cornouaille et du Léon, qui font
ce jour-là ce qu'ils nomment le *souper du fléau*. — Si des ouvriers
agricoles nous passons aux artisans à la journée, nous retrou-
vons les mêmes usages : quand ils s'absentent plus d'une demi-
journée, le contrat est censé résilié. Cependant, on a coutume de
les prévenir avant de les remplacer. Aucune autre règle fixe sur
ce point.

Lorsqu'il s'agit d'un ouvrier *à la pièce*, on ne peut le congédier
sans l'avertir; de même que l'ouvrier ne peut quitter son atelier
sans prévenir son maître. Si l'ouvrier abandonne l'ouvrage sans
mot dire au bout de deux ou trois jours d'absence, il est réputé
avoir résilié son marché, et le maître le remplace; l'usage n'ayant
pas déterminé le délai du congé, il en résulte que c'est aux magistrats à décider s'il a été donné assez à temps pour qu'il n'y ait
préjudice causé à l'une ni à l'autre des parties. Ainsi, il y a
dommage causé au maître, et recours contre l'ouvrier qui, s'étant

obligé à faire un ouvrage, le laisse inachevé, sous prétexte que le travail excède sa capacité ; il ne devait pas se charger témérairement de la tâche convenue : il est en faute, car en contractant *spondet peritiam artis.*

L'art. 1781 du Code civil est applicable à tous les domestiques et aux ouvriers à la journée comme à ceux qui louent leurs services pour un temps déterminé. L'affirmation assermentée du maître est-elle toujours une preuve décisive pour le juge ? Oui, légalement, quant à la quotité des gages, et aux à-comptes. Mais des recherches auxquelles nous nous sommes livré résulte pour nous la conviction que, dans plusieurs cas, le domestique rural, par exemple, est la victime de la mauvaise foi du maître. Cependant, il faut bien le reconnaître, il n'était pas possible au législateur de refuser aux maîtres cette espèce de privilège. Les domestiques ne sont-ils pas volontairement les subordonnés de leurs maîtres ? Dans la plupart des cas, il n'y a aucun écrit, pas même de témoins pour constater la convention. Si le maître a fait une avance à son serviteur, il suit la foi de celui-ci, qui peut partir avant d'avoir gagné ou remboursé les à-comptes, et laisser le maître privé de tout recours. La nécessité de soumettre ces différends au serment du maître et d'autant plus évidente, que, sans cette précaution, il n'est pas un maître, pour ainsi dire, qui ne serait à la discrétion d'un domestique peu scrupuleux ou irrité de son renvoi. Le maître a tout à craindre, s'il trompe la justice ; le domestique a moins d'intérêt à ménager l'opinion publique, étant moins connu, ayant une résidence moins fixe ; enfin, les maîtres n'auraient aucun moyen de prouver leur libération, et refuseraient de faire des avances, si la loi ne venait à leur secours, en faisant appel à leur conscience et en donnant aux domestiques un moyen facile d'obtenir des à-comptes. — Aussi toutes les propositions ayant pour but l'abrogation de l'art. 1781 du Code civil ont-elles échoué en présence de ces considérations qui, de concert avec l'intérêt de la paix des familles, ont déterminé le législateur de l'an XII à s'en référer au serment du maître (1).

(1) V. les rapports faits à l'assemblée nationale les 17 décembre 1849, 29 av. 1850 et 31 mars 1851. — Le décret du 14 mai 1851 a modifié les art. 7, 8, 9 de l'arrêté du 9 frim. an XII, en ce sens que désormais : 1o les patrons seront tenus de remettre les livrets, même aux ouvriers qui n'auraient pas acquitté les

En ce qui touche les ouvriers dans leurs rapports avec leurs patrons, l'art. 13 de la constitution, en proclamant le principe de l'égalité, indique assez que l'affirmation n'a de force en justice que vis-à-vis des domestiques et *gens de journée*, et non contre les ouvriers des fabriques et manufactures, qui sont régis par une législation particulière, ainsi que ceux travaillant à la pièce ou à prix fait. L'obligation du livret étant dépourvue de sanction pénale, les infractions donnent seulement lieu à l'action civile en dommages-intérêts (cass., 9 janv. 1835 et 12 février 1840). Mais le livret offre à l'ouvrier un autre avantage, en le dispensant des frais de passeport, quand il est obligé de changer de résidence.

Dans le Finistère, un usage généralement suivi oblige les ouvriers travaillant à la journée à se munir à leurs frais des outils de leur profession. Néanmoins ceci n'est pas sans exception : d'abord, si l'ouvrier travaille pour le compte d'un patron, celui-ci fournit les outils; nous avons cité plus haut les carriers et les mineurs, auxquels on doit fournir les outils; nous pourrions en dire autant des scieurs de long, dont les salaires sont plus ou moins élevés, suivant qu'ils sont ou non munis de la lime, de la ligne, de la scie et de la craie (1).

avances reçues ; 2o les avances n'excèderont pas 30 fr.; 3o la retenue ne pourra dépasser le 10e du salaire de l'ouvrier ; mais le livret pourra être retenu quand l'ouvrier n'aura pas rempli ses engagements — pouvant y satisfaire, — quant au temps du travail fixé par la convention ou *par l'usage local*. Le nombre des ouvriers assujétis aux livrets est trop peu considérable dans le Finistère, pour qu'il y ait usage constant relativement à la durée de l'engagement. Soit qu'il y ait un écrit, soit qu'on prenne des témoins, c'est le droit commun plus que la coutume qui sert de règle dans ces contestations. Les discussions législatives et les termes mêmes du nouveau décret prouvent clairement que l'Assemblée nationale a fait tout ce que l'égalité et l'humanité réclamaient en faveur des classes ouvrières. Elle a maintenu la loi du 22 g. an 11 et l'obligation du livret : le livret est la garantie de l'ouvrier, un certificat de l'acquit de ses obligations, un titre officiellement délivré sur la foi du patron, le moyen le plus efficace d'assurer l'exécution loyale des obligations entre ouvriers et patrons. Le privilège des patrons est très restreint par la limitation du chiffre des avances, et par la facilité donnée aux ouvriers de se rédimer par dixièmes de journées, ainsi que par le privilège que la loi leur accorde sur les meubles de leurs patrons qui n'auraient pas payé les salaires stipulés (v. le *Moniteur* des 8, 9 et 15 mai 1851).

(1) Voyez à ce sujet M. Quernest, p. 134. Suivant cet auteur, à Rennes on donne le trempage aux ouvriers en bois employés à la campagne, et le propriétaire leur doit les matériaux à *pied d'œuvre*, c'est-à-dire, le plus près possible. L'ouvrier chargé d'abattre du bois de chauffage a droit aux racines. Enfin le

§ 6. — Des maîtres ouvriers, manœuvres et apprentis.

On sait que le maître ouvrier est celui qui occupe, dans un atelier, de simples ouvriers, ou au moins des apprentis. Le simple ouvrier, c'est l'artisan qui travaille chez un patron. L'apprenti est celui qui, voulant apprendre un métier, fait avec un maître ouvrier un traité qui fixe leurs rapports mutuels. On nomme manœuvres les gens de travail que les ouvriers s'adjoignent accidentellement comme auxiliaires.

Nous n'avons à enregistrer aucun usage constant quant aux manœuvres, dont les salaires excèdent rarement 50 à 60 centimes par jour, sans nourriture.

A l'égard des simples ouvriers à la journée, leurs obligations étant indiquées au précédent paragraphe, nous nous bornerons à faire remarquer que, par rapport à ceux qui les emploient, ils ne diffèrent point des maîtres ouvriers à la journée; ils sont dans une situation identique : mêmes salaires, mêmes droits, mêmes devoirs. Il y a bien, entre le patron et l'ouvrier, des relations de clerc à maître (différence parfois dans les salaires), qui classent l'un au-dessus de l'autre. Au point de vue de l'usage, ils marchent sur la même ligne, dès qu'ils promettent leur travail à tant par jour; à moins que le maître ouvrier ne fournisse les outils. Le simple ouvrier alors subit une retenue sur son salaire journalier, ordinairement 25 centimes par jour.

L'apprenti est jusqu'à un certain point à la discrétion de son maître. Habituellement, le contrat d'apprentissage est constaté

maçon qui prend à l'entreprise la construction d'un mur en pierre doit le rejointoyer; mais il faut une clause spéciale pour le récrépîment.... On ne considère point ces usages comme constants et reconnus dans le Finistère, sauf en ce qui concerne les charpentiers, couvreurs et menuisiers, qui emportent toujours les copeaux, coquilles et rubans, vieux chevrons et belettes, en un mot, tous les rebuts restants. Les tailleurs et tailleuses s'approprient aussi fréquemment les retailles et restes d'étoffes ; mais c'est là évidemment un abus, et suivant les cas un délit. Le trempage n'est pas dû aux ouvriers à moins de convention. Néanmoins le darbarement, ou l'apport des matériaux à pied d'œuvre, et le trempage, sont dus par les fermiers en certains cas (v. *Bail à ferme*, ci-dessous). Les ouvriers chargés d'abattre du bois sont payés 75 ou 80 c., ou 1 fr. 50 c. par corde, ou tant par pied pour le bois de construction; en aucun cas, l'usage ne les autorise à prendre les souches, racines ou branches. — Le maçon qui fait un mur n'est point tenu au rejointoiement, ni au récrépîment, à moins de convention. On paie 10 à 12 c. par mètre carré pour le rejointoiement à la chaux.

par écrit. Si l'acte était toujours fait régulièrement, cette simple précaution préviendrait bien des difficultés. Malheureusement, ces conventions sont faites le plus souvent sous seings privés par des personnes peu éclairées ; l'apprenti se trouve alors exposé à subir la décision arbitraire du patron (1). Or chaque patron a son système : l'un exige trois années de travail gratuit ; l'autre réclame une somme, et donne après un ou deux ans à l'apprenti un salaire qui suit une progression ascendante à mesure des progrès de l'élève ; tel maître veut un prix exagéré ; tel autre ne demande rien, mais fait un prélèvement excessif sur les salaires de l'apprenti, dès qu'il est à même d'en gagner par son travail. Rien de plus juste que de réclamer le prix des leçons données, et l'indemnité due pour l'usure des outils que le patron confie à l'apprenti. Mais on voit des maîtres qui, spéculant sur le travail excessif de ces pauvres enfants, ne craignent pas d'abuser de leur autorité, en violant impunément les clauses des contrats ! La nouvelle loi sur les apprentissages (4 mars 1851) est une preuve de la sollicitude du législateur pour cette classe intéressante des travailleurs ; mais combien d'actes immoraux demeurent encore à l'abri de la répression ! En résumé, nous chercherions en vain quelques traces d'usages ayant force de loi en cette matière ; il n'en existe point, et nous craignons bien que les rapports entre patrons et apprentis ne restent longtemps encore dans un état d'incertitude, qui nuit évidemment aux intérêts légitimes de l'industrie honnête, et justifie, en quelque sorte, les plaintes du *travail* contre le *capital*.

A Quimperlé, les forgerons, serruriers et menuisiers, prennent des apprentis pour deux ou trois ans, soit à la condition que ceux-ci donneront tout leur temps au maître, soit pour une somme de 150 fr. en moyenne : l'apprenti ne reçoit aucun salaire de son patron, lors même qu'il aurait la capacité suffisante pour être employé avec son patron ; celui-ci retient le salaire de l'apprenti, sauf à lui donner le prêt du dimanche, environ 50 centimes, suivant les circonstances.

(1) Des réglements et instructions spéciales régissent l'apprentissage des enfants détenus en vertu de l'art. 66 du C pénal, et de ceux admis dans les hospices. Pour ces derniers, on ne doit jamais stipuler aucune somme en faveur des maîtres ni des apprentis qui, en échange de leurs services gratuits, n'ont droit qu'à la nourriture, au logement et à l'entretien. V. circ. min. des 8 fév. 1823 et 3 déc. 1832.

Dans les arrondissements de Morlaix et de Brest, quand l'apprenti est employé à la journée avec son maître, il est assez d'usage que celui-ci prélève sur le salaire de l'apprenti 25 centimes, en compensation des outils et des leçons que lui donne son patron. Les tailleurs de campagne sont les seuls qu'on nous signale comme se bornant à une retenue de 10 centimes sur les journées de leurs apprentis.

A Crozon, l'apprenti menuisier donne son temps tout entier au patron pendant trois ans ; l'apprenti charron ou charpentier donne 75 fr. et son temps pendant un an seulement ; l'apprenti forgeron pendant deux ans, pour 75 fr., et dans ce dernier cas il est nourri et logé chez le patron gratuitement ; mais il perd tout droit à la restitution du prix de l'apprentissage, s'il quitte son maître avant le terme des deux ans.

A Pont-Croix, pendant les six premiers mois d'apprentissage, le maître prélève tout ce que peut gagner l'apprenti ; de six mois à un an, il ne prélève que la moitié ; d'un an à deux, le quart seulement des salaires de l'apprenti ouvrier.

Au surplus, dans l'arrondissement de Quimper et dans celui de Quimperlé, il est généralement reconnu que les patrons retiennent 25 centimes sur le prix de la journée de leurs apprentis.

En un mot, la retenue est une chose passée dans les habitudes générales du pays ; néanmoins, ce n'est pas là une coutume ayant force de loi ; car le taux de la retenue, la retenue elle-même, dépendent des conventions, des lieux, de la spécialité de l'ouvrage, de circonstances enfin trop variables pour servir de base à une règle positive.

§ 7. — DES NOURRICES.

L'engagement que contractent les nourrices est des plus simples. Moyennant une somme, qui varie de 6 à 18 fr. par mois, elles s'obligent à allaiter et à soigner l'enfant pendant tout le temps ordinaire de la nutrition, qui est au moins d'un an.

Dans le prix fait avec la nourrice sont compris le blanchissage et le savon, à moins de convention contraire ; il en est autrement de l'habillement et du coucher de l'enfant, ainsi que de l'entretien et du raccommodage, comme aussi de la farine pour la bouillie : c'est la mère de l'enfant qui supporte seule les frais de cette espèce.

Bien que la convention soit réellement pour une année au moins, en cas de rupture par le fait de l'une ou de l'autre des parties, l'indemnité due est calculée sur la présomption que la résiliation est facultative à la fin de chaque mois, moyennant un congé.

L'usage local n'est pas très explicite quant au délai du congé. Néanmoins, il résulte des renseignements par nous recueillis que la mère ne peut retirer son enfant sans prévenir la nourrice 15 jours au moins avant la fin du mois, afin qu'elle soit à même de se pourvoir d'un autre nourrisson. Sans doute, l'enfant doit être rendu à la mère à toute réquisition ; mais , à moins de motifs graves, l'avertissement est dû, à peine de dommages-intérêts. La nourrice, de son côté, doit l'avertissement dans le même délai, quand elle veut rendre l'enfant à ses parents, et ce sous peine d'indemnité.

La règle la plus constante en cette matière, c'est que le mois commencé est toujours dû à la nourrice , lorsqu'on lui retire l'enfant. Nous pensons, en outre, que la nourrice aurait droit à une indemnité de quinze jours, si l'on reprenait l'enfant un ou deux jours avant la fin du mois, sans avis préalable dans les délais ci-dessus, et réciproquement que la mère de l'enfant serait fondée à retenir quinze jours à la nourrice qui rendrait l'enfant sans aucun avis, et sans justes motifs. Cette solution ne détruit pas la règle établie pour le cas où il n'y aurait pas de faute.

Dans l'usage , les nourrices sont payées à la fin de chaque mois. On ne leur doit aucune gratification en sus du prix convenu.

§ 8. — Des pêcheurs de sardines.

Parmi les personnes qui louent leurs services pour un temps déterminé se trouvent, dans notre pays, notamment à Douarnénez, à Concarneau et à Crozon, les gens employés par les négociants-presseurs , et qui contractent un engagement pour la saison de la pêche. Ces conventions étant purement verbales, il est nécessaire d'interroger les habitudes locales, de signaler spécialement celles qui régissent les rapports entre les armateurs et les pêcheurs.

Dans les ports du Finistère où l'on faisait jadis la pêche, chaque patron était propriétaire de son embarcation et des filets, péchait et vendait son poisson aux presseurs, qui, en échange, leur donnaient de la rogue et de l'argent ; mais, lorsque les patrons ont manqué des ressources nécessaires pour continuer les armements, le capital et le travail ont formé des associations libres, dont la base principale était le partage par moitié entre l'armateur ou négociant, et l'équipage ou les travailleurs. Aujourd'hui, le patron-armateur est une exception.

A Douarnénez et à Concarneau, l'équipage d'une chaloupe se compose du patron, de deux matelots et d'un mousse. Une saleuse est chargée de trier, de ranger et de saler les sardines pêchées par l'équipage de chacune des chaloupes. Le patron a droit au neuvième des prises ; chaque matelot au dixième et le mousse au vingtième. L'armateur se réserve ainsi à peu près les treize vingtièmes ; mais cet avantage n'est qu'apparent, l'armateur payant 75 centimes par baril à la saleuse, et restant chargé de l'entretien de la chaloupe et des filets, de l'achat de la rogue, des paniers et barils, et surtout des éventualités des ventes.

D'ailleurs, outre les parts de prises qui sont payées en argent toutes les semaines à Concarneau, à Douarnénez à la fin de la saison de pêche, l'armateur paie à titre de sillage ou arrhes : au patron de 50 à 80 fr.; à chacun des matelots de 24 à 40 fr.; au mousse 12 à 18 fr; les chiffres varient suivant le degré de confiance qu'inspirent les marins. Ces sommes sont comptées à l'équipage à la fin de la campagne ; c'est le sceau de l'engagement. A Concarneau, il y a un jour consacré au paiement des sillages, c'est le 11 novembre à la foire de la Saint-Martin ou les jours suivants ; à Douarnénez, l'armateur fixe le jour de ce réglement. Tout matelot qui a reçu le sillage est obligé de naviguer pour l'armateur dans la campagne qui suit. Mais, comme il arrive souvent que la convention soit enfreinte ou éludée, les armateurs, pour se soustraire aux risques de recours trop souvent illusoires, ont pris le parti de ne donner le sillage qu'à titre d'avance sur le prix de l'engagement ; à Douarnénez spécialement, où l'on donnait des sillages doubles de ceux de Concarneau, la coutume du sillage est aujourd'hui, pour ainsi dire, abandonnée, et l'armateur se réserve de faire des avances, quand bon lui semble, aux hommes de l'équipage. Si un matelot rompt son engagement, cette contravention reste le plus souvent impunie. S'il est appelé au service maritime, l'armateur supporte seul la perte qui peut résulter de ce cas de force majeure.

A Concarneau, les avances faites sont acquises au matelot qui, en cas d'inexécution de la convention par son fait, n'est tenu qu'à la responsabilité édictée par l'art. 1382 du Code civil. Le cas de maladie ou autre empêchement momentané ne dispense point le matelot de ses obligations ; il doit alors se faire remplacer.

Le paiement des salaires de l'équipage se règle sur le prix des navires du Morbihan qui, chaque année, se rendent dans la baie de Concarneau pour acheter des sardines en vert. Soit 6 fr. le millier de sardines (pour fixer ce prix, les commerçants se réunissent chaque semaine) : Sur les 6 fr., on calcule un tiers au prix du chasse-marée, ou 2 fr.; les deux autres tiers au prix de magasin, qui est toujours la moitié du prix du chasse-marée, ou 2 fr.; en tout 4 fr. sur lesquels (44 c. ou 1/9 au patron, 40 c. ou 1/10 à chacun des matelots, 20 c. ou 1/20 au mousse) l'équipage recevant 1 fr. 44 c., il reste en poisson à l'armateur une valeur de 4 fr. 46 c., représentant les frais d'armement, de rogue, de sillage et de fabrication, en supposant bonne vente... Quand il ne se présente point de chasse-marées, les salaires sont déterminés par le cours des ventes que font au dehors les femmes occupées à ce trafic. Il va sans dire que si le patron est en même temps l'armateur, il n'y a jamais lieu à sillage de patron; l'équipage reçoit un salaire hebdomadaire suivant le cours du moment.

Pour éviter toute erreur dans le compte du produit de la pêche, on donne à chaque pêcheur des paniers pouvant contenir 400 sardines; en échange de ces 400 sardines remises à la fin de la pêche, l'armateur remet au pêcheur un *jet* ou petite pièce à la marque de l'armateur, qui peut ainsi calculer sans peine et montrer au matelot le nombre exact des milliers de sardines pêchées dans la semaine.

L'armateur paie ses équipages pour les sardines vendues ou à vendre, soit en vert, soit pressées. Les sardines étêtées, mutilées, celles en un mot qui ne sont pas marchandes, sont habituellement abandonnées à l'équipage. Les pêcheurs en font leur petite provision pour l'hiver.

L'huile résultant de la presse est toute à l'armateur. Quand celui-ci est satisfait, il donne un coup d'eau-de-vie à chaque pêcheur. A Douarnénez, l'équipage recevait jadis une bouteille de vin, quand il portait 10 milliers de sardines à l'armateur ; mais cet usage tend à disparaître.

A Concarneau, les matelots couchent à bord jusqu'au 29 septembre ; à partir de cette époque jusqu'à la fin de la campagne, ils sont couchés aux frais de l'armateur, qui leur fournit du bois et un local pour préparer leur repas. A Douarnénez, il en était ainsi, et même on y donnait une indemnité aux matelots de cette ville, auxquels on ne fournissait pas la soupe et le logement, comme aux pêcheurs du dehors. Mais ce sont là des conventions facultatives plutôt que des usages constants (1).

A Douarnénez, où le paiement des salaires a lieu après la saison de la pêche seulement, chaque année les armateurs faisaient la loi aux équipages, en fixant eux-mêmes le prix du poisson ; c'est ainsi que le millier de Douarnénez était estimé bien au-dessous du millier de Concarneau, quoique, dans ce dernier port, la sardine soit plus petite et moins huileuse. On cherchait à justifier cette différence, en disant que les frais sont moins élevés à Concarneau, et que de tout temps le taux de la marchandise avait été inférieur à Douarnénez.

Les équipages murmuraient ; leurs plaintes, longtemps repoussées, étaient d'autant plus vives, que la détresse générale du commerce, réagissant sur l'industrie de la pêche déjà en

(1) D'ailleurs, ces fournitures n'ont jamais été accordées qu'aux pêcheur non résidants à Concarneau et à Douarnénez.

péril, menaçait nos braves marins d'une situation de plus en plus précaire.

L'administration comprit ses devoirs ; elle intervint, étudia la question, et reconnut que les conventions entre les armateurs et les pêcheurs, tout en conservant le caractère d'actes librement consentis, devaient être ramenées au principe d'équité d'où procédait l'antique usage de la répartition des produits entre les associés. En conséquence, elle a décidé que le rôle d'équipage, ou permis de navigation, sera refusé aux armateurs et pêcheurs qui n'annexeront pas au rôle, ou n'y inscriront pas les conditions de l'engagement, ou du moins qui ne se soumettront pas aux décisions d'une commission arbitrale pour toutes les difficultés en cas d'engagement verbal. Cette commission est composée de manière à donner une garantie sérieuse à tous les intérêts légitimes. Ses attributions, nettement définies, doivent rassurer les parties intéressées, qui désormais accepteront la juridiction des arbitres comme la plus sincère expression de la loyauté des conventions entre les armateurs et les matelots. Tel est le but du réglement du 13 juin 1851 ; approuvé par le préfet maritime et par les ministres de l'intérieur et de la marine, il a désormais toute l'autorité de la loi, et il ne manquera pas de resserrer les liens de mutuelle confiance qui ont si longtemps régi l'industrie de la pêche à Douarnénez.

Le canton de Crozon compte trois ports, Morgat, Le Fret et Camaret, où 94 chaloupes sont employées à la pêche. Voici les usages suivis dans chaque port :

L'équipage d'une chaloupe se compose du patron, de deux teneurs de bout, d'un novice et d'un mousse (1). Les saleuses

---

(1) Les difficultés de la navigation sur la côte de Crozon rendent nécessaire le novice ou garçon d'écoutille, et cette circonstance contribue à l'infériorité relative du commerce des sardines dans le canton de Crozon. Les *tréis*, ou bateaux de passage, y sont encore une charge inconnue dans les autres ports. Les *tréis* aident au débarquement des bateaux arrivant de la pêche, et quelquefois à conduire les pêcheurs à bord de leurs chaloupes, quand la mer est haute ou mauvaise. Il y a 7 à 8 canots de *tréis* à Morgat ; c'est là que les chaloupes se retirent ; on les amarre dans le bassin dit *le Goret*. La pêche du poisson frais et le *millo de tréis* sont l'unique ressource de ces bateliers.

qui, à l'arrivée des bateaux, trient, rangent et salent le poisson, font nécessairement partie du personnel à la charge de l'armateur.

Lorsque celui-ci est en même temps patron du bateau, le loyer de l'équipage est moins considérable. Mais nous devons constater la coutume, quant aux salaires, pour le cas le plus fréquent, celui où le patron est un autre que le négociant. Pour composer ses équipages, l'armateur loue des hommes suivant des conditions qui varient un peu, mais dont les principales sont :

1° Qu'avant de commencer la pêche, il donnera au patron un sillage de 50 fr. , à chaque teneur de bout 42 fr., au novice 32 fr., au mousse 10 fr. (1).

2° Que chaque pêche donnera droit à chaque homme de l'équipage de recevoir, aux mois de décembre, janvier ou février, à titre de part de prise, soit 12 fr. par tonneau de sardines salées ou vendues en vert, soit la valeur du dixième desdites sardines, calculée sur les prix établis à Douarnénez. Le mousse seul ne reçoit que la moitié d'une part, c'est-à-dire, 6 fr. par tonneau, ou le vingtième des sardines, ou de leur valeur.

Le jour du paiement, il est d'usage à Morgat que l'armateur donne 60 c. à l'équipage pour boire; au Fret, 1 fr. à chaque marin en sus de son salaire ; à Camaret, le 1ᵉʳ dimanche de septembre (pardon de Notre-Dame de Rochemadou), l'équipage reçoit une bouteille de vin , et le lendemain chaque matelot a

(1) Mais ces 10 fr. de sillage sont donnés au mousse à Morgat seulement ; dans les deux autres ports, les mousses ne reçoivent aucun sillage. Le sillage est une sorte d'arrhes, un à-compte sur le prix de l'engagement ; tout marin qui l'a accepté est immédiatement obligé de naviguer pour l'armateur pendant toute la saison de la pêche ; s'il est malade, ou autrement empêché, il doit se faire remplacer, ou renoncer à la portion du sillage correspondante au temps de la cessation de son service. C'est là une indemnité légère, si l'on considère la perte qui en résulte pour l'armateur, et les rigueurs des lois sur la police de la navigation (règlement du 31 août 1722 ; circulaire minist. du 13 décembre 1827 — cass., 24 juin 1842 ; jugement du tribunal de Brest rapporté, *Gazette des Tribunaux* du 11 mai 1844). Il va sans dire que nous donnons ici des chiffres moyens et approximatifs. Les saleuses n'ont point de sillage ailleurs qu'à Camaret, où il est fixé à 7 ou 8 fr. ; leur engagement est d'ailleurs le même que celui des pêcheurs. On leur fait une gratification de 2 à 3 fr., le jour du paiement, pour se parer d'un châle de coton (à Morgat).

10 c. d'eau-de-vie. Au Fret et à Morgat, l'armateur donne 5 fr. à chaque équipage pour le dîner du lundi-gras, jour ordinaire du paiement des marins.

Les saleuses ont droit à 6 fr. par tonneau de sardines salées ; quel que soit leur nombre, elles n'ont que ce prix à se partager. Elles ne sont jamais admises au partage du prix des sardines vendues en vert pendant la pêche.

3° Tout pêcheur, à Camaret, a droit au douzième du prix des sardines vendues en vert ; à Morgat et au Fret, c'est ordinairement le dixième, comme pour les sardines salées. Jamais le mousse n'a qu'une demi-part de matelot (1).

2° Il y a encore les sardines étêtées ou mutilées, celles en un mot qui, après le triage, sont reconnues ne pouvoir être vendues. Celles-là, salées au frais de l'armateur, sont partagées également entre les hommes d'équipage et les saleuses. Néanmoins, au Fret et à Camaret, le mousse n'a souvent qu'une demi-part dans cette distribution en nature, qui se fait dès que les bateaux sont désarmés.

5° A Morgat, quel que soit le produit de la pêche, à la fin de la campagne on donne 6 pintes d'huile au patron, 4 pintes à chaque teneur de bout et à chaque novice, 2 pintes au mousse, et rien aux saleuses. A Camaret et au Fret, au contraire, la distribution d'huile est en proportion de la pêche : tout homme d'équipage reçoit une pinte d'huile, et chaque saleuse aussi. Le mousse seul n'a qu'une demi-pinte.

Au Fret et à Morgat, toutes les fois que les matelots reviennent de la pêche, l'armateur leur fournit du bois, du beurre, et un local pour préparer et manger leur soupe et les sardines, ou autres poissons, quand ils en prennent à la ligne. Cet usage n'a lieu qu'au profit des équipages composés de pêcheurs ne résidant pas au Fret ; ceux du Fret couchent dans les magasins ou

(1) Ainsi qu'à Concarneau et à Douarnénez, c'est au moyen de *jets* (pierres) que l'on calcule le nombre des sardines. Quand toute la pêche est arrivée au magasin, le patron et le négociant comptent les *jets*, qui sont inscrits sur les registres. Il n'y a jamais de discussion sur ce point.

dans les chaloupes, quand ils ne peuvent rentrer chez eux. A
Camaret, il n'est dû aucunes fournitures aux matelots. — Chaque
heureuse pêche est en outre récompensée par un coup d'eau-de-
vie (40 ou 50 c. par bateau), sauf à Camaret, où l'on ne donne
jamais à boire.

6° Tels sont les salaires des pêcheurs et des saleuses. Cependant il y a ici deux observations : la première qui concerne les
patrons, notamment à Morgat ; ils ont droit non-seulement au
dixième des prises, mais en outre au 1/3 de ce dixième, soit à
10 et 1/3 pour cent ; la seconde observation tend à constater
le mode usuel de fixation de la quantité de sardines à partager
ou à payer aux équipages ; nous voulons parler du salaire des
tréis. Quelquefois l'armateur les paie en argent ; alors il leur
donne 3 fr. à Camaret, un peu plus ailleurs, pour la saison de
pêche ; le même canot de tréis pourrait avoir ainsi environ
100 fr. par année de pêche de sardines. Quand le tréis est payé
sur les produits de la pêche, chaque chaloupe lui doit un millier
de sardines à la fin de la campagne, ou la valeur du millier au
taux accordé à un teneur de bout, environ 5 fr., ce qui donne
270 fr. pour les 54 chaloupes qui ont adopté cette rétribution ;
mais ces 270, plus les 120 fr. donnés par les chaloupes de Camaret, en tout 390 fr. ou 400 fr., ne font en réalité que 50 fr.
au plus par an pour chaque canot de tréis, attendu qu'ils sont
au nombre de 7 à 8. Si faible qu'il soit, le prélèvement du mille
de tréis réduit d'autant les salaires des équipages (1).

(1) Le paiement, ainsi que la convention, n'est jamais constaté par écrit ;
l'armateur en tient note, mais ne retire point de quittances. — Le désarmement
n'est pas et ne peut être considéré comme une présomption du paiement des
équipages. En effet, l'armateur a intérêt à faire remettre à la douane, le plus
tôt possible, les rôles d'équipage, pour s'exempter des droits dus à la caisse
des invalides. D'un autre côté, les prix marchands, base des salaires des pêcheurs, ne sont connus et déterminés qu'après la vente d'une certaine quantité
de sardines (voyez ci-dessous, au ch. des Usages du commerce). — Du reste,
sauf celles de Morgat, les chaloupes continuent à naviguer après la pêche de
la sardine, soit pour les tréis, soit pour la pêche du poisson frais, des homards
et langoustes, par exemple, qui sont vendus aux Anglais.

§ 9. — DES BATELIERS.

Les bateliers ont des devoirs à remplir; ils ont aussi des droits qu'on ne doit pas méconnaître. Or la loi n'a pu tout prévoir, et il peut arriver que ces droits et ces devoirs soient régis par des usages particuliers que nous n'avons point la prétention de faire connaître entièrement, mais seulement d'apprécier sommairement à l'aide de quelques exemples.

Dans le canton de Crozon, il y a beaucoup de bateliers qui se chargent de transporter à jours et heures fixes, de Quélern, du Fret, de Rostellec, de Lanvéoc, de Roscanvel et de Camaret à Brest, hommes et marchandises, soit pour un fret convenu, soit pour un prix fixe et en vertu d'un tarif local non écrit (1).

Les équipages de ces bateaux de transport se composent de 3 hommes, savoir : un patron, un matelot et un mousse. Leurs salaires sont éventuels, et pris sur le produit du voyage. Néanmoins, ils se règlent fréquemment de la manière suivante : si le propriétaire est en même temps patron du bateau, il donne 1 fr. par jour au matelot, 50 c. au mousse, et 1 fr. pour le dîner du matelot et du mousse. Si le propriétaire loue un patron, il donne 2 fr. 85 c. à l'équipage, salaire et dîner compris ; et tous les produits du fret reviennent au propriétaire. D'autres donnent le 1/4 du fret à l'équipage, et gardent le reste. Quand il y a deux propriétaires, dont l'un est le patron, chacun des associés a la 1/2 du fret, déduction faite de 50 c. pour le mousse, et le co-propriétaire non patron donne 1 fr. 30 c. au matelot pour son salaire

(1) Nous ne connaissons pas le nombre exact des bacs, bateaux et batelets établis dans le Finistère. La loi du 6 frimaire an VII est toujours en vigueur quant à la police, au régime et à l'administration des passages d'eau. C'est en vertu de cette loi que, par décret du 25 thermidor an XII, ont été arrêtés les tarifs qui régissent les bacs, bateaux et batelets, tarifs qui sont entre les mains des adjudicataires ; ceux-ci doivent s'y conformer, ainsi qu'aux cahiers des charges déposés aux sous-préfectures.... Les baux sont ordinairement de 6 ans. — L'administration devrait toujours tenir la main à l'exécution de l'obligation (imposée aux passeurs) de faire placer en lieu apparent un poteau portant l'indication des tarifs de passage, et à celle relative au chargement, qui ne doit jamais dépasser la ligne de flottaison.

et son dîner. Ainsi se passent les choses pour les bateaux du Fret.

A Roscanvel, on fait tous les mois les comptes de fret : une moitié est prélevée au profit du ou des propriétaires du bateau ; l'autre moitié se partage également entre le patron et le matelot ; ou plutôt cette moitié se divise fictivement en cinq parts, dont une au mousse, deux au matelot et deux au patron. Soit 20 fr. le fret : l'armateur prendra 10 fr., le patron 4, le matelot 4, et le mousse 2.

Quelquefois aussi on distingue : les samedi, dimanches et lundi qui sont les jours des voyages réguliers, le fret se partage par moitié entre l'armateur et l'équipage, comme ci-dessus ; mais pour les autres jours, le fret tout entier est dû à l'armateur, qui donne par mois au patron 30 fr., au matelot 25, au mousse 15, et abandonne à l'équipage les menus profits résultant des 15 c. payés par les passagers autres que l'affréteur.

A Camaret, l'armateur, en même temps patron, commence par prélever pour le mousse un sixième du fret, puis les cinq autres sixièmes se partagent en trois parts, dont une pour le matelot, les deux autres pour le propriétaire-patron. Soit un fret de 10 fr. 80 c., l'armateur aura 6 fr., le matelot 3 fr., le mousse 1 fr. 80 c.

Si le patron n'est pas le propriétaire du bateau, le calcul est le même ; seulement alors, le patron doit tenir compte à l'armateur de son tiers dans les cinq sixièmes. Et quand le patron est co-propriétaire du bateau, il a les mêmes droits comme patron, et en sus sa part comme co-propriétaire.

A Lanvéoc, les bateaux appartenant à quatre propriétaires, le fret se partage par quarts, déduction faite des salaires des équipages.

Les prix usuels du fret sont : de Lanvéoc à Brest, 6 fr. ; du Fret à Brest, 4 fr. ; de Camaret à Brest, 6 fr. ; de Roscanvel à Brest, 5 fr. ; de Quélern et Rostellec à Brest, 4 fr. Mais il est entendu que dans ces prix l'aller et le retour sont compris, pourvu qu'on ne reste à Brest qu'une heure au plus : si l'on voulait disposer entièrement du bateau, le fret serait plus cher; ainsi, on paie dans ce dernier cas, 10 fr. de Camaret à Brest.

Les prix de passages réguliers, qui ont lieu tous les lundi et vendredi de Quélern et du Fret à Brest, tous les dimanche et jeudi de Lanvéoc à Brest, sont fixés comme suit, aller et retour compris (tarif officiel) : du Fret à Brest, 20 c. ; de Lanvéoc, 25 c. ; de Camaret, de Quélern, de Rostellec, 25 c. ; de Roscanvel, 15 c. seulement.

Outre les passagers, les bateaux transportent les marchandises ; ainsi de Lanvéoc et du Fret à Brest, on paie 20 c. par sac ou par demi-hectolitre de blé et de pommes de terre, 5 à 10 c. par panier d'œufs, 20 à 25 c. pour les mannequins, etc. Au Fret, 5 c. pour un panier de fruits, 10 c. pour un sac de marchandises, 15 c. par 50 k. pour les marchandises encombrantes.

Malgré l'exiguité de ces tarifs, peut-être même par cette raison, ces bateaux, qui ne jaugent qu'environ 5 tonneaux (si l'on excepte les 3 chasse-marées jaugeant 6 à 7 tonneaux), rapportent journellement de 12 à 15 fr. par voyage, et sont une source d'aisance pour un grand nombre de familles (1).

(1) Nous aurions dû peut-être indiquer ici les usages concernant le louage des chevaux et voitures. Nous nous bornerons à dire ce qui a lieu le plus généralement.

Les chevaux se louent à la journée moyenne 2 fr. 50 pour les distances ordinaires; on ajoute 1 fr. ou 1 fr. 50 par jour, quand il y a un piéton pour ramener le cheval. Celui qui prend un cheval à la journée est chargé de le nourrir convenablement. S'il ne le rend pas avant le couvre-feu (10 h.), il doit une indemnité que, dans certains cantons, on fixe au prix de la journée; mais il ne peut y avoir à cet égard usage constant, les locations de chevaux devenant chaque jour plus rares.

Les voitures à 2 roues sont louées à raison de 6 fr. par jour pour les distances ordinaires (5 à 6 lieues), sans postillon; tous les risques à la charge du voyageur; 8 fr. avec un postillon. Dans le premier cas, la nourriture du cheval est au compte du voyageur; dans le 2e, le postillon et le cheval sont à la charge du loueur. Les voitures à 4 roues coûtent 12 fr. par jour, postillon compris; 10 fr. dans le cas contraire. Les prix augmentent d'un cinquième et même d'un quart, quand la voiture avec postillon est louée pour plusieurs jours.

Les voyageurs ne doivent rien aux postillons.

En cas d'accident survenu à un cheval loué à la journée, le voyageur doit une indemnité, s'il ne prouve qu'il n'est pas en faute. Quand la voiture louée sans postillon est endommagée, le voyageur est responsable dans les mêmes limites.

On sait que l'art. 1785 prescrit aux voituriers par terre et par eau de tenir registre des effets à transporter ; il n'est pas besoin de dire que les bateliers dont nous venons de parler s'affranchissent de cette obligation, qu'ils seraient d'ailleurs dans l'impossibilité de remplir. Aussi, MM. Troplong, n° 957, et Fenet, t. 14, p. 359, sont-ils d'avis qu'on ne peut leur appliquer cette disposition du code. Néanmoins, cette tolérance presque nécessaire ne peut les exempter des conditions générales de responsabilité imposées à tous ceux qui se chargent des transports : ils sont dépositaires salariés, et répondent non-seulement des fautes lourdes, mais encore des fautes légères; la force majeure, s'ils l'établissent, peut seule les mettre à l'abri, quant à la responsabilité, en cas de perte ou d'avarie des effets qui leur sont confiés. Le tribunal de Lyon a jugé ce point *in terminis* le 4 décembre 1850. (*Gazette des Tribunaux* du 12 janvier 1851.)

CHAPITRE IX.

Section 3ᵐᵉ. — Des baux à ferme.

§ 1ᵉʳ. — DURÉE DES BAUX.

Les baux de longue durée sont une des conditions les plus essentielles aux intérêts agricoles de tous les pays : avec les baux à courte durée, l'agriculture ne saurait se perfectionner, le fermier n'ayant aucun intérêt à faire des améliorations, ni même à tenter un assolement avantageux. Cependant, les baux à ferme sont habituellement de neuf ans dans le département du Finistère. Dans quelques cantons, à la vérité, il y a des baux de 12 à 18 ans ; mais c'est là une exception ; et même à Ouessant, et dans quelques communes des cantons de Plouigneau, Crozon, Scaër, Arzanno, etc., les fermes sont souvent consenties pour 7, 6 et 5 ans seulement.

Cette coutume des baux à court terme est importante à constater, et servira à expliquer la plupart des modes de culture pratiqués sur divers points du département.

Il peut arriver qu'au lieu d'un corps de ferme, le bail ne comprenne qu'un champ, un pré, un taillis isolé. Si le bail est écrit, la mention de la durée est exprimée dans l'acte ; mais lorsqu'il n'y a qu'un bail verbal, c'est l'usage des lieux qui peut seul déterminer la durée de la jouissance des pièces volantes.

Suivant les distinctions qui seront établies au § 4, un champ de terre chaude doit être réputé affermé pour 3 ans, ou pour une année seulement. Il n'en serait pas ainsi d'une pièce de terre froide ; elle serait présumée affermée pour un an, dans tout le département. Au reste, ce dernier cas est, pour ainsi dire, sans exemple.

Les prairies n'étant point soumises à un assolement régulier, un pré loué isolément doit être réputé affermé pour un an.

Pour les taillis, la solution dépend des circonstances, et il serait, dès-lors, très difficile de puiser dans les usages une règle positive. Nous pensons, toutefois, que, sauf le cas d'une cerclière, dont la coupe peut se faire utilement tous les 5 ou 6 ans, un taillis affermé séparément doit être censé loué au moins pour 10 ans.

§ 2. — MODES DE CULTURE.

Arrondissement de Brest.

Dans les cantons de Brest, les mêmes céréales ne sont semées sur le même champ que trois ans après la première semence : ainsi, un champ semé en froment en 1850, n'est resemé en froment qu'en 1853, parce que en 1851 et 1852 il recevra une fumure moins abondante, et qu'il n'en recevra souvent aucune, s'il est emblavé en avoine ou en pommes de terre. Dans la plupart des fermes, si l'on excepte la lisière armoricaine, l'assolement triennal est suivi, et les jachères sont plus ou moins prolongées. Ajoutons néanmoins que le voisinage de la ville, si favorable aux progrès agricoles, modifie sensiblement les usages des cultivateurs qui, dans ces cantons, varient les cultures, donnent un soin particulier aux plantes fourragères et légumineuses, et dans quelques métairies suivent avec persévérance l'assolement alterne.

Canton de Ploudalmézeau.

Ce canton est riche en céréales, orge, froment, avoine, seigle, — ségal-losq, et ségal-tréas abondant dans les terres sabloneuses, — méteil, seigle-orge-avoine, orge-avoine (notamment à Plouguin et à Saint-Pabu), pois bleus — pes podac'h, — pois roux, les premiers pour la nourriture du fermier, les seconds servant à engraisser les animaux, les cochons surtout ; navets, choux, panais, carottes, lin et pommes de terre. C'est assez dire que l'assolement triennal y est à peu près remplacé par les méthodes progressives, en d'autres termes, par la rotation triennale, quadriennale, etc. Peu ou point de jachères.

Canton de Landerneau.

Voici la rotation habituelle des cultures dans ce canton.
Première année : panais, navets, blé-noir ou pommes de terre,
— excellentes préparations pour les récoltes suivantes ; —
seconde année : orge avec trèfle ou froment ; troisième année :
trèfle ou avoine après orge, ou bien avoine ou orge après froment,
sans fumure ; quatrième année : trèfle et avoine, ou blé-noir
amendé par la charrée. Quelquefois, pour la troisième année, on
met avoine après trèfle. On recommence le roulement pendant
le même nombre d'années ; puis, après ces 9 ou 10 années de
culture, on laisse la terre reposer pendant 4 ou 5 ans, en pâture
ou veillon, et l'on reprend les cultures dans l'ordre ci-dessus.
Cette méthode offre des avantages évidents : les récoltes épuisantes sont remplacées par des produits fécondants. Les frais
sont considérables, et il y a beaucoup de sarclages à faire ; mais
on obtient des fourrages abondants, source de richesse pour les
fermiers industrieux. Est-ce là un véritable assolement alterne ?
Nous ne le pensons pas ; si nous considérons la succession des
cultures, nous ne voyons dans leur roulement que des modifications à l'assolement triennal, qui en est la base, comme le prouve
la conservation des jachères.

Canton de Plabennec.

Les jachères ne durent dans ce canton que deux ou trois mois ;
on laisse ainsi sous veillon les champs après avoine ou trèfle. Il
n'y a point d'assolement régulièrement suivi ; chaque fermier est
libre de cultiver à sa convenance. Néanmoins, la plupart adoptent
la règle suivante : froment après une bonne fumure ; seigle ou
méteil sur demi-fumure ; panais, carottes, pommes de terre,
blé-noir, avoine sans fumure. L'orge succédant au froment ou
à l'avoine reçoit une fumure complète ; il en est de même du
trèfle et du lin. Dans les champs de panais, on plante des rangées de choux qui prospèrent à l'aide des meilleurs engrais. On
voit que là encore la succession des cultures est basée sur la
courte durée du bail, et se rapproche toujours de la rotation
triennale.

Canton de Lannilis.

Quoique plusieurs fermiers de ce canton aient conservé les anciennes pratiques, on peut cependant considérer comme la plus générale la méthode suivante. Première année : froment, orge ou trèfle, sur bonne fumure ; seconde année : trèfle sur demi-fumure ; troisième année : trèfle ou froment bien fumés ; quatrième année : avoine sans engrais — récolte de compensation qui a lieu souvent la troisième année ; cinquième année : panais. Les jachères y sont fort rares.

Canton de Ploudiry.

Les cultures y sont divisées en trois classes ou soles : la première comprend les plantes fourragères, ou le blé-noir ; la seconde le froment, l'orge ou le seigle ; la troisième l'avoine.

Canton de Lesnéven.

Là il n'y a rien de fixe dans le roulement des cultures ; la richesse du terroir permet de renoncer aux jachères, auxquelles on substitue les prairies artificielles.

Canton de Daoulas.

Dans ce canton, la rotation est réellement triennale. Première année : panais, blé-noir ; deuxième année : orge ou froment ; troisième année : invariablement, avoine. On laisse sous veillon ou jachère, pendant trois ans, du sixième au tiers des terres chaudes ; les quatre ou cinq autres sixièmes sont cultivés en céréales, lin, racines, tubercules et trèfles. Le fermier y est toujours censé disposer la terre, et la dispose en effet, en vue d'une troisième récolte sans engrais.

Canton de Saint-Renan.

Quoique dans ce canton l'assolement triennal soit encore pratiqué, les méthodes progressives l'ont généralement remplacé ; les jachères y sont abandonnées, et le même champ produit successivement du froment pendant deux et trois ans.

Canton d'Ouessant.

On y distingue trois sortes de terres ; d'abord, celles où l'on sème tour-à-tour l'orge, les pommes de terre, les pois et le lin, sans jachère ; ensuite, celles où une jachère de deux ou trois ans remplace les emblavements ci-dessus ; en troisième lieu, les terres non cultivées (1).

Il résulte de tous ces faits, suivant nous, que l'ancien assolement triennal est encore la base de la culture dans l'arrondissement de Brest.

Arrondissement de Morlaix.

Nous pourrions nous borner à dire que, dans les dix cantons, on observe le mode de culture suivant : froment ou orge après blé-noir ou navets, panais, etc ; enfin, avoine, récolte de compensation ; environ un cinquième de terres arables est laissé en jachère après trois rotations, ou 9 ans de culture.

Mais un travail, tout récemment publié par M. Eléouet, sur l'arrondissement de Morlaix, nous fait une obligation d'entrer dans quelques détails.

La surface des terres arables est de 63,254 hectares 52 centiares, sur lesquels 5,457 hectares 63 centiares sont annuellement sous veillon ou jachères ; ce serait un peu plus que le 1/11 du terrain cultivable ; en réalité, c'est presque le 1/7, car du chiffre 63,254 52 il faut déduire 21,003 30 — contenance des terres chaudes — où les jachères n'existent pas, la culture y étant exceptionnelle.

Si l'on réfléchit aux erreurs que contiennent les évaluations

(1) Dans le 2e volume, p. 48, des *Mémoires pittoresques d'un officier de marine*, par M. le Comte, nous lisons que *le sol d'Ouessant est ondulé d'une couche de terre végétale... Parmi les céréales, l'orge seul a pu y fructifier pour les besoins de la population et même au-delà. Un tiers du sol reste en jachère, et sert principalement à nourrir les moutons, qui y trouvent pour pâture des herbes courtes et quelques plantes aromatiques. Si l'on y rencontre des fougères de 60 c. de hauteur, on y cherche en vain des plantations, même des arbres de jardins. Les vents de la mer y dessèchent le feuillage. — On n'y mange point de pain de froment. Le chauffage des habitants consiste en mottes de terre et en épares. — La consommation d'alcool y est effrayante : 20,000 fr. par an !*

cadastrales, à combien de modifications sont sujettes les cultures, on conviendra que nous avions plus d'une raison, dans notre Mémoire, d'évaluer au cinquième la contenance ordinaire des jachères. En effet, les chiffres ci-dessus ne sont point une preuve décisive contre notre opinion, fondée d'ailleurs sur les rapports les plus précis et sur nos observations personnelles.

Nous restons convaincu que les jachères comportent approximativement 1/5 des terres arables de l'arrondissement, si l'on fait abstraction des vingt communes qui longent le littoral. Chacun sait combien les produits agricoles sont riches à Cléder, à Plouescat, à Saint-Pol-de-Léon, à Roscoff surtout, où les récoltes maraîchères ont donné jusqu'à 4,000 fr. de revenu par hectare. Revenant à la détermination de la durée des assolements, nous dirons que, même après avoir étudié les curieux tableaux de M. Eléouet, nous persistons à considérer l'assolement triennal comme base de la culture, du moins dans l'intérieur. Les fermiers disposent les terres de manière à s'assurer sur trois années une récolte sans engrais, suivie de pâturage.

Nous ne comprenons pas la phrase suivante (qui se trouve à la page 147 de la statistique de M. Eléouet) : *la terre préparée pour l'avoine reçoit constamment une bonne fumure.* Il suffit, d'ailleurs, de parcourir ses tableaux, pages 110 à 115, pour reconnaître que les cultivateurs sont dans l'usage de ne point fumer la terre destinée à recevoir cette céréale ; ils y trouvent un avantage dont ils usent largement. Il arrive quelquefois que l'avoine n'est semée qu'à la quatrième sole, par exemple quand le fermier a une ferme pour 9 ans au moins ; mais le plus souvent il observe les anciennes pratiques, surtout dans l'année de sortie.

Arrondissement de Châteaulin.

On est assez unanimement d'avis, dans les sept cantons, fors celui de Crozon, que l'assolement triennal est consacré par un usage constant. La première année on sème du blé-noir, la seconde, du seigle avec engrais ; la troisième, de l'avoine sans fumier ou avec une demi-fumure. Les jachères, qui sont de la moitié ou du tiers au moins des terres chaudes, se prolongent depuis 6 jusqu'à 9 ans, suivant la qualité du terrain. Ainsi, un fermier qui a une métairie de 12 hectares de terre labourable, en laisse de 4 à 6 sous pâturage ou veillon ; 6 à 8 sont emblavés comme nous venons de le dire. En dehors de l'assolement, il a fréquemment un verger, des courtils qu'il utilise par la culture du chanvre, des blés en vert pour l'engraissement du bétail ; il y récolte aussi des choux et des navets ; enfin, il y coupe des herbes grasses, quand ces parcelles peuvent être fertilisées par des eaux de lavoirs et de sources chaudes, et par les purins des étables. Le fermier, à défaut de ces enclos, distrait de l'assolement de 50 à 100 ares de terre pour la culture du chanvre, du lin, des navets, des trèfles, des rutabagas et des pommes de terre. Ces modifications à la rotation triennale sont surtout sensibles dans le canton du Faou.

C'est dans les jachères que l'on élève le genêt à balai, qui y entretient une herbe abondante et fraîche, et offre un abri aux bestiaux dans les grandes chaleurs.

Dans le canton de Crozon, la culture suit des errements à part. La succession et l'ordre des soles y comporte habituellement 4 ans. Première année : froment après fumure entière ; seconde année : orge avec demi-fumure ; troisième année, avoine sans engrais ; quatrième année, panais, blé-noir et pommes de terre ; on emploie la charrée pour la préparation du blé-noir. On y sème aussi du trèfle dans les froments ou dans les blés-noirs. Il y a des sections où l'on ne sème que de l'orge, de l'avoine, ou des pommes de terre.

Dans la commune de Crozon, on cite comme très riches les produits suivants :

1° Les avoines de la Palue, de Rostudel, de Pennendreff, de Lanvéoc, de Hirgars, de Kervéneuré et de Penzer ;

Les froments de Flotcoulm, de Rostellec, de Trémet, de Leydez, de l'Ile-Longue, de Tréboul, de Tréflez, de Dinan, de Talar, et des champs avoisinant le bourg ;

3° Les pommes de terre de Tréflez, de Dinan, de Talar et de la Palue ;

4° Les froments, orges et avoines de Tréboul, de l'Ile-Longue, et les blés-noirs de Penzer.

Dans quelques sections de Crozon, et dans la commune de Camaret, on sème orge sur orge pendant trois ans, avoine ensuite, en enfin pommes de terres pour la dernière année de ce roulement particulier, dont la durée est de 5 ans, sans jachères.

On cultive rarement le seigle dans les terres chaudes.

Dans les autres communes du canton, on observe les coutumes reçues à Crozon, coutumes sans analogie avec celles des autres parties de l'arrondissement, à l'extrémité duquel ce canton est jeté comme une sentinelle avancée.

Arrondissement de Quimper.

Dans le canton de Pont-l'Abbé, on sème d'abord du froment ou du seigle ; ensuite de l'orge ou de l'avoine ; enfin, du blé-noir ou des pommes de terre. Dans quelques endroits la terre, constamment emblavée de froment ou de pommes de terre, ne repose jamais ; le fermier peut lui donner tous les ans une nouvelle vigueur au moyen des engrais de mer.

Dans les huit autres cantons, sauf quelques terrains donnant sur la mer à Concarneau, à Douarnenez, à Trégunc, etc., le système des jachères est unanimement adopté ; elles sont dans la proportion de 1 à 3, et même de 1 à 2 relativement aux terres chaudes. Leur durée est de trois ans au moins. Quant aux cultures, voici leur roulement d'après une coutume constante : blé-noir ou pommes de terre pour la première année ; seigle et parfois froment pour la seconde ; avoine sans engrais pour la troisième. On double ou on triple la rotation, suivant les circonstances, avant de laisser le sol sous veillon.

Arrondissement de Quimperlé.

Blé-noir, seigle, et avoine, tel est l'ordre et la série des cultures dans les cinq cantons : les jachères et pâturages artificiels ne sont livrés à la culture qu'au bout de 8 ou 9 ans. On laisse ainsi sous veillon le cinquième et jusqu'au tiers des terres arables.

Enfin, dans les cinq cantons, le fermier distrait sur la sole de blé-noir, s'il ne le trouve dans son courtil, le terrain nécessaire pour les plantes sarclées qui nourrissent ses vaches, pour le mil qui donne la bouillie, et pour le chanvre si utile à la ménagère.

Dans les communes bordant le littoral, et généralement dans tous les terrains riches, le sol est cultivé sans relâche, pour ainsi dire ; depuis que l'augmentation des prairies artificielles a démontré l'abus des jachères prolongées, presque tous les baux prescrivent au fermier *d'ouvrir*, chaque année, une contenance déterminée. Cette précaution, inutile sur le littoral, est un moyen très efficace pour l'amélioration de l'agriculture dans l'intérieur de l'arrondissement.

Nous terminons, en observant que la commune de Clohars-Carnoët, et celles de Nizon, de Pont-Aven et de Névez, produisent le plus beaux froments du Finistère.

En résumé, sauf les exceptions déterminées par l'heureuse situation des lieux, l'assolement est réellement triennal dans le département, en ce sens que le fermier exploite les terres chaudes en vue de retirer, au moyen de trois cultures, les intérêts de ses avances, les produits de son travail.

§ 3. — 1° Forme des baux. — 2° Tacite-réconduction. 3° Sa durée.

1° Nous aurions beaucoup à dire sur la rédaction de la plupart des baux authentiques ou sous seings-privés. Les premiers sont trop absolus dans leurs conditions ; les seconds dénotent en général une grande ignorance : tous sont muets sur une foule de choses importantes et imposent aux preneurs beaucoup d'obligations que, dans l'usage, on répute comminatoires, tant elles seraient difficiles à exécuter. De là mille contestations qu'on éviterait, en exprimant clairement dans ces actes toutes les volontés des parties (1).

(1) Il est constant encore que les difficultés incessantes, qui s'élèvent entre les bailleurs et les preneurs, proviennent de l'exagération du prix des baux, qu'il serait juste de réduire, dès qu'il y a mévente prolongée des produits agricoles.

Mais nous n'avons pas à insister sur ce point. Constatons seulement que très souvent un fermier tient une métairie sans bail écrit, ou (ce qui revient au même, légalement parlant) en vertu d'un bail sous seings-privés adiré, ou qu'il ne veut pas produire en justice.

2° C'est là ce que les juristes et le code appellent la tacite-reconduction, ou nouveau bail par un accord présumé des parties. Le bail produit les mêmes effets quant à la durée, lorsqu'il est consenti verbalement, et lorsque le bailleur, par son silence, laisse le preneur dans la métairie après l'échéance du bail écrit.

Comment s'opère la tacite-reconduction ? A quels signes la reconnaît-on ? Quel est son point de départ ?

La solution ne résulte point des coutumes, mais des circonstances, des faits particuliers. Ainsi, il est incontestable que le fermier, quoique non expulsé à l'expiration du bail, ne serait pas, dès le lendemain, admis à se prévaloir de la bienveillance du bailleur, et à lui opposer la tacite-reconduction. D'un autre côté, le bailleur serait fondé à réaliser l'expulsion, même un mois après l'échéance du bail, si antérieurement à cette échéance il avait régulièrement sommé le fermier de déguerpir. En cette matière, il faut des actes non équivoques, des faits précis d'où l'on puisse conclure que le fermier a entendu rester, et que le propriétaire l'a laissé réellement en possession de la métairie. Un labour clandestin, le pacage des bestiaux, l'ensemencement même à l'insu du propriétaire, ne suffiraient donc pas pour assurer au fermier le bénéfice de la tacite-reconduction.

Au reste, il est de jurisprudence constante qu'en cas de contestation, c'est aux tribunaux qu'il appartient d'interpréter la commune intention des parties; et rien n'est plus aisé, suivant nous, que de déjouer la mauvaise foi, et de discerner le véritable caractère de la possession prolongée invoquée par un fermier. Enfin les délais de grâce, dans certains cantons, devraient nécessairement être pris en considération, s'il s'élevait une difficulté de ce genre, les faits antérieurs à l'échéance du délai ne pouvant être invoqués pour servir de base à la tacite-réconduction. C'est ce que nous espérons démontrer au § 6, art. 10.

3° On pourrait s'étonner de la doctrine enseignée par plusieurs jurisconsultes, qui veulent que les tribunaux fixent la durée de la jouissance du fermier suivant la rotation par lui adoptée, dans les cas de tacite-réconduction. Car alors il pourrait dépendre d'un fermier de prolonger à volonté sa jouissance, ce qui serait contraire à l'esprit de la loi, et à la jurisprudence.

Nous lisons dans la *Maison rustique du XIX° siècle*, t. 4, p. 211, que les autorités locales prescrivaient jadis un mode d'assolement obligatoire aux cultivateurs : c'était là une vexation, un abus, dont le retour est impossible dans l'état de nos mœurs. Mais il serait également dangereux de subordonner entièrement la durée de la tacite-réconduction aux travaux arbitraires d'un fermier.

Qu'arrive-t-il, en effet, dans le cas d'un bail verbal ?

Les conditions du bail écrit, qui est expiré, subsistent entièrement. Dès-lors le preneur est tenu, comme nous le verrons, de cultiver suivant les prescriptions du contrat, et à défaut de clauses écrites, suivant l'usage local.

Or, à ce point de vue qui nous préoccupe avant tout, quel est l'usage dans le Finistère ?

A ne s'en tenir qu'aux faits constatés dans le paragraphe 2 ci-dessus, sur le littoral il n'y aurait pas d'assolement, à raison de la variété des cultures. Dans les autres lieux, l'assolement triennal serait fidèlement observé.

Mais on sait que le département est régi par deux jurisprudences distinctes : celle des tribunaux de Brest, de Quimper et de Morlaix, — suivant laquelle la ferme verbale ne confère qu'une jouissance annale ; — celle des tribunaux de Châteaulin et de Quimperlé, qui admettent la jouissance de trois ans (voyez un jugement du tribunal de Quimperlé, du 12 octobre 1818). Dans le recueil des arrêts de Rennes, nous n'avons trouvé qu'un arrêt (du 30 avril 1812) ayant trait à cette difficulté ; nous le citons quoiqu'il concerne un autre département ; car nous y trouvons la constatation d'un point décisif, à savoir que l'assolement doit servir de base à la fixation de la durée des baux verbaux, de manière que, dans la Loire-Inférieure, par exemple, où les terres se partagent en deux saisons — sole d'ensemencement de céréales, sole de préparation, — la tacite-réconduction ne prolonge la jouissance que de deux en deux ans (1).

Par voie de conséquence, la durée de la tacite-réconduction devrait être de trois ans, sauf sur le littoral, dans tout le Finistère.

La jurisprudence des tribunaux de Brest, de Morlaix et de Quimper semble donc en opposition avec les décisions de la cour d'appel, et avec le texte de l'art. 1774 du code ; on ne peut admettre, en effet, que le fermier puisse être réputé suffisamment indemnisé par les récoltes d'une première année de jouissance. D'un autre côté, il faut convenir que le remède est ici à côté du mal ; car s'il est vrai que le fermier soit lésé par la réduction à une année de la durée de la jouissance verbale, la perte sera compensée par le réglement de sortie, dont nous aurons occasion de parler : il est parfaitement indifférent que la ferme verbale soit résolue au bout d'un an, ou qu'elle soit prolongée, pourvu qu'en tout évènement le fermier n'éprouve aucun dommage. Aussi, dans la pratique, toute regrettable que soit la divergence que nous signalons, elle ne donne que bien rarement lieu à des contestations judiciaires. Les fermiers s'y sont désormais habitués ; ils savent qu'ici la ferme verbale est de 3 ans, là d'une année seulement ; ils dirigent leurs cultures en conséquence, et ne sont jamais pris à l'improviste. Ils acceptent un mode d'arrangement qui, en définitive, sauvegarde leurs intérêts ; ils se soumettent à la jurisprudence locale, soit qu'elle admette la triennalité, soit qu'elle consacre la simple jouissance annale. Dans le premier cas, ils obéissent à des traditions que le temps n'a pu effacer ; dans l'autre hypothèse, ils respectent les décisions judiciaires, sans renoncer à l'antique assolement de trois ans.

(1) Suivant M. Cavan, l'assolement triennal est consacré par une foule de décisions de la cour de Rennes (*Usages de l'arrondissement de Lannion*, p. 61). Nous ne les connaissons pas.

§ 4. — Commissions.

Dans les départements de l'Ouest, et notamment dans l'ancien pays de Léon, il est une coutume qui n'a pas force de loi à la vérité, mais que nous ne devons pas néanmoins passer sous silence ; car elle exerce une grande influence sur la situation de l'agriculture.

A chaque renouvellement des baux à ferme, ou pour mieux dire trois ou quatre ans avant leur expiration, et même plus tôt, les fermiers paient aux propriétaires une somme d'argent, non stipulée dans le nouveau bail ; habituellement c'est le prix d'une année de fermage, et quelquefois de deux ou trois années : c'est ce qu'on nomme les *commissions* ou *deniers d'entrée.*

C'est ordinairement le jour de la passation du contrat que le bailleur reçoit la commission. Si néanmoins le fermier a payé avant ce jour, la Cour de Rennes a jugé (le 13 novembre 1815) que le propriétaire ne peut être forcé à souscrire le bail, et qu'il n'y a pas lieu suffisant. Nous notons cet arrêt, en observant qu'il nous paraît contraire aux usages du Léon ; que, dans l'intention bien constante des parties, il y a dans ce cas un lien de droit ; et pour notre part, nous nous garderons de conseiller à nos lecteurs de s'en rapporter à cette décision, rendue dans une espèce particulière. Les arrêts sont bons pour ceux qui les obtiennent. Il en est autrement quand les cours souveraines jugent en pur point de droit ; car alors un seul arrêt peut fixer la jurisprudence.

Souvent le fermier se rédime de la commission par annuités, par neuvièmes, par exemple, si la ferme est consentie pour 9 ans.

Les commissions sont en réalité une addition pure et simple aux prix des fermes. Elles doivent être rangées, comme les fermages, au nombre des profits casuels inhérents à la propriété ; c'est dans ce cens que la Cour de Rennes a jugé (7 janvier 1821) que l'héritier, qui les a recueillies, en doit rapport à ses co-héritiers, comme de tous les autres fruits échus et perçus pendant l'indivision. Mais nous ne pensons pas, avec Pothier (n° 305) que, dans le cas de la tacite-réconduction, les commissions doivent être supposées stipulées en proportion de la durée du bail verbal. Cette présomption serait contraire à l'essence des commissions, qui sont toujours expressément stipulées pour un chiffre variable et suivant les circonstances.

Ce serait aussi à tort qu'on assimilerait les commissions à des arrhes ; les arrhes sont perdues pour celui qui les a données, restituées au double par celui qui les a reçues, suivant que le contrat reste sans exécution, ou qu'il est résilié par le fait de l'un ou de l'autre des contractants.

Les commissions, au contraire, quoique souvent comptées avant le commencement du bail, sont toujours restituées (en cas de non-exécution, ou de résiliation du bail, et même lorsque l'une ou l'autre des parties refuse de souscrire l'acte de ferme), soit intégralement, soit en proportion des années écoulées avant la cessation du bail.

§ 5. — Congés.

Dans l'arrondissement de Brest, on persiste encore à considérer comme obligatoires les congés en matière de baux ruraux ; les réponses que nous avons reçues de plusieurs cantons ne laissent aucun doute à cet égard : on est dans l'usage de notifier un congé, dès qu'il y a bail verbal. Il faut, dit-on, une mise en demeure, et l'on doit observer les délais d'usage. D'ailleurs, il est rationnel et conforme à l'humanité de mettre le fermier en mesure de se pourvoir ailleurs ; et réciproquement, il serait injuste de permettre au fermier d'abandonner brusquement la métairie, sans avoir régulièrement averti le bailleur, qui pourrait se trouver fort embarrassé par cette retraite inattendue.

Dans les arrondissements de Morlaix et de Quimperlé, on pense généralement qu'il y a nécessité de signifier un congé quand le bail est verbal.

Dans ceux de Quimper et de Châteaulin, c'est également une opinion très répandue.

Toutefois, nous rencontrons dans nos cahiers d'enquête de nombreuses et honorables exceptions. Nous nous bornerons à citer ici un jugement rendu sur cette matière par M. le juge-de-paix du canton de Crozon, en 1848, sur la plaidoirie de M. Le

Bastard de Mesmeur, notre correspondant, qui obtint en cette occasion la consécration des vrais principes de droit.

Nous ne pouvons, en vérité, comprendre comment cette tradition fâcheuse a pu survivre à la promulgation du Code civil. Le cultivateur breton, si soigneux de ses intérêts, ne s'engagera jamais dans les liens d'un bail verbal, sans s'être assuré au préalable de la durée de sa jouissance, des produits sur lesquels il peut compter, de ses droits et de ses devoirs. Les huissiers seuls peuvent profiter de semblables abus ; car ces frais frustatoires, accrédités dans le but apparent d'éviter les formalités plus coûteuses d'une expulsion judiciaire, ne dispensent en aucune manière de la procédure exigée pour le déguerpissement forcé d'un fermier récalcitrant.

Au reste, ceux-là même qui soutiennent la nécessité des congés ne sont pas d'accord sur les délais de notification de ces actes. Les uns prétendent que le congé doit être notifié le 28 mars au plus tard pour le 29 septembre, le 31 août pour le 1er mars (à Arzanno et Guilligomarc'h); d'autres, et c'est la minorité, estiment qu'il suffit de signifier avant la Magdeleine pour la Saint-Michel. Or, l'obligation d'un congé implique la prescription d'un délai fatal, déterminé d'une manière précise, au moins par les usages locaux. Mais en présence d'usages contradictoires, à quelle règle peut-on s'arrêter ? évidemment à celles du Code civil. L'art. 1775 ne donne aucune prise à l'équivoque. *Le bail sans écrit cesse de plein droit.* La cessation a donc lieu à l'expiration de l'année de jouissance dans les arrondissements de Brest, Morlaix et Quimper; à l'expiration de la période triennale dans les deux autres arrondissements (le canton de Crozon seulement suit, en ce point, les usages de Brest). Le congé n'est donc qu'une superfétation, une charge sans but, et dont les parties peuvent s'affranchir, en vertu de la loi (arrêt de la cour de Rennes, du 6 août 1813 (1).— Il y a pourtant deux cas où il est

(1) Autre chose est l'avertissement, la sommation même par huissier que les parties peuvent se donner mutuellement, pour faire cesser le bail, soit le jour du terme, soit pendant les délais de grâce. (V. Vaudoré, p. 43.)

nécessaire que les parties se donnent un avertissement pour mettre fin au bail.

Quand le bail prononce la résiliation en cas de vente, l'acquéreur est tenu d'avertir le fermier un an d'avance, article 1748 du Code civil. Le délai pour le congé serait autre, si le bail stipulait la faculté de résiliation au bout de 3, 6 ou 9 ans. Celle des parties qui voudrait en profiter devrait notifier ses intentions à l'autre 6 mois d'avance (1). Ce délai n'est pas exorbitant; il peut même arriver qu'il soit à peine suffisant.

Hors ces deux cas, la loi ne prescrit point la formalité du congé. C'est donc par erreur que M. Malepeyre soutient une doctrine contraire, tout en exprimant le désir de voir cette lacune comblée par le législateur (*Maison rustique*, 4,262).

§ 6. — DROITS ET DEVOIRS DES FERMIERS.

OBSERVATIONS PRÉLIMINAIRES.

Nous avons constaté, dans les précédents paragraphes, les faits généraux et les principes de droit qui dominent la matière des baux à ferme. Notre travail serait incomplet, si nous négligions d'examiner en détail quels sont les droits des fermiers, à quelles obligations ils sont astreints. Cette partie de notre tâche n'est pas la moins difficile. Il s'agit, en effet, de présenter une image fidèle des coutumes qui ont rapport aux réparations et à l'entretien des édifices, des clôtures; aux soins que réclament les terres arables, les prairies, les landes, taillis et baliveaux; à la quotité des émondes et autres chauffages; aux fumiers, pailles, foins et chaumes; au paiement des fermages; aux entrées et

---

(1) La raison en est que, dans nos habitudes locales, on ne connaît guère que le congé de 6 mois pour les biens ruraux... M. Cavan, p. 50, dit que l'usage exige le congé de 6 mois pour les baux à ferme, et semble le considérer comme obligatoire; il invoque des autorités antérieures au code, et des décisions du tribunal de Lannion : il déclare enfin que cet usage *n'est écrit nulle part*. Cette dernière proposition est exacte; mais ce qui ne l'est pas, c'est l'obligation du congé; l'usage ne peut aller contre la loi; aussi la jurisprudence est-elle aujourd'hui fixée; à Saint-Brieuc, à Rennes, à Nantes, il en est ainsi (v. les recueils de MM. Auluier, Habasque, Quernest et Neveu de Rotrie).

sorties des fermiers ; aux facilités qu'ils se doivent mutuellement;
enfin aux emblavements de sortie.

S'il existe un bail écrit, la première obligation du fermier,
c'est l'entière exécution des clauses du contrat. La seconde,
c'est l'observation des usages locaux dans tous les cas non prévus par l'acte.

Si le fermier jouit en vertu d'un bail verbal, la coutume locale
l'astreint plus rigoureusement encore.

Dans les deux hypothèses, la connaissance des usages est
indispensable pour la solution des contestations entre propriétaires et fermiers. Qui ne sait, en effet, combien il est rare que
tout soit prévu dans les baux, combien on y rencontre de clauses
obscures ou ambiguës? Si le législateur s'en réfère alors à
l'usage, art. 1159, 1160, à combien plus forte raison devrons-
nous interroger les habitudes du pays, quand les conventions des
parties ne seront point consignées dans l'acte ?

Pour plus de clarté, nous diviserons ce paragraphe en douze
articles, dans lesquels nous grouperons, autant que possible, tous
les détails dans leur ordre naturel.

ART. 1er. — *Édifices.* — *Entretien et réparations* (1).

Dans les 43 cantons, les logements et édifices des métairies
sont d'une minime importance quant à l'entretien et aux réparations. Les bâtiments consistent dans une maison pour le fermier,
une écurie, une étable, une grange, une retraite à porcs, le tout
disposé en un carré, dont la maison forme un côté, la grange et
les étables et écuries deux autres ; le quatrième côté est fermé
par un muretin, ou par un talus en terre. L'intérieur du carré est
occupé par l'aire à battre et par les fumiers.

Telle est ordinairement la disposition des constructions rurales.

(1) Il est de règle que l'action pour contraindre un fermier à faire les réparations qui lui incombent ne dure qu'un an. En effet, lorsque le propriétaire,
ou un nouveau fermier, a joui pendant une année depuis le premier preneur, il
est réputé avoir causé les dégradations locatives ou avoir trouvé les lieux en
bon état (Duparc-Poullain, t. 6, p. 388). Nos usages sont d'accord avec cette
doctrine.

La maison manale n'a qu'un rez-de-chaussée, composé d'une ou deux pièces, avec grenier au-dessus. Dans l'arrondissement de Morlaix, il y a, en outre, l'appartement à manger ; c'est une aile qu'on nomme *cuz-dol*, ou cache-table (statistique de M. Eléouet, p. 74). On ne nous en a point parlé dans les autres arrondissements.

Du reste, le sol des bâtiments n'est ni pavé, ni plancheyé ; les murs sont nus ; une seule ouverture dans la maison manale lui donne du jour, quand les portes sont fermées. Les étables et écuries sont mal construites et peu propres au logement des animaux.

Ces indications sommaires prouvent déjà que les réparations des bâtiments sont à peu près nulles ; aussi les bailleurs n'exigent-ils des fermiers que la mise en état de service des portes et fenêtres, de targettes, serrures et autres fermetures, et le remplacement des carreaux cassés ; le redressement et l'entretien du sol en terre des maisons et l'entretien des cours, aires à battre, dont les curages ont modifié le niveau ; cette dernière réparation est généralement exigée en Bretagne (M. Cavan, p. 64).

Toutefois, il va sans dire que le fermier est tenu de faire ramoner les cheminées une ou deux fois l'an ; il ne doit pas oublier que la simple négligence en cette matière est quelquefois un délit, aux termes de l'art. 458 du Code pénal.

Mais il est une charge imposée au fermier depuis un temps immémorial, c'est l'entretien des couvertures en chaume.

Il n'y a qu'un très petit nombre de constructions rurales couvertes en ardoises, même dans les environs de Châteaulin, où l'on trouve le schiste tégulaire. Pour celles-là, le fermier ne doit aucune réparation. Dans trois cantons pourtant, Plabennec, Lesnéven et Carhaix, on prétend qu'il est tenu par l'usage de remplacer les pierres *faillantes,* toutes les fois qu'il n'y a pas plus d'un mètre à refaire dans la toiture. Mais ce n'est là qu'une opinion isolée, essentiellement contraire aux habitudes de nos campagnards (1).

(1) Dans la plupart des cantons, les couvertures des maisons d'habitation sont

Pour les couvertures en chaume, le fermier doit les entretenir en bon état. En quoi consiste cet entretien ? Il y a à cet égard une distinction à faire.

Dans les arrondissements de Quimper, de Châteaulin et de Quimperlé, dans les cantons de Lanmeur et de Plouigneau, enfin dans les communes de Ploujean, de Plourin et de Morlaix (partie rurale du côté de Tréguier), tout ce qu'on exige d'un fermier, c'est qu'il conserve et rende la couverture en chaume telle qu'il est censé l'avoir reçue, c'est-à-dire en *état de défense* d'eau. Quelle que soit l'épaisseur du chaume, le bailleur et le fermier entrant n'ont rien à réclamer du sortant, du moment que les édifices sont à l'abri des eaux pluviales.

Lorsque le mauvais état de la charpente nécessite une réparation considérable ou la réfection totale de la toiture, il n'y a aucune difficulté entre le preneur et le bailleur ; c'est à celui-ci seul qu'incombe la dépense des grosses réparations. Le fermier, même dans le silence du bail, loge, nourrit et *darbare* (1) les ouvriers du propriétaire ; il ne refuse pas encore de faire les charrois nécessaires pour le transport des matériaux, etc. En agissant ainsi, il obéit à des habitudes, il donne volontiers ces témoignages de bon accord au bailleur, qui de son côté sait à l'occasion rémunérer convenablement ces sortes de services : le fer-

---

entièrement en paille ; les granges et étables ont une première couche en genêt, la seconde en chaume. Le sol des greniers est formé avec des traverses liées et couvertes par un torchis.

(1) Si nous sommes allé un peu loin, dans la section 2me, en disant qu'en certains cas les fermiers doivent le *darbarement* et le *trempage*, nous pouvons du moins affirmer que le darbarement est presque universellement fourni aux ouvriers employés par les bailleurs ; ainsi, l'usage astreint le fermier à procurer un aide au maçon, au charpentier, au couvreur, en cas de grosses réparations. La nourriture des ouvriers est au compte du bailleur ; mais souvent le bail la met à la charge du fermier, qui, en tout cas, ne fait aucune difficulté de donner le bouillon pour la soupe des ouvriers ; c'est cette dernière fourniture qu'on nomme le *trempage*. Or, nous croyons qu'il est de l'intérêt bien entendu du fermier de se prêter de bonne grâce à ces habitudes. Il n'en est pas ainsi du logement des ouvriers, du charroi des matériaux éloignés, etc., comme nous le verrons ci-après.

mier résisterait sans doute, si le bailleur les réclamait autrement qu'à titre de bon office.

Dans l'arrondissement de Brest et de Morlaix (partie de Léon), deux systèmes sont en présence relativement aux réparations et à l'entretien des couvertures en chaume.

Ainsi, à Lannilis, à Ploudalmézeau, à Lesnéven, à St-Renan, à Landerneau, à Plabennec et à Daoulas, on prétend que le fermier doit rendre les toitures en chaume : 1° à *l'état renable*, c'est-à-dire, à 24 (selon quelques-uns 22) pouces d'épaisseur en bâtiments neufs, 18 après le tassement ; 2° ou à l'état *d'usement du pays et canton*, ou 18 pouces ; 3° ou bien à *l'état défensible*, *id est* 12 pouces, et moins encore à cause de l'affaissement résultant du fait même de la jouissance. Cette triple classification, qui constitue ce qu'on appelle encore l'état *fort*, l'état *moyen*, l'état *faible*, est observée, assure-t-on, dans la pratique, de la manière suivante. Quand le bail est muet sur ce chapitre, le fermier doit rendre les toitures à l'usement du pays et canton ; il ne doit le renable qu'en vertu d'une clause expresse ; enfin le défensible n'est admis que dans le cas où le bail ne l'astreint pas à une plus forte réparation.

Malgré de nombreuses affirmations, nous hésitions à admettre comme usage constant ce mode d'interprétation des devoirs des fermiers, qui n'est d'ailleurs unanimement adopté dans aucun canton. De récentes informations nous ont démontré que les cultivateurs du Léon suivent en effet une opinion plus rationnelle et moins rigoureuse, que nous allons exposer.

L'état renable a fait son temps, c'est M. Mével de St-Renan qui nous l'assure ; et nous ne saurions invoquer une meilleure autorité.

A Ploudiry, on ne connaît et l'on n'exige en effet que le simple défensible, sans détermination d'épaisseur. On ne querelle point le fermier, dès que les bâtiments sont préservés de l'eau.

Dans les cantons de Brest, on s'assure si le fermier sortant a conservé les toitures en bon état. Quelques experts, en petit nombre, ne renoncent pas encore aux dénominations de renable, usement et défensible ; mais la plupart s'en tiennent à l'usement (qui, suivant eux, se confond avec l'ancien renable) et au défensible, et ajoutent que le fermier doit constamment cet état, sauf le cas où le bail lui permet le simple défensible, qui comporte seulement 12 pouces, tandis que l'usement suppose au moins 18 pouces d'épaisseur de couverture jusqu'à la filière.

Tel est aussi l'avis des hommes du métier que nous avons consultés à Landerneau et à Daoulas. Il faut, nous disait notre honorable collaborateur M. Picaud, de Plogastel-Daoulas, que la couverture soit bien assise et fortement liée ; neuve, elle doit avoir une épaisseur de 50 centimètres ; ancienne, elle doit être épaisse d'environ 10 centimètres de plus ; les glés et pailles bien sains et d'une longueur suffisante.

A Ploudalmézeau, à Plabennec, à Lannilis et à Lesnéven, on convient que l'état moyen est le plus généralement suivi dans la pratique, et l'on en conclut justement qu'en cas de bail verbal, ou dans le silence du bail écrit, on ne peut imposer au fermier que la règle de l'usement du pays et canton, en d'autres termes une épaisseur de 18 pouces.

Le *renable* étant ici un mot suranné et sans valeur, sinon comme synonyme de l'usement, cette dernière dimension doit être réputée l'état normal des pays et cantons de Léon. Les 18 pouces y sont donc de rigueur, sauf le cas où la défensible est permis par le bail ; son épaisseur est fixée approximativement à 12 pouces ; néanmoins, il est constant qu'à 9 ou 10 pouces seulement le chaume bien tassé présente une épaisseur suffisante, et l'on n'en demande pas davantage.

Nous dirons pour mémoire qu'à Ouessant, on n'exige rien des fermiers, quant aux couvertures, pour lesquelles on ne connaît pas l'usage du chaume à cause de sa cherté, et surtout des vents furieux qui règnent dans l'île.

Dans les communes de l'arrondissement de Morlaix, partie de Léon, l'usement et le renable ont la même signification ; c'est cette dimension qui fait la règle générale ; le défensible est une exception. Pour le premier état, quelques experts fixent l'épaisseur à 2 pieds 1/2 ou 82 centimètres; d'autres, en plus grand nombre, n'admettent les 82 cent. que pour les toitures neuves; pour les autres ils estiment qu'il suffit, eu égard à l'affaissement, d'une couche de 50 à 60 centimètres. Quant au défensible, il n'y a pas de dimensions bien précises : on se contente parfois de 28 à 30 centimètres.

Ce que nous avons dit plus haut, quant à la réfection du toit et aux grosses réparations, s'applique au pays de Léon comme aux autres localités du Finistère. A la vérité, plusieurs personnes pensent que, dans le Léon, le fermier doit fournir les lattes, liens, gerbages et chaumes, le salaire, la nourriture et le darbarement des ouvriers pour ces objets, et enfin les charrois pour transport des matériaux ; le bailleur n'aurait à s'occuper que des gros bois, de leur mise en œuvre, et du salaire des ouvriers à ce employés. Mais c'est là une opinion un peu hasardée, ou plutôt peu suivie dans la pratique, et dans tous les cas contraire à l'art. 1720 du Code civil (1). Ce qui a contribué à l'accréditer dans le Léon, c'est qu'en effet la dépense, minime pour le fermier dans un cas, est très considérable dans l'autre pour le bailleur, celui-ci ne pouvant se procurer qu'à grands frais des matériaux que le fermier trouve sur la métairie; celui-ci d'ailleurs ne sera-t-il pas mieux logé et dispensé des réparations ordinaires pendant plusieurs années ? Les débris de la vieille couverture ne lui serviront-ils pas à alimenter ses foules, ou vaux à fumier? Tous ces avantages ne compensent-ils pas les charges dont il s'agit? Enfin, dans les cas d'une réfection devenue nécessaire, ne pourrait-on pas distinguer entre les fermiers qui ont des garennes à genêts, beaucoup de bois courants, une métairie considérable, et ceux qui n'ont pas les mêmes ressources, en affranchissant ceux-ci des prestations et fournitures imposées à ceux-là ?

Nonobstant ces raisons, et d'autres encore (1), (il serait trop

(1) L'honorable M. Mével, de Saint-Renan, nous écrivait : *c'est un adage souvent proclamé par les cultivateurs, que la première couverture est à la charge du maître.*

(1) Ainsi, dans la partie de Léon de l'arrondissement de Morlaix, on prétend que, lorsqu'il y a lieu de refaire la couverture en chaume, le bailleur doit four-

fastidieux d'énumérer tant de divisions et subdivisions), nous persistons à penser que toutes les grosses réparations doivent être supportées par le propriétaire. Que ces sortes de difficultés se terminent par transaction amiable entre bailleurs et fermiers, rien de mieux ; que les parties aient fréquemment recours à ces modes d'arrangement, cela prouve leur désir de répartir équitablement une dépense nécessitée par un intérêt commun. Mais nous ne saurions reconnaître dans de semblables faits les caractères qui distinguent les usages ayant force de loi ; car l'usage contraire aux principes du droit ne mérite aucune considération. Disons seulement, en terminant, que les propriétaires devraient prendre la précaution de régler dans les baux le mode de contribution à ces sortes de frais, et leur équitable répartition.

Au reste, il est toujours entendu que les débris de la vieille couverture sont abandonnés au fermier.

Art. 2. — *Clôtures. — Entretien et réparations.*

Les clôtures rurales dans le Finistère sont les fossés en terre, les talus, les barrières.

Le fermier qui ne met pas les champs à l'abri de l'incursion des bestiaux est en faute (1) ; cette contravention aux coutumes des

---

nir seulement la charpente, les gerbages, liens et lacets, et la 1re couche de bruyère, le preneur restant chargé de la seconde couche, dont l'épaisseur ordinaire est de 16 centimètres, et qui est en chaume. — A Lesneven, à Lannilis, à Plabennec, à Landerneau et à Ploudalmézeau, les uns pensent que l'assiette de la couverture est à la charge du propriétaire ; d'autres (Landerneau) que le fermier doit fournir la 1/2 des bruyères et pailles. — Tout cela est bien arbitraire ! Il y a également désaccord sur le paiement de la main-d'œuvre.... M. Cavan nous apprend qu'à Lannion le fermier paie la main-d'œuvre, fournit les genêts, pailles ou chaumes, et profite des débris ; que le bailleur donne les lattes, les liens, et la charge d'ajonc, bruyère ou fougère. Cet usage semble injuste, appliqué à un fermier dont la jouissance toucherait à son terme : aussi nous le considérons comme contraire à la loi ; d'ailleurs, il n'est bien constant dans aucun canton du Finistère. Enfin, s'il y a un tenable, le fermier résistera nécessairement à des exigences qui lui seraient onéreuses.... Mieux vaut, suivant nous, s'en tenir aux règles du droit commun. Quant au trempage et au darbarement, nous ne reviendrons pas sur nos observations précédentes. — Au reste, on voit que nous n'adoptons pas le proverbe : *An toën quenta a zo dar mestre.*

(1) Toutes les propriétés conviennent qu'on les ferme, et rapportent plus de revenus closes qu'ouvertes, a dit Ollivier Deserre (*Maison rustique*, t. 1,

bons cultivateurs pourrait, dans certains cas, être assimilée aux dégradations qui autorisent les tribunaux à prononcer la résiliation du contrat de bail à ferme. Néanmoins, les difficultés relatives à l'état des clôtures ne s'élèvent le plus souvent qu'au moment de la sortie du fermier, et c'est surtout à ce point de vue que nous allons essayer de déterminer les règles consacrées par l'usage dans les 43 cantons.

Dans tout l'arrondissement de Brest (moins Ouessant), dans l'arrondissement de Morlaix (moins les cantons de Lanmeur et Plouigneau, ainsi que les communes de Ploujean, Plourin et Morlaix en partie), en d'autres termes, dans la partie du Finistère ressortissant jadis à l'évêché de Léon, nous avons à mentionner des coutumes qu'il n'est pas aisé de définir exactement, quoique leur origine soit fort ancienne, et leur autorité incontestée. Il s'agit des clôtures en terre. Pour les fossés à rendre à l'expiration des baux, les fermiers sont assujétis, soit à l'*état-renable*, soit à l'*usement du pays et canton*, soit au *défensible;* ce qui veut dire qu'ils doivent les maintenir ou à 2 mètres de largeur à la base, c'est-à-dire au niveau du sol, 1 m. au sommet, 1 m. 66 c. de hauteur; ou seulement à 1 m. 50 c. de hauteur, 1 m. 83 c. d'épaisseur à la base, plus souvent 2 m., 1 m. au sommet, ou enfin à 1 m. 66 c. à la base, 1 m. au sommet, 1 m. 23 c. de hauteur; en tous cas, de manière que les bestiaux ne puissent les franchir.

Telles sont les dimensions reçues dans le Léon ; malheureusement, il s'en faut beaucoup que l'on soit d'accord sur cet objet.

Dans les cantons de Ploudalmézeau, de Lesnéven, de Lannilis, de Plabennec et de Saint-Renan, on pense que le fermier peut être astreint à chacune de ces trois dimensions, suivant les cas.

Dans les autres cantons de l'arrondissement de Brest, on estime que, dans la pratique, le fermier ne peut être tenu qu'à l'usement du pays et canton, ou au défensible, jamais à l'*état-renable.*

p. 357*b*. Le fermier doit donc tenir clos non-seulement les champs, mais encor les prairies, landes et taillis, à moins qu'il ne les ait reçus sans clôtures.

A Landerneau et à Ploudalmézeau, on dit qu'il faut distinguer les fossés *intérieurs* (servant de clôture aux champs de la ferme entre eux) des fossés *extérieurs* ou de cernure, qui séparent la métairie des terres limitrophes; de manière que les premiers pourraient être à peu près laissés à l'abandon, et que le fermier serait libre de les réparer comme il l'entendrait; que les seconds seuls devraient être maintenus à l'état de renable, ou d'usement du pays et canton.... Les plus raisonnables disent que le défensible seulement est dû pour les fossés intérieurs.

Dans cette confusion d'idées sur une chose bien simple, ce que nous nous sommes surtout attaché à éclaircir, c'est le point de savoir dans quels cas le fermier doit, en rendant les clôtures, se conformer à chacune des trois dimensions. Nous nous sommes enquis de l'opinion le plus généralement répandue, et nous n'avons pas tardé à reconnaître que le mot *renable*, synonime de *rendable* (ce que le fermier doit rendre à sa sortie), est une expression générique se confondant avec *l'usement du pays et canton;* ce dernier mode, ou la dimension intermédiaire, est la règle habituellement suivie par les experts. Le défensible serait une pure exception. En résumé, dans le silence du bail, ou lorsque le bail prescrit le renable ou l'usement, tout ce qu'on peut exiger du fermier, c'est que les fossés présentent deux mètres de largeur à la base, un mètre au sommet, un mètre cinquante de hauteur. Il va sans dire que la solution est la même en cas d'un bail verbal. — Quant au défensible, comme les conventions librement consenties sont la loi des parties, il leur est loisible de réduire ou d'augmenter les dimensions ci-dessus, et de déroger à l'usage. Seulement, si le bail n'oblige le fermier qu'au défensible, les clôtures, de par l'usage, devront présenter au moins un mètre 66 à la base, un mètre au sommet, un mètre 33 de hauteur.

Tels sont les principaux points qui divisent les hommes d'affaires sur les réparations des fossés; nous passons sous silence les distinctions nombreuses que l'on rencontre de canton à canton, quelquefois de commune à commune. Nous engageons vivement MM. les Experts, s'il y en avait encore qui admissent cette étrange distinction des fossés intérieurs et extérieurs, à réfléchir aux inconvénients qu'elle entraîne. En effet, si les cernures, ou fossés extérieurs, garantissent les terres de la ferme contre les bestiaux des tiers, les clôtures intérieures ne sont-elles pas une protection nécessaire contre les animaux du fermier ? Elles ont encore un autre but utile ; elles mettent les terres à l'abri des vents contraires et des grandes chaleurs, surtout quand elles sont garnies de bois ; dans les terrains en pente, elles préviennent les dégâts occasionnés par les pluies abondantes qui entraînent la couche végétale ; sans les clôtures, qui sont les taillis de nos fermes, les fermiers seraient privés d'un excellent chauffage, de lande à piler, souvent même de baliveaux qui leur fournissent des instruments aratoires.

Dans plusieurs cantons, au reste, et notamment à Brest, à Daoulas, à Ploudiry, etc., on tient pour certain que le fermier doit réparer toutes les clôtures. En effet, les distinctions que quelques personnes voudraient faire prévaloir ne reposent sur aucun motif plausible : elles ne prennent leur source dans aucun texte des usances ou coutumes écrites. Nous trouvons même, dans l'article 8 des usances de la principauté de Léon et juridiction de Daoulas, une preuve formelle à l'appui de notre opinion : *les fermiers... peuvent, en hayant et affranchissant les hayes, faire le profit des émondures* (voyez coutume de Bretagne et usances par l'Anonyme ; Nantes, MDCCXXV, in-4°).—On raconte, à ce propos, qu'en 1773, lors de l'extinction de l'ordre des jésuites, l'économe de l'abbaye de Daoulas, qui était Parisien, et par suite étranger aux coutumes du Léon, ayant eu un grand nombre de baux à renouveler de 1773 à 1793, et subissant à son insu peut-être, l'influence des idées et du courant révolutionnaires de cette époque, eut la faiblesse de faire aux fermiers diverses concessions, par exemple, de les dispenser des réparations pour les fossés intérieurs. Ce relâchement des règles jusqu'alors en vigueur serait-il la cause de la fausse opinion embrassée jusqu'à ce jour par certains experts ?

Quoiqu'il en soit, dans les arrondissements de Quimper, de Châteaulin, de Quimperlé et de Morlaix — partie de Tréguier, — l'usage constant et reconnu astreint les fermiers à la réparation des fossés, qui doivent être relevés et consolidés par des gazons et des semis, particulièrement à chaque exploitation des bois ou haies (1), de manière que les bestiaux ne puissent les franchir.

(1) L'usage prescrit avec raison de recouvrir les souches de terre ; c'est le moyen le plus efficace d'assurer les accrues à venir, et de prévenir l'évaporation de l'humidité du sol, mis à découvert par les abattis de bois.

C'est le défensible, sans dimensions déterminées. Dans la partie de Léon de l'arrondissement de Morlaix, on ne connaît point l'état-renable pour les fossés ; mais dans la pratique, on divise les réparations des fossés en deux classes : l'usement du pays et canton, parfois nommé renable, 2 mètres à la base, 1 mètre au sommet, 1 mètre 66 de hauteur ; et le défensible, dont les dimensions ne sont pas rigoureusement fixées. Là aussi on soutient que les fossés extérieurs doivent seuls avoir les dimensions de l'usement du pays et canton, en cas de bail verbal ; et qu'alors les fossés intérieurs sont suffisamment réparés pourvu qu'ils soient à l'état défensible. Nous croyons avoir fait justice de ces singulières classifications, auxquelles on tient médiocrement dans l'arrondissement de Morlaix, comme le prouvent les réponses qui nous ont été adressées par plusieurs personnes dignes de toute confiance. Evidemment, l'usement est bien réellement la coutume locale quant aux fossés de toute nature : si, parfois, le défensible est suffisant, ce ne peut être que très exceptionnellement et en vertu d'une clause spéciale du bail.

A Ouessant, ainsi que nous l'avons dit au chapitre 6, l'état des clôtures est tel, que le fermier n'est tenu, à vrai dire, à aucunes réparations.

Les talus en pierre, dans tout le département, doivent être entretenus par le fermier ; il doit les relever lorsqu'ils s'éboulent. Mais ce genre de clôtures n'est pas très répandu ; nos cultivateurs n'estiment que ce qui leur assure des produits périodiques.

On rencontre plus fréquemment dans nos campagnes des murs en terre avec revêtement de pierres en dehors. Les règles établies ci-dessus pour les fossés s'appliquent aussi à cette variété de clôtures, qu'on appelle talus ou fossés talutés.

Quant aux turons ou demi-fossés, le fermier doit les rendre dans l'état où il les a reçus ; ils ne sont l'objet d'aucun soin ; ce sont ordinairement des restes d'anciens fossés abandonnés et qui se sont peu-à-peu affaissés ; ils n'ont en agriculture aucune importance. Malheureusement, ils donnent naissance à de nombreuses contestations en matière de débornement, quand ils servent de limite à une propriété. Sous ce rapport, il serait à désirer qu'on les supprimât entièrement (1).

(1) Les fossés de clôture des landes sont en général mal réparés par les fer-

Les barrières mobiles, ou claies, qui donnent accès aux champs pour le pacage et les travaux agricoles, sont le complément essentiel des clôtures rurales. Lorsque les habitants des hameaux voisins ont le droit de passage à pied sur quelques champs de la ferme, on a soin d'établir, auprès de la barrière mobile, une passerelle ou un échalier, c'est-à-dire une barrière fixe à l'usage des piétons, ce qui permet de mettre à demeure la principale barrière, quand on veut préserver les récoltes. Habituellement, les barrières sont assujéties par des supports, ou poteaux en pierre ou en bois : l'entretien, les réparations qu'elles exigent, leur remplacement même, quand elles sont hors de service, sont à la charge du fermier, qui s'exposerait à une action en dommages-intérêts, s'il méconnaissait ses intérêts au point de ne pas veiller à la conservation des barrières qu'il a reçues à son entrée : les baux écrits, la loi, et en tout cas l'usage local, lui imposent cette obligation.

Lorsqu'il ne trouve pas dans ce qu'on nomme les bois de fermier des pièces convenables pour cet objet, il doit s'adresser au bailleur, qui ne pourrait raisonnablement refuser de fournir les matériaux. Mais les frais de mise en œuvre, ou la façon, sont toujours au compte du fermier (le prix d'une barrière est de 8 à 10 fr., bois compris).

Dans les cantons où le bois est rare et cher, dans les métairies du littoral, on remplace les barrières par des pierres superposées. Si ce mode de clôture des brèches charretières est imparfait, il épargne au moins une dépense au fermier.

Art. 3. — *Terres chaudes.* — *Dessolement.* — *Engrais.* — *Passage.*

Celui qui prend à ferme les terres d'autrui se met au lieu et place du propriétaire ; il doit donc agir en bon père de famille ; c'est la plus importante de ses obligations. Le Code civil l'a placée en première ligne (art. 1728), et l'on peut se convaincre, en lisant attentivement le chapitre *Du Louage des choses*, que le législateur après avoir posé cette règle essentielle, s'est ensuite borné à en déduire les conséquences logiques et naturelles.

miers ; dans plusieurs cantons, on ne les relève qu'au moment de l'écobuage et en tout autre temps on les laisse devenir de simples turions.

Les coutumes rapportés dans les deux articles précédents sont les applications du principe ; mais il en est une foule d'autres que nous devons rechercher.

Le fermier doit rendre la chose telle qu'il l'a reçue ; il répond des dégradations ; il doit dénoncer les usurpations, et garnir l'héritage de bestiaux et ustensiles, art. 1730, 1732, 1768, 1766 du Code civil.

Rendre la chose telle qu'il l'a reçue. Par ces mots, on doit entendre que le preneur doit soigner la culture des terres, de telle manière qu'elles se trouvent, à la sortie, aussi bien préparées et disposées qu'elles l'étaient au moment de l'entrée. Pour ne parler ici que des terres à céréales, vulgairement nommées terres chaudes, nous dirons que le preneur mésuserait, en ne les labourant pas conformément aux pratiques des bons cultivateurs, en ne leur donnant pas les amendements nécessaires, en ne les débarassant pas des plantes nuisibles.

La culture, dans le Finistère, roule principalement sur l'assolement triennal. Mais s'il est vrai de dire, en thèse générale, que le preneur doive observer les soles d'usage, il n'en faut pas conclure que tout *dessolement* lui soit absolument interdit. — Un grand nombre de baux défendent de *dessaisonner* les terres, et c'est presque toujours une bonne précaution. Néanmoins, nous croyons que les bailleurs ne seraient fondés à se plaindre, qu'autant que les changements leur seraient réellement préjudiciables. Aussi la Cour de Rennes a-t-elle jugé avec raison (22 novembre 1821) que le fermier est le maître du mode de ses jouissances, pourvu qu'elles soient aménagées suivant la destination convenue entre lui et le bailleur. Or, comme les 19/20ᵉˢ des héritages sont tenus à ferme, les preneurs, à défaut de stipulation contraire, doivent avant tout se préoccuper des traditions admises par les bons fermiers, se garder des innovations dont les succès ne sont pas clairement démontrés. Ils ne sont pas chargés de faire des expérimentations, mais d'exécuter purement et simplement le contrat. Dût-on nous accuser d'être hostile aux progrès de l'agriculture, nous maintenons que la commune intention des parties est la règle souveraine en matière d'interprétation des contrats, et qu'entre bailleurs et preneurs il est constamment sous-entendu que la culture du pays ne sera pas remplacée par des procédés contraires.

Nous n'attacherions pourtant aucune importance à un changement d'orientation des sillons. Ainsi, quoique dans l'arrondissement d'Evreux, on considère comme coupable de dessolement (1) le fermier qui laboure du nord au midi une pièce de terre habituellement labourée de l'est à l'ouest, nous pensons que la direction des raies peut et doit subir des modifications, par exemple, pour faciliter l'écoulement des eaux pluviales, ou seulement pour placer les sillons à une meilleure exposition (2). Il en serait autrement si le fermier défonçait la terre au point d'amener à la surface du labour une terre inféconde, s'il convertissait en labour ce qui était en prairie, s'il substituait arbitrairement un ensemencement mal entendu à celui que, suivant l'ordre de la rotation, une pièce de terre aurait dû recevoir ; car alors il y aurait réellement dommage pour le propriétaire, qui trouverait difficilement à louer à un bon fermier une terre appauvrie par des cultures épuisantes, et qui ne serait pas dans un état convenable d'ameublissement et de propreté. — En un mot, il faut que le fermier ait une certaine liberté d'action qui lui permette d'améliorer, mais non de bouleverser l'héritage qui lui est confié.

Nous avons dit que le fermier répond des dégradations et doit dénoncer les usurpations. En effet, il est le surveillant-né de la propriété: sa vigilance doit être incessante ; dans toutes ses relations avec ses voisins, avec les tiers, il ne fait que son devoir en se montrant animé de cet esprit jaloux qui caractérise le propriétaire. Par application de ces principes, il y aurait dégradation imputable au preneur, s'il ne faisait par les sarclages accoutumés, s'il négligeait entièrement d'arracher les épines, les

(1) *Usages ruraux de l'arrondissement d'Evreux*, publiés par la Société libre d'agriculture. Evreux, 1843, in 8°.

(2) On lit dans la *Maison rustique du XIX° siècle*, t. 1, p. 169 : il est d'observation que lorsque les billons sont dirigés de l'est à l'ouest, les récoltes sont ordinairement moins belles et toujours beaucoup plus retardées dans leur végétation du côté du nord que du côté du midi.

ronces, les chardons et autres herbes ou plantes parasites (1).

Pour prévenir la dégradation des terres arables, il n'est pas de moyen plus efficace que des engrais abondants.

Les meilleurs engrais sont sur le littoral : les goëmons, les sables coquilliers, la maërl et tréaz. On les mêle (nous écrivait l'honorable M. Pidoux, alors juge de paix à Plabennec, et maintenant à Brest) aux fumiers d'étable, de manière qu'il y ait par 1/2 hectare de terre sous froment pour 30 à 36 fr. de fumier ordinaire, et pour la même somme d'engrais marin. Ainsi, le journal de terre sous froment coûterait en engrais seulement, une somme de 60 à 75 fr. (V. p. 31). On conçoit que, dans les fermes éloignées de la mer, où l'on est réduit aux fumiers d'étable et aux *marnis* ou *mannis* (feuilles et débris végétaux écrasés et pourris dans les mares et chemins), cette proportion ne soit pas toujours observée, ou que l'on rétrécisse le cercle des soles à blé. — Mais il s'agit ici des cas les plus ordinaires. Nous lisons dans la *Maison rustique*, t. 1er, page 492, que les agronomes évaluent la quantité d'engrais nécessaire pour bien fumer un hectare à cinquante voitures, pouvant transporter en moyenne environ 650 kilogrammes de fumier ; ce qui reviendrait à dire que, chez nous, la fumure d'un journal peut être d'environ vingt-cinq charretées de fumier à 1300 livres chacune ; or, comme dans notre département la charretée de cette pesanteur coûte ordinairement 3 fr., il s'ensuit que les calculs de M. Pidoux, ou plutôt les usages locaux, sont conformes aux données de la science ; en d'autres termes, que nos simples cultivateurs savent distribuer les fumiers avec intelligence, la somme de 60 à 75 fr. représentant assez exactement le chiffre de la dépense et la quotité d'engrais requise, dans les circonstances normales, pour la fumure d'un journal (V. ch. 10, § 5 *infrà*.).

Récemment encore, un procès jugé à Quimperlé ayant donné lieu à une discussion sur la quantité de fumier nécessaire pour

(1) Parmi ces plantes, nous citons les chardons qui, dans les bonnes terres surtout, se multiplient et infestent les récoltes. Les maires ont incontestablement le droit de prescrire l'échardonnage : un cultivateur qui néglige ce soin ne nuit pas seulement à ses propriétés ; il cause à ses voisins un préjudice réel, parce que les graines emportées par le vent se répandent au loin. Les maires peuvent donc prendre des mesures pour préserver les propriétés des plantes nuisibles, et de tout ce qui compromet les intérêts agricoles.

un nombre de journaux déterminé, il fut reconnu que les bons fermiers ne mettent jamais moins de vingt charretées, par 1/2 hectare, sur la première sole, dix pour la seconde, trop souvent rien pour la troisième.

De ces indications nous croyons pouvoir conclure qu'il est d'usage, dans les 43 cantons, d'employer 20 à 25 charretées par journal pour fumure entière, 10 à 12 pour demi-fumure, et que les engrais marins sont mêlés aux autres fumiers, de manière que la valeur des uns égale celle des autres, soit 30 à 36 fr. de goëmon, et de 30 à 36 fr. de manni ou de fumier d'étable pour 48 ares ; le goëmon ou le sable est mêlé aux autres fumiers dans la proportion de 1 à 3 (1).

Le fermier est aussi tenu d'empêcher les dévastations des tiers ; il manquerait à la prescription des art. 1732 et 1768 du Code civil, en n'avertissant pas immédiatement le bailleur des anticipations, usurpations et autres dommages commis sur la métairie. Nous rappellerons ici les règles posées au ch. 7, p. 117 et suiv., et nous assimilerons le fermier à un mandataire ; car il est chargé de surveiller, à défaut du bailleur, qui est rarement à même de découvrir les faits préjudiciables à ses droits. Si les fermiers ne mettaient pas les bailleurs en mesure de s'opposer en temps utile aux empiétements et déprédations, la propriété, compromise dans son principe même, ne tarderait pas à être livrée à un véritable pillage.

(1) Il n'est pas permis de puiser de l'eau à la mer ; mais l'emploi de l'eau de mer est maintenant autorisé, au moyen d'un mélange de 12 0/0 au moins de fumiers, terreaux, poudrette et autres engrais, sous les yeux des employés. Les ressels, ou matières et résidus de la salaison des poissons, peuvent également être utilisés par les cultivateurs, moyennant certaines formules de mélange, le tout en présence et sous la surveillance des préposés des douanes. L'administration, en rendant possible l'emploi du sel en agriculture, donne aux cultivateurs un moyen d'augmenter leurs engrais, qui du moins gagneront beaucoup en qualité par ces nouvelles préparations. Il est seulement à craindre que la surveillance des agents subalternes, dégénérant en tracasserie, ne nuise au bienfait, et n'entrave l'exercice d'une faculté si longtemps réclamée (voyez les instructions et décisions du ministre de l'agriculture des 12 juil. 1842, 30 nov. 1847, 11 sept. 1849, et la circ. du préfet du 7 avril 1851 sur le transport des ressels et saumures, et l'emploi des sels impurs pour l'alimentation des bestiaux). Au reste, il résulte du rapport du préfet que la commission mixte a émis le vœu de la libre circulation des saumures ; et l'on attend la décision définitive qui doit intervenir, quand le comité consultatif des arts et manufactures aura donné son avis (proc.-verb. des séances du cons. gén. pour 1851, p. 286 et 494).

Nous avons dit plus haut que le fermier est obligé de garnir la métairie de bestiaux et d'ustensiles en quantité suffisante pour donner au bailleur l'assurance d'une bonne exploitation.

L'usage, à cet égard, ne fournit aucune règle positive (et il ne peut y en avoir, tout dépend, en ce point, de la volonté, des goûts ou du caprice du bailleur) ; c'est, en effet, le bailleur, comme le plus intéressé, qui peut seul apprécier la valeur et la nécessité des garanties apportées par le fermier. En agriculture, il n'y a pas de bons produits sans fumier ; et sans bestiaux, il n'y a pas de fumier ; mais rien n'est plus variable de sa nature que la proportion entre la contenance des terres et le nombre des animaux producteurs d'engrais. Si, dans la *Maison rustique* (t. 1, p. 492 et suiv.), de savants agronomes ont calculé que les bêtes à cornes donnent en moyenne vingt-sept mille livres de fumier par an, on conçoit que ce sont là des données bien vagues ; en cas de contestation, les tribunaux se décideraient suivant les circonstances, plutôt que sur les indications douteuses de la statistique.

Art. 4. — *Terres froides. — Prairies. — Engrais. — Landes. — Écobuages.*

Les terres froides, dans le Finistère, sont celles qui ne sont point cultivées en céréales. Nous traiterons d'abord tout ce qui concerne les prairies.

On distingue deux sortes de prairies naturelles : les prairies hautes et les prairies basses. Les premières sont les moins nombreuses et les plus estimées, l'eau n'étant pas un élément nécessaire de leur fécondité. Les secondes sont très répandues, à cause même de la configuration du sol, très accidenté dans le Finistère.

Dans l'arrondissement de Morlaix, on compte 10,143 hectares 40 ares de terrains irrigués, sur une superficie de 132,474 hectares, ou environ le treizième ;

Dans l'arrondissement de Brest, 8,154 hectares 86 ares, sur une superficie de 111,874 hectares, environ le dix-septième ;

Dans l'arrondissement de Quimper, 11,608 hectares 98 ares, sur une superficie de 140,466 hectares 41 ares, environ le douzième ;

Dans l'arrondissement de Châteaulin, 12,183 hectares 16 ares, sur 183,150 hectares 06 ares, environ le quinzième;

Dans l'arrondissement de Quimperlé, 4,800 hectares 60 ares, sur 75,249 hectares 48 ares, ou le quatorzième environ.

En résumé, dans le département, les prairies sont à la superficie comme 1 est à 14, en moyenne.

S'il est un fait d'observation qui frappe tout d'abord, c'est le défaut de soins, et la négligence des fermiers, en ce qui touche cette branche importante de l'industrie agricole.

Il semble vraiment que la plupart ignorent entièrement le parti qu'on peut tirer des cours d'eau pour l'amélioration du sol.

Le premier usage que nous avons dû rechercher à constater, est celui qui a trait à l'époque où l'on ferme les prairies.

Suivant les localités, l'abondance des eaux et la position des prairies, on les interdit aux bestiaux, soit dès le 1er décembre, soit au 1er mars seulement, ou bien à des époques intermédiaires. Telle est la coutume locale, bien peu précise, nous en convenons, mais néanmoins suffisamment établie pour obliger les fermiers à ne pas laisser les animaux pacager les prés indéfiniment (les gelées de printemps, si communes dans nos contrées, et chaque jour suivies du dégel, ramolissent le sol foulé par les bestiaux, et le détériorent notablement dans ses produits futurs : il y a, dès-lors, nécessité de fermer les prés). — Un vieux proverbe rimé indique ainsi l'époque de la clôture des prés :

> Da goël sant Guénolé
> Stanka ar foennoc euz ar c'holé.

à la fête de Saint-Guénolé, on doit retirer les bœufs des prés. Les anciens réglements sur le parcours interdisaient le pâturage dans les prairies à partir du 25 mars ; et nous lisons dans l'art. 29 de la coutume du Poitou : prés gaigneaux sont lieux défensables, id est, ajoute l'annotateur, prohibés ou défendus depuis la Chandeleur ; voyez Coutume de Bretagne par Hévin, p. 748 — Maison rustique, t. 1, p. 481. Dès que les premières influences du printemps se font sentir, il faut donc clore les prés ; car c'est alors surtout que le piétinement des bêtes rend le sol inégal, et retarde la croissance des herbes (1).

___

(1) En automne, le pacage est moins funeste, parce que la terre est moins perméable, et que les empreintes s'effacent plus facilement. — Il ne faut pas

C'est à partir de cette époque encore que le fermier doit refaire,
récurer les rigoles, commencer les irrigations. Malheureusement
nos fermiers, au lieu de rafraîchir la terre pour la fertiliser,
l'inondent par des arrosements immodérés, répartis sans intelligence, de sorte que les eaux, séjournant dans les parties basses,
y forment insensiblement des marais et tourbières (1).

Les hommes éclairés qui ont uni la pratique à la théorie, nous
enseignent que les arrosements d'automne sont fort utiles, en
apportant des eaux vaseuses et fécondantes ; quant aux arrosements de printemps, ils activent puissamment la végétation, à la
condition expresse qu'on en use modérément. En général, ajou-
tent-ils, il faut que l'eau couvre le gazon à un pouce seulement;
que les irrigations aient lieu par périodes de quinze à vingt jours
consécutifs au plus, séparés par des intervalles de cinq à six jours,
qui permettent au sol de se ressuyer, et aux herbes de prendre
l'air. Les auteurs de la *Maison rustique* (t. 1, p. 475 et 5) donnent
sur ce point d'excellents conseils ; mais nos cultivateurs ne
prenn t aucun souci des meilleurs préceptes; aussi l'herbe vient
comme elle peut, et est récoltée telle quelle (M. Eléouet, p. 163).
Ceci est rigoureusement vrai dans les 43 cantons, si l'on fait abstraction de quelques exploitations exceptionnelles dirigée par
des propriétaires, comme la ferme-école de Trévarez, que nous
avons visitée, et qui mérite d'être citée comme un modèle en ce
genre.

Rien n'égale l'insouciance et la lenteur du fermier breton ; en
vain les baux prescrivent-ils de rendre les prés *en bonne nature
de fauche :* cette clause de style est une lettre morte. L'esprit de
routine le domine entièrement ; la fauchaison se fait habituellement trop tard, d'où il résulte que le foin est grossier, dur et

croire, au reste, que depuis la fauchaison jusqu'au 1er mars, les prairies naturelles puissent être considérées comme dépouillées de récoltes, et par suite
que l'art. 475, § 10, ne doive pas être alors appliqué à celui qui laisserait ses bestiaux pénétrer dans les prairies d'autrui. La cour de Cass. a jugé, le 18 mai
1849, que le terrain des prairies naturelles est réputé, en toute saison, en état
de production permanente, et chargé de récoltes, et que le fait d'y passer avec
un troupeau constitue une contravention.

(1) Les inondations prolongées ont une influence pernicieuse sur les prairies
L'herbe fine et salutaire disparaît sous la végétation plus puissante des joncs et
des roseaux ; les prairies deviennent des marais, d'où s'exhalent des miasmes
délétères, et l'agriculture est ainsi privée d'une de ses plus précieuses ressources.

d'une médiocre valeur. Pourtant il lui serait bien facile, sans perdre en quantité, d'obtenir une qualité supérieure ; il suffirait qu'il fauchât dix à douze jours plus tôt.

Quand le foin est coupé, il n'est pas rare que tout ou partie de la récolte se trouve détérioré sinon annihilé, car il la laisse indéfiniment sur le pré ; et, un orage survenant, il se hâte souvent trop tard de serrer ses foins qui se gâtent par la fermentation.

Il y a quelques fermiers qui prennent la peine de faire la guerre aux taupes et d'abattre les taupinières ; tous devraient le faire, le nivellement d'une prairie étant une opération très avantageuse quant à la qualité des fourrages, et même à leur quantité ; car, sur un sol inégal, la faux ne peut atteindre que très imparfaitement le pied des herbes.

Tous les fruits de la terre sont le prix du travail de l'homme, et les prairies, surtout celles qui sont soumises à l'irrigation, demandent une attention suivie. Un bon fermier doit extirper les joncs, les carex et autres plantes nuisibles (1), et confier au sol des amendements appropriés. Les curures d'étangs, de mares et de fossés ; les boues des villes, chemins et autres lieux fréquentés ; les déblais séchés et convenablement mûris des localités marécageuses ; les terres gazonneuses, et même celles des parties inférieures des champs limitrophes des prés, sont les éléments dont se compose la fumure des prés. On mélange ces substances, on les remue à diverses reprises dans l'été, et l'épandage a lieu en automne et au printemps. On répand aussi des cendres, balles et débris de battage ; enfin, on étend les excréments des animaux.

Les prairies hautes, à part l'arrosage, exigent les mêmes travaux.

Quant aux regains ou secondes herbes, c'est une exception dans le Finistère ; nos cultivateurs pourraient, néanmoins, augmenter ces pâturages permanents, *fraîches* (floureu), en tirant un meilleur parti des eaux surabondantes des pluies qui amènent toujours des terres riches en parties nutritives ; en ne laissant pas se perdre les purins, les eaux savoneuses, etc.

Du reste, si les prairies sont dans un état qui laisse beaucoup

(1) Malgré les anathèmes dont il est souvent l'objet à juste titre, le chiendent (*triticum repens*) est très goûté par les bestiaux. Il fait en partie la base des prairies de la Prévalaie. Sur les bords des cours d'eau, ses tiges arrêtent les vases, et élèvent le sol en le fixant (*Maison rustique*, t. 1, p. 507).

a désirer, ce n'est pas par la faute des fermiers seulement; il est juste de dire que les propriétaires eux-mêmes sont les auteurs du mal. En effet, lorsqu'un fermier est remplacé, pourquoi les bailleurs et les estimateurs n'accordent-ils aucune indemnité au sortant pour ses améliorations? Pourquoi ne lui fait-on pas payer les manquements? ce serait un moyen bien simple d'encourager à mieux faire (1).

Au nombre des terres froides on range les landes et vagues des métairies. Sans doute, ces terrains à bruyère ne peuvent procurer, dans beaucoup d'endroits, que de bien minimes produits; néanmoins, il est encore quelques règles consacrées par l'usage et qui doivent être rappelées. Parlons d'abord de l'écobuage.

On entend par écobuage l'action de brûler la couche superficielle du sol, pour en étendre les cendres comme amendement. Les Romains connaissaient cette méthode, qui est en usage dans toute l'Europe depuis le dix-septième siècle. Le but de l'écobuage est de débarrasser la couche labourable des plantes qui y végètent, de détruire même leurs germes par l'action du feu, de modifier le sol, et surtout d'obtenir, à l'aide d'un simple brûlis, une récolte de seigle ou de sarrazin, ou de pommes de terre. Nous pourrions démontrer que, dans une foule de cas, l'écobuage est un abus réel, une dégradation du sol, et que l'étrépage est infiniment préférable; mais il ne nous appartient pas d'enseigner des principes d'agriculture : constatons seulement ce qui est d'usage.

Dans tout le Finistère, indépendamment des veillons ou jachères, chaque village a ordinairement, soit en vertu d'un titre, soit par une conséquence de la possession immémoriale, droit à la jouissance promiscue des franchises, landes, vagues et gallois, considérés comme dépendances des villages entourant ces ter-

(1) L'existence des moulins n'est pas un obstacle sérieux à l'amélioration des prairies, ou du moins on ne peut spolier les meuniers sous prétexte de favoriser l'agriculture. Quant aux usines anciennes, elles ont des droits acquis; il ne faut pas songer à y porter atteinte. Pour celles qui s'établissent, pourquoi les enquêtes administratives ne donnent-elles lieu qu'à de bien rares oppositions? Évidemment, on pourrait tout concilier, sans en venir à la mesure extrême des expropriations.

rains déclos et non cultivés. C'est là que tous les cultivateurs des villages riverains trouvent un peu de pâturage en toute saison, qu'ils s'entendent pour écobuer des parcelles où ils sèment du seigle et du genêt, ou mieux encore de l'ajonc ; et cette jouissance en commun est essentielle pour les petits fermiers, qui manquent de pâturages et de garennes. (Voyez p. 83 et suiv. ci-dessus.) Ainsi semé sur céréales, le genêt s'arrache au bout de 6 ou 7 ans ; pour le chauffage, à 18 mois, l'ajonc procure déjà un fourrage excellent pour les chevaux ; à cet effet, on l'étête et on le pile pour être donné en vert ; à 3 ou 4 ans on le coupe, soit pour le mêler aux fumiers d'étable, soit comme chauffage, et successivement de 3 en 3 ans, pendant 9, 12 ou 15 ans. Alors, on recommence l'écobuage de la même manière.

Le plus grand inconvénient de l'écobuage, c'est de reculer de 10 à 15 ans la possibilité de convertir les terres froides en terres labourables ; mais qu'y faire ? Le fermier obtient ainsi, sans engrais, une récolte chétive, si l'on veut, mais qui paie ses frais de labour. Dans notre département, où sur une superficie d'environ 673,213 hectares, on en compte à peine 378,000 sous céréales, prairies et bois, le fermier manquant habituellement d'engrais ne peut songer à en acheter pour défricher ses landes et les emblaver en céréales. On ne peut donc blâmer absolument la coutume de l'écobuage : il faut observer seulement que le fermier ne doit jamais traiter ainsi les terres chaudes.

D'ailleurs, il est certain pour nous que les fermiers n'abusent point de cette faculté. Dans l'arrondissement de Châteaulin, les baux prescrivent fréquemment aux fermiers de renouveler les écobues, afin de conserver dans l'exploitation quelques terrains garnis d'ajoncs pous les bestiaux et pour l'alimentation des fumiers. Si l'art. 17 de l'usement de Cornouaille soumettait aux droits de champart et de terrage les colons qui écobuaient, on peut en conclure que l'écobuage ne date pas d'aujourd'hui, même dans les autres évêchés, malgré les termes de l'art. 9 de l'usance de Daoulas et Léon, lequel ne concerne que le mottoyage des franchises et issues des tenues ; et ce qui le prouve, c'est qu'on ne le retrouve point dans les usances réformées (*Coutumes de Bre-tagne*, par l'anonyme, usances de Léon).

Il est une autre coutume assez répandue dans le Finistère, et que nous devons mentionner, c'est le mottoyage. Le fermier est-il autorisé par l'usage à enlever des mottes partout où bon lui semble ? Non, sans doute, et ici il faut distinguer. Le fermier userait d'un droit incontestable, en pratiquant le mottoyage sur les landes, vagues et issues de la métairie, soit pour remplacer le bois de chauffage, soit pour faire des compots ; en un mot, pour les besoins de son exploitation. Il abuserait et commettrait même un vol, s'il mottoyait dans les terres chaudes, veillons et prairies ; s'il vendait des mottes à brûler (à Ploudalmézeau, et dans d'autres cantons dépourvus de bois, une charretée de mottes se vend au moins 5 francs) ; il ne peut distraire ainsi une partie du fonds. Dans presque tous les cantons, particulièrement à Arzanno, à Daoulas, à La Feuillée, à Berrien, à Brasparts, à Loqueffret, à Taulé, à Plouigneau, les fermiers peuvent, dans les mêmes limites, faire des mottes sur les marais et tourbières ouvertes (car autrement il faut une autorisation spéciale du bailleur). Enfin, il y a deux cas dans lesquels le mottoyage est presque une nécessité, à savoir lorsque les fossés ont besoin d'être relevés, et quand le faîtage des couvertures en chaume et la voûte extérieure du four sont en mauvais état (Voyez *suprà*, au § *des réparations locatives*, et plus bas, au § 8.). Pour les fossés, indépendamment des terres de la douve, on enlève des gazons sur les lisières des champs (1), (à 3 *rangs de pelle seulement*, 2 p. 1/2, dit-on dans le canton d'Arzanno), ou autour des prairies ou landes. Pour les couvertures, on prend des mottes sur les issues et dépendances de la ferme.

Art. 5. — *Taillis.* — *Coupes.* — *Baliveaux.* — *Écorces.*

Lorsqu'il se trouve un taillis sur plat dans la métairie, le fermier est soumis aux règles que nous avons exposées au cha-

(1) C'est cette partie du champ qu'on nomme les *crières* ou *crinières* à Quimperlé ; l'*ourée* dans les Côtes-du-Nord ; ce dernier mot, employé par Montaigne et Rabelais, vient sans doute du latin *aurea*, *bordure*.

pitre II ; seulement, dans le silence du bail sur l'échéance des coupes, la coutume, qui fixe habituellement à 9 ans la durée des baux, l'autorise suffisamment à exploiter les taillis, ou parties de taillis, parvenus à la neuvième feuille. Tel fut, en effet, le sens des observations du tribunal de Rennes sur le projet du Code civil.

Tout ce que nous avons dit au chapitre II sur la défensabilité, sur le mode et l'époque des coupes, les baliveaux, le ratissage et le récépage des taillis, est applicable aux fermiers ; toutefois, en ce qui touche les baliveaux, nous remarquerons qu'il est généralement reçu que le fermier peut disposer de ceux qui proviennent de semis faits par lui ; encore doit-il les respecter, dès qu'ils sont devenus arbres, et propres à la menuiserie ; car ils sont alors un accessoire du fonds.

On a élevé la question de savoir si le fermier a le droit d'écorcer les taillis et autres bois de la métairie. Quand on consulte seulement ce qui se fait fréquemment, la solution semble au premier abord devoir être favorable au fermier ; car on sait que, dans maint canton, les bailleurs tolèrent cette pratique, malgré ses inconvénients réels. Mais il n'y a pourtant pas coutume constante à cet égard. Un propriétaire ne peut donc être forcé, dans le silence du bail, de laisser à un fermier le libre exercice d'une faculté onéreuse pour le fonds, et dont abuseraient la plupart des fermiers. — Pour nous, après avoir étudié les divers renseignements qui nous sont parvenus, nous n'hésitons pas à conseiller à tous les propriétaires d'insérer dans les baux une clause prohibant l'écorçage. Cette opération se fait sans aucun soin : le plus souvent on laisse sur pied les brins écorcés ; on ne ménage point les souches ; de sorte que cette coutume dégénère en une véritable dégradation. D'un autre côté, la coupe normale étant fixée par l'usage à la saison morte, on peut difficilement admettre une exception en faveur du fermier, pour l'exercice d'une faculté qui n'est pas inhérente aux droits d'un détenteur précaire. Néanmoins, l'autorisation expresse du bailleur, suivant des personnes éclairées, ne serait nécessaire au fermier qu'autant que l'on ne serait point dans l'habitude d'écorcer sur la ferme. Les écorces sont une espèce de produits qu'on assimilerait ainsi aux autres récoltes, et il serait loisible au fermier d'en profiter, d'abord parce que le bailleur, en ne réservant pas les bois écorçables de la métairie, serait présumé avoir abandonné au preneur les bénéfices résultant de ce mode d'exploitation suivant les pratiques locales ; ensuite, parce que le bailleur serait toujours en droit d'actionner le preneur en dommages-intérêts, quand l'écorçage aurait lieu d'une manière préjudiciable pour le fonds et pour la bonne tenue du bois soumis à cet aménagement. Mais, en droit strict, nous pensons que la permission du bailleur peut seule justifier l'écorçage ; et nous en trouvons la preuve dans un grand nombre de baux, où l'on voit maintenant des clauses prohibitives de l'écorçage, ou qui le permettent dans de certaines limites ; ces précautions, à notre sens, montrent combien les propriétaires se tiennent en garde contre les abus de jouissance trop fréquents en cette matière. Notre opinion se fonde encore, et c'est ici la raison décisive, sur l'absence d'usages constants, unanimement reconnus, qui pourraient seuls justifier les prétentions des fermiers au droit de peler les bois (1).

Art. 6. — *Emondes.*—*Qualité.*— *Coupe.*— *Broussailles, etc.*

Parmi les produits périodiques pouvant appartenir aux fermiers, nous signalerons en premier lieu les émondes et l'élagage des arbres.

Dans l'usage, le fermier ne peut émonder que les chênes-têtards, partout où les fossés en sont garnis, et les autres arbres forestiers par exception, dans le cas seulement où le possesseur précédent les émondait lui-même.

On nomme *têtards* les arbres que l'on étête afin d'obtenir des

(1) Voyez au surplus ce que nous avons dit page 47 et suivantes. La coutume locale, que l'usufruitier peut invoquer dans les cantons voisins des tanneries, ne peut profiter au fermier ; car si la jouissance de l'usufruitier est aussi étendue que celle du propriétaire, il n'en saurait être ainsi du fermier. Ce qui démontre l'impossibilité de l'assimilation, c'est que la coutume d'écorcer, constante et reconnue quand il s'agit des propriétaires dans certains cantons, n'est à l'égard des fermiers, dans aucun canton, qu'une pratique admise, ou plutôt tolérée par un très petit nombre de bailleurs.

jets. On soumet à ce régime les saules, mais surtout les chênes sur fossés. Jadis, il était de tradition que les chênes écouronnés, dont la tige avait 6 pieds de hauteur, étaient *bois de maître*, et comme tels inviolables au regard du fermier ; aujourd'hui, dans tout le Finistère, on émonde tous les têtards sans aucune difficulté.

Pour les autres arbres, l'élagage n'a guère lieu dans les arrondissements de Brest et de Morlaix. Dans les trois autres arrondissements, au contraire, plusieurs essences sont soumises à cette opération. Néanmoins, c'est presque toujours en vertu d'une clause expresse du bail ; et par analogie nous pensons que le fermier, comme le colon (ainsi que l'enseigne Kosmar), ne peut être justement privé que des émondes des arbres *non accoutumés* d'être émondés. C'est d'ailleurs ce qu'a implicitement jugé la cour de Rennes, le 20 novembre 1811.

Ainsi, à Crozon, les frênes sont fréquemment émondés ; toutefois on y respecte les grosses branches, à cause de leur utilité pour la construction des chaloupes.

A Roscanvel, et dans les autres communes du canton de Crozon, on élague les ormeaux, en coupant les branches à 16 centimètres du tronc, excellente précaution qu'il serait bon de prendre partout, quand on ébranche un arbre. On devrait également laisser des branches, et non pas une seulement, au sommet des têtards, auxquels l'on nuit beaucoup en les rasant ainsi. De là vient que nos paysans distinguent la bonne méthode de celle que nous signalons comme mauvaise ; ils appellent la première *discour autrou*, et l'autre *discour mérour*.

A Carhaix, on émonde seulement les chênes et les ormes sur fossés.

A Pleyben, on est dans l'habitude d'élaguer les hêtres et châtaigniers ; au Huelgoat, tous les arbres, moins les ormes et les hêtres ; on dit justement, pour motiver cette exception, que l'eau, en pénétrant dans les plaies, pourrit à la longue les troncs de ces arbres.

Dans l'arrondissement de Quimper, on permet quelquefois au fermier d'ébrancher les arbres plantés sur les fossés.

Dans l'arrondissement de Quimperlé, sur le littoral, on répute émondables les ormes, hêtres et frênes ; dans l'intérieur, le

bailleur seul peut toucher aux arbres forestiers. — Dans tout le
département, le droit d'élaguer est restreint, et il n'est jamais
permis au fermier d'écouronner les arbres. En le faisant, il
s'exposerait même à des poursuites correctionnelles (Duparc-
Poulain nous apprend, t. 8, p. 33, que le voisin ne pouvait exiger
l'élagage des branches en saillie qu'à 15 pieds de hauteur). Aussi,
en général, on n'émonde les arbres à haute tige qu'au bord des
chemins, quand l'administration l'ordonne. Tel est l'usage dans
les 43 cantons, sous les exceptions ci-dessus.

Les bois des fossés sont la grande ressource de nos fermiers.
Dans le Léon, on les nomme bois courants, parce qu'en général
on les multiplie par le repiquage (1). Dans les autres lieux, on
les nomme habituellement haies ou émondes. Ce sont, à vrai
dire, les taillis des métairies, qui en ont rarement d'autres. Ils
consolident les fossés, et forment autour des champs des haies
impénétrables, où s'élèvent, çà et là, des baliveaux dont on
tirerait un meilleur parti si, au lieu de les élaguer sans règle, on
se conformait aux vrais principes, si on les ébourgeonnait jusqu'à 1/2 hauteur au-dessous de 15 ans, jusqu'aux 2/3 de la tige
seulement passé cet âge; on pourrait ensuite les élaguer sans
inconvénient tous les 4 ou 5 ans (*Maison rustique*, t. 2, p. 76).
Les haies, il est vrai, prennent beaucoup de place, tiennent le
sol humide, sont des pépinières de mauvaises herbes, servent de
refuge aux oiseaux et insectes nuisibles; — elles forcent à des
détours en coupant la communication des champs : il faut convenir néanmoins qu'elles entretiennent la chaleur du sol, en
diminuant l'action nuisible des hâles ou vents frais et desséchants;
qu'elles ôtent au cultivateur l'inquiétude des dévastations acci-
dentelles, et lui permettent de se livrer à ses travaux en temps
opportun; qu'enfin l'espace ainsi enlevé à la culture est largement payé par les bois qu'on en retire (*Maison rustique*, t. 1, p.
358). Ajoutons que la plupart de nos fermiers, s'ils étaient un peu
industrieux, pourraient encore se procurer de plus beaux béné-

(1) Il y a encore entre les bois courants du Léon, et les autres bois de fossés
de la Cornouaille et de Tréguier, cette différence caractéristique, que les premiers ne repoussent point seulement sur souche, mais encore par boutures ou
drageons, comme les sureaux, coudriers, osiers; les seconds, au contraire, se
composent surtout de chênes, et autres essences qui ne repoussent que sur
souche.

fiers, par exemple en plantant des frênes, des châtaigniers, des saules marsault et des coudriers, dont les accrues donneraient tous les 5 ou 6 ans d'excellent bois pour faire des cercles de barriques. Dans les lieux frais, comme au bord des rivières et ruisseaux, ils cultiveraient et tailleraient en têtards les frênes, les ormeaux même, malgré leur disposition à tracer ; car il y a toujours plus de profit que de perte, l'abbatis des branches étant très lucratif, et les feuilles d'ormeaux et de frênes, enlevées en automne, donnant un fort bon fourrage pour les vaches ; il en est de même de la feuille des chênes, hêtres, ormes, saules, bouleaux, peupliers, etc. (1).

Indépendamment des bois de fossés proprement dits, les fermiers profitent encore des broutilles, comme ronces, épines, bruyères, fougères, genêts, ajoncs, sureaux, soit qu'ils viennent à l'aide des semis et plantations, soit qu'ils croissent spontanément sur les champs et fossés de la métairie. Il n'est pas nécessaire que le bail accorde expressément aux fermiers ces menus profits, et particulièrement la coupe des arbustes piquants, comme épines, ronces, ajoncs, aigriers, prunelliers et holossiers, qui sont de droit au fermier, alors même que le bailleur s'est réservé le droit de bois ; c'est de là que vient le dicton suivant : *hac ave reservet ar c'hoat dan autrou ar pez a pic zo dar mérour*. Il en est de même des fougères, genêts, bruyères et myrtiles, que dans l'arrondissement de Morlaix on comprend sous la dénomination de *struils*, en breton *strouez*. C'est, en effet, à l'aide de ces broutilles que nos paysans font les *foules* ou *vaux* à fumier, dans les chemins, cours, et autres lieux fréquentés auprès de la maison manale ; qu'ils chauffent leurs fours, et cuisent la nourriture des hommes et celles des animaux.

Les genêts venus spontanément, ou au moyen de semis, servent aux mêmes usages et en outre à la confection des balais et des couvertures en chaume. Dans tout le département, on les cultive, soit sur les landes écobuées, soit dans les jachères.

(1) Nous lisons dans une circulaire de François de Neuf-Château (25 vend. an VII) un éloge complet du mode de clôture usité en Bretagne : *rien n'est plus utile que ces fossés*, disait le ministre ; *ce sont des remparts naturels, garnis, d'espace en espace, de têtards et autres arbres....* Quant à l'enlèvement des feuilles encore vertes, le fermier ne doit pas en abuser au détriment des arbres ; mais, à nos yeux, on ne pourrait lui imputer une contravention à la coutume locale, s'il en usait modérément.

Dans le Léon spécialement, on les repique en lignes dans les veillons; après 2 ans de repiquage, on les éclaircit par larges sillons, dans lesquels les animaux trouvent une herbe abondante, et sont en été à l'abri des grandes chaleurs. Les genêts atteignent ainsi jusqu'à 3 et 4 mètres de hauteur (statistique de M. Eléouet, p. 200).

Les ajoncs sont encore cultivés avec plus d'avantage : ainsi dans les cantons de Plouigneau, de Taulé, etc., cette plante est très répandue sur les landes, et s'utilise, soit comme fourrage à 15 ou 18 mois, soit comme aliment pour les fumiers à 2 ou 3 ans, soit comme chauffage à 4 ou 5 ans. Dans les terres médiocres, on ne fait que 2 ou 3 coupes, quatre ou cinq dans les bonnes terres. Dans l'arrondissement de Brest, à Ploudalmézeau par exemple et à Milizac, on laisse l'ajonc croître dans les veillons pendant 9 ou 10 ans ; alors on en fait du bois de corde, qui est très recherché, et les menues branches sont gardées et utilisées par le fermier. C'est là une méthode qui assure des bénéfices d'autant plus faciles à réaliser, que les ajonnières n'exigent aucuns soins (1).

Les jeunes ajoncs pilés rafraîchissent les chevaux, et leur donnent de la souplesse et de la vigueur. Ils sont également fort goûtés par les vaches, dont ils améliorent le lait. Nous regrettons donc que l'on ne s'occupe pas, dans les comices agricoles, de vulgariser l'ajonc non piquant qui, sans aucune préparation, sert à nourrir les animaux tout aussi bien que l'ajonc ordinaire. — Nous en avons vu seulement dans le canton d'Arzanno.

Si nous n'avons rien dit des simples haies vives, c'est parce qu'elles sont un mode de clôture et un produit exceptionnel dans le Finistère.

Il nous reste à examiner la question de la quotité et de la saison des coupes.

Les genêts et ajoncs sont, de par l'usage, entièrement à la disposition du fermier. La règle générale, c'est qu'il coupe les genêts, ou plutôt qu'il les arrache, à 4 ou 5 ans ; cette plante repousse

(1) L'ajonc est le végétal qui réussit le mieux à Ouessant; la propagation en serait facile, si le Conseil général allouait pendant quelques années une petite somme pour acheter des graines. Des expériences faites par M. Malgorn sur une petite échelle l'ont prouvé d'une manière évidente.

mal, et l'arrachement rend la terre plus facile à cultiver ; à 2 ou 3 ans, on s'en sert pour les couvertures, et comme supplément aux fumiers. L'ajonc s'épointe à 18 mois pour les animaux ; on fait la 1re coupe à 4 ou 5 ans, et ainsi successivement jusqu'au renouvellement de la plante. Epars ou en massifs, les genêts et ajoncs sont la propriété du fermier, qui en use suivant son intérêt. Nous observerons seulement que, en ce qui touche les ajoncs, le fermier serait en faute, s'il ne les coupait point en temps opportun, c'est-à-dire, aux mois de mars ou avril, et s'il n'avait pas soin de les récéper rez-souche autant que possible. Les experts sont unanimement d'avis que l'ajonc ne repousse bien qu'à cette double condition, trop souvent mise en oubli par les fermiers sortants.

La coutume n'impose aucune restriction au droit du preneur sur les broutilles, épines, etc. ; il les coupe quand et comme il veut, plus habituellement néanmoins en saison morte.

Quant aux bois de fossés, le bailleur peut exiger que le preneur ne se les approprie que dans les termes du contrat, ou suivant l'usage. Or sur ce point, voici comment se détermine la quotité d'émondes revenant chaque année au preneur. La plupart des baux lui accordent par an un 9me des bois ; c'est là l'aménagement habituellement adopté par les propriétaires eux-mêmes, quand ils cultivent leurs terres ; c'est donc bien là l'usage local ; et comme les 19 vingtièmes des baux sont consentis pour 9 ans, il est évident que c'est là le terme qui doit servir de base en cette matière. Lorsque par exception, la durée du bail est au-dessous de la période usuelle d'aménagement, il n'en faut pas conclure que le fermier puisse toujours couper des émondes de 5, 6 ou 7 ans. En général, même dans ce cas, il n'a droit chaque année qu'aux 5, 6 ou 7 neuvièmes des bois de fermier ; car l'usage veut qu'il respecte les renaissances et bois courants âgés de moins de 9 ans. — Pour ce qui concerne l'élagage des arbres, là où il a lieu, l'usage n'est pas très précis ; le fermier, dans le doute, doit se conformer à la règle du neuvième. (V. ci-dessus pages 288 et suivantes).

Nous ne connaissons, dans les 43 cantons, qu'une commune où les fermiers semblent astreints à un autre mode de jouissance, en cas de bail verbal. A Scaër, où l'on voit des fossés si remar-

quables par la vigoureuse végétation des renaissances, la coupe
n'a lieu que tous les 15 ans (1). Cette méthode est la meilleure,
en ce qu'elle laisse au bois le temps de prendre un développement qui en rend la vente plus facile, aujourd'hui surtout que
les voies de communication permettent le transport de cette
marchandise. Toutefois, outre l'inconvénient d'enlever beaucoup
de terrain à l'agriculture, la coupe tardive ne convient guère
qu'aux lieux où l'élève du bétail, les prairies et les bois, sont
les seules branches d'industrie. — La culture des céréales, à
Scaër, est un objet de spéculation d'une importance bien secon-
daire.

Dans l'arrondissement de Quimperlé, où l'on remarque beaucoup de bois, l'usage du neuvième est bien reconnu et suivi par
les fermiers : seulement quelques propriétaires le modifient, en
stipulant dans les baux que le fermier prendra son neuvième sur
les fossés qui lui seront désignés par le bailleur, ou même qu'il
pourra seulement couper une quantité déterminée de fagots,
avec la même restriction (2). Cette précaution n'est assurément
pas inutile, car elle prévient deux sortes d'abus : le jardinage et
les coupes mal faites.

Il arrive, en effet, trop souvent, que les fermiers prennent du
bois çà et là, sans suite, au lieu d'émonder entièrement tel ou tel
fossé, avant d'en exploiter un autre ; c'est ce que les forestiers
appellent faire des coupes jardinatoires. Les anciens baux, qui
reflètent en partie les coutumes locales, proscrivaient cette méthode abusive, en ordonnant de faire les coupes *nettes et sans
saute* ; aujourd'hui on retrouve encore cette formule dans quelques baux, et les propriétaires devraient y tenir ; car sans cela
comment pourraient-ils vérifier si l'aménagement par neuvièmes
a été observé, à moins de parcourir minutieusement toute la
métairie pour retrouver les souches récépées, et les autres traces
de l'exploitation, habilement dissimulées ? — Nous croyons, au
reste, que les coupes faites en jardinant sont une contraven-

(1) Généralement, mais ce n'est point là un usage unanimement suivi, et en
l'absence de convention le fermier doit se restreindre au neuvième.

(2) C'est là une clause pour ainsi dire de style à Scaër, à Bannalec et à
Quimperlé.

tion aux usages reçus, et que le bailleur serait fondé, en la constatant, à actionner le preneur en dommages-intérêts.

Il en serait de même, si celui-ci exploitait mal et à contre-saison. Garantir les jeunes pousses de la dent des bestiaux, ne râtisser qu'avec précaution, prendre garde d'atteindre le collet des racines en récépant; recouvrir les souches de terre, nettoyer et gazonner les fossés à chaque exploitation, tels sont les principaux devoirs du fermier qui, au lieu de dégrader, veut conserver le fonds confié à sa vigilance. La négligence en pareille matière cause au propriétaire un préjudice très difficile à réparer.

Enfin l'usage, d'accord avec la raison, oblige le fermier à ne jamais couper les bois hors saison, mais bien du 1er novembre au 15 mars. Les coupes faites plus tôt détruisent les sèves d'août; après le 15 mars, les coupes arrêtent la germination qui, dans plusieurs localités, commence avant le mois d'avril. C'est la nature elle-même qui doit guider ici la main du cultivateur.

Lorsqu'un fermier trouve sur la métairie une cercière, une oseraie, un semis, comme il doit les rendre à sa sortie, ses obligations ne sont autres que celles des usufruitiers (voyez chapitre 2), à cette différence près, que les produits des semis ou pépinières créés par le bailleur ne peuvent, en aucun cas, appartenir au fermier. On sait que les oseraies sont exploitées tous les ans, et les cercières tous les 5 ou 6 ans seulement.

Art. 7. — *Chaumes.*

Aux environs de Ploërmel, et dans quelques autres localités, on moissonne le seigle en laissant des chaumes qui ont 33 centimètres et plus de hauteur, tandis que l'avoine se coupe ras. C'est là une de ces pratiques dont les cultivateurs eux-mêmes de ces cantons n'ont pu donner la raison, et nous croyons qu'il est impossible d'en donner une plausible. Dans l'ancienne Gaule, au dire de Pline (et aujourd'hui encore dans l'Indre et cantons limitrophes), on ne coupait des tiges que les épis. Cette méthode, suivie aussi en Angleterre, abrège certainement le faucillage du blé; mais, comme il faut ensuite faucher les chaumes après la moisson, l'économie n'est réalisée que partiellement. Les céréales sont alors plus pures ; mais, pour peu qu'on laisse les chaumes en terre, on perpétue ainsi dans le sol ces générations de parasites, qui font tant de tort aux cultivateurs (1).

Dans le Finistère, le faucillage se fait le plus bas possible pour toutes les céréales, et presque au niveau du sol. C'est, suivant nous, une coutume excellente, en ce qu'elle assure au fermier entrant des pailles longues et plus belles qu'elles ne seraient, si l'on faucillait à 50 centimètres, comme on le fait pour le froment dans les environs de St-Brieuc (Aulanier et Habasque, p. 166). Aussi, il est rare qu'on laisse les chaumes hors de terre à plus de 10 centimètres de hauteur, surtout ceux de seigle qui sont employés à la confection des couvertures. Quant aux *glés ou gluis*, le fermier sortant doit les laisser sur pied, à moins de convention contraire. On les considère comme une espèce d'engrais ou de préparation pour les semences ultérieures.

On sait combien les pailles longues sont avantageuses dans une métairie, soit comme litière et nourriture pour les bestiaux, soit pour garnir les paillasses des lits (seigle et avoine), soit pour rempailler les chaises et faire des chapeaux (froment et seigle), soit enfin pour la confection et l'entretien des couvertures : dans ce dernier cas, on emploie exclusivement la paille de seigle ; de là vient que, dans plusieurs cantons, on coupe à moitié hauteur le chaume, quand on veut se réserver de la paille non battue pour les toitures. Ceci est une légère exception aux règles ordinaires.

Au reste, dans tout le département, le fermier sortant commettrait une dégradation si, contrairement à *l'usage*, il arrachait les *glés* ou pieds des chaumes. Dans le canton de Lesnéven, les experts ne comptent aucune suite de trempes dans ce cas, et nous pensons qu'il en doit être ainsi dans tous les cantons où l'on fait des états de ferme parce que l'arrachement du chaume

---

(1) Ces observations fort justes d'un agronome éminent, Antoine de Roville, nous ont semblé opportunes dans un ouvrage destiné à vulgariser dans ce département les pratiques utiles.

nuit beaucoup au sol en le privant de ce qui lui reste de force productrice. Cet abus n'a guère lieu que dans quelques communes du littoral, où les cultivateurs, pour suppléer aux chauffages qui leur manquent, coupent les chaumes à moitié hauteur, ou à 40 centimètres du sol, et se servent plus tard des *glés* restés sur pied, qu'ils arrachent au lieu de les couper.

Art. 8. — *Paiement des fermages.* — *Lieu du paiement.* — *Visites.*

Le paiement des fermages a lieu aux termes fixés par le bail. Dans le silence du contrat, et quand il n'y a qu'un bail sans écrit, le bailleur peut exiger le paiement aux termes d'usage, qui ne sont autres que ceux de la jouissance de chaque année ; dans tout le département, le 29 septembre est l'époque de l'exigibilité des fermages. Nous ne connaissons que deux communes, Arzanno et Guilligomarc'h, où les fermiers doivent le prix du bail au 1er mars, parce que c'est là l'époque de l'entrée et de la sortie.

Les fermes étant presque toutes à prix d'argent, celles qui sont payées en fruits ou denrées sont des exceptions, et partant pourraient être passées sous silence, comme sans importance au point de vue de l'usage local : néanmoins, nous observerons que, dans ce cas, les bailleurs exigent l'apport des céréales, du cidre, du beurre, des lins peignés, des pois, des poulets ou chapons ; en un mot, l'acquit à domicile des prestations et divers subsides stipulés, que le fermier fournit à des époques très variables, toujours expressément déterminées. Ce genre d'amodiation se rencontre dans les cantons de Plabennec, Landerneau, Daoulas, Ploudalmézeau, Saint-Renan, Morlaix, Lanmeur, Taulé, Plouescat, Crozon, Huelgoat, Châteauneuf, Fouesnant, Concarneau, Pont-Aven, Arzanno. Les conditions faites aux fermiers varient d'un canton à l'autre ; et nous remarquerons que l'on y est unanimement d'accord sur un seul point, à savoir que les subsides sont portables au domicile des bailleurs (1).

(1) Pothier, au contrat de louage, n° 136, soutient que, dans le silence du

Ceci nous conduit à l'examen d'une question assez controversée : le fermier, à prix d'argent, peut-il se dispenser de payer ses fermages au domicile du bailleur? l'affirmative ne semble pas douteuse en présence de l'art. 1247 du Code civil. Toutefois, bien convaincu que l'usage local doit être pris en considération en cette matière, nous distinguerons. Le principe posé dans l'art. 1247 doit prévaloir lorsqu'il existe une notable distance du domicile du bailleur à celui du fermier, plus de 15 kilomètres par exemple. Mais les anciens usages, confirmés par la loi de 1791 sur le domaine congéable, peuvent encore servir de règle d'interprétation, en cas de doute sur l'intention commune des parties. Or, il est certain que, dans le Finistère, les fermiers, ainsi que les colons, se considèrent comme obligés de porter les fermages au propriétaire, et les portent en effet à son domicile ou à celui de son receveur, bien au-delà de 15 kilomètres. Admettre aujourd'hui que les fermages ne sont point quérables jusqu'à cette distance, ce n'est donc point imposer aux fermiers des charges nouvelles, c'est au contraire réduire à une juste mesure les exigences des propriétaires ; dans le silence de la convention, les parties ne sont-elles pas présumées avoir stipulé *quod plœrumque fieri solet?* Si, dans quelques cantons, on pense que le fermage n'est portable que dans l'étendue du canton, dans tout le département la coutume constante autorise les bailleurs à ne réputer les fermages quérables qu'à une distance considérable, et il est équitable de la fixer à 15 kilomètres.

Les cultivateurs bretons aiment à entretenir de bonnes relations avec les propriétaires ; cette habitude qu'ils ont contractée de payer chez le bailleur est fortement enracinée ; c'est pour eux une occasion de s'entendre avec le *maître,* qui leur donne aussi alors quelques témoignages de sa reconnaissance et de son attachement.

Du reste, il y a dans les rapports entre bailleurs et fermiers une telle bienveillance, que l'on n'a jamais songé à discuter là-dessus. Nous en dirons autant de l'obligation de laisser visiter, par les propriétaires, les fonds affermés, soit pour voir si la cul-

contrat, le fermier n'est pas obligé de voiturer les denrées à ses frais; mais les usages d'Orléans étaient moins rigoureux sur ce point que les nôtres... Enfin, sur le sens du mot *charroi,* v. ci-dessous, au ch. 11, § 8; en note.

ture et l'exploitation se font régulièrement, soit pour les laisser visiter par des tiers qui désirent louer ou acheter le domaine. Dans tous ces cas, les visites se font sans nulle difficulté, et il n'y a pas un fermier qui pense à élever une objection à cet égard.

Le preneur retire toujours quittance du prix de ferme. Mais on conçoit que des cultivateurs illettrés, absorbés par les travaux matériels, ne conservent pas avec soin toutes les quittances du bailleur; d'un autre côté, il serait contraire à tous les usages (Pothier, 179) que le bailleur reçût les fermages récents avant les anciens. De là vient que la jurisprudence a admis qu'une seule quittance donnée par un propriétaire pour le fermage d'une année, sans réserve des années antérieures, établit une présomption suffisante de la libération du fermier, et en le décidant ainsi, le 29 mars 1817, la cour de Rennes s'est fondée sur la loi 3 au code, *de apochis publicis*, et surtout sur cette considération : qu'on ne saurait obliger un paysan à garder de nombreuses quittances, dont la coutume locale le dispense de faire l'exhibition. Il existe, dans le même sens, un arrêt de la cour suprême, du 8 mars 1837.

Le même esprit d'équité et de bonne foi, qui sert de règle quant au lieu du paiement, maintient un accord parfait entre bailleurs et fermiers, en ce qui concerne les visites des métairies, non-seulement par les propriétaires qui veulent user de leur droit de surveillance, mais encore par les tiers qui désirent voir les métairies pour les louer ou les acheter. Nous ne connaissons aucun exemple de discussions à ce sujet. En traitant la matière du domaine congéable, nous indiquerons la différence qui existe entre la *visite* et la *montrée*.

ART. 9. — *Entrées et sorties des fermiers.* — *Distinctions.* — *Délais de grâce.*

Si la coutume locale doit être consultée quant aux obligations du preneur pendant sa jouissance, elle constitue, pour ainsi dire, la règle unique pour les sorties et entrées des fermiers. Nous devons donc rechercher avec soin et constater les habitudes reçues dans les 43 cantons.

Dans les arrondissements de Brest et de Morlaix (partie de Léon), le fermier sortant quitte la métairie dès le jour de l'échéance du bail, le 29 septembre, au plus tard le 30 à midi :

aucun délai de grâce n'est accordé par le fermier entrant, qui se présente et s'installe réellement à cette époque. On nous a bien cité, dans les cantons de Ploudalmézeau, de Plabennec, de Daoulas, quelques exceptions à cette coutume ; lorsque des circonstances particulières entravent le départ du sortant, son successeur lui permet de prolonger son séjour sur les lieux pendant huit à dix jours ; mais ce que nous devons constater, c'est que, dans l'ancien Léon, sauf quelques cas isolés, il est bien reconnu que, dès avant le 29 septembre, le sortant s'occupe sérieusement du déménagement, qui est presque toujours achevé pour le 30. Des actes de pure bienveillance peuvent bien modifier la règle, non la détruire ; c'est là une tradition tellement constante, que les nouveaux fermiers ne manquent point de prendre possession de la métairie dès le jour de la Saint-Michel, soit en y apportant leur coucher, soit en bêchant la terre, ou tout au moins en fermant la brèche d'un champ.

Dans les arrondissements de Quimper, de Quimperlé, de Châteaulin et de Morlaix (partie de Tréguier), on observe une autre coutume, très répandue en Bretagne, suivant laquelle les fermiers entrants ne peuvent prendre définitivement possession des lieux que quinze jours francs après la Saint-Michel, ou après le 1er mars. C'est ce qui a lieu aussi dans les Côtes-du-Nord, et dans plusieurs cantons du département du Morbihan. Dans l'arrondissement de Quimper, nous citerons particulièrement les cantons de Briec, de Fouesnant, de Rosporden et de Douarnenez, comme fidèles à cet usage. Dans le canton de Quimper, le délai de tolérance ne comporte que huit jours pour les fermes ordinaires, quinze jours pour les grandes exploitations. Dans les cantons de Crozon, de Châteaulin, de Plogastel-Saint-Germain, de Pont-l'Abbé et de Pont-Croix, on ne laisse que la huitaine au fermier sortant. Observons même, en passant, que, dans les cinq derniers cantons, le délai n'est généralement considéré que comme une simple bienveillance, rarement comme un droit absolu. A Concarneau, on dit que le fermier entrant peut s'emparer, dès le 29 septembre, de tout ce qui n'est pas indispensable au sortant pour l'achèvement de ses récoltes : c'est là une opinion que nous enregistrons sans l'adopter ; car, suivant nous, elle n'est pas d'accord avec les pratiques de la Cornouaille, toutes exemptes de procédés rigoureux. L'usage du canton de Concarneau doit tout au moins être assimilé à celui du canton de Quimper.

Les cantons de l'arrondissement de Quimperlé, et ceux de l'arrondissement de Châteaulin (sauf Crozon et Châteaulin où le délai est de 8 jours), admettent le délai de grâce de quinze jours francs ; en d'autres termes, les entrées dans les fermes y sont fixées au 17 octobre ou au 17 mars.

En résumé, sur 43 cantons, 20 n'accordent aucun délai de grâce (arrondissements de Brest et Morlaix, moins Lanmeur, Plouigneau et la partie de Tréguier de Morlaix); 17 donnent 15 jours au sortant dans les arrondissements de Morlaix, Quimper, Quimperlé et Châteaulin ; 5 ne laissent que 8 jours, dans les arrondissements de Quimper et Châteaulin ; 2 (Concarneau et Quimper) subordonnent le délai à l'importance des fermes, et le fixent à 15 jours pour les grandes, à 8 jours pour les petites. Le seul canton de Morlaix suit deux usages en ce qui touche les sorties, qui ont lieu soit au 29 septembre, soit au 17 octobre seulement, suivant que les fermes sont situées dans la partie de Léon ou dans celle de Tréguier.

Que l'on ne s'étonne pas, au reste, de notre insistance sur ce point ; car il a une importance réelle dans la pratique. Là, en effet, où la coutume locale s'est nettement prononcée, les fermiers sortants ou entrants en peuvent invoquer le bénéfice : les sortants, pour se maintenir en possession de la métairie, ou au moins pour achever commodément leur déménagement; les entrants, pour forcer les retardataires à déguerpir. Ne sait-on pas encore que le point de départ de la tacite-réconduction se détermine non-seulement par l'échéance légale ou convention-nelle du bail, mais encore par celle du délai supplémentaire d'usage? Le tout est de savoir si ce délai est une simple conces-sion, une pure faculté, ou un terme absolument fixé par les usages. Or, du moment que nous avons constaté, pour 24 can-tons au moins, l'usage du délai de quinzaine ou de huitaine, il est certain à nos yeux que c'est bien là un *terme de rigueur ;* que l'entrant ne peut, avant le 17 octobre ou 17 mars, exiger que le strict logement pour lui, pour sa famille et pour son mobilier, bien qu'il jouisse des champs dès le 1er octobre ou 1er mars ; et que le sortant, alors même qu'il eût pris gîte ailleurs, peut (tant

que dure le délai) encore laisser sur la métairie ses instruments
d'agriculture, son mobilier, ses bestiaux même — au moins sur
les landes et vagues. Le délai de 8 jours, usité dans 5 cantons,
restreint sans les détruire les facilités entre fermiers. Celui de
8 à 15 jours, qui est reconnu dans 2 cantons, produit des conséquences analogues. — Dans ces 24 cantons, nos cultivateurs sont
si bien accoutumés à profiter de ce répit et à le subir, que les
entrées et sorties n'ont réellement lieu qu'à l'expiration du terme
C'est donc là un usage constant, reconnu, passé dans les mœurs,
auquel on ne pourrait faire violence sans de graves inconvénients.
Si l'expression *délai de grâce* semble exclure toute idée d'un
droit absolu, nous ne pourrions néanmoins admettre que ce soit
là une simple faculté que l'entrant serait maître de défendre ou
de permettre au sortant. En effet, l'art. 1777 du code n'a eu
d'autre but que de rendre obligatoires les facilités d'usage, au
nombre desquelles sont évidemment les délais *de grâce ou de
tolérance,* ainsi nommés, non parce que chacun peut les observer
ou les mettre en oubli, mais uniquement par la raison que, dans
la pratique, les choses se passent de manière à concilier les intérêts mutuels des parties. Ainsi, le sortant doit commencer et
commence, en effet, son déménagement dès le 30 septembre ou
le 1er mars; l'entrant, de son côté, transporte, à la même époque
et peu-à-peu, ses effets mobiliers sur la métairie. Tout cela se
fait de bon accord; mais l'entière possession n'appartient réellement à l'entrant qu'à l'expiration du délai de tolérance. Voyez,
au surplus, ce que nous avons dit plus haut, au sujet des délais
laissés aux locataires.

Art. 10. — *Autres facilités entre fermiers.*

Nous avons maintenant à expliquer en quoi consistent, dans
chaque canton, les autres facilités que se doivent les fermiers
entrants et sortants.

Dans l'arrondissement de Brest, où l'on ne connaît pas les
délais de grâce, l'entrant doit néanmoins, dans certaines circonstances déterminées, permettre à l'ancien fermier de revenir
prendre sur la métairie ses récoltes arriérées. Ainsi :

1° Le sortant peut, dans les 12 cantons, récolter son blé-noir
en temps opportun, même après le 29 septembre; il en est de
même des pommes; — il y a, du reste, très peu de vergers;

2° Dans le canton de Plabennec, il a jusqu'au 1er décembre pour les légumes; jusqu'au 2 février pour les panais et autres racines;

5° Dans les cantons de Brest, de Lannilis et de Lesnéven (1). il a jusqu'au 24 octobre pour les trèfles et pommes de terre, soit que le champ emblavé fasse partie d'une métairie, ou qu'il soit loué isolément (on suit le même usage quand le trèfle est vendu par sillons); jusqu'au 25 décembre pour les choux cavaliers ou choux à vaches; jusqu'au 2 février pour les panais et navets; — néanmoins, dans le canton de Lannilis, suivant l'opinion la plus générale, il n'y a que le délai du 24 octobre pour le trèfle en sillons et les pommes de terre, et celui du 1er janvier pour les autres choses;

4° Dans le canton de Ploudiry, jusqu'au 2 février pour les trèfles, choux, panais et pommes de terre; jusqu'au 1er novembre seulement pour l'enlèvement des bois de chauffage, pailles et engrais; mais cet usage n'est pas aussi constant;

5° Dans le canton de Ploudalmézeau, jusqu'au 1er novembre pour les pommes de terre; jusqu'à Noël pour les navets, jusqu'au 1er janvier pour les choux et carottes; jusqu'au 1er mars pour les panais et navets;

7° Dans le canton de Landerneau, idem;

8° Dans le canton de Saint-Renan, jusqu'au 25 décembre pour les pommes de terre et choux; jusqu'au 2 février, pour les carottes et panais; jusqu'au 1er novembre, pour le blé-noir;

9° Dans le canton d'Ouessant, aucun usage constant et reconnu, fors celui annoté ci-dessus.

Dans l'arrondissement de Morlaix, partie de Tréguier, il est admis que le fermier sortant a terme jusqu'au 25 novembre seulement pour l'enlèvement de toutes ses arrières-récoltes. Dans la partie de Léon, l'usage le plus suivi accorde au sortant un délai qui va jusqu'au 1er novembre pour les pommes de terre;

(1) Dans les usages du canton de Lesnéven, le fermier sortant a même, en certains cas, le droit de retenir quelques pièces de terre, et de les cultiver pendant un an; le nouveau fermier ne peut se refuser à cette concession, et il a seulement une part des produits. Mais il en serait autrement, sans doute, si le sortant, par pure malice, entravait les travaux de son successeur. .. Voyez plus bas, § 7, à la note.

jusqu'au 15 mars pour les autres racines ou plantations fourra-gères. Seulement, dans le canton de Taulé, le délai ne dépasse point le 1er novembre (sauf en la commune de Guiclan : où le sortant peut attendre jusqu'au 1er mars pour les panais et navets), à moins que le sortant n'abandonne le 1/3 des emblavements à l'entrant, qui alors ne peut exiger l'enlèvement qu'au 15 mars. Dans le canton de Saint-Pol-de-Léon, le délai ne comporte que 4 mois (1er février).

En un mot, tout doit être enlevé au plus tard pour le 15 mars, époque à laquelle l'entrant a besoin de fumer la terre, de lui donner un nouveau labour et de la préparer pour les froments de mars, les orges et les blés-noirs. Telle est la règle générale, qui n'admet guère que les deux exceptions ci-dessus, les autres ne constituant point, à nos yeux, des usages constants et re-connus.

Dans l'arrondissement de Châteaulin, nous remarquons d'abord le canton de Crozon, dont la culture offre beaucoup d'analogie avec celle du pays de Léon. Le délai imparti au sor-tant pour l'enlèvement des panais, navets, pommes, pommes de terre et autres arrière-récoltes, ne va guère au-delà d'un mois (le délai de grâce non compris), c'est-à-dire qu'il expire le 5 ou le 6 novembre. Dans le canton du Faou, on observe le même usage ; seulement le délai est prorogé au 1er décembre pour les choux et pour les navets ; il en est ainsi pour tous les légumes dans la commune de Rosnoën, où la culture maraîchère est assez répandue. Dans les autres cantons de l'arrondissement de Châ-teaulin, le fermier sortant enlève habituellement ses *gagneries* (1) pour le 16 octobre, époque de sa sortie définitive ; mais ceci n'a lieu que pour les pommes, blés-noirs et pommes de terre ; pour les autres emblavements, la coutume locale donne terme jus-qu'au 1er novembre.

Dans les arrondissements de Quimper et de Quimperlé, le

(1) Nous employons ici le mot *gagneries* dans un autre sens que celui indi-qué à la page 91, et nous nous conformons en cela à la coutume locale, qui at-tribue en effet au mot *gagneries* deux acceptions distinctes.

délai de grâce (8 ou 15 jours suivant les cantons), suffit le plus souvent pour l'achèvement des récoltes tardives, notamment pour les pommes, blés-noirs et pommes de terre ; car ce sont là les seules récoltes à faire après la Saint-Michel, si l'on excepte les terrains avoisinant les villes et gros bourgs, où l'on cultive les légumes et racines. Dans tous les cas, quoique l'entrant ne tienne pas rigoureusement à faire vider le terrain à jour et heure fixes, quoiqu'il fasse de nombreuses concessions, la tolérance ne comporte jamais néanmoins que le temps moralement nécessaire pour faire la récolte en temps opportun, et ne dépasse point le jour de la Toussaint.

Dans les communes d'Arzanno et Guilligomarc'h, les baux commençant et finissant au 1er mars, et le sortant n'étant autorisé à semer que les 4/5 des terres chaudes en blés blancs, il en résulte qu'il revient (à la fin de juillet ou au commencement d'août) sur la métairie pour le faucillage, le battage, le ventillage de ses céréales. L'entrant a seul droit aux foins sur pied, car les foins de l'année précédente sont consommés avant le mois de mars. Le nouveau fermier peut ensemencer de blé-noir le 1/5 des terres chaudes mises en épargne ; l'ancien, quand il revient pour battre ses blés, est tenu de laisser à son successeur les pailles et les *défoures*, ou débris de battage ; afin d'avoir des pailles plus belles, mieux amulonnées, ce dernier fournit à son prédécesseur un batteur qui surveille les autres batteurs, travaille avec eux, et préside à l'amulonnement. Cependant, outre le blé-noir qu'il lui est loisible de semer, l'entrant a la libre jouissance, du 1er au 15 février, des terres non emblavées de blés blancs, et spécialement des prairies ; à partir du 1er mars, lui seul dispose de toutes les terres non ensemencées ; lui seul a droit aux pommiers. Toutefois, le sortant peut exiger une pâture jusqu'au 16 mars ; et, s'il a des légumes dans son courtil, l'usage lui donne terme jusqu'au 15 avril pour les enlever définitivement.

Dans aucun canton, le droit aux récoltes tardives n'autorise le sortant à réclamer des granges ou greniers pour les serrer.

Une fois les délais de sortie expirés, et le déménagement terminé, il doit se borner à venir prendre les produits arriérés, et à les emporter chaque jour, au fur et à mesure qu'il les recueille.

Du jour de l'échéance du bail jusqu'à son départ définitif, le sortant doit procurer à l'entrant les moyens d'effectuer son emménagement. Dans les 24 cantons où l'on admet des délais de grâce, dès le 30 septembre, — dès le 1er mars à Guilligomarc'h et à Arzanno, — l'entrant peut exiger qu'on mette à sa disposition un logement pour lui et pour sa famille, un local pour préparer ses repas et pour mettre à couvert son mobilier et ses bestiaux. Dans ce court intervalle, à vrai dire, l'entrant et le sortant se partagent amiablement les édifices de la métairie. Néanmoins, il est bien reconnu que la maison principale continue d'être habitée presque exclusivement par le sortant jusqu'à son départ : les granges, maison à four, appentis, greniers, sont seuls abandonnés à l'entrant. De là vient qu'aux environs de Quimperlé on dit vulgairement qu'il n'a droit qu'au *cardi*, ce qui ne peut être pris littéralement, mais suffit pour indiquer la mesure des privilèges du sortant. Dans le canton de Pleyben, on prétend à tort, suivant nous, que le sortant a la possession exclusive jusqu'à la foire de la Saint-Luc (18 octobre); dans les autres cantons de l'arrondissement de Châteaulin, à Châteaulin par exemple, les fermiers sont plus accommodants entre eux : car, à partir du 30 septembre, le nouveau fermier y est admis à se loger lui et sa famille, ensuite à amener et à mettre à couvert ses gros meubles et ustensiles, enfin à conduire ses bestiaux sur la métairie avant le 16 octobre, c'est-à-dire, pendant tout le délai de tolérance.

Dans la partie de Léon de l'arrondissement de Morlaix, dès le 30 septembre, l'entrant se présente, ferme lui-même tous les champs, et n'en laisse même pas un à la disposition du sortant pour le pâturage de ses bestiaux. Dans la partie de Tréguier où l'on observe les délais de tolérance, il est reconnu que l'entrant a droit immédiatement à un logement, à une étable et au pâturage pour ses bestiaux dans tous les champs de la ferme

qu'il possède exclusivement ; même pendant le délai, il peut
donner ses soins aux prairies, faire ses labours et travaux préparatoires pour les semailles d'automne (de printemps, à Arzanno
et à Guilligomarc'h). Quant au sortant, il conserve uniquement
son logement, son droit aux arrière-récoltes et à une pâture,
pour laquelle on lui abandonne ordinairement une lande ou un
vague : il n'a rien à voir par ailleurs sur les terres de la métairie (1).

Si dans quelques lieux la coutume locale n'accorde aucun délai
aux fermiers sortants, encore faut-il du moins que les fermiers
entrants jouissent de certaines facilités. Dans ce cas, les facilités
consistent, non plus seulement comme tout à l'heure dans une
espèce de prorogation de la jouissance, mais encore dans certains
faits de possession anticipée, pour lesquels les distinctions admises par la tradition locale doivent être prises en considération.

Dans les 20 cantons de Léon et de Daoulas (2), presque tous
les fermiers déménagent dès le 29 ou 30 septembre, ce qui ne
veut pas dire que cette opération s'effectue réellement dans un
ou deux jours, encore moins que les nouveaux fermiers s'instal-
lent seulement le jour du terme ; ils s'y préparent au contraire
plusieurs jours d'avance, et l'ancien fermier se prête de bonne
grâce aux convenances de son successeur. Ainsi, il est parfaitement entendu que celui-ci, quelques jours avant la Saint-Michel,
transporte sur la métairie ses bois de chauffage, foins, pailles,
goëmons, fumiers ; ses meubles, grains, ustensiles et charrettes.

---

(1) A Lannion, il en est ainsi ; et M. Cavan, p. 65, observe avec raison que
l'entrant doit respecter les arrière-récoltes du sortant. A St-Brieuc, on pense
que l'entrant doit assigner un pâturage à son successeur (Aulanier et Habasque,
p. 150) ; cet usage ne serait pas obligatoire, suivant M. Cavan. C'est là un point
sujet à controverse ; nous croyons que chez nous l'entrant ne peut refuser le pâturage au sortant jusqu'à l'échéance du délai de grâce, partout où il en existe.

(2) Dans le pays de Léon, l'absence du délai de grâce s'explique par cette
circonstance, que les mutations de fermiers s'y opèrent d'une manière plus ex-
péditive que dans les 23 autres cantons ; ou, pour parler plus exactement, que
les Léonards ont toujours fait avant le terme du bail ce que les cultivateurs des
pays de Vannes, de Dol, de Cornouaille et de Tréguier ont coutume de faire un
peu plus tard.

L'ancien fermier lui fournit ou lui désigne à cet effet des greniers ou emplacements suffisants. Quoique l'époque précise ne soit pas déterminée par l'usage, le sortant ne refuse jamais cette faculté à celui qui est sur le point de le remplacer. C'est une sorte de partage de la possession entre les parties intéressées, et qui prend sa source dans leurs relations forcées.

Dans l'arrondissement de Morlaix, en Léon, il arrive très fréquemment que le nouveau fermier, dès le mois d'avril précédant l'entrée, sème du trèfle dans les orges du fermier qui doit sortir, parfois même à l'insu de celui-ci. Dans le canton de Daoulas, cela se voit aussi, plus rarement, dit-on, et avec l'assentiment du sortant, qui permet encore parfois à son successeur de semer de l'ajonc dans les landes écobuées. Nous savons que ce n'est pas là peut-être un usage assez constant pour faire loi ; mais nous ne pouvions en tout cas le passer sous silence ; car il mérite d'être encouragé, comme très favorable aux intérêts de l'agriculture. En effet, il y a pour le fermier entrant un avantage marqué, dont il serait privé pendant la première année de sa jouissance, s'il était obligé de demander permission au sortant (qui la refuserait le plus souvent, ne fût-ce que par malveillance) ; d'un autre côté, on ne peut se dissimuler que le sortant est ainsi privé d'une portion de ses pâturages, du jour de la récolte au jour de son départ. — Ces considérations ont été diversement appréciées, suivant les localités. Ainsi, dans l'arrondissement de Fougères, cette faculté est autorisée par l'usage au profit des fermiers entrant à la Saint-Georges (23 avril) ; mais il n'en est pas de même pour ceux qui entrent à la Saint-Michel ; dans l'arrondissement de Rennes, le fermier entrant à la Saint-Michel peut semer du trèfle sur les ensemencements en céréales faits par son prédécesseur, à condition de herser convenablement et en due saison. A Lannion, la même facilité existe, sauf le cas où le sortant en use lui-même (1).

(1) Voyez *Usages de l'arrondissement de Fougères*, par M. Cavé, p. 8 et 16; *Usages du département d'Ille-et-Vilaine*, par M. Quéruest, p. 121 ; *Usages de l'arrondissement de Lannion*, p. 63.

Cette facilité de se procurer pour l'automne un bon fourrage n'est point laissée à l'entrant dans les arrondissements de Quimper et de Brest, sauf à Daoulas, avec les restrictions sus-mentionnées.

Dans l'arrondissement de Châteaulin, nous trouvons quelques coutumes analogues dans les cantons de Crozon, Châteauneuf-du-Faou, Pleyben et le Huelgoat, où les fermiers entrants vont, au mois de juillet, écobuer les parcelles de landes qui leur conviennent le mieux, sans que le sortant y mette opposition. A Carhaix, l'entrant transporte ses chauffages sur la nouvelle ferme vers la fin de septembre.

Dans l'arrondissement de Quimperlé, le canton de Quimperlé est le seul où il soit permis au nouveau fermier, vers la fin de mars, de semer des ajoncs dans les seigles d'écobue du sortant. Seulement, dans le canton de Bannalec, le sortant permet quelquefois à son successeur de pratiquer l'écobuage dans une partie des terres froides. Mais, dans les 5 cantons de cet arrondissement, la possession anticipée a des caractères plus saillants que dans les autres parties du Finistère. En effet :

1. Du 1ᵉʳ décembre au 1ᵉʳ avril, plus particulièrement dans le courant de mars, le fermier futur se présente pour procéder, conjointement avec le fermier détenteur, à l'exploitation des bois en âge de coupe. Les deux fermiers font la coupe séparément : ou bien tous les produits sont divisés en deux parts ; de sorte que le nouveau fermier entasse dans les cours et issues de la métairie fagots, bois piquants, genêts et ajoncs épars destinés à son chauffage futur, ou les étend lui-même dans les lieux à vaux (ou foules) accoutumés. Cette pratique est communément suivie : toutefois, à Arzanno et à Guilligomarc'h, le nouveau fermier ne coupe rien avant son entrée (1ᵉʳ mars), et l'ancien ne peut toucher aux bois pendant le délai de tolérance ; il doit se borner à consommer ses provisions. — C'est encore au mois de mars que le nouveau fermier s'occupe exclusivement des prairies, en les fermant lui-même (voyez art. 4, ci-dessus), en rétablissant les barrières, en consolidant les fossés, en faisant les rigolages et en répandant les

fumiers et terreaux sur le sol : à Arzanno et à Guilligomarch, le fermier entrant est le maître absolu des prairies à partir du 1er mars ; il n'a donc nul besoin d'invoquer un droit de possession anticipée (1).

2. Dans tout l'arrondissement, quand les foins sont parvenus à maturité, c'est le nouveau fermier qui les fauche, les fane, les amulonne, et les serre dans les greniers, ou sur les emplacements que le fermier sortant doit lui fournir à cet effet : du moment qu'ils sont engrangés ou mis en meules, les foins restent à la garde et sous la surveillance du sortant, qui ne peut se les approprier sous aucun prétexte. Il paraît, du reste, que les fraudes en cette matière, comme pour les autres provisions anticipées, sont sans exemple dans les 5 cantons. A Arzanno et à Guilligomarc'h, le nouveau fermier ne fait aucun dépôt de cette nature avant le 1er mars. — En ce qui touche les feuilles, broutilles, fougères et autres menus produits, il est très ordinaire, dans les 5 cantons, qu'après la fermeture des prés et avant l'ensemencement des blés-noirs, le nouveau fermier vienne ramasser ces objets (si l'ancien ne l'a déjà fait) pour augmenter les tas d'engrais, qui sont déposés dans quelques coins et issues de la métairie, parfois dans les champs de blé-noir. Mais il est juste d'observer que les fermiers sortants refusent souvent aux entrants la faculté de râtisser les feuilles par avance ; dans le canton de Bannalec, le râtelage n'est permis qu'après l'entrée, ou du moins à partir du 29 septembre ; à Arzanno et à Guilligomarc'h, à partir du 1er mars.

3° Du 24 juin au 29 septembre (sauf dans le canton de Bannalec, à Arzanno et à Guilligomarc'h), les nouveaux fermiers de l'arrondissement de Quimperlé sont autorisés par l'usage à aller eux-mêmes vider les étables, et à faire les litières aux bestiaux

(1) Dans le Léon, l'entrant n'a rien à voir aux prairies avant le 30 septembre. Dans les arrondissements de Châteaulin, Quimper, et Morlaix (Tréguier), l'entrant a le droit de surveillance quant à la fermeture des prairies, aux irrigations, à la fauchaison et à l'engrangement ou à l'amulonnement des foins ; ou, pour mieux dire, c'est lui-même qui va ordinairement faire ces actes chez son prédécesseur, comme dans l'arrondissement de Quimperlé.

sur les métairies des anciens fermiers, qui, en conséquence, doivent fournir les pailles et débris à ce destinés. C'est ainsi que les fermiers s'assurent des engrais bien conditionnés pour le jour de leur entrée, et les moyens de faire convenablement leurs labours préparatoires. Mais ce n'est pas là une coutume ayant force de loi.

4° Sauf à Arzanno et à Guilligomarc'h, dans tout l'arrondissement, le fermier entrant se rend sur sa nouvelle métairie lorsque le sortant bat ses blés. Le premier ramasse et amulonne les pailles, les engrange s'il y a un hangar; le second ne doit point les employer à son usage : il n'en est que dépositaire, et partant responsable jusqu'à sa sortie. Tel est l'usage bien constant. C'est, au contraire, le sortant qui revient sur la métairie à Arzanno et à Guilligomarc'h, comme nous l'avons déjà constaté.

Art. 11. — *Emblavements de sortie.*

Dans l'arrondissement de Fougères, les fermiers sortants sont tenus d'ensemencer en sarrazin 1/3 de la sole dont ils peuvent disposer (Cavé, p. 17, 41), car le retour en sarazin est préféré à tout autre pour l'ensemencement des autres céréales : il serait donc à désirer que l'on fît, avant de sortir d'une ferme, la plus grande quantité possible de sarrazin, ou qu'on laissât un autre compost équivalent. Mais ce n'est pas là une précaution suffisante contre les dégradations des fermes en fin de bail; l'usage de Fougères ne permet au sortant d'ensemencer en blés blancs que le 1/3 de la terre labourable ; et comme la plupart du temps le sortant n'a pas assez d'engrais, il faudrait, pour l'année de sortie, que la 1/2 seulement des terres labourables fût ensemencée, savoir : 1/4 en blé-noir, 1/4 en blés blancs, et même que l'avoine fût semée dans une proportion bien inférieure à celle des autres céréales. En général, dans le département d'Ille-et-Vilaine, quoique le sortant, dans le cas d'un bail verbal, soit assez libre de labourer et d'ensemencer à sa convenance, l'usage l'astreint à laisser en épargne à son successeur une quantité de terre qui varie du 1/4 à la 1/2 des terres labourables, soit en compost de blé-noir, soit au moins labourée.

Dans les Côtes-du-Nord, on est très tolérant sur ce point. Le sortant y a le droit de semer en avoine après froment une quantité de terre indéterminée; il peut livrer la terre non labourée, et dépouillée de récoltes, à moins de stipulations contraires.

Il est certain que rien ne pourrait plus contribuer au progrès de l'agriculture qu'une règle précise imposée aux fermiers sortants. Habituellement, en effet, ils disposent fort mal les terres, et les négligent entièrement, ne se souciant pas de travailler pour autrui; ou bien, sans *dessoler* absolument, ils surchargent les terres qu'ils emblavent sans mesure. Comme l'intérêt du moment est le seul mobile des fermiers sortants, il en résulte que toute métairie, en fin de bail, est dans un état fâcheux, et que chaque nouveau fermier se trouve dans un grand embarras. Mais l'usage local, dans le Finistère, loin de remédier au mal, semble l'encourager par une latitude indéfinie, dont abusent notoirement un grand nombre de fermiers, comme nous en avons déjà fait la remarque. — Nous ne connaissons que deux communes, Arzanno et Guilligomarc'h, où l'on ait entrepris, quoique d'une manière imparfaite, de combattre ces graves inconvénients : là seulement, il est défendu d'ensemencer toutes les terres, et il faut que l'entrant en trouve au moins un 1/5 entièrement libre au 15 février, époque à laquelle il commence les façons et travaux préparatoires pour les semailles de blé-noir, seul emblavement en céréales qu'il lui soit possible de faire la première année. Si le sortant contrevient à cette coutume, il doit à son successeur une indemnité à régler par experts. Mais si le sortant abusait de la faculté en mettant sous avoine les 4/5 des terres dont il dispose, nous pensons qu'il se rendrait encore passible de dommages-intérêts, parce qu'il y aurait dégradation, l'avoine amaigrissant le sol, et produisant le friche avec chiendent.

Si, dans le reste du Finistère, l'usage local n'est pas bien précis en cette matière, il n'en faudrait pas conclure que le fermier

(1) Voyez MM. Quernest, p. 129; Aulanier et Habasque, p. 135, 157, 164.

sortant soit autorisé à nuire aux intérêts de son successeur et à ceux du bailleur par des actes de mauvaise administration. C'est, du reste, aux bailleurs qu'il faut surtout imputer le mal : en effet, dès qu'ils prendront la peine de stipuler dans les baux la quotité des terres à ensemencer de telles ou telles céréales, la quantité de terres libres à laisser au fermier futur, la coutume se répandra bientôt, et ne tardera pas à se vulgariser de manière à faire loi dans nos contrées, même en cas de bail verbal. Nous appelons sur ce point l'attention sérieuse des bons cultivateurs, et des sociétés d'agriculture.

Art. 12. — *Choses que le fermier peut vendre.*

On n'est pas toujours d'accord sur le point de savoir précisément où commence et jusqu'où s'étend la faculté que la loi donne au fermier de s'approprier les produits naturels ou industriels du fonds. On n'a pas perdu de vue (V. art. 4 ci-dessus) qu'il lui est interdit de vendre des mottes de terre; mais ici quelques autres points doivent aussi être rappelés, pour éclairer la question.

En principe, les engrais ne sont point une marchandise entre les mains d'un fermier; c'est un capital industriel qui provient du sol et doit lui être fidèlement restitué. La prohibition ne s'étend pas aux engrais fabriqués par le preneur; nous verrons encore au chapitre 10 une exception en ce qui concerne les goëmons. Mais quant aux fumiers ordinaires, la vente en est positivement interdite par la coutume et par la loi, comme toutes les autres dévastations; c'est là une règle admise dans tous les cantons, quelle que puisse être la tolérance de tel ou tel bailleur, dans les cas très rares où la surabondance des engrais permet au fermier, sans négliger ses cultures, de céder à ses voisins son excédant de fumier.

Dans le Léon, le fermier ayant le droit d'emporter ses engrais quand il part, peut aussi les vendre dans une certaine mesure, c'est-à-dire, pourvu qu'il cultive en bon père de famille. Dans les autres cantons, on ne suit pas la même règle; et le fermier sortant ne peut, comme en Léon, distraire du sol aucune portion d'engrais.

Les pailles et foins, sans lesquels il n'y a pas d'engrais, devraient toujours rester d'attache au fonds : aussi, dans tous les cantons, sauf ceux du Léon, l'interdiction de vendre est-elle à-peu-près universelle ; nous ne pourrions guère citer que le canton de Crozon où les foins de sortie ne soient pas réputés *rendibles* (ainsi que nous le verrons plus bas) : partout ailleurs, on tient pour certain que, même dans le cours du bail, les foins, les pailles, les engrais, les bois, etc., doivent être consommés sur la ferme, et que le fermier sortant au 29 septembre ne peut, sous aucun prétexte, s'approprier ces objets dans l'année de sortie. Il ne faudrait pas, néanmoins, imputer à faute à un fermier des actes qui, en définitive, ne seraient pas dommageables, et pourraient même tourner à l'avantage de la propriété. Ainsi, bien que dans certains cantons, le sortant ne puisse, dit-on (l'année de sortie) faire la litière de ses bêtes qu'avec la paille de blé-noir, et réparer les toitures en chaume qu'avec les pailles de réserve, dans d'autres, au contraire, les pailles et foins peuvent être employés et vendus modérément dans le cours de la ferme (non dans l'année de sortie) ; c'est ce qui se pratique spécialement dans le voisinage des villes et gros bourgs, qui ont besoin de ces approvisionnements. Ce dernier usage, dans de justes bornes, nous semble bien plus équitable que l'interprétation judaïque qui aurait pour résultat d'empêcher le fermier de prendre même une botte des pailles et foins de sortie. Dans les arrondissements de Rennes, de Monfort et de Redon, le sortant peut consommer un quart des foins ; à Vitré, le cinquième ; à St-Malo, la totalité ; à Fougères, rien. Ceci concerne les baux du 29 septembre, sauf pour Vitré, où les baux finissent à la Toussaint. Dans les cantons d'Ille-et-Vilaine où les baux sont à la Saint-Georges (23 avril), l'entrant n'a droit qu'aux foins laissés sur la métairie. — Pour les pailles de sortie, dans le département d'Ille-et-Vilaine, elles sont toutes au fermier entrant. Dans les Côtes-du-Nord, le sortant a droit à 1/4 des foins, à 1/12 des pailles dans un canton, à rien dans les autres. — Dans notre département, s'il s'agit des pays de Vannes, de Tréguier et de Cornouaille, Crozon excepté, l'entrant a droit aux foins et pailles de sortie ; mais on permet au fermier, tors dans la dernière année, de vendre, notamment les pailles et foins qui sont échangés contre des fumiers ; ces conventions sont fréquentes et ne présentent aucun inconvénient (1). N'est-il pas, en effet, de toute justice de permettre au fermier de tirer le meilleur parti possible du produit de son travail, quand ses opérations se concilient avec une bonne exploitation ?

Après le battage des céréales, il reste, outre les pailles, des *défoures* ou débris, des balles et poussiers : on s'est demandé si le fermier en pouvait disposer à son gré. Dans le cours de la ferme, l'affirmative ne saurait être douteuse ; mais il en serait tout autrement pour l'année de sortie, sauf en Léon. Si, en effet, les défoures ne sont qu'un accessoire de la paille, on doit les réputer *rendibles* tout comme la paille ; tandis que, dans le cours du bail, on ne pourrait raisonnablement assimiler aux engrais des objets d'une si minime utilité pour le fonds. La balle d'avoine, par exemple, qui est la plume du pauvre, est partout vendue par les fermiers, sans difficulté.

Quant aux bois, genêts, ajoncs et autres broutilles, les fermiers du Léon les enlèvent, les vendent à leurs risques et périls, sans se préoccuper des intérêts de leurs successeurs. Dans les autres cantons, les bailleurs sont moins accommodants, et les baux défendent habituellement les ventes et enlèvements des bois de chauffage, des genêts et ajoncs (indispensables au laboureur pour ses engrais et pour la nourriture des bestiaux). Si parfois, ce qui est rare, le fermier vend des chauffages, il le fait en

(1) À Arzanno et à Guilligomarch, le sortant peut disposer absolument des pailles et foins qu'il récolte avant la sortie. — Au reste, il ne faut rien exagérer en pareille matière ; et, quoique un tribunal du ressort de la cour d'Orléans ait condamné comme coupable d'abus de confiance un fermier convaincu d'avoir vendu des pailles à des tiers, nous pensons que nos mœurs et nos habitudes loyales et bienveillantes répugnent à des rigueurs et à des exagérations qui dégénéreraient en vexations inutiles. Le bailleur n'a d'action sérieuse que contre le fermier qui mésuse. La vente est toujours permise, lorsque le bail ne comprend que des pièces volantes : aucun doute dans ce cas.

cachette, ou bien pour des quantités très minimes, partant sans importance. La coutume locale, qui prohibe ces spéculations, s'étend aux fermiers jouissant en vertu de baux verbaux. Mais il n'y aurait pas abus, croyons-nous, dans le cas spécial d'un fermier qui, sans excéder son droit de coupe, vendrait le superflu de sa consommation, du moins quant aux bois courants, excepté la dernière année. Du reste, cette circonstance est presque sans exemple dans notre pays : en fait de combustible, nos cultivateurs ne se piquent pas d'économie; on pourrait plutôt leur reprocher de la prodigalité.

A Rennes, les genêts au-dessous de 3 ans doivent être laissés sur pied par le fermier sortant, qui en reçoit le prix de son successeur. Nous verrons bientôt quels sont les usages du Finistère sur ce point.

Les foins et fourrages artificiels, les engrais fabriqués, les cendres et charrées, en un mot, tous les produits industriels, peuvent être vendus par le fermier, ainsi que les produits naturels de la culture ordinaire, comme les céréales et les fruits, et généralement tout ce qu'il n'a pas trouvé sur les lieux à son entrée, sous les distinctions ci-dessus exprimées.

§ 7. — ÉTATS DE FERME. — TREMPES ET STUS. — PROCÈS-VERBAUX.

Dans les 20 cantons de l'ancien Léon, aucun fermier ne prend possession d'une métairie avant d'avoir payé à son prédécesseur les choses que celui-ci n'emporte pas. On choisit à cet effet un ou deux, rarement trois experts, qui font ce qu'on nomme l'État de ferme. Ils y procèdent sur la montrée de l'ancien fermier, contradictoirement avec le nouveau. Malheureusement cette opération est faite la plupart du temps très superficiellement; il n'en reste habituellement aucune trace écrite; d'où suit que, s'il survient la moindre contestation, il faut courir les risques de la preuve par commune renommée.

Remarquons en outre que les propriétaires n'assistent point à ces états de fermes. Il est vrai qu'ils n'ont pas un intérêt actuel à défendre dans ces sortes d'affaires, l'expertise ne les concernant

point directement : ils s'abstiennent enfin, parce qu'ils n'ont rien
à payer, rien à recevoir. On conviendra pourtant que les fermiers sont plus ou moins soucieux de remplir leurs obligations,
suivant que les bailleurs eux-mêmes se montrent plus ou moins
vigilants pour la conservation de leurs droits. L'œil du maître
n'est jamais de trop en pareil cas : lui seul peut découvrir certaines infractions et prévenir bien des abus. Il y a là au moins un
intérêt d'avenir, que les bailleurs sauvegarderaient par leur assistance à l'expertise. Dans tout le Finistère, il est avéré que les
fermiers, du jour où ils savent qu'ils n'obtiendront pas un nouveau bail, négligent la culture, disons mieux, ruinent la terre
afin d'en retirer davantage aux moindres frais possibles. Les
experts des arrondissements de Brest et de Morlaix (qui sont
assurément les mieux cultivés, grâce aux efforts de riches propriétaires, et surtout aux engrais de mer employés avec intelligence) nous ont affirmé que les fermiers sortants épuisent systématiquement le sol, et le rendent improductif pendant deux ou
trois ans.

Le mal, suivant nous, provient de l'habitude, trop facilement
contractée par le plus grand nombre des estimateurs, de s'asser-
vir dans leurs évaluations à un tarif à peu près invariable, qui
offre inévitablement l'inconvénient, ou de priver le laboureur
intelligent et actif du juste prix de ses peines et dépenses, ou de
faire décerner aux mauvais cultivateurs un chiffre d'indemnité
qui ne devrait être que la récompense d'une bonne culture.
Toute expertise est une chose importante, très délicate, et qu'on
ne devait jamais abandonner aux hasards d'une tradition vague
et incertaine.

D'un autre côté, si les bailleurs astreignaient les fermiers à
une rotation déterminée rigoureusement, de manière à augmenter la sole de préparation, en diminuant celle des blés blancs,
pour la dernière année ; s'ils tenaient la main à la bonne rédaction et à l'exécution littérale des baux ; s'ils surveillaient les
experts chargés des réglements de sortie ; si enfin ils prenaient
la peine d'imprimer une direction éclairée aux travaux des mé-

tayers, on verrait bientôt, n'en doutons pas, la pénurie des paysans faire place à un bien-être profitable aux fermiers aussi bien qu'aux propriétaires.

Les experts du Léon, quand ils sont appelés à visiter les métairies, ont pour mission de déterminer le prix des améliorations dues par l'entrant au sortant, ou le montant des indemnités dues par celui-ci à son successeur. La plus importante opération, c'est l'évaluation des *trempes* et *suites des trempes.* On sait que les trempes sont les augmentations données à la valeur du sol par les engrais et labours ; que les suites de trempes sont les résidus d'engrais anciens. Et, comme la force productrice obtenue à l'aide des amendements est plus ou moins grande, suivant la nature du sol, sa situation et la quantité des fumiers employés, c'est un devoir pour les experts de se rendre un compe exact des choses, de prendre en sérieuse considération l'état d'amaigrissement ou de fertilité des terres, et de se garder des règles absolues en pareille matière.

A Plabennec, pour la première année d'ensemencement en froment, on compte trempe entière, que l'on estime 70 à 75 fr. les 50 ares ou le demi-hectare (environ un journal). Le seconde année, il n'y a que suites de trempe, estimées de 24 à 36 fr. pour la même contenance. La troisième année, on ne compte ni trempes, ni suites de trempes, à moins qu'il ne soit constaté que le sortant a mis du fumier ou de la charrée (on considère les engrais pulvérulents comme ne donnant lieu qu'à une évaluation plus réduite, attendu qu'ils ne bonifient le sol que pour un an). Habituellement, la suite de trempe est estimée 1/2 moins que la trempe entière. Il y a toujours lieu à allouer trempes après le froment, après le méteil ou seigle-froment, après le lin et après l'orge, qui exige au moins une demi-fumure. Mais on n'estime rien après l'avoine, après les panais et autres racines fourragères, sauf le cas où le fermier a fumé. Dans les terres avoisinant la mer, où les engrais de mer sont abondants et d'une vente difficile, on devrait estimer les trempes plus que dans les terres éloignées où on ne met les goëmons qu'avec parcimonie, à raison de sa rareté ; c'est ordinairement le contraire qui a lieu, et dans quelque fermes bordières on ne prise que 40 ou 45 fr. la trempe qui vaut presque le double ; car le fonds est évidemment d'autant mieux amendé, que les goëmons sont à meilleur compte à raison de leur proximité et de leur quantité. Les trempes, après blé-noir fumé, sont prisées de 40 à 50 fr.

A Daoulas, les experts comptent trempes ou suites de trempes dans toute terre où le sortant a mis de l'engrais marin, surtout du maërl et goëmon rouge, même après avoine, seigle et prairies artificielles. Quant aux terres qui ont été emblavées en blé-noir, la trempe est estimée environ 45 fr., sauf le cas où l'on a mis seulement de la charrée. Pour les autres cultures, c'est un peu plus. — Les veillons ou jachères s'estiment selon leur âge, depuis 25 jusqu'à 60 c. et plus par are.

Dans les cantons de Landerneau et de Lesnéven (non compris les terrains bordiers de ce dernier canton), les experts allouent 50 c. par are de terre après froment, seigle-froment ou méteil, orge, blé-noir fumé et trèfle d'un an ; 30 c. seulement après panais, et pommes de terre fumées ; 40 c., si par extraordinaire le sortant n'a pas enlevé les feuilles des panais. — Tous ces chiffres sont des *maximum*, et le mauvais état des terres, à l'expiration du bail, peut seul expliquer ce prix minime des restants en terre. Dans les champs de panais, où l'on met des choux-fourrages, ou choux à vaches (en lignes, sur 3 ou 4 rangs, pour diviser les planches de panais), on ne calcule que la trempe des panais, parce qu'ils occupent la majeure partie de la terre. Quant à la culture des choux, comme légumes, elle exige considérablement de fumier, et les fermiers sortants n'en plantent point. — Dans les terrains bordiers (1), les trempes après céréales sont

(1) Ces terrains, qu'on nomme *messidou*, font partie du pays armoricain, ou *pagan*, payen (sans doute parce qu'il fut le dernier à recevoir les bienfaits du christianisme), et l'on y remarque des habitudes et un costume différents de ceux des habitants de l'intérieur. Dans le canton de Lesnéven, on répute *pagan* les habitants des communes de Kerlouan, Plonéour-Tréz, Plouider et Goulven. — C'est là que les experts ne comptent pas de suites de trempe, quand le sortant ne laisse pas les glés en terre (voyez à l'article 7 ci-dessus). Dans la commune de Plonéour-Tréz, quand l'état de ferme constate un revenant-bon au

estimées couramment 1 fr. l'are ; il en est de même pour les trèfles et panais. Quant à l'avoine, elle ne donne lieu qu'à suites de trempes (de 30 à 50 c. l'are), et dans le cas seulement où l'on a fumé.

Dans le canton de Lannilis, l'estimation des trempes suit à-peu-près les mêmes règles. Les experts évaluent, un peu arbitraire-ment, toutes les terres qui ont reçu une fumure.

Dans le canton de Ploudiry, on estime 50 centimes l'are les terres après froment, seigle-froment, seigle fumé, orge, blé-noir fumé, courtils, veillons de 6 ans ; 10 centimes par an, les landes de bonne qualité ; 1 fr. les trèfles d'un an. Pour les panais, chanvres, pommes de terre, navets, etc. , les prix n'ont rien de bien déterminé. Pour l'avoine et les blés-noirs cendrés, il n'y a pas lieu à revenant-bon.

Dans les cantons de Brest, les trempes sont moins prisées que dans le canton de Plabennec. Toutefois, les anciens veillons y sont estimés jusqu'à 1 fr. l'are, ou 1 fr. plus quelques centimes par sillon.

Nous ne poursuivrons pas cette énumération fastidieuse, qui nous entraînerait dans des redites inutiles. Passons à l'arron-dissement de Morlaix (1).

profit du sortant, il a droit, si l'entrant ne paie pas l'indemnité fixée par l'ex-pert, de conserver le champ pendant un an, en abandonnant à son successeur les 2/3 des récoltes d'orge et de froment, la 1/2 de celles de lin, de panais, de pois et de blé-noir. Mais cela n'a lieu que pour les parcelles de culture, ou pièces volantes, jamais pour les parcs (champs clos de fossés) loués isolément sans logement ; dans ce dernier cas, la faculté de prorogation de jouissance n'a pas lieu en vertu de l'usage, et il faut que l'état soit réglé et soldé. Dans les autres communes du canton, tout fermier de pièces volantes peut, en cas de non-paiement des revenants-bon par son successeur, cultiver pendant un an le 1/3 des terres, et en recueillir les fruits à l'exclusion de l'entrant.

(1) Nous aurions beaucoup à dire, si nous voulions passer ici en revue les di-verses mesures agraires en usage. Dans les temps anciens, chaque seigneurie avait sa mesure, pour peu que le fief fût important. Les uns mesuraient par seillons, les autres par 50, d'autres par cordes, verges, boisselées, senterées, etc. Des offices de cordeurs et arpenteurs furent créés par ordonnances du roi de 1546, et du duc de Bretagne de 1554. En 1323, la contenance du journal fut fixée à 100 pieds pour les prairies, 120 pour les vignes et autres terres. En 1488, le registre de la communauté de Rennes donna au journal 16 sillons (6 raies par sillon) de 360 pieds chacun ; 3 cordes 3/4 par sillon, ou 60 cordes au

Dans la partie du Léon, les experts suivent des usages analogues à ceux en vigueur dans l'arrondissement de Brest. — A Sizun, on évalue 50 centimes l'are les trempes après froment, orge, seigle-froment, blé-noir fumé, et les courtils; 25 centimes seulement celles après panais et pommes de terre; 20 centimes celles après blé-noir cendré; 10 centimes celles après avoine. Quant aux chanvres, trèfles, navets, etc., les chiffres sont variables. Les veillons de 6 ans comptent pour une trempe de froment. Le seigle donne lieu à une demi-trempe ou 25 centimes. A Saint-Pol-de-Léon, notamment à Plouénan, les revenants-bon après froment, orge et blé-noir, ne vont guère que de 15 à 24 francs par journal, et le reste à l'avenant. A Morlaix, partie du Léon, on estime les trempes un peu plus haut; ainsi, après avoine fumée, la trempe va jusqu'à 25 fr. le journal.

Dans la partie de Tréguier de l'arrondissement de Morlaix, et aussi dans les arrondissements de Quimper, de Châteaulin et de Quimperlé, les états de ferme ne sont point usités. Les procès-verbaux ou renables, lorsqu'il en est dressé, n'y ont pas, d'ailleurs, le même objet que les estimations du Léon. Il s'agit, en effet, hors du Léon, d'un réglement de bailleur à fermier : c'est

journal. Au XVIe siècle, et plus tard, le journal représentait 60 cordes ducales, ou environ 62 des nôtres. Mais la nouvelle coutume de Bretagne changea les choses : on ne connut plus que les journaux de 20 sillons, les sillons de 24 pieds carrés (Hévin, 51e consultation. — Suivant M. Quernest, p. 163, le sillon ancien équivalait à 2 ares 43 centiares; mais on commettrait une grande erreur, si l'on appliquait cette évaluation en tous lieux, pour retrouver des contenances indiquées dans les vieux titres par nombre de sillons. Ainsi, dans le canton de Lesnéven, le sillon est seulement de 1 are 26 centiares, et il y a presque 40 sillons pour 1/2 hectare, ou journal ordinaire; la dénomination de journal y est peu connue; on y mesure par *sillons-prisage* (1.26) et par *béraren* ou *péraron* (5 sillons), équivalant au 8e d'un demi-hectare, ou 1/4 du demi-journal, mesure réduite usitée sur le littoral, où les parcelles sont très morcelées et très chères. D'autres comptent par *barres*, égalant 6 sillons ou 7 ares 56. — A Plouguerneau, on donne au *béraren* environ 7 ares; mais on compte plus souvent par *terre d'un quart de lin*, contenance égale à 6 ares 10, ou le 8e du journal de 80 cordes. — A Ouessant et à l'île de Batz, le sillon est de 1 are 26, ou de 1200 pieds carrés. Dans quelques lieux (Pont-Aven, Bannalec, etc.) on compte par *loties de mare ou d'écobue*, la lotie équivalant à 3 ares 12 c. Il y a enfin la *journée de faucheur* de 25 ares, et la *journée* de terres chaudes, valant 36 ares. — On le voit, les divisions du système métrique sont loin d'être suivies chez nous, du moins pour les mesures agraires.

là du moins le cas le plus fréquent, et il est rare que le fermier entrant ait un compte à régler avec le fermier sortant. La mission des experts n'a alors d'autre but que de constater l'état des trempes ou *stus* de sortie, des fumiers, pailles et foins, *des veillons en terres chaudes, des aires à battre, claies et barrières, des bois courants, genêts, ajoncs, bruyères et autres chauffages, des écobues, des navets, trèfles* et autres fourrages; enfin des fossés, des toitures des édifices, et des arbres fruitiers. Dans ce récolement des choses dont le fermier prend charge, tout manquement vérifié donne lieu à une indemnité au profit du bailleur. Les augmentations de valeur sont remboursées au sortant par le bailleur, qui du reste ne pourrait empêcher le sortant de s'approprier les récoltes en terre ; — à moins, toutefois, que l'enlèvement ne nuisît au propriétaire, qui serait alors fondé à retenir en payant à dire d'experts. Tel est l'avis de MM. Aulanier et Habasque, et ils citent à l'appui un arrêt du Parlement, du 17 octobre 1575, qui nous paraît en harmonie avec nos usages, et conforme surtout aux intérêts de l'agriculture.

Quelquefois néanmoins on dresse, par acte séparé ou dans le bail, un procès-verbal des objets laissés sur la métairie par les bailleurs ou par les fermiers sortants, et l'on nomme *renable ou état des stus* l'acte contenant l'énumération de ces objets. Le sortant doit les rendre en nature, ou en payer la valeur en argent: l'ensouchement ou renable ne doit être ni réduit, ni augmenté; d'où la conséquence que les améliorations non expressément autorisées ne sont point remboursées au fermier. Quand l'état des stus donne une évaluation aux immeubles par destination, le sortant n'en doit pas moins rendre toujours en nature les engrais, pailles et foins qu'il n'a pas payés à son entrée; et pour les autres objets, il doit payer la valeur réelle des manquants, et non le prix porté au procès-verbal d'entrée, qui n'est souvent que la répétition d'un acte ancien, et qui ne peut être considéré en tout cas que comme un renseignement, non comme un tarif exact, à raison des modifications apportées par le temps dans les prix des choses. On sait d'ailleurs que les experts-renableurs évaluaient jadis les trempes et stus en général à un taux si minime, qu'il serait injuste de s'en rapporter à leurs appréciations. Aujourd'hui encore, la tradition s'en est si bien perpétuée, que les fermiers sont presque intéressés à négliger les cultures. En effet, la terre en retour d'orge, ou le stus entier, s'estime 40 centimes l'are; après blé-noir 25 centimes! Aussi nos paysans, qui connaissent ces chiffres, cultivent-ils avec le moins d'engrais possible, quand approche l'échéance des baux; et ils se gardent bien de ménager à leurs successeurs les profits d'un travail plus coûteux. C'est surtout dans les cantons où l'on ne dresse point de procès-verbaux, comme à Pont-Croix, à Pont-l'Abbé, à Douarnénez, à Quimperlé, à Pont-Aven, à Arzanno, qu'il est vrai de dire que les mauvais fermiers ont toute facilité pour dissimuler leurs malversations; car ils prennent les métairies dans l'état et les rendent de même. — Soit que le procès-verbal n'intéresse directement que les fermiers, soit qu'il concerne le bailleur et le preneur, il est hors de doute que ce mode de constatation du renable est très avantageux pour les fermiers, qui sont ainsi à même de disposer de l'excédant; et pour les propriétaires, qui sont dispensés de recourir à la preuve testimoniale en cas de discussions. Sous ce rapport, les procès-verbaux diffèrent des *états de ferme*, dont il ne reste souvent aucune trace écrite, ce qui devient une source de contestations. Ils sont encore préférables aux états de forme, ceux-ci donnant aux fermiers une trop grande latitude quant à l'enlèvement des choses les plus indispensables à l'agriculture. Néanmoins, en restreignant la faculté d'innover, les procès-verbaux prolongent indéfiniment l'état d'infériorité que l'on remarque généralement dans les cultures des cantons en dehors de l'ancien pays de Léon. Le cultivateur du Léon est du moins assuré de recevoir une indemnité telle quelle de ses travaux d'amélioration; et si ce principe fécond ne produit pas toutes ses conséquences, les bailleurs et les experts en sont l'unique cause : les premiers, en tolérant l'incurie des fermiers, à la seule condition que les fermages soient acquittés à échéance; les seconds, en allouant aux fermiers des indemnités non rémunératoires ; les chiffres d'estimation donnés ci-dessus, sauf pour le canton de Plabennec, sont évidemment bien inférieurs à la valeur réelle des restants en terre. Encore faut-il remarquer qu'à Plabennec même les revenants-bon ne sont pas toujours remboursés aux taux indiqués par nous comme le *maximum*.

L'usage local, en vertu duquel les améliorations des prairies ne sont pas remboursées au sortant, est aussi un abus qu'on ne saurait trop se hâter de proscrire dans l'intérêt de notre avenir agricole. Le fermier qui, pour rendre la fertilité à un pré improductif, prend la peine d'en aplanir le sol, de détruire les taupes, de diriger convenablement les canaux d'irrigation et les rigoles, de le fumer tous les deux ou trois ans, et de l'interdire aux bestiaux du 1er mars jusqu'à la fauchaison, n'a-t-il pas droit à une récompense qui serait en même temps pour les autres un encouragement à bien faire, et pour les bailleurs la source d'un profit réel ? — Le possesseur temporaire d'une exploitation, du moment qu'il sait que ses peines et soins ne recevront aucun prix, ne peut raisonnablement s'engager dans des travaux, faire des avances, dont un autre recueillera les fruits ; si du moins on lui accordait le léger dédommagement que reçoit un colon congédié, cette prime, jointe à celles allouées par les comices agricoles, stimulerait puissamment les cultivateurs, et nous verrions insensiblement de beaux herbages couvrir des terrains aujourd'hui sans valeur.

Dans le Léon, les états de ferme ne comprennent jamais les foins. Il est vrai que l'art. 1778 du code n'en parle pas ; mais les auteurs les plus accrédités (Troplong, louage, t. 2, n° 783 ; Duranton, t. 17, n° 218 ; Duvergier, t. 4, n° 225 ; Vandoré, t. 2, p. 63, 64) sont d'accord pour assimiler les foins aux pailles et engrais, parce que les foins sont la base d'excellents fumiers. Si, dans le Léon, l'usage constant autorise l'emport des foins, dans les 23 autres cantons du Finistère la coutume veut que les produits des prairies naturelles soient réservés pour le fermier entrant, parce qu'on les considère comme immeubles par destination. Dans les communes d'Arzanno et de Guilligomarc'h, l'entrant a les foins de l'année de sortie, qu'il ne fauche qu'après son entrée (V. art. 10 *suprà*). En certains lieux, dans l'arrondissement de Quimperlé par exemple, le fermier sortant doit permettre à son successeur de venir couper et amulonner les foins pour ses besoins à venir; dans d'autres, c'est le sortant qui est tenu de faire ce travail pour l'entrant, et celui-ci surveille l'amulonnement (opération dont la bonne confection exige un fort chapeau de paille de seigle), et y préside au besoin, ainsi que nous l'avons vu plus haut. Ailleurs enfin, le sortant fait les foins pour son compte. Tantôt le sortant est astreint par le bail à laisser une quantité de foin égale à celle qu'il a reçue; et à défaut de procès-verbal, il doit compte à son successeur des foins de la dernière année, étant présumé les avoir reçus de son prédécesseur. Dans le Léon, la présomption au contraire est de droit, et voilà pourquoi les foins ne figurent pas dans les états de ferme. Hors le Léon, Arzanno et Guilligomarc'h, et le canton de Crozon (singularité qui tient peut-être aux nombreuses relations de Crozon avec Brest), le sortant doit conserver, pour son successeur, les foins de la dernière année. C'est ainsi que, dans plusieurs cantons, le sortant ne peut laisser ses bestiaux dans les prairies, à partir du 1er décembre (à Carhaix notamment), sans s'exposer à des dommages-intérêts envers son successeur. — Seulement, dans tout le Finistère, il est bien reconnu que les foins des prairies hautes ou terriennes, ainsi que les fourrages des prairies artificielles, sont et demeurent la propriété exclusive du sortant, qui les a acquis par son travail et par son industrie. Les foins des prairies naturelles sont seuls réputés *rendibles* dans les limites indiquées ci-dessus, et le sortant doit mettre à la disposition de l'entrant les foins bien amulonnés, à défaut de granges, en quantité et qualité pareilles à celles constatées par bail ou procès-verbal, ou tout au moins par commune renommée (1).

(1) Un arrêt de Lyon, du 21 août 1851, *Gazette des Tribunaux* du 24 septembre, a jugé que les foins sont immeubles par destination, et par suite sont compris dans la saisie du fonds, parce que la totalité des foins récoltés est censée nécessaire pour la consommation des bestiaux employés à l'exploitation.

Nous pourrions en dire autant des pailles, engrais et fumiers. Dans le Léon, l'entrant n'en reçoit pas ; les bailleurs n'usent point de la faculté que leur donne l'art. 1778 du Code civil. Le fermier qui part, sachant que son successeur ne lui remboursera pas ces valeurs souvent importantes, prend ses dispositions pour en tirer le meilleur parti. Néanmoins, il est extrêmement regrettable que les bailleurs ne prennent pas partout des mesures pour empêcher le divertissement des pailles et fumiers : du moment qu'ils sont distraits du sol qui les a produits, il y a à craindre qu'ils ne soient imparfaitement remplacés par un nouveau fermier besogneux, et que le domaine ne se trouve ainsi privé de ses ressources les plus naturelles. En outre, une réforme est encore désirable dans l'intérêt des fermiers eux-mêmes, afin de leur éviter des dépenses considérables, des transports embarrassants, et la perte d'un temps précieux. M. Cavan, p. 70, fait ressortir avec force les nombreux inconvénients de cet usage, aussi en vigueur à Lannion : *Arrivés à la nouvelle ferme*, dit-il, *les pailles et fumiers reviennent au double de leur valeur réelle. Les délogements ainsi faits sont une cause de perte et parfois de ruine.*

A l'égard des landes, et des terres cultivées ou en jachère, le fermier sortant est obligé par l'usage constant, dans tous les cantons, de rendre les fossés, talus, turons, claies, barrières, échaliers et poteaux, dans l'état où il les a reçus, et suivant les distinctions établies au §7 de la présente sect., art. 1, 2, 3. Ajoutons seulement que l'aire à battre doit être soigneusement entretenue, et réparée dans l'année de sortie. Mais si, dans le Léon, les augmentations et manquements entrent en ligne de compte à la sortie, dans les autres cantons on ne fait payer une indemnité que dans les cas où il y a dégradation manifeste. Si pourtant l'état des lieux a été constaté par un procès-verbal ou dans le bail, le sortant doit rembourser au bailleur, ou au fermier entrant, la valeur des manquements à dire d'experts. — Dans aucun canton, ni le bailleur, ni le fermier entrant ne paient rien au sortant qui aurait construit de nouvelles clôtures, fait des barrières, etc. (1) car ici, comme en domaine congéable, l'héritage ne doit pas être grevé par des innovations. C'est encore là une coutume fondée, si l'on veut, sur la stricte justice, mais qui avant tout a l'inconvénient d'entretenir l'insouciance proverbiale des paysans bretons.

Les fermiers sortants sont astreints à rendre les édifices et toitures en chaume suivant le procès-verbal, ou le bail à ferme ; s'il n'y a ni bail, ni état d'entrée, ils sont réputés avoir pris ces objets en état de service. Les augmentations et améliorations des toitures, dans le Léon, font partie de l'état de sortie ; partout ailleurs, le fermier entrant ou le bailleur font supporter au sortant l'indemnité de ses dégradations ; mais il ne lui est pas tenu compte des améliorations !

Dans tout le Finistère, le sortant qui a édifié sur la métairie sans l'autorisation écrite du propriétaire ne peut ni démolir, ni emporter les matériaux ; il doit laisser les innovations par construction ; elles sont acquises au bailleur par accession ou incorporation (art. 712. C. C.). Néanmoins, dans l'arrondissement de Brest, et spécialement à Plabennec, à Lesnéven, à Lannilis et à Landerneau, on admet une présomption que l'usage local n'a pas consacrée dans les autres arrondissements. Si les aiguilles du pignon de la construction sont en mottes, les fermes et filières en bois de fossés, l'édifice est présumé bâti aux frais du fermier sortant, qui alors a la faculté d'emporter les portes et fenêtres et la charpente, ainsi que le chaume du toit ; le nouveau fermier paie à son prédécesseur la valeur de la main-d'œuvre et des matériaux. Ceci est une exception ; car il est de règle, dans le Finistère, que les innovations restent à la charge du sortant, locataire ou fermier.

En résumé, les fermiers sortants du Léon reçoivent de leurs successeurs le montant, suivant expertise, de la plus-value des

---

(1) De là vient sans doute que, dans la partie de Léon de l'arrondissement de Morlaix, il est généralement reconnu que le sortant peut emporter toutes les barrières, moins celles servant de clôture sur l'aire à battre.

toitures, ou remboursent la moins-value à l'entrant ; en Tréguier, Cornouaille, Dol et Vannes, le sortant peut avoir à payer ses dégradations ; dans aucun cas il n'a rien à recevoir (1). Quant aux édifices, tout en répondant des dégradations, le fermier ne peut améliorer qu'à ses risques et périls. — S'il fait de son chef une construction, elle doit rester à son successeur ou au bailleur ; si celui-ci l'a autorisée, on s'en tient aux conventions. Néanmoins, dans une partie du Léon, on reconnaît à certains signes d'usage qu'il est dû pour construction une indemnité au sortant, et qu'alors celui-ci peut tout enlever, à l'exception des murs.

Le droit des fermiers aux bois de chauffage et aux broutilles est aussi réglé au moment de la sortie. Dans les cantons où l'on fait des états de ferme, le récolement suffit pour éclairer les experts sur le point de savoir si le fermier sortant a droit à un revenant-bon, ou s'il est redevable à l'entrant pour cause d'un manquement. C'est un simple compte par droit et avoir à établir en se conformant aux règles établies ci-dessus, et qui comprend les bois courants, les émondes ; les renaissances au-dessus de 9 ans d'âge sont toujours prisées à l'avoir du sortant comme revenants-bon ; celles moins âgées sont aussi prisées dans l'état ; il en est de même des sureaux, bruyères, fougères, épines et ronces (2), des genêts et ajoncs ; on compare *l'état de sortie* à l'état d'entrée, et s'il n'a pas été dressé d'acte à l'entrée, lors de

(1) Seulement il peut emporter ses récoltes en terre et ce que le bailleur ne lui paie pas, quand il y a excédant sur les stus. Nous ne parlons ici que du cas des procès-verbaux de bailleur à fermier ; il va sans dire que si le fermier sortant a payé à son prédécesseur le montant des stus, il y a à compte à régler à la sortie entre l'entrant et le sortant. C'est ce qui a lieu à Scaër et à Bannalec, où l'on fait des procès-verbaux de fermier à fermier ; il y est fait état des engrais enfouis ou en tas, des foins, pailles, et couvertures, mais non des autres objets qu'on estime dans le pays de Tréguier. En un mot, dans les arrondissements de Quimper, Châteaulin et Quimperlé, pas de renable la plupart du temps. En Léon, états de ferme ; en Tréguier, renables de bailleur à fermier. Les procès-verbaux, quand il en est dressé hors le Léon et Tréguier, sont passés contradictoirement entre les fermiers, sans que le bailleur s'occupe de ce règlement, qui n'a pour objet que les trempes, et engrais (pailles et foins) ; le fermier entrant paie les augmentations au sortant, et celui-ci tient compte à son successeur du déficit, s'il s'en trouve ; le tout à dire d'experts.

(2) On nomme ces broutilles *youzer*, *youzel*, *youzil*, quelquefois *strouez*.

la sortie, on a recours au témoignage des voisins : à ce moyen, on voit si le sortant a laissé un excédant ou un déficit. Pour les bois de fossés, par exemple, si l'on suppose qu'un fossé de 8 à 10 ares (garni de bois) eût produit, au bout de 9 ans, une valeur de 225 fr. en rondins et billettes, un autre fossé d'égale dimension, pareillement complanté, ne sera estimé que 25 fr., si les bois ont été coupés un an seulement avant la sortie.

Dans le canton de Lannilis, on prétend que les experts ne doivent priser que pour moitié de leur valeur réelle les ajoncs âgés de moins de deux ans; on ajoute que le fermier, en partant, peut les arracher, s'il n'est pas content de ce mode d'estimation. — *Le dessouchement est un délit,* nous écrivait un de nos correspondants. Sans aller aussi loin, nous dirons que le fermier sortant ne peut considérer comme permis par la loi un acte sans excuse, un procédé sauvage qui porte un préjudice réel au nouveau fermier, sans être d'un grand profit po.. l'ancien.

Dans les cantons de Saint-Renan et de Ploudalmézeau, on suit également des errements qui ne nous semblent pas conciliables avec les principes équitables qui régissent les relations entre fermiers : à Saint-Renan, les genêts âgés de moins de trois ans ne sont point estimés au profit du sortant; à 3 ans, ils lui sont comptés pour 1/3, à 4 ans pour 1/2, à 5 ans pour leur valeur totale. Les ajoncs sont prisés pour leur valeur entière à 6 ans, pour les 2/3 à 5 ans, pour un 1/3 à 4 ans, et pour rien à 3 ans et au-dessous. — A Ploudalmézeau, on n'estime point les genêts et ajoncs, s'ils n'ont au moins trois ans.

Hâtons-nous de le dire, aucun usage local constant et reconnu n'autorise ces règles arbitraires. Il ne serait pas juste de laisser un nouveau fermier s'approprier, sans indemnité préalable, les produits du travail de son prédécesseur. Tout ce que laisse le sortant, et il est des choses qu'il ne peut enlever sans danger, doit entrer en estimation; ainsi font la plupart des experts des arrondissements de Brest et de Morlaix : ceux qui suivent une autre voie obéissent à des préjugés, ou du moins à des traditions tombées en désuétude.

Dans les cantons où les changements de fermiers s'opèrent sans état de sortie, quand le bail détermine la quotité des chauffages du fermier, à sa sortie il paie au bailleur l'indemnité pour excès de coupes, ou abus de jouissance ; s'il est resté en deçà des des droits conférés par le bail, il n'a ni le droit d'emporter, ni celui de se faire payer les bois et chauffages non exploités ou non consommés.

Lorsqu'il existe un procès-verbal constatant les bois et broutilles reçus par le fermier à son entrée, on ne lui applique pas les mêmes règles ; on fixe ce qu'il a à réclamer ou ce qu'il doit.

Mais un cas assez ordinaire est celui-ci : le bail n'a rien stipulé quant au chauffage du fermier, ou (ce qui est tout un) il n'y a qu'un bail verbal. Alors le fermier mésuserait, en coupant des émondes et renaissances au-dessous de 9 ans ; pour les menus brins et abrisseaux, il en peut couper à volonté, aux termes de la jurisprudence locale, sans dégrader le fonds. L'indemnité pour excès de coupes des bois de fermier ne peut être réclamée, qu'autant qu'il soit prouvé que le fermier sortant a pris au-delà du neuvième.

Dans le canton de Crozon, l'usage veut que le fermier sortant ne puisse enlever les ajoncs semés, à moins qu'ils n'aient plus d'une année de sève, sans doute parce que ce serait une pure méchanceté du sortant. Mais nous ne saurions voir là une règle absolue ; le fermier doit, dans ce cas, être admis à prouver qu'il laisse au-delà de ce qu'il a reçu, et par suite qu'il a droit à un dédommagement. Ceci est de toute justice (1).

§ 8. — IMMEUBLES PAR DESTINATION. — FOURS. — PRESSOIRS. — CULTURE DES POMMIERS.

Quoique les procès-verbaux de renable ne soient pas aussi répandus dans le Finistère que dans les Côtes-du-Nord, il est assez ordinaire de voir dans les baux à ferme de notre département des clauses équivalentes à ces actes. Le bailleur en premier détachement, c'est-à-dire qui donne ses terres à ferme pour la première

(1) Telle est aussi l'opinion de Baudoin et d'Aulanier (299 et 300) en matière de congément ; pourquoi un fermier serait-il moins bien traité qu'un colon ?

fois, met à la disposition du fermier engrais, pailles, foins, puits, four, pressoir, meules à broyer ou à aiguiser, échelles, etc. Alors ces objets, ou leurs accessoires, sont réputés d'attache à la métairie, et forment un véritable ensouchement ; à sa sortie, le fermier doit les rendre en bon état, comme il est présumé les avoir reçus ; il est responsable des dégradations, et ne peut rien réclamer pour les améliorations, en vertu du principe que la souche ne doit pas être augmentée par le preneur.

Mais à côté de ces règles simples et faciles, nous devons mentionner ici quelques usages moins connus, et dont la constatation peut servir pour la solution de mainte contestation.

En général, nos fermiers cuisent leur pain chez eux ; en d'autres termes, il y a presque toujours un four dans les métairies : on prétend même, à Plabennec, à Lannilis et à Lesnéven, que, dans toute ferme de 150 fr. et au-dessus, le bailleur doit donner un four, en vertu de l'usage. Quoiqu'il en soit, il est rare que le bailleur refuse de supporter la dépense qu'entraîne la construction d'un four, lorsqu'il n'y a pas dans le voisinage un four banal (1). Quant aux accessoires, comme pelle à four, perche, râcloir, auge, le fermier les fournit la plupart du temps ; il en est autrement de la porte du four, qui est toujours considérée comme faisant partie de la construction. S'il s'élève des difficultés quant aux réparations d'entretien, l'usage décide que toutes les réparations extérieures (l'argile, les mottes) sont au compte du preneur, et que les grosses et menues réparations intérieures, c'est-à-dire concernant la réfection de l'aire et de la chapelle du four, restent à la charge du propriétaire.

(1) Cette dépense qui habituellement ne s'élève guère que de 70 à 75 fr., peut aller jusqu'à 150 fr., dans les lieux où — comme à Carhaix — il faut aller chercher au loin les matériaux. — Au reste, quand un fermier ne possède pas un four, il a recours à celui de quelque village voisin. Le propriétaire du four appelle alors ses contribuables ; au bruit de la cloche du four (*korn-boud*, trompe marine), ils se rendent tous, et la fournée se fait au milieu de joyeuses conversations (voyez *Galerie bretonne*). On s'entend d'ailleurs pour les frais de chauffage ; mais les cendres restent au maître du four. — Ce sont là des bannalités conventionnelles, qui n'ont pas été prohibées (Circ. min. du 12 juil. 1806).

La machine à presser les pommes est assez dispendieuse (120 à 200 fr.); et pourtant, dans les cantons où l'on fabrique le cidre, les bailleurs attachent ordinairement un pressoir à la ferme. Ici les accessoires varient suivant les lieux et l'importance de la métairie : ce sont, outre les pièces dormantes, des fûts en plus ou moins grande quantité, des meules en pierre, ou des moulins à bras pour broyer les pommes, etc.

Dans ces deux cas, les réparations d'entretien sont à la charge du fermier. Pour les grosses réparations, quand il y a lieu à refaire, le bailleur fournit les matériaux et paie les ouvriers, qui sont servis et nourris par le fermier. Ici l'usage est plus précis que dans les cas ordinaires.

On a élevé la question de savoir si, quand il y a mutation de fermier, le sortant a le droit de presser ses pommes avant de vider les lieux. La solution dépend des localités. Sans aucun doute, là où aucun délai de grâce n'est imparti au fermier par la coutume (V. ci-dessus, art. 9), il est obligé d'aller ailleurs faire son cidre. Mais, dans les 24 cantons où l'on observe les délais de grâce, le fermier peut en profiter pour presser ses pommes; et cependant, il ne le fait que fort rarement ; d'abord, parce que le délai ne lui donnerait pas toujours assez de latitude, et surtout parce que, d'après l'usage, *le marc est au pressoir ;* or, comme le pressoir est ordinairement au bailleur (sauf à Pleyben, Huelgoat, etc.), le sortant aime mieux s'assurer le marc en vendant ses pommes, ou en les transportant sur la nouvelle ferme, pour y fabriquer son cidre en toute liberté (1).

Nous n'avons rien dit des obligations que la coutume impose aux fermiers quant aux arbres fruitiers. Les pommiers sont culti-

(1) Malgré l'impérieuse obligation de laisser les pailles de sortie, nous croyons qu'il y aurait une rigueur excessive à empêcher le sortant de prendre sur les lieux la paille nécessaire pour pressurer; cependant il ne pourrait, comme à Rennes, disposer du pressoir et des celliers jusqu'à Noël (voy. Quernest, p. 129). M. Cavan, p. 67, dit que le droit de pressurer les pommes est toujours sous-entendu dans le bail; mais l'usage, en permettant l'enlèvement de quelques récoltes après le terme, ne semble pas autoriser l'occupation du pressoir, qui pourrait être extrêmement gênante pour un nouveau fermier.

vés dans la majeure partie des cantons; ceux du Léon sont les seuls où cette culture soit peu répandue : elle n'y réussit que dans les lieux abrités ou éloignés de la mer. Dans les cantons producteurs de cidre, les vergers ne reçoivent pas, il s'en faut beaucoup, les soins nécessaires pour leur prospérité. Les jeunes pommiers sont constamment exposés au choc des charrues, et la dent des bestiaux ne les épargne guère ; comme les autres plantes, ils ne sont jamais taillés, ni dégagés des mousses et *lichens*. — En un mot, s'il est constant que cette culture réclame chez nous de grandes améliorations, il est également hors de doute qu'il n'en est aucune à signaler comme prescrite par l'usage local. Quand on a vu des fermes normandes, on est surpris de la prospérité et de la richesse des vergers dans cette contrée, dont le sol n'est supérieur au nôtre qu'à l'aide d'un travail opiniâtre et intelligent.

CHAPITRE IX.

Section 4me. — Du bail à colonage partiaire.

Le bail à colonage ou à métairie est un contrat par lequel le propriétaire d'un bien rural le donne à cultiver à un particulier sous la condition d'un partage de fruits (1).

Nous aurions pu passer sous silence ce mode d'affermage qui est régi par les usages énumérés dans la section précédente. Nous en dirons pourtant quelques mots, pour compléter les règles du louage. Que l'on considère le colonage comme une espèce de bail à ferme ou comme une association, ce qui est certain, c'est qu'à la différence du fermier, le colon partiaire ne peut ni céder, ni même sous-louer sans l'autorisation expresse du propriétaire, art. 1717, 1763, 1764 du Code civil.

Les terres tenues à portions de fruits sont en petit nombre dans le Finistère : la coutume locale peut donc rarement être invoquée en cette matière, en dehors des points déjà traités ; d'ailleurs, les conditions sont ordinairement fixées par un acte

(1) C'est pour employer les termes vulgaires que nous avons souvent désigné les fermes sous le nom de *métairies*, qui ne convient proprement qu'aux terres louées à des colons partiaires.

notarié. Ces conditions sont : tantôt que le bailleur percevra un quart des fruits, plus une somme déterminée, en échange de la jouissance du fonds loué ; tantôt que le bailleur fournira le bétail, l'engrais, les semences, le preneur devant tenir compte de la moitié des fruits ; tantôt que le preneur devra laisser, sans indemnité, les pailles, foins et engrais, au bailleur qui les a fournis en entier au commencement du bail. Quant aux subsides et prestations, nous avons eu occasion d'en parler au § 6, art. 78 de la section des *baux à ferme* (V. aussi Aulanier et Habasque, p. 173 et 179). La stipulation la plus ordinaire est celle-ci : le bailleur fournit les engrais et les semences ; le colon fournit les bestiaux et ustensiles aratoires ; le bailleur paie les contributions foncières ; le colon est tenu de charroyer les engrais ; il doit transporter les pailles au domicile du bailleur, à moins que les engrais n'aient été fournis par le preneur, qui alors est propriétaire des pailles. Dès que la récolte est terminée, elle est partagée par moitié entre le bailleur et le colon, sous la déduction des semences avancées par le premier. C'est ainsi, par exemple, que se passent les choses dans le canton de Crozon (1).

Dans d'autres cantons, à Arzanno, par exemple, il y a quelques nuances, mais peu importantes. Remarquons seulement que l'on y fait des contrats en bonne forme, tandis qu'à Crozon le bail à métairie est presque toujours verbal, et par suite plus susceptible d'être un sujet de discussion.

La durée des baux verbaux est d'un an ; les autres sont faits pour un temps qui n'excède point neuf ans et qui est de trois ans au moins. Mais le bail à colonage sans écrit ne peut être assimilé aux baux ordinaires dont parlent les art. 1774 et 1775 du code, parce que les colons peuvent être, sur l'époque de leur sortie, dans une ignorance complète, ce que la loi ne permet pas

(1) Il n'est pas hors de propos de rappeler ici l'arrêt de Lyon, déjà cité plus haut, d'après lequel les bestiaux sont immeubles par destination, et compris dans la saisie du fonds, parce que, sauf la preuve contraire, ils sont présumés nécessaires à l'exploitation, et non placés momentanément. Ceci ne concerne pas les fermiers, mais les chepteliers ou colons partiaires.

de supposer pour les fermiers ; il y a donc nécessité d'avertir le colon en temps opportun, afin qu'il soit à même de s'assurer une existence dans un autre domaine. Le délai de six mois est celui qu'il convient d'observer, sinon comme prescrit par un usage constant, au moins comme se rapprochant plus que tout autre des habitudes de notre pays. Il va sans dire que le colon devrait aussi notifier congé six mois d'avance, s'il voulait se dégager des liens d'un bail par tacite-réconduction. Le congé ne peut être verbal ; nous croyons qu'il faut l'intervention de l'huissier, et ne nous ne pouvons admettre en ce point la doctrine de la Cour de Limoges (18 mars 1842, J.P., 1843, 1, 319) : nous nous rangeons plus volontiers à celle de la Cour d'Agen (26 novembre 1822).

Une autre question a été soulevée en ce qui touche le cas de la mort du colon partiaire. Duvergier, n° 91, soutient que ses héritiers, comme ceux d'un fermier (argument des art. 1741-1742), peuvent demander l'exécution du contrat, pourvu qu'ils offrent au bailleur des garanties suffisantes. Nous ajouterons, au point de vue de nos usages, qu'il serait contraire à toutes les règles admises dans les rapports entre bailleurs et preneurs de considérer l'une ou l'autre des parties comme dégagée de ses obligations par un évènement qui ne porte aucune atteinte à ses droits légitimes.

CHAPITRE IX.

Section 5me — Du bail à Cheptel.

Deux articles de la coutume de Bretagne nous apprennent que les cheptels, ou baux à mi-croît, étaient en usage dans notre province. L'art. 236 autorisait les saisies et ventes des bêtes baillées à mi-croît, jusqu'à concurrence de la part et portion de cheptel appartenant au débiteur. L'art. 421 permettait aux seigneurs seulement de se faire payer le *dédommage* sur les bêtes *à mi-croît*, trouvées pâturant sur les terres d'autrui. On voit par là que, si les seigneurs avaient un privilège, dans les cas ordinaires le preneur ne pouvait par son fait engager la part du bailleur dans le cheptel.

La plupart des coutumes permettaient aux bailleurs la revendication des bestiaux saisis par le cheptelier ; mais comme les fraudes étaient fréquentes, un arrêt du conseil du 11 mars 1690, et l'édit de 1713 (Dénizart, v° cheptel), ordonnèrent de passer acte devant notaires de tous les baux à cheptel, d'y dénombrer les bestiaux, et de publier ces contrats aux prônes des paroisses des preneurs. Les contrevenants étaient punis par la confiscation.

Ces dispositions ne sont plus en vigueur ; le bail à cheptel peut, comme les autres conventions, être contracté sous seings privés et même verbalement. Mais on comprend les inconvénients inhérents au cheptel verbal. Les propriétaires, ayant un privilège sur les bestiaux qui garnissent une ferme, sont en droit de saisir le cheptel, si la notification du bail à cheptel ne leur a pas été faite avant l'introduction des bestiaux dans la ferme (répertoire du *Journal du Palais*, t. 2, p. 391) ; et suivant M. Troplong, n° 1160, il y a là pour le propriétaire un droit acquis, qu'une notification postérieure ne peut détruire. Si le cheptelier est poursuivi par voie de saisie-exécution, le bailleur peut s'opposer à la vente, art. 608 du Code de procédure, mais à la charge de justifier bien positivement de ses droits de propriété. Les percepteurs sont en droit de saisir un troupeau entre les mains du cheptelier pour le paiement des contributions directes, lorsqu'il ne produit pas la preuve de sa qualité de cheptelier.

Or, dans notre pays, le cheptel simple, ou le contrat improprement nommé cheptel, est seul usité. On ne prend habituellement aucune précaution : les parties ne constatent pas par écrit leurs conventions ; le cheptel n'est point notifié au propriétaire du fermier qui a le bétail (art. 1813, c. c.). Néanmoins, dans le canton de Crozon, où les cheptels sont nombreux, on a recours aux notaires pour ces contrats, dont les frais sont toujours supportés par moitié par le bailleur et par le preneur ; mais on n'y fait pas d'actes pour les petits cheptels, à cause des frais. C'est aussi là le motif qui, dans les autres cantons, empêche de donner à ces baux une forme régulière.

En effet, dans tout le département, on considère le cheptel comme une convention de bonne foi ; c'est un moyen de procurer quelques ressources aux petits fermiers, et voici les conditions usuelles entre le bailleur et le preneur. A Plabennec, l'on donne à nourrir une ou deux vaches pour un temps déterminé, un ou deux ans par exemple : conformément aux règles du code, les veaux sont seuls au bailleur ; ou bien, si les veaux restent au preneur, il paie 6 fr. par veau au bailleur, qui en tout cas supporte les pertes et accidents non imputables au cheptelier. A Ploudalmézeau, le preneur paie 6 fr. par an pour une vache ; le croît se partage par moitié. A Saint-Pol-de-Léon, on fait des cheptels de juments, de vaches, de brebis ; la perte du cheptel est pour le bailleur, qui n'a droit qu'aux dépouilles des animaux morts. Le croît ne se partage pas toujours ; les veaux sont souvent au bailleur. Dans le cheptel de moutons, le bail est réputé consenti pour trois ans ; c'est en effet à l'expiration de ce terme que le troupeau est vendu. Il semble donc que, pour ce cas du moins, l'achat et la remise d'un nouveau troupeau au cheptelier produirait la tacite-réconduction pour trois ans. Dans tout autre cas, l'usage local ne fixe ni la durée du bail à cheptel, ni celle de la tacite-réconduction, qui dépend des circonstances locales et des présomptions.

A Crozon, dans les cheptels de vaches, le croît, et les pertes et profits sur la vente, sont partagés également entre les parties.

Il en est de même au Faou, à Châteauneuf, au Huelgoat, à Châteaulin, et dans les arrondissements de Quimper et Quimperlé.

A Carhaix, à Plouigneau, et généralement partout où l'on prend des bœufs à l'engrais, le preneur a des bénéfices qui varient : ainsi, à Plouigneau, il a les 3|4 du profit net (parce qu'on engraisse les bœufs à l'étable), tandis qu'à Carhaix il se contente de la moitié ; à Plouigneau encore, pour les vaches, le preneur laisse le croît, (ou 6 fr., au bailleur ; la vente n'a lieu qu'autant qu'elle présente un bénéfice à partager ; pour les chevaux, le bailleur n'a droit qu'à un tiers des profits réalisés par la vente ; le preneur garde les deux autres tiers. A Taulé, les pertes, mêmes fortuites, sont supportées par le preneur, en proportion des bénéfices stipulés, qui vont souvent aux deux tiers des profits de la vente.

On le voit, les usages ne sont point uniformes dans le Finistère en matière de cheptels ; mais du moins les conventions de ce genre, qui ont pour but de procurer aux cultivateurs peu aisés, sans bourse délier, des laitages, du fumier et quelquefois le travail des animaux, mérite d'être encouragé, comme garantissant aux propriétaires une plus grande masse d'engrais, et par suite une meilleure culture. C'est pourquoi le législateur a précisé les cas où le bail est nul; il n'a pas voulu que l'on abusât, dans un but de spéculation, de l'ignorance et de la faiblesse du cheptelier. L'art. 1811 du Code a été dicté par une pensée philantropique, par un sentiment de haute moralité que les magistrats ne doivent point oublier, lorsque des questions de ce genre leur sont soumises.

Dans le cas où le preneur s'est obligé à nourrir et à loger une vache pour les laitages et le fumier, les veaux étant réservés au bailleur, celui-ci est tenu de retirer les veaux dès qu'ils peuvent être vendus; et les auteurs enseignent que l'âge auquel le veau peut être vendu est celui de quatre semaines au plus tard. Si le bailleur résistait à la mise en demeure, il s'exposerait à une condamnation à des dommages-intérêts (Rép. du *J. du Palais*, t. 2, p. 396). Il est vrai que, si nous nous en rapportons aux usages et aux hommes spéciaux, les fermiers vendant les veaux aux bouchers dès l'âge de huit jours, afin de ne pas perdre les profits du lait, nous serions porté à conclure que le cheptelier pourrait forcer le bailleur à accepter la remise d'un veau de huit jours. Mais, quoique les réglements anciens (voyez lettres-patentes du 1er juin 1782, art. 9 et 10) soient tombés en désuétude, faute de moyens d'exécution, il est hors de doute que, dans l'intérêt de la santé publique, les autorités municipales ont le droit d'empêcher la vente de viandes imparfaites, comme celle de la plupart des veaux du Finistère; et sous ce rapport, la fixation du *minimum* d'âge *à un mois* concilierait les intérêts généraux avec les intérêts particuliers des bailleurs à cheptel, et de tous les cultivateurs qui élèvent des veaux (Voyez sur cette matière la discussion qui a eu lieu le 3 juillet 1851 à la société d'agriculture de Brest; *Océan* du 3 août 1851). — Nous aurons d'ailleurs occasion de revenir, au chapitre des Usages du Commerce, sur les inconvénients qu'entraînent les ventes de veaux trop jeunes. Mais nous ne croyons pas qu'aucune pénalité puisse atteindre ces faits; car ni le règlement de 1782, ni celui du 4 avril 1720, ou du 14 mars 1745, ni même l'ordonnance de police du 9 germinal an VIII, spéciale pour Paris, ne peuvent être aujourd'hui invoqués comme obligatoires là où des arrêtés locaux n'imposent

aucunes entraves à la liberté du commerce de la viande (Mars,
t. 2, p. 321 ; Pailliet, *Manuel complémentaire*, p. 135).

CHAPITRE IX.

Section 6me. — Du Domaine congéable.

En parlant ici des coutumes locales en matière de domaine
congéable, nous voulons seulement mettre en relief quelques
points sur lesquels roulent ordinairement les contestations entre
colons et propriétaires fonciers. Nous n'ignorons pas que les convenants diminuent tous les jours, surtout dans le pays de Léon ;
mais il en existe encore un grand nombre dans les territoires des
anciens évêchés de Vannes, Tréguier, et surtout de Cornouaille ;
il n'en faut pas davantage pour justifier l'utilité présente de nos
observations (1).

Nous nous garderons du reste d'aborder et de discuter les
graves considérations d'économie politique, sur lesquelles se fondent beaucoup d'hommes éclairés, pour exprimer les regrets légitimes que leur inspirent les tendances actuelles, et l'extinction
prochaine des tenures convenancières. Suivant eux, aujourd'hui
plus que jamais, en présence des misères qui attristent nos campagnes, on devrait hautement encourager, ou du moins faire de
sérieux efforts pour empêcher de s'éteindre, un mode de baillée
qui, sans aucun inconvénient, offre l'avantage de réaliser en partie le problème si controversé de l'association du capital et du
travail, au moyen d'une équitable participation aux bénéfices.....
Nous déclinons notre compétence à cet égard (2).

(1) Nous lisons dans un mémoire du 15 messidor an IV que M. le Ministre
des finances évaluait à plus de 15,800 le nombre des tenues convenancières
alors déclarées nationales comme provenant des émigrés, du clergé, ou des
couvents supprimés... Dans le seul district de Quimperlé, les 19/20es des biens
nationaux vendus se trouvèrent tenus à domaine congéable. Ils furent en grande
partie vendus sans procès-verbaux d'expertise et sans titres ; ce qui occasionne
des procès fort compliqués.

(2) Nous avons sous les yeux un rapport (de M. Gaillard à la Société d'agriculture de Vannes, 8 mars 1849), dans lequel ces idées sont développées d'une
manière simple et au point de vue pratique. Si des hommes de cœur s'enten-
daient pour en poursuivre la réalisation, la Bretagne, au bout de 20 ou 30
ans, n'aurait plus ni mendiants, ni landes dénudées. — Il est du reste reconnu
qu'en général la culture des colons est plus soignée, mieux entendue, et plus
productive que dans les fermes ordinaires.

Il est incontestable que les anciens usements n'ont pu être
entièrement abolis par les lois révolutionnaires, et que le Code
civil semble même leur avoir laissé leur autorité (art. 1159-1160)
dans tous les cas où les baillées sont muettes, ou difficiles à interpréter ; à plus forte raison, lorsque les baillées ne peuvent être
produites. D'ailleurs, la loi du 6 août 1791 n'a point abrogé les
coutumes : elles les a, au contraire, formellement maintenues.

Un premier point doit fixer l'attention, et fait naître des doutes
dans l'esprit des magistrats en cette matière : c'est celui de savoir
si le bail à convenant est ou non entaché du caractère de féodalité. Ainsi, les droits de chasse, de monteaux, de colombier, etc.,
les corvées et autres charges personnelles viciant les contrats,
doivent être réputés nuls et sans effet. Mais ces clauses ne peuvent atteindre l'essence même de l'acte, ni affranchir le colon
des redevances purement convenancières. Il en serait de même,
si le caractère féodal était révélé seulement par des locutions de
pur style, comme celles de *manants, homme, vassal, sujet, seigneur et maître,* qui se glissent par tradition dans les actes,
sans en affecter nullement la valeur.

Quoique, dans le Finistère, les tribunaux admettent que les
colons sont tenus de faire au foncier, soit tous les 28 ans, soit à
chaque mutation de foncier, la déclaration spécifique de la tenue,
il n'y a pas unanimité à cet égard parmi les jurisconsultes ; et
beaucoup de personnes considèrent les colons comme affranchis
de cette obligation par la loi de 1791. Pour nous, nous croyons
que, en vertu de l'usage, les colons sont réputés astreints
à la déclaration, au moins pour les tenues convenancières
situées dans le territoire autrefois régi par les usances de
Rohan, Tréguier et Cornouaille (1). Or, sur 282 communes,
le Finistère en compte plus de 100 qui ressortissaient jadis
aux Évêchés de Cornouaille et de Tréguier; il n'est donc point
étonnant que l'usage des déclarations forcées se soit perpétué
dans ces communes, et successivement dans les autres par
analogie. D'un autre côté, on ne pourrait justement proscrire
cet usage, qu'autant qu'il serait incompatible avec le système de

(1) Voyez Usances de Rohan, art. 7 ; de Tréguier, art. 26 ; de Cornouaille,
art. 17, et l'art. 7 de la loi du 6 août 1791. — Les usances de Léon ne contiennent aucune disposition contraire au système des déclarations obligatoires.

réciprocité établi par la loi de 1791; et l'incompatibilité ne nous semble pas suffisamment démontrée. En effet, les colons n'ont pas un intérêt réel à refuser cette satisfaction au foncier, à moins qu'ils ne se soient permis des dégradations ou des innovations; et sous ce rapport, ils ne mériteraient aucune faveur: pourquoi leur donnerait-on ainsi un moyen facile d'empiéter sur les droits du foncier? Au contraire, l'obligation de fournir déclaration laisse à chacune des parties l'intégralité de ses droits : le fon·cier peut, par un acte supplétif, rectifier les clauses des déclarations qui ne seraient pas conformes au bail en premier détachement, ou qui constitueraient des erreurs matérielles; le colon, de son côté, peut revenir par la même voie contre les inexactitudes qui se seraient glissées dans une première déclaration à son préjudice. Enfin, si le titre primordial est adiré, on comprend qu'une série de déclarations, ou même une seule déclaration, deviendra un titre précieux pour apprécier les droits des parties. Sous tous ces rapports, nous croyons que l'usage est utile à conserver, qu'il ne peut être signalé comme un abus, et qu'il ne viole aucune loi. M. Carré n'hésite point à adopter cette interprétation de la loi de 1791; et quoi qu'il n'invoque point l'art. 2263, il est généralement admis que les déclarations ne peuvent être exigées que tous les 28 ans, parce que le Code civil a posé en principe que tout créancier d'une rente est autorisé à réclamer un titre nouvel dès que l'ancien a 28 ans de date; et l'on comprend combien il importe d'astreindre les domaniers à cette formalité, sans laquelle ils pourraient, contre toute équité, opposer la prescription en ce qui touche les innovations préjudiciables aux fonciers (1). — Les déclarations doivent être fournies aux frais des colons.

(1) Peut-être aurions-nous dû laisser sans réponse les critiques dont cette partie de notre travail a été l'objet à la Société d'Emulation. Nous n'avions point la nouvelle édition du traité de M. Aulanier, et nous combattimes la doctrine soutenue dans l'ancienne; notre conviction reposait sur l'examen de la jurisprudence des tribunaux et de la Cour d'appel. Mais aujourd'hui nous devons d'autant plus persévérer dans notre avis, que l'auteur du Domaine Congéable rétracte son opinion d'autrefois, et convient que la jurisprudence de la Cour de Rennes est maintenant bien fixée sur le droit qu'a le foncier d'exiger une déclaration du colon. L'arrêt du 30 juin 1832, suivi d'une foule d'autres, a formellement résolu la question dans le même sens (*Traité du Domaine Congéable*, nouvelle édition, n° 31).

Il va sans dire que, comme les fermiers, les colons sont tenus de laisser visiter le domaine (v. ci-dessus chap. 9, sect. 3, art. 8) par le foncier et par ceux qui voudraient acheter le fonds, ou succéder aux droits des colons sortants. Mais il ne faut pas confondre cette obligation de laisser voir avec la *montrée*. Aucune loi, aucun usage ne peuvent forcer un colon à la montrée. Il est vrai que, dans le cas de congément, les experts, sur le refus du colon de faire la montrée, passent outre, et s'en rapportent à la désignation des édifices et superfices faite par le congédiant. Mais il arrive très souvent que celui-ci se trouve dans le plus grand embarras, soit parce qu'il n'a pas de titres en règle, soit parce que leur ancienneté est une source de confusion, à cause des modifications apportées dans les édifices et dans les parcelles de la tenue. Alors il n'a d'autre ressource que de renoncer au congément, ou de faire comprendre au prisage toutes les terres possédées par les domaniers, à ses risques et périls. Tel est du moins le résultat inévitable du système en vertu duquel les colons pourraient s'affranchir de l'obligation de fournir déclaration. Ceci est encore une preuve de la nécessité des déclarations, dont l'usage est le remède le plus efficace contre les possessions de mauvaise foi.

La montrée volontaire des édifices et superfices donne aux colons le droit incontestable à une indemnité pour le temps passé par eux à cette opération. Dans l'usage, cela ne fait aucune difficulté, et on alloue 3 fr. à chaque colon par journée passée à la montrée de ses droits particuliers (Baudouin, n° 317). Quel que soit le nombre des colons détenteurs d'une tenue, il n'est dû qu'une seule indemnité par jour, soit que l'un des consorts assiste pour tous les autres à l'expertise, soit que chaque consort venille désigner lui-même aux experts ce qui lui appartient privativement.

L'art. 16 de la loi du 6 août 1791 assimile les colons aux fermiers, en tout ce qui est applicable aux baux à convenant. Il résulte de là que les colons sont assujétis aux règles exposées au chap. 9, sect. 3, art. 1 à 12 ci-dessus. Cependant M. Aulanier, n° 303, tout en reconnaissant qu'en vertu de l'art. 1778 du Code civil le foncier qui congédie peut retenir les pailles et engrais au taux de l'estimation, enseigne qu'il n'en est pas ainsi des foins et fourrages. Il en donne pour raison que les foins doivent être considérés comme des récoltes, non comme des engrais, quoi qu'ils aident à en faire. Nous avons peine à souscrire à cette interprétation de la loi. Pour ne parler que de la Bretagne, à Rennes, à Nantes, à Saint-Brieux, on admet généralement l'assimilation des foins aux engrais, et M. Neveu de Rotrie (*Commentaire*, p. 119), nous apprend que MM. Toullier, Carré et Lesbaupin, donnèrent en 1824 une consultation en ce sens. Nous avons, en parlant des fermiers, cité quelques autorités, Vaudoré entre autres, qui se fondent sur les usages ruraux pour obliger les fermiers à *convertir* les pailles *et les fourrages en engrais pour fumer les terres*. Or, si cela est exact pour les fermiers, pourquoi en serait-il autrement en matière de domaine congéable ? Pourquoi permettrait-on au colon de divertir, d'enlever des objets destinés à fertiliser les terres ? Il importe qu'ils ne soient pas détournés de leur destination (1) : l'intérêt du foncier, qui peut vouloir transformer la tenue convenancière en ferme ; l'intérêt du colon, qui sera sûr d'être remboursé de ces objets, et sera affranchi des frais de transport, tout concourt à démontrer que les foins et fourrages de sortie doivent être compris au congément, ou du moins être estimés séparément lors de la sortie ; en d'autres termes, que le foncier, en congédiant, se trouve vis-à-vis du colon, quant aux objets à retenir, absolument dans la même position que les bailleurs, ou fermiers entrants, à l'égard des fermiers sortants. C'est pour cette raison que, suivant nous, le colon congédié, pas plus que le fermier, ne doit couper immodérément, ni enlever les ajoncs et genêts de sortie ; car la dévastation des garennes serait un obstacle à la bonne culture du domaine et à sa location avantageuse pendant plusieurs années. Nous serions assez disposés à adopter l'usage de Rennes quant aux genêts et à l'étendre aux ajoncs (v. *suprà*, chap. 9, sect. 3, § 6, art. 12). En résumé, le colon congédié peut être tenu de laisser ou de rendre tout ce qu'il a reçu lors de son entrée. Dans le Léon, cette obligation n'existe point, puisque l'entrant est présumé avoir apporté sur les lieux les fumiers, pailles et foins ; mais cet usage fâcheux n'est point en vigueur dans les 23 autres cantons, où, sauf la preuve contraire, le fermier sortant est pré-

(1) Les décrets du 1er fructidor an III et 2 thermidor an VI contiennent des dispositions qui pourraient encore être invoquées ici, du moins par analogie entre les cheptels et les domaines congéables.

sumé avoir reçu, et peut être contraint de rendre ces objets, ou d'en payer la valeur. Il n'a droit d'emporter que les foins terriens et les fourrages artificiels, qui ne sont pas réputés *rendibles*.

Les colons qui ont obtenu une baillée ont l'assurance de jouir de l'héritage pendant le temps stipulé dans l'acte. Mais si, comme cela se rencontre souvent, la baillée n'est pas renouvelée au terme, il s'opère *de plano* un nouveau bail au profit du colon resté détenteur. La tacite-réconduction, qui n'était point admise dans l'ancien droit convenancier, a été créée par la loi de 1791 pour tous les colons laissés sur les domaines après l'expiration des baillées postérieure à 1791 ; ses effets sont alors réglés conformément aux baillées expirées. Ainsi, dans les arrondissements de Châteaulin et de Quimperlé, la tacite-réconduction permet aux colons de se maintenir sur les domaines pendant trois ans ; et si le foncier n'a pas notifié le congément six mois avant l'échéance de la période, une seconde période triennale est acquise au colon. Dans les autres arrondissements, la jouissance par baillée est seulement annale (1).

Cette notification du congément a donné lieu à une difficulté plus apparente que réelle, au sujet du délai précis du congé à donner au colon. Ce délai est de six mois d'après la loi de 1791 ; mais est-ce le 28 ou le 29, ou le 30 mars, qui est la date fatale ? Il semble tout d'abord que la date du 30 serait tardive, car le colon n'aurait pas les six mois francs que lui accorde la loi ; la date du 28 serait assurément la plus rationnelle, suivant la maxime *dies termini non computantur in termino*. Néanmoins, on pense généralement que le congément est valablement signifié au plus tard le 29 mars avant midi, et tel est l'usage le plus accrédité dans les pays de domaines. Il existe, en effet, une raison décisive pour s'en tenir à cette solution : le colon doit vider les lieux le 29 septembre, ou au plus tard le 30 au matin ; le 29 est

(1) V. les arrêts de la cour de Rennes des 4 mai 1812, 9 sept. 1815, 21 sept. 1820, 21 sept. 1823 (dans une affaire de l'arr. de Châteaulin — où l'on pose en fait qu'on laisse la moitié des terres en jachère), suivant lesquels le colon, s'il n'a renoncé aux droits résultant de la tacite-réconduction, peut toujours les revendiquer....

réputé appartenir pour moitié au colon et à son successeur, la notification faite le 29 mars avant midi est ainsi parfaitement régulière (1). — N'est-ce pas d'ailleurs au 29 septembre que sont exigibles les redevances convenancières ?

Quant aux délais de grâce, aux facilités accordés pour l'enlèvement des récoltes, au paiement, nous renvoyons aux art. 8 et 9 du § 7, Section des Baux à ferme.

Dans tout le département, quand il y a lieu de vendre sur simples bannies les édifices et superficies, comme l'art. 25 de la loi de 1791 ne dit pas comment doivent se faire les trois publications, c'est l'usage qui doit être consulté, ainsi que l'enseigne Aulanier, numéros 131, 132. Nous ajouterons seulement qu'au lieu de l'huissier, c'est souvent le bédeau, ou le crieur public, qui publie à son de caisse (2), pendant trois dimanches consécutifs, les placards qui sont ensuite affichés à la porte de la maison commune de la situation des biens, à la principale porte des bâtiments à vendre, et à l'entrée du tribunal où doit se faire l'adjudication. Ainsi, la coutume locale dispense des publications dans l'auditoire même du tribunal.

Les experts en congément ont diverses manières de procéder (1). Pour se conformer à l'usage habituel, le seul dont on puisse tenir compte, ils doivent indiquer en détail, dans leurs procès-ver-

(1) M. Brousmiche nous a fait remarquer qu'on ne saurait être trop précis dans une matière qui peut donner lieu à des procès et à des difficultés fâcheuses, si surtout le colon est dans le cas d'invoquer la tacite-réconduction. Nous tenons beaucoup à prouver à cet honorable expert que le but principal de nos recherches est de prévenir les ambiguïtés, et de déjouer les ruses inspirées par l'esprit de chicane. La règle que nous donnons est simple, et nous n'hésitons pas à la croire suffisante, aux termes de la loi.

(2) Cette proclamation se fait au pied de la croix ; le crieur monte sur la pierre que les *loustics* de la campagne nomment *men gaou*, la *pierre du mensonge*.....

(3) Depuis que ce chapitre est écrit, nous avons lu, dans la 2e édition de l'ouvrage de MM. Aulanier et Habasque, un exposé des règles que doivent suivre les experts en congément. Une lecture attentive de ce travail nous a confirmé dans l'opinion que nous émettons plus bas. En effet, l'expert inexpérimenté courrait le risque de commettre bien des erreurs, s'il suivait à la lettre les bases indiquées par les auteurs des *Usages des Côtes-du-Nord ;* l'expert éclairé par la pratique les consultera peut-être, mais ne s'y astreindra point. Nous sommes loin de contester le mérite de ces recherches ; nous en recon-

baux, les formes, les dimensions et la qualité des matériaux de tous les édifices à priser ; l'âge et l'essence des bois, leur dénombrement et leur qualité ; l'état des prairies, la valeur des travaux faits par les colons pour en améliorer le tissu et les produits ; la situation réelle des cultures, des stus, des veillons ; en un mot, tous les éléments à l'aide desquels seulement les parties, et au besoin les juges, peuvent vérifier si le travail a été fait avec l'exactitude requise, et aussi consciencieusement que possible (1).

Voici les prix habituellement adoptés par les experts en congément : stus après lin, 50 centimes l'are ; chanvre, légumes, blénoir et pommes de terre, 40 à 50 c., quand on a fumé ; froment, 30 ou 40 c. ; seigle, 25 c. ; avoine, 12 c. 1/2 ; orge du littoral, 50 c. ; prairies, de 60 c. à 1 fr. ; landes, 10 c. (suivant leur âge, ou la date des écobues, on va jusqu'à 20 ou 25 c.) ; jachères, de 15 à 30 c. ; — ces prix subissent des modifications en raison des soins donnés à la culture, de la situation des lieux, etc. C'est à l'expert à discerner ces nuances ; aussi ne donnons-nous ces chiffres que comme une simple indication, nullement comme un tarif invariable, et que l'on puisse suivre sans inconvénient. Car les chiffres ci-dessus, s'ils sont assez élevés pour récompenser

naissons les difficultés, mais nous sommes persuadé que les auteurs eux-mêmes n'ont eu d'autre but que de donner les premières notions aux personnes étrangères à la matière. A ce titre, leur travail est fort intéressant, et nous craignons seulement que, dans la pratique, ces règles ne soient pas toujours appliquées avec intelligence.

(1) Les arrêts de la cour de Rennes, des 31 juillet 1834 et 2 avril 1838, résument les principes qui régissent la matière : on y voit que l'évaluation en bloc est un usage abusif, et que l'usage local doit servir de règle à cet égard. Ainsi, toutes les pailles récoltées, tous les fumiers, débris de récoltes, les litières, non déposés en terre, doivent être estimés en détail, comme les stus, labours et engrais enfouis. — Pour les prairies, on doit attribuer au colon le tissu permanent, c'est-à-dire, ce qui résulte des dépenses, peines et soins du colon (mais non ce qui est le produit spontané du sol), comme les canaux d'irrigation, rigolages, nivellements, saignées et voies d'écoulement, faits dans l'intérêt de la culture. Les fontaines, rentoirs et lavoirs sont des novalités, quand le foncier n'en a pas autorisé la construction (Voy. aussi arr. du 20 août 1839). Un arrêt de la cour de cass. du 7 mai 1851 (Gaz. des Tribun. du 9), dans l'affaire Coëtmeur, a jugé que, là où l'usage local ne prescrit pas le paiement d'une indemnité des frais de premier défrichement, les colons n'en peuvent exiger, un pareil usage n'étant pas contraire à la loi de 1791 qui, loin de reconnaître aux domaniers le droit au remboursement des impenses de défrichement, déclare expressément maintenir les usages constants. — Chez nous, l'usage n'autorise que le remboursement des labours et clôtures faits en vue de défricher.

les travaux médiocres, ne sont pas suffisamment rémunératoires pour le bon cultivateur. C'est pour les experts une obligation rigoureuse d'évaluer *arbitrio boni viri* ce qui appartient légitimement aux colons, et de répudier en certains cas des errements traditionnels, qui pourraient consacrer des injustices criantes.

Dans les prisages on comprend les clôtures faites par les colons pour défricher les terres incultes (et les simples frais de labour de premier défrichement, Rennes, 29 août 1839, art. 27 de l'usement de Cornouaille) ; mais il faut que les clôtures soient jugées nécessaires pour l'amélioration du fonds. Ainsi, s'il prenait fantaisie à un colon de construire des fossés intérieurs en grand nombre, il serait manifeste qu'il avait intention de grever la tenue, et il perdrait son droit à l'indemnité de travaux inutiles (art. 9 et 27 des usances de Cornouaille). Tel est l'usage bien constant, et du reste fort ancien, ainsi que l'atteste Gatechair, au supplément de l'usance de Brouërec.

Les experts, quant aux réparations nouvelles, même postérieures à la citation au congément, sont aussi dans l'usage d'estimer tout ce qui n'est pas évidemment contraire aux baillées ou déclarations, et aux usements. Ainsi, le colon qui contrevient à l'art. 15 de l'usement de Tréguier n'aurait d'autre indemnité que celle accordée par le Code civil (555) à celui qui bâtit sur le terrain d'autrui, si toutefois le foncier n'exigeait pas la démolition.

Il est un article qui divise quelquefois les experts, ce sont les bois, les émondes et têtards. Sans entrer dans les détails, nous devons rappeler ici les règles les plus usuelles sur ce point particulier.

On nomme bois fonciers tous les arbres de haute futaie, et même les plants capables de soutenir une échelle, et propres à mérain, aux ouvrages de menuiserie ; les noyers et châtaigniers en rabines sont aussi dans cette catégorie (1).

(1) Voy. art. 2 et 16 de l'usement de Tréguier ; 13, Rohan ; 7, 8 et 13, Cornouailles ; Rennes, 20 nov. 1811 ; les colons sont responsables des bois fonciers, qui sont toujours commis à leur garde, 30 janvier 1821 ; est coupable de dégradation le colon qui mutile un arbre pour en faire un têtard, 3 janvier 1829 ; sont réputés bois *de droit* les bois courants qui ne sont pas enlevables lors du congément, en vertu de l'usage des lieux, 31 juillet 1831 ; landes et genêts d'un an enlevant en congément, 2 avril 1838. L'art. 19 de la loi de 1791 a abrogé l'article des mémoires de Gatechair où il est dit que les arbres fruitiers sont estimés comme bois de chauffage : l'usage ancien et nouveau veut que tous les

Les bois *de droit* sont les émondes (voyez art. 6 du §7, Section des Baux à ferme), bois courants, arbres fruitiers, landes, genêts et autres chauffages, souches et renaissances de taillis, baliveaux non capables de porter l'échelle. Les experts les estiment au profit du colon, et doivent annoter soigneusement les dégradations, les coupes prématurées, les dessouchements, etc. La coutume locale leur prescrit à cet égard des détails circonstanciés. — Nous pensons aussi que les colons doivent, quant aux baliveaux des taillis, se conformer aux règles qui régissent les usufruitiers (ch. 2, p. 38 et suiv.). La Cour de Rennes a jugé, le 17 janvier 1826, que le colon a droit aux baliveaux non expressément réservés ; et que, les taillis se repeuplant par les accrues et aussi par les graines, il n'y a pas lieu de distinguer entre les arbres excrus sur souche, et ceux d'un seul jet, ou tenant à une seule racine.

On se plaint très fréquemment des frais des congéments, et particulièrement de l'exagération des honoraires ou vacations des experts ; et, il faut en convenir, ces plaintes ne sont pas toujours sans fondement (1). MM. les experts rédigent les procès-verbaux de telle sorte, que le juge taxateur peut très difficilement vérifier le nombre exact des vacations. Enfin, ce qui est très ordinaire, ils comptent pour leurs écritures au-delà du temps qu'elles réclament rigoureusement. Nous savons à combien de misérables expédients les colons ont recours, et les ruses qu'ils emploient pour tromper l'œil des experts ; nous convenons que tous ces manèges forcent les experts à un examen minutieux, à des investigations puériles, et qui rendent leur travail plus difficile et plus long que dans les circonstances ordinaires. Néanmoins, nous persistons à croire que les mémoires d'experts pourraient être réduits à un taux plus modéré, si d'une part les experts opéraient un peu plus spontanément, et se préoccupaient moins des observations des parties que du but de leur mission : si, d'un autre côté, les magistrats taxateurs possédaient toujours

droits superficiels soient estimés par le menu , sans déduction des charges, suivant leur valeur réelle au 20 septembre.

(1) Du reste , elles ne datent pas d'aujourd'hui ; car nous lisons dans une circulaire du préfet du 2 oct. 1811, que les experts en congément ne doivent recevoir ni prendre d'autre qualification que celle d'arpenteurs ou d'estimateurs. Mais l'usage a prévalu , et ils sont salariés comme les artistes et architectes.

les éléments suffisants pour l'appréciation du temps réellement employé (1).

A moins de convention contraire, dans tous les domaines dépendant jadis de la Cornouaille (Rennes, 11 mars 1817), les colons sont chargés du paiement de toutes les impositions, sans diminution de la rente, suivant l'art. 17 de l'usement. Cependant, il nous a été assuré que (sauf à Rosporden où l'on ne fait aucune retenue, à Fouesnant et au Huelgoat où l'on retient le cinquième), l'usage général est aujourd'hui de retenir le dixième des rentes convenancières. Dans les arrondissements de Brest et de Morlaix (sauf le canton de Daoulas), l'usage de la retenue du dixième prouve seulement que les colons se sont contentés de ce mode de répartition des charges entre eux et les propriétaires fonciers. Mais, s'il est vrai que la rente soit bien inférieure au revenu réel, nous n'admettons point (avec M. Pidoux), que le rapport du revenu réel soit comme 8 est à 1; il est, au contraire, dans plusieurs communes, comme 5 est à 1. Hors dans la Cornouaille, où le statut local s'est maintenu, nous repoussons donc tout usage imposant au colon un taux de retenue qui ne représenterait pas exactement la part des contributions due par le foncier, son co-propriétaire. Telle est, au reste, l'opinion de Carré et d'Aulanier.

Nous n'avons rien à ajouter, quant aux commissions, à ce que nous avons dit à la Section des Baux à ferme, § *des Commissions*. On peut aussi consulter à cet égard Aulanier, nᵒˢ 141 et suivants.

Nous pourrions également nous borner à renvoyer à l'art. 8 du § 6 de la Section des Baux à ferme, pour ce qui concerne le droit des propriétaires fonciers d'exiger l'apport gratuit des redevances convenancières aux lieux qu'ils indiquent, jusqu'à 15 kilomètres de distance de la tenue convenancière. L'art. 5 de la loi du 6 août 1791 est précis sur ce point; et Aulanier, d'accord avec Carré, démontre que les colons sont tenus d'aller porter, sous la distance de 15 kilomètres, et les rentes en grains ou autres denrées, et celles en argent. Nous ajouterons seulement que nos usages ont toujours été bien plus larges que la loi de 1791, et

(1) Les abus, en ce point, sont du reste bien plus rares dans le Finistère que dans d'autres localités.

que les colons ne font aucune difficulté de transporter les redevances chez le foncier à de grandes distances, non parce qu'ils ignorent la loi, mais par un sentiment de déférence envers les propriétaires du domaine. — Enfin, les colons qui charroient les prestations ne sont plus astreints aux réglements sur le roulage pour la largeur des jantes, etc. ; c'est ce qui a été décidé par la loi des 12, 20 avril et 30 mai 1851, article 3, § 4. — Nous sommes heureux de signaler ce léger adoucissement apporté aux charges qui grèvent les pauvres cultivateurs.

CHAPITRE X.

DE LA RÉCOLTE ET DE LA PÊCHE DU GOÉMON.

---

§ 1er. — COUPE DU GOÉMON.

ART. 1er. — *Législation.*

Le goëmon qu'on nomme, suivant les pays, *varech*, *sart*, *vraich*, est une plante ou algue marine (*fucacée et floridée*), croissant sur les rochers ou bancs de pierre que les marées couvrent et découvrent tour à tour, parfois sur les rochers que la mer baigne constamment. Il y a plusieurs espèces de goëmons servant à fertiliser les terres, à activer la force productrice du sol ; ils donnent, en outre, la soude au commerce, et un peu de chauffage à ceux qui n'ont pas de bois.

Nous croyons nous conformer à la nature du sujet et au but spécial de nos études, en réduisant ces espèces variées à deux classes, qui feront la matière de deux paragraphes spéciaux. Dans le premier, nous examinerons la législation, les réglements et les usages quant au goëmon *vif* ou goëmon de roche, c'est-à-dire, adhérent aux rochers (1). Dans le second, nous nous occuperons de tout ce qui a trait au goëmon *jet*, mort, épave ou d'échouage. Dans un troisième, nous parlerons des incinérations ; et nous terminerons en essayant d'indiquer les modifications que l'administration pourrait apporter aux réglements actuellement en vigueur.

Le goëmon peut être justement comparé à l'herbe des prairies naturelles : ainsi que la pelouse, en effet, il a ses époques de germination, de croissance, de floraison, de maturité ; à cette

---

(1) Soit qu'on puisse accéder à ces rochers à pied sec en tout temps, à marée basse ; soit qu'étant dans les îles et lieux déserts en pleine mer, ils soient inabordables autrement qu'en bateaux.

dernière période, qui varie selon les espèces, on le coupe, ou plutôt on le fauche tout comme le foin. De nombreuses expériences prouvent même qu'on peut créer des prairies artificielles de goëmon, en mettant au mois de juin, juillet, etc., des pierres, de simples galets, dans les lieux que couvre la mer montante, et dès le mois de mai suivant on obtient ainsi une récolte.

Suivant une opinion assez généralement admise quoique contredite par les observations des naturalistes, ces végétaux sous-marins servent de refuge au frai des poissons, et les côtes maritimes donnent une pêche plus ou moins abondante, selon qu'on use ou qu'on abuse de la récolte du goëmon (1).

La meilleure législation serait donc celle qui aurait résolu ce problème : assurer à l'agriculture et à l'industrie les herbes marines qui les font prospérer, et faire en sorte que l'usage du goëmon ne nuise ni à sa reproduction, ni à la multiplication du poisson.

L'ordonnance de 1681, livre 4, titre 10, articles 1, 2, 3, 4, règle la coupe du goëmon ainsi qu'il suit :

Tous les ans, le premier dimanche de janvier, les habitants des paroisses du littoral doivent se réunir pour fixer l'époque et la durée de la coupe des varechs croissant à l'endroit de leurs territoires. Les syndics, marguilliers ou trésoriers, sont chargés de faire les convocations, d'afficher et de publier les décisions, à peine d'amende. Sous peine aussi d'amende (50 livres), il est défendu de couper et d'enlever le goëmon la nuit. Nul ne peut en cueillir que sur les côtes de sa paroisse, ni en vendre aux forains, ni le transporter sur d'autres territoires, à peine de ladite amende, et de la confiscation des chevaux et harnais. Les Seigneurs de fiefs voisins de la mer ne peuvent profiter du goëmon que dans les limites assignées aux autres habitants, ni percevoir aucun droit ce touchant, à peine de concussion.

(1) Nous verrons tout à l'heure que la pratique elle-même donne raison à la science. En effet, le goëmon, comme les autres végétaux, n'est pas également abondant tous les ans; s'il ne manque jamais de repousser, il est constant qu'il y a des intermittences quant à la quantité des produits, et que ces intermittences ne tiennent point au mode des coupes.

Cependant, les abus commis par les pêcheurs, ou résultant du mode adopté pour la coupe, firent naître des difficultés sur l'interprétation de ces dispositions de l'Ordonnance de la marine. Les paroisses lésées firent parvenir l'expression de leurs doléances jusqu'au pied du trône. Le 30 mai 1731, Louis XV publia une déclaration par laquelle, commentant et étendant les prescriptions de l'ordonnance de 1681, il fixa les époques d'ouverture et de clôture des coupes (les limites extrêmes étaient le 15 janvier et le troisième jour après la pleine lune d'avril — la coupe devait se faire dans 30 jours); les 97 paroisses maritimes comprises dans la déclaration l'acceptèrent comme une faveur gracieuse du souverain, quoique les peines y fussent empreintes d'un caractère de grande sévérité, fondée, suivant le préambule, sur ce que l'on avait insensiblement détruit, sur les côtes de ces paroisses, et le poisson qui auparavant faisait vivre les familles de pêcheurs, et les plantes marines indispensables aux laboureurs, ainsi que pour la fabrication de la soude, marchandise nécessaire dans les verreries. Du reste, la déclaration ordonnait de faire la coupe à la main avec faucille et couteau, défendant expressément d'employer tout autre mode, notamment d'arracher le goëmon avec la main et avec des râteaux, ou autres instruments qui pussent le déraciner.

Cet acte du Prince ne concernant pas un grand nombre de paroisses du littoral français, et spécialement les côtes de Bretagne, de nombreuses réclamations, émanées principalement des fabricants de verre, étant venues rappeler sur cette matière l'attention du gouvernement, on rechercha sérieusement les moyens de concilier les intérêts de l'agriculture et ceux de l'industrie, non plus sur quelques points, mais sur toutes les côtes maritimes de la France. On prit l'avis des hommes spéciaux, l'académie des siences envoya des savants sur les côtes du royaume; ils vérifièrent les faits, et constatèrent que le goëmon coupé à la faucille ne se reproduit que lorsque la racine, en pourrissant, s'est détachée du rocher; qu'après *l'arrachement*, au contraire, il reste des filaments suffisant à la reproduction de la plante dès l'année suivante. Sur ce rapport, approuvé par l'académie, et mis sous les yeux du Prince, intervint la déclaration du 30 octobre 1772 qui, confirmant d'ailleurs les lois antérieures, permit (art. 2) *d'arracher* le goëmon avec les mains, râteaux et autres instruments, dans les mois de janvier, février, mars, juillet, août et septembre (1).

Quoique l'ordonnance de 1681 et les déclarations subséquentes eussent formellement défendu aux seigneurs de fiefs de s'approprier une portion quelconque des roches à goëmon, il n'est pas douteux que la féodalité comptait le droit de varech au nombre de ses prérogatives, puisque la Constituante, par un décret du 10 août 1791, art. 7, déclara le droit de varech aboli, *parce que les ci-devant seigneurs sont déchargés de l'entretien des enfants trouvés.* Tels sont les termes du décret, par lesquels on voit que, si les seigneurs bretons ont quelquefois exercé ou revendiqué ces privilèges, c'était, en tout cas, moins à titre de redevance utile ou honorifique, que comme compensation d'une charge réelle (2).

Le 12 ventôse an II, le représentant du peuple Lecarpentier, en mission temporaire dans les provinces de l'Ouest, crut devoir prendre un arrêté sur la récolte du goëmon; et, assimilant les varechs de roche aux varechs échoués, il ravit tout-à-coup aux paroisses riveraines une propriété jusque-là réputée inviolable. Mais nous n'avons pas à nous occuper de cette mesure transitoire, et qui n'a pas survécu aux circonstances spéciales qui l'avaient inspirée, sinon justifiée. Aussi, dès le 18 thermidor an X, un arrêté consulaire, annulant la décision de Lecarpentier,

(1) Pour plus de détails, voyez le long préambule de la déclaration de 1772 dans les recueils d'anciennes lois, par MM. Isambert et Walker. Un rapport fait, le 13 février 1841, par M. de Blois à la société d'agriculture de Morlaix, contient, sur le même sujet, des réflexions fort justes (imprimerie de V. Guilmer, Morlaix 1841). Nous ajouterons que la déclaration de 1772 ne créa aucun privilège en faveur des fabricants de verre, ainsi qu'on l'a prétendu, puisqu'elle exige qu'avant tout on laisse les riverains *faire leurs provisions* d'engrais de mer.

(2) Il est certain que les seigneurs bretons exerçaient leurs *droits de varech*, quand les riverains leur en laissaient le loisir. Mais, comme les autres épaves, les goëmons échoués étaient le plus souvent la proie des audacieux pillards qui parcouraient nos côtes, et annihilaient ainsi les privilèges féodaux.

vint confier aux préfets le soin de réglementer, *conformément aux lois*, la récolte et la pêche du goëmon.

Art. 2. — *Réglements.*

En parcourant le *Recueil des Actes administratifs* de notre département, nous trouvons (1) :

1. Un arrêté préfectoral du 5 novembre 1812, contenant les prescriptions suivantes :

La coupe doit avoir lieu du 1er avril au 30 mai de chaque année. Tout habitant d'une commune située sur la côte, peut couper, non *arracher*, ni couper ailleurs que sur le territoire de sa commune, ni couper la nuit, ni vendre aux forains, ni transporter hors de sa commune. Cependant, les communes peuvent vendre à leur profit les goëmons d'excédant, si, après huit jours de publication, aucun habitant n'en veut acheter. L'habitant qui manque de chevaux, ou qui en a un seulement, peut jouir du privilège de la coupe anticipée trois jours avant le 1er avril, indépendamment du droit qu'il a de concourir à la coupe générale. Les veuves seules, ayant plusieurs enfants, peuvent se faire aider d'un travailleur du dehors pour cette récolte.

2. Du 23 janvier 1813, autre arrêté fixant la coupe du goëmon du 15 janvier au 31 mars.

3. Du 18 mars 1817, arrêté défendant à tous ceux qui n'habitent pas une commune voisine de la mer d'aller sur les côtes, armés de couteaux, faucilles, crocs, fourches et autres outils propres à couper, à arracher le goëmon ; on y signale en outre comme contravention l'action de pousser au large le goëmon épave, dans le but d'en priver les riverains.

4. Du 3 novembre 1817, arrêté prescrivant aux conseils municipaux des communes du littoral de nommer, le dernier Dimanche de décembre, autant de commissaires qu'il y a de conseillers municipaux ; ces commissaires, pris parmi les plus imposés et les plus âgés, délibéreront, le 1er dimanche de janvier, sur la coupe du goëmon, fixeront l'époque et la durée de la coupe ; feront afficher leurs décisions aux lieux accoutumés ; désigneront entre eux trois ou quatre personnes chargées de surveiller

(1) Il existe bien une circulaire du Préfet du 22 ventôse an xi, relative aux goëmons ; mais elle offre si peu d'intérêt, qu'il n'en reste aucune trace dans les dépôts publics, même à la préfecture.

la coupe et de dénoncer les contraventions. — Si le territoire maritime ne peut être commodément partagé entre les habitants de deux ou trois communes riveraines, les sous-préfets pourront autoriser la coupe en commun. Les maires doivent veiller à la conservation du goëmon, à celle du poisson ; ils doivent informer le Préfet des abus constatés.

5. 8 juin 1810, circulaire du Préfet aux maires, contenant une série de questions relatives à l'époque de la maturité des plantes marines, à l'époque de la coupe, au mode d'enlèvement, à *l'arrachement*, à l'emploi des ouvriers étrangers, à la vente du goëmon aux forains, à l'établissement des gardes-côtes, aux usages, etc. — Les réponses des maires nous auraient été d'un grand secours ; à défaut de ce renseignement, nous essaierons de chercher la solution dans les usages des lieux. Dès-à-présent, on le voit, en 1819 l'administration se proposait de réformer les anciens règlements, de combler les lacunes ; elle reconnaissait, en effet, que les règlements antérieurs, n'ayant pas reçu l'approbation du gouvernement, n'étaient pas légalement obligatoires ; aveu précieux à retenir.

6. Du 5 mars 1832, arrêté défendant d'aller la nuit recueillir le goëmon sur les côtes. Cette mesure, purement temporaire, fut commandée par l'intérêt de la salubrité publique, et pour prémunir les habitants contre leur propre imprudence, au moment où le choléra sévissait en Bretagne.

7. Du 30 août 1858, arrêté interdisant la coupe et l'enlèvement du goëmon la nuit, le dépôt sur les dunes et le transport à l'aide de voitures. On ne doit employer à cet effet que des civières, à moins que le passage des charrettes ne soit reconnu sans danger pour les dunes ; c'est aux maires qu'il appartient de distinguer les endroits par où les charrettes peuvent passer sans dégrader les falaises. (Circul. du Préfet du 16 novembre 1858.)

Du reste, il faut bien prendre garde que ces arrêtés, en les supposant dûment approuvés, ne seraient point la règle unique en matière de coupe des goëmons. L'arrêté consulaire de l'an x ne saurait être interprété dans un sens restrictif : ses termes impliquent, au contraire, l'idée d'un retour à la législation de 1681, brusquement abrogée par le représentant Lecarpentier. Or l'Ordonnance de la Marine, en remettant aux habitants des paroisses le soin de réglementer cette matière, fit un acte de haute sagesse :

on reconnait à cette concession le génie prévoyant de Colbert, et l'intérêt sincère qu'il prenait au bien du peuple ; il accorda aux paroisses du littoral des franchises qui valaient bien, à tout prendre, la licence et le pillage autorisés par le délégué de la Convention. N'allons point répudier sans réflexion un passé qui nous rappelle nos libertés communales, auquel se rattache un privilège antique, — légitime faveur due aux riverains pour les dédommager du tort causé aux terres par le voisinage de la mer, par les éboulements des champs bordiers , et par les vents imprégnés de parties salines qui souvent brûlent ou desssèchent les moissons. La paroisse elle-même est donc appelée par la loi à prendre toutes les mesures propres à garantir à ses habitants une équitable répartition des produits goëmonniers ; à organiser un système de surveillance ; à prévenir les accaparements et la dévastation d'une récolte qui doit enrichir exclusivement ou avant tout les riverains ; à réprimer efficacement entre eux les conflits et les rixes.

Aujourd'hui que la commune a remplacé la paroisse, que les conseils municipaux font l'office des syndics, marguilliers et trésoriers, c'est aux maires et aux conseils municipaux qu'il appartient de réglementer souverainement la coupe et la police en matière de goëmon. Un simple arrêté municipal est donc ici tout aussi obligatoire que la loi elle-même, à moins qu'il ne soit manifestement contraire à l'Ordonnance de la marine et à la déclaration de 1772. Nous reconnaissons aux Préfets le droit de prendre aussi des arrêtés sur cet objet ; nous convenons encore qu'il serait fâcheux de leur enlever la direction sans laquelle il n'y a pas d'unité, et par suite pas d'administration possible. Mais si leur vigilance est appelée à vaincre l'incurie, à suppléer à l'ignorance de certains conseils municipaux, ceux-ci n'en ont pas moins le droit légal d'initiative ; il n'entre point dans les attributions des Préfets de se substituer entièrement aux droits de la communauté, délibérant régulièrement sur le mode de la récolte des engrais marins. Le contrôle de l'administration départementale peut s'exercer afin d'empêcher un conseil municipal de dépasser le but de la loi. Ce contrôle serait illégal, s'il allait jusqu'au refus d'approbation d'un règlement municipal, sans autres motifs que la volonté d'imposer à la commune un mode de coupe qui répugnerait aux habitants, en rompant de vieilles et respectables habitudes. Ce serait dépouiller les paroisses de franchises qui leur sont chères, des droits consacrés par l'Ordonnance de la marine, et qui ne peuvent passer en d'autres mains qu'en vertu d'une abdication résultant d'une inaction absolue. Les Préfets remplaçant alors la commune, et après l'avoir mise en demeure, font ce qu'elle refuse de faire ; en tout autre cas, ils se borneront à sanctionner, à surveiller, à administrer.

Ces observations nous ont paru d'autant plus fondées, que l'administration départementale, ne pouvant jamais embrasser dans un arrêté les détails et les distinctions infinies que comporte la diversité des plantes marines et des besoins locaux, a senti elle-même combien il est dangereux de s'embarrasser dans les complications de mesures uniformes ; car la plupart de ses arrêtés sont restés sans exécution, comme contraires à certains intérêts locaux. Mieux vaut donc s'en rapporter aux communes intéressées : nous ne concevons les arrêtés préfectoraux, quant aux goëmons surtout, que comme des moyens de rappeler aux habitants la stricte observation des lois.

Outre les arrêtés du Préfet, nous avons soigneusement recherché les divers règlements municipaux relatifs aux goëmons. Pour ne pas fatiguer nos lecteurs par un examen détaillé de ces documents, nous nous contenterons d'en citer quelques-uns.

22 février 1840, arrêté du maire de Plouguerneau : tout habitant peut prendre part aux délibérations concernant la coupe, comme aussi à la récolte aux jours fixés. Nul ne peut se faire aider par un ou plusieurs étrangers, employer le goëmon de roche autrement que comme engrais, ni en vendre pour un autre usage. Le maire choisira lui-même les gardes goëmonniers.

10 janvier 1843, arrêté du maire de Ploudalmézeau : la récolte et l'enlèvement du goëmon vif ne peut avoir lieu, ni la nuit, ni les jours de Dimanches et de fêtes légales. Tout habitant au-dessus de 10 ans, présent à la coupe, a droit à une part. Suivant un autre arrêté (on ne nous en a point donné la date), les fraudes et le monopole sont interdits. Tout habitant peut se faire aider par ses enfants, même résidant dans une autre commune. — Tels sont aussi à-peu-près les règlements locaux des autres communes du canton.

1 octobre 1848, arrêté des maires de Taulé, Henvic et Caran-

tec : deux époques — du 10 au 30 novembre, et du 7 au 30 mars — sont assignées pour la coupe en commun. Les habitants de la presqu'île de Callot ont seuls un droit exclusif à la coupe, à partir du 14 jusqu'au 21 février ; le 21 au matin, les habitants des trois communes font ensemble la coupe à Callot jusqu'au 1er mai. Ceux qui n'ont que des paniers ou civières sont même autorisés à couper dès le 8 jusqu'au 14 février, et *à vendre* leur récolte après le 30 avril. Sont prohibées les associations de plus de dix personnes, comme aussi l'arrachement du goëmon, l'adjonction d'étrangers, la récolte et l'enlèvement pendant la nuit, etc.

27 novembre 1844, arrêté du maire de Trefflez portant prohibition de la coupe et de l'enlèvement pendant la nuit.

30 juin 1687, arrêt du Conseil d'état, interdisant la coupe et l'enlèvement du goëmon sur les grèves de Batz, à tous autres qu'aux habitants de l'île de Batz.

14 mars 1841, arrêté du maire de Crozon : la coupe doit avoir lieu à partir de la pleine lune de février jusqu'au troisième jour de la pleine lune d'avril. Mêmes époques à Roscanvel (arrêtés des 25 février 1818, 5 février 1819, 27 février 1820). Le transport est permis le jour, et avec des charrettes et chevaux, ou avec des des paniers ; chacun peut prendre des aides dans et hors la commune. A Telgruc et à Trégarvan, tout se règle verbalement.

16 janvier 1848, arrêté du maire de Landévennec : il est prescrit aux gardes goëmonniers d'assigner aux habitants dépourvus de moyens de transport des portions de rochers où ils récolteront, en emportant immédiatement les goëmons. Mais, le 21 mai 1849, le conseil municipal a cru devoir signaler à l'administration ces coupes partielles comme abusives, et nuisibles aux cultivateurs, en ce qu'elles profitent seulement aux habitants non-propriétaires.

30 août 1842, arrêté du maire de Camaret : les dépôts de goëmon sur les dunes ne sont permis qu'en vertu d'une autorisation du maire.

20 mai 1846, arrêté du maire de Moëlan : la coupe est interdite pendant la nuit. Les dépôts de goëmon sont prohibés dans les lieux où il en résulte une gêne pour les pêcheurs et pour la navigation.

22 octobre 1849, approbation par le préfet d'une délibération du conseil municipal de Concarneau, portant que nul ne peut enlever du goëmon des grèves de Concarneau, sans acquitter un droit de 25 centimes par charretée. Établie au profit de la commune, cette espèce de droit d'étalage est un impôt qui pourrait donner lieu à quelques critiques.

Cette analyse sommaire, en donnant une idée asez exacte de l'esprit général qui a dicté les réglements locaux, suffira pour expliquer notre propension à circonscrire dans la commune le droit de réglementation pour ce qui se rapporte à la coupe des goëmons (1). Mais, pour compléter ce tableau, il faut encore constater les usages en vigueur dans les communes du littoral.

Art. 3. — *Usages des lieux.*

L'arrondissement de Brest possède des roches où végètent les plantes marines, dont la récolte suffit et au-delà aux besoins actuels de l'agriculture. On les coupe, dans les cantons de Brest, sur les territoires de Lambézellec, Saint-Marc et Saint-Pierre-Quilbignon ; dans le canton de Landerneau, sur les communes de Gulpavas, Dirinon et Laforêt ; dans le canton de Lannilis, depuis l'Aber-Benoît jusqu'à Kerlouan ; dans le canton de Saint-Renan, depuis le fort du Porzic jusqu'à Porspol en Lampaul-Plouarzel ; dans le canton de Daoulas, sur les communes de Lhôpital, Loperhet et Plogastel-Saint-Germain ; dans le canton de Ploudalmézeau, depuis Lampaul-Plouarzel jusqu'aux limites de Tréglonou, sur un parcours de plus de 4 myriamètres ; dans le canton d'Ouessant, sur tous les rochers avoisinant l'île.....

Ici les usages varient, pour ainsi dire, de commune à commune ; c'est pourquoi nous nous attacherons simplement aux plus saillants, et nous indiquerons en passant ceux qui constituent des abus.

D'abord, nous remarquerons une espèce d'unanimité dans le fait de la fixation annuelle des époques par les habitants, représentés par les conseils municipaux. Là où les réglements ne sont pas chaque année inscrits sur les registres de la commune, soyez sûr que l'on ne manque pas au moins de proclamer la décision prise : on la publie le Dimanche à l'issue de la messe de la

(1) Il ne faut pas oublier que les réglements généraux (nous avons jugé inutile de les rapporter) sont toujours obligatoires, et particulièrement ceux qui ont trait aux rôles d'équipage des bateaux employés à la pêche du goëmon, ce qui est très onéreux pour les cultivateurs du littoral.

paroisse, au pied de la croix ; c'est ce qui a lieu du 20 décembre au 15 janvier. Tous sont dûment avertis ; nul n'ignore que le maire et le conseil municipal entendent maintenir le règlement le plus récent, tant qu'il n'a pas été modifié : la coupe est régie par l'usage local à défaut d'arrêtés. L'époque est plus ou moins tardive, suivant la situation des lieux, les besoins de la commune, le genre de culture. On peut tenir pour certain qu'autant le cultivateur est exact observateur des arrêtés publiés et affichés, ou seulement publiés, autant il se montrerait rebelle à des exigences qui lui seraient préjudiciables. Il connaît par expérience ou par tradition le moment opportun pour la récolte ; il ne consulte guère les arrêtés du Préfet, mais bien son intérêt présent, que les règlements municipaux garantissent ordinairement d'une manière suffisante.

Il n'est pas d'usage de procéder à la récolte par l'arrachement de la plante, opération qui serait trop longue et presque impossible. Le faucillage au contraire est pratiqué partout, parce qu'il se fait avec promptitude et facilité : c'est la raison décisive.

Les habitants ne sont point dans l'habitude de se faire aider par des ouvriers étrangers à la commune où la coupe a lieu.

Les dépôts de goëmon sur les dunes ou falaises, et sur les chemins ou vagues limitrophes, sont habituellement tolérés. L'autorité municipale n'y met obstacle qu'en cas de dommage évident pour les dunes ou pour les terrains communaux. Mais l'arrêté du 30 août 1838 sus-référé interdit avec raison les extractions de chiendent et autres herbes, dont les racines traçantes fixent les sables, garantissent les dunes, et protègent les champs bordiers contre les invasions de la mer.

Il n'en est pas de même du transport des goëmons à l'aide des charrettes : c'est là un usage constant, notoire, on pourrait presque dire sans inconvénient. Les entraves et surtout l'opposition que rencontrerait cette coutume de la part de l'administration auraient pour résultat une grande perte de temps pour le cultivateur, qui, ne pouvant renoncer à charroyer le goëmon, contreviendrait chaque jour à l'arrêté de 1838, si les maires ne se montraient pas très indulgents sur ce chapitre : ces magistrats s'exposeraient à mille embarras, et l'on verrait se multiplier sur nos côtes les fraudes, les vols et les désordres.

De tout temps, les cultivateurs se sont lignés contre les ruses et les fraudes coupables que se permettent certains individus pour se procurer le goëmon vif au préjudice de la communauté. A Ploudalmézeau, on nous signale la pratique abusive nommée *dour-véna*, consistant dans l'action de couler à fond le goëmon coupé chaque jour ; on s'assure ainsi pour la fin de la coupe une grande quantité d'engrais, tandis que les habitants honnêtes enlèvent de suite leur part, et ne peuvent ou n'osent s'emparer du goëmon fauché par d'autres, et mis à l'abri de la marée *à l'aide de grosses pierres*. L'usage et la loyauté veulent que le transport sur le rivage soit fait à chaque coupe ; et le maire, en prescrivant cette précaution dans son réglement, a fait une chose parfaitement juste. Il a encore très bien compris ses devoirs, en défendant la récolte et l'enlèvement, soit la nuit, soit les jours fériés. — Dans ce canton, la coupe a lieu du 26 avril au 30 mars, et l'on nous assure que plusieurs habitants arrachent la plante.

Dans le canton de Lannilis, quand on récolte le goëmon, on en fait sur la grève des tortillons pour le charroyer plus aisément ; et comme alors même il présente encore un poids trop considérable, on le laisse pendant trois jours se ressuyer sur la plage ; mais ce droit, qu'on nomme *guir-torchad*, ne permet pas d'étendre le goëmon pour sécher sur les dunes, et sur les terrains bordiers. — On sait que le territoire actuel des communes de Lannilis et de Landéda formait jadis une seule paroisse appelée *Ploudiner*. De là vient que l'ancienne paroisse a conservé sa personnalité pour la récolte du goëmon : les modernes circonscriptions ont bien pu la démembrer, mais non enlever le droit acquis à ses habitants de faire la coupe en commun. La loi ne peut rétroagir ; il y a ici exception au principe de l'unité des communes (1). — Les cultivateurs de Landéda font un commerce considérable de goëmon.

Dans le canton de Daoulas, on commence à couper dans les premiers jours de mars, et l'on ne finit que lorsque tout est fauché. On drague beaucoup, c'est-à-dire, on retire du fond de la mer le goëmon rouge, engrais fort recherché pour la culture des

(1) Par la même raison, les anciennes paroisses, qui faisaient jadis la coupe en commun, en devenant communes, n'ont perdu aucun des avantages inhérents à l'association primitive et toujours subsistante. Nous en avons cité un exemple concernant les communes de Taulé, Henvic et Carantec.

froments et des orges : cette pêche se fait du 1er décembre au 1er avril (Voyez *suprà*, p. 30). — La coupe du goëmon vif est toujours fixée par les délibérations des conseils municipaux. Les dépôts de goëmon sont permis par l'usage sur les grèves, sur les chemins et vagues du littoral.

Dans le canton de Saint-Renan, il est d'usage de couper le goëmon vif au plus une fois par an ; on attend quelquefois deux ans pour le faucher. Pour amener le goëmon *noir* sur le rivage, les cultivateurs le mettent en tas, ou barges, liées fortement, et dont ils se servent comme d'un radeau, au péril de leur vie. Ils ne craignent même pas d'aller couper sur les îlots de l'archipel d'Ouessant : il leur faut du goëmon à tout prix.

Dans le canton de Lesnéven, il y a beaucoup de roches à goëmon, particulièrement à Kerlouan et à Plonéour-Trez. On fait habituellement deux coupes : celle du goëmon *noir* vers la fin d'avril ; celle du *lacet, taly, corré* ou goëmon *jaune*, en septembre et octobre. Les conseils municipaux désignent des gardes goëmonniers, qui assignent à chaque maison ou famille l'emplacement où elle pourra couper à volonté dans le temps indiqué. Depuis un temps immémorial, les grèves se partagent par *feux*.

A Ouessant, les arrêtés sont peu connus, encore moins observés. Les Ouessantins forment une famille à part ; chez eux, tout se gouverne suivant les lois primitives. — L'île se divise par quartiers ; chaque quartier comprend un certain nombre d'escouades, à la tête desquelles sont des chefs nommés par les habitants. Chaque escouade se rend, à un jour donné, au lieu qui lui est assigné pour la coupe, et le goëmon est partagé également entre tous les travailleurs présents, sous la surveillance du chef d'escouade, auquel est dévolue la police en cette circonstance. La récolte étant achevée, chacun emporte son lot, dont une portion servira d'engrais ; le reste est mis à part pour le chauffage. Les Ouessantins vont aussi couper de temps à autre sur les îles voisines, où le goëmon s'entasse et reste à sec dans les grandes marées.

Dans le canton de Taulé, aux termes de l'arrêté sus-mentionné, on a abrogé une coutume blâmable, qui consistait à amonceler le goëmon dans la mer (*Beuzet-Dennou*); les tas de goëmon (*rom-dennou*) ainsi coupé et non enlevé sont confisqués au profit de la communauté. Les gardes goëmonniers sont rétribués, soit au moyen d'une gabarrée de goëmon qu'on leur permet de couper dans les quinze jours précédant la coupe générale, soit par le privilège de se faire aider par des ouvriers non attachés à leur exploitation rurale.

Dans le canton de Saint-Pol-de-Léon, la coupe se fait à plusieurs époques de l'année : quelquefois quatre coupes ont lieu dans un an. Il y a pourtant des arrêts municipaux, mais fort indulgents ; les habitants y consultent avant tout les intérêts de leurs cultures, et il ne paraît point que les pratiques locales soient funestes, soit à la reproduction du goëmon, soit à la multiplication du poisson.

Dans le canton de Lanmeur, à Saint-Jean-du-Doigt et à Plougasnou, c'est ordinairement du 5 au 31 mai qu'on va couper le goëmon vif : c'est, dit-on, l'époque de la pleine maturité de la plante. A Guimaëc et à Locquirec, la coupe se fait, au contraire, depuis la première quinzaine de février jusqu'au 1er mai, parce que, dès ces deux communes, on répand le goëmon, aussitôt coupé, sur le sol où on l'enfouira plus tard : il faut hâter la récolte, afin que l'engrais soit sec avant les ensemencements de mars et avril. A Locquirec, tous les habitants, sans distinction d'âge, prennent leur part du goëmon coupé ; les chefs de maison peuvent prendre autant d'aides qu'ils veulent ; mais dans les autres communes, les commissaires limitent le nombre d'auxiliaires à employer. Dans tout le canton, les commissaires allotissent les grèves ; ou du moins ils réservent aux pauvres, dénués de moyens de transport, des portions de grève où ils ont la faculté de couper, d'étendre et de faire sécher le goëmon.

Dans l'arrondissement de Morlaix, la coupe du goëmon est de temps à autre l'occasion ou le prétexte de contestations et de procès, que l'on pourrait éviter en renonçant à charger de la surveillance des hommes âgés, qui ne remplissent pas toujours leur mission avec l'activité et l'impartialité désirables.

Dans le canton de Crozon, le draguage est pratiqué, notamment dans les anses de Quélern et du Fret. — Les habitants de Crozon se livrent à la coupe pendant quelques jours seulement; laborieux et vigilants, ils n'usent point de la latitude que leur accorde l'arrêté ci-dessus cité. Du reste, ils n'arrachent jamais la plante. Les usages sont presque identiquement les mêmes dans les autres communes du canton, sauf à Trégarvan et à Telgruc, où la coupe commence un peu plus tôt, et ne dure d'ailleurs que 4 à 5 jours. Les maires partagent les grèves par *faux*, instituent des gardes, mais ne prennent pas des arrêtés, ce qui est toujours une faute. Nous faisons la même remarque pour la commune d'Argol. A Landévennec et généralement dans tout le canton, sauf à Roscanvel, on ne permet point l'adjonction d'ouvriers étrangers, ni le transport des goëmons vifs pour être livrés aux forains. On les emploie surtout dans les champs où l'on doit semer l'orge. — Enfin, on nous a signalé une fraude consistant en ce que certains cultivateurs, après avoir coupé quelques poignées de goëmon, se retirent en les laissant sur place; puis, quand la marée montante jette d'autres goëmons sur la plage, ils s'opposent à ce que les habitants s'en emparent, sous le futile prétexte que c'est leur goëmon coupé qui est échoué, comme s'il ne devenait pas *res nullius* du moment qu'il a flotté!

Dans le canton de Châteaulin, moins riche en herbes marines, les habitants des communes de Plonévez-Porzay, Ploéven, Plomodiern, Saint-Nic et Dinéault, coupent tous les ans, conformément aux décisions des conseils municipaux. On peut en dire autant pour le canton du Faou.

Dans le canton de Pont-l'Abbé, il n'y a guère d'usages bien constants, la coupe du goëmon étant d'un produit très peu considérable; la même observation s'applique aux cantons de Fouesnant, Pont-Croix, Plogastel-Saint-Germain, Douarnénez et Concarneau. Dans ce dernier canton et dans celui de Fouesnant, on se conforme assez aux règlements municipaux; dans les

autres, on coupe un peu arbitrairement, faute de règles précises :
à Concarneau, l'époque ordinaire de la coupe est du 1ᵉʳ octobre
au 1ᵉʳ mars ; à Pont-Croix, au contraire, c'est dans la belle saison
qu'on fait cette récolte.

Dans l'arrondissement de Quimperlé, il y a aussi quelques
communes possédant des roches à goëmon, comme Clohars-
Carnoët, Moëlan, Nizon et Névez. La coupe du goëmon s'y pratique la plupart du temps en janvier, février et mars, suivant les
publications faites à cet effet par les maires, qui, du reste, ne
prennent guère que des arrêtés verbaux, de sorte qu'il y a là
un peu d'arbitraire, et des usages mal définis. Néanmoins, à
Moëlan, la police est bien faite ; les abus sont réprimés, et même
les habitants ne vont que rarement couper sur les rochers ; ils
aiment mieux employer le goëmon *jet*, et prétendent y trouver
un avantage. — Les conseils municipaux devraient partout comprendre les avantages résultant, pour les communes riveraines,
des réglements locaux bien étudiés, et surtout conçus de manière
à améliorer la situation des propriétaires des terrains bordiers.

§ 2. — Pêche du goëmon épave.

Art. 1ᵉʳ. — *Législation.*

Nous avons dû traiter séparément les questions que soulève la
pêche du goëmon *jet*, parce que les lois, réglements et usages
qui régissent le goëmon diffèrent essentiellement, selon qu'il
s'agit du goëmon *vif* ou du goëmon *jet*.

La législation elle-même commande cette distinction, puisque l'art. 5 du titre 10 de l'Ordonnance de 1681 permet à toutes
personnes de prendre en tout temps, et de transporter où bon
leur semble, les vraicqs jetés par le flot sur les grèves, par une
dérogation formelle à l'art. 3, suivant lequel l'enlèvement des
vraicqs hors de la paroisse où ils croissent est interdit, à peine
d'amende et de confiscation.

L'art. 4 du titre commun de la déclaration de 1731 contient
des dispositions analogues ; et l'on voit, dans le préambule, que

le Roi se proposait de faire cesser différents abus, tant par rapport à la *pêche*, que par rapport à la *coupe* de ces herbes.

La déclaration de 1772 semblerait, au premier abord, introductive d'un droit nouveau, l'art. 4 attribuant les varechs d'échouage aux riverains, pour en faire tel usage qu'ils voudront, *ainsi que cela s'est pratiqué jusqu'à présent*. Mais ces derniers mots ne prouvent-ils pas que Louis XV n'entendait nullement déroger aux lois antérieures quant aux goëmons d'échouage ? nous croyons que l'affirmative n'est pas douteuse. Le 8 septembre 1843, le tribunal de Brest a prononcé une condamnation contre des habitants de Goulven, qui s'étaient opposé au transport de goëmons *jet* sur la commune de Kernoüès ; ce jugement a fait une saine application des principes et des lois anciennes et modernes. Le goëmon que l'agitation de la mer détache des rochers ne peut être assimilé ni au goëmon encore adhérent aux rochers, ni même à toute autre épave que nul ne doit s'approprier, sans avoir rempli les formalités indiquées au titre 9 de l'Ordonnance de 1681. Les herbes marines flottantes ou abandonnées sur le rivage, sont *res nullius*, et appartiennent au premier occupant.

Art. 2. — *Réglements.*

Aux termes de l'art. 4 de l'arrêté préfectoral du 5 novembre 1812, toute personne peut ramasser les goëmons flottants ou échoués.

L'arrêté du 18 mars 1817 contient les mêmes dispositions.

La circulaire du 8 juin 1819 invite les maires à constater les usages en vigueur.

Les arrêtés de 1832 et 1838 défendent de recueillir les goëmons pendant la nuit.

Quant aux arrêtés municipaux, nous rappellerons ceux pris par les maires des communes de Plouguerneau, Ploudalmézeau, Trefflez, Esquibien et Crozon, qui interdisent d'aller la nuit sur les grèves pour prendre le goëmon épave (1).

(1) Au sujet de l'arrêté du maire d'Esquibien, en date du 10 mars 1832, approuvé le 16, nous ferons une observation sur l'article 2, portant que les contre-

Art. 3. — *Usages des lieux.*

Si nous jetons un coup-d'œil rapide sur les coutumes du littoral, nous les trouvons en tout point d'accord avec les lois et réglements ci-dessus mentionnés.

Dans le canton de Lannilis, il est reconnu que le goëmon *jet* est au premier occupant, et que la pêche n'est permise ni la nuit, ni les jours fériés. Mais ce dernier usage, tout louable qu'il soit, ne pouvait avoir l'autorité de la loi, qu'autant qu'il fût consacré par un réglement régulièrement approuvé, publié et affiché. C'est ce qu'a fait M. le maire de Plouguerneau. Son arrêté constate en outre que tous ceux qui se rendent, au lever du soleil les lendemains de Dimanches ou jours fériés, à midi seulement les jours du Vendredi-saint et de la fête des Trépassés, pour assister sur la grève à la marée de partage, *mare-ran*, ont un droit égal au partage du goëmon jet recueilli. Nous ne pouvons qu'applaudir à cet hommage respectueux rendu par l'autorité aux traditions religieuses, et nous n'avons qu'un regret, c'est que des mesures de ce genre ne soient pas unanimement adoptées dans toutes les communes du littoral. — Les habitants de Guissény se rendent dans l'anse du Vougo pour ramasser le goëmon flottant, qui est pour ainsi dire leur unique ressource en engrais de mer. — Dans tout le canton, le droit de *tortiller* est admis sans difficulté, pour le goëmon épave comme pour le goëmon *vif*.

Dans le canton de Ploudalmézeau, la pêche et le transport de

venants seront traduits devant le tribunal de police municipale. Il y aurait de trop nombreux inconvénients dans une pareille procédure ; et M. le maire d'Esquibien eût mieux fait de laisser à M. le juge de paix la connaissance de semblables contraventions, art. 471, n° 15 du Code pénal. Voyez art. 166 et 5 du Code d'instruction criminelle. — M. le Sous-Préfet de Morlaix, à l'obligeance duquel nous devons d'autres renseignements, a bien voulu nous apprendre que les maires des communes de Plouescat, Cléder et Sibiril, ont, par des arrêtés, interdit la pêche du goëmon épave pendant la nuit. A Sibiril, la prohibition est absolue ; dans les deux autres communes, elle n'existe que depuis le coucher du soleil la veille, jusqu'au lever du soleil le lendemain des Dimanches et fêtes. Nous restons bien convaincu, au reste, que les motifs les plus impérieux d'équité, d'ordre public, devraient déterminer tous les maires à porter ces interdictions dans l'intérêt même des pêcheurs, et pour leur éviter les plus graves accidents.

goëmon jet sont prohibés depuis le coucher du soleil la veille jusqu'au lever du soleil le lendemain des Dimanches et fêtes chômées. On se partage le goëmon recueilli ; mais à Ploudalmézeau, il faut être âgé d'au moins 10 ans pour être admis au partage, tandis qu'à Launilis l'enfant à la mamelle est au nombre des co-partageants, aussi bien que le robuste travailleur. Ainsi le veut l'usage.

Dans le canton de Daoulas, si les arrêtés municipaux sont muets, il est certain que les usages proscrivent la pêche de nuit, que l'on assimile même à un vol.

Dans le canton de Saint-Renan, le goëmon de flot se recueille sur le rivage ; ou bien on va le chercher au large, mode de pêche fatal à plusieurs, mais d'un produit assuré, surtout autour des îles qui s'étendent entre Ouessant et la pointe Saint-Mathieu.

A Ouesssant, on pêche le goëmon jet, aussi bien la nuit que le jour, et en toute saison ; mais, à la différence du goëmon de roche qui se partage entre les travailleurs présents, le goëmon de flot se partage également entre toutes les personnes *présentes*, qu'elles aient ou non concouru à la pêche, qu'elles soient ou non dans les limites de leurs quartiers respectifs.

Dans l'arrondissement de Morlaix, la coutume générale ne permet point la pêche de nuit ; nous ne connaissons néanmoins que les maires de Tréflez, Plouescat, Sibiril et Cléder, qui aient pris des arrêtés dans ce sens. Il résulta même une espèce de conflit de l'arrêté du maire de Tréflez ; mais le Procureur-Général de Rennes, consulté par le préfet, répondit que cette mesure était dans les attributions de la police municipale.

Le principe, suivant lequel le goëmon *jet* est la propriété du premier occupant, a reçu une exception mémorable en faveur des habitants de l'Ile-de-Batz, qui d'ailleurs suivent les usages d'Ouessant. Depuis un temps immémorial, ils jouissent du privilège de la pêche exclusive du goëmon flottant jeté par les flots sur leurs grèves et rivages, et sur les îlots dépendant de leur territoire (1).

(1) Un arrêt du conseil d'État du 30 juin 1687, signé Colbert, confirme ce

Le canton de Pont-Croix est peut-être celui où l'on rencontre le plus abondamment le goëmon épave; aussi on le recueille ordinairement sur la plage sans s'aventurer au large; la pêche a lieu surtout aux grandes marées d'équinoxes. Ce n'est qu'à Esquibien qu'on interdit de le recueillir la nuit.

Dans le canton de Pont-l'Abbé, il existe un abus qui ne doit pas être toléré. Les propriétaires des champs bordiers s'arrogent le monopole de la récolte des goëmons qui croissent, flottent ou échouent vis-à-vis de leur propriété. C'est là une interprétation éminemment contraire à la loi et à l'équité.

Dans le canton de Crozon, les arrêtés qui défendent la pêche de nuit et pendant les Dimanches et jours fériés n'ont fait que consacrer une coutume immémoriale; aussi contrevient-on rarement à cette défense. Chacun comprend que c'est un moyen efficace de garantir sa part du bien commun.

Du reste, il est juste de le dire, l'usage est positivement contraire, sur tous les points du littoral du Finistère, à la récolte, à la pêche, au transport des goëmons pendant la nuit et les Dimanches et autres jours chômés.

Mais les dépôts sur les dunes pendant quelques jours semblent autorisés par un usage ancien, constant et reconnu. Quant aux chemins, aux vagues, aux terrains bordiers déclos et non cultivés, ils sont notoirement utilisés comme emplacements où l'on met les goëmons à sécher, souvent même à pourrir. Nous reconnaissons que ces usages peuvent dégénérer en abus ; mais du moment qu'il n'y a aucun dommage pour les riverains, que les maires ne découvrent aucune dégradation sur les dunes ou autres propriétés publiques ; du moment que les riverains souffrent les dépôts, nous ne voyons pas pourquoi l'on se montrerait rigoureux à l'excès contre les habitants, qui trouvent ainsi quelques ressources dans les goëmons si péniblement recueillis.

A Moëlan, et plus encore à Clohars-Carnoët, on voit, sur les hautes falaises ou sur les champs bordiers à pic, des travaux en maçonnerie ou en pierres sèches, soit pour déposer les goëmons, soit pour faciliter leur transport sur les terres. Ces établissements sont souvent de véritables usurpations, et donnent à la longue un droit réel sur les fonds d'autrui : car la possession publique et continue d'un travail de main d'homme est constitutive, *lapsu temporis*, d'une servitude active au profit de l'auteur de la construction. Le cultivateur qui ne possède pas un champ bordier recherche avec soin un lieu convenable pour déposer ses goëmons, et surtout pour se procurer le goëmon flottant, si difficile en certains lieux à hisser au haut des falaises escarpées qui dominent les anses où les flots l'entassent ordinairement. On nomme *croc à goëmon* l'appareil consistant en un poteau solidement fixé sur la cime de la falaise, auquel on adapte une corde à poulie, servant à monter et à descendre le panier ou mannequin, dans lequel on met le goëmon retiré des flots. C'est ainsi qu'on parvient à retenir un engrais, qui autrement serait emporté sur des plages éloignées par la marée descendante. Le tout est de saisir les moments favorables ; car partout où la plage est étroite, le goëmon flotte, mais n'échoue point.

Les dépôts de goëmon sont extrêmement utiles à ceux qui veulent réunir une grande quantité d'engrais, et sont dépourvus de moyens de transport. C'est là qu'on sèche l'engrais marin, qu'on le laisse pourrir ; et alors rien n'est plus commode que de l'enlever, même à dos d'homme au besoin.

Mais les pêcheurs et faucheurs de goëmon ont à lutter contre une grande difficulté d'une autre espèce, le défaut de chemins et passages pour les charrettes. C'est ce qui décourage souvent le cultivateur, qui craint de perdre en procès le fruit des peines et soins qu'il prend pour avoir cet engrais si estimé. — Nous sommes loin de prétendre que les propriétaires de champs bordiers soient astreints à souffrir sur leurs propriétés le passage des voitures des goëmonniers ; nous savons même que ces servitudes s'achètent assez fréquemment. Et pourtant nous sommes persuadé que les tribunaux accueilleront toujours avec faveur la demande d'un cultivateur qui justifierait d'une possession longue et paisible de la servitude de passage par une voie frayée, alors surtout que l'enlèvement et le transport du goëmon serait impossible par tout autre endroit, à raison de la situation des lieux. — Les maires des communes du littoral, en se pénétrant bien de leurs attributions, pourraient souvent multiplier ces voies de communication, en les classant au nombre des chemins ruraux ; il en est plusieurs, en effet, qui ne sont la propriété d'aucun habitant, et qui dès lors sont à la commune, en vertu même de leur grande utilité pour la commune entière, et aussi pour les communes voisines.

Il nous reste à donner notre avis sur le point de savoir s'il est permis en toute saison de vendre du goëmon aux forains. L'usage local du Finistère répond affirmativement : il n'est peut-être pas un point du littoral où ce trafic n'ait lieu ; en tout cas, nous n'avons jamais ouï parler de poursuites dirigées contre les vendeurs de goëmon. Certaines communes doivent en partie leur aisance à ce genre d'industrie : La charretée de goëmon sec est payée depuis 12 jusqu'à 25 fr. ; et un fermier qui aime le travail, peut, suivant les lieux, en vendre de 6 à 12 par an. A Cléder, si nous sommes bien informé, la vente des goëmons aux forains ne produirait pas moins de 40,000 fr. chaque année, et il faut croire que ce capital n'est pas obtenu au détriment de la culture, puisque, d'après les calculs de M. Eléouet, la culture des céréales, dans la commune de Cléder, s'élève annuellement à une valeur

moyenne de 671,937 fr. en produits. L'habitude de ces ventes
est si enracinée, qu'en la supprimant on arriverait à ce déplorable résultat : le niveau de la production agricole baisserait dans
les communes non-riveraines, sans s'élever dans les communes
riveraines ; et un capital important serait stérilisé. En faut-il
davantage pour démontrer qu'on ne doit pas résister à une pratique admise sans opposition par le cultivateur (1) ?

Il est vrai que la législation et les réglements s'accordent à
défendre la vente aux forains, et le transport sur les communes
non riveraines. Mais il faut d'abord remarquer que les prohibitions des ordonnances et déclarations se réfèrent uniquement aux
goëmons de coupe ; les arrêtés administratifs ont reproduit ces
prohibitions, sans aller au-delà, sans y comprendre les goëmons
flottants ou épaves, qui ont toujours été dans le commerce. C'est
ainsi que le tribunal de Châteaulin, en 1826, a condamné quatre
cultivateurs de Rosnoën et de Landévennec, convaincus d'avoir
charroyé hors de leurs communes des goëmons de coupe (*Recueil
des Actes administratifs*, 31 mars 1826). Nous pourrions faire
ressortir ici les difficultés que peut faire naître, dans l'application,
cette distinction légale ; dire combien il est aisé d'éluder une loi
dont les prescriptions seraient absurdes, s'il fallait l'interpréter
et la suivre littéralement ; et conclure de là qu'en réalité l'usage
et la force même des choses autorisent la vente de toute espèce
de goëmon. Mais n'exagérons rien : admettons même que les
maires et les gardes goëmonniers sauront toujours reconnaître à
certains signes, entre les mains des vendeurs et des acheteurs,

(1) Mais les conseils municipaux comprendraient bien mal leurs attributions
(art. 17, loi du 18 juillet 1837), s'ils se permettaient de disposer du droit des
riverains aux goëmons vifs, en l'aliénant, ou même en le cédant par bail,
comme l'a fait le conseil municipal de la commune de Plougoulm. La fabrique
est locataire des goëmons vifs à titre gratuit, en vertu de délibération du 19 février 1806, *approuvée le 24 décembre de la même année*. Or il est arrivé que la
fabrique, plus avisée que le conseil municipal, a trouvé des cultivateurs qui
ont pris à ferme ce droit ; et il paraît qu'ils n'ont pas fait une mauvaise spéculation, car le bail du 26 décembre 1842, aujourd'hui près d'expirer, a été consenti au prix de 203 fr. par an. Tout illégal qu'il soit, ce traité prouve que l'on
peut, quand on le veut, tirer un bon parti de cette récolte, et en empêcher le
pillage : il suffit d'un peu de surveillance.

les goëmons de coupe et ceux d'échouage. On nous accordera du moins que la spéculation, quant aux varechs flottants, est licite, et ne doit ni ne peut être entravée (1). C'est là une industrie profitable à notre agriculture, qui est appelée à en retirer des avantages inappréciables, lorsque de nombreuses voies de communication faciliteront les échanges, en rapprochant les distances. La vente des engrais marins est une source de lucre que la Providence offre au laboureur dans la saison même où il faut fumer la terre à l'aide d'énergiques stimulants. Celui qui, bravant les tempêtes, parvient à arracher aux flots un peu de goëmon, a bien le droit d'en retirer quelques bénéfices, en se livrant à un trafic qui l'indemnise d'un rude travail, sans nuire à personne.

§ 3. — INCINÉRATIONS.

Les déclarations du 30 mai 1731 (titre 1er, article 8, titre commun, articles 3, 4, 5), et du 30 octobre 1772 (articles 3, 5 et 6) laissaient aux habitants des paroisses riveraines la faculté d'utiliser les goëmons flottants pour la fabrication du verre, et même de couper à certaines époques le goëmon vif pour faire de la soude. En outre, toute personne était autorisée à couper les varechs croissant sur les rochers et îlots déserts. Et quand les riverains avaient coupé tout ce qu'il fallait pour l'engrais de leurs terres, les goëmons restants étaient abandonnés aux fabricants de soude, habitant la commune riveraine ou résidant

---

(1) *On ne pourrait*, nous écrit M. le Sous-Préfet de Morlaix, *empêcher les ventes de goëmons sans porter un préjudice considérable à l'agriculture. Les communes du littoral sont saturées de cet engrais qui, dans certains quartiers, ne peut plus être employé, à cause de l'usage excessif qu'on en a fait. En ne permettant pas de vendre, on nuirait à un grand nombre de communes de l'intérieur, sans profit pour personne, et même au détriment des communes riveraines..... Dans quelques communes de mon arrondissement, des arrêtés ont autorisé les ventes de goëmons de récolte excédant les besoins de leurs possesseurs, après un délai pendant lequel les habitants sont mis en demeure de les acheter de préférence aux forains.*

Du 1er octobre 1849 au 30 septembre 1850, 5 communes riveraines ont vendu dans le port de Morlaix, à des forains appartenant à 13 communes, 793 batelées de goëmon à raison de 7 fr. 50 c. l'une en moyenne, la batelée équivalant à 2 charretées. Mais il s'agit ici de goëmon vert; car le goëmon sec est bien plus cher, comme nous le verrons tout-à-l'heure.

ailleurs. Ces concessions n'étaient subordonnées qu'aux conditions suivantes : il fallait constater le refus des riverains pour obtenir la coupe ; les fourneaux où l'on brûlait les goëmons ne pouvaient être allumés lorsque les vents venant de la mer portaient la fumée vers la terre ; et l'on devait éteindre les fourneaux au bout de deux heures, quand un changement du vent portait tout-à-coup la fumée vers la terre.

Aujourd'hui, la science a marché ; la chimie a découvert des secrets qui ont créé aux vendeurs de goëmon des débouchés inconnus ; de là l'extension du commerce des goëmons sur les côtes du Finistère : pour l'incinération seulement, il s'en vend chaque année 10 à 12 mille charretées au moins, — ce qui représente un capital d'environ 165,000 fr. Il est de notoriété que c'est le seul moyen d'utiliser, quant à présent, les quantités de goëmon excédant la consommation agricole. Si les incinérations se font sur une petite échelle dans les arrondissements de Châteaulin, de Morlaix et de Quimperlé, il n'en est pas ainsi dans celui de Brest, et surtout dans celui de Quimper.

Les cultivateurs n'emploient à cette industrie que les goëmons épaves pêchés du 1er mai au 30 septembre ; plus faciles à sécher, ils donnent une soude brute, préférable à celle qu'on retire des goëmons coupés ou recueillis en décembre, janvier, février et mars. Ceux-ci sont vendus aux forains, pour l'engrais des terres, comme moins propres à l'incinération.

Il n'est pas un petit fermier, tant ignorant qu'on le suppose, qui ne comprenne que son aisance et la bonne exploitation de sa métairie sont en raison directe de la multiciplicité de ses articles d'échange, et de la grande variété des produits. Si les forains trouvent du profit à acheter des goëmons, ce n'est point aux dépens des habitants des communes riveraines, puisque l'on voit des tas de goëmons abandonnés sur les plages où ils pourrissent. Cependant, on se plaint dans quelques cantons, à Pont-Labbé par exemple, du tort causé à l'agriculture par les incinérateurs. Ces réclamations sont peut-être fondées ; mais en général elles sont empreintes d'exagération, inspirées par l'esprit de jalousie ; trop souvent on oppose une résistance aveugle aux industriels qui, dans la limite de leurs droits, dotent en définitive notre pays de fabriques utiles, en assurant aux cultivateurs un prix certain en échange d'une marchandise auparavant perdue en partie, faute de débouchés (1).

L'administration départementale, c'est une justice à lui rendre, n'a jamais mis obstacle aux incinérations. Seulement, à cause de la surveillance qu'elle doit exercer sur toutes les entreprises de nature à incommoder les habitants, ou susceptibles de nuire à la salubrité publique, elle a dû porter son attention sur les fourneaux à goëmon. Elle a même consulté, sur cet objet, M. le

(1) Suivant M. Tissier, il y aurait perte pour le cultivateur du dehors qui, se faisant goëmonnier, irait chercher le goëmon vert à 8 ou 10 kilomètres de son village, perdrait beaucoup de temps, et verrait son profit agricole absorbé par les frais de transport de l'engrais : s'il s'agit de goëmon sec qu'il achète sur la plage, comme il faut 12 ou 15 charretées pour un hectare, outre les frais de transport, il aurait une dépense réelle de 112 fr. par hectare fumé en goëmon, la charretée valant environ 10 fr. — Nous rendrons bien volontiers hommage au savoir et à l'expérience de M. Tissier : ses observations nous ont été d'un grand secours, et nous l'en remercions. Qu'il nous permette néanmoins de le lui faire remarquer, son opinion est en désaccord avec des faits incontestables. En général, on ne va chercher au loin que le goëmon desséché ; or 8 ou 10 charretées de goëmon sec sont plus que suffisantes pour un hectare ; à 15 fr. la charretée au maximum ou du moins en moyenne, cela fait 135 fr. ou 67 fr. 50 pour un journal usuel,(ou 33 fr. 75 c. de goëmon, et 33 fr. 75 c. de fumier chaud.) — Quant au transport, le paysan ne le calcule pas, parce qu'il a lieu en juin et juillet, ou après la moisson, et en tout cas de manière à ne rien déranger aux travaux ordinaires. En résumé, l'engrais marin (au moyen des associations) ne revient pas à un prix bien supérieur à celui du fumier chaud ; et comme il est préférable de fumer avec du goëmon, le prix d'achat et les frais de charroi sont rachetés par la production culturale. Le goëmon jet non séché est rarement enlevé par les forains : à vrai dire, ce sont les riverains qui en disposent exclusivement, comme du goëmon de coupe. Tant que les chemins aboutissant à la mer présenteront des lacunes à la circulation des voitures, les riverains seuls pourront spéculer sur l'industrie goëmonnière. Mais, il ne faut pas se le dissimuler : à mesure que la viabilité s'améliorera, les incinérateurs rencontreront la concurrence redoutable des cultivateurs forains ; et si la matière première devient plus rare, les fabricants de soude seront réduits à alimenter leurs fourneaux avec les goëmons épaves qu'ils pêcheront eux-mêmes à grands frais, et avec les goëmons vifs (la part qui leur en revient comme habitants) coupés sur le territoire de leurs communes, ou sur les rochers déserts. On s'en aperçoit déjà, il y a diminution du nombre des fourneaux à goëmon sur notre littoral.

Ministre de l'intérieur qui, sur le rapport du Comité des arts et manufactures, a répondu qu'il y avait lieu de distinguer les établissements temporaires des établissements fixes et permanents : que les premiers doivent être rangés parmi les établissements de troisième classe, que les Sous-préfets peuvent être autoriser; que les seconds, au contraire, comme appartenant à la première classe, sont assujétis aux formalités indiquées en l'art. 2 de l'Ordonnance du 14 janvier 1815.

M. le Préfet, dans sa circulaire du 21 décembre 1836, fait également connaître aux maires que, si les cultivateurs se trouvaient lésés en quelques lieux par la privation des goëmons recueillis pour les incinérations, leurs plaintes seraient accueillies par le Gouvernement, qui soumettrait ces établissements à des conditions nouvelles, et aux restrictions commandées par les besoins de l'agriculture locale. Toute combustion de goëmon est, en effet, subordonnée aux règles de la police administrative ; le temps a bien pu modifier, mais n'a point abrogé la déclaration de 1772. L'autorité administrative n'a point eu, croyons-nous, à statuer sur des affaires de ce genre; mais, le cas échéant, elle devrait ordonner des mesures de précaution, en se fondant sur les lois anciennes et modernes, qui défendent de nuire à autrui. Nul ne peut être contraint de supporter, en tout temps et quelle que soit la direction du vent, une fumée insalubre ou seulement incommode.

Les Maires pourraient, par des arrêtés locaux, restreindre la faculté de vendre, dans les communes du littoral où l'agriculture aurait réellement besoin de tous les goëmons que l'on recueille sur leur territoire. Mais comment constaterait-on exactement la limite qui sépare le nécessaire du superflu? Cette difficulté explique, sans doute, la tolérance extrême des maires à cet égard. Au reste, ni la loi, ni les usages ne les autorisent à interdire la vente et la combustion des goëmons épaves : chacun peut se les approprier, et les employer, soit à fumer les terres, soit pour le chauffage, soit pour faire de la soude dans des établissements autorisés. Les maires de l'Ile-de-Batz et de Cléder sont les seuls

du Finistère, qui défendent la vente des goëmons aux fabricants
de soude ; et il est à remarquer que l'on ne brûle les goëmons,
dans l'arrondissement de Morlaix, que fort rarement, et toujours
pour les besoins de l'agriculture.

Dans l'état actuel, il est reconnu que la quantité de goëmons
recueillis sur nos côtes est telle, que l'on ne peut sérieusement
considérer comme abusive la pratique des incinérations. Dans
une foule de localités, comme Molène, Seins, etc., il y aurait
plus que de l'injustice à ravir aux habitants la faculté de vendre ;
c'est une faible indemnité des privations auxquelles sont con-
damnés les cultivateurs pauvres, et surtout les insulaires. Nos
usages répudient les prohibitions et les rigueurs inutiles. Pourquoi proscrirait-on, dans le Finistère, ce qui a lieu sans opposition sur les autres côtes maritimes de France ?

§ 4. — Résumé et conclusions.

Il est temps de résumer les lois, réglements et usages que nous
avons indiqués, et d'en exposer les conséquences logiques.

Les époques et la durée des coupes de goëmon vif devraient
être déterminées, chaque année, par les conseils municipaux,
suivant les zônes, et, autant que possible, du 1er février au 30
mai (1). On devrait laisser à tout habitant la faculté d'arracher
dans le temps fixé, à toutes personnes celle de draguer au large
le goëmon rouge en tout temps (excepté dans les lieux réservés
par l'arrêté du 10 juin 1849 ; voyez ci-dessus, p. 29), et de couper
ou arracher en toute saison les goëmons croissant sur les ilots
et rochers déserts. A cet effet, l'autorité départementale, rapportant les arrêtés antérieurs, après avoir délimité les côtes goëmonnières par communes, laisserait aux habitants le soin de
préciser les jours d'ouverture et de clôture des coupes normales.

Les intérêts hommogènes, ainsi groupés, concourraient à
l'exécution des délibérations (arrêtées par la majorité) des commissaires élus par la communauté, pour tout ce qui a rapport aux

(1) Nous disons *autant que possible*; car on sait que, dans l'arrondissement
de Morlaix, par exemple, il y a des récoltes de goëmon dans tous les mois de
l'année, sauf en juillet et août, époque de la moisson.

jours et heures des coupes et arrachement , au partage des goëmons, à la répression des fraudes, aux lieux de dépôts et à leur durée, aux chemins et moyens de transport, etc. La conservation des dunes serait dans les attributions exclusives des agents des douanes et des maires. Les commissaires nommeraient entre eux un nombre suffisant de gardes goëmonniers pour surveiller la récolte, la pêche, les dépôts et enlèvements de goëmon, etc.

La vente des goëmons vifs aux forains continuerait d'être interdite, mais seulement pendant la durée des coupes, et après constatation par les commissaires, concluant à la majorité *qu'il n'y a pas de superflu ou d'excédant.*

Les employés des douanes seraient chargés de dénoncer les contraventions, concurremment avec les gardes goëmonniers (1).

La vente des goëmons épaves serait permise à toute personne en toute saison.

Le droit du premier occupant serait reconnu, quant au goëmon épave, au profit de toute personne qui, ayant saisi le goëmon en mer ou sur la plage, ne l'aurait pas perdu de vue ou abandonné.

Tout individu qui, après avoir coupé du goëmon, ne l'aurait pas enlevé avant la marée montante, ne serait plus en droit de le revendiquer.

Les instructions ordonnent aux employés des douanes d'empêcher toute personne d'approcher des côtes pendant la nuit. Si, d'un côté, l'Ordonnance de 1681 autorise *en tout temps* la pêche

---

(1) Nous avons trop sommairement peut-être parlé des mesures à prendre pour organiser le service des gardes-goëmonniers ; nous n'ignorions point l'importance ou plutôt la nécessité d'une surveillance active, paternelle et ferme, si l'on veut que les arrêtés municipaux soient réellement exécutés. Mais on comprendra notre laconisme, quand on voudra bien réfléchir que, sous peine de tomber dans la prolixité, nous eussions involontairement blessé des susceptibilités locales, qu'il convient de respecter. Choisir des cultivateurs, pères de famille, de préférence à tous autres ; leur assurer une rétribution un peu large, et les rendre responsables des contraventions qu'ils auraient pu prévenir ; leur déférer une espèce d'arbitrage dans les contestations en matière de récolte de goëmon ; associer à leur action celle des employés de la douane, moins accessibles aux influences de clocher : telles sont à nos yeux les conditions premières de la police des coupes ; on y ajouterait, au besoin, les clauses spéciales nécessitées par les intérêts particuliers de chaque commune.

du goëmon épave, la loi du 18 juillet 1837, d'un autre côté, permet aux maires d'ordonner les mesures locales concernant les objets confiés à leur vigilance. Tout ce qui intéresse l'ordre, la tranquillité publique, rentre essentiellement dans leurs attributions (art. 10 et 11, loi de 1837). Les réglements qu'ils font pour prévenir les rixes, les conflits et les fraudes, sont obligatoires, dès qu'ils ont été approuvés. Une réunion de travailleurs, la nuit, sur les grèves, pourrait occasionner des désordres et des délits. Pourquoi priverait-on, d'ailleurs, de sa part de goëmon le cultivateur qui a besoin du repos de la nuit? Des motifs analogues devraient déterminer les maires à interdire la pêche du goëmon épave les jours de Dimanches et de fêtes légales. La loi du 18 novembre 1814, art. 9, en renvoyant aux usages locaux pour ce qui a trait à la célébration des fêtes et Dimanches, prouve encore que les maires ont le pouvoir d'interdire la pêche les jours de dimanches et fêtes. Ceci est particulièrement convenable dans le Finistère, où l'usage local proscrit la pêche pendant la nuit, et les jours fériés. Enfin, il serait contraire à l'équité de conférer une espèce de privilège au premier accapareur qui profiterait de la nuit, et des jours chômés, pour s'emparer de ce qui n'appartient privativement à personne.

Pour garantir aux habitants les avantages d'une bonne police, les maires devraient interdire la coupe, le transport et la pêche pendant la nuit ; la pêche, la coupe et le transport dans les jours fériés.

Il est inutile de dire que l'on maintiendrait les usages non contraires au projet ci-dessus.

Le 31 mars 1843, le préfet du Finistère institua une commission pour l'examen de la législation sur les goëmons. Si elle a fonctionné, ce que nous ignorons, elle n'a pas du moins publié le résultat de ses travaux.

Justement préoccupé de cette question, M. Bruno-Devès, aujourd'hui préfet, se propose de soumettre à la sanction du Gouvernement un Rég   nt longtemps ttendu, et qui mettra fin à bien des incertitudes n consacrant, sans doute, les privilèges des communes du littoral. Le premier magistrat du département, appréciateur éclairé des besoins du pays, prendra en considération les vœux du Conseil général (qui a voté récemment 60,000 fr. pour faciliter le transport des engrais de mer), les rapports des sociétés d'agriculture et les avis des hommes spéciaux ; il entrera largement dans la voie timidement indiquée par l'arrêté de 1817 ; et l'autorité supérieure ne refusera point d'approuver une mesure générale, qui sera un retour salutaire aux principes proclamés par Colbert (1).

(1) Au moment où nous livrions notre manuscrit à l'imprimeur, nous avons reçu communication de la proposition de M. le Préfet, et du rapport de la commission chargée d'examiner la question des varechs. Ces deux pièces étant de nature à intéresser nos lecteurs, nous les donnons in extenso à la fin de ce volume.

CHAPITRE XI.

USAGES COMMERCIAUX (1).

§ 1er. — DES MARCHANDS.

Les marchands en détail se préoccupent fort peu, en général, de la tenue des livres prescrits par le Code de commerce (2). Le plus ordinairement, leurs écritures se bornent à un cahier de notes des ventes à crédit : quand on vient les payer, ils bâtonnent l'article. Mais comme ce mémorial ne peut faire titre en faveur du vendeur, comme un oubli est plus facile avec des écritures aussi insuffisantes, s'il s'élève une difficulté quant au paiement, il y a nécessité de la régler à l'amiable.

Pour leurs achats en gros ou en demi-gros, les marchands prennent une facture qu'ils font acquitter quand ils la règlent, et qu'ils gardent plus ou moins longtemps. Quoique la loi ne le dise pas expressément, il est certain que le marchand qui accepte la facture d'un autre marchand, et la conserve jusqu'à livraison, est réputé avoir consenti au marché, s'il n'a point répondu à la lettre d'envoi : à moins de justes motifs, il ne lui est plus possible de refuser la marchandise au prix de ladite facture ; car s'il allègue qu'il n'avait pas demandé la marchandise dont on lui a donné avis d'expédition, on lui répondra qu'il était de son devoir de manifester immédiatement sa désapprobation, son refus à l'expéditeur, afin que celui-ci disposât autrement de la marchan-

---

(1) Quelque compliquée que soit la matière de ce chapitre, nos lecteurs nous sauront gré, nous l'espérons, des efforts que nous avons faits pour éviter la confusion au milieu de tant de détails, et pour les exposer d'une manière claire et précise. Nous avons d'ailleurs omis à dessein bien des coutumes qui nous ont été signalées, mais dont l'appréciation eût nécessité de trop longs développements.

(2) Cicéron, plaidant pour Roscius, disait que les écritures des marchands sont les dépositaires de leur bonne foi, de leur conscience, et de leur réputation.

dise. Quand il y a contestation, ou quand l'expéditeur n'a pas répondu aux observations du destinataire, celui-ci, à l'arrivée de la marchandise, porte sa déclaration de non-acceptation sur la lettre de voiture ou le connaissement, et l'on se conforme à l'art. 106 du Code de commerce. Mais les petits marchands étant dans l'habitude de faire eux-mêmes leurs achats, et dès-lors de choisir la marchandise, aucune objection n'est possible, à moins d'accident, lors de l'arrivée. Quand, au contraire, ils traitent par correspondance avec les fabricants ou marchands de Nantes, de Montauban, et autres lieux éloignés, le vendeur adresse la facture à l'acheteur, qui la reçoit avant la marchandise ; et alors, sauf le cas de fraude, ou de on-conformité, la réception de la facture équivant à un marché parfait (1). Du reste, il n'est jamais arrivé dans notre département, comme on le voit dans quelques villes industrielles, qu'un marchand ait donné sa facture en gage, ou l'ait déposée en nantissement chez un tiers.

Lorsqu'un petit marchand est en rapport suivi, en compte-courant, avec un marchand en gros ou en demi-gros, il arrive souvent que celui-ci le munisse d'un *carnet*, qui est la copie de son compte avec ledit marchand en gros ou en demi-gros : à ce moyen, le petit marchand peut connaître à volonté sa position vis-à-vis de son vendeur. Les carnets préviennent beaucoup de contestations ; ils facilitent la solution de celles qui sont soumises aux juges consulaires : il serait à désirer que l'usage en fût tout-à-fait général. S'il est, en effet, fort rare que les petits marchands s'assujétissent à la tenue de livres réguliers, qui seraient pour eux un embarras et une dépense, ils pourraient du moins avoir tous un carnet et un livre d'échéances pour les billets ; et, à ce moyen, ils ne seraient pas exposés, en cas de faillite, de décès ou d'abandon des affaires, à laisser à leurs créanciers, héritiers ou cessionnaires, des difficultés de liquida-

(1) C'est en vertu des mêmes principes que la cour de Rennes a jugé, le 2 juillet 1811, que le commissionnaire est présumé avoir acquiescé au contenu de la lettre de son commettant, dès qu'il l'a reçue, et qu'il n'adresse pas ses explications en temps utile.

tion, qui sont trop souvent pour les familles une cause de ruine ou de perturbation. C'est particulièrement dans les petites localités qu'on rencontre chez les marchands cette négligence, qui est un obstacle sérieux à la prospérité de mainte industrie (1). Pour la réussite des spéculations, il ne suffit pas que le marchand connaisse les articles qui lui assurent un bénéfice et ceux dont la vente est moins favorable ; il faut encore qu'en cas de contestation il ait un moyen péremptoire de prouver sa loyauté et ses prétentions légitimes, de se rendre enfin, à l'aide de ses écritures, un compte exact de sa situation. Les juges consulaires peuvent bien user d'indulgence envers les petits commerçants non pourvus de livres ; mais, chargés avant tout d'appliquer la loi, ils sont parfois dans la cruelle nécessité de condamner l'honnête commerçant, victime d'un fripon, par suite de l'absence ou du désordre des registres.

Les commis-voyageurs traitent avec nos marchands de diverses manières. Les uns se bornent à inscrire sur leur carnet de voyage les commandes qui leur sont faites ; d'autres, opérant plus régulièrement, font signer aux acheteurs un bulletin d'ordre, et leur en laissent une copie, signée par les deux parties, ainsi que l'original. Quand il y a réclamation sur le mode d'exécution de la convention, si le destinataire a confiance dans la maison qui a fait l'expédition, il met la marchandise à part, traite par correspondance avec la maison, et règle au premier passage du commis-voyageur. Dans le cas contraire, si c'est, par exem-

(1) Notons également ici l'imprévoyante confiance des petits marchands, qui chaque jour livrent à crédit des marchandises à des personnes peu solvables, ou qui n'ont pas la capacité civile pour contracter, comme les mineurs, les femmes mariées, etc. Il est vrai que le fils non majeur oblige son père, en achetant des objets de minime valeur ; que les femmes mariées soient réputées avoir traité avec l'autorisation de leurs maris, quand elles achètent des choses nécessaires pour l'administration domestique, pour l'approvisionnement du ménage, l'entretien et la nourriture des personnes de la famille, parce que, dans l'usage, les femmes sont chargées de ces détails. Cependant, dès qu'il y a excès dans les emplettes, quand elles ne sont pas analogues à la position sociale et de fortune des époux, le mari peut décliner la solidarité, et se refuser au paiement, en renvoyant la marchandise. Rennes, 11 déc. 1813, 20 déc. 1813, 21 janv. 1814, 11 nov. 1820, 20 juil. 1821 ; cass., 14 fév. 1826, 13 fév. 1844, etc.

ple, la première affaire qu'il fait avec cette maison, il formalise son *laissé-pour-compte*, et l'envoi est déposé en magasin tiers jusqu'à solution (1). Il importe, quand on donne des ordres à un commis-voyageur, de bien préciser les conditions du marché, de s'informer exactement des habitudes de la maison quant à la qualité de la marchandise, quant aux paiements (au comptant ou à terme), quant aux délais pour les livraisons, aux lieux où elles se font, aux frais de port, de correspondance, etc. Sauf les prix que les commis voyageurs inscrivent toujours sur le carnet, ou sur le bulletin d'ordre, les conditions de la vente sont habituellement stipulées sans écrit ; c'est ainsi que naissent bien des mal-entendus, que les marchands s'éviteraient en exigeant que le bulletin fût fait double, et signé par les deux parties, et en tenant à jour, sans surcharges, blancs ni râtures, le *carnet* ou registre contenant la mention des demandes, achats, et des conditions arrêtées. A défaut de livres réguliers, ces simples notes serviraient à éclairer la religion des juges consulaires.

En l'absence de convention écrite ou d'une preuve contraire, il est de règle usuelle que les frais accessoires et ordinaires de la vente sont à la charge du vendeur, l'acheteur étant réputé s'être obligé seulement à payer une somme nette et déterminée en échange de la marchandise (2). Quand il n'existe aucune voie commode pour faire parvenir la marchandise jusqu'au lieu du domicile du destinataire, l'expéditeur dirige son envoi sur la ville la

(1) Au reste, il est de jurisprudence que, lorsque la commande inscrite sur le carnet d'un commis-voyageur n'est pas conforme à l'inscription de cette commande faite sur le registre de l'acheteur, les juges doivent s'en rapporter aux écritures dont l'état matériel leur inspire le plus de confiance, arr. de la cour de Paris du 1er mars 1834.

(2) Ainsi les frais de pesage et de mesurage, comme frais de délivrance, sont de droit au compte du vendeur. Les droits d'étalage ou de place, et ceux d'octroi, sont aussi dans la même catégorie. Néanmoins cette règle souffre quelques exceptions : le beurre, le saindoux, etc., achetés dans les marchés, sont pesés au compte de l'acheteur.

Dans les ventes à la criée d'objets mobiliers, l'acheteur n'est tenu, d'après l'usage, de supporter aucuns frais, pas même ceux du salaire dû au crieur, sauf le cas où les annonces et affiches imposent des charges spéciales aux adjudicataires.

plus rapprochée de la résidence du destinataire, qui opère ensuite le retirement, à ses frais et comme il l'entend. Les petits marchands de Crozon, par exemple, reçoivent des étoffes des fabricants de Montauban, sans frais jusqu'à Châteaulin ; mais les frais de port, de Châteaulin à Crozon, sont à la charge des acheteurs.

Dans tout le département, les négociants et marchands en demi-gros expédient aux marchands en détail, dans un rayon assez étendu, par des commissionnaires de la même localité que ces derniers, les marchandises qui leur sont demandées, en se bornant à remettre à ces commissionnaires ou voituriers une facture ou note détaillée, que ceux-ci remettent, à leur tour, aux marchands en détail, avec les objets y mentionnés. Dans ce cas, point de lettre de voiture régulière, point d'avis d'expédition par la poste ; et cependant, la marchandise , sortie du magasin du vendeur, est censée voyager, et voyage légalement, pour compte et aux risques du destinataire (Rennes, 12 juillet 1814). Comment, en effet, pourrait-on suivre rigoureusement les art. 96 et suiv. du Code de commerce ? Il y a alors, pour ainsi dire, nécessité de faire les expéditions à l'aide des commissionnaires spéciaux de chaque localité, gens complètement illettrés, à la bonne foi desquels il faut bien s'en remettre. Le destinataire, à moins qu'il n'ait indiqué un autre mode d'envoi, serait donc mal-venu, en cas de perte, à exercer un recours vers l'expéditeur, qui, se conformant aux habitudes locales, aurait confié la marchandise à une personne exerçant notoirement l'industrie des transports.

§ 2. — COMMISSIONNAIRES. — COMMISSION. — EMMAGASINAGE.

Les commissionnaires en marchandises, et les courtiers, sont des intermédiaires entre les vendeurs et les acheteurs, soit pour les ventes, achats et expéditions, soit pour opérer les transports seulement ; dans ce dernier cas, ils sont nommés commissionnaires pour les transports.

Quoique la plupart des affaires commerciales donnent lieu à leur intervention, les usages servent bien rarement de règle pour l'interprétation des conventions passées entre eux et leurs commettants ; conventions qui toutes ont pour base une confiance mutuelle, et par suite trouvent leur sanction dans les principes de l'équité. C'est ce que prouvent MM. Lamarre et Le Poitevin, dans leur savant traité de la *Commission*.

Rappelons ici un jugement qui honore le tribunal de commerce de Morlaix. Suivant ce jugement, du 16 décembre 1826, il n'est dû aucun salaire au commissionnaire qui applique sa propre marchandise à son commettant. Il y a, en effet, indélicatesse à se constituer à la fois vendeur, acheteur et commissionnaire de sa marchandise. C'est tromper la bonne foi du commettant, et se procurer un bénéfice illicite. Il y a toujours là, sinon une fraude réelle, du moins une occasion bien prochaine de fraude. Cependant, il est des circonstances qui légitiment ces actes ré ouvés en général par l'honnêteté commerciale ; par exemple si le commettant a connu la qualité du commissionnaire, si le prix a été limité, si le commissionnaire vend ou achète au cours normal, si, en un mot, il n'agit point à l'insu de son commettant : comme alors le dol n'existe pas, le droit de commission est légitimement acquis au commissionnaire, comme à tout autre mandataire qui a loyalement rempli un mandat salarié. Aussi, MM. Goujet et Merger, n° 208, soutiennent-ils que, lorsque l'opération n'est pas importante, et qu'elle est exécutée au prix courant, les commissionnaires ne se font aucun scrupule de devenir parties principales, sans avertir les commettants, et de percevoir les 2 °/°, tout comme s'ils avaient traité avec des tiers.

D'après les usages de la place de Morlaix, le taux du droit de commission est de 2 °/° sur le montant des objets vendus ou achetés par les commissionnaires (1) ; il est de 1 °/° en sus, c'est-à-dire de 3 °/°, quand le commissionnaire prend à sa charge la garantie du recouvrement, ou le *dû-croire*, qui n'est qu'une prime d'assurance contre l'insolvabilité des tiers.

(1) C'est aussi un usage, assez généralement admis, que les receveurs de fermages aient droit de retenir 5 0/0 sur les sommes perçues, à titre d'honoraires pour leurs peines et soins, déboursés non compris ; 2 0/0 sur les rentes et revenus mobiliers ; 1 0/0 sur les capitaux provenant d'aliénations ou de remboursements ; à moins, bien entendu, de convention contraire.

Les commissionnaires peuvent encore avoir à répéter vers leurs commettants le droit d'emmagasinage, surtout lorsque, chargés de vendre, ils ont été contraints par les circonstances d'attendre un moment favorable pour la vente. Dans notre département, il est alloué pour l'emmagasinage aux dépositaires de marchandises, savoir : 1 fr. par tonneau, et par mois, pour les liquides ; 75 centimes pour les marchandises sèches, aussi par tonneau et par mois (1).

Enfin, comme les droits de commission sont la récompense d'un travail, l'accomplissement du mandat suffit pour en assurer le bénéfice au commissionnaire : l'insuccès même n'affranchirait pas le commettant du paiement de la commission. Seulement, lorsque le commissionnaire, malgré sa bonne volonté, ne peut exécuter les ordres reçus, il ne serait juste alors ni de lui allouer la commission ordinaire, ni de lui refuser toute récompense ; et dans ce cas, les usages du commerce fixent la commission à la moitié du droit alloué pour les affaires conclues. De même, lorsque les parties ont stipulé une commission au-dessus de $2_o/^o$, le commissionnaire est présumé avoir pris sur lui tous les risques, la surélévation du salaire étant réellement le prix de la garantie ou *dû-croire*.

A Quimper, l'on ne suit pas absolument ces usages. Ainsi, pour les ventes de grains, la commission est bien de $2_o/^o$; mais elle est variable pour les autres marchandises. Le dû-croire n'est pas davantage déterminé par la coutume ; cela dépend d'une foule de circonstances. Du reste, ce qui est hors de contestation, c'est que l'ordre du commettant sans consignation ne donne lieu à aucune commission : quand il y a eu consignation, le commissionnaire a droit à la commission entière pour ce qu'il a vendu ou acheté, à la demi-commission sur ce qui reste à vendre, ou qu'il n'a pu réussir à acheter, dès qu'il a fait le nécessaire ; et enfin au droit de magasinage.

(1) L'emmagasinage est dû en outre de la commission, ainsi que les frais de recouvrements, de négociations, d'expéditions, et généralement toutes les avances faites par les commissionnaires, qui ont à cet effet un privilège sur les marchandises (C. de Lyon, 23 juillet 1839).

Nous ne nous étendrons pas sur les devoirs des courtiers. Il y a plusieurs espèces de courtiers : à la différence des commissionnaires, ils ne traitent jamais en leur nom personnel ; ils sont les mandataires des négociants, ou les délégués des tribunaux consulaires ; voyez à cet égard les art. 5 et suiv. de la loi du 25 juin 1841, et les lois spéciales. Leurs salaires sont déterminés par des réglements particuliers plus que par les usages : nous ne connaissons point les tarifs des droits de courtage pour les places de Brest et de Morlaix.

Quant aux commissionnaires pour les transports, nous renvoyons aux art. 95 et suiv. du Code de commerce.

§ 3. — Assurances.

En matière d'assurances contre l'incendie, on sait que les polices imprimées contiennent un grand nombre de clauses dont les unes sont nulles, les autres seulement comminatoires. Ainsi, les primes sont en réalité *quérables*, quoique habituellement stipulées *portables ;* car il est d'usage constant que les agents des compagnies se présentent eux-mêmes au domicile des assurés pour opérer le recouvrement des primes échues, ou du moins les préviennent officieusement, quand ils sont en retard. Or, il s'est rencontré des compagnies qui, un sinistre arrivant, se sont prévalues de la formule : *Faute d'acquitter les primes, dans la quinzaine de leur échéance, au domicile de l'agent, l'assuré perd tout droit de recours vers la compagnie.* Mais la jurisprudence, interprétant cette clause équitablement, et suivant les usages notoires, a décidé que l'assuré a droit de réclamer l'indemnité en cas d'incendie, tant que la compagnie ne l'a pas mis en demeure de verser les primes échues, à moins qu'il n'ait agi par ailleurs d'un manière frauduleuse. Elle a encore jugé que la clause : *toute action en paiement de dommage sera prescrite par six mois à compter du jour de l'incendie ou des dernières poursuites,* est radicalement nulle, les prescriptions étant d'ordre public, et nul ne pouvant y renoncer à l'avance, ni en modifier la durée fixée par la loi (cours de Rouen, 28 mai 1841 ; de Colmar, 17 mai 1843; de Paris, 29 août 1844; — tribunal de Paris, 4 mars 1851 ; *G. des Trib.*, du 9).

Sur la tacite-réconduction, et la valeur des clauses imprimées, on peut consulter un jugement du tribunal de commerce de Paris, du 16 septembre 1851, dans la *Gazette des Tribunaux*, du 1er octobre, et un arrêt de la Cour de cassation, du 11 décembre 1849.

En fait d'assurances maritimes, quoique la loi défende expressément d'assurer le fret, on élude souvent cette prohibition, en assurant d'abord le capital ou les marchandises à bord, puis la prime de l'assurance, et encore *toute prime de prime*. Ce sont là des opérations qui semblent autorisées par l'usage : elles présentent parfois un grand avantage, en temps de guerre, par exemple, les primes étant très élevées, puisqu'on les a vues monter à 25 0/0 de Bordeaux à Morlaix. On charge donc, dans ce cas, la valeur du capital assuré, et l'on fait ainsi des polices *d'honneur*, c'est-à-dire, qui n'ont pas une valeur légale, mais qui engagent moralement.

Du reste, les assurances maritimes ne sont pas assez nombreuses dans le Finistère pour donner lieu à la constatation des coutumes y relatives. Si l'on assure ordinairement les expéditions considérables, il est certain que le petit cabotage et les patrons de barques transportent journellement des marchandises non-assurées. Nous ne savons pas encore apprécier tous les avantages de l'assurance maritime. La fréquence des sinistres de mer sur nos côtes devrait pourtant nous conseiller un peu de prévoyance.

§ 4. — CAPITAINES ET PATRONS. — JOURS DE PLANCHE. — BUREAUX DES DOUANES.

Les capitaines, maîtres ou patrons, sont obligés de tenir à jour un registre, qui s'appelle livre de bord, et sur lequel sont inscrits tous les évènements concernant la navigation : en ne remplissant pas exactement ce devoir, les capitaines s'exposent à répondre des avaries et sinistres, à moins qu'il ne prouvent que ces malheurs proviennent d'une force majeure. Mais, quoique la loi ne fasse à cet égard aucune exception, comme il est d'usage constant que les armateurs confient les navires, au-dessous de 20 tonneaux, à des capitaines ne sachant ni lire ni écrire, mais seulement signer, ces capitaines, maîtres ou patrons, qui, bien que soumis à l'inscription maritime, ne sont en réalité que des conducteurs par eau, peuvent valablement faire constater les avaries par les gens de l'équipage au premier port de débarquement ; et ils ne sont point tenus de représenter un registre ou livre de bord : leur déclaration est tout ce qu'on peut raisonnablement exiger (Rennes, 17 juin et 3 juillet 1811). Mais cet arrêt, un peu ancien, ne devrait pas être pris dans un sens absolu. En présence de l'obligation de subir examen, imposée aux capitaines caboteurs, l'art. 242 du Code de commerce doit être rigoureusement exécuté, sauf de bien rares exceptions.

Les capitaines des navires ne sont point responsables des avaries particulières arrivées aux marchandises chargées sous le *franc-tillac* (plancher ou pont supérieur dans un bâtiment de charge. — Romme, dict. de la marine française), et même sur le pont, à moins de défense expresse ; car il est d'un usage général de réserver la cale pour les marchandises d'un fort poids, ou sujettes à coulage ; et le capitaine, qui d'ailleurs se serait conformé à l'art. 405 du Code de commerce, serait à l'abri de tout recours (Rennes, 9 janv. 1821). Mais il répond de ses fautes, même légères, de l'omission des moindres précautions indiquées par les usages de la navigation, qu'il prétendrait en vain ne pas connaître ; car *spondet peritiam artis* : il ne lui est permis d'invoquer comme excuse que la force majeure (1).

Le délai accordé pour la charge et la décharge du navire se nomme *starie* ou *jours de planche*. Ce délai, qui part du jour où le navire prend place au quai, doit être plein ; et dès lors il y a lieu de ne pas y comprendre les jours fériés, quoique l'art. 7 de

----

(1) Rennes, 16 juin 1825 ; deux autres arrêts des 28 mars et 9 avril 1827 ont reconnu l'autorité des usages maritimes, sur lesquels nous n'insisterons point, parce que nous devons nous attacher surtout à faire ressortir les coutumes purement locales.

la loi du 18 novembre 1814 permette le chargement des navires les jours de fêtes et Dimanches (1). Cette faveur devait être accordée au commerce; car il y a quelquefois urgence, et un retard de quelques heures peut causer un préjudice considérable. Aussi la cour de Rennes a-t-elle jugé (27 févr. 1830) que, sans qu'il fût nécessaire de constater l'urgence, l'administration des douanes ne peut refuser d'ouvrir ses bureaux les jours fériés, sous prétexte que ces jours sont consacrés au repos. Quelque soit le *jour*, et à toute heure du *jour*, le visiteur doit donc se trouver en personne au bureau du lieu du chargement, afin que les capitaines ne soient pas exposés à amortir, ainsi qu'il arrive dans les ports où la navigation est difficile, comme à Quimperlé. Là, en effet, il faut attendre une marée favorable pour mettre à la voile; et les marées ne se faisant sentir que pendant deux ou trois jours sur quinze, on conçoit que le plus minime retard compromettrait quelquefois les intérêts du capitaine ou ceux de l'affréteur. — C'est également en faveur du commerce que l'administration des ponts et chaussées (art. 5 du réglement sur la navigation du canal; V. ci-dessus, p. 56, en note) a décidé que les agents de la perception des droits de navigation sont tenus de délivrer ou viser les passavants, *sans retardement*. En cas d'accidents sur le canal, les avaries survenues aux bateaux et radeaux sont constatées par les éclusiers, art. 16. Les trains et bateaux arrivant de nuit aux écluses doivent attendre le lever du soleil pour continuer leur marche, art. 18. Les éclusiers peuvent refuser le passage aux mariniers ivres, art. 19; et lorsque les eaux des biefs ne suffiront pas à la navigation, comme aussi quand le tirant d'eau des bateaux excèdera celui fixé par le réglement de la station (à deux centimètres près accordés par tolérance), art. 24 et 25. Les perches en bois sont seules tolérées pour parer les chocs contre les bajoyers, art. 30. Les bateliers ne doivent ni abandonner leurs bateaux la nuit sur le canal, ni stationner à moins

(1) Un arrêt de la cour de Rouen a jugé le contraire. Mais cet arrêt isolé est combattu par la jurisprudence de la cour de Rennes et du tribunal de Marseille (Rép. du *Journal du Palais*, v° Charte-partie).

de 50 mètres des écluses, art. 32. Les lieux de chargement et de déchargement seront.désignés par les ingénieurs ; les dommages seront réparés par les contrevenants, art. 33. On peut déposer les marchandises sur les quais, sous la surveillance des éclusiers, art. 37. Il est interdit de jeter ou déposer quoi que ce soit dans le canal, même d'y faire rouir, d'y pratiquer lavoirs, abreuvoirs ; d'y pêcher et chasser ; de laisser les bestiaux paître sur les bords, etc., art. 41.....

Quel est l'usage local quant aux jours de planche ? Dans les ports du Finistère, on accorde *dix jours* s'il s'agit d'un navire de 100 tonneaux, *quinze jours* pour les navires d'un tonnage supérieur. Les chartes-parties limitent ordinairement les staries dans ces termes : à défaut de clauses expresses, on devrait donc prendre pour règle le nombre ci-dessus indiqué, et déduire les jours *non ouvrables*.

Mais les chartes-parties stipulent quelquefois la *réversion*, en ne fixant pas séparément la durée du chargement et celle du déchargement ; en accordant, par exemple, *vingt-cinq jours* pour les deux opérations. Dans ce cas, si l'affréteur s'est expédié en *dix jours*, le capitaine devra laisser *quinze jours* au destinataire pour la décharge, les jours étant *réversibles* les uns sur les autres, et la *starie* convenue étant toujours due. L'affréteur ou le destinataire qui laisserait passer le délai stipulé, ou d'usage, serait responsable de la *surestarie* envers le capitaine, en cas de dommage ; et celui-ci envers l'affréteur, dans l'hypothèse contraire. Mais jamais le chargeur n'est en droit de forcer le capitaine à partir par un temps de risque, ni sur son refus lui demander des surestaries ; il ne peut pas davantage exiger que le navire soit chargé outre mesure, même quand le navire a été frété pour le plein et entier chargement (*Revue de législation*, avril 1815, p. 408 et suiv.). — Une controverse constamment renouvelée devant les tribunaux de commerce, lit-on dans le même article, p. 418, et diversement jugée suivant les usages des lieux, est celle qui consiste à savoir si les matelots ont droit au *chapeau* dans un engagement à la part, lorsque le capitaine soutient avoir un droit exclusif à cette partie du fret. — Nous ne pensons point que les juges consulaires puissent trouver dans les usages la solution de cette difficulté, qui probablement ne s'est jamais présentée dans le Finistère. Néanmoins, on pourrait considérer comme un chapeau la bonification faite au capitaine ou patron, dans le cas déjà cité à la p. 243. A Douarnénez, les capitaines au cabotage ont droit à 1 ou 2 fr. par tonneau à titre de chapeau. Les capitaines au long-cours, les Norvégiens, par exemple, ont 5 0/0 de chapeau, et 1 0/0 d'avarie sur le montant du fret. Les matelots ne prennent point part au chapeau, quelque soit le mode d'engagement, à moins de convention expresse.

§ 5. — TONNAGE. — TARES. — TRAIT. — RÉFACTION.

Le tonneau de mer est de 1,000 kilog. ; et, pour l'encombrement, le tonneau est de 1,555 décimètres cubes (42 pieds cubes). Mais, dans le commerce maritime, le tonneau de mer n'est pas toujours le type du prix du fret; cela varie suivant les places et suivant l'espèce des marchandises à transporter. Voici les quantités allant pour un tonneau de mer dans nos ports : 1,100 kilogrammes pour les ardoises, fers, froments, litharges, mélasses, plombs et sels (1);

1,000 kilog. pour les beurres, cires, farines en sacs, ferrailles et fontes, graines de lin, de chanvre, de trèfle, d'ajones et de luzerne, seigles, orges, avoines, graisses (saindoux et autres), noir animal, peaux vertes, poisson en vert, résine, salaisons, suifs, tabacs en rôles, tourteaux de graines grasses;

900 kilog. pour les fils de lin et de chanvre;

800 kilog. pour les farines en barils, poissons secs et tabacs en feuilles;

750 kilog. pour les chandelles, cornes en vrac (pêle-mêle),

(1) Pour les ardoises, le tonnage est au poids, à cause de la variété des grandeurs. A cet effet, les parties font peser un tonneau, en comptant le nombre d'ardoises que comporte un poids de 1100 kilog... Pour les mérains, les variétés de longueurs et épaisseurs ont fait adopter le même mode. Les parties font peser et compter un tonneau (750 k.). A Quimper, les mérains se chargent à tant par mille; les orges à 1,100 k. le tonneau, le froment à 1,200 k., etc.

crins, cuirs tannés, fruits secs et confits, mérains, soies de porc, toiles de lin ;

700 kilog. pour les tabacs en carottes ;

650 kilog. pour les tabacs en poudre ;

600 pour les colles et fils d'étoupes ;

500 pour les chanvres, chiffons, cornes en balles, côtes et raboches de tabac, lins, toiles d'emballage ;

450 kilog. pour les bourres et étoupes de lin et de chanvre ;

250 pour les tabacs hachés ou *scaferlati*.

Puis viennent les bois de construction, qui sont comptés par stère au tonneau ; les futailles, à raison de 4 barriques montées, ou 12 barriques en bottes, au tonneau ; les miels, à raison de 3 barriques (jauge bordelaise), et les papiers, à raison de 42 pieds cubes, pour un tonneau.

Pour les autres articles, on suit le tarif de la place du Havre, comme étant celle avec laquelle nos négociants ont surtout des relations. Ce tarif est publié tous les ans dans l'Almanach du commerce du Havre.

Nous devons maintenant faire connaître les *tares* consacrées par l'usage du commerce. — Il y a la tare réelle, la tare nette et la tare écrite.

La tare n'est autre chose que la déduction à faire au profit de l'acheteur, pour le poids réel ou présumé de l'enveloppe. C'est la différence du poids brut au poids net. La tare réelle et la tare nette signifient la même chose, c'est-à-dire, le poids vrai et reconnu de l'enveloppe dégagée de la marchandise ; à moins qu'on n'entende par tare réelle le poids vérifié au moment de la livraison, et par tare nette le même poids, sans autre bonification pour l'acheteur. Mais, comme nous allons le voir, cette dernière interprétation est inadmissible ; et la tare nette, comme la tare réelle, ne donne à l'acheteur que le droit de ne pas payer le contenant comme le contenu.

Quelquefois le vendeur fait connaître à l'acheteur le poids trouvé à la futaille, au pot, ou autre enveloppe, avant l'empotement ou l'emballage ; alors, quoique la tare ne soit plus exacte à l'arrivée, comme cela a lieu pour les marchandises imprégnant l'enveloppe, l'acheteur étant prévenu ne peut exiger que la réduction convenue pour tare; c'est là la tare écrite, dont le taux varie : elle est ainsi appelée, parce qu'elle est ordinairement inscrite sur l'enveloppe.

Il n'y a point lieu à tare pour les marchandises qui voyagent habituellement à découvert, comme les ardoises, bois de chauffage et de construction, fers, fontes et ferrailles, étoupes de lin et de chanvre, et mérains; ou dont l'enveloppe est insignifiante, comme les papiers, futailles, fruits secs et confits, laines, plombs, poissons secs et verts, résines, tabacs en feuilles, en rôles, hachés ou *scaferlati*, en carottes et en poudre (les caisses, s'il y a lieu, au compte de l'acheteur), toiles de lin et d'emballage, tourteaux de graines grasses.

Il y a lieu à tare réelle ou nette pour les beurres, bourres, chandelles (1), chanvres, chiffons, cires, colles, cuirs tannés, farines, fils de lin, de chanvre et d'étoupe, graines de lin, de chanvre, d'ajoncs, de luzerne et de trèfle, froments, orges, seigles et avoines, graisses (saindoux et autres), lins, peaux vertes, sels et soies de porc ;

Il y a lieu à tare écrite pour les cornes, côtes et caboches de tabac, crins, litharges, noir animal, salaisons et suifs;

Pour les mélasses, la tare usuelle est de 12 pour cent; pour les miels, de 40 k. par barrique (jauge bordelaise), 30 k. par tierçon, 25 k. par 1/2 barrique; à Quimper, 45, 30 et 27 1/2.

Les huiles donnent droit à l'acheteur à 18 0/0 de tare; les pains de résine à 1 kilog. par pain; les savons sont sujets à la tare écrite; les sucres à des tares variables, suivant leur qualité et le conditionnement de l'enveloppe.

Indépendamment de la tare, il y a le trait. Grammaticalement parlant, ce mot veut dire ce qui emporte l'équilibre de la balance;

(1) Un arrêté du Préfet du 6 avril 1824 autorise la vente de la chandelle au paquet de 500 grammes, enveloppe comprise pour 15 grammes au plus. Dans l'usage, on la vend par paquets de 6, 8, 10 chandelles, censées peser 500 gr., avec l'enveloppe. Il en est de même pour la bougie. — A Paris, il est de jurisprudence qu'il y a délit, dès qu'un paquet de bougies, sans enveloppe, ne pèse pas un demi-kilogramme.

dans le langage ordinaire, il signifie bon poids ; dans le langage du commerce, on lui donne une acception plus étendue. — C'est une réduction adoptée par l'usage sur les prix de certaines marchandises, pour la diminution ou la détérioration résultant de l'action de l'air, du déplacement ou du transport de la marchandise, de son adhérence à l'enveloppe ; en d'autres termes, c'est une compensation des déchets ou de la différence présumée entre le poids au départ et le poids à l'arrivée ; cette grande analogie entre la tare et le trait est cause que dans quelques pays on nomme le trait surtare. Nous verrons que la surtare diffère essentiellement du trait et même de la tare.

Le trait est déterminé à tant pour cent, afin d'éviter toute difficulté sur la pesée, qui dès-lors doit se faire d'une manière exacte. Ainsi, on accorde, d'après l'usage : 1 o/° de trait pour les beurres, bourres, chanvres, cires, colles, côtes et caboches de tabac, crins, cuirs tannés, étoupes de lin et de chanvre, ferrailles et fontes, fils de lin, de chanvre et d'étoupe, graines de lin, de chanvre, de trèfle, d'ajoncs et de luzerne, froments, orges, seigles et avoines, graisses (saindoux et autres), huiles, lins, litharges, noir animal, plombs, poissons secs et verts, résines, soies de porc, suifs et tourteaux de graines grasses (à Quimper, on doit le bon poids, environ 500 grammes par 50 kilog., ou 1 o/°) ; 4 o/° pour les cornes ; 1 k. par barrique pour les mélasses ; pour les miels, 5 k. par barrique, 4 k. par tierçon, 3 k. par demi-barrique ; 2 k. par peau, pour les peaux vertes (à Quimper, 1 k. par barrique de miel, tierçon et demi-barrique).

Ne donnent lieu à aucun trait : les ardoises, bois de construction et de chauffage, farines, fers, fruits secs et confits, futailles, mérains, papiers, salaisons, sels, tabacs sous toutes formes, toiles de lin et d'emballage.

Pour les laines, il est passé tantôt 1, tantôt 1/2 p. o/° de trait.

Il y a des marchandises qui subissent, outre la tare et le trait, une réduction qui est connue sous les noms de *surtare*, ou de *pied*. Il y a lieu à surtare pour les miels, par exemple, quand il est reconnu que les futailles ont été mises à tremper : c'est une espèce de fraude qui a pour but d'obtenir un poids excédant le poids normal ; il est juste que le vendeur supporte la surtare ; comme aussi on ôte avant la pesée, où l'on déduit du poids brut, tous cercles et barres d'un volume inusité sur les barriques bordelaises. Pour les cires et pour les huiles de baleines, il est d'usage d'admettre ce qu'on nomme la réfaction pour *pied* ; pour la cire, on enlève la crasse ; pour les huiles de baleine, la réfaction n'est accordée que pour le *pied* épais, excédant 54 millim., savoir : 2 hectogr. par 27 millim. au-dessus des 54 ; jamais pour le *pied* liquide, qui est réputé *marchand*. — Toute marchandise liquide vendue en pièces ou barriques est censée devoir remplir le fût jusqu'à la bonde. Néanmoins, on passe au vendeur, pour les huiles d'olive, les vides inférieurs à 81 millim. ; mais l'acheteur peut exiger la réfaction de 3 kilog. 1/2 (par 27 millim. de vide excédant la franchise) sur les barriques, les tierçons et les quarts. Pour les miels, le vide ne donne lieu à réfaction, s'il n'excède 81 millim. sur les tierçons et demi-barriques ; mais la réfaction est de 5 kilog. par 27 millim. excédant les franchises ci-dessus.

Nous pourrions encore parler des usages relatifs aux modes d'emballage, aux surcharges, aux dons et surdons, aux pesées en *angle*, ou entre fers, aux termes de paiement (1), aux escomptes, etc. Mais ce sont là des détails purement techniques, et d'ailleurs trop peu précis dans l'application journalière, pour constituer des usages constants et reconnus.

Au reste, il ne faut pas oublier que toutes les marchandises se réfactionnent pour avaries, changement de qualité, corps étrangers et fraudes quelconques. — S'il s'élève une difficulté sur les tares, traits, réfactions, c'est aux courtiers (à leur défaut, à des

(1) Nous ne connaissons, dans le Finistère, aucun usage contraire aux arrêtés des 14 nivôse an IV, 18 vendémiaire an VI, et aux décrets des 29 mai 1808 et 18 août 1810, relativement aux paiements en billon. Le billon est une monnaie valable pour les paiements au-dessous de 5 francs : pour les sommes supérieures, le billon n'est accepté que comme appoint. A Lorient, il était jadis d'usage de payer un dixième en billon ; mais c'était un abus (Toullier, t. 7, p. 73 ; cass., 28 mai 1810). — On sait que les bouchers complètent les pesées de viande à l'aide de morceaux de rebut : c'est ce qu'ils nomment la *réjouie*. Il n'est guère possible de refuser la réjouie.

négociants, arbitres, etc.) qu'il appartient de prononcer comme amiables compositeurs; et leur décision est la règle souveraine à laquelle se soumettent les vendeurs et acheteurs (1).

§ 6. — COMMERCE DE LA SARDINE.

Nous avons déjà traité cette matière aux chapitres 1er et 9e; et si nous y revenons ici, c'est uniquement pour compléter les détails par un exposé sommaire des coutumes locales qui se rattachent plus intimement aux achats et ventes, au tonnage, au trait, etc.

Il est, pour ainsi dire, sans exemple, qu'un négociant-presseur traite, à titre de simple commissionnaire, avec les autres presseurs. Si pourtant ce cas se présentait; si les commerçants de Nantes, Bordeaux, etc., chargeaient un presseur de l'achat d'une quantité déterminée de tonneaux de sardines, soit à un taux limité, soit au cours de *tel jour*, nul doute que le presseur placerait ainsi très loyalement sa marchandise, et aurait droit à la commission ou bonification convenue, ou d'usage. Car, en s'adressant au presseur, *omisso medio*, le négociant étranger lui donne sciemment un double rôle, celui de vendeur partie principale avec ou sans commission suivant la convention, et celui d'intermédiaire, qui n'a pas dans ses magasins la marchandise demandée, ou qui n'a pas la quantité correspondante à la demande; en cette qualité, le presseur est autorisé à réclamer la commission d'usage, même non expressément stipulée, l'exécution du man-

(1) Les usages commerciaux ci-dessus rapportés sont presque tous puisés dans une délibération prise par la Chambre de commerce de Morlaix le 23 mars 1849. Ce document émanant de l'autorité la plus compétente, nous le considérons comme ayant toute la force d'un *Parère* applicable à la place de Morlaix, et en général aux affaires commerciales du Finistère. Nous remercions ici particulièrement MM. Daniélou, Homon et Vallée, de la bienveillance avec laquelle ils ont répondu à nos demandes. Nous regrettons seulement que la Chambre de commerce, par une nomenclature plus complète, n'ait pas posé des règles fixes et invariables, notamment quant au tonnage, aux tares et traits, au lieu de s'en référer aux usages du Havre pour les articles non mentionnés, dont quelques-uns donnent lieu à des discussions, soit entre les consignataires et les capitaines, soit entre les expéditeurs et les destinataires. Ceci est d'autant plus important, qu'entre négociants un marché est censé fait conformément aux usages de la place où il a été passé. (Cass., 22 novembre 1832.)

dat exigeant des peines et soins, qui doivent être rémunérés par le commettant.

Mais c'est là une hypothèse en dehors des habitudes locales. Les presseurs traitent avec des commissionnaires pour vendre, qui habitent les ports de consommation, Nantes, La Rochelle, Bordeaux, Cette, Bayonne. Comme tout mandataire salarié, ils sont tenus de leurs fautes, même légères. Ils sont obligés, par l'acceptation du mandat, de vendre sans retard la marchandise du commettant, quand bien même ils auraient dans leurs magasins des marchandises similaires à ceux appartenant. Le commissionnaire est toujours réputé avoir promis d'agir *au mieux des intérêts* qui lui sont confiés.

Le taux de la commission n'est pas le même sur toutes les places : il est de 2 o/o à Bayonne et à Cette ; de 1 o/o seulement à Bordeaux. Ordinairement néanmoins il est fixé à 2 o/°, ou à tant par baril, par exemple 1 fr. à Bordeaux, 2 fr. à Nantes, etc. Ce salaire est payé par le commettant, qui prend en outre à sa charge les frais de correspondance, et le change de place, qui s'élève à 1/2 o/°.

Quand on vend sur les lieux de pêche, à Concarneau, on vend à tant le baril ; à tant le tonneau dans les ports de Douarnénez et Crozon. Mais il est rare que les fabricants ne soient pas obligés d'expédier au loin, pour les écouler, les produits de la pêche.

Le poids du baril est de 85 kilog. brut, et la contenance équivant à 4,500 sardines en primeur, c'est-à-dire jusqu'en septembre ; et, de septembre à novembre, elle se réduit à 3,200, 3,000 et même 2,800 ; à ce dernier chiffre, le poisson est très recherché ; mais la baie de Concarneau en fournit bien peu au-dessous de 4,000 au baril. Le baril de Concarneau jauge 62 litres ; celui de Douarnénez, 84 ; celui de Crozon, 1 hectolitre. Quant au tonnage, on distingue le tonneau de terre, ou de vente, du tonneau de mer ou de charge : le tonneau de vente, à Douarnénez et à Crozon, c'est 8 barils, ou 4° 32 pour Douarnénez, 8ʰ pour Crozon ; à Concarneau, on vend au baril. Le tonneau de mer ou de charge est de 16 barils, sauf à Crozon peut-être ; car aujourd'hui la capacité des barils tend à s'uniformiser dans les trois ports de pêche. Le poids du tonneau de mer est de 1,360 kilogrammes.

Les ventes de sardines se font sans déduction pour tare, trait, etc. Le vendeur les doit rendues sous vergues à quai : ainsi, le cloutage (25 c. par baril), le port à bord, et autres menus frais, sont rangés au nombre des frais de délivrance, et sont mis par l'usage au compte du vendeur.

Il n'y a qu'un cas où l'on fasse état de la tare, c'est pour les comptes en douane. La douane enregistre les entrées de sel et les expéditions de sardines ; à la fin de la campagne, on procède au réglement de l'impôt sur le sel, distraction faite : 1° de 75 kil. de sel par 100 kilog. net de poisson ; et 2° de 10 kilog. par baril, pour obtenir le poids net du contenu de la futaille. Ainsi, si le négociant a reçu 10,000 kilog. de sel, et fait sortir 100 barils de poisson de son atelier, ou un poids de 8,500 kilog. brut, on déduit 100 kilog. pour tare, et 5,625 kilog. (75 ./°), en sorte qu'il est tenu de payer le droit de 10 c. par kilog., plus le dixième, pour toute quantité en déficit constatée par le recensement. Il n'est en règle qu'autant qu'il représente les 4,375 kilog. de sel, dont l'emploi n'est pas justifié.

En ce qui touche les termes de paiement, l'usage veut que la marchandise soit payée dans le délai des 30 jours de la livraison, c'est-à-dire de l'embarquement (1).

On achète la rogue au baril ; c'est une marchandise fort chère : le baril coûte de 35 à 40 fr., et il en faut 20 par saison de pêche, soit environ 700 fr. Les vendeurs doivent 21 barils pour 20.

Les barils sont faits par des tonneliers, auxquels on paie habituellement 50 c. par baril, autant pour presser, et 25 c. par demi-baril, dit *quart*. A Douarnénez, c'est 3 fr. par tonneau,

(1) C'est là la règle la plus générale ; mais il faut excepter les ventes au comptant, qui ont lieu parfois à Douarnénez, et celles faites à Bordeaux avec terme de 40 jours à 4 mois, ou demi pour cent d'escompte. — Les prix de vente se règlent, dans l'usage, sur le cours reçu à Douarnénez, comme la première place pour ce commerce. Le dû-croire est de 1 pour cent, quand le commissionnaire se charge du recouvrement. L'assurance de la marchandise doit être stipulée, ou commandée au commissionnaire ; sans cela il en supporterait seul les frais.

ou 37 c. 1/2 par baril, et 50 c. pour presser par baril, 25 c. par demi-baril.

Avant de terminer ce paragraphe, si nous récapitulons les faits de ce genre de commerce, nous voyons que la pêche moyenne, dans le Finistère, est d'environ 75 à 80 mille barils, ou de 9,687 tonneaux, représentant pour chaque chaloupe environ 89 barils, ou 11 tonneaux. Calculant ensuite les frais à la charge de l'armateur, nous voyons qu'une chaloupe toute montée coûte 1,478 fr.; les frais de rôle, de congé, du versement à la caisse des invalides, s'élèvent à 20 fr.; la rogue coûte 700 fr. pour une saison, etc. Enfin, la mise dehors de l'armateur ne va pas à moins de 5,000 fr. Pour couvrir cette avance, il n'a que la sardine et l'huile, qui rapportent environ, année commune, 50 fr. par baril ou 400 fr. par tonneau : en moyenne 3 à 4 millions par an, dont il y a à déduire les sillages et parts d'équipages, le fret, les droits de commission, d'octroi, etc. ; ce qui réduit le prix net de vente à très peu de chose. Il arrive même souvent qu'il y a perte pour l'armateur, comme on l'a vu en 1849 : A Douarnénez et à Concarneau, on fit plus de 100 mille barils (104,000) ; l'abondance déprécia la marchandise.

On sortirait toutefois de cette situation malheureuse, si l'on obtenait du Gouvernement une prime de 20 fr. par 100 kilog. à l'exportation, au moins pour les 25,000 premiers barils, dans le cas où le baril n'atteindrait pas 25 fr., prix de revient dans nos presses. Cette prime s'élèverait à 371,000 fr. par an. Dieu veuille que l'on fasse droit aux demandes des presseurs !

§ 7. — COMMERCE DES BOIS.

Les bois de construction se vendent sur pied, ou en grume, ou équarris, ou façonnés.

Aucun usage à l'égard des bois vendus sur pied, si ce n'est que, dans la vente d'un bosquet, d'une avenue, d'une rabine, à *tant le pied* (1), le vendeur ne peut compter pour 2 pieds, pour 3 pieds, l'arbre *bifurqué* ou *trifurqué*, même au raz du sol : il n'est

(1) L'acheteur d'une coupe de taillis n'a point, à moins de convention expresse, le droit de couper les baliveaux. Nous ne partageons pas, à cet égard, l'avis de nos honorables correspondants des cantons de Saint-Renan et de Daoulas ; les réponses unanimes des autres cantons prouvent que l'usage ne saurait autoriser en ce cas l'abattage des baliveaux. Les propriétaires sont dans l'habitude d'en réserver un nombre indéterminé à chaque exploitation ; ces brins reçoivent plus

dû par l'acheteur que le prix de chaque arbre *radiqué*, c'est-à-dire, qui a ses racines propres et séparées. Du reste, sauf convention, il n'y a lieu à aucune réfaction pour *roulures*, *gélivières*, etc. L'acheteur court un risque volontaire ; ce n'est pas là un de ces vices cachés qui impliquent la garantie du vendeur.

Les bois ronds, ou en *grume*, se vendent à vue, ou au stère ; on prend le diamètre au compas. L'acheteur n'a droit à aucune déduction ; mais le vendeur ne peut exiger le paiement du *pouce gras*, ou des derniers 27 millimètres. Ceci a toujours lieu pour l'ormeau vendu aux charrons.

Les bois équarris, les pièces de charpente, les madriers, bois pour la marine, billes, pièces courbes, etc., se vendent le plus souvent à forfait, à la pièce ; quand on les vend à la mesure, c'est à tant le pied cube (3 mètres 705 millimètres). Dans la pratique, le mesurage se fait au pied courant (35 centimètres), de manière à ne compter que le pied *plein* : ainsi, la pièce mesurant de 2 mètres 35 à 2 mètres 62 de longueur ne sera payée que comme mesurant 2 mètres ; la différence restera au profit de l'acheteur. Quant à la largeur et à l'épaisseur, on passe à l'acheteur les lignes (2 mill.) excédant le pouce plein (27 mill.) : ainsi, un madrier de 10 pouces 3 lignes (278 mill.) d'épaisseur ne sera compté que pour une épaisseur de 10 pouces (271 mill.). En outre, quand il y a des *flaches*, tares ou autres vices dans le bois, on accorde 27 millimètres de *réfaction*, ou réduction, sur chaque pièce non

tard une destination particulière : il y a donc en faveur de la réserve une présomption si forte, qu'elle ne céderait qu'à la preuve contraire. L'acheteur doit respecter les baliveaux ; mais le vendeur est tenu de fournir les liens pour la confection des fagots.

Quant aux genêts, ajoncs, bruyères, épines et ronces, ils sont compris dans la vente de la coupe : bien plus, c'est un devoir pour l'acheteur, de les raser, de *nettoyer le parterre de la coupe*.

En ce qui touche les renaissances garnissant les clôtures du taillis, si le bois est isolé et entouré de terrains nus, l'acheteur peut faire son profit des accrues des fossés implantés comme le taillis ; il en serait autrement, si les fossés joignaient des champs affermés et entourés de bois courants, de tout temps coupés par les fermiers. Dans ce dernier cas, l'acheteur ne peut être censé avoir acquis le droit de troubler la jouissance du voisin ; dans le premier, au contraire, il est présumé avoir acheté la coupe du taillis entier, *circonstances et dépendances*. Les fossés sont un accessoire du taillis ; sa conservation exige même que les clôtures soient éclaircies périodiquement, et que les jeunes pousses végètent librement.

En aucun cas, l'acheteur n'a le droit de râtisser les feuilles.

parfaitement équarrie. S'il y a des nœuds pourris, on fait le mesurage sous la déduction de ce défaut, c'est-à-dire, sur les dimensions réelles de la pièce purgée des nœuds pourris. Les roulures, gélivières et nœuds secs, ne donnent lieu à réfaction : C'est à l'acheteur à vérifier ces choses avant la vente.

Les bois pour la marine, qui se vendent au stère, se comptent pour la longueur par décimètres pleins, sans avoir égard aux fractions ; pour la largeur et l'épaisseur, par centimètres pairs : ainsi, une pièce longue de 2 mètres 26 centimètres, et qui a 13 centimètres d'épaisseur, ne sera payée que pour 2 mètres 20 centimètres de longueur et 12 centimètres d'épaisseur.

27 millimètres (1 pouce) en plus ou en moins, n'entrent pas en compte pour les pièces de charpente dont la largeur et l'épaisseur n'excèdent pas 5 pouces (13 centimètres).

Les planches et voliges se vendent à la *douzaine*, c'est-à-dire, aux 33 mètres 35 centimètres courants. Dans l'usage, on mesure chaque planche, sans tenir compte d'un ou deux pouces en plus ou en moins sur la longueur ; en d'autres termes, jusqu'à 55 millimètres, il n'y a lieu ni de déduire, ni de comprendre dans le mesurage ce faible chiffre. Mais il est d'usage que le vendeur bonifie l'acheteur dans une certaine proportion pour le mesurage, afin de compenser les défauts de longueur, ou défectuosités d'équarrissage : ainsi, une planche de 6 pieds 6 ou 9 pouces ne sera payée que sur une longueur de 6 pieds ; au contraire, elle le sera sur la longueur réelle, si l'on trouve 6 pieds 10 pouces, ou même 6 pieds 9 pouces 11 lignes, car on n'a jamais égard à une ligne en plus ou en moins. On ne suit point d'ailleurs, chez nous, la coutume de Nantes, par laquelle l'acheteur a droit à 4 0/0 de réfaction, et de plus à une réduction pour les vices ou flaches. Celui qui achète vérifie au chantier la marchandise empilée, et le mesurage a lieu en détail, comme il est ci-dessus ; une stipulation expresse pourrait seule mettre à la charge du vendeur la garantie des défectuosités de la marchandise (Rennes, 10 mars 1826).

Les belettes se vendent aussi à la douzaine, mais de 24 mètres courants seulement (72 pieds), à raison de 1 fr. 50 à 1 fr. 60 la douzaine, *telles quelles*, sans réfaction, sans mesurage rigoureux.

Les mérains se vendent au *mille*; le petit millier comprend 1,200 longères et 600 fonçailles ; le grand millier se compose de

1,400 longères et 700 fonçailles ; ce dernier est celui qu'on expédie fréquemment de Concarneau pour Nantes et Bordeaux.

Les rais se vendent par lots de 25.

Les lattes au mille, par paquets de 105 lattes (avec la lance) ; la latte ayant de 3 à 4 pieds de longueur : 4 paquets de 1 mètre comptent pour 3 paquets de 1 mètre 33.

Les feuillards se vendent en lots de 6 paquets, contenant au moins 80 brins de 2 mètres 66 de longueur ; parfois de 9 paquets de 84 brins l'un, longs de 3 mètres 33 centimètres. Le prix moyen de la fourniture est de 3 fr. 50.

Les chevrons se vendent au mille, plus souvent à la douzaine de 64 mètres (192 pieds).

Les paiements se font habituellement au comptant pour tous les bois sus-mentionnés ; ils n'ont guère lieu à terme que pour les cas d'expédition en dehors du département. Mais il y a exception pour les bois vendus sur pied ; l'acheteur alors paie la moitié du prix en commençant son exploitation ; l'autre moitié vers le milieu de l'exploitation, et toujours avant l'enlèvement.

Les bois taillis se vendent assez souvent à tant l'hectare. Dans ce cas, l'acheteur a le droit de vérifier, par un mesurage à ses frais, si la contenance est réellement celle indiquée par le vendeur. Quant aux prix, ils varient suivant l'âge et la situation du bois. A Fouesnant, l'hectare de taillis de 10 à 12 ans est vendu 125 fr., en moyenne ; à Quimperlé, à Landerneau, à Scaër, où les coupes sont plus tardives, on vend l'hectare de 150 à 200 fr., et même au-delà. — L'acheteur doit faire le récépage en saison convenable, c'est-à-dire, avant la germination, du 1er décembre au 1er avril : couper avec précaution, aussi bas que possible ; éviter de faire éclater la souche, employer la hache et non la scie ; couper de bas en haut sans interruption ; empiler le bois dans les clairières, rendre la coupe nette, et opérer la vidange avant l'ascension de la sève. — Lorsque le vendeur a autorisé l'écorçage, et dans ce seul cas, l'acheteur peut écorcer en juin et juillet ; il doit couper immédiatement après, faire l'empilage avant la pousse d'août, et la vidange au plus tard en février ou mars suivant.

Les ventes de bois aux charbonniers ont lieu sur pied, ou en piles : dans ces deux cas, ils sont responsables du dommage causé au bois par leur négligence ; et comme ils n'offrent habituellement aucune garantie quant à la solvabilité, le vendeur est autorisé par l'usage à s'opposer à l'enlèvement jusqu'au réglement des indemnités, quand il lui en est dû ; sans cette faculté, il resterait privé de tout recours ultérieur. Les charbonniers, dès qu'ils ont acheté sur pied ou en piles, demeurent chargés du bois et de sa garde ; aucune garantie ne leur est due, soit à raison des soustractions ou vols, soit pour les diminutions résultant du tassement des piles qui, une fois mesurées, sont à leurs risques et périls (1). Le vendeur leur doit fournir des mottes pour la confection des charbonnières, et l'emplacement pour faire le charbon ; on les trouve, du reste, dans presque tous les taillis destinés au charbonnage. — Cette industrie n'existe que dans les cantons où le bois est à bas prix. Ainsi, à Concarneau, où la billette se vend 12 fr. le corde usuelle, et généralement dans le voisinage des villes, les charbonniers n'achètent point de taillis. Quoiqu'il en soit, dans ces sortes de marchés il est toujours sous-entendu que le charbonnage doit être fait avant la pousse de mai, dans les lieux accoutumés, ou désignés par le vendeur ; que la vidange et l'enlèvement à dos de cheval doivent être terminés pour la même époque, et que le paiement aura lieu, moitié avant le charbonnage, moitié après la combustion de la moitié du bois acheté.

Les bois de chauffage comprennent le gros bois de chêne ou de hêtre, les rondins, les billettes, les fagots et la buaille.

Le bois de chêne ou de hêtre, dit bois de fente, doit être généralement sain, sans bois rouge, sans souche et racines, sauf au premier rang ; sinon, il n'est pas réputé *loyal et marchand*. Le châssis qui sert pour mesurer la corde usuelle (toujours stipulée malgré le système métrique) doit avoir 2 m. 33 c. de couche sur 1 m. 66 c. de hauteur, les bûches ayant 81 c. de longueur. Quoique cette mesure soit la plus répandue dans le département,

(1) Un arrêt de cassation du 15 janvier 1828 a décidé que, dans les usages du commerce de bois, l'empilage et la marque prouvent suffisamment la livraison du bois gisant encore sur le terrain du vendeur ; et même, aux termes d'un autre arrêt du 21 juin 1820, la tradition s'étend aussi aux bois encore sur pied, dès que l'exploitation est commencée. Voyez aussi la circulaire du ministre de l'agriculture et du commerce du 30 mars 1847. Les vues très sages que M. Cunin-Gridaine y propose auront longtemps à lutter contre l'influence des habitudes locales.

nous devons citer les cantons de Douarnénez, Arzanno, Ploudiry, Lannilis, Saint-Renan, Crozon et Pleyben, comme se servant d'une mesure différente : au lieu de 7 sur 5, la corde se
réduit ici à 8 sur 4, c'est-à-dire à 2 m. .66 c. de couche, 1 m.
33 c. de hauteur, la longueur des bûches étant la même. Il
semblerait même résulter d'une circulaire du 3 décembre 1810
qu'à cette époque l'usage n'admettait que la corde de 8 sur 4, la
longueur des bûches étant de 2 p. 1/2 (812 mill.). A Lanmeur,
on nomme *corde de forêt* la corde de 6 sur 6, et *corde de Morlaix* celle de 7 sur 5. A Crozon, la corde de 8 sur 4 est la plus
usitée ; dans la section de Hirgars néanmoins (qui est la plus
riche en bois), on vend seulement à 7 sur 5. Dans le canton de
Douarnénez, trois communes (Douarnénez, Guengat et Plogon-
nec) vendent à 7 sur 5, les autres à 8 sur 4. A Plabennec et à
Pleyben, on vend tantôt à l'une, tantôt à l'autre de ces mesures.
A Taulé, c'est un autre usage : la corde est de 6 sur 6. Pour la
longueur des bûches, à Plogastel, à Pont-Croix, à Fouesnant,
on exige ordinairement 1 mètre, tandis qu'à Pleyben et au Faou
les bûches n'ont souvent que 2 pieds (66 cent.) ; à Lanmeur
aussi, on se contente de cette faible dimension. Mais la longueur
normale, dans l'usage, est réellement de 81 centimètres (1).

Le rondin se vend aussi à la corde, dont les dimensions sont
de 8 sur 4 à Arzanno, à Saint-Renan, à Pleyben et dans les
communes de Poullan, Pouldergat et Ploaré. Dans les autres
localités, on n'emploie guère que la mesure de 7 sur 5. Mais il
n'y a pas de règle fixe pour la longueur des brins, qui sont tantôt
de 1 m. 33 c. comme à Briec et à Fouesnant, tantôt de 1 m. 16 c.
comme à Concarneau, plus souvent néanmoins de 81 centimètres.
L'usage n'est pas bien constant, la plupart des acheteurs n'exigeant pas de dimensions rigoureuses, et d'ailleurs les ventes
importantes étant presque toutes faites sur montrée, sans garan-

(1) Les marchands de bois de Quimperlé expédient du bois à Nantes, où on le
paie à tant la corde de 8 sur 4 1/2, ou 2 m. 66 c. sur 1 m. 50 c. — Quant aux
bûches de hêtre, ordinairement plus courtes que celles de chêne, on complète la
longueur en mettant 2 bûches bout à bout. Ceci a lieu dans la plupart des cantons.

tie des défectuosités. Ainsi, la coutume ne détermine pas la grosseur des brins ou morceaux pour les divers bois de chauffage.
Cependant, si l'on achète sans avoir vu, on peut exiger les dimensions et la grosseur normales, soit pour les gros bois de fente,
soit pour les rondins, qu'il ne faut pas confondre avec les billettes. On vend en outre dans quelques cantons, à Concarneau, à
Fouesnant, par exemple, une espèce de rondins nommés bois *de
cent*, parce qu'ils se vendent aux cent morceaux, longs chacun
de 1 m. 16 cent.

Les billettes sont des brins moins gros que les rondins : on les
vend pour chauffage à la corde, et surtout pour le charbonnage,
soit à 7 sur 5, soit à 8 sur 4 comme les rondins ; le plus souvent,
elles sont vendues *telles quelles*, c'est-à-dire, sans garantie de
qualité et de dimensions. On dit même, à Pont-Croix, que la
corde de billettes doit avoir seulement 5 à 6 pieds (1 m. 66 à
2 m) de couche, et 1 m. 33 c. de hauteur, ce dont nous doutons
encore. Ce qui est incontestable, c'est qu'on est d'une extrême
tolérance quant au cordage, et quant à la grosseur et à la longueur des brins. Si parfois on tient à 81 centimètres de longueur,
si à Crozon on exige même 1 mètre, comme on nous l'assure, en
revanche la plupart des autres cantons adoptent comme usuelle
la longueur de 2 pieds à 2 pieds 1/2.

Les cottrets ou fagots sont de plusieurs espèces : on nomme
plus particulièrement fagots les ramées à deux liens, et *buailles*
celles à un seul lien, qui ne servent guère que pour chauffer les
fours. La hauteur usuelle des fagots à deux liens est de 1 m. 66 c. ;
ils doivent contenir chacun au moins une perche, ou grosse
trique. Quant au prix, il varie de 8 à 15 fr. le cent. Les buailles
se vendent aussi au cent ; mais aucune dimension n'est déterminée par l'usage : on les achète à forfait ; il en est de même des
ajoncs et genêts en fagots ; le prix dépend de la qualité et des circonstances locales (1).

(1) Dans un précédent chapitre, nous avons dit que la façon d'une corde de
bois est de 1 fr. 50 c. La coupe et la mise en fagots coûte de 1 fr. 25 à 1 fr. 50
par cent fagots ; pour la buaille, 75 c. par cent. Quant aux fagots d'ajoncs,
c'est le même prix de façon ; leur valeur varie depuis 75 c. sur pied, jusqu'à

Enfin nous mentionnerons encore les bois de genêt ou d'ajonc, que l'on vend à la corde de 7 sur 5 aux environs de Brest : dans les cantons de Plabennec et de Ploudalmézeau, on rencontre des terrains implantés de genêts ou d'ajoncs qui, aménagés par coupes de 9 ou 10 ans, sont vendus sous forme de billettes, et donnent un excellent chauffage.

Nous ne pousserons pas plus loin cette énumération des bois de chauffage. On voit déjà que, si l'usage local ne joue pas un très grand rôle dans ces ventes, il est bon néanmoins d'avoir des notions précises sur les habitudes des divers cantons ; car, sur ce point, la loi du 4 juillet 1837 n'a pas beaucoup d'action sur la langue et les ventes journalières.

Outre les fagots et buailles, il est encore d'usage de vendre au cent ou au mille, les lattes, les charges d'écorces, les mottes de tan, les mottes de terre, les bottes de paille et de foin, les huîtres, les châtaignes, les pommes de garde, etc. Dans ces ventes, la coutume locale accorde à l'acheteur 5 pour cent, 50 pour mille ; c'est ce qu'on nomme *la lance*, notamment dans l'arrondissement de Quimperlé. Néanmoins, cette addition n'est pas concédée également dans tous les cantons : ainsi, à Lesnéven, l'acheteur n'a droit qu'à 1 °/°, encore pour les fagots seulement, et les bottes de paille ou de foin, non pour les autres objets ; à Taulé, c'est 5 °/°, mais seulement pour les fagots de taillis, de genêts et d'ajoncs ; à Concarneau et à Fouesnant, pour les bois de cent. *La lance* se donne aussi, pour quelques objets, dans les cantons de Huelgoat et de Châteauneuf, sans qu'il y ait toutefois usage bien constant.

Nous en dirons autant du treizain pour les œufs, fruits, etc., dans les marchés, de l'once pour livre sur le beurre, etc. L'acheteur ne peut les exiger, si le vendeur ne les a expressément promis. — Les droits d'étalage sont toujours au compte du ven-

9 fr. la charretée. Ce dernier prix n'existe que dans le Léon, où l'ajonc de 10 à 12 ans se vend en billettes. — Il est à regretter qu'il n'y ait rien de fixe quant au poids et au volume de la charretée. La charretée usuelle de foin ne pèse que 375 kil. ; en estimation de congément, elle est réputée de 500 kil. ; de même pour la paille, sans parler des dimensions si variées des *duils (eur ga sellan)*, brassées, poignées, quand on vend au cent. Le fumier n'a aucun poids ni volume précis constituant la charretée. On l'achète à forfait ou au mètre cube : le mètre cube de fumier tassé et rassis forme une charretée.

deur ; lui seul est astreint aux obligations résultant des arrêtés
de police municipale, sauf ceux relatifs aux regrattiers (comme à
Quimper, arrêtés des 1er thermidor an XIII et 10 septembre 1810).

Les habitants des villes qui achètent du bois de chauffage, à
défaut de stipulation contraire, supportent les droits d'entrée (1),
qui sont acquittés par les vendeurs au nom des acheteurs : le
charroi est au compte des vendeurs. La livraison, ou la tradition
réelle au lieu convenu, est nécessaire pour consommer la vente ;
jusque là, le bois reste sous la garde du vendeur ; il n'y a qu'une
promesse, un projet, dont la réalisation est subordonnée à l'acceptation de la marchandise par l'acheteur. Mais ceux qui font
le commerce de bois, et achètent chez les cultivateurs des lots
un peu considérables, demeurent chargés du transport et même
de la garde de la marchandise, si le marché a été conclu par le
mesurage, par des arrhes, par la marque, sans autre stipulation.
Aussi a-t-il été jugé, le 12 avril 1851, par la Cour d'appel de
Paris, que le fait d'avoir compté, mesuré et marqué des bois sur
pied constituait une vente parfaite (*Gazette des Tribunaux*, 9 mai
1851). Il est, du reste, fort rare que les frais de transport ne
soient pas stipulés dans le marché. Quant au mesurage, ou cordage, fait au domicile de l'acheteur, comme cette opération est
censée une simple vérification de la mesure indiquée, il doit en
supporter les frais, qui sont de 25 centimes par corde.

§ 8. — VENTES DANS LES FOIRES, MARCHÉS, ETC.

Les principaux produits du cultivateur, les animaux et les céréales, sont aussi les deux articles sur lesquels roulent surtout
les spéculations mercantiles qui alimentent nos foires et marchés.
Quels sont les usages concernant ces objets (2)?

(1) Au sujet des droits d'octroi, nous avons lu dans la circulaire du Préfet
du 29 septembre 1827 qu'il n'est pas d'usage, dans le Finistère, d'imposer les
coquillages, le poisson frais, sec ou salé, par la raison que cette taxe serait
contraire à l'intérêt des nombreuses communes du littoral, et, en découra-
geant les pêcheurs, nuirait infiniment à la classe indigente. — Ces considérations n'ont pas empêché plusieurs localités de frapper d'un droit les objets ci-
dessus. La qualification de la taxe est indifférente au pêcheur : qu'il paie pour
l'entrée, ou pour le droit de place, c'est toujours pour lui une lourde charge.

(2) Il est des ventes qui sont précédées d'une espèce d'essai, comme celles des
chevaux que l'on fait courir, des bœufs que l'on fait marcher à l'aiguillon, des
vaches que l'on trait : ces diverses épreuves ont toujours lieu avant de convenir

Dans les ventes de chevaux, le licol *suit le cheval*, et le vendeur doit laisser un lien quelconque, en sus du marché. Dans les arrondissements de Morlaix et de Quimperlé, c'est un licol neuf en chanvre; dans les trois autres arrondissements, le lien pour conduire l'animal est aussi réputé compris dans le marché. A Douarnénez, le vendeur doit le licol, ou un franc. Dans le plus grand nombre des cantons, le prix du licol n'est évalué que 15 ou 20 centimes, ce que coûte une brassée de corde de chanvre. On prétend, au Huelgoat, que le vendeur doit le licol, dans le cas seulement où l'acheteur ne s'en est pas muni (ce qui a toujours lieu, ajouterons-nous, quand l'acheteur est un campagnard). — Pour les chevaux vendus à des Normands ou à des maquignons, ceux-ci ne réclament pas, et on ne leur laisse point le licol; mais ils retiennent sur le prix convenu 1 fr. 50, ou même 2 fr., pour le courtier qui leur sert de truchement. La bride, une fois le marché conclu, est retirée par le vendeur; et l'acheteur emmène l'animal avec ou sans bride, comme il lui convient. Il va sans dire que la selle, ou le bât, ne sont jamais de droit compris dans le marché.

L'acheteur d'une paire de bœufs pour l'attelage (1) est censé, de par l'usage, avoir en même temps acheté le joug et les bœufs.

L'acheteur d'une bête à corne, d'un mouton, d'un porc, n'a pas droit au lien, qui, au lieu de suivre l'animal, reste au vendeur. (A Rennes et à Nantes, c'est précisément le contraire, arrêt de la Cour de Rennes du 18 juillet 1820. — *Usages de Rennes* par M. Quernest, p. 77). Dans les habitudes du pays, la substitution du lien de l'acheteur à celui du vendeur est même la preuve d'une vente parfaite. C'est du moins là le symbole ordinaire de la tradition réelle; en cas de contestation, il n'en faudrait pas davantage pour établir, sinon la preuve, au moins une forte présomption de libération en faveur de l'acheteur. Cette substitution, en effet, n'a lieu qu'après le paiement du prix; c'est, en un mot, la

d'un prix, et l'acheteur n'est lié qu'après avoir d'abord agréé l'animal, et ensuite débattu et arrêté le prix. — On essaie toujours aussi une voiture, une montre, des vêtements, avant d'en arrêter et d'en payer le prix.

(1) Dans les baux, les fermiers s'obligent parfois à *tant de charrois par an*, et l'on se demande alors quel doit être l'attelage des charrettes. Ordinairement, le grand attelage comprend quatre bœufs et un cheval, ou deux chevaux et deux bœufs; le petit se compose d'un cheval et de deux bœufs, ou de deux chevaux seulement : à moins de convention expresse, le petit attelage est seul dû.

prise de possession définitive de la chose achetée et payée. Il paraît, toutefois, que cette coutume n'est pas unanimement observée, et qu'à Plabennec on voit parfois l'acheteur donner de 10 à 50 centimes au vendeur qui lui laisse le lien ; mais c'est là une exception, et nous croyons que, dans tout le Finistère, l'usage prescrit la minutieuse pratique de la substitution du lien comme la conclusion du marché, qui jusque là reste subordonné à l'abandon ou au doublement des arrhes. Nous ne rangeons point l'action de se frapper les mains au nombre des circonstances que les juristes nomment *argumentum venditionis ;* car chacune des discussions auxquelles donne lieu le marché est signalée par cette manifestation, qui peut constituer un engagement moral, mais non représenter *le Dieu Terme de l'honneur*, suivant l'expression, un peu exagérée, de l'auteur *de la Galerie Bretonne,* au chapitre *des marchés.*

Dans les foires et marchés, il ne se vend guère d'animaux sans que le vendeur exige, ou que l'acheteur lui offre des arrhes. Nous savons bien qu'à Landivisiau, par exception, on ne donne généralement des arrhes que dans les ventes de chevaux ; qu'à Crozon, et ailleurs, on n'en exige point toujours des bouchers : et pourtant, il reste constant et avéré qu'entre cultivateurs il est rare qu'il y ait des marchés sans arrhes. Quoique nous veuillions pas discuter ici le point de savoir si les arrhes sont un à-compte sur le prix *(argumentum venditionis)*, ou au contraire un simple dédit, nous observerons qu'elles donnent lieu à un abus qui doit être signalé. Au moyen d'arrhes dérisoires, — 3 ou 5 fr. — il reste entendu que l'acheteur peut, en les abandonnant, laisser là le vendeur qui, de son côté, peut vendre à un autre, en les rendant au double. Or, comme on ne prend pas de témoins le plus souvent, il peut arriver que la dation d'arrhes soit déniée ; en tout cas, celle des parties qui trouve de l'avantage à manquer à sa parole n'hésite pas à renoncer au marché, pour en faire un autre plus profitable. Il y a là évidemment impunité pour des actes blâmables, et il est à regretter que les arrhes ne soient pas plus élevées, et même données en présence de témoins : à cette double condition, loin d'être une occasion de fraude (1), elles

_____

(1) Parmi les fraudes dont se rendent coupables les marchands de bestiaux, nous signalerons l'*empissement*, l'insufflation des mamelles.... Les fermiers vendent les veaux à huit ou quinze jours aux bouchers, qui les paient de 1 fr. 50 à

seraient un gage sérieux de la fidélité aux engagements (C. de Dijon, ar. du 15 janv. 1845).

La marque est considérée, dans l'usage, comme une preuve plus directe et plus décisive de l'accord des parties sur la chose et le prix. Pour les chevaux, dès que l'acheteur a dénoué les crins de la queue, c'est un signe certain qu'il y a au moins promesse de vente. Pour les bêtes à corne, la marque consiste dans l'enlèvement du poil sur la croupe de l'animal ; pour un veau, on rase aussi le poil, ou bien on casse un nœud à la queue ; pour les moutons (1), on coupe un peu de laine sur le dos ; pour les porcs, on appose un chiffre ou autre signe rouge avec la sanguine. La marque, peu usitée dans les marchés entre cultivateurs, est principalement pratiquée par les bouchers : le paysan qui vend ses bestiaux à un boucher attache une grande importance à la formalité de la marque. Il ne permet point de marquer, s'il n'a reçu des arrhes ; et la réception des arrhes n'est point un obstacle à l'action en dommages-intérêts contre l'acheteur qui rompt le marché ; car la marque peut nuire à la vente ultérieure de l'animal. — La marque est, pour les bouchers, un moyen assuré de reconnaître les animaux qu'ils achètent, et surtout ceux dont ils ne se livrent pas le jour même de la vente ; car, s'il est vrai que la vente soit parfaite dès que le boucher a apposé son signe, la tradition réelle et le paiement n'ont souvent lieu que plusieurs jours, ou même quelques semaines après la vente. On convient du jour de la livraison, et le vendeur reste chargé de l'animal (2), que l'acheteur vient prendre à ses frais, à moins de convention contraire.

3 fr. ; et ceux-ci les revendent aux consommateurs sous le nom de *veaux de génisse* ; cette viande imparfaite devrait être exclue des boucheries.... En défendant la vente des veaux avant l'âge d'un mois, on pourvoirait aux intérêts de la santé publique, sans nuire à ceux des fournisseurs de lait ; et on diminuerait les tromperies des bouchers, et les inconvénients de l'adultération du lait, que l'on rend trop souvent mousseux et épais à l'aide du *colostrum*.

(1) Il est bon de remarquer que, pour l'espèce ovine, notre usage est défectueux en ce que, la clavelée ne donnant lieu à l'action rédhibitoire contre le vendeur qu'autant que celui-ci aurait apposé *sa marque*, celle de l'acheteur ne peut servir qu'à prouver le fait de la vente, s'il était contesté. (Art. 1er, l. du 20 mai 1838.)

(2) Ce qui veut dire qu'il répond de ses fautes ; mais si l'animal non encore livré vient à périr chez le vendeur par une maladie autre que celles classées par

414

Entre cultivateurs, au contraire, la livraison se fait le jour
même de la vente. Néanmoins, il s'écoule ordinairement un certain intervalle entre le moment où l'accord des parties est scellé
par l'acceptation des arrhes, et l'instant de la livraison. Durant
cet intervalle, c'est le vendeur qui doit garder l'animal à ses
risques et périls, quoiqu'il n'en soit plus le propriétaire. La délivrance effective, d'après l'usage, doit se faire à la fin du marché
ou de la foire, avant le coucher du soleil : c'est alors aussi que
l'acheteur paie, et remplace par son lien le lien du vendeur. Si,
à l'heure accoutumée, l'acheteur ne se présente pas pour prendre
livraison, le vendeur peut se retirer, et garder les arrhes ; la
vente est annulée. Toutefois, ici encore il serait prudent de constater par témoins que l'acheteur a renoncé à l'exécution du contrat, et que le vendeur n'a quitté le champ de foire qu'à la fin du
marché.

Dès que le vendeur a reçu le prix, il remet à l'acheteur, pour
les pauvres, 5 centimes , ou le *sou de chance*, ou *denier à Dieu*.
Cette vieille coutume est, aux yeux de nos cultivateurs, un témoignage de la loyauté de la vente : ils sont persuadés que l'omission
de cette formalité porterait malheur ; et il est bien rare qu'ils
s'en affranchissent, à moins qu'ils ne traitent avec des personnes
du dehors. — Dans les environs de Morlaix, les étrangers qui
achètent des bœufs gras retiennent 15 c. par bœuf, et même
50 c. pour les bœufs destinés à aller en Angleterre ; à Taulé, à
Landivisiau, et généralement dans le Léon, les ventes de chevaux
donnent aussi lieu, suivant les cas, à une retenue de 1 fr. 50 c.
à 2 fr.

Cette retenue sur le prix d'achat n'est autre chose que le
salaire du tiers qui sert à la fois de courtier, de vétérinaire et
d'interprète, qui visite les animaux à vendre, et signale aux acheteurs les vices rédhibitoires. Au reste, la retenue n'est pas d'usage
bien constant : à Daoulas, par exemple, à Morlaix, à Châteaulin,

la loi comme cas rédhibitoires, l'acheteur n'a aucun recours à exercer ; *res perit
domino*, art. 1302 du Code civil. En tout cas, on comprend que les livraisons
tardives ont cet inconvénient très grave, d'obliger le vendeur à la garantie d'un
vice dont le germe n'existait pas peut-être lors de la vente. — On devrait aussi,
par une modification à la loi de 1838, interdire l'action rédhibitoire à tout
acheteur d'un cheval qui l'aurait emmené à plus de 5 myriamètres du lieu de la
vente. N'est-ce pas ici le cas de dire avec un auteur (M. Clausade) : *pauvres lois,
comme vous êtes bâclées !*

les vendeurs ne consentent pas à faire une déduction sur le prix, si ce n'est pour le *sou de chance*; à Plabennec, et dans d'autres cantons, les vendeurs et acheteurs s'entendent (c'est ce qu'on devrait toujours faire) pour le salaire du courtier. Lorsque celui-ci visite une bête, sa rétribution est habituellement de 25 c. Notons ici que la ladrerie des porcs (1), non comprise par la loi du 20 mai 1838 au nombre des cas rédhibitoires, est une maladie qui parfois est habilement dissimulée, et presque impossible à découvrir sans le secours d'un expert; dès lors, l'art. 1643 pourrait être opposé au vendeur, si le vice se manifestait et lui était dénoncé par l'acheteur dans les neuf jours de la livraison, en tout cas dans un bref délai : la fraude suffit pour motiver au moins une action en dommages-intérêts. C'est par application du même principe qu'il est resté entendu, lors de la discussion de la loi de 1838, que l'acheteur de deux chevaux appareillés, d'une paire de bœufs pour l'attelage, peut forcer le vendeur à reprendre les deux animaux, si l'un d'eux est atteint d'un vice rédhibitoire, ou même impropre à l'attelage par le dol du vendeur; par exemple si l'un des bœufs a une corne postiche. Mais nous ne pourrions considérer que comme convention facultative la réduction de 25 c., ordinairement consentie sur le prix d'une vache, pour chaque côte défectueuse. Enfin, le vendeur d'un animal atteint d'une maladie contagieuse, peut encore être actionné en dommages-intérêts par l'acheteur, incidemment à des poursuites du ministère public, alors même que la maladie ne constituerait pas un cas rédhibitoire (Rouen, 22 novembre 1839; Paris, 16 mars 1844; art. 459 du Code pénal).

Les grains et farines se vendent au sac (dont la contenance n'est pas toujours métrique, malgré la circulaire du Préfet du 22 septembre 1829), et à la mesure fort variable, puisqu'on compte jusqu'à 41 différentes mesures dans le Finistère, ainsi que le constatent les *Nouvelles Tables* publiées en 1840, par M. Motreff (Blot, imprimeur); et il est exact de dire que les campagnards connaissent à peine le nom des mesures légales, et

---

(1) La ladrerie rend la viande du porc impropre à la consommation. Cette maladie provient principalement de la saleté dans laquelle on laisse ces animaux. Il paraît aussi qu'elle se manifeste particulièrement dans les lieux déboisés : aussi est-elle très répandue dans le canton de Pont-Croix. (Circ. du Préfet du 10 février 1820.)

qu'ils répugnent à renoncer aux anciennes dénominations (1).

Un usage justement admis dans tout le département est celui en vertu duquel l'acheteur d'un sac de grains ou de farines fait la déduction d'un kilogramme par sac, pour le poids du sac. La douane elle-même fait cette différence, pour la fixation des droits du fisc. On étend cette réduction aux graines de chanvre, de lin, et généralement à toutes les marchandises qui se vendent au sac (Circ. minist. du 11 novembre 1857).

Un autre usage assez répandu, notamment sur la place de Morlaix, concerne les expéditions de grains sur des navires. Comme on pèse le grain non vanné, si le ventilage, ou le vannage, a lieu à bord, on passe au capitaine du navire, à cause du déchet, demi pour cent sur le poids brut indiqué au connaissement. Si ce n'est pas là une coutume ayant force de loi dans tous les cas, nous croyons du moins qu'elle suffirait pour autoriser le capitaine à réclamer la réduction, du moment qu'il prouverait que c'est la pratique suivie au port de chargement.

Les frais de mesurage des céréales, dans les marchés, sont supportés par l'acheteur, à moins de stipulation contraire.

Dans les foires et marchés, tant que les sacs de grains et farines sont ouverts, les acheteurs peuvent se présenter. Mais

(1) Nous citerons seulement les 2 mesures de Quimper, qui furent fixées par arrêt du Parlement du 22 août 1768. Nous possédons ce document curieux, dans lequel on voit qu'en 1766 l'inégalité arbitraire des mesures favorisait mille erreurs de débit, dommageables au commerce et onéreuses pour le peuple...; que le tonneau de blé représentant de 2400 à 2520 livres, et le vrai boisseau de Quimper étant le 1/24 du tonneau, le boisseau comble doit peser de 100 à 105 livres; que la mesure rase est le 1/30 du tonneau, et doit peser de 80 à 83 livres; qu'il existait au portail de Saint-Corentin une mesure en pierre, assez juste *pour la contenance*, mais si mince et creusée par le temps et ouverte par les bords, que son comble fournit un demi-boisseau; que les mesures du quai étaient trop closes par les bords, au point que 6 combles fournissaient à peine la mesure ordinaire..., que le froment et le seigle pesaient 90 à 92 livres au boisseau, l'orge 78 à 80, le blé noir 80 à 82, l'avoine 70 à 72; qu'enfin ces deux derniers grains se mesuraient toujours combles... En conséquence, le grand bailli de Cornouaille, messire de Silguy, rejeta ces deux espèces de mesures, et en fit faire une pesant en froment 103 livres (comble), et une autre pesant 83 livres seulement, la première de 24, la seconde de 30 au tonneau... Sur ce, la cour de Parlement, après vérification desdites mesures, les a déclarées vraies et justes, et obligatoires dans le ressort de la Sénéchaussée de Quimper (Arrêts du Parlement des 29 juillet 1757 et 15 juillet 1766, et circ. min. du 11 novembre 1837, où il est dit que la mesure rase peut seule représenter la capacité réelle de l'hectolitre).

dès qu'ils sont fermés, ils sont réputés vendus ; car l'usage veut que la vente soit parfaite par l'accord sur le prix, et dès que l'acheteur a examiné le contenu, puis fermé et noué le sac. Mais le vendeur retient la toile en vendant la marchandise, à moins que l'acheteur ne consente à payer 2 francs, prix usuel d'un sac. Dans les marchés publics, le vendeur donne habituellement le sou de chance.

Quand on mesure les grains et farines, l'usage n'accorde aucun trait, ni aucune réfaction à l'acheteur. Mais quand on vend au magasin, la vente a lieu au poids, et alors on passe à l'acheteur un pour cent de trait.

La diversité des mesures dont on se sert dans les marchés (et pour les recettes de rentes en grains), au lieu de faciliter les transactions, les complique d'une manière déplorable. De là les plaintes nombreuses contre les ventes à la mesure. Depuis longtemps, les Chambres de commerce, les Chambres consultatives, les Assemblées délibérantes, demandent que toutes les marchandises susceptibles d'être pesées soient vendues au poids ; et nous ne tarderons pas sans doute à voir se réaliser une innovation qui serait un bienfait réel, surtout pour les ventes de céréales. Aussi le Conseil général, répondant à la circulaire ministérielle du 20 février 1850, a-t-il émis le vœu formel de cette réforme si désirable, tant pour faire cesser les fraudes, que pour régulariser la confection des mercuriales, et pour fixer le prix réel du pain. On sait, en effet, que, si la mesure légale est uniforme, le poids du grain est très variable, selon qu'il est maigre ou gras, sec ou humide : il y a différentes espèces de froment, le rouge, le blanc ou *scandil*, le froment d'hiver, de mars ; les grains sont plus ou moins nets ; enfin les grains sont plus lourds dans tel canton que dans tel autre. En rendant obligatoire la vente au poids, le législateur rendrait un grand service à un commerce dont les opérations embrassent tant d'intérêts (1).

(1) Nous lisons dans une lettre du ministre de la marine à la Chambre de commerce de Morlaix (24 février 1843) : *Si l'on vend à des mesures différentes, cela provient de la qualité des grains,... la pesanteur spécifique des grains prouve leur supériorité relative... Le blé de Tanganrock pèse ordinairement de 80 à 81 kilogrammes à l'hectolitre, tandis que les blés du nord-ouest de la France, pèsent rarement au-delà de 70 kilogrammes.... Les blés de Bretagne pèsent au moins 75 kilo. à l'hectolitre ; ceux du canton de Pont-Aven vont jusqu'à 77 kilo. 1|2 ; ce sont les plus lourds du Finistère. Les seigles, de 70 à 71 kilog. ; les orges*

Au reste, les avantages de la vente au poids sont si universellement appréciés, que les commerçants achètent et vendent presque tous au quintal métrique. Il ne s'agit donc plus que de convertir en.loi une mesure qui a besoin d'être consacrée définitivement.

A Pont-Labbé, où il se fait un commerce considérable de grains, on vend à terme, et il est d'usage de fixer le prix au cours du jour de l'échéance du terme stipulé. Ces ventes se font rarement par écrit. Quant au cours, il est réglé par les mercuriales du lieu du domicile du vendeur. (Rennes, 28 mai 1831.)

70 kilog.; les blés-noirs, 65 kilog.; les avoines, 45 à 50 kilog.. telle est la moyenne dans le département.

CHAPITRE XII.

OBJETS DIVERS (1).

§ 1er. — Vente des liquides.

Le commerce de cidre constitue une industrie fort restreinte dans les arrondissements de Brest et de Morlaix. Mais dans l'arrondissement de Quimperlé, il n'en est pas de même ; dans quelques cantons des deux autres arrondissements, comme Crozon, Pont-Croix, etc., on ne fabrique pas de cidre ; dans les autres, au contraire, il y a un assez grand nombre de vergers.

Les pommes se vendent d'ordinaire à la barrique, parfois sur pied et à forfait. Dans le premier cas, il est entendu qu'il s'agit d'une barrique de 2 hect. 28, et que le vendeur doit la mesure comble. Dans le second, les marchés antérieurs à la Saint-Jean (24 juin) peuvent être résiliés *ad nutum*, à la volonté de l'une ou de l'autre des parties. Pothier enseigne que, si la récolte vendue sur pied manque, la vente est nulle : on considère celle des pommes comme assurée au 24 juin.

On achète le cidre au cellier ; l'acheteur le déguste, marque les tonneaux lorsqu'il est d'accord avec le fabricant sur le prix et sur le jour de la livraison. Dès qu'il y a eu dégustation et que la marchandise a été agréée, *gustus ad hoc proficit, ut impro-bare liceat*, dit la loi romaine, c'est-à-dire : l'acheteur ne peut

---

(1) On sent que, à moins de faire un traité spécial, il nous était impossible de présenter un exposé complet de toutes les matières pour lesquelles les coutumes et réglements locaux sont le commentaire vivant de la législation. Aussi, dans les chapitres qui précèdent, que de choses passées sous silence ! Combien de lacunes !

Pour réparer ces omissions, sans nous écarter du plan de ce recueil, nous traiterons rapidement les *Objets divers* qui nous ont paru mériter une attention spéciale, comme se rattachant aux habitudes journalières de nos concitoyens.

Un seul point nous a semblé devoir être discuté et sérieusement examiné : l'usage des Quêtes du clergé. Nous en avons recherché l'origine, les effets, la légalité ; et nous avons dû justifier notre opinion, en citant les textes et les autorités, en réfutant les objections qui ont été produites contre cette coutume.

refuser la livraison (Pothier, n° 310). Il le pourrait, au contraire, si, ayant acheté sur échantillon, le cidre ne se trouvait pas conforme à la montre; c'est ce qui résulte d'un arrêt de la Cour de cassation du 5 décembre 1842, J. P. 1843, 1, 133. Le principe de l'art. 1587 du Code civil ne peut fléchir qu'en présence d'un usage contraire bien constant, qu'on invoquerait à tort dans notre département.

Dans les ventes ordinaires, les vendeur est chargé du transport au domicile de l'acheteur, qui acquitte les droits d'entrée et d'octroi. Le fût n'est compris dans le marché que dans les cantons non producteurs de cidre : ailleurs, le tonneau reste à l'acheteur. Ainsi, à Morlaix, on est censé acheter *fût* et *jus*, tandis qu'à Quimperlé, on est censé n'acheter que le liquide *nu*. Si, dans ce dernier cas, l'acheteur ne rend pas le fût, il en rembourse la valeur au vendeur; le prix usuel d'une barrique ou d'une demi-barrique est de 3 fr. Les futailles vides (barriques ou demi-barriques) sont très recherchées dans les années d'abondance de cidre. On les paie alors jusqu'à 5 et 6 fr. — Dans quelques cantons, le vendeur accorde à l'acheteur une barrique de cidre sur 20 à titre de *lance*; c'est ce qui a lieu, par exemple, à Riec. Mais cette bonification est moins un usage constant que le résultat d'une convention expresse.

Dans tout le département, la vente d'une barrique de bière ne s'entend que du liquide *nu*.

Le cidre est vendu sur *lie*, ou soutiré. Nous ne suivons pas ici l'usage de Rennes, d'après lequel le cidre non soutiré subit une réduction de 2 fr. par barrique, ce qui est trop ou trop peu, selon les années. En ces sortes d'affaires, on s'informe toujours si le cidre est ou n'est pas soutiré, et s'il sera livré avec ou sans lie. Les consommateurs n'achètent que sans lie; quant aux débitants, il ne manquent pas de s'assurer de cette condition.

Il arrive quelquefois qu'après la vente arrêtée au magasin, celle des parties qui trouve le marché onéreux, abusant de la bonne foi de l'autre, se refuse à l'exécution de la convention. De là vient l'usage des arrhes et de la marque. Si, dans le délai fixé pour la livraison, le vendeur ne délivre pas la marchandise, les arrhes sont restituées au double ; et l'acheteur, de son côté, ne peut refuser la marchandise, sous peine de perdre ses arrhes, et de payer les frais de délivrance, à moins de fraude constatée contre le vendeur.

Dans toute vente au tonneau, le tonneau est censé devoir être livré plein (1). Néanmoins, un vide minime ne peut donner lieu à la résolution de la vente, ni même à une réfaction au profit de l'acheteur. Nous adopterions volontiers, comme règle en ce point, la coutume en vigueur dans le canton de Châteauneuf, suivant laquelle une barrique de cidre est loyale et marchande, du moment que le liquide, droit en goût, peut être atteint avec le doigt à la bonde.

Pour les vins et liqueurs vendus par des négociants du dehors, le fût est compris dans le marché ; l'acheteur doit le fret ou le transport par voiture, et les droits d'octroi et indirects. En cas de difficulté sur la qualité, on nomme des experts.

Si l'acheteur et le vendeur habitent la même localité, la dégustation consomme le marché, dès que l'acheteur a agréé le liquide. Le fût est rendu au vendeur, qui reste chargé des droits, et du transport de la marchandise au domicile de l'acheteur.

Le paiement, dans ces circonstances, n'est point une condi-

---

(1) Voir au chapitre précédent. Mais comme la capacité des tonneaux est quelquefois habilement diminuée, sans que la forme extérieure soit modifiée d'une manière apparente, l'acheteur pourrait exercer un recours, pourvu qu'il eût fait jauger le fût ou la futaille en présence du vendeur. (Circ. du ministre du commerce, du 25 juillet 1847.)

L'usage de vendre à la pièce, et sans rapport avec les mesures légales, les liqueurs et vins fins, n'a point cessé d'être en vigueur depuis comme avant la loi du 4 juillet 1837 ; car le consommateur ne peut être contraint à accepter les récipients pour une contenance déterminée, ni le vendeur à garantir une quantité précise et correspondante à une mesure légale (*Manuel des poids et mesures*, par M. Tarbé, p. 441. — Circ. minist. du 30 août 1839.). Voyez néanmoins un arrêt de la Cour de cass. du 7 mars 1823 ; Dalloz, 1,141. Au reste, c'est avec raison que, dans sa circulaire du 2 octobre 1826, le Préfet du Finistère disait que la vente en bouteilles pouvait ne pas être acceptée pour une contenance déterminée, *avant le transvasement du liquide dans un litre*. Mais il y aurait avantage pour tous, si l'administration fixait, au moyen de types uniformes et obligatoires, la jauge normale et régulière des diverses espèces de récipients....

tion nécessaire pour la perfection de la vente. — Pour le cidre et la **bière**, le paiement a lieu habituellement au moment de la livraison. Le délai pour rendre les fûts n'est point déterminé par l'usage ; nous croyons que le vendeur serait en droit d'exiger le fût dans les 6 mois au plus tard.

Pour les vins et liqueurs, les vendeurs du dehors accordent un terme de 3 à 4 mois pour le paiement ; et, à moins d'une dérogation expresse, les frais accessoires, et droits, restent à la charge de l'acheteur, parce qu'alors la vente est présumée faite à la condition que le vendeur recevra au terme convenu le prix stipulé, sans aucune déduction, si la marchandise est agréée. Enfin, en ce qui touche la qualité, pour toute espèce de marchandise, il faut que cette qualité soit bien constatée et spécifiée, pour que l'acheteur soit admis à faire annuler la vente ; il ne suffit point qu'il allègue vaguement qu'il y a défectuosité. Art. 1628-1644, C. civil ; Cour de cassation, 28 avril 1851 ; *G. des Trib.* du 29.

§ 2. — Des mercuriales.

On nomme Mercuriales les relevés faits par l'administration municipale, des ventes de grains, afin d'en déterminer le cours au prix moyen.

L'usage des Mercuriales est très fréquent, soit devant les tribunaux, soit en matière d'enregistrement, soit en matière de police municipale, soit comme règle pour la confection des Tableaux Officiels. Il est donc extrêmement essentiel que les prix indiqués dans les Mercuriales soient fixés d'après les règles qui, à l'avantage de la justesse, joignent celui de la permanence et de l'uniformité. Néanmoins, devant les tribunaux, les Mercuriales n'ont d'autre valeur que celle d'un certificat plus ou moins probant, auquel les juges peuvent suppléer par une expertise, s'il contient des lacunes. L'administration supérieure, pour des opérations importantes, n'a d'autres bases que les Mercuriales : il lui appartient donc de les arrêter en constatant le taux de la vente des denrées ; mais les tribunaux ont seuls le droit de statuer dès qu'il y a contestation sur les prix applicables aux clauses d'un contrat, et de déterminer l'effet des Mercuriales (ainsi jugé par le conseil d'État, le 23 janvier 1813).

Aux termes de l'art. 9 de la loi du 22 frimaire an VII, le droit proportionnel à payer pour les rentes en nature est déterminé par les dernières Mercuriales du canton où sont situés les biens. L'art. 15 contient les mêmes prescriptions en ce qui touche les baux payables en nature.

Dans certains cas, les tribunaux condamnent l'indu-possesseur à la restitution des fruits, et ils ordonnent alors la restitution en nature pour la dernière année (celle antérieure à la demande), et pour les années précédentes, suivant les Mercuriales, art. 129 du Code de procédure. Quand la restitution en nature n'est pas possible pour la dernière année, il faut encore s'en rapporter aux apprécis, comme quand il s'agit d'un paiement d'années arréragées de rentes ou redevances en denrées. C'est ce qu'enseignent Toullier, t. 7 n° 63; Rolland, v° fruits, n° 79, et Chauveau, question 546, art. 242. Les mêmes auteurs disent que, pour les fruits non parvenus à maturité, l'estimation est faite suivant les usages des lieux. Or, à cet égard, l'art. 252 de la coutume de Bretagne a posé des règles fort sages, et qui doivent toujours être appliquées. Jusqu'au 1er mai, les grains ensemencés et en herbe sont donc estimés comme semences et labourages; passé le jour qu'ils commencent à être en tuyau, ils sont prisés pour ce qu'ils peuvent apporter de grains et de paille en août, selon ce qu'ils peuvent rendre par journal, déduction faite des frais de semence et de labourage.

La valeur des fruits ne doit point être calculée d'après la plus-value qui aurait pu survenir depuis la mise en demeure du débiteur à la restitution, ou le retard qu'il aurait mis à acquitter son obligation.

Une Circulaire ministérielle du 1er avril 1817 indique la manière d'opérer pour la confection des Mercuriales. On y voit qu'elles doivent seulement comprendre les ventes faites dans les halles ou marchés publics, jamais celles faites ailleurs ou sur échantillon. Nous ajouterons que trop souvent elles sont relevées par des personnes intéressées, ou peu soucieuses de donner des chiffres exacts, d'où résultent de nombreux inconvénients, et notamment une injuste sur-élévation dans la taxe du prix. Les Maires ne sauraient donc apporter trop d'attention dans le choix des personnes chargées de cette mission, afin d'éviter des erreurs préjudiciables à la bonne administration de la justice et aux intérêts de la classe pauvre.

§ 3. — Lamp-Goal. — Fournière, etc.

Sous le nom de *Lamp-Goal*, les cultivateurs désignent le fait dommageable résultant de l'entrée des bestiaux mal gardés sur le terrain d'autrui, et l'usage qui détermine le mode ou la procédure à suivre en ce cas. Le plaignant devait, avant d'actionner en justice l'auteur du dommage, le mettre en demeure, devant témoins, de choisir un estimateur pour fixer la valeur du dommage, contradictoirement avec l'estimateur nommé par le plaignant ; en cas de discord, les estimateurs prenaient un tiers de leur choix, et l'indemnité ainsi arbitrée, ou le dédommage, était acceptée comme juste et souverainement appréciée. Sous l'empire de la coutume, le dédommage, ou Lamp-Goal, était une estimation laissée au jugement des experts ; l'*assise*, au contraire, était une taxation uniforme faite par la coutume suivant la saison et l'espèce de bétail, taxation qui *usu obsolevit aucto rerum pretio*, observe d'Argentré ; aussi l'on s'en tenait généralement chez nous au *dédommage*, comme au mode de réparation le plus conforme à l'équité. C'est ce qu'enseigne Duparc-Poulain, *Grande Coutume*, p. 742.

L'action en justice était refusée au demandeur qui ne justifiait pas de l'accomplissement de la formalité préalable de l'estimation. Les exploits pour dommage de bestiaux étant ainsi devenus très rares, les huissiers jetaient les hauts cris ; mais les querelles, les animosités entre voisins étaient apaisées par cette espèce de préliminaire de conciliation, qui est encore observé dans plusieurs cantons du Finistère, quoiqu'il ne soit plus obligatoire.

L'avertissement amiable que les juges de paix donnent depuis la loi de 1838 pourrait produire des résultats analogues, si les magistrats prévenaient les parties des avantages d'une estimation préalable. Mais, il faut bien le reconnaître, les plaignants ne sont pas tous de bonne foi, et les voies amiables ne peuvent être tentées quand les faits de dommage sont faux ou même déniés. Nous ne pensons donc pas que l'inobservation de l'ancien usage en cette matière puisse être opposée comme cause de non-recevabilité.

Néanmoins, dans le canton de Carhaix, cet usage a conservé un grand empire, et il ne s'en faut guère qu'il n'ait force de loi, tant il s'y est maintenu comme un symbole de paix ! C'est le pays de la Bretagne où de tout temps on a élevé le plus de bestiaux : tout le monde sait que la ville de Carhaix avait dans ses armoiries deux vaches noires, et qu'elle était le siège d'une Sénéchaussée dont les traditions, celle du Lamp-Goal entre autres, se sont religieusement conservées, et ce n'est pas nous assurément qui y trouverons à redire.

Aux termes de l'art. 12, t. 2 de la loi du 6 octobre 1791, tout propriétaire, qui éprouve un dommage fait par des bestiaux laissés à l'abandon, a le droit de les saisir, et doit, dans les 24 heures, les faire conduire au lieu de dépôt désigné par le maire. Si, comme il arrive souvent, le maire n'a pas indiqué de fourrière, on doit les mettre dans l'auberge du lieu, en avertissant le maire de la mise en fourrière (ou sous le séquestre), qui ne doit pas se prolonger au-delà de huit jours : ce délai passé, la main-levée peut être accordée par le juge de paix, moyennant caution et le paiement des frais de fourrière, suivant les tarifs locaux (1). Si les animaux ne peuvent être restitués, le magistrat en ordonne la vente aux enchères, au marché le plus voisin, art. 49 du décret du 18 juin 1811. On voit que les habitudes locales doivent ici être prises en considération. Nous ajouterons qu'il serait à désirer que tous les maires prissent des arrêtés contenant l'indication des frais de fourrière *par jour*, celles des rations dues, et du marché où la vente doit avoir lieu le cas échéant. Ces simples précautions tariraient la source de misérables discussions, et seraient un gage de sécurité pour les propriétaires.

La chasse est parfois l'occasion de contestations et de conflits fâcheux. Tantôt c'est un fermier qui détruit le gibier sans l'autorisation du bailleur; tantôt c'est un propriétaire qui s'empare

(1) On peut voir sur ce point l'arrêté du Préfet du 14 mai 1833, et celui du Maire de Camaret du 21 août 1844, fixant les frais de fourrière, et la ration des animaux.

du gibier que le chasseur tue malgré lui sur son héritage. La chasse est souvent la cause de dégâts et de dévastations. Sous ces divers rapports, la loi du 3 mai 1844, en édictant des mesures de police, a laissé subsister les principes conservateurs du droit de propriété. Ainsi, la chasse appartient au propriétaire et à l'usufruitier exclusivement, pourvu qu'ils soient munis d'un permis ; la chasse sans permis est autorisée seulement dans les terres entourées d'une clôture continue. Tout gibier appartient à celui qui le tue, en se conformant aux lois de police : si le chasseur a seulement blessé l'animal, il a le droit de suite ; mais s'il le perd de vue, s'il abandonne la poursuite, même momentanément, le gibier est au premier occupant (1). Dans tous les cas, si le propriétaire est fondé à s'opposer à l'entrée des chasseurs sur ses terres, la bête tuée, ou blessée, est au chasseur du moment qu'il s'en est emparé. (Pothier, *Propriété,* nᵒˢ 24 et suiv.) Le droit de suite appartient aussi au propriétaire d'un essaim d'abeilles ; et même lorsque l'essaim est parti à l'insu du propriétaire, celui-ci a le droit de le réclamer tant qu'il n'est pas *fixé.* Toullier nous enseigne que celui qui trouve un essaim sur le terrain d'autrui doit le rendre au maître du fonds ; c'est dire en d'autres termes que l'essaim s'unit par accession au fonds sur lequel il est fixé.

Du reste, nos usages sont en tout point conformes aux règles ci-dessus. Mais nous devions les rappeler brièvement ; et nous ajouterons qu'en matière de chasse il importe d'observer rigoureusement les prescriptions légales, et de se conformer aux arrêtés pris par le Préfet. Ces arrêtés sont affichés dans toutes les communes ; il serait superflu d'en donner ici la nomenclature (2).

§ 4. — CONTRAVENTIONS DE POLICE.

Dans aucun temps, les faits qui portent atteinte à l'ordre, à la liberté, à la tranquillité publique, n'ont pu se transformer en usages. Toute coutume contraire à un texte de loi entrave le

---

(1) C'est ce qui a été jugé par le tribunal de Guingamp le 21 septembre 1837. Dans la discussion de cette affaire, on cita une ordonnance de Frédéric Barberousse, et son traité de *arte venandi,* et la singulière pénalité infligée à celui qui s'emparait du gibier *quem alieni canes moverant.*

(2) Voyez notamment les arrêtés des 20 janvier 1846 et 27 novembre 1850. Dans sa dernière session, le Conseil général a émis le vœu que l'on classât parmi les animaux nuisibles les pies, les piverts, les geais, les corbeaux et les lapins. Cette extension pourrait entraîner quelques inconvénients.

cours régulier de la justice et appelle une prompte répression, quand il y a délit ou contravention, parce que en matière de pénalité les prescriptions sont de droit étroit : lorsque la coutume ne blesse que des intérêts privés, chacun peut en secouer le joug, en invoquant la loi dont la formule exacte, simple et transparente, frappe l'esprit et commande l'obéissance. L'usage doit céder à la loi.

Nous avons, dans les chapitres précédents, passé en revue les faits d'habitude dans leurs rapports avec les lois civiles; il nous reste à citer quelques exemples pour démontrer la nécessité de la soumission absolue aux lois pénales.

Dans notre département, l'ivresse est une cause journalière de malheurs, d'accidents, et de délits de toute nature. Cette déplorable passion, qu'on ne saurait combattre trop énergiquement, est entretenue par des excitations de tout genre, le grand nombre des cabarets et cafés (4862), les distractions mauvaises qu'on y trouve, le bas prix des boissons alcooliques. L'autorité administrative, dont la principale mission est de garantir la sûreté publique, ne peut fermer les yeux sur les désordres qu'entraîne l'ivresse. La police, dit Legraverend, précède l'action de la justice ; elle prépare et assure la répression. C'est elle qui doit constater les rixes, les diffamations, les jeux, les vols, et autres actes immoraux dont les cabarets sont trop souvent le théâtre.

Une grande tolérance a jusqu'à ce jour laissé impunis bien des abus. Les cabarets et cafés sont presque partout ouverts les Dimanches et Fêtes; et là même où les maires ont pris des arrêtés à cet égard, on les considère comme tombés en désuétude. Nous rappellerons ici, sans citer les arrêts, la jurisprudence de la Cour suprême : elle a plusieurs fois jugé que les arrêtés municipaux prohibant l'ouverture des cafés et cabarets pendant l'office divin étaient obligatoires et non contraires à l'esprit de nos institutions, et que la loi de 1814 a conservé en ce point toute sa force. Nous engageons donc les maires à poursuivre rigoureusement ces contraventions; en le faisant, ils serviront puissamment les intérêts moraux de leurs administrés.

Une autre genre de contravention, non moins blâmable, doit encore appeler leur attention. Beaucoup de cabaretiers ne se contentent pas de donner à boire pendant le jour; ils gardent les buveurs après les heures fixées par les réglements, et même toute la nuit. Si l'appât du gain fait oublier à ce point les devoirs de la morale, que les coupables en portent la peine; Les maires qui ne déféreraient pas aux tribunaux des faits de cette nature manqueraient à leurs devoirs. Tout cabaretier doit fermer son établissement pendant la nuit. Vainement, pour échapper à une condamnation, alléguerait-il qu'il ne s'est trouvé chez lui que des hôtes momentanés ; s'ils ne sont pas de sa famille, leur présence serait une preuve manifeste qu'il y a infraction prévue par l'art. 475 du Code pénal, et par suite nécessité d'une répression, à moins de la production du registre prescrit aux logeurs.

L'obligation de tenir ce registre à jour n'est pas seulement pour la police un moyen facile de découvrir les auteurs des crimes et délits; c'est encore une excellente garantie pour les logeurs eux-mêmes qui, en se conformant à la loi, sont affranchis de la responsabilité à laquelle ils s'exposeraient par leur négligence (art. 73 du Code pénal. Voir les circulaires du Préfet, des 12 décembre 1843, 11 décembre 1848 et 13 août 1849).

Nous n'ignorons pas que ces contraventions, et beaucoup d'autres, semblent protégées par un long oubli dans quelques localités; qu'à en croire certaines personnes, le système des répressions sévères offre des inconvénients; que, selon d'autres enfin, les voies de rigueur sont contraires à nos habitudes. Autant vaut dire que la tolérance légitime à la longue les abus les plus funestes! Celui qui viole les lois et ordonnances de police n'est jamais admissible à prouver sa bonne foi, son ignorance, et l'usage des lieux : ici l'erreur commune ne servirait même point d'excuse. Il suffit que le fait délictueux soit matériellement constant, que l'auteur en soit connu : l'intérêt général veut une expiation de la faute.

Les jeux de hasard qui se tiennent dans les cafés ou cabarets, dans les foires et marchés, sur les places publiques, contribuent encore à propager la démoralisation. A la campagne comme dans les villes, des ouvriers abandonnent les ateliers, des cultivateurs négligent leurs travaux, et poursuivent ardemment des chances trompeuses, qui répugnent à une âme honnête. La plupart de ces jeux, dont les banquiers sont des gens nomades et mal famés, servent de prétexte à mille tromperies. Sans doute ils devraient être proscrits sans exception : on les souffre pourtant, et il nous est arrivé de voir des étrangers emporter des sommes de 100 fr. et plus, gagnées ou plutôt filoutées dans des loteries *autorisées*, contrairement à la loi du 21 mai 1836 !

Dans un autre ordre d'idées, c'est l'intérêt si précieux de la santé publique qui réclame des mesures efficaces contre les charlatans, médicastres, matrônes, *remetteurs* de membres, etc. Plusieurs circulaires, insérées aux *Bulletins administratifs*, années 1810, 1811, 1818, 1824 et 1848, ont invité les maires à signaler au ministère public les personnes qui, sans titres et sans qualité, font métier de vendre et d'administrer des remèdes, de pratiquer des opérations. Mais telle est encore chez nous la force des habitudes et des préjugés, que l'empirisme inspire souvent plus de confiance que les lumières et le vrai savoir ! L'art de guérir a des secrets que la science elle-même ne peut pas toujours pénétrer : laisser un fripon ou un ignorant prendre la place du médecin, n'est-ce pas se rendre complice des délits résultant de cette incurie ?

Dans quelques départements, on a réussi à faire cesser la mendicité. Elle tend chaque jour, au contraire, à se développer chez nous, et avec elle des abus bien difficiles à déraciner. Il est juste que l'honnête homme dans l'indigence aille prier le riche de lui venir en aide ; mais on ne doit pas encourager la mendicité de profession, qui spécule sur les dons de la charité pour les dissiper au cabaret. C'est pourquoi il est urgent de porter remède au mal, en assurant des secours aux véritables nécessiteux, et en forçant les autres à se soumettre à la loi. Après le rapport fait par M. le Préfet au Conseil général, le 25 août dernier, nous devons nous abstenir de toute réflexion. Les bons citoyens ne se borneront pas à approuver les vues éminemment sages de M. Bruno Devès : ils s'empresseront de lui offrir leur concours pour doter le Finistère des institutions de bienfaisance qui lui manquent, afin que l'aumône, en donnant aux malheu-

reux le pain de chaque jour, devienne en même temps un instrument de moralisation.

§ 5. — Quêtes du clergé.

L'usage connu dans le Finistère sous le nom de *quêtes du
clergé* constitue-t-il un abus que l'on doive réprimer ?

Les ecclésiastiques des villes ne réclament de leurs paroissiens
que le casuel tel qu'il a été réglé par les tarifs arrêtés par l'autorité Diocésaine. Dans les communes rurales, les prêtres sont
dans l'habitude de se présenter une fois par an chez leurs paroissiens, et de recevoir les dons que ceux-ci veulent bien faire ; —
coutume fort ancienne et qui existe non-seulement chez nous
et dans toute la Bretagne, mais encore dans les diocèses de
Bayeux, de Belley, de Coutances, de Besançon, du Mans, de
Lyon, de Saint-Claude, etc.

Il faut bien le reconnaître : au premier rang des classes res-
pectées, le prêtre est au dernier rang des classes rétribuées.
Aussi, lorsqu'une foule d'aspirants et de surnuméraires encom-
brent les avenues des autres carrières, la profession si honorable
du sacerdoce est, sinon déserte, du moins fort peu recherchée
de nos jours ; car elle n'offre en perspective qu'une foule d'embarras de toute nature. En général, les prêtres n'ont point même
cette honnête aisance qui leur permettrait de satisfaire aux
exigences de leur position sociale : l'Etat les rétribue avec une
parcimonie dont ils ne se plaignent point, mais qui explique
parfaitement l'usage des quêtes.

Néanmoins, parmi les chefs de paroisses, il en est plusieurs
qui s'abstiennent de demander, et qui ne reçoivent point les dons
périodiques des fidèles. Les Curés de canton se contentent de
leur traitement, tel qu'il figure au budget, augmenté d'un
casuel variable. En faisant une ou deux quêtes par an, la plupart des desservants ne font qu'obéir à des nécessités pressantes,
et aux instructions de leurs supérieurs. Quant aux simples
vicaires, ils seraient dans l'impossibilité absolue de remplir leurs
obligations, s'ils étaient, dans nos campagnes et même dans

quelques villes, privés du secours des quêtes. Ceux qui n'ont pas
un titre officiel ne reçoivent aucune allocation de l'Etat. Les
autres ont à peine de quoi vivre — *res angusta domi* —, en réu-
nissant à la minime indemnité du budget, et le traitement voté par
les fabriques ou par les communes (quand celles-ci veulent encore
allouer quelque chose), et le petit casuel qui leur est dévolu.

On conçoit d'autant moins les plaintes élevées contre les
quêtes, que les fabriques et les communes s'exonèrent d'une
charge réelle, quand elles laissent les ecclésiastiques recevoir
les offrandes volontaires des habitants, soit comme compensation
d'une portion du casuel non perçue, soit comme supplément du
traitement imposé par la loi aux fabriques ou aux communes.
Ratifiés par une longue possession conforme, ces contrats tacites
n'ont pas moins de force que les actes authentiques, et leur
exécution ne peut être subordonnée ni aux caprices de quelques-
uns des habitants, ni au bon plaisir de l'autorité administrative.

De là procède l'usage des quêtes. Rien n'est plus conforme
à la raison, plus en harmonie avec l'esprit de la religion et avec
la simplicité des habitudes villageoises. Les cultivateurs, dont
le sens est plus droit qu'on ne pense, ne se soumettent pas
aveuglément à cette coutume : en lui donnant leur assentiment,
en l'observant d'instinct, ils savent d'avance où vont ces modiques
largesses; et, — n'en doutons point —, ils refuseraient d'obéir
à des lois qui auraient pour but de gêner leur liberté en cette
matière.

Exclusivement investis par la Religion et par la Constitution
d'une mission de haute surveillance quant à la discipline, les
Évêques en plusieurs lieux permettent, conseillent, et parfois
recommandent les quêtes au profit des prêtres nécessiteux.
Cette antique observance, parfaitement régulière sous le sceau
de l'autorité Diocésaine, ne relève point des fonctionnaires de
l'ordre civil. En l'absence de tout abus, nous ne comprendrions
pas que l'on songeât à légiférer contre les quêtes, ainsi que le
voudraient certaines notabilités de clocher. Si l'autorité Municipale, mal éclairée sur les limites de ses attributions, a rencontré

quelquefois, même dans le Finistère, des ecclésiastiques peu disposés à déférer à ses remontrances sur les quêtes, ces conflits regrettables, ces mal-entendus, heureusement fort rares, ne prouvent nullement la nécessité, encore moins la convenance de réglementer et d'entraver les quêtes par une loi ou par des arrêtés locaux. Laissons les hommes passionnés accuser le clergé de cupidité, et censurer les desservants et vicaires qui, au lieu de s'incliner devant l'écharpe du maire, prennent la liberté grande d'adresser aux magistrats municipaux de légitimes observations.

Avant 1789, le clergé et les couvents possédaient de riches prébendes, des propriétés considérables, et la dîme ecclésiastique : à cette époque pourtant, le bas clergé sollicitait les dons volontaires des paroisses; les collectes périodiques avaient lieu dans les campagnes. Les Cahiers des États-Généraux en font foi : les prêtres des paroisses rurales avaient besoin, dès cette époque, de trouver dans les quêtes un soulagement à leur détresse.

Dans les onze années qui suivirent la convocation de l'Assemblée des Notables, on vit décréter une foule de dispositions législatives contre les prêtres. On supprima les congrégations, les frères quêteurs, toutes les corporations religieuses; la Nation s'empara de leurs biens. La dîme fut aussi abolie, comme entachée de féodalité. Mais, au sein des agitations révolutionnaires, au plus fort de ces persécutions qui atteignirent tous les serviteurs de l'autel — chose digne de remarque —, nous cherchons en vain un décret, une mesure législative, contre l'usage des quêtes ecclésiastiques. C'est assez dire que la Révolution s'arrêta elle-même, qu'elle recula devant une impossibilité manifeste, et que les habitants des campagnes ne cessèrent point de donner à leurs pasteurs l'obole de la reconnaissance et de la charité.

Combien de gouvernements n'avons-nous pas vu se succéder depuis le commencement de ce siècle? Si les quêtes sont une source d'abus, d'où vient donc qu'aucune mesure législative ne soit intervenue, que le Pouvoir n'ait pas songé à proscrire cette pratique? La législation, quoiqu'on ait prétendu le contraire, protège par son silence cette coutume immémoriale; car l'on ten-

terait en vain de tarifer la bienveillance, le dévoûment, et la
générosité des fidèles envers leurs pasteurs !

Mais, dit-on encore, *non omne quod licet honestum est :* tout
ce que les lois ne défendent point n'est pas toujours conforme
aux convenances et à l'honnêteté. Les habitants donnent, mais
ils murmurent ; mieux vaudrait donc que le clergé renonçât à
ces perceptions ; la pauvreté du prêtre serait pour lui le plus
beau titre au respect des populations. Au reste, en supprimant
cet usage, nous voulons assurer aux ecclésiastiques une plus
grande aisance, et une augmentation de traitement ; enfin notre
unique but est de leur épargner la sujétion des quêtes, le déboire
des refus individuels.

Votre compassion part d'un bon naturel ; mais quittez ce souci...,.

Parlons sérieusement. Est-il vrai, oui ou non, qu'un Évêque
ait le droit d'autoriser dans son diocèse les Curés, les desservants,
les vicaires, à faire des quêtes dont le produit reste entre leurs
mains, à la seule charge de l'employer suivant les instructions
diocésaines ? N'est-il pas hors de doute que ni les maires, ni les
Préfets, ne peuvent entraver, encore moins interdire les quêtes
à domicile, du moment que l'Évêque les permet, et en tant que
la perception du don *de manu ad manum* ne tende pas à lui conférer un caractère obligatoire, et à le faire considérer comme
une sorte d'impôt ? N'est-il pas constant que, hors le cas d'abus
manifeste, de vexation flagrante, les arrêtés administratifs, qui
restreindraient la liberté des quêtes ecclésiastiques, seraient nuls
et de nul effet comme tout excès de pouvoir ? Les jurisconsultes
les plus éminents répondent affirmativement (1); le tribunal
d'Arbois (17 décembre 1834) et la Cour de cassation (10 novembre 1808 et 16 février 1834) ont statué dans le même sens. —

(1) Voyez Carré, nº 311 ; Dalloz, nº 29 ; et surtout le *Journal des Conseils de
Fabriques*, où ces questions sont traitées *ex professo* par MM. Berryer, Dupin,
Odilon-Barrot, Crémieux et Duvergier ; t. 1, p. 242, 251 ; t. 10, p. 332, 342,
etc. Dans le jugement du tribunal d'Arbois, il s'agissait d'un maire qui avait
saisi d'autorité le produit de la quête du desservant d'Ounans. Celui-ci ayant
réclamé, le tribunal condamna le maire à restituer les choses dont il s'était in-
dûment emparé.....

Les traditions de la Chancellerie, quoique moins précises et moins décisives, sont néanmoins curieuses à consulter sur ce point. Voici ce que nous trouvons dans les circulaires des 14 septembre 1838 et 7 décembre 1844, signées par M. Barthe, alors Garde des sceaux : *On ne peut s'opposer aux quêtes dans les paroisses où, comme compensation ou supplément de casuel, elles ont obtenu l'approbation générale, et où d'autres considérations locales, dignes d'attention, subsistent encore.... Si, au premier abord, l'usage des quêtes semble blesser les convenances ecclésiastiques, on doit considérer que sur ce point rien ne saurait être justement apprécié sans tenir compte des mœurs* ET DES HABITUDES ÉTABLIES. *Ce qui serait dérogeant au milieu de certaines populations cesse de l'être parmi les habitants simples des communes rurales, et devient même un lien de mutuelle bienveillance entre le pasteur et ses ouailles..... Si de graves inconvénients étaient la suite des quêtes, le Supérieur Diocésain en serait sans doute frappé, et n'en demanderait pas le maintien, ainsi qu'il le fait.*

A ces citations nous pourrions ajouter d'autres opinions non moins graves et recommandables; mais nous n'avons nul besoin d'insister auprès des personnes de bonne foi. Quant aux autres, nous leur dirons : tant que vous ne nous aurez pas mis sous les yeux un texte de loi prohibant l'usage dont il s'agit, tant que vous ne nous aurez pas signalé des faits précis d'oppression, des désordres, des conflits, que l'abolition des quêtes pourrait seule prévenir, nous serons autorisés à considérer comme un empiètement blâmable toute atteinte à l'exercice d'un droit consacré par son antiquité, par la jurisprudence, et par les principes démocratiques de notre Constitution.

Il s'est rencontré des Maires, en bien petit nombre à la vérité, qu'un esprit d'hostilité mesquine a poussés à susciter à quelques membres du clergé des tracasseries puériles, à prendre même des mesures qui eussent dégénéré en vexations, si le bon sens des populations n'en avait fait promptement justice (1). Ce

(1) Ainsi en a-t-il été de la fulminante circulaire de M. le préfet Bouvier-Dumolard, qui, le 24 décembre 1812, informait les maires de sa *résolution de*

qui est autrement grave que ces faits isolés, c'est la persistance du Conseil général du Finistère, qui, depuis tantôt 25 ans, s'élève chaque année contre la coutume des quêtes. Ses vœux seraient-ils une libre et sincère expression de l'opinion publique ? Tel n'est pas notre sentiment : nous aimons mieux penser que, dans le Finistère comme ailleurs, le clergé a à lutter contre des adversaires qui, suppléant à l'infériorité du nombre par l'ardeur de leur haine, s'estiment heureux de saisir les prétextes les plus futiles pour déprécier la conduite des prêtres ; il semble que la juste considération et l'influence du sacerdoce excite la jalouse malveillance de ses détracteurs !...

Les vœux du Conseil général n'ont pas toujours été formulés d'une manière assez nette pour ne laisser aucun doute sur ses intentions réelles. En demandant une loi spéciale pour l'abrogation des quêtes du clergé, cette honorable assemblée a pris la précaution d'ajouter, — comme correctif à cette espèce de concession à des tendances fâcheuses —, qu'il y avait lieu d'allouer un traitement aux vicaires dont la présence est nécessitée par le chiffre de la population. Il est bien regrettable, dans un Département éminemment catholique, que ce vœu à deux faces, stéréotypé pour ainsi dire dans tous les cahiers du Conseil général, n'ait pas été depuis longtemps modifié, ou plutôt définitivement abandonné. Lorsque l'Évêque, à qui la loi et la hiérarchie des pouvoirs ont départi la délicate mission d'apprécier la convenance et l'opportunité des mesures à prendre, et dont la prudente sollicitude et l'incessante surveillance sont la garantie la plus efficace contre tous les écarts possibles, a prescrit, autorisé, ou conseillé les quêtes (parce que à ses yeux, sans doute, il n'est

---

faire cesser ces exactions qui, appuyées d'un caractère public (sous l'empire, on ne voyait dans un Prêtre que le Fonctionnaire salarié), constituent une concussion (M. B. Dumolard ne connaissait pas bien le Code pénal), et dont le peuple gémit (lisez : dont chacun sent la nécessité). On cherche, dit-il encore, à faire considérer ces perceptions en grains comme une juste indemnité de la dîme abolie (et quand cela serait, il en résulterait seulement que le clergé, n'ayant plus les mêmes ressources qu'autrefois, est contraint de demander aux fidèles ce qu'il pouvait exiger avant la révolution, et doit se contenter de ce qu'on veut bien lui donner). Au reste, les menaces du Préfet impérial ne firent peur à personne, et rien ne fut changé.

pas bon de supprimer cette pratique), sied-il bien à un Conseil général de se faire l'écho de critiques et de plaintes vagues, en signalant les quêtes comme un abus *contraire à l'ordre public ;* en sollicitant, à titre d'urgente nécessité, une loi prohibant cette inoffensive coutume ? Il serait plus digne d'une assemblée composée des mandataires du pays de repousser des accusations peu réfléchies ; il ne suffit pas, pour pallier l'attaque, de témoigner ensuite au clergé une sorte de bienveillance, en demandant une augmentation de traitement pour les desservants et vicaires. Cette amélioration, que chacun désire, est loin d'être réalisée au point de permettre à l'autorité religieuse l'entière abolition des règles établies.

La plupart des Curés de canton ne font pas de quêtes ; et pourtant, en regard de leurs ressources annuelles (1,200 à 1,500 fr. de l'État, 500 à 600 fr. de casuel, en moyenne 1,800 à 2,000 fr. par an), que de dépenses obligatoires ? Rien que pour se nourrir et se vêtir, pour payer et nourrir *l'humble femme qui les sert, pour tenir leur porte ouverte à toutes les indigences des allants et des venants* (Lamartine, *Devoirs civils du Curé*), et leur bourse pleine pour toutes les aumônes et œuvres édifiantes, c'est peu de chose assurément, un revenu de 2,000 fr. au plus. Mais les Curés, avec raison, comptent sur les hommes qui passent leur vie à faire le bien, collaborateurs ignorés toujours prêts à soulager la misère, à contribuer aux bonnes œuvres par l'entremise de leurs pasteurs.

Dans les communes rurales, les desservants reçoivent un traitement de 850 fr., parfois, mais rarement, un supplément de 200 fr. au plus, voté par la fabrique ou par la commune, plus 500 fr. environ de casuel, en tout 12 ou 1,500 fr. par an. Ils ont aussi une maison à tenir, des frais d'installation à supporter, ainsi que les dépenses courantes et imprévues. Il est de toute évidence que, sans le produit des quêtes, ils n'auraient pas même le nécessaire.

Les vicaires inscrits au budget pour 350 fr., à titre de secours, auxquels les fabriques et les communes disputent, le plus sou-

vent même refusent, contre toute justice, le traitement de 300 à
500 fr.; qui par ailleurs n'ont pas habituellement plus de 300 fr.
de casuel, pourraient-ils, avec un revenu de 650 à 800 fr., sub-
venir aux simples dépenses de leur entretien, de leur pension,
des aumônes indispensables? Les quêtes du moins leur procu-
rent quelques ressources, et la plupart du temps dégrèvent d'autant les Budgets des fabriques ou des communes.

Que dire des vicaires non reconnus, ou non légalement établis,
c'est-à-dire qui ne reçoivent aucun secours de l'Etat? Ceux-là
seraient littéralement privés de l'étroit nécessaire, si la quête
leur était défendue.

Enfin, pour tous les prêtres, n'est-ce pas une obligation d'acheter des livres ecclésiastiques? Pour un grand nombre, l'achat et
l'entretien d'un cheval ne sont-ils pas impérieusement commandés
par les longues distances à parcourir pour les messes matinales,
dans les chapelles éloignées des bourgs, et surtout pour se porter
promptement dans tous les hameaux où il y a des malades, des
infirmes, à exhorter, à consoler, à administrer (1) ?

Cet aperçu sommaire des ressources et des charges de nos
prêtres prouve que l'usage des quêtes, d'ailleurs protégé par la
jurisprudence et par l'ensemble de notre législation, est en outre
prescrit et rendu inévitable par la force même des circonstances
locales.

Les quêtes n'ont aucune analogie avec les contributions publiques. Chacun sait qu'aujourd'hui, dans les moindres bourgs,
il se rencontre des hommes qui refusent de concourir à ces collectes périodiques; ils ont mille moyens de se soustraire à la
souscription générale, et par-dessus tout parfaitement facultative. Dans ces conventions de bonne foi, dans ces arrangements
charitables et bénévoles, gages d'union entre le pasteur et ses
ouailles, offrandes du zèle et de la reconnaissance, rémunéra-

(1) Sur les traitements des prêtres des paroisses, voyez les décrets des 11 prair.
an XII et 5 niv. an XII, l'ordonnance du 6 janvier 1830, les circulaires des 18
mai 1818 et 10 avril 1830, émanées du ministère de l'intérieur; le décret du
30 déc. 1809, et le *Journal des Conseils de Fabriques*, notamment les consul-
tations 116e et 117e.

tion des travaux, des soins et des secours que le clergé prodigue aux populations ; dans cet échange continuel de bons offices, n'est-il pas permis de dire que la main qui donne aujourd'hui recevra dès demain peut-être la récompense de sa générosité ; et que le donateur, en restant le maître de fixer la quotité de sa gratification, n'oublie point que le donataire versera dans le sein des pauvres la plus forte portion du dépôt confié à sa discrétion ?

Les premiers chrétiens s'étonnaient aussi de voir les apôtres demander des secours : les Corinthiens ayant repris saint Paul sur ce point : *Ne savez-vous pas,* leur écrivait l'illustre disciple de Jésus-Christ, *que ceux qui passent leur vie dans le sanctuaire se nourrissent des produits du culte, et que les serviteurs de l'autel participent aux oblations de l'autel ? Car le Seigneur a ordonné à ceux qui annoncent l'Évangile de vivre de l'Évangile..... Que chacun donne donc ce qu'il aura résolu en lui-même de donner, non avec tristesse et comme par force. Car Dieu aime celui qui donne avec joie, et les dons offerts par la charité plutôt qu'arrachés à l'avarice.* Les prêtres de nos jours, lorsqu'ils quêtent, font donc un acte d'humilité, accomplissent presque un précepte évangélique, suivent les glorieuses traces des premiers apôtres. La quête est encore un moyen de ramener au bien les esprits les plus aigris, de concilier les différends. C'est dans ces visites pastorales que le prêtre console les affligés, prévient les querelles, témoigne à tous sans acception, en leur tendant la main, un attachement sincère et un dévoûment sans bornes. Il leur demande l'aumône accoutumée, et chacun est libre. Mais ne venez point nous dire que les cultivateurs donnent en murmurant ; car si vous connaissiez les mœurs de nos paysans, vous sauriez que chaque villageois remet de bon cœur aux mains des prêtres une marque, si minime qu'elle soit, de sa reconnaissance et de son affection.

Pour changer ce qui existe, sans tenir aucun compte de l'empire des habitudes, il ne faudrait rien moins qu'une pénalité contre les prêtres coupables d'avoir visité leurs paroissiens, contre ceux-ci coupables d'avoir donné, contre les personnes chargées de recueillir les collectes, etc.; enfin tomber dans l'absurde. Les législateurs qui édicteraient une loi si étrange ne pourraient, en tout cas, empêcher les habitants de porter aux presbytères leurs saintes épargnes; de sorte que, perpétuellement éludée, la loi tomberait forcément en désuétude.

Il s'est trouvé en Bretagne quelques desservants qui ont formellement renoncé au bénéfice des quêtes. Peu satisfaits de cette abnégation, les cultivateurs ont vu d'un mauvais œil et ont mal interprété la conduite de ces pasteurs, qui n'ont pas tardé à revenir aux anciens errements. Les populations rurales ont une appréhension instinctive de toutes les réformes; et en matière de quêtes on peut dire : *usage passe loi*.

Ceux qui veulent assurer aux prêtres une honnête aisance, tout en supprimant les quêtes, n'ont peut-être pas calculé le chiffre énorme de contributions qui, dans cette hypothèse, viendrait infailliblement surcharger les Budgets déjà si lourds de l'Etat, des communes et des fabriques. Tout nouvel impôt est accueilli avec une défaveur marquée : celui-ci serait, suivant les cas, d'une perception très difficile ; car tel cultivateur qui donne sans peine un boisseau de blé à son recteur, serait vivement contrarié à la vue de l'avertissement du percepteur, bientôt suivi de l'inexorable contrainte à fin de paiement de la taxe curiale.... Une loi de finances pourrait atténuer l'insuffisance des salaires du clergé ; mais ce ne serait pas, croyons-nous, un remède complètement efficace et sans danger, parce qu'il serait à craindre qu'en rémunérant plus libéralement, l'Etat ne se fît de ses largesses même un instrument politique. Le casuel (suivant les tarifs paroissiaux) et les quêtes — cet autre casuel autorisé par l'usage local —, une fois remplacés par des appointements fixes, ne verrait-on pas bientôt dans le prêtre un fonctionnaire civil aux ordres du Gouvernement, et dans certains cas exposé à mourir de faim ou à céder aux capricieuses exigences des Ministres, des Préfets, des Maires ? C'en serait fait de cette noble indépendance qui fait la force de l'Eglise, et sans laquelle l'esprit religieux perdrait insensiblement son ascendant sur les masses.

A une époque comme celle-ci, quand du jour au lendemain le Pouvoir peut tomber aux mains des hommes sans principes, moins que jamais il convient de briser les traditions, de troubler par des innovations imprudentes la paix des campagnes, d'ôter aux catholiques la liberté et le mérite du dévoûment (1).

Non, à quelque point de vue qu'on veuille se placer, on ne saurait jamais enlever à l'abolition de la quête le caractère d'une mesure vexatoire, impossible dans la pratique, mauvaise dans ses résultats. Quand les habitants d'un pays observent religieusement la sainte loi de l'assistance, à quoi bon assigner des limites à leur zèle, comprimer les instincts et les élans du cœur? Pourquoi s'obstine-t-on à lancer des insinuations, qui ne supportent pas l'examen, contre une classe de citoyens dont l'unique mission est de prêcher et de pratiquer les vertus les plus sublimes?

Toutefois, nous pourrions, jusqu'à un certain point, partager les craintes et entrer dans les vues du Conseil général, si l'on avait voulu se borner à déverser le blâme sur les quêtes auxquelles se livrent, dans plusieurs communes, les sacristains, les bédeaux, les enfants de chœur, et autres serviteurs de l'église. Ici, en effet, la cupidité, le besoin peut-être, peuvent pousser à

(1) Le 8 mai 1841, à propos d'une pétition relative à la suppression du casuel, M. de Montozon fit observer que cette mesure entraînerait une augmentation de traitement de 13 à 14 millions par an, pour le clergé catholique seulement.... Le 8 mars précédent, il fut établi à la Chambre des députés, par M. Hallez, que le casuel est nécessaire au clergé.... *La perception du casuel ne porte aucune atteinte au caractère sacré du prêtre, quand il demande au riche le prix modéré de son concours aux actes les plus importants de la vie.* — Mirabeau disait que le prêtre est le premier fonctionnaire de la société. Ce mot fut pris au sérieux par la Constituante qui, espérant gagner ainsi le clergé aux nouvelles idées, alloua aux Curés un traitement de 1,200 à 4,000 livres, et aux vicaires de 700 à 2,400 livres : c'était pour l'époque une grande libéralité. Mais ces tentatives d'asservissement ne réussirent point. — Le 15 mars 1841, M. Odilon-Barrot, s'élevant contre la suppression du casuel, disait : *Nous devons repousser toute assimilation qui tendrait à faire considérer les ministres des autels comme des agents de l'autorité. Je me montrerais disposé à étendre le casuel des ministres des cultes de manière qu'ils puisent leur moyen d'influence, leur existence et leurs aumônes, dans la bourse des croyants mêmes qui se réunissent autour d'eux..... En supprimant le casuel, nous entrerions dans une voie funeste pour l'autorité morale du prêtre* (voy. le *Moniteur,* 9 mai 1841, 9 mars 1841 et 16 mars 1841).

des démarches et à des insistances répréhensibles. Quand il s'agit de mettre les villageois à contribution, l'appel à leur bourse doit au moins prendre des formes humbles et polies ; il est condamnable, dès qu'il revêt les apparences de la menace ou de l'exigence. Mais ce que l'on a peine à s'expliquer, c'est que le Conseil général, en même temps qu'il s'élève contre les quêtes du clergé, n'ait jamais songé à demander que les quêtes des serviteurs d'église fussent assujéties à la surveillance et au contrôle de l'administration (car si les évêques peuvent permettre ces pratiques, l'autorité civile a le droit et le devoir d'en régler l'exercice dans l'intérêt de l'ordre); de sorte que l'on voudrait déployer le régime des prohibitions contre les usages en vigueur, tandis que l'on tolérerait des faits susceptibles de se transformer en abus ! Ce n'est pas là de l'impartialité.

En résumé, souffrons ce qui a été de tout temps pratiqué dans les pays catholiques. Que nos prêtres aillent librement recevoir eux-mêmes l'aumône du riche qui insiste pour la faire accepter ; ne les forçons point à refuser l'obole du pauvre qui rougirait de ne pas l'offrir. Ne nous préoccupons pas de certains conflits accidentels, que la sagesse de l'autorité Épiscopale et la prudence de l'administration Départementale rendront chaque jour plus rares dans le Finistère. Espérons enfin que le Conseil général, si la question lui est soumise, émettra désormais sur les quêtes un vœu qui ralliera toutes les opinions honnêtes, en repoussant des réformes dont l'urgence n'est nullement justifiée (1).

(1) Dans sa session de 1851, le Conseil général n'a point reproduit ses anciennes doléances contre les quêtes. Ce silence est d'un bon augure.

FIN.

PIÈCES ANNEXÉES.

Conseil général. — Session 1851.

(RAPPORT DU PRÉFET.)

RÉCOLTE DU GOEMON.

Vous connaissez, Messieurs, toute l'importance qu'a, dans ce département, la question des goëmons; vous savez l'immense intérêt qu'elle présente pour notre agriculture, les difficultés qu'elle soulève, les réclamations dont elle est l'objet.

Désireux de réglementer d'une manière décisive une récolte qui influe si puissamment sur la fertilité de nos terres et l'abondance de leurs produits, j'ai eu recours, pour m'éclairer, à une enquête dont les résultats ont été mis sous vos yeux.

Les communes, les comices agricoles, les sociétés d'agriculture et les conseils d'arrondissement ont été successivement appelés à donner leur avis. Il appartient au Conseil général de résumer toutes ces opinions dans la sienne.

Je vous demande, Messieurs, de vouloir bien nommer une commission spéciale qui sera chargée d'examiner cet intéressant sujet.

La question est ardue et compliquée.

La difficulté d'appliquer, sans préjudice pour les cultivateurs, les Déclarations qui ont faussé la belle Ordonnance de 1681, et qui ne sont plus en rapport avec le progrès et les nécessités de notre agriculture, appelle impérieusement votre consciencieuse et intelligente attention.

Concilier l'exécution de la loi avec le maintien d'usages qu'une longue pratique a rendus respectables, et dont l'expérience démontre l'utilité, tel est le but que doit se proposer celui qui veut faire, pour notre département, des Réglements sur cette matière.

Sauvegarder l'agriculture, lui conserver, en les augmentant, s'il se peut, tous les avantages que lui procure le précieux engrais qui croît sur nos côtes, et que rien ne pourrait remplacer ; telle est la pensée qui doit le préoccuper uniquement.

Je me réserve, Messieurs, de développer et de spécialiser mes idées dans la discussion ; mais je dois, dès à présent, vous dire que, à mon sens, il est deux principes qui dominent tous les autres :

1° La faculté la plus large possible donnée aux communes de fixer elles-mêmes leurs époques de récoltes ;

2° La faculté de vendre et de faire circuler, dans les communes de la pleine terre, l'excédant de goëmon des communes du littoral.

Ce sera par l'application libérale de ces deux principes seulement, qu'on pourra continuer à obtenir l'emploi le plus opportun, et le plus fructueux par conséquent, du varech suivant la nature des terres et la culture de chaque commune, et que l'on parviendra à utiliser complètement, comme matière fertilisante et comme objet de commerce, une plante qui est une source de richesse et pour ceux qui la vendent, et pour ceux qui l'achètent, et dont une quantité considérable serait entièrement perdue, si on gênait ces transactions.

Voilà, Messieurs, vous le reconnaîtrez, je n'en doute pas, les deux points de la question qui touchent le plus directement aux intérêts de l'agriculture.

Mais sur ces deux points, comme sur beaucoup d'autres moins essentiels, vous rencontrerez dans les documents de l'enquête des opinions bien variées. Chaque commune, pour ainsi dire, a parlé suivant sa position, ses besoins et ses habitudes.

Les unes récoltent beaucoup plus de goëmon qu'il ne leur en faut ;

Les autres n'en ont qu'une quantité bien inférieure à leurs besoins ;

Celles-ci reçoivent sur leur rivage une masse énorme de goëmons d'épave ;

Celles-là, moins favorisées par la disposition de la côte, n'en recueillent presque pas.

Dans l'un des arrondissements, une partie des goëmons sont brûlés pour faire de la soude ;

Dans les autres, tout est consacré à l'agriculture.

Puis, suivant les lieux, le goëmon est employé sec ou vert, pour les semailles de printemps ou pour les semailles d'automne, ou pour la culture maraîchère. Il y a des communes dont les parties les plus rapprochées de la mer sont saturées de goëmon, au point qu'on ne peut plus s'en servir sans danger pour les terres.

Enfin, certains rochers de la côte offrent tant de périls, et ont été le théâtre de tels accidents, que la sûreté publique exige que l'on n'y fasse la récolte du goëmon que pendant le calme de l'été.

C'est là, comme vous le voyez, Messieurs, une multiplicité, une diversité, une opposition même d'intérêts et de besoins, auxquelles peut seule satisfaire une grande liberté laissée aux communes, sous le contrôle et sauf l'approbation de l'administration supérieure.

Cette liberté, Messieurs, indispensable au développement et à la prospérité de notre agriculture, une seule loi s'opposerait à ce que les communes pussent en jouir. C'est la Déclaration de 1772.

Mais cette Déclaration, dont la Cour de cassation n'a fait mention dans aucun des ses arrêts sur la matière, ne pourrait-elle pas être considérée comme non avenue ? Toujours est-il qu'elle n'a jamais été ni invoquée, ni appliquée dans le Finistère, et on le comprend sans peine : son application rigoureuse serait le signal de la ruine de nos cultivateurs, enlèverait à une foule d'indigents leur unique ressource, et jetterait, sur tout notre littoral, une profonde et inquiétante perturbation.

Vous jugerez, Messieurs, si la Déclaration de 1772 doit, dans votre opinion, être regardée comme étant tombée en désuétude.

Dans le cas où vous ne seriez pas de cet avis, je vous prierais de formuler le vœu que la législation du goëmon fut révisée le plus promptement possible.

POUR COPIE CONFORME :

Le Préfet du Finistère,

Bᵉ DEVÈS.

(RAPPORT DE LA COMMISSION.)

· ·

Le rapporteur de la Commission des varechs (1) lit le rapport
dont la teneur suit :

« La Commission spéciale, que vous avez appelée à examiner
» la question importante de la pêche et récolte des varechs, a
» examiné avec attention quelle est la législation qui depuis
» longtemps régit cette matière.

» Avant l'Ordonnance d'août 1681, c'était pour les communes
» riveraines de la mer un droit que l'usage avait consacré. L'Or-
» donnance précitée est venue conformer ce droit et établir les
» règles qui devaient être suivies. Aux termes de cette Ordon-
» nance, que vous connaissez tous, c'était aux communes qu'il
» appartenait de régler les époques de l'ouverture et de la fer-
» meture de la coupe, et en cela le législateur a agi avec d'au-
» tant plus de sagesse, que suivant les besoins, l'exposition et
» la nature des plantes qui croissent sur les divers rivages, ces
» époques doivent nécessairement varier. L'Ordonnance n'avait
» eu pour but que l'intérêt de l'agriculture ; plus tard, l'indus-
» trie vint aussi réclamer une portion de ces plantes utiles, et la
» Déclaration du 30 octobre 1772 dut intervenir. Cependant si
» nous examinons bien, et les considérants qui ont motivé cette
» Déclaration, et les termes de la Déclaration elle-même, nous
» croyons que l'intérêt agricole a toujours dominé tous les autres
» intérêts. Cette Déclaration confirme les droits des communes
» et ne fait de concession en faveur de l'industrie que lorsque
» l'agriculture est satisfaite.

» Nous ne parlons pas de la Déclaration de 1731; elle ne
» s'applique qu'à quelques provinces, et la nôtre n'y est point
» comprise.

» L'Ordonnance de 1681 avait prescrit que le goëmon serait
» coupé, mais non arraché. Des observations, faites par des com-

(1) Les membres de cette commission étaient MM. Legaillou-Pénanros,
de Mérey, Mével, Savina, Dudénès, de Kermenguy, et Kersulec, rapporteur.

» missaires envoyés sur les côtes, ont prouvé qu'il était indiffé-
» rent d'arracher ou de couper la plante.

» Les deux actes législatifs précités attribuaient donc la pro-
» priété aux communes, leur donnaient le droit d'en réglemen-
» ter l'usage, et la dernière disait seulement que, les besoins
» satisfaits dans les limites qu'elle posait, les habitants pour-
» raient incinérer l'excédant des varechs; que, sur leur refus
» même, des étrangers à la commune pourraient se livrer à
» cette opération; mais remarquez-le bien, Messieurs, la con-
» dition première est toujours que les besoins de l'agriculture
» soient remplis.

» La défense de vendre aux forains les goëmons de coupe
» était imposée aux riverains par ces Ordonnances ou Déclara-
» tions. Telle était, avant l'arrêté du représentant Lecarpentier,
» la législation qui réglait la matière. Cet arrêté bouleversa
» tout; mais bientôt un décret des Consuls du 18 thermidor
» an x, rapporta l'arrêté de cet ex-représentant, et chargea les
» Préfets de déterminer, par des Réglements conformes aux lois,
» tout ce qui était relatif à cette pêche; et, leur donnant un sens
» restreint au lieu du sens large qu'il devait avoir, M. le préfet
» Bouvier-Dumolard crut devoir, au lieu de rappeler les com-
» munes à l'exécution des lois par un Arrêté, s'occuper lui-
» même des détails, et se mettre en quelque sorte au lieu et
» place des communes.

» Deux Arrêtés intervinrent donc, l'un de 1812, l'autre de
» 1813; quelques communes les suivirent; d'autres, fidèles au
» principe, et s'appuyant sur l'Ordonnance de 1681, jouirent des
» droits qu'elles n'avaient jamais laissés entamer. Mais depuis,
» les côtes, pendant longtemps inaccessibles, permirent, par
» suite de l'ouverture des voies de communication, aux com-
» munes éloignées de venir acheter ou recueillir cet engrais, et
» la défense de vendre aux forains dut nécessairement se mo-
» difier en présence des besoins de l'agriculture.

» L'exposé que nous venons de vous faire, Messieurs, a pour
» objet le goëmon de coupe, le seul qui soit la propriété exclu-

» sive des communes riveraines de la mer. Le goëmon de jet est
» à tous, et celui qui croît sur les îles en mer appartient au
» premier occupant.

» Votre commission, Messieurs, a ensuite examiné les propo-
» sitions diverses soumises par les communes, ainsi que les
» mémoires qui faisaient partie des dossiers ; et, se pénétrant de
» l'esprit de la législation qui a réglé la matière, et prenant en
» considération les nécessités de l'époque présente, elle a l'hon-
» neur de vous proposer les conclusions suivantes :

» 1° Les conseils municipaux seront chargés de déterminer
» annuellement l'époque et la durée de la coupe des goëmons
» vifs.

» 2° Un arrêté municipal, pris sur l'avis de ces conseils, ré-
» glera tout ce qui concerne la police et l'usage du droit concédé
» aux communes. Ces délibérations et arrêtés seront soumis à
» l'approbation de M. le Préfet, qui veillera à ce que la loi re-
» çoive son exécution.

» L'incinération des goëmons de coupe ne pourra avoir lieu
» que sur la demande expresse des conseils, et après une en-
» quête administrative dirigée par l'administration Départemen-
» tale, afin de s'assurer qu'il n'y a pas lésion des intérêts de
» l'agriculture. Dans tous les cas, pour cette dérogation au prin-
» cipe, un arrêté préfectoral devra intervenir.

» 4° Les arrêtés de 1812 et de 1813 seraient rapportés en
» entier, et les dispositions de la déclaration de 1772 seraient
» modifiées, en ce qui concerne la fixation des époques de la
» coupe.

» 5° En ce qui concerne le goëmon de jet apporté sur les côtes
» par le flot, la Commission propose que le conseil exprime le
» désir que, dans l'intérêt des agriculteurs forains auxquels
» cette espèce de varech est d'une très grande importance, l'in-
» cinération ne puisse avoir lieu qu'en vertu d'un arrêté de M. le
» Préfet, pris après enquête constatant que l'agriculture ne peut
» en souffrir.

» 6° La pénalité devrait être réduite de manière à saisir les

» tribunaux de simple police de la connaissance des contraven-
» tions.

» Les conclusions de la Commission sont mises aux voix et
» adoptées. »

Pour copie conforme :

Le Préfet du Finistère,

Bᵉ. DEVÈS.

OBSERVATIONS.

La décision du Conseil général est une adhésion complète aux
vues que nous avions présentées dans le chapitre 10, après avoir
vérifié minutieusement les faits et la législation. En effet :

Les conseils municipaux seront libres quant à la fixation
annuelle des époques de coupes, quant à la réglementation de
la police et de l'usage du droit des communes. Les maires orga-
niseront le personnel des gardes-goëmonniers, détermineront
leurs attributions, leurs émoluments, l'étendue de leur responsabilité. Ils confirmeront, en les constatant, les usages suivis par
leurs administrés. Ils défendront la pêche du goëmon épave la
nuit et les jours de Dimanche et Fêtes légales ; la coupe pendant
ces mêmes jours ; l'enlèvement de toute espèce de goëmons,
soit la nuit, soit les jours ci-dessus.

Les arrêtés municipaux autoriseront la vente aux forains, soit
des goëmons épaves, soit des goëmons de roche, à moins que
l'on n'abuse de la faculté de vendre les seconds au détriment
de l'agriculture (1).

Les lois sur les goëmons, notamment l'Ordonnance de 1772
et l'Arrêté du 18 thermidor an X, continueront de recevoir leur
application. Seulement, il y aura lieu de procéder, par les voies
légales, à la révision de la Déclaration de 1772, relativement aux
époques des coupes.

(1) C'est par erreur qu'à la dernière session le Conseil général a exprimé le
vœu que les habitants de l'Ile-de-Batz soient autorisés à vendre leurs goëmons
d'excédant. L'arrêt du Conseil du 30 juin 1687 leur laisse l'entière disposition
de cette herbe marine. (V. ci-dessus, p. 369.)

Les arrêtés de 1812, 1813, 1817, 1832 et 1838, seront remplacés par un Arrêté général pris par le Préfet (en exécution de l'Arrêté consulaire de l'an X), qui indiquera nettement aux maires les règles à suivre dans la confection des réglements municipaux (M. le Préfet ne manquera pas, sans doute, d'inviter les employés de la douane à constater les contraventions).

Ces réglements ne seront exécutoires qu'après avoir reçu l'approbation du Préfet.—Il serait trop à craindre que le plus grand des abus, la violation de la loi, ne se glissât dans les arrêtés locaux, si le magistrat placé à la tête de l'administration Départementale n'était pas appelé à exercer un contrôle salutaire sur les actes de ses subordonnés hiérarchiques.

Les incinérations des goëmons de roche ou épaves ne pourront être autorisées, soit au profit de l'industrie, soit dans l'intérêt des agriculteurs forains, qu'en vertu d'une décision spéciale du préfet, après enquête, afin que les besoins de l'agriculture locale soient toujours satisfaits.

Quant à la pénalité, nous ne verrions pas de grands inconvénients à maintenir le *statu quo*. Les tribunaux correctionnels connaîtront des délits. Les juges de paix, comme par le passé, seront compétents pour la répression des contraventions aux arrêtés administratifs.

Les goëmons croissant sur les îles et rochers déserts devront continuer à appartenir au premier occupant. Pour éviter les discussions, il faudrait que les côtes goëmonnières fussent exactement délimitées.

L'ensemble de ces mesures procurera au Finistère des avantages importants. Les communes du littoral, nous en avons le ferme espoir, accueilleront comme un bienfait cette réforme pacifique, et rendront grâce à l'administrateur éclairé qui a si loyalement pris la défense de leurs droits (1).

(1) L'ancien sous-préfet de Morlaix, M. Richard, aujourd'hui préfet du Finistère, auteur d'un travail très-remarquable sur les goëmons, poursuivra activement, nous n'en doutons pas, la réalisation d'une œuvre si éminemment utile.

FIN.

NOTES SUPPLÉMENTAIRES.

Page 64.

A Landerneau et à Ploudiry, le droit des meuniers à l'eau n'est pas aussi étendu que dans les autres cantons de l'arrondissement de Brest. A Landerneau, le droit des riverains supérieurs est fixé à la Sainte-Catherine, 25 novembre. A Ploudiry, on considère les eaux comme nécessaires aux prairies du 1er novembre au 24 juin; en tout autre temps, les meuniers en ont la libre disposition. Du reste, il y a unanimité sur l'époque, ou le point de départ, de la faculté laissée aux meuniers : c'est à la Saint-Jean d'été (24 juin) que la coutume les autorise à user librement des eaux nécessaires au mouvement des usines.

Pages 119, 163, 319.

Nous ferons ici une remarque modifiant l'usage rapporté à la page 163. En effet, si le détenteur d'un champ clos coupe les herbes et broussailles dans l'intérieur de son champ, alors même que les fossés, ou l'un des fossés, appartiennent au propriétaire de l'héritage voisin, cette coutume cesse d'avoir son application à l'égard des Messidou, dont les détenteurs n'ont point le droit de couper les plantes adventices croissant sur les fossés bordant les champs communs (mézou). C'est toujours le propriétaire du fossé qui vient lui-même dans le mézou pour exploiter le revers extérieur de sa clôture.

Enfin il est d'usage que les parcelles des Mézou sont grevées réciproquement de la servitude de passage nécessaire pour les travaux d'agriculture. Les charrois, par exemple, se font *entre deux terres*, de manière que les roues passent sur chacune des parcelles contiguës, et les chevaux sur la ligne séparative.

Pages 171, 172, 175, 176.

Les congés doivent être signifiés, dans les arrondissements de Brest et Morlaix, les 1er février et 21 juillet pour les 1er avril et 29 septembre, et les déménagements doivent être effectués le 1er avril *avant midi* dans l'arrondissement de Brest, et le 30 septembre seulement, toujours *avant midi*, dans les deux arrondissements.

Quant au délai fatal des congés, on pense généralement, dans tout le département, qu'ils sont valablement signifiés *le jour même du terme*, par exemple, le 2 février, le 22 juillet, le 29

septembre. Néanmoins, nous persistons à croire que la signification avant le jour du terme, au plus tard la veille, est seule
régulière et conforme à la loi. Un jugement fort ancien du tribunal de Morlaix a, dit-on, jugé dans le sens contraire ; mais il
importe de remarquer qu'avant tout il faudrait qu'il y eût unanimité d'opinions en ce qui touche le moment précis de la sortie :
c'est ce moment, en effet, qui sert à fixer le jour et l'heure du
congé. Or, il est certain que les uns fixent la sortie au 29 septembre, à midi, les autres au 30, quelques-uns même au 1er octobre ; le terme seul du 1er avril paraît adopté sans contestation.
Dans ce conflit d'opinions, nous exprimons la nôtre avec confiance, et nous la résumons de la manière suivante :

Les jours du terme ne devant pas être compris dans le terme,
— ceci est un axiôme de droit, — et l'usage ayant indiqué la
Chandeleur, 2 février, la Madeleine, 22 juillet, comme termes des
congés selon les cas, il faut que les congés soient notifiés pour
ces époques, afin que les parties aient les délais d'usage, francs
et entiers.

Pour les sorties, hors les cas où un délai plus long est en
usage, elles doivent avoir lieu les 1er avril et 26 septembre *avant
midi*, parce que ces jours étant indiqués par la coutume, il est
juste que le sortant et l'entrant s'en partagent la durée.

Cette interprétation nous paraît d'autant plus acceptable,
qu'elle a été adoptée comme règle absolue pour les baux à loyer
en Algérie, aux termes de l'article 2 de l'ordonnance du 16 août
1846, prescrivant aux locataires d'effectuer leurs déménagements
le jour du terme avant midi.

Page 264.

L'opinion de Duparc-Poulain, quant à la prescription relative à
l'obligation, imposée au fermier sortant, de faire les réparations,
nous paraît en tout point conforme à l'usage local et à l'équité.
Mais dans plusieurs cantons, spécialement dans celui de Ploudalmézeau, on pense que le fermier sortant, qui laisserait
s'écouler un mois, à partir du jour de sa sortie, sans exercer le
droit qu'il a d'exiger de son successeur le paiement des trempes
et revenants-bon, serait non-recevable à demander le règlement
de compte au sortant. — Quel que soit l'empire de la coutume en
pareil cas, nous ne pouvons admettre cette prescription arbitraire, non fondée sur une série de faits concluants, et qui serait

en tout cas inconciliable avec les principes du droit civil. En
matière de prescription, deux conditions sont requises : il faut
que celui contre lequel on l'invoque ait été averti, sinon par une
sommation régulière, au moins par des faits non équivoques, du
péril de sa situation ; en d'autres termes, il faut que le point de
départ de la prescription soit déterminé et bien connu. En second
lieu, le délai fatal de la prescription doit être fixé d'une manière
précise. En l'absence de ces deux conditions, aucune déchéance
n'est opposable au fermier sortant. En effet, dans une foule de
cas, il peut bien négliger de régler avec l'entrant, sans que
celui-ci ait le droit de se prévaloir d'un usage fort contestable.—
Tout dépend du point de savoir si les choses sont entières ; car il
n'existe alors aucun motif sérieux de repousser la demande en
réglement. Si, au contraire, le sortant a sciemment laissé l'entrant faire des travaux, changer l'état des lieux ; si les choses ne
sont plus entières, l'action ne cessera pas d'être admissible, mais
elle ne sera point accueillie avec une égale faveur, et la preuve
par commune renommée sera la seule chance de succès pour le
sortant : — preuve pour ainsi dire impossible, quand il s'est
écoulé, non pas un mois, mais un délai de plusieurs mois. Voilà
pourquoi nous repoussons une prescription dont la trop courte
durée servirait de prétexte à la mauvaise foi, sans garantir aucunement les intérêts des fermiers. La prescription d'un an, dont
parle Duparc-Poulain, est moins une prescription qu'une présomption résultant de circonstances graves, précises et concordantes, essentiellement proposable et admissible, en matière de
réparations, aux termes de l'art. 1353 du Code Napoléon.

Pages 313, 314, 324 à 326, 312.

Nous avons dit que les pailles et fumiers, dans le Léon, sont
toujours emportés par le fermier sortant. Cette proposition est
trop absolue, même dans l'arrondissement de Brest, et c'est un
devoir pour nous de la modifier, en indiquant les exceptions. —
C'est ainsi que, dans le canton de Lannilis, il arrive fort souvent
que l'entrant trouve sur la métairie, et retienne à dire d'experts,
tous les fumiers et pailles faits par son prédécesseur. — Dans le
canton de Daoulas, qui est régi par les coutumes du Léon, bien
que ressortissant jadis à l'évêché de Quimper, les fumiers et
pailles sont aussi quelquefois laissés à l'entrant, qui en paie la
valeur, à titre de revenants-bon, au fermier sortant. On pourrait

en dire autant pour le canton de Landerneau. Mais il est certain que le plus ordinairement le sortant emporte ces objets, et ici nous empruntons les paroles d'un de nos collaborateurs : *c'est une coutume extraordinairement dispendieuse pour les fermiers : on voit communément le cultivateur d'une ferme de 10 hectares de terre chaude enlever jusqu'à 150 charretées de pailles et engrais.* Et quelle peut-être la cause, l'origine d'une pratique si contraire à ses intérêts? Elle provient sans doute de ce que le fermier, près d'entrer dans une métairie plus étendue que celle d'où il sort, craint toujours de ne pas trouver sur la nouvelle les fumiers et fourrages nécessaires à son exploitation... Il est évident que les bailleurs épargneraient aux fermiers tous ces inconvénients, en usant du bénéfice de l'art. 1778 du Code napoléon. Pourquoi n'imposeraient-ils pas à tout nouveau fermier l'obligation de prendre à dire d'experts les pailles, fumiers et foins qui se trouveront sur la métairie?

Pages 340, 347.

Les Usances de la Vicomté de Rohan n'offrent pas désormais un grand intérêt dans notre département. Néanmoins, nous pensons que, parmi nos lecteurs, il s'en rencontrera plusieurs qui ne connaissent pas la traduction suivante, curieuse à plus d'un titre :

ART. 1. Droits du seigneur et du vassal.

Le seigneur a le fonds, et l'homme l'édifice.

ART. 2. Domaine présumé.

L'homme n'a rien de plus sans un titre en justice.

ART. 3. Déshérence.

L'homme mourant sans hoirs, le bien tombe au seigneur,

ART. 4. Exclusion des frères majeurs.

Si le décédé n'a sœur, ni frère mineur.

ART. 5. Exclusion des collatéraux.

Nulle part n'ont au bien cousins, oncles ou tantes.

ART. 6. Juridiction.

Le seigneur a sa Cour en vertu de ses rentes.

ART. 7. Aveu.

Chaque nouveau vassal doit fournir un aveu :

ART. 8. Corvées.

Il rend pour ses dépens bois, sel, vin, au chef-lieu,

ART. 9. Congément.

Subit son congément d'après loyal prisage :

ART. 10 Revue.

Suit la revue, en l'an, pour qui souffre dommage.

Art. 11. Assurance.
Le Seigneur a le droit d'assurance en six ans.
Art. 12. Augmentations.
L'homme ne peut sans lui changer ses bâtiments :
Art. 13. Bois.
Il a l'arbre fruitier, et non le bois d'ouvrage ;
Art. 14. Terrage.
Jouit l'an du congé, payant droit de terrage.
Art. 15. Baillée du tuteur.
Tuteur ne met dehors sans l'avis des parents :
Art. 16. Baillée de la veuve.
Veuves, sans le seigneur, n'exercent congéments.
Art. 17. Juveigneur.
Le juveigneur est seul à cueillir la tenue ;
Art. 18. Juveigneure.
La juveigneure aussi, de frères non pourvue.
Art. 19. Indivisibilité.
Le bien n'est divisé sans l'avis du seigneur.
Art. 20. Premier choix du juveigneur.
L'enfant mâle mineur est premier juveigneur :
Art. 21. Second choix du juveigneur.
Les aînés partagés, son second choix commence.
Art. 22. Jouissance des aînés.
Ont les aînés mineurs part à la jouissance.
Art. 23. Meubles.
Tout le meuble est partable aux enfants d'un lit nés :
Art. 24. Engrais.
Meubles sont les engrais, et communs aux aînés.
Art. 25. Douaire.
En la moitié du tiers le douaire consiste ;
Art. 26. Perte du douaire.
Il faut, pour en jouir, que veuvage subsiste.
Art. 27. Concours du douaire.
Deux douaires au fonds on ne peut cumuler.
Art. 28. Vente permise.
L'homme ayant un enfant fait son fonds circuler :
Art. 29. Vente prohibée.
Mais qui vend, sans enfants, fraude la déshérence.
Art. 30. Ferme libre.
D'affermer pour neuf ans l'homme a pleine puissance,
Art. 31. Mariage libre.
Comme il peut librement à l'hymen s'engager.
Art. 32. Retrait.
S'il vend, ses hoirs n'ont point le retrait lignager.
Art. 33. Rentes.
Dès septembre chaque homme en grain paira ses rentes.
Art. 34. Hypothèque.
Ses dettes ne sont pas à ses droits inhérentes.

Art. 35. Annexes.

On a droit d'annexer différents fonds en un.

Et le traducteur ajoute, comme conclusion :

Ces vers peignent d'un trait leur article chacun!

Pages 354, 368.

Nous aurions pu, nous aurions dû peut-être traiter plus longuement la question des épaves. On sait que les habitants du littoral sont extrêmement avides de pillage, et ne considèrent point comme un vol l'appréhension des objets jetés sur nos plages. La fréquence de ces désordres prouve que l'autorité devrait se montrer extrêmement sévère à l'égard des délinquants.— Nous lisons dans une circulaire du Préfet du 19 novembre 1822 que, le navire *la Fanny* ayant fait naufrage en vue de la commune de Plogoff, des habitants de Primelin et de Cléden-Cap pillèrent les naufragés, se portèrent sur eux à des voies de fait, et s'emparèrent violemment des objets échoués. De pareils excès déshonorent ceux qui s'en rendent coupables. — En outre, il est bon de rappeler ici que les objets égarés ou perdus n'appartiennent point à celui qui les trouve : il ne peut se les approprier qu'après avoir employé tous les moyens prescrits par la loi ou par les règlements pour découvrir le véritable propriétaire.

Page 433.

Les Statuts et règlements arrêtés par Mgr. Graveran pour le Diocèse de Quimper (30 novembre 1851) ne contiennent, il est vrai, aucune instruction sur les quêtes du clergé. Mais il est certain que cette coutume a été de tout temps autorisée par nos Évêques. Ne suffit-il pas d'ailleurs de lire attentivement les articles 41, 42, 350 et 353 des nouveaux Statuts, pour reconnaître qu'en matière de tarifs, de casuel, les usages locaux ont une autorité pareille à celle de la loi elle-même ? Citons textuellement : *Les prêtres, chargés du gouvernement des Paroisses, n'auront garde d'oublier qu'ils doivent observer ponctuellement les ordonnances.... Ils s'abstiendront aussi de supprimer ou de changer les usages reçus et approuvés par l'Évêque, ou d'en introduire de nouveaux.....* —. Enfin, pour démontrer que l'autorité municipale méconnaît l'étendue et les limites de ses attributions, quand elle entrave les quêtes du clergé, nous renvoyons le lecteur aux arrêts rendus par la Cour de cassation les 16 février 1833, 2 juin 1847, et 1er août 1850 ; on en trouve le texte dans le journal du Palais, t. 1er de 1848, p. 570 ; t. 2 de 1851, p. 502.

TABLE ALPHABÉTIQUE

DES MATIÈRES

TRAITÉES DANS CE LIVRE.

————◆▷▷▷◁◇▷◁◁◁◀——————

A

Abandon de mitoyenneté, 97.

Abreuvoirs, 118, 133, 134, 152, 303.

Abus, *en matière de curage*, 75 à 78; *de glanage*, 94 à 97; *d'écorçage*, 48, 49, 287, 288; *de mottoyage*, 286; *de projection des branches*, 158, 159, 161; *de sous-locations*, 183, 184, 207; *de droits de mouture*, 194 à 196; *de louage des domestiques*, 210; *de louage d'ouvrage*, 233; *de baux à ferme*, 256, 258, 262, 263, 266, 312, 324, 325, 326; *de baux à cheptel*, 338; *de domaines congéables*, 340 et suiv.; *de coupe de goëmon*, 353, 361, 362, 365, 366, 370, 371, 373, 377, 380; *de marchés*, 384, 396, 397, 398, 412, 413, 415, 420; *de police*, 426 à 430; *de quêtes*, 430, 441.

Abus de confiance, 315.

Académie des sciences, 363, 364.

Accession, Accessoire, 166, 171, 225, 331, 332, 385, 401, 411, 422, 426.

Acquéreur, v. *Congé*.

Acquisition de mitoyenneté, 124.

Acte conservatoire, v. *État des lieux*.

Adultération du lait, 413.

Adventices (Plantes), 163.

Affiches, 14, 15, 345, 361, 368, 385, 426.

Affirmation du maître, 231.

Age des veaux, 338, 413.

Agents de l'administration, 120, 121.

Aides-cultivateurs, 214.

Aiguilles du pignon, 209, 327.

Aires ou âtres des fours, 187, 188, 331; aires neuves, 224; aires à battre, 265, 322.

Ajones, v. *Exploitation, Fagots, Billettes, Ouessant, Trèfle*, et 405 et suiv.

Alcool, v. *Ouessant*.

Alignement, 151.

Allées, portes, etc., 186; *allées des jardins*, 187.

Ambitus, v. *Investison*.

Améliorations, v. *Culture, Innovations*, et 284, 318, 323, 327, 347.

Amendements, v. *Engrais*, et 28.

Amodiation des communaux, 83.

Amulonnement, 305, 309, 310, 328.

Annonces, avis, 15, 345.

Anomalie, 162.

Anticipations, 110; v. *Paiement*, *Usurpations*.

Appartements, 166, 170, 175 et suiv.

Appels, 11.

Appointements, v. *Casuel*.

Apprécis, v. *Mercuriales*.

Apprentis, 204, 233, 234.

Arbres, 53, 54; v. *Passages*, 139 et suiv.; v. *Jardins*.

Arbrisseaux, arbustes, v. *bois de fossés*, et 285.

Architectes, 130, 132, 208 et suiv., 318.

Ardoises, ardoisières, 26, 134, 205.

Argile, argilières, 28, 134.

Armateurs, v. *Négociants*.

Armoiries, 425.

Arrachement, v. *Goëmon*, *Défense*.

Arrêtés, 16, 35, 58, 84, 90, 133 et suiv., 152, 161, 162, 192, 231, 240, 338, 355, 356 à 359, 363, 367, 373, 377, 378, 390, 398, 425, 426, 427, 433, 440, 447, 448.

Arrhes, 107, 198, 199, 237, 241, 261, 410, 412, 413, 414, 420, 421; v. *Commissions, sillage*.

Arrosements, 52 et suiv.; v. *Irrigations*.

Assignation, 180, 347.

Assise, v. *Dédommage*, et 421, 423.

Assistance à l'expertise, 316, 342.

Associations, 30, 359, 376.

Assolements, 46, 248 et suiv., 260, 261; 276, v. *Soles*.

Assurances, 52, 387, 389, 390, 401.

Ateliers, 33, 131, 135, 136, 172, 174, 206, 233.

Atres, voy. *Aires*, *Cheminées*, *Fours*.

Attelage, 207; v. *Charroi*, et 411, 415.

Attérissement, 392.

Avaries, v. *Sinistres*.

Avertissement, 175, v. *Verbal*, et 421.

Aumône, 429, 438, 440.

Autorité diocésaine, 431, 433, 435.

B

Bail à loyer, 166 à 188; *de moulins*, 188 à 196; *d'ouvrage*, 196 à 246; *de chevaux et voitures*, 246; *à ferme*, 248 à 333; *à colonage*, 333 à 335; *à cheptel*, 335 à 339; *à convenant*, 339 à 350.

Bailleurs, v. *Congé*, et 167, 169, 177, 179, 180 et suiv., 185, 186, 187, 189, 214 et suiv., 257 et suiv., 263 à 350.

Bajoyers, 392.

Balayage, 185.

Balances et Poids, 192, v. *Mesurage*.

Baliveaux, 43 à 45, 157, 273, 286 à 288, 347, 348, 402.

Balles d'avoine, 283, 315.

Bancs et chaises d'église, 188.

Barbacane, 103.

Baril, v. *Poids*, *Façons*, 79, 80, 237, 400, 401.

Barrage, v. *Pêche*.

Barre, *Bévaren ou Pévaren*, 321.

Barrière, 118, 120, 275, 300, 322, 326.

Barriques, 395, 396, 397, 398, 419, v. *Futailles*.

Bateaux, bateliers, 20, 243 à 247, 302, 303, 416, v. *Passages*.

Batteurs, battage, 204 et suiv., 213, 229, 230, 305, 315.

Bédeaux, 440.

Bergeries, 132.

Bestiaux, 82 à 94, 147, 164, 254, 276, 279, 280, 300, 334 à

338, 424, 425.

Bêtes à corne, 43, 92, 271, 287, 337, 411, 413, 414, 415.

Bière, 422.

Bifurcation, 402.

Billettes et buailles, 406, 408, 409.

Billons, v. *Orientation, Sillons;* — Billon, 398.

Blanchissage, 215, 228, 235; v. *Savon.*

Blés blancs, v. *Guilligomarc'h.*

Bois, 24, 38 à 50, 53, 91, 139 à 165, 286 à 295, 300, 315, 322, 328 à 330, 347, 348, 402, 405, 406, 409, v. *Branches.*

Boisseau, v. *Quimper.*

Boisson, 206,252,410à422,427.

Bonification, 399, 420, v. *Chapeau, Tares, Trait, Commission.*

Bonnes, 199.

Bon père de famille, 41, 275 et suiv.

Bordiers (champs), 134, 319, 366, 370, 371, 372, 374.

Bordures, v. *Jardins.*

Bornage, 105, 116.

Bottes de foin ou de paille, 409.

Bouchers, 398, 412, 413.

Bourdaine, 158, 290.

Bourgs, 98, v. *Villes, Faubourgs.*

Bouteille, 198, 199, 421.

Boutiques, 166, 172 à 175.

Branches, 46, 50, 148, 149, 151, 158 à 161, 187, 287 à 291, 293à295,315,347,v.*Feuilles.*

Brebis, 84, 92, 93, 203, 204, 337, v. *Moutons.*

Brest, 38, 44, 64, 74, 83, 105, 120, 135, 168, 171, 175, 192, 197, 200, 211, 216, 221, 225, 249, 250, 261, 267, 271, 280, 299, 303, 325, 327, 338, 349, 360, 375, 419, 450, v. *Industrie.*

Bretagne (Arrêts de réglement du Parlement de), 80, 136, 147, 192, 322.

Broussailles, Broutilles, v. *Bois.*

Bruyères, v. *Coupe d'ajoncs,* et 270, 403.

Bûches, 406, 407.

C

Cabarets, 171 et suiv., 197 et suiv., 202, 427, 428.

Cabestan, v. *Moulin.*

Cabotage, 34, 238, 389 et suiv.

Cadastre, 22, 23, 100.

Cafés, v. *Cabarets.*

Calcaire, 27, 28, 31.

Canal, canaux, 57, 121, 189, 316, 392, 393.

Cantelage, v. *Métrage.*

Capitaines, maitres, v. *Patrons,* et 416.

Cardi, 183, 306.

Carnet, 383, 384.

Carrelis, 101.

Carrières, 26, 27, 52, 85, 119, 121, 134, 214.

Casuel, 431, 434, 436, 437, 439, 440.

Caves, v. *Fosses d'aisance.*

Ceinture, v. *Investison.*

Celliers, 166, 419.

Cercles, cerclières, 34, 38, 291, 295, 405.

Céréales, 32, 249 et suiv., 297, 305, 311, 316, 318 à 321, 346,349,394,396,413à418.

Certificats, 213, 229.

Chaloupes, v. *Equipages.*

Chambres, 166, 170, 175, 182.

Champs, taillis, prés, loués isolément, 166, 248, 320.

Chandelles et bougies, 306.

Changements, v. *Valeur, Innovations.*

Chanvres et lins, v. *Méthode flamande.*

Chapeau, 243, 296, 303, 394;

v. *Dix et tiers*.

Chapelle, v. *Four*.

Chapons, 297.

Chardons, 278.

Charges d'écorces, 47 ; — chargement, 391 à 393.

Charlatans, v. *Médicastres, Matrônes*.

Charrée, 254, 319, 320.

Charretée, v. *Voiture*, et 409.

Charroi, 266, 269, 297, 349, v. *Transport*.

Chartes-parties, et 393.

Chasse, 53, 340, 393, 425, 426.

Châtaignes, 91, v. *Fruits*, et 409.

Châteaulin, 26, 33, 40, 42, 44, 65, 85, 106 et suiv., 168, 172, 176, 193, 198, 200, 217, 223, 226, 253, 258, 261, 266, 273, 285, 300, 304, 309, 314, 321, 328, 344, 365, 386.

Chauffages, 84, 351, v. *Siruits, Bois*, et 363.

Chaumes, 209, 205 à 207, 327 ; v. *Pailles*.

Chaussées, canaux, vannes et déversoirs, 180.

Cheminées, 128, 130, 135, 185, 186, 209, 365.

Chemins, 20, 23, 77, 84, 115, 117 et suiv., 133, 134, 150 et suiv., 161, 278, 283, 361, 372, 374, 376, 279, 416.

Chênes écouronnés, v, *Tétards*, 406, 407.

Cheptel, v. *Bail, revendication*.

Chevaux, 33, 84, 90, 92, 246, 410, 411, 413, 414, 418.

Chevrons, 233, 405.

Chupen, v. *Deverou*.

Cidre, v. *Vergers*, et 410.

Cimetières, 97, 137.

Citernes, v. *Excavations*.

Claies, v. *Barrières*.

Clauses de style, obscures, etc., 118, 119, 188, 218, 261, 282, 294, 310, 389, 390.

Clavelée, 413.

Clergé (Indépendance du), 439.

Clôtures, 43, 87, 92, 93, 97 à 117, 133, 155, 270 à 275, 322, 346, 347, 403.

Cloutage et port à bord, 401.

Cochers, 202.

Collation, 206.

Colombier, 340.

Colons, 339 et suiv. — Partiaires, 333 à 335.

Colostrum, v. *Adultération du lait*.

Commerce, 32 et suiv., 382 à 422.

Commissaires, ou gardes, 355, 363, 364, 365, 370.

Commissionnaires, 386 à 389, 398, 399, 400, 402.

Commissions, 260, 261, 397, 399, v. *Commissionnaires*.

Commis-voyageurs, 384, 385.

Communaux, 83 et suiv., v. *Chemins*.

Communs, 83 et suiv.

Compascuité, v. *Communs, communaux*.

Compte-courant, 383.

Conciliation (Préliminaire de), 424, v. *Avertissement*.

Conditions, 385.

Congé, 170 à 175, 179, 180, 183, 211 à 214, 236, 261 à 263, 335, 344.

Congédiant, v. *Congément*.

Congément, 342 et suiv.

Consignation, 388.

Constructions, v. *Innovations*, et 171, 190, 327, 347.

Contenances, 22, 23, 24, 320, 321 ; v. *le tableau*, 24.

Contraventions, 426 à 430 ; v. *Police municipale*.

Contre-mur, 120 et suiv.

Contributions, 186 à 188, 270, 349.

Convenancières (Redevances). 349, 350.

Convenant-cost, 203, 213.

Copeaux, coquilles, rubans, 233.

Corde (Bois de), 292, 406 à 409 ; — corde agraire, 320, 321.

Corne postiche, 415.

Corps-de-logis, 174.

Corps étranger, 398.

Corvées, 69, 340, v. *Convenan- cières (Redevances)*.

Côtes défectueuses, 415.

Coupes (Époques et modes des), 38 à 41, 46, 47, 151, 152, 161, 162, 286 à 295, 348 ; *du goëmon*, 402 et suiv., 442 à 449.

Cours communes, 186, 201.

Cours d'eau, 56 à 81, 148, 149, 280, 281, v. *Irrigations*.

Cours normal (*commerce*), 401, 418, 422, v. *Normal*.

Courtiers, v. *Commissionnaires*, et 411, 414, 415.

Courtil, v. *Champs*, et 23, 254, 256, 305.

Coutumes, v. *Usages*; de Bretagne, 3, 11, 54, 90, 195, 281, 321, 335, 424.

Couvertures, v. *Toitures*, et 27.

Couvre-feu, 240.

Crédits, v. *Femmes mariées*, *mi- neurs*.

Crinières, crières, ourée, 286.

Croc à goëmon, 371.

Croît, 337.

Croix, 180.

Crozon, 26, 34, 35, 40, 44, 53, 65, 66, 85, 91, 114, 135 à 137, 145, 169, 170, 172, 191, 198, 200, 203, 204, 206, 224, 226, 235, 240 à 246, 253, 254, 261, 289, 297, 300, 301, 304, 309, 315, 325, 330, 334, 337, 359, 365, 370, 386, 400, 407, 412, 419.

Cuirs, v. *Tanneries*.

Cuisinières, 199, 202.

Cultures, 52, 249 et suiv., 275 et suiv., 339, 343, 346.

Curage, 73 à 78, v. *Passages*.

Curés de canton, 430, 436, 440.

Curures des chemins, 135, 283.

Cuz-dol, 265.

D

Daoulas, 12, 39, 42, 221, 251, 267, 268, 273, 286, 307, 319, 349, 414.

Darbarement, 233, 266, 270, 332, v. *Trempage*.

Déboursés, 387.

Débris, 269, 283, 305, 311, 324, v. *Litières*.

Décès d'un chef de maison, 200, — du bailleur ou du fermier, 335.

Déclarations obligatoires, 340 à 342.

Dédommage, 335, 424 et 425.

Déduction, 220, v. *Retenue*.

Défectuosités, v. *Tares*, et 422.

Défensabilité, 42, 43, 287.

Défense d'eau (État de), 266 et suiv. ; — Défense d'arracher, v. *Goëmon*.

Défensible (État), 267 à 269, 271 à 274.

Défoures, v. *Débris*, *Litières*.

Défrichements, 52, 285, 347.

Dégradations, 50, 184, 185, 188, 271, 277, 279, 287, 206, 312, 331, 347, 348.

Dégustation, 419, 421.

Délais, 13, 14, 64 et suiv., 90, 92, 93, 110, 171 à 178, 181, 188, 211 à 213, 236, 261 à 264, 299 à 311, 332, 335, 337, 341, 344, 355, 359, 362, 364, 375, 388, 389, 391, 393, 401, 415, 425, v. *St-Jean*.

Déménagements, v. *Délais*.

Démission de biens, 25.

Denier à Dieu, 167, 197, 414,

417, v. *Aumône, Sou.*

Denier d'entrée, v. *Commissions.*

Dépouilles, 337.

Desservants, 430, 436 et suiv.

Dessolement, dessaisonner, voy. *Soles*, et 276, 312.

Dessouchement, 329, v. *Souches;* et 318.

Destination du père de famille, v. *Passages.*

Détachement (bail en 1er), 191, v. *titre Primordial.*

Dererou, 226, 227, 228, v. *Liénaïc'h.*

Devesour, 203 à 205, 213.

Dies interpellat pro homine, 211.

Dimanches et fêtes, 175, 225, 231, 241, 246, 345, 352, 355, 358, 368, 370, 380, 391, 392, 427, 448.

Dimes, 432.

Dîner, v. *Repas.*

Diocèses (Anciens), 11, 12, 66, 173, 271, 310, et *passim.*

Discour autrou, 280.

Distances, 18 à 21, 45, 81, 128 et suiv., 139 à 162, 207, 208, 349, 376, 414.

Distribution de prix, 224.

Divagation des animaux, 84, 281, 282.

Dix ans (Coupes permises à), v. *Taillis.*

Dixième, douzième, dix et tiers, 232, 241, 242, 243, 401.

Doigt à la bonde, 421.

Dommages, dommages-intérêts, v. *Indemnité.*

Domestiques ruraux, 197 à 202, 211, 212, 214 à 220, 231; — attachés à la personne, 199, 202, 228, 229, 231.

Douanes, 121, 133, 170, 279, 416, 419; — Douaniers, ibid.; v. *Eau de mer, Saumures, Passages.*

Doublet au chaperon, 114.

Dour-véna, 362.

Douves, 106 à 113, 142 à 147, 152, 163, 164, 286.

Dragage, 29 et suiv.

Droits des meuniers, 62 et suiv.,

Droits des meuniers, 62 et suiv., 191 à 196.

Droits (Grands et petits), 188, 189; — convenanciers, 344 à 350.

Droits et devoirs des fermiers, 263 à 333; — des domestiques, 214 et suiv.; — des colons partiaires, chepteliers, et colons convenanciers, 333 à 350.

Dû-croire, 387, 388, 401.

Duils, 400, v. *Lance.*

Dunes, 83, 356, 359, 361 et suiv., 370, 371, 379.

Durée du louage des maisons, 167 à 170; — des domestiques ruraux, 199, 200; — — de ceux à gages d'août, 203; — de ceux attachés à la personne, 202; — des métairies, fermes et convenants, 256 à 259, 333 à 339, 344; — du louage des pêcheurs de sardine, 237, 238, 241; — du contrat d'apprentissage, 234; — du louage des nourrices, 235.

E

Eaux de vaisselle, 125.

Eau de mer, 279.

Éboulements, 110.

Échaliers, 118, 275, v. *Barrières.*

Échanges, 315, 334, 374, 375.

Échantillons et montres, 423, v. *Non-conformité.*

Échelle (Tour de l'), 121 à 123; arbres capables de soutenir une échelle, 347, 348.

Éclusiers, 392, 393.

Écobuage, 52, 87, 137, 207, 284 à 286; v. *Mareries,* et 309.

Ecorçage, écorces, 47 à 49, 286 à 288, 405, 409.

Ecouronner, 160, 289, 347.

Ecuries, 131, 132.

Edifices, logements, 184 à 188, 264, 265, 346.

Eglises (Défense d'apposer des affiches aux portes des), 17.

Egout, ou Stillicide, 126, 127; — Egoûts et puits, 132.

Elagage, 46, 151, 152, 161, 162, 288 à 290, 347.

Emballages, 398.

Emblavements, 311 à 313, voyez *Soles*.

Emmagasinage, 388.

Emménagement, v. *Délais*, et 175 à 178, 299 à 307.

Emondables (Arbres), émondes, émondures, v. *Elagage*, et 157 à 160, 273, 291 à 295, 307, 309, 315, 316, 322, 328 à 330.

Empilage, 401, 406.

Emplacements, 310, 371, 406.

Enclave, v. *Passages*.

Encombrement des cours d'eau, v. *Curage*, et 118, 190.

Encombrantes (Marchandises), 246, 394.

Enduits, v. *Métrage, Tapisseries*.

Enfants, 203, 204, 234, v. *Mineurs*.

Engagement, v. *Domestiques, Journaliers, Ouvriers, Durée*.

Engrais de mer et autres, v. *Dragage, Sables*; 57, 250, 251, 253, 255, 276, 278, 279, 280, 283, 285, 293, 303, 304, 307, 311, 313, 315, 317, 318 et suiv.; 322, 326, 334, 337, 343, 346, 351, 363, 364, 370, 371, 374 et suiv., v. *Trempes, Stus,* et 409.

Enlèvement des portes et fenêtres, 180, 181.

Enregistrement, 185.

Ensemencements, v. *Labour, Emblavements*.

Entrées des locataires, 168 à 169, 175 à 181 ; — des domestiques, 200, 201, 299 à 302.

Entrepreneurs et maçons, v. *Architectes*, et 121.

Entretien du sol des maisons, 265.

Enveloppe, v. *Tare*.

Epargne (Terre en), 305, 311, 312.

Epaves, 252, 354, 360 à 381, 456.

Epines noires et autres, 158, 201, 403.

Epoques, 83, 85, 86, 90 et suiv.; v. *Délais, Vaine pâture*.

Equarris (Bois), 403, 404.

Equipages (Salaires des), 35, 236 à 246, 393, 394, 402.

Espaliers, 155, 156, 187; v. *Fruitiers*.

Essai, 198, 201, 410; v. *Dégustation*.

Essaim, 426.

Escaliers communs, 186.

Essences nuisibles (arbres), 145; — utiles, 49, 151, 201.

Estimations, 189 à 191, 284, 316 et suiv.; 346 à 348, 423, 424.

Estimateurs-arbitres, 424.

Etables, v. *Ecuries*, et 254, 310, 337.

Etablissements incommodes, insalubres, 81, 136, 371.

Etalage (Droit d'), 360, 385; v. *Octroi*, et 409.

Etangs, 53, 81, 190.

Etats de ferme, 316 et suiv.

Etat des lieux, ou procès-verbal, 110, 184 et suiv.; 188 à 191, 321 à 324, 325 à 328, 330, 346 et suiv.

Etêtées (Sardines), 212, 320.

Etocs (Cépées en saillie), v. *Taillis*.

Etrépage, 284; v. *Ecobuage*.

Excavations, mares; v. *Abreuvoirs.*

Exécution des baux, 186, 264, 276.

Exigibilité; v. *Paiement, rupture.*

Expéditions de grains, 416.

Expérimentations; v. *Améliorations, innovations.*

Expertises, experts, 18, 32, 102, 116, 132, 188, 189, 267, 268, 272, 293, 316 à 328, 345 à 348, 421, 422.

Exploitation, 46, 50, 151, 158 et suiv., v. *Culture;* 275, 276 et suiv.; 311 à 313, 339, 376, 402, 403, 405, 406.

Exportation, 32, 48.

Expropriations, 72, 73, 284.

Expulsion, 78, 180, 181.

F

Fabriques et communes, 17, 188, 431, 436, 439.

Facilités entre bailleurs, locataires et fermiers, 177, 178, 300 à 311.

Façons, 26, 215, 227, 233, 275, 327, 331, 332, 401, 408.

Factures, 382, 383.

Faculté de résilier, 170, 171, 200, 211 et suiv., 218, 236, 238, 241, 263.

Fagots, 204, 408, 409.

Faines, 91.

Faîtage, 286.

Farines, 235, 415.

Faubourgs, 97 à 101.

Fauchaison, 14, 90, 202, 282, 310, 325; des goëmons, v. *Goëmons.*

Faucillage, 295, v. *Fauchaison, Chaumes, Moisson.*

Fausses-manches, 202, 228.

Faute, 41, 128, 231, 246, 314, 365, 391, 400.

Femmes, 201, 203, 207, 225 et suiv.; 237, 238, 381, v. *Saleuses.*

Féodalité, 68, 340, 354; v. *Dîmes, Corvées.*

Fermages en argent, et autres, 207 à 299.

Ferme (Corps de), 248; fermes hordières, 319; v. *Bordiers.*

Fermeture des portes, 187; des prairies, 70, 90, 281, 282, 309, 325.

Fermiers (Droits et devoirs des), v. *Droits;* et 46, 47, 53, 263 et suiv.

Festins, 198, 224, 230, 242; v. *Repas.*

Fêtes, 175, 234; v. *Dimanches.*

Fétides (Objets), 135.

Feuillards, 405.

Feuilles, 50, 91, 95, 139, 140, 158, 163, 164, 291, 310, 319, 403.

Feu et lieu, feux, 85, 88, 89, 363, 365.

Filets, 34, 49, 237.

Filières et fermes, 268, 327.

Fixation de prix, 195, 239, 240, 243, 318 et suiv., 346 et suiv., 372, 376, 387, 388, 401, 405, 408, 409, 411, 414, 419, 420.

Flaches, v. *Tares,* et 403, 408, 415, 422.

Flouren ou fraîche, 80, 254, 283.

Foins, 77, 90, 119, 282, 283, 305, 307, 310, 314, 322, 324, 325, 331, 334, 343, 344, 352, 409.

Foires et marchés, 14 à 16, 221 à 225, 228, 385; v. *Marchés, Ventes,* et 409.

Foncier (Propriétaire), 330 et suiv.

Fonds rural, 166, 248.

Fontaines, 152, 346.

Forains (Vente aux), 352, 355, 365, 372 à 379.

Force majeure, 128, 230, 238, 247.

Forêts, 53, 115, 137, 149, 150.

Forfait, 207.

Forges et fourneaux, fours, 134, 187, 201, 331, 370, 371.

Formes des baux, 167, 188, 197, 234, 236, 240, 256, 333, 336; —Formes des matériaux, 346.

Fosses, 104, 129, 132, 134; v. Douves.

Fossés, 51, 87, 104 à 112, 114 à 116, 132, 141 à 144, 146, 152, 153, 158 à 160, 162 à 164, 271 à 274, 288 à 295, 300, 322, 327, 329, 346, 347, 403.

Fougères, 163, 252, 270, 291, 315, 322, 328, 348.

Fouilles, 128.

Fournitures, 202, 203, 205, 206, 215, 225, 235, 239, 242, 266 et suiv.; 297, 311, 332, 334, 349; v. Prestations, Subsides.

Fourragères (Plantes), 249 et suiv.

Fourrière, 425.

Fours, v. Forges.

Fractions, v. Journaliers et retenues.

Frai, 58, 352.

Frais, 18, 35, 228, 232, 238, 239, 275, 336, 341, 348, 422.

Franc-bord, 56, 77, 111 à 113; v. Canal.

Franc-tillac, 391.

Fraude, 15, 20, 57 183, 194 à 196, 227, 233, 348, 355, 362, 365, 379, 380, 383, 387, 398, 412, 415, 421.

Frênes et châtaigniers, 143, 289, 347.

Fret, 244 à 246, 390 à 394, 402.

Friche et chiendent, 283, 312; v. Jachères.

Froment et autres grains, 30, 32, 249 et suiv., 278, 297, 303,

311 à 313, 316, 320, 346, 415, 416.

Frostages, franchises, 84 et suiv., 207, 284. — Franchises commerciales, 398.

Fruitiers (Arbres) 45, 143, 154, 164, 165, 187, 332, 348.

Fruits, 14, 38 et suiv. 46, 51, 89, 164, 165, 178, 256, 260, 316, 333, 347, 348, 395, 396, 409, 419, et 423.

Fucacées, v. Goëmon.

Fumée, 130, 375.

Fumiers, fumure, v. Engrais.

Futaie, v. Arbres.

Futailles, fûts, 395, 397, 398, 401, 419 à 422.

G

Gabarée, 364.

Gagés d'aout, v. Convenant-cost.

Gages, 199 à 204, 215 à 220, 225 à 228, 231; v. Salaires.

Gagneries, 91 92, 304.

Garantie, 52, 119, 137, 182, 240, 403, 404, 406, 407, 421, v. Dû-croire.

Garçons meuniers, 191; autres, 199, 202.

Gardes, 52, 221, 225. — Gardien d'écobues, 137. — Vendeur — Gardien, 413; v. Salaires, rétributions, commissaires.

Garennes, 269, 285, 343.

Garnison, v. Militaires.

Gazellan, v. Duil.

Gazons, v. Jardins, et 273, 286.

Geldes, 281.

Gélivières, 403, 404.

Genêts, v. Ajones, et 403.

Génisse ou bovillon, 226, 227; v. Cheptel.

Géologie du département, 26 à 31.

Gerbages, 269, 270.

Gibier, 425, 426.

Gisant (Bois) 406.

Glacis, 112.

Glanage, grappillage, 94 à 96.

Glands et graines, 50, 91.

Glés et pailles, v. *Chaumes, pailles*, et 268.

Goëmons, 29 à 31, 278, 351 à 381, 307, 351 à 381, 442 à 449.

Goûter, 198, 200 ; v. *Proverbes*.

Gouttière, v. *égout, larmier*.

Gouzil, Gouzel, gouzer, v. *Strouez* et 161, 291, 328.

Grains, v. *Froment*.

Granges ou greniers, 166, 264, 265, 305, 306, 310, 311.

Granites, 26.

Gratifications, 198, 225, 228, 234, 239, 241 ; v. *Gages, salaires*.

Grés (Carrières de), 26.

Grèves de Concarneau, 359, 360.

Gros bois, v. *Toitures*. — De chauffage, 406 à 409.

Gros fer, 189, v. *Meules*.

Grosseur des brins ou morceaux, v. *Gros bois*.

Grosses réparations, 184, 188, 260 à 270, 331.

Grume (Bois en), 403.

Guerb, 82, 90.

Guilligomarc'h et Arzanno, 169, 173, 201, 224, 286, 297, 305, 307, 309 à 312, 315, 325, 334.

Guir-torchad, 362.

H

Habillement (Effets d'), 202, 203, 215, 225 et suiv., 235, 241.

Haies, 104, 111, 120, 157, 158, 160 à 163, 273, 290, 309, 315.

Halage (Chemin de), 56, 153.

Hangars, v. *Granges*.

Harnois et charrettes; v. *Voitures*.

Hauteur, 16, 101, 103, 105, 106, 110, 123, 130, 160, 185, 208,

209, 290, 295, 406, 407.

Hectares, v. *Contenances, estimations*.

Hectolitres, 400, 416 à 418.

Herbages, herbes, v. *Flouren*, et 56, 63, 70, 80, 119, 163, 164, 281, 282, 283 ; v. *Foins, goëmons*.

Héritages contigus, 92, 93, 109 ; v. *Voisinage*.

Hersages, 308.

Hêtres, v. *Frênes*, et 406, 407.

Heures de travail, 205, 206 ; v. *Douanes, marchés*.

Heure accoutumée, 230.

Homards et langoustes, 243.

Hospices (Enfants des), 234.

Hôtelleries, v. *Boutiques*.

Houx, 158.

Huile, 230, 242, 402.

Huissiers, 170, 171, 180, 212, 262, 335, 344, 424.

Huit jours (Délai de), 173, 300, 301.

Huîtres, huîtrières, 29, 409.

I

Ile-de-Batz, 93, 369, 370, 448 ; —Molène et Seins, 22.

Iles et rochers déserts, 351, 376, 378.

Immémoriale (Possession), 84, 88, 90, 92, 93, 94, 147, 265, 281, et *passim*, 363, 369.

Immeubles par destination, 322, 327, 330 à 332, 334.

Impéritie des fermiers, 63, 281, 282, 283, 204, 205, 312, 333.

Impôts, v. *Contributions*.

Impunité, 238, 412.

Incendie, v. *Assurances*, et *Quimperlé*, et 186.

Incinérations, 374 à 378.

Incommodes (Objets), 120, 130, 376, 377.

Incursions des bestiaux, 110 ; v.

Bestiaux, clôtures.

Indemnités, 18, 20, 73, 78, 120, 123, 189, 216, 217, 218, 225, 228, 236, 241, 312, 317 et suiv., 342, 346, 374, 389, 393, 413, 424.

Indication d'heures par le locataire, 182.

Indivision, 86 et suiv.; jouissance indivise, 186, 284.

Induc-absence, 220, 230.

Industries locales, 26 à 35.

Infiltration, v. *Latrines.*

Inflammables, (Objets), 136.

Ingénieurs, 120.

Innovations, 52, 58, 63, 75, 171, 187, 190, 276, 327, 341, 347, et suiv.; v. *Améliorations.*

Inondations, 60, 62, 63, 76, 282.

Insalubres (Objets), 120, 135, 376, 377.

Insufflation, 412.

Intérieurs et extérieurs (Fossés), 270 et suiv.

Interprète, 411, 414.

Intervalle minime, 124; v. *Abandon de mitoyenneté.*

Invalides de la marine, 243, 402.

Investison, 123 à 126.

Irrigateurs, irrigations, 62, 63, 119, 149, 280 à 284, 346.

Issues, v. *Franchises.*

Ivresse, 427.

J

Jachères, 23, 85 et suiv., 258 et suiv., 256, 284, 285, 319, 347.

Jalousies et persiennes, 210.

Jardinage, jardiniers, jardins, 41, 80, 153, 154, 164, 177, 178, 199, 202, 204.

Jauge des navires, 246, 394, 400, 421.

Jean (Marchés conclus avant la Saint), v. *Saint-Jean.*

Jectisses (Terres), 132.

Jet, 238, 242.

Jeux de hasard, 428.

Jeunesse (Assemblées de), 222, 225.

Joncs et roseaux, 282, 283.

Joug des bœufs, 411.

Jouissance après terme, 175 à 178, 209 et suiv.; v. *Possession.*

Journal, journée de terre, 278, 320, 321.

Journaliers, 203 à 207, 213, 229, 230, 231, 232.

Journées des gens à la journée, v. *Journaliers, parbatte;* — journée d'un cheval, d'une voiture, 246; – jours employés à la montrée, 342;– jours fixés pour gages, v. *Gages;*–jours de fêtes, 175, 224, 225, 241, v. *Congés, Dimanches;*—jours de tolérance, v. *Vues;* — de planche, 393; — jour (jugement exécutoire dans le), 180.

Journée de fourrière, 425.

Juments, 337.

Juridiction arbitrale, 240; voyez *Lamp-Goal,* et 399.

Jurisprudence, 15, 71, 107, 111, 124, 125, 147, 149, 150, 153, 154, 159, 174, 177, 186, 187, 190, 229, 247, 359, 262, 282, 209, 325, 335, 341, 246, 347, 367, 370, 373, 384, 385, 389, 390, 391, 392, 406, 422, 427, 433.

K

Kersanton, 36.

L

Labour, 52, 132, 163; v. *Assolements;* et 256, 276, 307, 347, 423.

Ladrerie, 415.

Laine coupée, 413.

Laissé-pour-compte, 385,.

Lait de chaux , v. *Aires neuves,
Adultération*.

Lamp-Goal, 424, v. *Dédommage*.

Lance, 409, 420.

Landes, 23, 83 et suiv., 143,
204, 207 ; v. *Jachères*, et 271,
284, 285, 307, 309, 320, 326,
347 ; v. *Fossés, Ajoncs*.

Largeur, v. *Passages*.

Larmier, 126, 127, 210.

Latrines, 129, 134.

Lattes et liens, v. *Gerbages, Liens*,
et 405.

Lavandières, 206.

Lavoirs, v. *Abreuvoirs*.

Leçons, v. *Outils*.

Législation sur les goëmons, voy.
Goëmons.

Léon (Pays de), 12, 80, 91, 104,
267, 271, 273, 414 ; Tréguier,
Cornouaille et Vannes , 173,
266, 273, 300, 301, 303, 304,
306 à 310, 312 à 328 , 339 ,
349.

Lettres de voiture, 386.

Libération du service militaire, v.
Recel.

Liberté de circulation, 77, 112,
123, 124, 270; v. *Ressels*, et
350.

Licol, 411.

Lien de droit, 167, 199, 240,
260 ; — liens, 403, 408, 411,
412, 414.

Liénaic'h, 225 et suiv., v. *Deverou*.

Lierres, 91.

Lieu de la vente, 389.

Lieux accoutumés, v. *Affiches*, et
17, 309, 355, 385, 406.

Ligne divisoire , v. *Clôtures, Arbres, Distances*, et 109, 112,
113, 165 ; — lignes de pêche,
59, 60.

Lime et ligne, v. *Outils*.

Lins et chanvres, v. *Méthode flamande*, et 254, 256, 394, 395,
396, 397.

Liquides, 398, 419 à 422.

Lisières, v. *Crinières*; – *Lisière armoricaine*, et 40, 249.

Litières , 310 , 314 ; v. *Débris* ,
Nourriture.

Litre, 421.

Livraison, 48, 382, 388, 395,
406, 410, 413, 414, 415, 419,
420, 421, 422.

Livres des marchands , 382 et
suiv., 390.

Livrets des domestiques et ouvriers, 229, 231, 232.

Locataires, v. *Bailleurs*.

Loges, 207 ; v. *Penty*.

Logements, 177, 187, 215, 239,
242, 266, 301, 306 ; v. *Édifices*.

Logeurs, 428.

Lois (Quand exécutoires à Quimper), 13.

Longs baux, 248.

Long-cours, 304.

Loteries, v. *Jeux*.

Loties de mare , ou d'écobues ,
321.

Louage des domestiques, v. *Bail
et Domestiques*; – louage des matelots, 236 à 246; v. *Chevaux,
Voitures*.

Loyal et marchand, 406, 421 ;
v. *Ventes, Tares*, etc.

Lundi-gras, 242.

M

Maërl, v. *Engrais*.

Magasinage, v. *Emmagasinage* ,
Magasins, et 108, 172, 417.

Main-d'œuvre, v. *Darbarement* ,
Façons.

Maires, 17, 18, 72, 81, 93, 95,
133, 135, 278, 358 à 360, 367,
379, 380.

Mairies, 17 ; v. *Affiches*.

Maisons, cours et jardins , 100 ;

—Maisons meublées et autres, 166, 170 et suiv. , 306. voy. *Boutiques*, *Bailleurs*.

Maître (Affirmation du),197, 231.

Maîtres de forges, 121.

Maladie , 220, 228, 230, 238, 413, 415.

Manœuvres, 233.

Marais, v. *Tourbières*, et 23, 28, 52, 63, 64, 73 et suiv., 86, 140, 286.

Maraudage, 91, 95, 96, 279.

Marc, 332.

Marchandises , v. *Ventes*, et 382 à 422.

Marchés et foires, 79, 385, 409, 410 et suiv., 419 et suiv., 423, 425, 428.

Marées, 29, 352, 362, 365, 368, 370, 379, 392 ; — *Mare-ran*, 368.

Mares, 118, 133 à 135; v. *Abreu-voirs*, *Routoirs*.

Mareries, 224.

Maris, v. *Mineurs*, 384.

Marnis ou *mannis*, 95, 278.

Marques, 113 à 116, 137; v. *Jet*, et 396,406,410,413,419,420.

Mars ou avril (Coupe des ajoncs en), 102, 293.

Matelots, v. *Louage*.

Matériaux , 102, 127, 209, 233, 266, 327, 332, 346.

Matières corrosives, 131, 136.

Maturité, v. *Fruits*, et 423.

Matrônes et médicastres, 429.

Mendiants, 204, 428, 429.

Menuisiers, couvreurs, charpentiers, carriers, mineurs, etc., 204 à 206 ; v. *Métrage*, 213, et 220, 232, 233, 235.

Mérains, 34, 304, 305, 307, 404.

Mercuriales, 15, 417, 418, 422, 423.

Mesurage et pesage, v. *Métrage*, et 320, 395, 397, 401, 403,

400, 409, 410, 415, 416, 417, 421.

Métairies, 333.

Méthode flamande, 33, 79, 80.

Métrage, 208 à 211.

Meules, meuniers, moulins, 64 et suiv., 77, 78 , 133 , 148, 188 et suiv., 284.

Mévente, 256.

Messidou, *Méchou*, *Mézou*, 91 et suiv., 120, 319 ; v. *Champs bordiers*, et 370 à 372.

Militaires, 170, 187. — Officiers inspecteurs, 120.

Minerais, 28, 121.

Mines, 51, 52, 134;-ouvriers mineurs, v. *Menuisiers*.

Mineurs (Enfants), 384.

Mitoyenneté (Signes ou marques de), v. *Marques*.

Mobilier et bestiaux , 276 , 280 , 302, 306 ; v. *Bail à loyer*.

Mode usité pour les coupes ; voy. *Bois, Goëmons*, et 351 à 366.

Mois (Locations au), 169, 170.

Moisson, v. *Convenant-eost*, et 206, 293.

Montres, v. *Essai*, et 411.

Montrées, 182, 208, 310, 342, 407.

Morlaix, 12, 16, 28, 32, 39, 42, 44 , 47 , 64 , 75 , 76 , 85 , 102, 105, 108, 130, 168, 172, 176, 178, 193, 198, 200, 201, 221, 225, 226, 252, 259, 261, 267, 271, 280, 299, 300, 301, 303, 306, 308, 321, 340, 364, 369, 387, 390, 399, 407, 414, 416, 420.

Mort-bois, et bois morts ; v. *Maraudage*.

Mottes, mottoyage, 87, 103, 252, 286, 406, 409.

Moulins, v. *Meules*.

Mousses , v. *Equipages*, et 91, 333.

Mouteaux, 68, 340.
Moutons, 84, 85, 93, 204, 252, 337, 411, 413.
Mouture, v. *Meules*.
Moyen (Etat), v. *Couvertures*, *Fossés*.
Murs, 101 à 103, 113, 114, 125; – *Contre-mur*, et 128 et suiv., 154 à 156, 164, 208, 209.
Myrtiles ou *lucets*, 91.

N

Nantes, 399, 400, 404.
Nature de fauche, 282.
Navigation, navires, 56, 59, 133, 238, 240, 241, 359, 391, 392, 393.
Négligence des fermiers, 281 à 284, 294 à 296, 312, 317, 323, 333.
Négoce, négociants, 32 et suiv.; v. *Boutiques*, et 238 et suiv.; 382 à 422.
Nets (Profits, Poids, Prix), 80, 337, 385, 402, et *passim*.
Neuvième, v. *Bois*, et 237.
Nivellements, 110, 265, 273, 324, 346.
Nocs et arrêtiers, 210.
Nœuds pourris, 404. -Nœud cassé, 413.
Non-conformité, 383, 385, 420, 423.
Normal (Etat), 268 et suiv.; — cours normal, 238 à 240, 243, 387, 401, 418. — Dimensions normales, v. *Bois*.
Normands, Norvégiens, 394, 411.
Notaires, 99, 110, 336.
Notes ou Mémorial, 382, 385, 386.
Notification, v. *Congés*, *Congément*.
Nourrices, nutrition, 235, 236.
Nourriture, 203 à 207, 215, 226,

229, 235, 246, 296, 337, 338, 370.
Novices, v. *Equipages*.
Nuit (Navigation, Pêche, Coupes de), 61, 352, 355, 358, 359, 368 à 370, 379, 380, 392, 414.

O

Objets à rendre, 184 et suiv., 189, 190, 202, 228, 241, 266, 271 et suiv., 276, 312, 325, 331, 343, 344, 423.
Occupant (Premier), 365, 367, 369, 379; v. *Chasse*.
Occupation du pressoir, 332.
Octroi, 100, 300, 385, 402, 409, 410, 420, 421.
Offices (Bons), 267, 269;-Offices de cordeurs, v. *Mesurages*; – Offices divins, v. *Dimanches*.
Officiels (Tableau), 16, et suiv., 422, 423.
Officiers, v. *Militaires*.
Offrande, 437.
Ombre, Orientation, 39, 40, 45, 148, 158; v. *Sillons*.
Once à la livre, 409.
Orbes, v. *Mitoyenneté*.
Ordonnances, 13, 43, 56, 83, 133, 135, 150, 206, 228, 320, 352 et suiv., 366, 370, 442, 445.
Ordre (Bulletin d'), 384, 385. — Ordre des cultures, 249 et suiv.
Orge sur orge, v. *Froments* et 255.
Orléans (Coutume d'), 183, 298.
Ormeaux, v. *Crozon*, et 403.
Oseraies, Cerclières, 38, 46, 295.
Ouessant, 25, 39, 65, 84, 92, 93, 168, 180, 201, 203, 252, 268, 303, 360, 363, 369.
Outils, 33, 205, 206, 232, 234, 235.
Ouvrages de préservation, 110, 112, 127 à 138.

Ouvriers, 26, 27, 34, 120, 134, 203, 205, 206, 207, 210, 211, 213, 229 à 235; v. *Matelots;* 266, 269, 275, 332, 355, 359, 361, 365, 401, 408.

P

Pacage, v. *Vaine pâture,* 257.
Paiement, voir *Bail,* et 384, 385, 389, 398, 401, 405, 406, 411, 413, 414, 417, 421 à 423.
Paillebart et pisé, 101.
Pailles, v. *Foins, Engrais,* et 423.
Pain, 194, 201, 252, 370, 424.
Palfreniers, 202.
Parbatte, 230.
Parcours, 83, 84.
Pardons, 91, 221 à 225, 228.
Paroisses, 352, 353, 355, 356, 357, 362, 430, 434, 437.
Partages, 25, 62, 64 et suiv., 80, 237 et suiv., 245, 306, 309, 357, 363, 364, 368, 369; —part au goëmon, 370.
Parterres, Plate-Bandes, v. *Jardinage, Jardins,* et 403.
Passages, 100, 117 à 121, 122, 124, 125, 135, 160, 165, 186, 275 et suiv., 372, 376, 379, 405, 244 et suiv.
Passavants, 392.
Pâtres, v. *Moutons.*
Patrons, 231 et suiv., 237, 240, 241, 242, 300, 302, 303, 304, 410.
Pâture, v. *Vaine pâture, Investison.*
Pavage des rues, 101, 102.
Pêche, 34, 35, 49, 53, 57 à 61, 236 à 243, 353, 366 à 370, 376, 379, 380, 393, 400, 401, 402.
Peintures, v. *Tapisseries,* et *Métrage.*
Penty, 88, 89, 188, 207, 208.

Pépinières, 45, 46, 178, 287, 295.
Perte, 247, 337, 376, 386, 402, 413.
Placîtres, v. *Vaine pâture.*
Plantations, v. *Arbres, Bois.*
Platebandes, v. *Parterre.*
Plougoulm, 373.
Poids, v. *Mesurage,* et 417.
Poil rasé, v. *Marques.*
Police municipale, 17, 48, 52, 72, 80, 93, 95, 101, 128 et suiv., 186, 278, 338, 352, 357 et suiv., 371, 377, 379, 380, 410, 447; v. *Commissaires.*
Polices d'honneur, et autres, 380, 390.
Pommes, v. *Vergers,* et 410; v. *Fruits,* et 409, 419.
Porcs, v. *Marques,* et 413, 415.
Possession précaire, prolongée, anticipée, 110, 159, 183, 301, 302 et suiv., 309 et suiv., 322; v. *Bail,* et 365, 369, 370.
Postillons, piétons, 202, 246.
Poulaillers, 133.
Prairies, v. *Arrosements, Irrigations, Vaine pâture.*
Précautions à prendre, 48, 49, 127 et suiv.
Préfets, 355, 357, 378.
Prélèvements, v. *Pêche, Louage, Tréis, Chapeau.*
Prescription, 110, 151, 156, 159, 264, 341, et *passim.*
Présomptions, 107, 113 à 115, 126, 156, 160, 162, 169, 170, 185 et suiv., 190, 200, 243, 209, 325, 227, 331, 334, 337, 344, 411 et suiv.
Presses, voy. *Pêche, Boutiques, Louage.*
Pressoir, 332.
Prestations, v. *Paiement.*
Primes, v. *Assurances, Quérables.*

Prisage, 345 à 348 ; v. *Mesurage*.

Privilèges, 68, 225, 232, 306, 335, 354, 355, 357, 364, 369, 380, 388.

Prix, v. *Paiement*, et 387, 399, 400, 413, 416, 417, 420.

Procès-verbaux, v. *Etats de lieux*, *Etats de ferme*.

Proverbes bretons, 80, 206, 270, 281, 291.

Publications, v. *Affiches*, *Annonces*, et 355.

Puits, 128, 132, 186.

Puron, v. *Métrage*.

Q

Quais, 391, 393, 401.

Qualités, 398, 422.

Quantités allant pour tonneau, 394, 395.

Quarts de journée, v. *Journaliers*. — Quart, 401.

Quartiers et escouades, v. *Ouessant*.

Quérables, portables, v. *Paiement*, *Assurances*.

Quêtes du clergé, 419, 430 et suiv., 456.

Queue dénouée, 413.

Quimper, 13, 16, 26, 33, 40, 42, 44, 57, 65, 66, 76, 86, 91, 98, 169, 172, 173, 176, 193, 198, 201, 202, 223, 227, 255, 258, 259, 261, 266, 273, 289, 300, 301, 304, 321, 370, 375, 388, 396, 397, 410, 416.

Quimperlé, 16, 34, 41, 43, 44, 47, 48, 57, 61, 65, 76, 80, 90, 98, 101, 106, 108, 136, 169, 173, 176, 193, 198, 201, 204, 224, 225, 227, 235, 255, 258, 266, 273, 278, 286, 289, 294, 300, 304, 309, 310, 321, 323, 339, 366, 375, 392, 407, 409.

Quintal métrique, 418.

Quinze jours (Délai de), 175, 300, 301, 389.

Quittances, v. *Contributions*, et 243, 299.

Quotité, v. *Taillis*, *Gages*, *Chauffage*.

R

Racines, 148, 158, 165, 233, 406.

Racommodage, 215, 227, 235.

Radeau, 363, 392.

Raisins, v. *Jardins*.

Ramonage, v. *Cheminées*, *Brest*.

Rapports du Préfet, 27, 57, 270, 442 et suiv.

Râtissage, 50, 89, 95, 287, 295, 310, 353, 354, 403.

Rebuts, v. *Copeaux*, et 398.

Recel, 229.

Receveurs, 387.

Recours, 386, 414.

Recouvrement, v. *Dû-croire*.

Rédhibitoires (Vices), 413 à 415; v. *Tares*, *Flaches*.

Réductions, v. *Déduction*, et 395 à 398, 403 et suiv.

Réfaction, 398, 403, 404, 417, 421.

Réfection, v. *Toitures*.

Registres, 242, 247, 382, 383, 428.

Réglements, v. *Arrêtés*.

Regrattiers, 410.

Rejointoiement, 233.

Reliefs et contours, 210.

Remetteurs, v. *Matrônes*.

Remise des clés, 175, 180.

Remplacement, v. *Pépinières*.

Renable, v. *Etats de ferme*.

Renaissances, v. *Bois*, et 403.

Rendibles, objets à rendre, voy. *Etats de ferme*.

Rentes et redevances, v. *Paiement*, *Quérables*, *Mercuriales*.

Réparations, v. *Bail.*

Repas, 197, 198, 199, 205, 206, 213, 224, 230, 242.

Repère, 63, 116.

Repeuplement, v. *Etangs.*

Repos, relâche, v. *Journaliers, Journées.*

Résiliation, v. *Bail, Journaliers, Ouvriers.*

Responsabilité, 94, 128, 135, 149, 185, 186, 192, 229, 231, 238, 241, 247, 265, 311, 314, 331, 391, 406, 413; v. *Indemnité.*

Ressel, 279.

Retailles, v. *Copeaux.*

Retardement, 392.

Rétention, 303, 342, 414.

Retenues, v. *Domestiques, Gages, Ouvriers,* et 414.

Retraite à porcs, 133.

Rétributions, 29, 204, 379.

Revenants-bon, v. *Etats de ferme.*

Réversibles, v. *Jours de Planche.*

Rigoles, rigolages, 282, 309, 346.

Riverains, v. *Canal, Cours d'eau, Landes.*

Rogue (Dépôt et prix de la), 136, 137, 401, 402.

Rôles d'équipage, 240, 243, 360, 402.

Rom-dennou, *Beuzel-dennou,* 364.

Rondin, 407, 408, 409.

Rotation, v. *Cultures.*

Rouissage, routoirs, 78 à 81, 393.

Rubans, v. *Copeaux,* et 224.

Ruelles, ruellées, rues, 102, 103, 125, 210.

Ruisseau, v. *Cours d'eau.*

Rupture, renvoi, v. *Bail, Journaliers, Domestiques.*

Ruraux (Chemins), v. *Chemins.*

Ruses des colons, 348.

S

Sables de mer, v. *Maërl.*

Sablonnières, 134.

Sabots, 225 et suiv.

Sacs, 415, 416.

Saignées, v. *Arrosement.*

Saisies, 14, 15, 335, 336, 425, 433.

Saison des coupes et élagages, v. *Bois, Coupes, Elagages.*

Salaires, v. *Gages, Equipages;* 204 et suiv., 233, 244, 247, 379, 387, 388, 389, 399, 414, 415, v. *Traitements.*

Saleuses, v. *Equipages.*

Salorges, saumures, 136, 279.

Sarclages, plantes sarclées, 250 et suiv., 277.

Sardines (Pêche des), 34, 35, 236 et suiv., 399 à 402.

Savetier (Echoppes de), 174.

Savon, 235, 396.

Schistes tégulaires, v. *Ardoisières.*

Seigneur, 68, 82, 340, 354.

Seizième dû aux meuniers, 191 à 196.—Seizième à l'ouvrier, 211.

Sel, v. *Salorges, Ressels,* et 401, 402.

Selle, 411.

Semailles, 202, 307, 334, 423.

Semis, v. *Pépinières, Bail.*

Senterées, v. *Mesurage.*

Sentiers, 118 et suiv., 134, 152, 153.

Serment, v. *Affirmation.*

Servantes, v. *Domestiques.*

Serviteurs d'églises, 440, 441.

Sichen, 113.

Signes, v. *Marques.*

Silence vaut congé, 211 et suiv.

Sillages, v. *Equipages,* et 402.

Sillons, 92, 201, 277, 320, 321.

Sinistres, 363, 368, 369, 389, 390, 391, 392, 398.

Soles, 166, 248 et suiv., 258, 276, 277, 305, 312, 317, 334, 344.

Sorties, v. *Bailleurs, Domestiques.*

Son de chance, 414, 415, 417.

Souches, 49, 50, 157, 188 et suiv.; 233, 273, 287, 290, 329, 331, 405, 406.

Soudes, 351 et suiv., 374 et suiv.

Sous-locations, v. *Bail.*

Souper du fléau, 230.

Sous-seings privés (Actes), 167, 234, 256.

Soustractions, 466.

Saint-Jean (La), v. *Congés, Domestiques,* et 419.

Saint-Renan, 180.

Staries, Surestaries, v. *jours de planche.*

Stère, v. *Bois, Mesurage.*

Stus, v. *États de ferme, Congément.*

Subsides, v. *Paiement.*

Substitution du lien, 411, 412.

Suite (Droit de), 365, 369, 379; v. *Chasse.*

Surdons et dons, Surcharges, 398. — Surtares, *idem.*

Surveillance, 48, 57 à 61, 71, 135, 151, 279, 310, 317, 355, 356, 357, 363, 364, 379, 435, 441.

Symbôle, v. *Tradition.*

Syndicats, 74, 75, 77.

T

Tabacs, 33, 206, 394, 395, 396, 397.

Tabliers, v. *Fausses-Manches.*

Tâche (Ouvriers à la), 207, 213.

Tacite-réconduction, 178 et suiv., 211 et suiv., 257 à 261, 334,

337, 341, 390.

Taille, 120, 160, 187, 333.

Tailleurs, 205, 206, 215, 227, 233.

Taillis, v. *Coupes.*

Talus, 104, 106, 264, 274.

Taly, Lacet, Corré, 363.

Tan, Tanneries, 33, 34, 47, 48, 49, 288, 395, 396, 397.

Tapisseries, 186.

Tares, 395 à 398, 401, 403, 404; v. *Vices rédhibitoires.*

Tarifs locaux, 18, 192 et suiv., 226, 227, 233, 244, 245 246, 317, 346, 372, 376 387, 388, 395 à 399, 401, 404, 408, 414, 415, 420, 423, 425.

Taxateur (Juge), 19, 20, 348.

Taxe, 410, 424.

Tels quels, 186, 323, 404, 408.

Témoins, v. *Bornage.*

Temps de travail et de relâche, v. *Journées.*

Termes de paiement, v. *Paiement.*

Terrains déclos, v. *Vaine pâture.*

Terrain intermédiaire, v. *Echelle* (Tour d').

Terre salique, v. *Investison.*

Terres chaudes, 23, 91 et suiv., 275 et suiv., 305, 312.

Têtards, 54, 143, 158, 289, 290, 291, 347; v. *Branches.*

Tirant d'eau, 29, 244, 392.

Tissu des prairies, 346.

Toiles, v. *Deverou, Liénaïch.*

Toitures, 123, 136, 209, 210, 265 et suiv., 296, 314.

Tolérance, 56, 89, 91, 124, 136, 145, 151, 156, 159, 175 et suiv., 195, 247, 287, 299 à 302, 309, 310, 313, 392, 427.

Tonneau, tonnage, 388, 393, 394, 395, 399, 400; —tonneliers, 401; v. *Fûts, Futailles,* et 421.

Topographie légale, 10 à 21.

Torchis, 266.

Torréfaction de l'avoine, 193, 194.

Tour d'échelle, v. *Echelle*; — tour, ou trou du chat, 125, 130.

Tourbières, 28, 52, 286, 313.

Tradition, v. *Livraison*, et 406, 411, 413, 414, 415, 419, 421.

Traditions locales, 32, 46, 62 et suiv., 76, 87, 124, 136, 146, 164, 204, 218, 219, 259, 262, 276, 300, 307, 323, 329, 332, 340, 347, 360, 368, 411, 419, 421, 424, 425, 440.

Trait, 396 à 398, 417.

Traitements des ecclésiastiques, 430, 436, 437, 440.

Transports, 19, 27, 29, 30 à 32, 57, 193, 195, 233, 244 à 247, 269, 278, 297, 298, 302, 306, 307, 326, 332, 334, 349, 352, 355, 356, 359, 361, 364, 365, 372, 373, 376, 379, 386, 393, 394, 401, 410, 420, 421.

Transvasement, 421.

Travail, travailleurs, v. *Journaliers*, *Journées*, et 207, 234, 338.

Treaz, v. *Engrais*.

Tréfeu, 129.

Trèfle, 303, 308, 309, 322.

Tréguier (Pays de), 266, 273, 300, 301, 303, 306, 314, 315, 321, 325, 328, 347.

Treillages, v. *Parterres*, *Jardins*. — Treilles, 156.

Tréis (*Mille de*), 240, 243.

Treizain, 409.

Trempage, 233, 266, 332.

Trempes, v. *Etats de ferme*, *Engrais*.

Tribunaux, 13, 14.

Tromperies, v. *Meules*, *Meuniers*, *Fraudes*.

Trou de mât, 137.

Treupeaux, v. *Moutons*, *Cheptel*.

Truchement, v. *Interprète*.

Turbes, 6, 7.

Turons, 104, 110, 115, 274.

Tuyaux, 130, 186, 209, 423.

U

Un pour 20, 1 *pour* 100, 5 *pour* 100, 2 *pour* 100, 387, 388, 394, 396, 397, 398, 400, 401, 404, 409, 417, 440.

Usages des lieux :

— Utilité des recueils d'usages, 1 et suiv.;

— Historique, 5 et suiv.;

— Doivent être judiciairement déclarés, 167;

— Usages contraires à la loi, contradictoires, v. *Abus*, et 104, 161, 172, 193, 200, 217 et suiv., 258, 262, 263, 267, 271, 300, 301, 324, 327, 349, 407, 420.

— Usages commerciaux, 382 et suiv.

— Usages notoires, 6, 370 à 372, 389, 411 et suiv.

— Usage passe loi, 439.

— Usages spéciaux, à Arzanno et à Guilligomarc'h, 108, 169, 173, 201, 286, 297, 305, 306, 309, 310 à 312, 325, 334, 407; — A Riec, 420; — à Châteauneuf-du-Faou, 421; — à Carhaix, 169, 172, 181, 193, 200, 203, 204, 217, 224, 226, 331, 337, 389, 425; — à Brest, v. *Brest*; — à Morlaix, v. ce mot; — à Pont-Croix, 235; — à Pont-Labbé, 169,

172, 418; — à Roscanvel, 134, 169, 172.

Usances, usements, 3, 273; — de Nantes, 103, 113, 121, 128, 129, 131, 132; — de Rennes, 129; — de Léon et Daoulas, 273, 285, 310; — de Brouërec, 347; — de Rohan, 340, 347; — de Tréguier, 340, 347; de Cornouaille, 285, 340, 347.

Usines, 28, 33, 34; v. *Meules, Moulins.*

Ustensiles, v. *Meules*, et 276, 280.

Usuelles (Clauses), v. *Clauses.*

Usure d'outils, 233, 234.

Usurpations, 85, 110, 120, 152, 159, 164, 207, 276, 277, 279.

V

Vacations, 318.

Vaches, 337, 338, 410, 425.

Vagues, v. *Chemins, Landes.*

Vaine pâture, 83 à 94, 284, 285, 307, 339.

Valet (Premier), 214; — autres, 225, 227; v. *Domestiques.*

Valeur (Changements de), voyez *Améliorations, Innovations,* et 423, 424.

Vannage, ventilage, 305, 416.

Vannes, Cornouaille, Dol, 12, 224, 285, 300, 306, 315, 339, 340, 347.

Varech, vraich, sart, v. *Goëmons.*

Vases, 27, 74, 135, 283. — Eaux vaseuses, v. *Flouren.*

Vaux à fumier, ou *Foules,* 291, 293, 309.

Veaux, 337, 338, 412, 413.

Véguen, 222.

Veillées, 207.

Veillons, v. *Jachères.*

Veines souterraines, 136.

Vendredi-Saint, 368.

Ventes, 14, 46, 48, 53, 83, 119, 171, 237, 263, 299, 313 à 316, 337, 338, 345, 352, 355, 356, 358, 372 à 374, 377, 379, 384, 385, 399, 400, 402, 403 à 422, 443, 446, 448.

Verbal (Avertissement), 171, 173, 180, 211, 212, 213, 230, 231, 236, 261 à 263, 335, 344, 382, 424.

Vergers, 23, 46, 73, 100, 166, 177, 254, 302, 333, 419.

Vêtements confectionnés, 225, 227, 228.

Vétérinaires, v. *Interprètes.*

Veuves, 355.

Viabilité, v. *Chemins.*

Vicaires, 130, 436, 437, 440.

Vices rédhibitoires, v. *Rédhibitoires.*

Victum et restitum, 203.

Vidange, 49, 50, 132, 287, 403, 405, 406.

Vides, 129, 130 et suiv., 209, 210, 398, 421.

Vignes (Cordons de), 156.

Villages, villes, campagnes, 63, 80, 85 et suiv., 97, 99, 153 à 156, 284, 285, 314, 331, 406, 431, 437.

Vin, eau-de-vie, 239, 241 à 243, 421, 422.

Vingt-et-un pour 20, 401, 420.

Vingtième, 241.

Visites des lieux loués, 182, 298, 299; v. *Montrée.*

Visites pastorales, 438.

Vitres (Lavage des), 187.

Vivier, v. *Étangs.*

Vœux du Conseil général, 8, 17, 20, 27, 35, 59, 279, 381, 417, 435, 440, 441.

Voies de communication, 21, 151 à 153, 161, 162, 294, 372, 376, 379; v. *Chemins.*

Voies de rigueur, 176, 180, 181, 183, 378.

Voiles des chaloupes, 49.

Voisinage, voisins, v. *Fossés, Mitoyenneté, Egoût, Tour d'échelle,* 127 et suiv., et *Arbres.*

Voitures, 411; v. *Transports;* — lettre de voiture, 383, 386.

Volantes (Echelles), V. *Echelles.* — Pièces volantes, 315, 320.

Voliges et planches, 404.

Volume et poids d'une voiture, ou charretée, 409.

Voûtes des fours, v. *Fours.*

Vue (Droit de), 124, 125.

FIN DE LA TABLE.

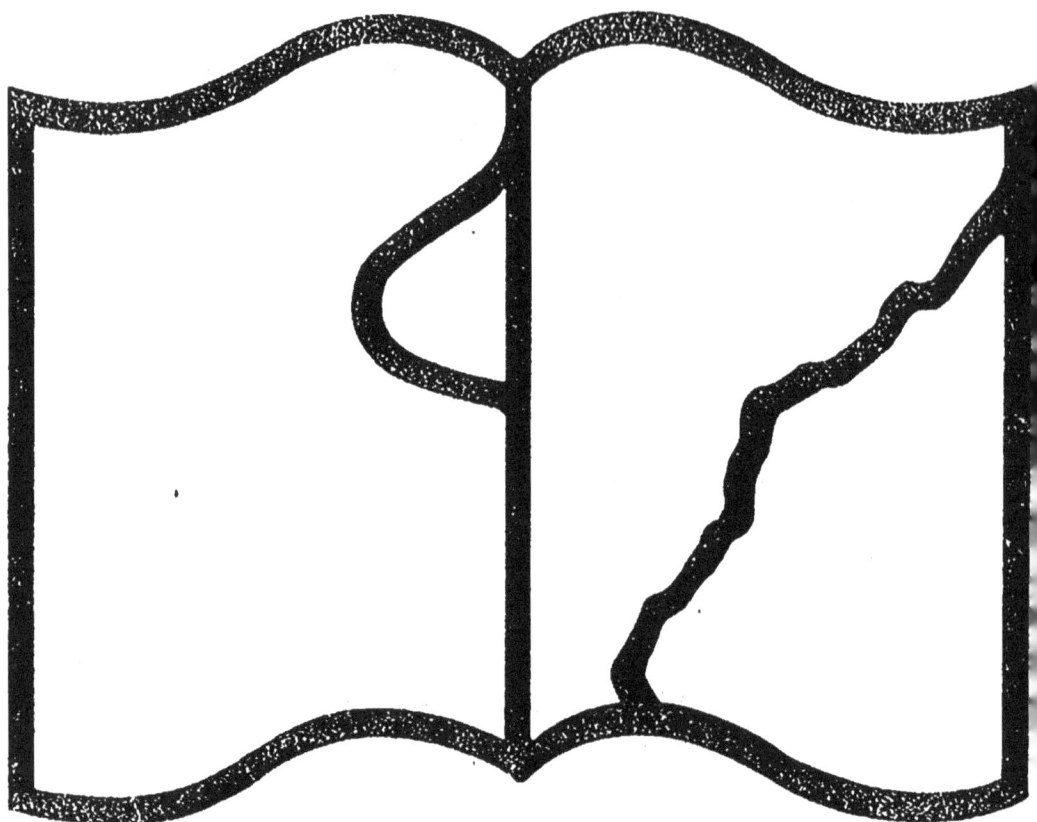

Texte détérioré — reliure défectueuse

NF Z 43-120-11

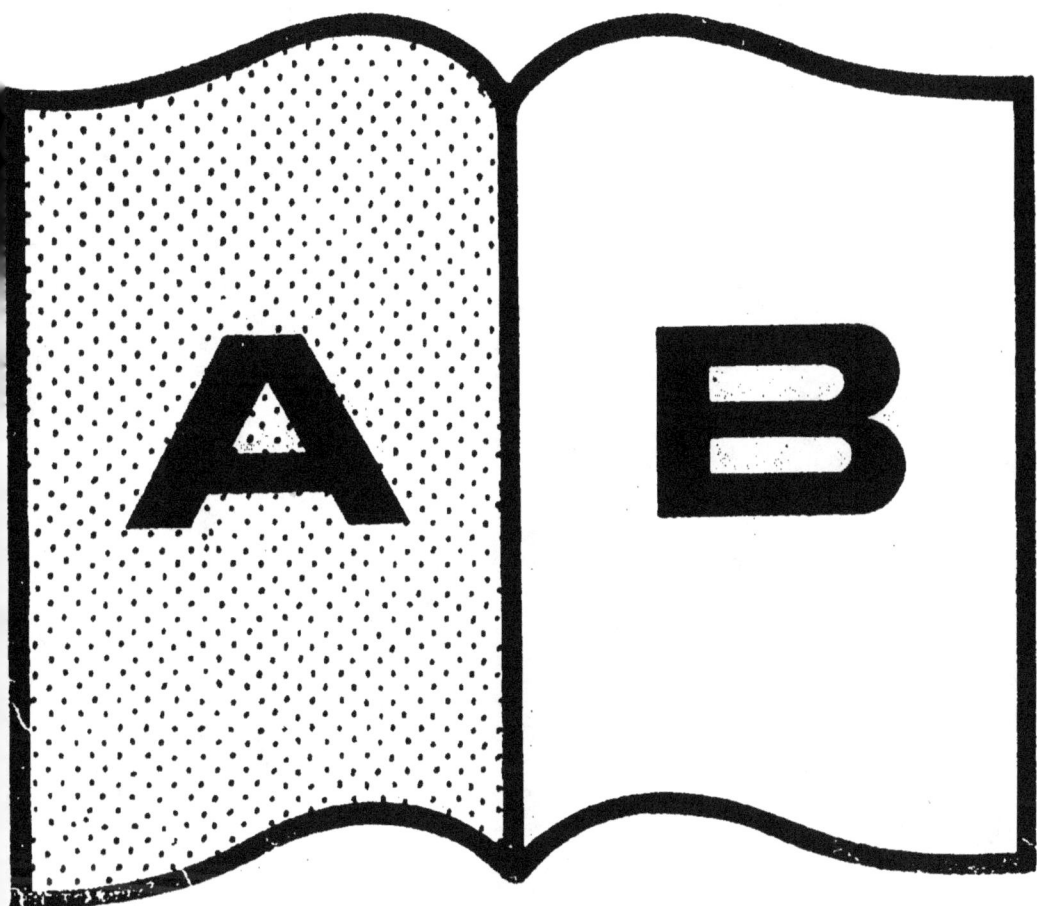

Contraste insuffisant

NF Z 43-120-14